세상의 붕괴에 대처하는 우리들의 자세

일상에 지친 당신을 위한 책 천국

세상의 붕괴에 대처하는 우리들의 자세

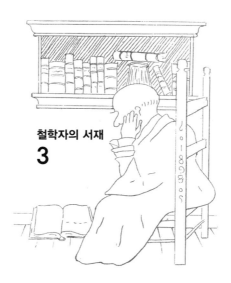

철학자의 서재

3

한국철학사상연구회 · 프레시안 기획
한국철학사상연구회 지음

알렙

아무도 본 적 없는 것들을 상상하기 위하여

"책은 나름의 운명을 지닌다(Habent sua fata libelli)."

13세기 라틴어 문법학자이자 작가였던 테렌티아누스 마우루스 (Terntianus Maurus)의 말이다. 책이 어느 시기에 어떤 사람을 만나느냐에 따라 그것의 의미가 살아나기도 하고 속절없이 스러져 버리기도 한다는 뜻인 듯하다. 비록 칼의 힘이 문자를 압도하고, 종교적 미몽이 인간의 삶을 어둡게 만들던 시절이기는 해도 사람들은 이 말을 곱씹으며 책이 담고 있는 인문주의적 잠재력에 신뢰를 표현했으리라.

그렇다면 스마트폰과 유튜브의 시대에도 같은 믿음을 가지고 이 말을 되뇌일 수 있을까? 책의 미래에 대해 점칠 수 없겠지만, 최소한 이 책의 저자들은 인문주의적 기대가 여전히 유효하다고 믿고 있는 이들일 것이다. 그렇지 않고서야 사람들과 책의 만남을 주선하려는 월하빙인 노릇을 세 차례나 하지는 않을 것이니 말이다.

원래 이 책은 인터넷 신문 〈프레시안〉에 매주 금요일 연재되는 코너인 '철학자의 서재'에 실린 글들을 모은 결과물이다. 21세기에서 가장 인기 없는 두 단어를 붙여서 만든 코너임에도 불구하고 여전히 명맥을 유지하면서 책까지——그것도 세 번째!—— 묶어냈다는 것은 참으로 기이한 일이 아닐 수 없다. 밀레토스의 탈레스가 트라키아의 여인들에게 비웃음을 산 이래로 철학자들의 운명은 그다지 좋지 않았다. 세상 사람들에게 조롱거리가 되는 것은 흔한 일이었고, 나쁘게는 독배를 마시거나 화형을 당하기도 했다. 현대 한국에서 그들의 운명은 소크라테스와 브루노보다는 낫지만 트로이의 카산드라와 비슷하다는 점에서는 복되지만은 않은 편이다. 그럼에도 불구하고 철학자들의 책 이야기가 계속되고 있다는 것은 무엇을 뜻하는 것일까? 세상 사람들이 아직까지는 '철학자들의 흰소리'를 참아주고는 있다는 겐가?

이 책에는 60여 편의 '철학자들의 흰소리'가 담겨 있다. 모두 책을 소개하는 글들이다. 실용적 독자들로서는 이 책만 대충 읽어도 수십 권의 책을 읽은 것처럼 거들먹댈 수 있으니 반가운 일이 아닐 수 없다. 경우에 따라서는 수험생이나 학원 종사자들에게 유용하게 활용될 수도 있겠다. 하지만 저자들은 이 책의 운명이 '실용적 차원'에 머물기만을 바라지는 않을 듯싶다. 저자들은 여기에 소개하는 책들의 목소리를 통해 인류에게 선고된 현재적 삶의 운명을 일신하고, 새로운 운명에 대한 상상을 해보라고 권고하고 있기 때문이다.

우리가 살고 있는 세상은 거대한 기존 질서와 체계적 규칙들에 의해 단단하게 자리잡고 있다. 그것이 너무나 강고하게 뿌리 내린 채 유지되고 있어서 우리는 이 세계의 끝을 감히 상상하지 못하고 있다. 그러나 시작된 모든 것에는 끝이 있다. 이러한 세계를 만들어낸 사회적 구상과 그것의 구현 작업에도 시작점이 있었듯이 그 종점도 존재할 것이다.

어제의 세계가 작별을 고하고 내일의 세계를 준비하라는 목소리가 들려올 때, 어떤 이들에게 그것은 '세상의 붕괴'로 여겨지겠지만, 누군가에게 그것은 새로운 상상의 장이 펼쳐지는 것으로 생각될 수 있다. 안에서 밖을 상상하고, 오늘에서 내일을 전망하는 것은 결코 쉽지 않은 일이다. 아무도 본 적 없는 것에 대한 상상은 자칫하면 무책임한 몽상과 현실 도피로 전락할 수 있기 때문이다. 꿈꾸기 너머에는 구현의 요구가 존재한다. 준엄한 현실의 법칙을 외면하지 않으면서도 그것의 거센 압력에 굴하지 않는 이들만이 또 다른 삶을 전망할 수 있을 것이다.

지금까지 익숙하게 여겨져 왔던 세계가 낯설게 보이고, 이 세계의 일그러진 모습이 드러남에 따라 많은 사람들이 혼란스러워하고 있다. 눈앞의 위기는 전진보다는 반사적 후퇴를 불러일으킨다. 우리가 살고 있는 세계의 기틀이 거세게 요동치면 칠수록 사람들이 '어제의 힘들'에 집착하는 이유는 바로 저 위기에 몰린 이들의 무분별한 공포 때문이다. 땅이 무너지고 있는 상황에서는 태산의 동굴에 들어가 봐야 별무소용이다. 필요한 것은 분연히 동굴에서 나와 무너지는 땅 너머로 나아가려는 발걸음이다.

이 책은 곤경에 빠진 우리의 삶을 숙명으로 받아들이지 않고 그 속에서 활로를 모색해 보려는 이들의 외침에 대해 이야기하고 있다. 활자화된 외침이 무력한 독백으로 간주되는 시대이기는 하지만, 여기 소개된 책들의 독백은 속삭임의 웅변을 경험하게 해준다. 이들의 이야기를 듣는 와중에 우리는 무자비한 일상이 할퀴고 지나간 마음을 되돌아보고, 그동안 굳건히 지녀왔던 믿음과 지식을 의심하면서 새로운 세상을 전망해 보는 기회를 얻을 수 있을 것이다. 그 속에서 새로운 운명을 지어보려는 시도가 함께 하기를 빈다. 그리하여 책은 또 다른 나름의 운명을 지니게 될 것이다.

2014년 1월

한국철학사상연구회

목차

7장 전복하기, 차별 없는 세상을 꿈꾸다

1장 일상에 지친 당신을 위한 책 천국

폭주 열차 같은 우리 삶,
속도를 줄여라

『멈추면, 비로소 보이는 것들』 / 혜민 스님

나 자신의 온전함과 존귀함은 어디에?

따지고 보면, 우리가 멈출 수 있었던 것은 스님 덕만은 아니었던 것 같다. 이 나라에서는 어찌된 일인지 살면 살수록 여유가 없어진다. 자신의 위상에 만족하는 이도 드물고, 서로에 대한 존재감도 희미하다. 물질적 풍요에도 불구하고 내적 결핍과 빈곤감이 크며, 마음이 바쁘고 삶을 돌아볼 여유가 없다. 무엇보다 자존감이 부족하고, 국민의 행복도가 심각할 정도로 낮다. 그리고 이런 야박한 나라에 사는 우리는, 내 몸 하나 챙기며 살기 버거운 우리는, 이제 그만 지친 것이다. 이제 좀 사람답게 살고 싶어진 것이다. 그래서 따뜻하고 진실한 목소리의 누군가가 "멈추어요~"라고 말했을 때, 슬며시 뒤돌아보지 않을 수 없었던 것이다.

멈추면 비로소 보여요.

내 생각이
내 아픔이
내 관계가

그리고 멈추면 내 주변이 또 비로소 보여요.(282쪽)

치유! 그리고 스님은 이 나라 국민 대다수에게 절대적으로 필요한 '힐링(healing)' 작업에 머뭇거림 없이 착수하신다. 하버드 대학교를 졸업한 현 대학교수, 출중한 외모, 인기 트위터리안이라는 타이틀이 아니어도, 스님으로서의 그의 목소리만으로도 그는 은근히 매력적이다. 딱딱한 교리와 엄숙한 원칙을 학문적으로 들이대기보다 너 참 훌륭하다고, 용기를 내라고, 여유를 가지라고, 하고 싶은 일을 하라고, 쉽고 따뜻한 목소리로 토닥여주신다. 영락없이 좋은 친구이자 마음을 기대고 싶은 형(兄)이다. 이 시대 사람들이 원했던 것은 그러한 인간적인 위로와 격려였던 것이다.

그러나 알고 보면 그 말씀의 바탕에는 무수한 원인과 조건의 상호 관계에 의해 나와 세상 일체가 생겨난다는 '연기론(緣起論)'이라는 불교 사상의 정수가 들어 있다. 만물은 생멸변화하고 이합집산하여 영원하고 불변한 고정된 실체가 없음에도 내가 그 사실을 깨닫지 못함으로써 인연이 연달아 일어나 괴로움을 만든다는 것이 부처의 깨달음이었다. 우주적 관점에서는 나와 남의 구분도, 절대적으로 옳은 것도 틀린 것도 없다. 그럼에도 사람들은 내가 옳다고 내세우며 분쟁과 살상을 일삼고, 고정관념과 집착에 연연하여 타인을 억압하고, 잘 풀리지 않는 관계에 고통스러워하며 자신을 탓하며 산다.

이제 가던 걸음을 멈추고 그 모든 비난과 집착에 얽매여 있는 만신창이의 우리 자신을 돌아본다. 열심히 일하며 공부하며 살아온 만큼의 나 자신의 존재 가치와 자격을 인정받고 싶다. 잃어버린 온전함과 존귀함을 되찾고 싶다. 그러므로 삶은 이제 주위의 편견이나 자신의 아집이 아니라, 더 크고 신성한 차원에서 전개되어야 한다. 물질문명의 유혹과 세속의 번잡함에서 벗어나 이제 좀 부처처럼 살아 보고 싶다는 독자들의 이러한 웰빙(wellbeing)의 염원과 어리석은 중생을 보듬고 싶은 스님의 힐링 의지가 만나 그렇게 이 책은 대한민국의 '베스트셀러'가 되어버린 것이다.

진리는 통한다

철학 수업을 들었던 제자 하나가 법륜 스님과 함께하는 수행에 참석한다고 얼마 전 서울을 떠났다. 서른이 코앞인 사람이 취직 준비는 안 하고 속 편하게 수행이라니 영 탐탁지 않았다. 그리고 불교에 대해서는 내가 이미 철학 수업에서 충분히 설명을 해줬다고 생각했는데 뭘 더 배워야 한다고 하니 은근히 부아도 치밀었다. 하지만 지금 생각해 보면 내가 가르친 것은 논리적인 철학적 이론뿐이었음을, 믿음과 수행을 바탕으로 한 종교적 진리가 아니었음을 깨닫게 된다. 주어진 삶을 주체적으로 고민하기 위해, 지금보다 더 훌륭한 자신이 되기 위해 떠난 것인데 나는 그를 현명하지 못하다고 생각했다. 그것이 용감한 선택임을 깨달은 것은 이 책을 읽은 후이다.

참으로 이상한 것은, 세상에 대한 그토록 많은 잡지식을 교과서에서 주입받으면서도 삶에 대한 기도와 명상은 학교에서 배워본 적이 없다는 것이다. 이론 지식만 많이 배워 머리만 가분수인데다 그마저도 현실에서 제대로 써먹지도 못한다. 그래서 "지성과 감성과 영성이 골고루 발달해야 건강한 사람이 될 수 있다"(262쪽)는 혜민 스님의 말씀에 공감이 간다. 지성을 위해서는 철학과 과학을, 감성을 위해서는 예술을, 영성을 위해서는 기도와 명상을 아이들에게 경험하게 해주어야 한다. 스님도 "지성만 있고 감성이 없으면 남의 고통을 모르고 영성만 있고 지성이 없으면 사이비 종교에 빠지기 쉬워요"(262쪽)라고 하신다. 그러나 지금 우리가 아이들에게 가르치고 있는 것은 무엇인가? 몇몇 이론의 틀에 그들의 감정과 생각을 가두고, 국가와 학교가 추구하는 이데올로기와 질서만을 강요하는 것은 아닌지 걱정스럽기만 하다.

방법은 각각 달라도 철학과 과학, 예술과 종교의 최종 목적지는 동일할 뿐 아니라, 진리의 길은 종교 내에서도 마찬가지라고 스님은 말씀하신다. 진리를 구하는 사람들은 서로 '통(通)'하고 닮아간다. 종교 간의 분쟁과 갈등은 타종교에 대한 무지에서 나온 것이며, 상대방 종교에 대한 진실한 앎을 통해 마음은 겸손해지고 상대를 이해하고 너그러워진다. 그러나 깨달음을 얻지 못하면 종교는 경전의 말씀과 교주의 행적과 같은 표피에만 치우치게 된다. 그야말로 "본질이 잊혀지면 형식이 중요해"(259쪽)지는 것이다. 기도가 깊어지면, 그리고 종교적 믿음이 깊어지면 "'나'라는 자아 대신 그 낮아진 만큼 신성이 들어찬다".(272쪽)는 말씀이 인상적이다. '나'라는 허상을 중심에 두고 끊임없이 욕심을 부리고, 그것을 채우지 못하면 못내 실망하곤 했던 냉소적인 내 자신이 부끄러웠다.

내가 쉬면 세상도 쉽니다

제목이 알려주듯, 이 책은 단번에 빨리 읽어버리는 책은 아니다. 지식을 전달하려는 목적이 있는 것도 아니고, 자극적이고 흥미진진한 스토리가 있는 것도 아니다. 상처받은 마음을 관조하고 "자신의 온전함과 존귀함"(281쪽)과 만나게 하려는 의도를 담고 있다. 그래서 천천히, 조금씩, 어려움에 처했을 때 읽으면 더 좋다. 이 책의 여백이 많은 것은, 단락마다 예쁘고 조그마한 쉼표가 있는 것은, 공이 많이 든 일러스트가 삽입된 것은 그런 연유에서이다. 그것이 자신을 비우고 큰 관점에서 바라봄, 바로 '명상'이다.

당신의 마음을 현재로 온전히 돌려

그냥 있음을 고요 속에서 충분히 만끽하십시오.

시간이 사라집니다.(43쪽)

그리고 '깨어 있음'으로 인해 나에서 출발한 마음은 비로소 타인을 바라볼 수 있게 한다. 다른 사람이 건강하고 편안해지고 행복하길 기원하는 마음은 아무에게나 그렇게 쉽게 생기는 것이 아니다. 오늘날과 같이 복잡하고 빠르게 진행되는 속도의 사회에서는 더욱 그렇다. 나 자신이 바쁘니 친하지 않은 주변 사람이나 길가의 나무 한 그루 풀 한 포기가 존재의 의미를 갖기가 어렵다. 하지만 "깨어 있다는 것은 내 마음의 의식공간 안에 어떤 일이 벌어지고 있는지를 바로 인식한다"(196쪽)는 것이다. 깨달음을 통해서 보고 듣고 느끼는 모든 것이, 그 평범했던 모든 존재들과 순간들이 각각의 의미를 갖게 되고 소중해진다. 그때서야 비로소 타인을 향해 마음이 열리게 된다. 그의 기쁨도 고통도 공감할 수 있게 되고, 그들이 고통받지 않고 잘 지냈으면 하고 바라게 된다. 남을 이해하고 포용하고 사랑해주는 것은 개인적 차원 같지만 알고 보면 나와 너라는 존재를 새롭게 발견하게 되는, 참으로 우주적인 과정이며 열림이다. 사랑받으시길, 행복해지시길, 인정받으시길…… 혜민 스님이 그렇게 자주 책에서 반복해서 읊조리시던 말들, 그것이 바로 타인에 대한 사랑의 염원, 자비심, 즉 '기도'이다.

> 기도는 하느님의 사람을 더 얻게 되는 것이 아니고
> 원래부터 우리를 항상 사랑하셨다는 것을 깨닫는 것입니다.
> 중생이었던 내가 부처가 되는 것이 아니고
> 원래부터 부처였다는 사실을 깨닫는 것입니다.(271쪽)

그리고, 사유해야 비로소 보이는 것들

내 마음의 신성이 가득 찰수록 세상의 신성도 가득 차야 옳으나, 그럼에도 불구하고 이 세상은 여전히 어지럽고 혼잡하고 속되다. 사람들 모두가 보살 수행을 하지 않는 한, 앞으로도 삶은 우리들에게 그다지 너그러워질 것 같지는 않다. 스님의 위로와 응원으로 고단한 대한민국 국민은 어느 정도 어지러운 마음을 치유하였고, 번잡한 의식을 변화시킬 수 있었다. 그러나 개인의 내면과 태도를 변화시켜 세상을 바꿀 수 있다는 생각은 겹겹의 사회구조적 관계를 간과한 나이브(naive)한 주장으로 여겨질 수도 있다. 나아가 내면 수행만으로는 공동체의 복잡다단한 문제에 접근하기 어렵고, 불의에 대한 저항을 동반하지 않는다면, 원하든 원치 않든 어느 정도 그것은 체제 옹호적일 수도 있다.

명상과 수행만으로 감당하기에 세상사가 보다 복잡하고 풀기 힘든 문제라는 것을 일찍이 깨달은 이는 티베트의 정신적 지도자인 달라이 라마였다. 그는 티베트의 인권과 자치권을 위해 비폭력 노선을 견지하면서도 세상의 모순과 폭력에 현재 여러 방법으로 저항하고 있다. 베트남의 틱낫한 스님도 인류의 평화와 화해를 위해 세계를 돌며 반전운동가로서 동분서주하고 계신다. 먼 곳에서 찾을 것도 없이 한국 불교계의 종단 내분만 보아도 인간의 권력애와 욕망, 집착의 뿌리가 얼마나 깊은지를 알 수 있다.

마음의 평화로부터 공동체의 평화가 실현되기 어렵다면 이 세상에 만연한 착취와 분쟁, 살상 행위의 원인을 사유를 통해 심층적으로 분석, 접근하는 방법, 즉 철학에서 해법을 구해 보는 것도 좋을 듯하다. 이야기를 원점으로 돌려본다면, 우리가 힘든 것은 단지 편견과 아집에 물든 나의 마음, 나의 탓인가? 개인을 숨차게 닦달하는 자본주의 시장 원리, 나를 조종하는 무의식적 사회구조, 나아가 병적인 물질문명, 이성과 진보의 탈을 쓴 근대라는 시대성 때문은 아닌가? 실존주의와 구조주의, 그리고 마르크스주의와 포스트구조주의와 같은 철학 사상이 이 세상의 병폐와 병리 현상으로부터 인류의 해방과 자유, 정의를 위해 고민하고 있다. 종교는 명상하라고 권유하지만, 철학은 당신에게 '사유하라'고 권고한다. 사유하면, 은폐된 사태는 비로소 폭로되고, 위장한 현실은 불구의 제 모습을 보이기 때문이다.

불합리한 제도와 관습에 의해, 사회적 억압과 편견에 의해 자신이라는 존재가 온전히 남아 있기 힘든 그러한 시대에 우리는 살고 있다. 특히 테크놀로지 문명은 가공할 속도로 인간을 지배하고, 끊임없이 이동하고 변화할 것을 우리에게 명령한다. 일찌감치 이 사실을 통찰한 것은 철학자 마르틴 하이데거였다. 그는 현대 테크놀로지의 폭력적이고 파괴적인 본질을 성찰한 후, 존재 망각의 역사를 극복하고 존재의 진리를 사유하라고 촉구하였다. 프랑스의 문화 이론가인 폴 비릴리오는 속도가 이제 개인의 체험 세계뿐 아니라 국가사회를 지배해 '시간 차원'의 정치, 경제 체제까지 재편할 것이라고 예측하였다. 폴란드 출신 사회학자인 지그문트 바우만은 시시각각으로 변화를 강요받는 이러한 '유동하는' 근대 사회의 불안정성과 그러한 사회에서 사람들이 느끼는 불안과 공포심이 낳는 광기에 대해 깊이 우려한 바 있다.

자유시장 원리라는 얼굴을 하고 있지만, 우리는 이미 삶 깊숙이 침투하여 무한 경쟁과 양극화를 부추기는 신자유주의 체제의 압력에 속 깊은 우울증을 앓고 있다. 혜민 스님의 '멈추라'는 말이 철학적으로, 그리고 학문적으로 연결되는 무소불위의 '속도의 시대'가 바로 지금인 것이다. 어떤 방식이어도 좋다. 은둔과 고행의 자기 수행이나, 자신의 행위에 대한 성찰, 불의에 대한 저항과 사회 참여 등, 자신의 내적 의지와 용기를 강화해 이 시대를 책임지는 자율적, 주체적 존재로 거듭날 수 있게 해줄 수 있다면 그 모든 방법을 거절하지 말고 시도해 볼 일이다.

속 깊은 위로와 따뜻한 격려라는 뜻밖의 치료제를 스님에게 선물받았지만, 이제는 병든 사회, 병든 시대를 그 뿌리부터 진단하고 치유하기 위해 멈추어 함께 생각해 볼 때이다. 시대의 폭력과 착취, 불의로부터 우리 자신을 구하기 위해서는 현명한 처방과 쓰디쓴 약, 무엇보다 그것을 단숨에 삼킬 수 있는 용기가 절실히 필요하다. 그 모두를 위해 이쯤에서 멈추어 설 일이다. 그리고 우리 모두의 합의와 연대를 기초로 한 넉넉하고 인간적인 사회를 계획해 볼 일이다. 국가와 제도에 종속되지 않고도, 종교와 철학에 의지함 없이도, 열망과 용기만으로도 불의한 이 세계를 바꿀 수 있다. 인간으로서의 가치를 인정받고, 삶에서 희망과 의욕을 느끼며, 자신의 꿈을 실현할 수 있는 그러한 세상은 각자가 든 촛불 하나로도 충분하기 때문이다. 멈추면, 그리고 사유하면, 비로소 많은 것들이 우리 눈앞에 '보인다'.

더불어 읽기
깊이 읽기

1) 헬레나 노르베리 호지, 『오래된 미래: 라다크로부터 배우다』, 양희승 옮김(중앙북스, 2007). 숨가쁘게 돌아가는 문명과 일상을 거절하고 싶어질 때, 자비와 불살생의 불교 교리를 실천하며 자연친화적인 소박한 삶을 살아가는 라다크 마을로 떠나보자. 물질적으로 풍족하진 않더라도, 살아 있는 모든 것들은 이곳에서 환영받고 그 자체로 존중받는다. 경쟁과 소비 문명에 찌든 우리들이 멈추고 보아야 할 것은 바로 적게 가지고도 행복해질 수 있는 이들의 공생공존의 삶의 전략이다.

2) 지그문트 바우만, 『고독을 잃어버린 시간』, 조은평·강지은 옮김(동녘, 2012). 바우만은 지식과 정보들이 넘치는 이 시대의 씁쓸한 속내를 누구보다 정확하게 감지하는 사회학자이다. 고도 문명사회에 살면서도 빈부격차는 더욱 심해지고 정치는 혼돈스럽고 우리 사회는 늘 불안하다. 액체처럼 흔들리는 불안정한 시대를 사는 인간들

에게 그는 오히려 자신과 대면할 주체로서의 고독한 시간을 가지라고 촉구한다.

3) 폴 비릴리오, 『속도와 정치: 공간의 정치학에서 시간의 정치학으로』, 이재원 옮김(그린비, 2004). 현대는 몸도 마음도 바쁜 속도의 시대이다. 너나 할 것 없이 생존을 향해 전속력으로 달리고 있을 때, 폴 비릴리오는 '멈추어 서서' 우리의 삶이 이렇게 가속화되는 이유에 대해 캐물었다. 그리고 속도에 대한 문명인들의 불안과 강박증은 바로 정치, 경제적 우위를 선취하고자 했던 서구 강대국의 정치적 계략에서 비롯된 것임을 낱낱이 고발한다.

길혜연 / 건국대학교 강사

니체 철학으로
힐링하는 방법은?

『니체, 생명과 치유의 철학』 / 김정현

정치적으로 시끄러운 일들이 다양한 곳에서 다양한 종류로 뻥뻥 터지는 오늘, 그래도 최근 대한민국에서 히트 상품으로 인기를 한 몸에 얻고 있는 것은 단연코 '힐링(healing)'일 것이다. 우리가 언제부터 힐링에 마음을 쏟기 시작했을까? 한 이삼 년 정도 된 듯 보인다. 그전엔 무엇으로 살았나 생각해 보니, 아! 웰빙(wellbeing)이었다. 얼마나 지났다고 벌써 웰빙이 낯설다니!

웰빙, 잘사는 것도 매우 매력적인 말이다. 비록 명품 가방은 못 들어도 짝퉁 가방 정도야 들고 다니며 잘사는 폼을 잡을 수도 있고, 맛난 음식 찾아다니며 외식하는 것쯤은 해외여행 갈 만큼의 여유가 없어도 문제없이 내 것으로 만들 수 있다. 오죽하면 TV는 맛집 찾아다니는 프로그램으로 넘쳐나고, 비록 돈은 없었어도 건강하게 살았던 어릴 적 동네를 찾아 그때

먹던 먹거리를 찾아다니는 프로그램이 시청자들의 눈길을 사로잡고 있겠는가. 또 운동 역시 잘 살고 있음을 확인시켜 주는 현상 중의 하나였다. 닭가슴살이 불티나게 팔리고 동네 피트니스 클럽엔 개인 트레이닝에서부터 단체 트레이닝까지 활성화되던 시기가 그렇게 있었다.

그런데 요즘은 웰빙 하면 좀 유행에 뒤떨어진 나팔바지 같은 느낌이 든다. 이제 잘 먹고 잘사는 것에 대한 열망이 시들해진 걸까, 아니면 사람들이 뭔가 부족해하고 채웠으면 하는 것이 있었는데 그게 웰빙이 아니었던 것일까? 가만 생각해 보니 나도 그렇지만 우리 모두가 몸짱이 되기도 어렵고 없는 형편에 유기농 웰빙 먹거리만 찾는 데에 지친 것 같다. 오히려 웰빙 찾아다니다 몸도 마음도 상처를 받았는지 모른다. 진시황이 불로장생의 약을 찾을 수 없었던 것처럼 웰빙이라는 이상향을 모두가 갖기에는 개인적으로나 시대적으로나 한계도 분명히 있었을 것이다.

요즘 그간 배우고 싶었던 일본어를 배운다. 나의 소망은 좋아하는 일본 애니메이션을 원어 그대로 보고 듣는 것이지만 문화센터에 열심히 등록하는 주부들이 거의 그렇듯이 실제 꿈을 이룬다기보다는 삶의 활력소로 만족해야 할 듯싶다. 일본어 교재 숫자 나오는 장에서부터 그만둘까 말까를 고민하고 있으니 말이다. 아무튼 기초반에서 원어민 선생님과 이야기할 기회가 일주일에 한 번씩 있는데 일본의 서민들이야말로 웰빙에서 객관적으로 너무나 멀어져 있어 안타깝다는 생각이 든다. 원어민 선생님 말이, 후쿠시마 핵발전소 폭발 이후 일본 사람들도 먹거리 등에서 조심하고 있기는 하지만, 도망갈 수도 없고 안 먹고 살 수도 없으니 평상시와 별반 다르지 않게 생활하고 있다고 한다. 하지만 그 속이야말로 어찌 표현할까. 이미 2차 대전의 핵폭탄 상흔을 안고 있는 사람들 아닌가.

세상의 붕괴에 대처하는 우리들의 자세: 철학자의 서재 3

비단 일본 사람들에게만 해당하는 것은 아닐 터다. 방사능, 환경오염으로 인한 기후변화 등 객관적인 재앙에서부터 비정규직, 저임금, 비싼 등록금, 떨어지는 성적, 멀어지는 친구들, 개선되지 않는 삶의 조건 등으로 이 시대 사람들의 몸과 마음에 스며 있는 병이 깊다. 하지만 뭐 언제는 인간이 병들지 않고 산 적이 있었던가. 문제는 병들기는 어느 시대나 마찬가지인데 지금은 고치기가 어렵다는 점이다. 물론 약이나 수술 등으로 치료할 수 있는 병은 예전보다 많아졌지만 마음에서 시작되는 병에는 약도 없고 몸까지 망가뜨린다. 마음에 드는 병의 대표격인 우울증은 누구나 조금씩 앓고 있다. 그런데 그 병의 끝은 자신의 신체와 마음 모두를 없애는 것이다. 마음의 감기처럼 찾아오는 우울증은 결국 혼자 고립되기 때문에 오는 병이다. 우울증은 대표적인 현대병이고 개인주의의 팽배에서 오는 가장 처참한 결과이다.

이즈음 사람들에게 결핍되어 있는 것으로 다가온 힐링은 선풍적인 인기를 끌고 있다. 힐링은 마음의 상처를 치유하면서 몸도 건강해지는 것이다. 웰빙이 몸의 건강에 더 많은 에너지를 쏟았다면 힐링은 마음의 건강에 더 많은 에너지를 쏟는다. 그러나 생각해 보면 웰빙이든 힐링이든 내가 나 자신의 주인으로 건강하게 살아가는 데 그 목표가 있는 것이 아닐까. 남 따라가려고 애쓰지 않고 자아를 찾아 다독이고 사랑해 주는 과정, 그것이 진정 이 시대에 필요한 힐링이다.

그런데 몸이든 마음이든 철학으로 힐링을 한다? 머리에 쥐나 나지 않으면 다행이지. 하지만 인간이 발명한 것 중에 자신에 대해 반성하고 물으며 찾게 하는 것이 있다면 단연코 철학뿐이다. 특히 지금 소개할 철학은 철학의 기본에 충실하면서도 철학 자체에 대한 심각한 반성을 겸하고 있는 니체의 철학이다. 니체는 서양 2000년의 역사를 반성하며 근대 문명으로 병든 마음을 치유하는 철학을 우리에게 보여준다. 김정현의 『니체, 생명과 치유의 철학』(책세상 펴냄)은 지금까지 니체 철학을 읽어온 여러 가지 방식에 대한 광범위한 소개를 하고, 더불어 니체의 철학을 생명과 치유의 관점에서 재해석하고 있다. 특히 나의 마음을 끈 부분은 제4부 '진리 비판과 생명 찾기'이다. 왜냐하면 서양 사상의 근간을 형성하는 이성 중심주의에서 탈피하여 몸에서 인간의 본질을 찾으려는 시도이기 때문이다.

4부에 등장하는 '생리학적 관점에서 본 근대 문명의 귀결'은 니체가 현대병으로 진단 내린 '허무주의'에 대한 고찰이다. 김정현은 "데카르트나 홉스 사상의 특징을 물리학적 또는 기계론적인 사유라 말할 수 있다면 니체의 사상은 생물학적인 사유라고 표현할 수 있을 것이다"(297쪽)라고 정의 내린다. 생물학적인 사유, 그것은 초월적이고 보편적인 과학적 인식의 진리로 인해 발생한 서양 근대 문명의 허무주의 병을 치유할 수 있는 힐링의 치료제이다. 데카르트 이래 몸과 마음이 둘로 나누어져 마음이 몸을 지배하는 시대에 우리는 살고 있다.

니체에게 허무주의란 단지 퇴폐, 퇴락, 병, 절망, 가치 상실만을 의미하지 않는다. 니체의 허무주의는 이러한 데카당스를 훨씬 뛰어넘는 중층적 의미를 지니고 있다. 김정현은 니체의 허무주의를 네 가지 정도로 요약한다. 첫째, 허무주의란 문화의 퇴락 증세, 즉 문화의 창조력이 쇠진한 병적 현상을 말한다. 허무주의는 기술 문명과 자본주의의 발달로 내면적 가치를 정립하지 못한 채, 혼돈, 탄식, 불안, 피로, 무력감의 기호를 드러내는 서양 근대 문명의 부정적인 심층 사건을 의미한다.(31쪽) 인간의 신체가 병적 상태에 있게 되면 무력감과 피로, 불안감과 허무감 등 생리적, 심리적 증후가 동반되듯이 문화 역시 강건한 건강을 잃게 되면 생리적 이상 반응에 휩싸이게 되며 문명을 병들게 만든다는 것이 니체의 생각이다.

둘째, 허무주의란 서양의 정신세계를 뒷받침해 왔던 근본 토대 상실의 역사를 뜻한다. 신, 초월적 세계 등에 의존해, 즉 형이상학 또는 존재론적 기반 위에서 현실 세계를 설명했던 이러한 담론의 토대가 붕괴되는 사건은 '서양 형이상학'의 종말로 이해될 수 있다.

셋째, 허무주의란 서양인들의 내면계를 규제해 왔던 그리스도교적 초월적 가치 토대의 붕괴, 즉 도덕적 자기 정립 기반의 상실이라는 가치론적인 위기 증상을 의미한다. 넷째, 이는 또한 주체성의 위기 문제, 즉 '인간 죽음'의 문제와도 밀접하게 연관되어 있다. 푸코는 '신의 죽음'이란 '인간 죽음'이라고 해석하고 있다. 니체는 인간의 본질을 규정하는 형이상학적 정초주의에서 벗어나, 즉 인간학의 꿈에서 깨어나 새로운 철학의 출발점에서 인간 주체에 대한 물음을 다시 묻고 있는 것이다.(32쪽)

그렇다면 니체는 이러한 허무주의를 극복할 힐링의 치료제를 어떻게 주고 있을까. 제11장 '니체의 건강 철학'은 니체가 철학을 '건강의 이론'이라는 관점에서 바라보고 있음을 상기시킨다.

니체는 『아침놀』에서 "철학은 근본적으로 개인적 섭생에 대한 본능이 아닐까?"라고 묻는다. 니체에게 철학이란 각 개인이 건강하게 사는 것을 배우는 것이자 건강한 자유 정신의 획득을 배우는 것이다. 특히 니체가 건강함에 대해 그리고 병에 대해 관심을 기울이고 그것을 자신의 철학에 적용한 이유 중 하나는, 니체 스스로 잦은 병치레를 했기 때문일 것이다. 가벼운 감기 정도야 흔히 지나가지만 독감에 걸리거나 심한 편두통을 앓아 본 사람이라면 병이란 죽음에 이르는 길이라는 생각을 뼛속 깊이 하기 마련이다. 누구나 평생에 몇 번 혹은 수십, 수백 번씩 죽음에 이르는 문턱까지 갔다가 다시 살아나는 경험을 하기 마련이다. 그러한 경험은 술로 인한 것까지 합치면 월등히 많겠지만. 어쨌든 죽음과 삶의 교차로를 알게 모르게 지나치고 있는 것이 인생이다. 그 속에서 병을 이겨내는 자는 또 얼마간 힘차게 살아갈 것이고 이겨내지 못한 자는 무기력에 빠진 삶을 살다 가게 마련이다.

니체는 "병 자체는 삶의 자극제가 될 수 있다: 단지 우리는 이러한 자극을 이겨낼 정도로 충분히 건강해야만 한다"(381쪽)고 한다. 자주 아픈 사람은 그만큼 자주 건강해질 가능성이 있는 것이다.(388쪽) 우리가 부딪히며 살아가는 많은 역경, 병은 내가 건강하면 이겨낼 수 있다. 여기에서 핵심은 내가 여태껏 몰랐던 나의 강인함이다. 그러한 강인함은 니체에게 '힘에의 의지'라는 형태로 잠재되어 있다. 니체가 말하는 '힘에의 의지'는 누구나 가지고 있는 능력이다. 그러나 힘에의 의지를 서양 근대 문명은 타인의 의지 아래 굴복시켰고 자본의 의지 아래 굴복시켰다. 이제 문명과 자본주의 문화에 찌든 몸을 힐링할 수 있는 힘에의 의지를 끄집어내야 한다.

김정현은 "니체의 건강 철학은 그의 몸 철학과 밀접한 연관이 있다"고 한다. 병과 건강의 문제는 단순히 육체의 의료적 진단이나 치료의 문제와 관련된 것이 아니라 몸의 치료, 즉 건강한 삶의 유지, 자연에 대한 태도, 자기 형성의 문제와 밀접하게 관련이 있다는 것이다. 니체에게 힐링은 건강한 섭생을 통한 자기 유지일 뿐만 아니라 생명 있는 인간으로 다시 태어나는 것이다. 김정현은 이러한 니체의 관점을 '인간 우주(Kosmo Anthropos)'로서 자기를 완성한다는 의미라고 이야기한다.

이러한 자기 완성은 병들고 이를 치유하는 과정에서 도달 가능한 것이

　세상의 붕괴에 대처하는 우리들의 자세: 철학자의 서재 3

다. 인간은 불완전한 존재일 수밖에 없다. 게다가 물질 문명은 우리가 도달하기 어려운 완전함을 우리에게 요구하고 있다. 내 머리는 완전성을 추구하는데 내 몸은 나락의 끝에 있다면 이러한 불균형으로 인해 내 몸과 마음은 병들 수밖에 없다.

이제 나도 니체의 철학으로 힐링할 수 있는 길을 모색해 보아야겠다. 내 안에 있는 힘에의 의지를 끌어내서 타인에게 전하면서 다시 내 힘이 배가되는 경험을 하고 싶다. 그러기 위해선 한 손엔 니체의 책을 또 다른 한 손엔 나를 긍정하며 들여다볼 수 있는 거울을 이 계절에 마련해야겠다.

더불어 읽기
깊이 읽기

1) 니체, 『짜라투스트라는 이렇게 말했다』, 정동호 옮김(책세상, 2000). 니체로부터 힐링을 얻으려면 니체에게 가야 한다. 물론 니체의 책들이 그렇게 쉽게 이해가 되지는 않는다. 그러나 『짜라투스트라는 이렇게 말했다』는 한 편의 우화처럼 다가오는 재미있는 책이다. 니체가 이야기하는 삶의 긍정, 힘에의 의지, 운명에의 사랑 등을 재미있게 읽을 수 있다.

2) 강영계, 『니체와 정신분석학』(서광사, 2003). 니체의 생동하는 정신을 잘 이해하기 위해서는 정신분석에 대한 기본적인 이해가 있으면 좋다. 이 책은 비슷한 시기를 살았던 두 학자의 개념을 비교 분석하면서 근대적 인간성의 모습을 보여준다. 확실히 철학자는 철학자 개인의 정신적 산물을 창작하는 자가 아니라 시대를 분석하

고 반영하는 일을 하는 것 같다.

　3) 김성리, 『꽃보다 붉은 울음』(알렙, 2013). 이 책은 시를 통해 사람의 병든 마음을 치유하기 위한 시도에서 시작했으며 결국 치유의 과정을 생생하게 보여준다. 한센인 할머니가 가슴에 묻어야 했던 평생의 아픔을 본인의 시짓기를 통해 치유해 나가는 과정은 눈물 없이 읽기 어렵다. 철학과 문학에는 경계가 없다. 우리가 문학을 통해 한껏 분출하고 철학을 통해 가다듬어 갈 때, 삶은 더욱 단단해질 것이다.

강지은 / 건국대학교 강사

내일 죽어도
오늘처럼 살고 싶은가

『진짜 나로 살 때 행복하다』 / 박은미

상처받은 삶, 철학으로 치유하기

삶은 원래 상처를 포함하지만 그 상처는 고통을 느끼는 감수성에 비례하기 마련이다. 외적으로 삶은 풍요로워지고 개인의 권리도 그 어느 시기보다 커졌지만 내실은 어떠한가? 신자유주의의 경쟁과 시장 원리는 외적 성과에도 불구하고 우리의 내면을 그 어느 때보다 동요시킨다.

경쟁에서 도태하면 가차 없이 모욕을 주는 이 낯선 문화에서 힐링 산업이 호황을 맞고 있다. 하지만 자신과의 근본적 대면 없이는 근본적 치유도 불가능하다. 나는 누구이고 어떤 존재로 살아야 하는가에 대한 질문과 변화가 수반되지 않는 한, 힐링은 일시적 효과에 그치고 만다.

자신과의 근본적 대면은 철학, 특히 실존철학의 근본 주제였다. 『진짜 나로 살 때 행복하다──자기 자신과의 화해를 위한 철학 카운슬링』(박은미 지음, 소울메이트 펴냄)은 각종 힐링 산업의 시대에 철학의 정공법으로 자기 치유의 방법을 제시한다. 실존철학을 전공하고 철학 카운슬링을 연구한 저자가 철학 상담의 목적과 방법을 염두에 두고 이 에세이를 썼다는 점이 흥미롭다.

이 책은 우리가 일상에서 접하는 에피소드들을 저자 자신의 경험과 철학으로 풀어낸다. 공감할 만한 이야기들과 함께 왜 우리는 '진짜 나'로 살지 못하는지, 그것이 어떤 고통을 주는지, '진짜 나'로 살려면 어떻게 해야 하는지 안내해 준다.

누구에게나 삶은 억울한 것

책의 소제목 중에 "누구에게나 인생은 억울하다"는 대목이 있다. 한겨울에 꽁꽁 언 음식물 수거함 주위를 맴도는 고양이에게도, 등록금을 위해 시험 기간에 아르바이트를 하는 학생에게도, 불철주야 고생했지만 어느 날 조기퇴직 당한 직장인에게도, 삶은 공평하지 않은 것 같다. 모든 살아 있는 것들은 기초적인 분배부터 인정 욕구에 이르기까지, 자신의 마음대로 되지 않는다는 점에서 억울함을 느낄 수 있다.

"누구에게나 인생은 억울하다. 이랬으면 좋겠는데 저렇고, 저랬으면 좋겠는데 이렇다. (……) 내가 원하는 대로 되지 않아 힘들다. 어느 정도는 되어주었으면 좋겠는데 항상 기대치에 못 미친다. 그 '어느 정도'가 사실 그렇게 욕심을 부리는 것도 아닌 것 같은데, 내 인생은 그 정도도 되어주지 않는다."(32쪽)

저자는 세상에 문제 없이 사는 사람이 존재할 수 없다고 본다. 인간은 자신이 겪는 일 중에서 가장 덜 좋은 일을 불행으로 규정하는 성향이 있으므로 누구라도 불행을 느낀다는 것이다. 욕망의 상대성 때문에 행/불행을 느끼는 것은 공평하다는 저자의 통찰에 수긍이 간다.

저자는 내 의지와 무관하게 세상에 던져졌지만 그럼에도 내 의지로 나를, 세상을 변화시키며 살아가야 한다고 말한다. 우리 각자가 처한 한계 상황을 인정하면서도 좀 더 행복한 삶을 살려면 있는 힘을 다해 그 상황을 수용하고 변화시켜 나가야 한다고 말한다.

"태클 없는 인생은 없다. 누구나 태클 없는 인생을 살기를 원한다. 이것이 인간이면 누구나 가지게 되는 비합리적 전제다. 남들은 다 겪는 태클을 나만은 겪지 않기를 바라다니! 그러나 태클 자체가 없는 인생은 없다. 우리에게는 그 태클을 어떤 방식으로 대결해내서 나의 삶을 진짜 나의 삶으로, 정말 내가 주인이 되는 진짜 나의 삶으로 살 것인가의 문제만 남는다."(228쪽)

태클을 끌어안고 나아가라는 저자의 이 말은 니체의 운명애를 연상시킨다. 저자 자신도 니체를 인용하면서 자기 자신의 운명을 사랑하고 긍정하는 인간을 강한 인간으로 보고, 그 운명을 자신의 발전의 기회로 삼을 것을 제안한다. 핑계는 가장 쉬운 해결책이므로, 운명에 대면하여 초월이나 포기가 아닌 변화를 유도해 내는 것이 중요하다는 것이다. 그래야만 내 삶의 방향키를 남의 손이 아닌 내 손에 두고 살아갈 수 있다는 것이다.

'진짜 나'로 사는 것을 방해하는 것들

하지만 운명을 회피하지 않고 그 안에서 변화를 꾀해 보려 해도, 왜 우리는 '진짜 나'로 사는 것에 자주 실패하는가? 왜 우리는 살던 대로 사는 것에 익숙하여 자신의 경향성도 세상의 문제들도 변화시키려 하지 않는가? 저자는 이처럼 우리를 고통에 머물게 하는 삶의 차원을 여러 각도로 분석하는데, 그중 자신의 편향적 시선과 세상의 일률적 시선에 대한 통찰에 대해 알아보자.

편향적 시각이란 사태를 특정한 각도에서만 바라보는 것을 의미한다. 세상만사를 자신에게 익숙한 한 가지 각도에서 해석하는 것이다. 이렇게 세계를 편향적으로 인식하면 심리적, 지성적 노력이 덜 드는 것이 사실이다. 하지만 이러한 편향적 시각은 궁극적으로 자기를 왜곡할뿐더러 자신과 연관된 타인과의 관계도 왜곡할 수 있다고 한다.

> "우리는 자기의 문제는 모자람으로 보면서 타인의 문제는 나쁨으로 보는 우를 범하고는 한다. 하지만 거꾸로 자신의 문제는 나쁨의 문제로 보면서 반성하고, 타인의 문제는 모자람의 문제로 보면서 이해하려고 노력해야 한다. 인간은 노력하지 않으면 타인을 악의적으로 해석하기 쉽다. 누군가를 호의적으로 해석하기 위해서는 많은 심리적 에너지가 필요하다."(170쪽)

또한 일률적 시선이란 세계를 세상 사람들이 정한 각도에서 바라보는 것을 의미한다. 주로 부, 성공, 권력 등이 좋은 것의 지표가 된다. 부, 성공, 권력이 그 자체로 나쁜 것은 아니다. 하지만 세상 사람들이 부과한 기준에 맹목적으로 나를 맞추려 하면, 자신을 왜곡할뿐더러 그러한 사람들이 모인 사회도 병들게 한다고 본다.

"우리가 공허에 시달리는 이유인 즉, 남들의 기준이나 사회적 기준을 받아들이고 그 기준을 충족시키기 위해서 애쓰게 되는 궁극적인 이유는 우리가 자기 자신으로 살지 못하기 때문이다. 자기 자신으로 살면 타인의 시선에 매이지 않을 수 있는데, 자신이 충분히 자신으로 살지 못하기 때문에 타인의 인정을 획득하는 데 지나치게 종속되는 것이다. 내가 나로서 자신의 가능성을 충분히 발현하면서 살면, 즉 자아실현을 하면 타인이 나에 대해 뭐라고 말하든 신경 쓰지 않을 수 있다."(264쪽)

저자의 말처럼 '진짜 나'로 사는 것을 방해하는 것은 내 안에도, 밖에도 있다. 우리 자신이 만든 편향적 시선이든, 세상이 만들어놓은 고정된 시선이든, 그런 것들에 매달려 있으면 자기다운 삶을 한 순간도 살 수 없다. 따라서 이것들을 넘어서서 '진짜 나'의 목소리를 들을 수 있어야 한다는 이야기로 나아간다.

'진짜 나'로 사는가의 판별 기준

"지금 이 순간, 지금 여기, 간절히 바라고 원했던 이 순간 (……) 날 묶어왔던, 사슬을 벗어 던진다, 지금 내겐 확신만 있을 뿐"

한 뮤지컬의 삽입곡을 들으면서 그런 순간을 살고 있는지 질문한 적이 있다. 하지만 '진짜 나'로 산다는 것이 무엇인가? '진짜 나'라는 것이 존재하기는 하는가? 또한 그 상황에서의 내가 '진짜 나'인지 어떻게 확신한다는 말인가?

저자는 '진짜 나'는 어떤 고정된 자아는 아니라 과정적인 것이라고 간주한다. '진짜 나'는 그때그때 나 자신으로 살려는 노력 속에서 순간에 존재한다는 것이다. 그리고 그러한 '진짜 나'로 존재하는지를 분별할 수 있는 리트머스 시험지로 다음과 같은 질문을 제시한다.

"이것이 진짜 나다운 일인가, 지금 나의 삶이 진짜 삶인가를 가늠해볼 수 있는 리트머스 시험지가 되는 질문이 있습니다. 내일 죽어도 이 일을 하고 싶은가? 내일 죽어도 오늘처럼 살고 싶은가입니다."(332쪽)

자신이 죽을 존재임을 인식하는 것이 왜 자기다운 삶을 살고 있는지를 판단하는 기준이 되는가? 저자는 하이데거를 따라 시간의 유한성이라는 한계 상황을 자기다움을 가장 잘 성찰하게 하는 존재론적 조건으로 간주한다. 지금이 삶의 마지막 순간이어도 그러하겠는가라는 실존의 물음은 삶의 방향을 '진짜 나'로 향하도록 바꾸어준다는 것이다. 즉, '진짜 나'로 사는 것을 미루지 않고 지금 이 순간 '진짜 나'로 살기로 결단을 내릴 수 있도록 해준다는 것이다.

하지만 '진짜 나'로 살기로 작정했다고 해서 온전히 '진짜 나'로 살아갈 수 있을까? 아무리 '진짜 나'로 살아가려 해도 가까운 사람이 이해해 주지 않거나, 그 반대 상황이면 이러한 과정을 지속하기 힘들지 않은가? 가족이나 연인이 그런 삶을 반대해도 '진짜 나'를 좇아 살아갈 수 있을까? 또한 가족이나 연인의 '진짜 나'에는 무심하면서 나만 그렇게 살아도 될까?

저자는 이러한 물음에 대해 '진짜 나'로 살려면 나만이 아니라 주변에 있는 존재들도 그렇게 살아야 한다고 말한다. 나와 네가 서로 '진짜 나'의 너, '진짜 너'의 나가 되도록 그러한 삶을 인정하고 도와주어야 한다고 본다. 저자는 야스퍼스의 철학에 근거해 일방적 '희생'이나 자신의 편향성에 치우친 '투쟁'이 아닌 두 주체 간의 '사랑하면서의 투쟁'을 역설한다.

> "인간은 타자와의 관계에서 자기 자신을 꿰뚫어보기 때문에 사랑의 과정은 우리 각자를 '진짜 나'가 되게 하는 과정이기도 하다. (……) 그래서 충분히 네가 아닌데 너와 소통하는 내가 충분히 나일 수 없다고 보는 것이다. 사랑하면서의 투쟁 속에서 동시적으로만 나와 네가 함께 실존이 될 수 있다."
> (315~316쪽)

실제로 부부나 연인이 서로 자신의 삶을 인정해 달라고 하면 갈등이 생기고 다투게 될 것이다. 나를 포기하고 너를 사랑하면 '진짜 나'를 희생하게 되고, 너를 포기해서라도 나를 사랑하겠다고 하면 '진짜 너'를 희생시키게 되는 것이다. 그런 관계는 적어도 관계의 측면에서는 행복한 삶이 되지 못한다. '진짜 나'로 살기 위해서는 타자도 그러한 본래적 삶을 사는 것을 인정해야 한다. 그러한 점에서 저자가 제안하는 '진짜 나'로 사는 것은 유아론을 넘어 사회적 차원을 획득한다는 점에서 의의가 있다.

내 마음의 주인으로 살기

누구에게나 자기 마음 하나 챙기기 어려운 날이 있다. 오늘 하루의 삶이 나답지 못했다는 기분이 들거나 달라질 것 같지 않아 내일 아침이 기대되지 않을 때가 있다. 자기 마음 하나 가누지 못하면서 어떻게 이 세상을 살겠냐고들 하지만, 당사자의 고통은 말할 수 없이 클 것이다. 하지만 이러한 상황을 방치하면 자신을 상처내고 타인에게 상처를 주는 악순환이 계속될 것이다.

저자는 "나는 나를 들고 다녔구나"라는 황지우 시인의 시구를 인용하면서 나를 들고 다니지 말고 놓아주라고 말한다. 나 자신의 편향적 인식이나 세상의 인식에 맞추어진 '가짜 나'는 놓아주고, '진짜 나'의 목소리를 들어야 한다는 것이다. 이러한 자기와의 화해 속에서 우리는 우리 마음의 주인으로 살아갈 수 있다는 것이다.

이처럼 저자는 행복한 삶을 살려면 자신의 마음을 가눌 수 있어야 한다고 말한다. 행복해지려면 자기 마음의 주인으로 살아야 한다는 것이다. 또한 그러한 것은 한 번에 되는 것도 아니라고 한다. 마음을 가누는 법을 배우는 것은 평생에 걸쳐 이루어야 할 과제라 말한다.

마음에 관한 연구나 산업이 성황을 이루고 있다. 그만큼 사람들이 살기 어려운가 보다. 하지만 내 마음 하나 챙기자고 열 일 제치고 템플스테이로, 상담소로 달려가기 힘든 것도 사실이다. 이런 상황에서 독서로 '철학 카운슬링'을 하는 것은 좋은 방법인 것 같다. 적절한 상황에서 읽는 책은 가뭄의 단비처럼 마음을 평화롭고 쾌청하게 해준다. 손에 가까이 두고 마음이 뜻대로 되지 않을 때 들춰보면 좋을 책이다.

1) 박찬국 외, 『철학, 죽음을 말하다』(산해, 2004). 이 책은 죽음에 대한 여러 철학자들의 성찰로, 특히 하이데거의 철학을 담은 「죽음은 인간 개개인의 가장 고유한 가능성이다」는 본래적 삶에 관한 내용과 상통한다. 인간에게 죽음이라는 한계 상황의 의미와 세상 사람들의 삶이 아닌 자신의 본래적 삶을 사는 것의 중요성을 알려준다.

2) 김형경, 『천 개의 공감』(사람풍경, 2012). 이 책은 정신분석학에 입각한 마음 풀이로 저자가 한 언론 매체를 통해 독자들과 나누었던 기록을 담고 있다. 소설가이지만 정신분석학에도 능통한 작가는 관계를 어렵게 만드는 상황과 그 고통에 관해 사례별로 들여다본다. 내면의 문제 때문에 갈등을 겪는 상담자의 상황을 자아, 가족, 성과 사랑, 관계 일반으로 확장시켜 논의한다.

3) 배르벨 바르데츠키, 『따귀맞은 영혼──마음의 상처에서 벗어나는 방법』, 장현숙 옮김(궁리, 2002). 이 책은 제목처럼 마음의 상처를 진단하고 그로부터 벗어나는 방법을 논의한다. 저자는 자신이 전공한 게슈탈트 심리 치료 이론에 근거해 일상에서 느끼는 좌절감과 우울, 불안감, 분노, 수치심, 소외감 등의 원인과 대처법을 알려준다. 특히 마음 상함에 관한 깊이 있는 분석과 그로부터 벗어나는 것을 도와주는 방법이 주목할 만하다.

현남숙 / 가톨릭대학교 ELP학부대학 강의전담 초빙교수

수치심 권하는
문화에서 벗어나기

『나는 왜 내 편이 아닌가』 / 브레네 브라운

자책 속에서 배회하다

하는 일이 뜻대로 되지 않고 바라던 결과도 얻지 못했다. 그것도 한두 번이 아니다. 의욕을 갖고 링에 올라 주먹을 날려보지만 연타를 얻어맞고 헛방만 날리는 복싱 선수의 기분이 이렇지 않을까? 그러다 보니 지난날에 대한 회한과 자신에 대한 자책으로 보내는 시간도 많아진다.

기분도 전환할 겸 서점으로 향한다. 볼 만한 책이 무엇이 있을까 둘러본다. 늘 보는 전공 서적들은 눈으로 훑고 지나가기만 한다. 오늘의 목적은 다른 데 있으므로. 대신 사람들이 많이 읽는 책은 무엇일까 이리저리 둘러본다. 한참을 지나도 별 소득이 없어 그만 나가서 한의원에서 침이나 맞자고 생각하던 그때, 제목 하나가 눈에 들어온다. 『나는 왜 내 편이 아닌가』(브레네 브라운 지음, 서현정 옮김, 북하이브 펴냄). '내가 내 편이 아니라고?' 이런 생각과 함께 시선은 그 책에 멈추었고 어느새 책을 들고 계산대 앞에 섰다. 자신을 책망하는 횟수가 전보다 잦아지던 차였으니 그럴 만도 하다. 제목만 보고 책의 내용을 예상해 본다. 나의 이익, 혹은 의지와 다르게 생각하게 되는 사례들을 다룬 것일까? 과거에 한 행동을 후회하고 돌아보는 내용일까? 아니면 분열적 자아정체성을 말한 것일까? 책을 펼쳐 보니 내 예상은 빗나갔다. 이 책은 마음의 상처를 받고 외로움 속에서 고통받는 사람들에 관한 이야기다. 그리고 왜 사람들이 그런 고통을 받으며 어떻게 하면 그 고통에서 헤어날 수 있는가를 말하고 있다. 내 예상이 빗나갔어도 좋다. '자신에게 엄격한 것'이 미덕이고 그것이 자기 발전의 덕목인 줄 알던 내게 냉정한 자아비판은 어렵지 않았다. 그러나 아무리 냉정하고 이성적이려고 해도 스스로를 질책하면서 고통이 따르는 것은 부인할 수 없는 사실이다. 다행히 고통이라는 공통분모를 찾았으니 본격적으로 저자의 말을 들어보기로 결정한다. 알고 보니 이 책은 이미 상당히 유명했다. 저자 브레네 브라운의 TED 강연은 조회수가 900만을 넘었고 이 책은 아마존에서도 심리 분야 최장기 베스트 1위였다. 한국에서는 최근 유행하는 힐링 코드로도 읽히고 있다. 알기 쉽고 재미있는 강연으로 청중들에게 환영을 받아 TED 담당자로부터 '스토리텔러'로 소개해도 되느냐는 질문을 받기도 했단다. 그런 매력은 그냥 얻어진 것이 아니었다. 사회복지학 연구자로서 수년간 수백 명을 만나 그들과 대화하고 공감하면서 얻은 결과를 애정을 가지고 풀어냈기에 가능했다. 그만큼 학술적 노력도 많이 기울여진 책이다. 더 놀라운 것은 강연 주제가 사람들이 말하기를 꺼려하는 '수치심'이라는 점이다. '수치심'은 이 책의 주제이자 브레네 브라운의 평생 연구 주제다. 저자는 이 '수치심'을 나의 가장 큰 적이 나 자신이 되는 이유로 지목한다. 따라서 왜, 어떻게 그렇게 되는지를 관련 사례 제시와 분석을 통해 밝히고 원인을 찾는다. 그리고 분석을 바탕으로 해결 방안을 내놓는다. 책을 읽고 나니 이런 생각이 든다. '수치심'은 연구자인 저자만 흥미를 갖는 단순한 연구 주제가 아니다. 심리적 고통이 심해 치료사나 상담사를 찾는 특정한 사람들만의 개인적인 이야기도 아니다. 우리 사회의 이야기, 서로 관계 맺고 사는 우리의 이야기, 그리고 누구나 겪었을 법한 모두의 이야기다. 이제 왜 그런지 살펴보겠다.

수치심은 무엇이고 어디서 오는가

브레네 브라운은 수치심을 이렇게 정의한다. "나에게 결점이 있어서 사랑이나 소속감을 누릴 가치가 없다고 생각할 때 느끼는 극심한 고통."(36쪽) 이 정의에서 눈에 띄는 말은 '소속감', '가치'다. 수치심은 어딘가로 숨고 싶은 일시적인 부끄러움이 아니다. 그것은 나에게 어떤 결점이 있어서 어딘가에 소속될 수 없다고 느끼는 고립감과 연결되며 이 고립감 역시 일시적인 상태가 아니다. 이것이 나의 존재 가치에 대한 부정적 평가와 연결되면서 근원적이고 장기적인, 더 나아가 항구적인 것이 된다. 그래서 수치심은 나의 '존재' 자체와도 연결되는 감정, 스스로의 결점 때문에 나의 '존재'도 부정적으로 만들어 버리는 감정이다.

누구나 결점을 가지고 있지 않은가? 그러나 수치심은 그 결점 때문에 존재의 가치조차 깎아내리는 감정이라는 것이 중요하다. 그것도 자기 스스로가 말이다. 그래서 저자는 수치심을 죄책감과 구분한다. 죄책감은 '행동'에 국한된 것인 데 반해 수치심은 '존재'로 확대된다. 이를테면 시험에서 부정 행위를 한 뒤 '다시는 그러지 말아야지' 하고 생각한다면 그것은 죄책감이고, '나는 거짓말쟁이고 사기꾼이야. 난 바보 같고 나쁜 사람이야'라고 생각한다면 그것은 수치심이다.(43쪽)

잠시 주변에서 쉽게 접할 수 있는 자책의 풍경을 떠올려보자. 자신에 대해 스스로 '바보', '머저리', '못된 놈' 따위의 비하적인 말을 쏟아내며 머리를 쥐어박거나 스스로를 때리는 행위를 동반하는 행위가 쉽게 떠오를 것이다. 또한 자기 반성이 미덕으로 여겨지는 통념 속에 이끌려 행위 자체를 넘어서 나는 과연 정상적인 사람, 좋은 사람인가라는 생각도 쉽게 하게 된다. 물론 반성 없는 삶은 잘못된 행동에 제동을 걸 수 없고 더 큰 잘못을 낳을 가능성이 크다. 그러나 그 반대의 경우 행위에 대한 반성을 넘어 존재 자체에 대한 가치 판단까지 해버리는 것도 큰 문제를 초래하게 된다. 어떤 잘못을 했다고 수치심까지 느껴서는 안 된다는 이야기다.

수치심을 유발하는 요인은 내 마음 속이 아닌 외부의 환경에 더 많이 도사리고 있다. 떠올려보자. 우리는 교육을 목적으로 혹은 상대방의 행동을 이끌어 내기 위해 수치심을 자극하는 경우를 주변에서 어렵지 않게 찾아볼 수 있다. '교육적 목적을 위한' 선의를 내세우지만 수치심을 이용한 교육은 그 효과가 지속적이지 못하다. 오히려 역효과만 나기 십상이다. 학습 열등생이든 실적이 떨어지는 회사원이든 오랫동안 가사만 돌보던 전업주부든 누구에게도 성적이나 실적을 향상하라고 사회로 나아가 자아를 찾으라고 한답시고 일종의 '충격 요법'으로 그 사람의 존재를 비하하는 발언을 한다면 오히려 결과는 그 의도와는 반대로 흘러가게 된다는 말이다. 오히려 수치심을 느낀 사람은 그 충격으로 마음을 닫고 위축되거나 비뚤어진 방향으로 그 고통을 발산할 수 있다.

수치심을 유발하는 보다 근본적인 계기는 개개인의 내면이나 개별적인 상호접촉을 넘어서는 더 큰 차원에 있다. 그것은 바로 '우리가 속한 사회의 문화'(25쪽)다. 그렇다면 수치심을 유발하는 문화는 어떤 문화일까? 우리는 '사람이란 자고로 ~~~해야 한다', '~~~이 좋은 것이다'라는 유의 말을 많이 들어왔다. 은연중 이런 말들은 우리 삶의 잣대가 된다. 문제는 그 잣대가 과도하고 너무 현실과 동떨어져 있거나 지나치게 완벽한 것을 추구할 때 발생한다.

매체에서나 볼 수 있는 모델, 언제 어디서나 탁월한 능력을 발휘하는 슈퍼맨, 일과 가사 모두를 척척 해내는 슈퍼우먼, 언제나 화목하고 평화로운 가정, 공부도 운동도 잘하고 심성도 착한 모범생 등등. 이런 것들은 상업적 욕망에 의해 가공되었거나 주변의 지나친 기대에서 나온 이미지들이다. 수치심은 내가 이런 기준에 미달하거나 기대에 미치지 못하고 그런 자신을 남에게 보여주기를 꺼려할 때 생겨난다. 완벽해 보이는 혹은 기대에 부응하는 모습을 보이려 안간힘을 쓰고 있어 힘겨울 때 그리고 그 목표를 달성하지 않았을 때 '자신이 형편없다'고 느끼게 되면 수치심은 점점 자라난다.

공감과 유대로 수치심을 떨쳐버린다

그렇다면 어떻게 하면 수치심에서 자유로워질 수 있을까? 여기서 다시 수치심의 정의 중 한 단어에 주목해 본다. 그것은 '소속감'이다. 수치심이 무서운 이유는 그것이 내가 세상 어디에도 소속될 가치가 없다고 느끼는 고립감을 동반하기 때문이다. 이 고립감은 수치심을 느끼는 자신에도 해를 주는 동시에 심각한 사회 문제를 야기한다.

저자는 강연에서 미국의 심각한 사회 문제인 비만, 중독, 약물 남용 등이 수치심에서 비롯된 잘못된 결과라고 지적한다. 그에 의하면, 타인에 폭력을 휘두르는 행동도 마찬가지로 고립감을 동반한 수치심에서 비롯한 것이다. 맞는 말이다. 자신의 좋지 않은 감정을 타인과의 정상적인 대화를 통해 해결할 수만 있다면 왜 공연히 폭식과 약물로 자신의 몸을 그르치며 타인을 해치기까지 할까? 그래서 저자는 '공감'을 수치심의 강력한 해독제로 제시한다.

이것은 사람은 홀로 있는 존재가 아니라 네트워크 안에서 다른 사람과 함께 살아가는 존재라는 것을 의미한다. 그렇기에 어디에 소속될 가치가 없다고 생각하는 수치심은 존재 자체에 대한 회의가 되므로 위험한 것이다. 나의 상태, 나의 마음에 대한 타인과의 공감은 그래서 당연히 수치심의 해결책이 된다. 공감을 위해선 말하는 사람의 용기와 듣는 사람의 자비가 중요하다. 용기 있게 말하고 자신의 상황을 공유함으로써 수치심을 느꼈던 사람은 회복의 실마리를 찾는다. 시야를 더 넓혀서 본다면 '나만 그런 것이 아니었어'라고 생각하게 되어 단절과 고립감도 해소할 수 있다. 듣는 이는 '나도 그럴 수 있어'라는 생각으로 공감을 해야 한다. 자칫, '비평자'의 태도로 상황을 해설하거나 평가하려 들거나 심지어 심한 말로 자존감을 허무는 언사를 한다면 수치심을 줄 수 있다. 그렇게 되면 당장은 말한 사람은 그 자리 그 상황에서 벗어나고 싶은 생각이 들겠지만 단절과 고립감은 점점 커질 수밖에 없다.

한때 온 나라를 떠들썩하게 했던 탈주범이 회고록에서 선생님으로부터 '너 착한 놈이다'라는 말만 들었어도 범죄자가 되지 않았을 거라고 했다. 그런데 도리어 선생님은 돈을 안 가져왔다고 욕설을 하며 '빨리 꺼지라' 했고 그때부터 마음속에 '악마가 생겼다'고 한다. 물론 변명이 섞여 있음을 감안해야 하겠지만, 이 상황에서 학생의 존재 가치를 훼손하는 선생님의 말은 듣는 이의 마음에 '악마'를 자라게 했고 결국 그 학생은 스스로를 고립시켜 범죄자가 되었다. 이 경우는 개인적 경험에서 오는 수치심이 개인의 심리적 고통을 넘어서서 사회 문제까지 유발할 수 있다는 말을 보여준다. 반면 비슷한 유년시절을 보낸 한 유명 프로파일러는 관심을 갖고 따뜻하게 감싸주는 사람이 있었기에 비슷한 환경에서도 정반대의 길을 갈 수 있었다고 말했다.

수치심을 느끼는 상황이 있다면 그것을 버려두어서도 그것에 빠져들어서도 안 된다. 자신의 상태를 차분히 돌아보아 그 원인을 찾아내서 감정을 회복하도록 해야 한다. 그리고 평소 자신의 경험을 분석적으로 파악하고 마음을 회복하는 방법을 찾아두었다가 만약 수치심이 유발되는 상황이 도래하면 빨리 빠져나오도록 해야 한다. 현실에서는 졌는데 저 혼자만 이겼다고 웃는 아큐의 자기 기만적 '정신 승리'도 옳은 방법이 아니다. 그것도 주변으로부터 벽을 쌓는 길이다. 용기 있게 자신의 상황을 말하고 타인과의 공감을 형성해서 유대의 끈을 유지하는 것이 수치심으로부터 벗어나는 데 중요한 방법일 것이다.

문화 곳곳에 도사리고 있는 완벽주의도 나를 수치심에 빠뜨리는 덫이다. 앞에서 말한 모델, 슈퍼맨, 슈퍼우먼, 다재다능한 모범생은 현실 속에 존재하기 매우 어려운 모습이다. 당연히 누구나 될 수 없다. 누구나 결핍이 있다. 무언가가 부족하다는 것은 성장의 계기이기도 하다. 또한 결핍만을 보아서는 안 되고 "내가 무엇을 잘하는지를 알아야 하며 강점을 발견하려고 노력해서 자신의 목표를 이루는 도구로 이용할 수 있어야 한다."(271쪽) 실제로 저자는 현장에서 학생들에게도 강점을 찾는 연습을 시키고 있다. 이것이 자기 자신에 대한 지나친 엄격한 태도, 완벽을 강요하는 풍토 속에서 수치심을 방지하고 자존감을 키울 수 있는 방법이다. 그럴 때 '사랑받고 소속되어 있다는 행복을 느낄 자격이 있다'고 느끼게 되어 수치심으로부터 멀어질 것이다.

나를 괴롭히는 익숙함에서 벗어나라

이 책의 논조는 균형적이고 포괄적이다. 우선 연구서이면서 교양서이고 심리서이면서 사회문화서이다. 내가 느끼는 나의 문제를 외면해서도 안 되지만 매몰되어서도 안 된다고 말한다. 죄책감과 수치심을 구별하면서 과도한 문제의식에 빠지는 원인을 지적해서 과한 자기 반성이 자기 붕괴로 나가는 것을 경계한다. 사람들이 불행하게 느끼는 문제를 다루면서 그 원인을 사회문화적 측면에서도 찾아낸다. 개별적인 대화나 마음 다잡기가 해결책으로 제시되는 동시에 유대감이 인간의 본원적 욕망이며 누구나 소속감 속에서 가치 있는 존재가 되길 바란다는 점을 전제로 하고 있다.

동시에 특정한 출신, 종교, 국적, 혈연 등 집단 정체성에 기대어 형성되는 '전형화'는 개인에게 덧씌운다면 수치심을 불러일으키는 요소로 지적

한다. 그 대신 공감을 매개로 공동의 노력과 개인의 심리 회복 노력을 병행할 것을 제안한다. 나도 스스로 수치심을 가져서는 안 되고 누군가가 내게 손을 내밀었을 때는 수치심을 갖지 않도록 해야 한다고 강조한다. 수치심을 유발하는 완벽주의 문화에 대해서도 마찬가지다. 이 책에서는 문화비평적 시야에서 지적하는 데 그치거나 저항하자고 선동하는 대신 완벽주의 문화에 휘둘리지 않는 길을 일러준다.

감정을 느끼고 타인과 대화하고 매체를 접하는 것은 우리에게 매우 익숙한 일이다. 그러나 익숙하다고 해서 능숙하거나 유익한 것은 아니다. 미덕이라고만 간주되었던 엄격한 자아비판, 의도가 좋다는 핑계로 묵인되거나 권장되기까지 한 수치심을 이용한 교육과 훈육 등도 우리에게 익숙한 것이다. 그러나 역시 유익하지는 않다. 붕괴될 것 같은 정신을 추스르는 일, 타인에게 상처를 주지 않고 대화하는 일에 우리는 여전히 서투르고, 모두를 해치는 삶의 방식들도 방치되어 있다. 그 후과는 고스란히 부메랑처럼 크고 작은 개인적·사회적 문제가 되어 돌아온다. 이제 나조차 내 편이 아니게 만드는 익숙한 것들이 있다면 버려야 하지 않을까.

더불어 읽기
깊이 읽기

1) 브레네 브라운, 『완벽을 강요하는 틀에 대담하게 맞서기』, 최완규 옮김(명진출판사, 2013). 이 책의 연장선상에 있는 것이자 브레네 브라운의 연구 결과와 강연을 총정리한 책이다. TED 인기 강의 〈Listening to shame〉, 〈The power of

vulnerability)과의 관계도 뗄 수 없다. 자신을 위축시키는 현상과 요인을 중심으로 살펴보고, 수치심과 죄악에서 벗어날 수 있는 전략에 많은 부분을 할애해서 수치심 문화로 인해 위축된 자아가 당당히 일어설 수 있도록 도움을 주고자 했다.

2) 미셸 퓌에슈, 『나는 오늘도 철학 9종 시리즈』, 심영아 옮김(이봄, 2013). 저자 소르본 대학 미셸 퓌에슈 교수는 철학적 개념과 사유를 일상에서 풀어내는 데 힘쓰고 있다. 이 시리즈는 총 9권이며, 3권씩 3가지로 분류된다. 사랑하다, 설명하다, 수치심이 우리가 매일 느끼는 마음 3가지(마음 에디션), 걷다, 먹다, 말하다가 우리가 매일 하는 행동 3가지(행동 에디션), 원하다, 버리다, 살다가 우리가 매일 하는 생각 3가지(생각 에디션)를 구성하고 있다.

송인재 / 한림대학교 한림과학원 HK연구교수

인간이 뭐 대단한 존재라고!
절망이 오히려 희망이라네!

『정말 인간은 개미보다 못할까』 /마크 트웨인

아동 작가에서 신랄한 독설가로

"내가 보기에 진화는 엉터리다. 인간은 정말로 한심한 실패작이다."
　　──커트 보네거트, 『나라 없는 사람』(김한영 옮김, 문학동네 펴냄), 19쪽

10년 전만 해도 마크 트웨인(Mark Twain, 1835~1910)은 『톰 소여의 모험』, 『허클베리 핀의 모험』의 작가로만 유명했다. 적어도 나에겐 그렇다. 또 40~50대 청장년층 세대는 대부분 그의 소설을 읽고 자랐다. 뿐만 아니라 애니메이션과 영화로도 여러 번 방영됐다. 그래서 마크 트웨인은 아동용 모험소설의 대명사다.

그런데 알고 보니 그는 사회 비판가, 아니 독설가로 더 유명하다. 특히 제국주의 관점에서 미국의 대외 정책을 신랄하게 비판했다. 나는 유년기

의 추억 외에 그에 관한 정보가 없었기 때문에 적지않이 놀랐다. 오히려 사회 비판가로서의 말년 행보가 그를 이해하는 핵심일지도 모르겠다.

마크 트웨인을 새롭게 발견한 것은 미국 작가 커트 보네거트(Kurt Vonnegut, 1922~2007)를 통해서였다.

"유머는 인생이 얼마나 끔찍한지를 한 발 물러서서 안전하게 바라보는 방법이다. 그러다 결국 마음이 지치고 뉴스가 너무 끔찍하면 유머는 효력을 잃게 된다. 마크 트웨인 같은 사람은 인생이 정말 끔찍하다고 생각했고 그 끔찍함을 농담과 웃음으로 희석시켰지만 결국 포기하고 말았다. 아내와 단짝 친구와 두 딸이 죽은 후였다."(『나라 없는 사람』, 126쪽)

커트 보네거트의 소개에 따르자면, 마크 트웨인은 노년기에 이르러 미국이란 나라와 나아가 인류에게 희망을 잃은 듯하다. 실제로 그의 책 번역본 말미에는 다음과 같이 기술되어 있다.

"그가 이 책을 쓴 시기는 60세를 바라보는 시기였다. 당시 병상에 누워 있던 그의 부인 올리비아는 책의 내용에 충격을 받았다고 한다. 부인은 책 출간을 만류했다. 그래서 1904년 부인이 사망할 때까지 책은 출간되지 않았다. 1906년 처음 발간되긴 하였으나, 특히 성직자들의 반응이 두려워 250부만 찍어 주변 지인들만 돌려봤다고 한다. 그리고 마크 트웨인 사후 7년이 되어서야(1917년) 정식 출간되었다."(마크 트웨인, 『정말 인간은 개미보다 못할까』(박영선 옮김, 북인 펴냄) 203쪽, 본문 축약)

선행은 자기만족에 불과

그런 마크 트웨인이 보기에 애초에 인간은 기계에 가깝다. 이 기계가 외부의 힘에 영향을 받아 사유하고, 판단하고, 행동할 뿐이다. 이때 외부의 힘은 교육과 훈련을 뜻한다. 그리고 교육도 외부에서 받은 영향의 결과물인데 그 영향의 대부분은 인간관계다.(같은 책, 90쪽) 즉 기질 차이만 제외하면 인간은 소속된 사회의 교육과 훈련에 의해 그 판단과 행동이 좌우된다. 여기서 인간관계는 사회적 관계로 풀어도 무방할 듯하다. 마르크스가 말한 '존재가 의식을 규정한다'는 구절이 연상된다.

기질은 타고난 성질인데 이것만은 아무리 교육을 해보아도 없앨 수 없다고 한다. 단지 할 수 있는 것은 기질에 압력을 가해 살짝 눌러 놓을 뿐이라는 것(같은 책, 103쪽)이다. 가령 프로이트는 아인슈타인에게 보낸 서한에서, 인간의 공격 충동을 영구히 없앨 수는 없다고 한다. 그러나 조절하는 노력은 가능한데 그게 바로 (교육을 포함한) '문화'다.

"인간의 공격적 충동을 완전히 제거하는 것은 불가능합니다. 우리가 할 수 있는 일은 공격적 충동을 전쟁으로 발산할 필요가 없도록 그 충동의 방향을 다른 데로 돌리려고 애쓰는 것이 고작입니다."(……) "문화 발전은 어떤 종의 동물을 길들이는 것과 비교할 수 있고, 신체적 변화를 수반하는 게 분명합니다. (……) 문화 발전에 수반되는 '신체적' 변화는 두드러지고 명백합니다. 그것은 본능이 지향하는 목표를 차츰 다른 데로 돌리고, 본능적 충동을 억제합니다." ── '왜 전쟁인가', 『문명 속의 불만』(지그문트 프로이트 지음, 김석희 옮김, 열린책들 펴냄, 349쪽)

프로이트가 볼 때 본능은 없앨 수 없다. 문화로 방향을 조절할 뿐이다. 마크 트웨인이 볼 때 타고난 성질은 없앨 수 없다. 문화로 관리할 뿐이다. 양자 공히 인간 형성의 주요 기제로 문화의 중요성을 언급하고 있다.

무엇보다 책 내용에서 가장 격렬한 논란은 선행이 자기 만족에 불과하다는 주장이다. 무릇 선행이란 누구에게나 지지와 동의를 얻는 보편적 행위, 즉 타인을 배려하고 존중하고 동등하게 대우하고 요즘 식으로 말하면 '힐링'도 하는 아름다운 행위일 것이다. 그런데 그런 행위의 의미를 폄하하는 건 당시 미국 사회상과 관련 있을 것이다. 앞서 밝혔듯 종교계의 비난이 두려워 초판 간행수를 최소화했다는 게 단서다. 19세기 미국은 청교도 영향하에 있었다. 종교로부터 사고와 행동이 자유롭지 못했다. 『주홍글씨』(1850)가 그렇고, 실화에 기반한 영화 「크루서블(The Crucible)」(1998)의 어처구니없는 마녀사냥도 그렇다. 행동강령이 외부에서 주어지면 행동을 규제당하는 건 당연하고 그 규제 정도와 회피만이 관심사로 남는다.

"오로지 타인을 위해 선의를 베풀 것을 요구한다네, 온전히 우선 의무를 위한 의무를 다할 것, 자기희생의 행위를 하라는 식의 요구를 내놓는 거야. (……) 인간의 내부에 깃든 절대 최고의 군주가 있다는 것을 인정하고 있다네. 그리고 우리 인간들 모두는 그 앞에 끓어 엎드려서 그 절대군주에게 호소하는 것이지. 그런데 거기가 틀리지. 다른 무리들은 교묘하게 속여서 몸을 바꾸니까."(『정말 인간은 개미보다 못할까』, 108쪽)

때문에 애써 밖에서 찾지 말고, 나를 진정 기쁘게 하는 행위를 내 스스로 결정하는 게 중요하다. 그리고 타인이 느끼는 감사함, 고마움은 부차적

이어야 한다. 그렇다면 일단 선행의 이유를 스스로 납득하고 내 스스로가 먼저 즐거워야 한다. 나아가 사회는 대다수의 사람들이 선행에서 만족(일종의 쾌감)을 얻을 수 있도록 교육(나아가 문화)를 통해 유도해야 한다.

> "스스로를 만족시킴과 동시에, 이웃과 넓게는 사회에도 선을 뿌리는 행위가 있어야 해. 그래서 그런 행위 속에서 우선 최대의 기쁨을 발견해낸다는 경지에 오르도록 뜻을 두어야겠지."(같은 책, 106쪽)

마크 트웨인은 인간이 선행에서 최대의 만족을 얻는 것은 일정 수준의 도야를 거쳐야만 가능하다고 본다. 만족이 반드시 선행에서만 비롯되지 않기 때문이다. 타인의 고통과 불행에서 쾌감을 느끼는 것도 일상다반사니까. 우리 사회가 함께 고민해야 할 지점이다.

자기만족의 전제 : 타인의 행복, 상호 존중

그런데 읽으면서 궁금한 게 하나 있었다. 선행의 원칙은 무엇이어야 할까? 어떤 행위를 해야 나도 만족할 수 있으며, 또한 타인도 행복할 수 있을까? 이타적 행위가 자기 만족을 위한 자기 주도적 행위라면 내가 마음먹은 대로 행동하면 될까? 한국철학사상연구회 선배님의 글에서 그 실마리를 가져왔다. 다소 길지만, 의미심장한 내용이어서 인용한다.

> "자공(子貢)이 공자(孔子)에게 묻는다. '한 마디 말로 평생토록 실천할 만

한 것이 있습니까?' 공자가 대답한다. '그것은 서(恕)로다! 자기가 원하지 않는 것을 남에게 하지 않는 것이다'(其恕乎! 己所不欲 勿施於人. 『논어(論語)』 위령공(衛靈公)편)

이 가르침은 이미 서(恕)라는 글자 안에 다 들어 있다. 서(恕)는 마음(心)이 같다(如)는 두 글자가 합쳐진 것이다. 그런데 여기서 공자는 왜 '자기가 원하는 것을 남에게도 하라'는 식의 긍정형이 아니라, '하지 말라'는 식의 부정형으로 표현했을까? 공자뿐만 아니라 성인(聖人)의 가르침 거의 모두가 부정형이다. 우선 긍정형으로 가르치면 무슨 일이 벌어질까? 공자가 만약 '네가 원하는 대로 남을 대하라'고 했다면, 세상 끝장나게 돌아간다. 알다시피 우리는 그리 도덕적이지 못하다. 그렇기에 내가 원하는 것이 남에게 도움이 되는 경우는 별로 없다. 힘이 센 나쁜 사람은 힘이 약한 사람이 가진 좋은 것을 빼앗고 싶어 한다. 그런데 공자가 거기에다 '네가 원하는 대로 남을 대하라'고 하면 아무런 죄책감 없이 빼앗게 될 것이다. 착한 사람은 자기 것을 남을 위해 내놓고 싶을 것이다. 마침 착한 사람과 게임을 하게 되면 그만큼 또는 그 이상 돌려받겠지만, 그러나 나쁜 사람을 만나서 자기 것을 내놓으면 그것으로 거래는 끝이 난다.

반면에 부정형으로 하면 사정이 바뀐다. 누구도 자기 것을 남에게 강제로 빼앗기고 싶지 않다. 따라서 자기가 원하지 않는 대로 남을 대한다면, 남의 것을 빼앗지 않을 것이다. 착한 사람도 부정형으로 보호받을 수 있다. 나쁜 사람이 더러운 게임을 하고 싶더라도, 이 원칙을 받아들인다면 자신이 그런 피해자가 되고 싶지 않기에 나쁜 짓을 그만둘 것이다. 그뿐만 아니라 이 부정형은 무엇보다 보복의 악순환을 방지하는 장치이기도

하다. 남이 나에게 해를 끼쳤을지라도, 내가 보복 당하는 것을 원하지 않는다면, 나는 그 사람에게 보복하지 않을 수 있다는 말이다. 이게 바로 '악인에게 맞서지 말라. 누구든지 네 오른뺨을 치거든 왼뺨도 내줘라'는 말의 숨은 뜻이다."(김범춘(한국철학사상연구회 회원), '철학 강의(15) 사람의 도움원리' 중에서 인용, 다음(DAUM) 카페 'fridaybeer')

내가 원하지 않는 것을 남에게 하지 않는다! 인류사에 등장한 모든 참혹한 반인륜 사건, 인권 침해의 공통점은 이 가르침과 상반된 원칙이 적용된다는 것이다. 나는 내 의지와 무관하게 타인의 강요에 의해 죽고 싶지 않다. 하지만, 그렇게 생각하는 친위대 장교는 유대인을 가스실로 보낸다. 나는 내가 원하지 않는 시간과 장소에서, 강제로 타인의 강압에 의해 성행위하고 싶지 않다. 하지만 그렇게 생각하는 광주 인화학교 직원은 장애인 학생을 성추행한다.

결국 관계에서 발생하는 자기 만족은 타인에게 억압이나 폭력이 아니어야 하며 타인의 행복이 전제될 때 비롯한다. 그리고 타인의 행복은 내즐거움을 원해서 나 스스로가 선택한 행동이어야 한다. 이렇게 하면 자기 주도적인 선행은 타인의 행복을 동반할 수 있다. 결국 이 원칙은 상호 존중이라고 말할 수 있는데, 인권 침해 예방 원리로서도 주장할 수 있을 것이다.

스스로 착각의 함정에 빠지지 않으려면

책 전반에서 마크 트웨인은 인간이 변변치 못한 존재임을 누차 강조한다. 허나 책을 읽고 나서는 그 일관된 냉정한 태도야말로 인간에게서 희망의 근거를 찾기 위한 역설이 아닐까 추측하게 된다. 정녕 인간에게 환멸을 느꼈다면 그런 주제에 관한 책을 쓸 의욕조차 없었을 것이 아니겠는가. 오히려 마크 트웨인처럼 인간의 가능성에 붙어 있는 화려한 수사와 막연한 믿음을 걷어내야 섣부른 희망을 품지 않을 것이다. 이 섣부른 희망은 결국 착각인데 (의도하거나 아니거나) 이 착각이 심각한 결과를 동반한다. 조급한 희망과는 달리 결과로서의 현실은 희망과 상반되기 때문이다. 이 현실은 직면하기 힘들 정도로 참혹하므로 인지부조화가 나타난다.

지난 대선에서 나는 정권의 변화를 염원했다. 하지만 야당이 실력 없고 긴장감 없고, '허당'이라는 인식은 이미 지난 총선 과정에서 확인됐고, 그 불안의 전조는 민선 5기 지방 선거의 승리를 해석하는 당시 야당 지도부의 태도에서 조짐이 보였다(기존 여당이 싫어서 반대급부로 찍어준 것뿐인데 자기들이 잘해서 이긴 거라고 자화자찬하다니!). 하지만 이 정권하에서 사는 게 하도 고통이라 이번만큼은 무조건 야당 단일 후보에 '올인'했다. 그 후 회자되는 단어는 '멘붕'이다. 대선 이후 한 달 넘게 미디어의 정치면을 외면하는 사람들이 많았다고 한다(나는 뉴스를 다시 보는 데 2주일 걸렸다).

어떻게 보면 멘붕은 좀 더 냉정하지 못한 나 스스로가 선택한 착각의 결과일 것이다. 미래가 불투명해서 조급히 선택하는 미완성의 희망은 후폭풍이 거세다. 그럴 바에야, 냉정을 유지하는 것, 그 버티는 힘이 오히려 희망의 싹일지 모른다. 그리고 그 버팀의 시작은 나와 타자가 동시에 행복해지도록, 거기에서 쾌감을 얻을 수 있도록 훈련하고 실천하는 데 있다. 그리고 집단 프로그램으로 제안해야 한다. 상호 존중과 연대 그리고 냉정! 마크 트웨인의 독설에서 얻은 교훈이다.

1) 김범춘, 『철학, 세상과 소통하기』(모티브북, 2007). 철학자 김범춘은 우리에게 익숙한 주제와 개념을 소재로 일상의 평온과 행복이 과연 타당하게 구성된 것인가를 타협 없이 분석한다. 때문에 읽는 동안 불편한 감정을 갖게 한다. 허나, 감정과는 별도로 그의 논증에는 공명하게 되는데, 마크 트웨인의 글이 불편하긴 하나 부인할 수 없는 진실로 다가오는 것과 흡사하다. 즉, 김범춘은 인간과 사회를 논할 때, 할리우드 영화처럼 적당히 봉합하고 수습하지 않는다. 집요하고 차갑지만 진실하다. 그 차가운 진실이 독자의 삶을 뒤돌아보게 하고 정신의 성장과 변화를 이끄는 동력이 아닐까. 그 점에서 이 책은 강한 정신을 지닌 행복한 인간을 꿈꾸는 분들의 유용한 길잡이가 될 것이다.

2) 스탠리 코언, 『잔인한 국가 외면하는 대중』, 조효제 옮김(창비, 2009). 스탠리 코언은 국가 폭력이 자행한 인권 침해와 이를 외면·방관하는 대중의 심리를 '부인'이라는 개념으로 탐색한다. 인간은 자기가 택한 행위를 정당화한다. 특히 공권력을 행사하는 관료들은 인권 침해 논란과 위기를 모면하기 위하여 스스로를 왜곡하고 제도조차 자기 행위를 정당화하는 알리바이로 악용한다. 이 책은 제도만 바꾼다고 인권 침해가 없어지지 않는다고 말한다. 그래서 과오를 부인하고 타인의 고통을 외면하는 인간의 내면 이해가 중요하다. 기존의 인권 서적들은 법·제도를 주로 다뤘는데, 제도를 만들고 운용하는 인간이 어떤 존재인지 그 추악한 진실을 드러냈다는 점에서 시사적이다. 인간을 이해하는 작업은 우리 삶의 실질적 변화를 추동하는 가장 확실한 수단이라는 것을 실감케 하는 저서다.

김의수 / 한국철학사상연구회 회원

세 상 을 위 한
'나'는 가 라

『뻐꾸기 둥지 위로 날아간 새』 / 켄 키지

거 대 한 콤 바 인 의 세 상 속 에 '나'는 없 다

오늘날 현대인은 충분히 지쳐 있다. 예전보다 할 일이 많아졌다는 것은 그만큼 우리가 충분히 피곤해지고 있다는 증거이다. 얼마 전 뉴스를 보니, 아이들이 의대를 가기 위해서 이미 초등학생 때부터 수능 공부를 시작한다고 한다. 이러한 선행 학습의 열풍에 맞추어, 의대 입시 전문 학원에서는 초등학생에게 고등학교 수학이나 자연과학 심지어 의대 예과 과목까지도 가르친다니 참 씁쓸한 일이 아닐 수 없다. 아이들은 의사가 가져야 할 환자의 생명에 대한 존중심을 배우기에 앞서, 현란한 지식과 능숙한 기술을 익히기에 바쁘다. 그것은 일종의 기능인을 생산하는 활동이다. 그래서 아이들에게 의사는 이제 더 이상 환자를 치료하고 인류에 봉사하는 직업이 아니라, 돈과 명예를 단번에 얻을 수 있는 철저한 기능인이 되고 있다.

이것은 단순히 사교육 열풍의 문제일 뿐만 아니라, 우리 사회 전반에 자리 잡고 있는 구조적이고 총체적인 문제이기도 하다.

우리는 경쟁 사회 속에서 살아남기 위해서 날마다 고군분투한다. 좋은 대학에 가기 위해서 아이들은 선행학습을 받고, 대학생들은 취업을 위해서 어학 공부와 자격증 따기에 여념이 없다. 직장인들은 결혼과 집 문제에 시달리고, 직장에서 퇴직당하지 않기 위해 끊임없이 또 무언가를 배워야 한다. 그러나 그렇게 한 평생을 시달린 노후에 남는 것이라고는 빈곤과 외로움뿐이다. 이것이 지금 한국 사회를 살아가고 있는 우리의 과거와 현재 그리고 미래의 모습이다. 이것이 정말 우리가 원했던 모습인가? 오히려 우리는 사회가 원하는 이상적인 모습에 맞추어 우리 자신을 가꾸고 치장했던 것은 아닌가?

우리 사회는 오직 한 인간을 어떻게 하면 사회 발전에 적절한 인간형으로 만들 수 있는지에만 관심이 있다. 그래서 현대인에게 꿈은 자기 실현이 아니라, 오히려 사회가 우리에게 원하는 이미지의 실현이 되어버렸다. 이제 세상에 '나'는 없고, '세상을 위한 나'만이 존재한다. 이른바 '스펙 쌓기'는 우리가 사회에 얼마나 적합한 인간형으로 살아남느냐를 보여주는 치열한 경쟁의 증거이다.

지금 우리 사회에는 두 종류의 인간형이 있다. 하나는 사회가 원하는 인간이 되기 위해 끊임없이 일하는 기계형 인간이다. 사회는 그들에게 효율적인 인간이 되기 위한 기능과 요건을 충실히 익힐 것을 요구하고, 조그만 실수나 잠깐의 휴식조차 허용하지 않는다. 다른 하나는 더 이상 세상에 필요하지 않은 폐품형 인간이 있다. 이들은 사회의 수치와 패배의 전형이다. 그래서 사회적으로 죽음을 선고받은 이 쓸모없는 인간들은 세상에서 버려졌다는 분노와 슬픔을 간직한 채 유령처럼 사회를 부유한다.

소설 『뻐꾸기 둥지 위로 날아간 새』(켄 키지 지음, 정회성 옮김, 민음사 펴냄)에서 이야기를 서술하는 추장 브롬든은 이러한 현대 사회의 모습을 '콤바인'이라고 불렀다. 콤바인은 넓은 농토 위를 누비며 벼나 보리 등을 탈곡하거나 선별하는 농기계이다. 브롬든이 보기에, 세상은 마치 이 거대한 콤바인 기계처럼 우리를 사회에 적합한 인간과 그렇지 않은 인간으로 구분하고, 그 속에서 하나하나 재탄생되는 수확물처럼 우리를 사회에 적합하게 교화시키거나 그것이 안 되면 아예 폐기처분해 버린다. 그래서 세상은 우리의 뜻대로 돌아가는 것이 아니라, 거대한 권력을 가진 체계적이고 일률적인 사회 구조에 의해서 움직이는 것이다.

현대인은 좀 더 유능한 기계가 되느냐, 아니면 사회적 낙오자가 되느냐의 갈림길에서 늘 아슬아슬한 인생의 줄타기를 하고 있다. 여기서 한번쯤 우리 자신에게 물어보자. 나는 이 경쟁의 줄타기를 잠시 멈추고 쉬고 싶지 않은가? 아니 아예 이 줄타기에서 벗어나 자유를 갈망하고 있지 않은가? 『뻐꾸기 둥지 위로 날아간 새』는 바로 이러한 문제를 제기한다.

뻐꾸기 둥지 위로 날아간 맥머피

작가 켄 키지(Ken Kesey)는 정신병원에서 보조원으로 일했던 경험을 토대로 1962년에 이 소설을 출간했다. 이 작품은 권위적이고 억압적인 정신병원의 관리 체제에 대한 고발을 통해서 당시 미국 사회가 가진 구조적 문제점을 비판하고 있다. 1960년대 미국의 상황은 경제적으로는 물질만능주의와 경제 발전을 강력하게 주장했고, 정치적으로는 인종차별이나 여러 사회 문제를 엄격한 보수주의로 다스리고 있었다. 이러한 강압적이고 지배적인 사회 체제에 저항하여 인간의 자유와 자연주의로 되돌아가고자 하는 움직임 또한 활발하게 일어나고 있었다. 이 책은 당시 미국의 일그러지고 혼란스러운 사회상을 고스란히 담고 있다.

처음에 주인공 맥머피가 뻐꾸기 둥지 위로 날아간 것은 순전히 우연에 불과했다. 그는 정신병원이 힘든 교도소 생활보다 훨씬 자유롭고 편할 것만 같아서 일부러 미친 사람 흉내를 내면서까지 정신병원으로 오게 된다. 그러나 그것은 잘못된 선택이었다. 그는 감옥보다도 더 폐쇄적이고 권위적인 정신병원의 환경에 대해 경악한다. 거기에서 너무나 오랫동안 병원에 있다 보니 이제는 더 이상 그곳을 떠날 생각조차 할 수 없는 일명 '빗자루 추장' 브롬든을 만나게 된다. 브롬든은 늘 빗자루를 들고 병원 여기저기를 기웃거리면서 주변 상황을 용의주도하게 살핀다. 이 영리하고 예리한 관찰자는 듣지도 말하지도 못하는 척하면서, 육체적으로나 정신적으로나 철저하게 세상과 자신을 단절시키고 자신 안에 잔뜩 웅크리고 있다. 어떻게 보면, 이러한 비겁하고 겁쟁이 같은 그의 행동은 그가 콤바인이라고 부르는 거대한 조직으로부터 자신을 지켜내는 유일한 방법이었는지도 모르겠다. 어쨌든 그는 그렇게 자신만의 방식으로 병원에서 아주 오랫동안 지내올 수 있었다.

소설 속에서 맥머피와 브롬든은 아주 대조적인 인물로 묘사된다. 맥머피는 사회에서 상습적인 구타와 싸움, 도박 등의 문제들을 일으켰던 범죄자일 뿐만 아니라, 다분히 선동가 기질이 있는 사람이다. 따라서 그가 사회 체계 내에서 순종적이고 얌전한 인간이 되기 위해서는 반드시 교화가 필요하다. 반면, 브롬든은 정책적으로나 사회적으로나 교화시킬 필요성도 없다. 그는 철저하게 미국 사회 바깥으로 내몰려서 일정 구역 안에서 보호와 감시를 받아야 하는 일종의 폐품형 인간이라고 볼 수 있다.

이처럼 너무나도 다른 맥머피와 브롬든의 첫 만남은 강렬하고도 인상적이었다. 우선 맥머피는 브롬든이 세상에 무관심하고 늘 방관자인 척 행동하지만 사실 세상에 대한 이야기에 누구보다도 귀를 쫑긋 세우고 있고, 늘 세상을 향해 말하고 싶어 한다는 것을 알아차렸다. 반면 브롬든은 맥머피를 통해서 자신이 너무나 오랫동안 잊고 있었던 사람의 냄새를 기억해 냈다.

"그가 큰 소리로 웃기 시작한다. 그가 왜 웃는지 아무도 확실하게 알지 못한다. (……) 마음에서 우러나는 웃음소리란 이런 게 아닐까 싶다. 문득 나는 그것이 수년 만에 처음 들어보는 웃음소리라는 걸 깨닫는다."(27쪽)

맥머피는 아직 사람 냄새를 간직한 자유로운 인간이었다. 브롬든은 맥머피의 웃음 속에서 이미 자신에게는 사라져버렸지만 아련한 기억 속에 남아 있던, 언젠가 아버지에게서 느꼈던 사람 냄새를 발견하게 된 것이다. 또한 이 냄새는 브롬든이 탁 트인 들판의 먼지와 흙에서 그리고 땀과 노동에서 맡았던 것이기도 하다. 그 냄새를 맡는 순간 마치 봉인이 풀리듯이, 브롬든의 잔뜩 웅크린 육체와 정신이 서서히 꿈틀거리기 시작한다. 맥머피의 웃음은 그렇게 브롬든의 기억 속에 있던 인간에 대한 향수를 불러내고 있었던 것이다.

기계가 되어라, 더욱더 효율적인 기계가 되어라

　브롬든이 정신병원에서 가장 오래된 환자라면, 랫치드 수간호사는 그보다 더 오래 정신병원에 있었다. 그녀는 늘 억압적인 시선으로 환자를 바라보면서 병원이 정한 규칙을 엄격히 지키기를 강요한다.

　　"수간호사는 병동이 한 치의 오차도 없이 원활하게 돌아가는 정밀한 기계처럼 운영되지 않으면 참지 못하는 성격이다. (……) 그녀는 골치 아픈 문제가 해결될 때까지, 즉 그녀의 표현을 빌리자면 '주위 환경에 맞게 조정되기 전까지'는 절대로 긴장을 늦추지 않는다."(52쪽)

　예리한 브롬든의 눈에 수간호사만큼 콤바인의 체계와 닮은 유형은 없다. 바깥세상이 콤바인이라는 거대한 조직에 의해 정확하고 능률적으로 돌아간다면, 정신병원은 수간호사가 정한 규칙에 따라 질서정연하게 움직인다. 콤바인이 세상을 움직이는 거대한 권력이라면, 수간호사는 이 거대 권력의 유지를 위해서 우리를 관리 감독하는 충실한 일꾼이다. 그녀의 관리하에 정신병원에는 만성 환자와 급성 환자가 있다. 만성 환자들은 치료를 받기 위해 병원에 있는 것이 아니다. 그들은 이른바 콤바인의 명예를 더럽히는 사람들로서 오직 사회와 격리시키기 위해 병원에 있는 것이다. 반면 급성 환자들은 사회에서 적응하지 못하거나 문제를 일으킨 사람으로서 적절한 치료만 받으면 언제든지 콤바인의 세계로 되돌아갈 수 있는 사람들이다. 수간호사의 목적은 바로 이 급성 환자들을 사회의 목적에 부합하게 교정시켜서 콤바인의 적합한 인간형으로 즉, 순종적이고 고분고분한 기계로 개조하는 것이다. 콤바인을 위해 충실히 봉사하는 로봇을 만드는 일이야말로 이른바 병원에서 말하는 치료의 '성공 사례'이다. 여기서 브롬든의 자조적인 독백을 들어보자.

> "그렇다. 나는 알고 있다. 병동은 콤바인을 위한 공장이다. 도시, 학교, 교회 등에서 저지른 잘못을 고치는 공장이 바로 이곳 정신병원이다. 여기서 고친 제품은 신제품이나 다름없다. 아니, 가끔씩은 신제품보다 더 훌륭하게 고쳐져서 사회로 돌아간다. 그럴 때마다 수간호사는 기뻐서 어쩔 줄을 모른다."(72쪽)

결국, 만성 환자나 급성 환자는 모두 내부적 결함을 가진 고장난 기계들이다. 다만 그들은 콤바인의 세계로 되돌아갈 수 있느냐 없느냐에 따라 구분되는 것이다. 이처럼 오늘날 인간은 마치 끊임없이 돌아가는 공장의 기계와도 같다. 그리고 사회는 그 기계가 고장이 나거나 혹은 더 이상 움직일 수 없을 만큼 노화되었을 때, 미련 없이 우리를 세상 바깥으로 버릴 것이다. 그래서 세상은 늘 그렇게 우리에게 기계가 되라고, 그것도 더욱더 효율적인 기계로 거듭나라고 촉구한다. 멈추면 죽는다. 이 처절한 몸부림 속에서 잠시 나를 바라보노라면, 겁에 잔뜩 질려 웅크리고 있는 브롬든의 얼굴이 불현듯 스쳐 지나간다. 브롬든을 철저하게 자신 안으로 가두게 만들었던 거대한 콤바인의 힘이 우리를 제2의 브롬든으로 만들어버린 것이다.

자유를 꿈꾸는 자, 그대만이 탈출할 수 있다

모든 일은 아주 우연하고 단순한 데서 시작되었다. 자유분방한 맥머피에게 억압적인 병원 환경은 여간 불편한 것이 아닐 수 없었다. 그래서 그는 병원의 불합리한 규칙을 비판하면서 수간호사에 맞서기 시작한다. 예컨대, 그는 그룹 회의 모습을 이른바 '닭들이 서로 쪼아 대는 파티'에 비유하면서 수간호사를 비아냥거리거나, 프로야구 프로그램을 보기 위해서 환자들을 선동하는가 하면 병원 유리창을 깨뜨리기도 했다. 그런데 환자들은 맥머피의 이러한 행동들을 보고는 그야말로 병원의 실질적인 권력자에 맞서 싸우는 진정한 영웅이라고 생각했다. 물론 그것은 애초에 그가 의도했던 일은 전혀 아니었다. 그는 단지 병원에서 자신이 좀 더 편안하게 지내기를 원할 뿐이다.

그럼에도 불구하고 브롬든 역시 맥머피의 이러한 행동을 보고는 그가 콤바인으로부터 자신을 탈출시켜 줄 유일한 구원자라고 생각했고, 이어서 브롬든에게 많은 변화들이 생겨났다. 우선, 맥머피의 반항적인 행동은 브롬든으로 하여금 세상을 향해 말을 걸게 만들었다. 브롬든은 자신도 미처 알지 못했던 참을 수 없는 어떤 힘을 느끼게 되고, 적극적으로 병원의 부조리함을 향해 싸우기 시작한다. 맥머피가 단순히 편하게 지내보자고 시작했던 행동들이 브롬든에게 권력에 맞설 수 있는 저항의 힘을 가져다 준 셈이다. 이제까지 브롬든에게 콤바인은 너무나 무섭고 거대한 힘이어서 그의 귀와 입조차 닫아버리게 하고 2미터가 넘는 그를 충분히 작게 만들 만큼 두려움의 대상이었다. 하지만 이제 그는 어쩌면 콤바인이 그렇게 대단한 존재가 아닐 수도 있다는 생각까지 들었다.

"어쩌면 '콤바인'도 전능하지 않을 것이다. 우리가 스스로 할 수 있다는 것을 깨달은 이상, 이런 일을 다시 못하게 막을 수는 없을 것이다. 우리가 하고 싶은 일을 못하게 막을 수 있는 것이 과연 무엇일까?"(482쪽)

이제 브롬든을 막을 수 있는 것은 수간호사도 아니고 콤바인도 아니고 오직 자기 자신뿐이다. 그는 더 이상 누군가에 의해 강제로 움직이는 기계가 아니다. 그렇게 그는 절대 권력의 횡포에 의해 움츠러들고 두려움에 떨던 아주 나약한 인간에서 자유와 새로운 삶을 꿈꾸는 주체적 인간으로 거듭났다.

저항의 힘은 누군가에게는 희망의 불씨를 전해 주기도 하지만, 때로는 참혹한 결과를 가져오기도 한다. 맥머피와 수간호사의 갈등의 끝은 처절했다. 맥머피가 병원에서 크고 작은 싸움에 휘말리자, 수간호사는 그에게 여러 차례 전기 충격 요법을 시행했고, 급기야 뇌 전두엽 절제술이 그에게 가해졌다.

"병동 문이 열리면서 흑인 보조원들이 이동 침대를 밀고 들어왔다. 침대 가장자리에 차트가 달려 있었는데, 거기에 검정색의 굵은 글씨로 '맥머피, 랜들 P. 수술 완료'라고 적혀 있었다. 그리고 그 밑에는 잉크로 '뇌 전두엽 절제술'이라고 쓰여 있었다."(508~509쪽)

한동안 보이지 않던 맥머피가 정신병동으로 되돌아왔을 때, 그에게서는 더 이상 사람 냄새를 맡을 수 없었다. 수간호사는 세상으로 되돌아가려고 했던 맥머피를 다시는 세상 밖으로 나갈 수 없는 만성 환자, 다시 말하자면 완벽하게 폐품형 인간으로 만들어버렸다. 이렇게 보자면 맥머피와 수간호사의 대결은 수간호사의 승리로 생각될지도 모른다.

그러나 그것이 끝이 아니었다. 정작 맥머피의 육체에서 정신은 사라졌지만, 오히려 그의 정신은 정신병원 곳곳으로 퍼져나가 수많은 죽은 인간들에게 생명력을 되찾아주고 있었다. 그것은 마치 피노키오가 사람이 되는 것과 같은 놀라운 마술이었다. 누구보다도 이러한 마술의 효과는 브롬든에게 강력하게 다가왔다. 그래서 브롬든은 귀머거리와 벙어리로 교묘하게 감추었던 자신의 모습을 버리고 진정한 자신의 모습을 찾기 위해서 정신병원을 탈출하고자 한다. 물론 바깥세상은 브롬든의 생각대로 무시무시한 콤바인의 세계일지도 모른다. 하지만 그는 이제 더 이상 두렵지 않다. 왜냐하면 그에겐 이제 콤바인에서 이루어지는 불의와 착취에 적극적으로 맞설 수 있는 거대한 힘을 가지고 있기 때문이다. 그렇게 맥머피는 가장 나약하고 소극적인 브롬든을 콤바인을 전복시킬 수 있는 혁명적인 인물로 변화시켰던 것이다. 이 모든 것은 누구도 상상할 수 없었던 일이었다.

잃어버린 우리의 모습을 찾아서

브롬든이 보기에 맥머피의 모습은 육체적으로 심장만 뛰고 있을 뿐, 더 이상 살아 있는 사람의 모습이 아니었다. 브롬든이 아무리 생각해 봐도, 지금 이 모습은 맥머피가 원하는 것은 아닐 것이다. 그래서 그는 맥머피의 육체에 남은 생명력을 거두어들여야겠다고 결심하고는 베개를 집어 들어 맥머피의 얼굴에 가져다댄다. 여기서 브롬든의 행동에 대한 윤리적인 관점은 잠시 접어두자. 오히려 브롬든의 극단적인 행동은 인간에 대한 죽음이 아니라, 더 이상 인간으로 되돌아올 수 없는 폐품을 처리한 것으로 해석될 수 있다. '기계로 사느니, 차라리 죽음을 선택해라.' 그것이야말로 맥머피가 브롬든에게 가르쳐준 교훈이 아니었던가!

맥머피는 아주 쓸모없는 기계가 되었지만, 그 희생은 역설적으로 많은 쓸모없는 기계를 하나의 생명력 있는 인간으로 바꾸어놓았다. 그렇게 브롬든은 세상을 향해 뛰쳐나와 자유를 외쳤다. 이처럼 『뻐꾸기 둥지 위로 날아간 새』는 우리가 너무나 오랫동안 잊고 있었던 자유와 휴머니즘에 대한 향수를 담고 있다.

누구나 이 책을 읽는 독자라면 한 번쯤 이 소설의 독특한 제목에 대해 궁금증을 가져봤을 것이다. 작가 켄 키지는 인디언들 사이에서 전해지는 동요에서 영감을 받아 '뻐꾸기 둥지 위로 날아간 새'라는 제목을 탄생시켰다고 한다. 또한 이 책의 작품 해설을 보면, '뻐꾸기 둥지'는 속어로 정신병원을 의미한다. 그런데 원래 뻐꾸기는 스스로 둥지를 틀지 않고 다른 새의 둥지에 몰래 자신의 알을 낳는다. 따라서 사실 뻐꾸기는 자신만의 둥지가 없다. 그럼에도 불구하고 왜 캔 키지는 그러한 제목을 붙인 것일까? 도대체 뻐꾸기 둥지가 의미하는 것은 무엇일까? 실제로 존재하지 않는 뻐꾸기 둥지, 그것은 어쩌면 아직 도래하지 않은 새로운 세상을 의미하는 것은 아닐까?

뻐꾸기 둥지는 우리에게 이중적 의미를 제시한다. 우선, 뻐꾸기 둥지는 말 그대로 정신병원을 의미할 수 있다. 이때 뻐꾸기 둥지는 현재 우리가 살아가고 있는 어둡고 부정적인 일종의 디스토피아이다. 그러나 동시에 그것은 이 부조리한 현실을 해체하고 새로운 세상으로의 희망을 담은 유토피아로 해석될 수도 있다. 중요한 것은 아직 우리가 뻐꾸기 둥지에 도착하지 못했다는 것이다.

하지만 우리는 한 발 앞서 거기로 날아갔던 맥머피를 통해서 이 유토피아로서의 뻐꾸기 둥지를 어렴풋하게나마 그려볼 수 있게 되었다. 비록 맥머피는 다시 돌아오지 못했지만 그렇다고 해서 그의 시도가 실패한 것은 아니다. 이제 우리가 날아갈 차례이다. 생생하게 숨 쉬고 자유롭게 살아갈 수 있는 저 뻐꾸기 둥지를 향해서 이제 우리는 힘차게 날아올라야 할 것이다.

더불어 읽기
깊이 읽기

1) 이청준, 『당신들의 천국』(문학과지성사, 2012). 소설가 이청준의 대표적인 소설로서, 소록도를 배경으로 나병 환자들과 병원 간의 갈등을 묘사한 작품이다. 이 작품은 소록도에 갇힌 나병 환자들의 인권과 자유를 문제삼을 뿐만 아니라, 현대 사회의 지배와 피지배 간의 갈등을 통해서 인간의 자유에의 갈망, 그리고 진정한 의미의 인간의 권리에 대해 다시 돌아보게 한다.

2) 미셸 투르니에, 『방드르디, 태평양의 끝』, 김화영 옮김(민음사, 2003). 우리가 익히 알고 있던 로빈슨 크루소는 잊어라. 이제 우리는 미셸 투르니에를 통해서 어릴 적 읽었던 로빈슨 크루소의 또 다른 모습에 대해 생각해 볼 수 있다. 이 책은 외딴 무인도에 홀로 남겨진 주인공의 내면 세계를 그린 작품으로서, 현대인이 느끼는 자유와 소외 등을 심도 있게 그리고 있다.

3) 에리히 프롬, 『자유로부터의 도피』, 김석희 옮김(휴머니스트, 2012). 우리는 언제부터 자유를 갈망하였는가? 이 책은 인간이 자유를 획득하기까지의 심리학적, 사회적 구조에 대한 세밀한 분석을 통해 우리가 어떻게 현대 사회의 권위적이고 억압적인 체제로부터 벗어날 수 있는지를 생각해 보게 한다.

최진아 / 한국철학사상연구회 회원

두려움과 바람 사이에서
함께 걷기

『불온한 산책자』 / 에스트라 테일러

함께 걷고 쓴다는 것

　지독시리 걷고 또 걷는 한 친구는 '엉덩이로' 글을 쓰겠다며 자신의 굳은 의지를 내보였고, 한동안 방 안에 틀어박혀 공부했던 것으로 보이는 또한 친구는 '발로' 글을 쓰겠다며 자신의 의지를 굳히는 말을 했다. 그들의 각오와 다짐이, '발'과 '엉덩이' 또는 '길'과 '방' 사이에서 한창 우왕좌왕하고 있는 나를 위로하면서도 질책한다. 혼자라고 생각했는데 착각이었다. 우리는 '우리가 공부하고 있는 자리'에 대한 고민을, '어떻게 공부할 것인가'에 대한 고민을 이미 공유하고 있었고, 각기 자신의 색깔로 도구로 자신의 생활 방식과 공부 방식을 실험하고 있었다는 것을 이제야 확인한다.
　지난해 2월 2일 부산 중앙동에 있는 '모퉁이 극장'에서 니시야마 유지의 「철학에의 권리」 다큐멘터리 상영과 '문턱 없는 지식의 실험장' 토론회가 있었다. 니시야마 유지와 함께 그 자리를 마련한 것은 '연구 모임 aff-com'이었고, 토론자는 '공간초록'에서 활동하는 '연구 모임 비판과 상상력'의 이수경과 나, 부산과 광주를 오가며 독립 다큐멘터리 작업을 하는 기채생 감독이었다.

바로 그 자리에서 나는 엉덩이로 글을 쓰는 일과 발로 글을 쓰는 일에 대한 친구들의 말을 처음으로 들었다. 그 말을 듣자마자 푹 하고 웃었는데 그건 말 그대로 그 부위로 글을 쓰는 친구들의 모습이 바로 떠올랐기 때문이다. 조금 더 있으니 마음이 묵직했는데, 그건 그런 다짐을 하기까지 그들이 겪었을 일들과 고민들뿐만 아니라 지금의 설렘이 무색할 정도로 앞으로 그들이 겪고 감당해야 할 노고가 짐작되었기 때문이다. 이제까지 '손'으로만 하던 일을 '엉덩이'나 '발'로 한다고 상상해 보라. 그 고단함은 상상 이상일 것이다. 이에 더해 손을 쓸 수 있는데 의식적으로 엉덩이나 발을 사용하는 것도 상상해 보라. 손을 쓰고 싶은 유혹, 편한 대로 하고 싶은 유혹은 쉽게 상상할 수 있을 것이다.

이제는 진부해진 표현이지만 실제로 행하기는 참 힘든, 몸을 바꾸는 일. 대학의 공부방에 틀어박혀 오로지 자신의 전공 공부에만 급급해 다른 것에는 전혀 관심을 기울이지 않던 닫힌 몸을, 가지각색의 경험들을 자신만의 언어로 내뱉는 몸들을 향해 여는 일. 그 어디에도 들어가지 않고 주변을 배회하며 홀로 있던 몸이, 성가시고 복잡하게 얽혀 있는 몸들 사이로 들어가 서로 부딪히고 섞이는 일. 그와 더불어 쓴다는 것은 그저 묘사하는 것이 아니라, '보았다'는 사실 자체에서 이미 상처받은 채로(그리고 어쩌면 그와 동시에 상처주면서) 함께-있고 또 함께-걷는 그 고단한 과정을 기록하는 일. 그날 내가 친구들의 말을 통해 공유한다고 생각한 것은 이러한 몸의 변화, 함께 걷고 쓰는 몸으로의 변화를 향한 욕망(또는 두려움)이다.

"당신과 함께 걷고 싶다."

　도서관에서 무슨 책을 찾다가 근처에 꽂혀 있던 이 책『불온한 산책
자——8인의 철학자, 철학이 사라진 시대를 성찰하다』(에스트라 테일러 엮
음, 한상석 옮김, 이후 펴냄)를 펼치게 되었고 결국 찾던 책 말고 이 책을 빌
렸다. 제목(특히 부제)에 혹했던 것도 같은데, 결정적으로 1년 전쯤에 (아마
도) 부산대학교 인문학연구소에서 기획한 강연 중에 조현준의『젠더 트러
블』(주디스 버틀러 지음, 조현준 옮김, 문학동네 펴냄)에 대한 강연이 있었는데,
그 강연에서 봤던 영상이 기억나서 빌렸다.
　그리고「철학에의 권리」상영과 토론회에서 만났던 사람들과의 대화
도 이 책을 빌리는 데 한몫했다. 이 책은 제목에서 알 수 있듯이 8명의 철
학자들과 산책하며 나눈 대화를 책으로 엮은 것이며, 그 산책을 담은 다
큐멘터리「성찰하는 삶」(책의 원래 제목도 Examined Life: Excursions with
Comtemporary Thinkers)도 있다. 감독인 애스트라 테일러가 함께 걸으며
대화를 나눈 철학자들(주제)은 코넬 웨스트(진리), 아비탈 로넬(의미), 피터
싱어(윤리), 콰메 앤서니 아피아(세계시민주의), 마사 누스바움(정의), 마이
클 하트(혁명), 슬라보예 지젝(생태), 주디스 버틀러와 수나우라 테일러(상
호 의존)인데, 이 글에서 다룰 것은 마지막 장 주디스 버틀러와 수나우라의
대화뿐이다.
　영상을 볼 당시에는 자막이 없어 거의 못 알아들었는데 책장을 펼쳐 주

디스 버틀러와 수나우라 테일러의 대화를 읽으니, 그 사이 여러 장소에서 경험했던 것들과 그 경험이 가져다준 고민들이 떠오른다. 2008년부터 지금까지 내가 한때 머물렀고 여전히 머물고 있으며 앞으로도 계속 머물고 싶은 몇몇 장소들이 있다. '공간초록'과 '생각다방산책극장'과 '한국비정규교수노동조합 부산대학교 분회'가 그것이다('헤세이티'와 '모퉁이극장'도 빠뜨릴 수 없다). 장소들마다 만남의 성격도 색깔도 다르지만, 그곳에서 만난 사람들과 나눈 갖가지 대화(간단한 소개에서부터 내밀한 고민까지)나, 무언가를 함께 시도하면서 나눈 즐거움과 주고받은 상처와 괴로움이 끊임없이 나와 우리의 자리를 고민하게 만든다.

그 고민들 중 하나. '철학'은 학교 밖에서 만난 사람들에게 나를 소개할 때 입 밖으로 꺼내지만, 꺼내자마자 나에게도 뭔가 어색한 말인데, 그 말을 들은 사람들이 무슨 골동품 가게에서 파는 물건인 것처럼 그것을 다루면서 그것에 대해 물을 때면(이런 반응을 마주할 때마다 오늘의 책 제목에 있는 '철학이 사라진 시대'라는 말이 정확하다는 생각이 든다) 어찌할 바를 모르게 된다. 때때로 "철학이 뭔가요?"라고 웃으며 묻는 이들에게 나는 거의 항상 "잘 모르겠어요"라고 답한다. 속으로 '지금 이렇게 당신과 대화를 나누고 생각하고 말하는 모든 것인지도'라고 웅얼거리기도 하는데, 가장 골치 아픈 건 집에 돌아오는 길에 묻게 되는 다음과 같은 질문. "전공으로 철학을 한다는 건 또 뭔가?" 학교에서 소위 철학 공부한다고 많은 시간을 보냈는데 그게 뭔지 나는 아직 모르겠다. '철학(哲學)'이라는 말이 꽤나, 그것을 발음할 때 특히나 더, 과장되어 있다고 예전부터 느꼈는데, 요즘엔 더 그렇다.

또 하나. 이 시대가 또는 우리 사회가 혼자 살아남기를 강요하는 곳이라는 것을, 무섭지만, 많은 이들이 상식으로 받아들이고 있다고 느낀다. 그러한 상식이 통용되는 곳을 견딜 수 있는 사람이 많지 않을 거라고 생각하는데, '역시나' 둘러보니 곳곳에 이곳을 견딜 수 없어 하는 이들이 작은 섬들을 만들고 있다. 앞서 말했던 장소들이 그나마 나와 연이 닿은 섬들이라고 할 수 있는데, 그곳에서 나는 '함께-사는-방식'을 생활 속에서 고민하는 사람들을 만났다. 이들은 자본이라는 격류에 휘말리지 않기 위해 고집스레 그리고 가까스로 버티고 있고, 고립되지 않기 위해 또 다른 사람들에게 자신을 내보이고 손을 내밀며 이 장소들을 지키고 있다. 그곳이 어디든 사람들이 만나면 조화보다는 갈등이 도드라지기 마련이다. 그곳에 오기 전의 시간이 견디기 힘들었던 사람일수록 더 즐겁게 활동하고 더 공고하게 모인다는 생각이 들기도 하는데, 뭐 어쨌든 무난하든 곤란하든 이 장소들에서 사람들은 서로 말을 나누는 방법을, 마음을 나누는 방법을, 삶을 나누는 방법을 조금씩 배워가고 있다. 그런데 그 어느 장소보다도 더 많은 시간을 보낸 학교에서 사람들이 생활하고 말하고 만나는 방식을 살펴보니 이곳만큼 타인에 대해 무관심한 곳이 없다. 말을 하는데 말을 나눌 줄 아는 사람은 적고, 인간을 고립시키는 사회 구조를 비판해서 그런지 자기 자신을 여는 방법은 전혀 모르거나 열 필요도 느끼지 못하는 것 같고, 삶이 아니라 살아남음만이 남아 있는 시대를 한탄하며 문을 잠그고 그나마 이곳에서라도 살아남기 위해 논문을 (쓰는 게 아니라) 생산한다. 사는 곳과 사람은 닮는다. 내가 가장 많은 시간을 보내는 곳이라 그런지 더 가혹하게 말하게 된다.

나는 대략 15년 동안 팔자걸음으로 걸었다. 비정규교수노조 천막 농성이 끝나자마자 갑자기 발이 아파 병원에 가니 신경이 눌렸단다. 치료를 계속 받고 있는데 의사가 결정적으로 걸음걸이를 바꾸도록 노력하란다. 처음에는 그 말을 의식하지 않아도 발 바깥쪽이 아프니 힘이 저절로 안쪽으로 들어갔다. 근데 좀 나아지니 걸음걸이는 원래대로 돌아가고, 그렇게 걸으니 또 아파서 요새는 열심히 안짱걸음으로 걸으려고 노력한다(15년간 안짱걸음으로만 걸었으면 팔자로 걷는 연습을 해야 됐을까?). 아픈 것도 싫지만 걷는 방법을 다시 배우는 일도, 아파서 다리를 저는 것만큼이나 괴롭고 귀찮다. 어쩌겠는가. 걷고 싶으면 괴로워도 다시 배우는 방법밖에 없다. 나는 당신과 함께 걷고 싶다.

걷기 위한 조건

"나는 걸으며 지나치는 모든 것을 즐깁니다."(314쪽)

수나우라가 말한다. 그렇다. 우리는 움직이는 데서, 움직이면서 느낄 수 있는 변화들에서, 그 변화들이 주는 앎에서 즐거움을 느낀다. 그렇게 누리는 모든 것들이, 무엇보다 그 움직임 자체가 내 안에서 비롯되는 것, 자족적인 것이라고 착각하기 쉬운데 그게 아니라는 게 두 사람의 대화 전체를 관통하는 주제다. 버틀러는 이렇게 말한다.

"우리 모두는 움직일 때 외부에서 다양한 지원을 받습니다. 우리가 움직이려면 특정한 종류의 표면과 신발, 날씨가 필요하죠. 심지어는 내면적으로도 특정한 방식의 보행력이 필요한데 이러한 보행력은 우리 안에서 충분히 작동

할 수도, 작동하지 않을 수도 있습니다."(315쪽)

수나우라의 말에 보태어 그는 우리 내부의 보행력마저도 스스로 조절할 수 없는 것이라고 말하면서 우리가 근본적으로 상호 의존적이라고, 자족적인 몸이란 없다고 주장하고 있다.

우리는 이미 함께 있고, 함께 걸을 수밖에 없는데, 희한하게도 이 사회는 혼자 살아남으라고 윽박질하니 어찌 견뎌낼 거냐고, 거기서 버텨내기 힘드니 이런 곳을 만드는 것 아니겠냐고, 아까 말했던 장소들 중에 한 곳에서 친구들과 얘기를 나눈 적이 있다. 우리들 중 누군가는 이런 장소들을 '피난처'로 여기고, 누군가는 '진지'로 여기는데, 지금 우리에게 중요한 문제는 특정한 목적 또는 정체성을 정하고 그에 맞게 움직이는 것보다도 우선 사람들이 모여야 한다는 것이다. 그리고 그런 만남을 통해 생겨나는 새로운 일들을 감당하고 즐기면서 서로의 생각과 에너지를 주고받는 방법을 익혀야 한다. 이게 가능해야 사람들도 다시 모이는데, 참 어려운 문제다. 모여야 방법도 익히는데, 모이려면 이 방법을 알고 있어야 한다. 수나우라가 지적한 장애인 공동체의 딜레마와 유사하다. 우선 사회에 들어갈 수 있어야 장애인들이 대중교통을 이용할 수 있고 커브컷(휠체어 사용자를 위해 인도와 도로에 설치된 장치)이 대부분의 장소에 있어서 움직일 수 있는 등의 "물리적 접근성"에 대한 요구도 할 수 있는 것이며, 그렇게 될 때 장애인들에 대한 편견도 줄어들어 "사회적 접근성과 수용성"도 높아질 것인데, 사회로 나가는 것 자체가 힘들다. 수나우라의 지적에 응수하며 버틀러는 이렇게 정리한다.

"사람들이 한데 모일 수 있는 접근성이 보장된 다음에야 효과적인 주장도 할 수 있다."(319쪽)

결국 어떤 방식으로든 함께 걷기 위한 조건을 갖춘 장소를 만들기를 바란다면, 괴로움을 감당하며 모일 수밖에 없고 오류를 반복하며 배울 수밖에 없는 것이다.

바람과 현실

부산에 있는 이 장소들은 모양도 다르고 색깔도 다르지만 공통적으로 사람들이 한데 모여 만날 수 있는 역할을 하기를, 함께 있는 법을 배우기 힘든 사회에서 나와, 함께 걷는 법을 배울 수 있는 역할을 하기를 바라며 생겨났다. 이런 활동을 누군가는 제도의 바깥으로 나간다고 표현하지만, '공간초록'에서 만난 J가 항상 지적하듯이, 소위 안과 바깥은 그렇게 쉽게 구분되지 않는 것 같다.

우리가 몸을 움직이는 방식에 따라 또는 몸의 움직임을 규제하는 방식에 따라 삽시간에 그곳은 안이 되기도 밖이 되기도 한다. 고립되지 않기 위해서 또는 장소를 지키기 위해서 우리가 타협하는 많은 것들이 있다. '이대로 머물러 있다가는 아무것도 할 수 없다. 피폐하다고 해도 과장이 아닐 정도로 피로하지만 끊임없이 움직여야 한다.'거나 '우리와 안 맞으니까 또는 우리는 여력이 없으니까 그들은 이곳에 있을 수 없다.'는 몸짓과 주장이 대표적인 것이다.

어떤 몸이 '우리에게 맞지 않게' 움직인다고 내치는 일은, 그곳이 제도 안이든 밖이든 보수적이라고 내보이는 곳이든 진보적이라고 내보이는 곳이든, 어느 곳에서나 일어나는 것 같다. 특히 그 몸이 '우리보다 취약할' 경우 그런 일은 더 쉽게 일어난다. 이런 극단적인 일이 직접적으로 일어나지 않는다고 해도, 어떤 일을 함께 시작하고 진행시켜 나갈 때 어긋나는 의견들을 감당하는 일도 쉽지 않다. 아, 만나고 모이는 일을 시작하는 것도 힘들지만, 만들어진 장소를 열고 지키는 일, 즉 함께 걷는 과정은 더욱 힘들다.

버틀러와 수나우라의 대화를 보고 듣고 읽으면서 그 대화에서 묘하게 어긋나는 부분이 눈에 띈다. 그럴 때 그들은 상대방의 말을 곱씹으며 받아들이고, 자신의 생각을 한걸음 더 밀고 나가는데, 이런 태도도 쉽게 생겨나는 것은 아닐 것이다. 버틀러가 물었다.

"내가 궁금한 건 사회적 공간에서 움직이는 일이에요. 당신이 취할 수 있는 움직임, 당신이 살 수 있게 돕고 다양한 방식으로 당신을 표현하게 하는 그런 움직임 말입니다. 이 사회적, 공적 공간에서 당신은 원하는 만큼 자유롭게 움직일 수 있나요? 당신이 안고 있는 사회적 제약은 어느 정도인가요? 낙인 같은 것일 수도 있고, 당신의 행동을 제약하는 사회적으로 승인된 어떤 움직임 같은 것들, 그러니까 당신의 장애 자체가 아니라 '장애를 가진' 사람들은 어떠해야 한다는 사회적 제약 같은 것 말입니다."(320쪽)

수나우라는 질문에 딱 맞는 대답 대신, 카페에서 커피 잔을 입에 물고 테이블로 옮긴 일의 어려움에 대해 이야기한다. 그 일의 어려움은 입으로 잔을 물어서가 아니라, '그곳에서' 입으로 잔을 무는 데서 온다. 그는 그 일이 힘든 이유가 "우리의 움직임에는 규범화된 기준이 있기 때문"이라고 분명하게 말한다.

"우리는, 손은 물건을 주거나 집어 들거나 악수를 하는 데 사용하고 입은 마시거나 입을 맞추거나 이야기하는 데 사용한다고 배웠습니다. 내가 카페에서 커피 잔을 손이 아니라 입으로 옮기게 되면 사람들이 당연하게 여기는 가정을 벗어난 행위가 됩니다. 우리가 배운 내용을 엉망으로 만드는 거죠. 우리는 사회적으로 구성된 방식에 따라 몸을 사용합니다. 사람들은 보통 그런 생각조차 잘하지 않죠."(321쪽)

다시, 나는 당신과 함께 걷고 싶다. 문득 술자리에서 누군가 반쯤은 비꼬듯이 물었던 것이 생각난다. 번역하면 이렇다. 함께 걷는 것은 온갖 어긋남을 수반하는 일이며 어긋남을 수용하기란 불편하고 힘든 일인데, 왜 혼자 걷지 않고 함께 걷는가? 당신도 편해지기를 원하지 않는가, 아니 편해지기 위해 이렇게 바쁘게 돌아다니며 뭔가를 하고 있는 것 아닌가? 그 질문에 답하려고 하는데, 생각하니 질문만 하나 더 늘었다. 어긋나고 부딪히고 내쫓고 내쫓기고 상처받고 상처주면서도 '당신과 함께 걷고 싶다'는 바람은 어디서 오는 것인가?

1) 주디스 버틀러, 『윤리적 폭력 비판――자기 자신을 설명하기』, 양효실 옮김(인간사랑, 2013). 앞서 소개한 책에서 주디스 버틀러와 수나우라 테일러는 "우리의 몸 자체가 의존성의 장소"임을, 나는 근본적으로 너와 관계맺음으로서만 말하고 행동할 수 있음을 주장했다. '자기 자신을 설명하기(Giving an account of oneself)'라는 부제를 단 이 책은 여러분에게 이 주장에 대한 깊이 있는 설명을 제공해 줄 것이다.

2) 앙리 르페브르, 『리듬분석』, 정기헌 옮김(갈무리, 2013). 일상생활에서 우리는 어떻게 움직이는가? 특정한 시간과 공간에서 우리의 몸은 대개 그 시공간을 지배하는 리듬에 맞추어 움직인다. 그 리듬이 파악될 때는 대부분 어떤 문제로 고통을 겪을 때인데 그때 우리는 세계와 연결되어 있음을 깨닫기도 한다. 변화가 필요하다고 느낄 때 우리가 주목해야 할 것이 무엇인지를 새롭게 짚어주는 책.

3) 존 조던, 이자벨 프레모, 『나우토피아――우리의 세계를 다시 만들어낼 가능성에 대한 실험실』, 이민주 옮김(아름다운사람들, 2013). 혼자 살아남으라고 윽박지르는 세계에서 그 지배적인 경쟁의 흐름에 맞서 '함께-사는-방식'을 고민하고 실험하는 사람들의 모임들이 이곳저곳에서 생겨나고 사라진다. 드물지만 적지 않은 그 섬들, 실험실들이 어떻게 시작되고 운용되고 실패하고 다시 시작되는지를 살펴볼 필요가 있다. 길 잃은 자들을 위한 또 하나의 참고서가 될 수도.

양창아 / 부산대학교 비정규 교수

내 몸을 교란한 건 사회!
원래 '리듬'으로 돌리려면……

『리듬분석』 / 앙리 르페브르

『리듬 분석』(앙리 르페브르 지음, 정기헌 옮김, 갈무리 펴냄)이라는 제목 때문에 이 책이 음악에 관한 책일 것이라 생각해 읽을 용기가 나지 않은 분들이 계셨다면, 그런 걱정은 떨쳐 버려도 될 듯하다. 이 책은 음악에 관한 책이 아니라 일상에 관한 책이며, 이론적 동기보다는 실천적인 관심에서 쓰인 책이기 때문이다. 다시 말해, 이 책은 현대 사회의 일상성에 대한 르페브르의 분석과 비판을 계승하고 보완하는 작업의 일환으로 쓰인 책이며, 이를 통해 나와 세계의 관계를 바라보는 관점을 변화시키려는 의도로 쓰인 책이다.

르페브르의 갑작스러운 죽음으로 인해 "리듬들을 분석하기 위한 하나의 과학을 (……) 정초"(한국어판 55쪽)하려는 그의 원대한 꿈은 미완의 기획으로 끝나고 말았지만, 그는 이 책 곳곳에서 사회를 접근하는 새로운 시각과 틀을 제시하고 있다. 이런 시각과 틀을 특징짓는 키워드가 바로 '리듬'이다.

리듬에 입각한 새로운 사회 분석

그럼 르페브르는 왜 리듬에 주목하는 것일까? 먼저, 리듬은 일상생활에서 벌어지는 모순과 갈등, 곧 "거대 리듬들과 사회 · 경제적인 조직에 의해 부과된 프로세스 사이의 충돌이 벌어지는 장소이자 극장"(202쪽)이기 때문에 르페브르에게 주목의 대상이 된다. 예를 들어 기업에 의해 부과되는 야간 노동은 노동자의 신체 리듬을 깨뜨림으로써 일의 능률성을 저하시킬 뿐 아니라 노동자의 건강을 손상시킬 수 있다. 이처럼, 리듬 분석은 일상생활의 갈등과 모순을 드러냄으로써 일상성에 대한 르페브르의 비판 작업을 보완하는 역할을 하게 된다.

또한 르페브르는 리듬 개념을 통해 불변하는 정적 존재가 가변적인 동적 존재보다 우위에 있다는 존재론적 발상을 혁신할 수 있다고 보았다(56쪽 참조). "세계 안에 움직이지 않는 것은 아무것도 없"(83쪽)으며, 결국 "느리거나 빠르고 매우 다양한 리듬들만이 있을 뿐"(앞과 같은 곳)이기 때문이다. 가령, 인간을 살아 있게 하는 것은 심장박동을 포함하는 전신체의 리듬들 간의 균형이다. 인간이 먼저 있고 전신체의 리듬들 간의 균형이 나중에 나오는 것이 아니라, 오히려 그 반대라고 말할 수 있다.

르페브르가 리듬 개념에 주목하는 세 번째 이유는 "각각의 리듬을 분리함으로써 무엇이 '자연'에서 왔고, 무엇이 후천적인 것, 관례적인 것, 정밀하게 만들어진 것인지를 이해"(86쪽)하고, 이를 통해 리듬의 기원과 성격에 대한 착각을 피하게 하기 위해서다. 그렇지 않을 경우, 후천적이고 관례적인 리듬을 선천적이고 자연적인 리듬으로 착각할 위험이 있기 때문이다.

이처럼 르페브르에게 리듬은 일상생활에 대한 그의 분석과 비판을 보완하고, 존재에 대한 관점을 혁신시키며, 리듬의 기원과 성격에 대한 정확한 이해를 통해 우리의 삶의 방식을 바로잡는 역할을 할 수 있기 때문에 분석 대상이 된다고 할 수 있다.

순환적 반복과 선형적인 반복의 모순

르페브르는 거시적인 리듬들과 사회경제적인 조직에 의해 부과되는 절차 간의 갈등 관계를 설명하기 위해 순환적 반복과 선형적인 반복이라는 개념 쌍을 도입한다. 순환적인 반복이란 "우주적 · 세계적 · 자연적인 것에서 오"(64쪽)는 것으로 "낮, 밤, 계절, 바다의 파도와 조수, 달 모양의 변화 등이 이에 해당한다."(위와 같은 쪽). 반면, 선형적인 반복은 "인간의 활동에서 비롯된 것"(위와 같은 곳)으로 "주어진 틀에 따라 행위와 동작이 단조롭게 반복"(위와 같은 곳)되는 것을 말한다. 시계의 반복적인 똑딱거림이라는 선형적 반복이 낮과 밤의 순환이라는 자연적 반복을 측정 가능하게 할 때처럼, 양자는 때로는 통일적인 관계를 맺는다. 하지만 인간의 휴식 시간과 여가 시간이 철저히 노동 시간과의 관계에 의해 결정되는 자본주의 사회에서 선형적인 반복과 순환적인 반복은 갈등 관계를 맺는 경향이 있게 된다. 관행으로 굳어진 잔업이나 야근과 같은 근무 형태의 반복은 삶의 자연적 리듬을 깨뜨리고 파괴할 수 있기 때문이다.

리듬의 기원과 성격에 대한 르페브르의 분석은 이처럼 선형적이고 기계적인 반복 속에 갇혀 있는 우리의 삶의 리듬의 족쇄를 풀고, 우리의 삶의 생명력과 창조력을 복원시키기 위한 기획이라고 할 수 있다.

몸의 우선성과 고통을 통한 리듬의 지각의 필요성

이렇게 볼 때, 르페브르의 '리듬 분석'은 자연적이고 우주적인 리듬들과 사회적이고 선형적인 리듬들의 형태들을 분류하고, 이들이 각각 어떤 성질을 갖고 있으며, 서로 어떤 관계를 맺고 있는가를 파악하려는 이론적 기획이라고 할 수 있을 것이다. 그러나 앞서 언급했듯이, 『리듬 분석』은 미완의 저작이기에 이런 작업의 단초만을 보여주고 있을 뿐이다. 이런 웅장한 기획에 대한 분석과 평가는 필자의 능력을 벗어나는 과제이기에, 르페브르의 기획에서 특별히 중요하다고 생각되는 두 가지 주제와 함께 르페브르 철학의 실천적 의의를 논하는 것으로 이 서평을 마무리할까 한다.

르페브르는 "우리가 어떤 문제로 고통을 겪는 순간에 이르러서야 우리 자신을 이루는 리듬들의 대부분을 파악할 수 있다"(210쪽)고 주장한다. 이는 리듬 분석이 제3자에 대한 관조나 관찰이 아니라 우리 자신의 체험에 바탕을 두고 이루어지는 작업임을 시사한다. 그렇기 때문에 리듬 분석의 주체이자 대상이 되는 인간은 자신의 몸을 가지고 고통을 체험하는 인간이다. 다시 말해, 고통이 리듬을 파악할 수 있게 해주는 인식 근거라면, 리듬은 고통을 존재할 수 있게 해주는 존재 근거다. 신체의 리듬들 간의 균형이 깨져 고통을 느낄 때, 우리는 비로소 리듬의 존재를 자각하게 된다. 하지만 균형이 깨지는 것을 지각하기 전이나 후 모두, 우리를 우리로 존재하게 해주는 것은 바로 리듬들 간의 균형이다.

이런 맥락에서 『리듬 분석』에서 고통의 문제는 두 가지 윤리적인 의미를 갖게 된다. 먼저 신체의 리듬들 간의 불균형을 극복하고 균형을 회복하라는 요구를 삶의 지상명령으로 설정하게 한다는 점에서 리듬 분석은 개인 윤리적 의미를 갖게 된다. 또, 이런 개인적 차원의 신체 리듬들 간의 균형이 회복되기 위해서는 사회적·정치적·경제적 조건의 구비가 요구된다는 점에서, 리듬 분석은 사회 윤리적인 의미 역시 함축하고 있다. 이러한 르페브르의 주장은 개인의 심리적·물리적 균형의 손상이나 파괴를 가져오는 고통이나 죽음은 악이며, 심리적·물리적 균형의 극대화가 이루어지기 위해서는 사회·정치적 조건이 갖추어져야 한다고 주장하는 스피노자의 주장과 매우 유사하다고 할 수 있다.

르페브르의 실천적 의의

『리듬 분석』의 서론에서 르페브르가 공언하긴 했지만 명확하게 제시하지는 않은 실천적 방안 역시도 이런 스피노자적인 맥락 속에서 보다 명료하게 파악될 수 있다. 이 책 전체를 통해 제시되고 있는 리듬 분석의 실천적 방향은 크게 두 가지로 보이는데, 예술적 리듬을 통한 카타르시스(192쪽)와 조화 리듬성의 회복(196쪽)이 그것이다. 이들 모두는 신체의 리듬들 간의 균형을 전제하고 있을 뿐 아니라 사회경제적이고 정치적인 조건을 필요로 하고 있다. 다시 말해, 리듬 분석의 실천적 효과가 좀 더 가시적인 것이 되기 위해서는, 리듬들 간의 균형을 위한 개인적인 조건뿐만 아니라 사회경제적이고 정치적인 조건들이 해명되고 제시되어야 한다. 바로 이 지점에서 르페브르의 사유는 스피노자의 발상과 합류한다.

물론, 르페브르의 실천적 의의는 이에 국한되지 않는다. 환경 파괴와 기후 변화 등으로 인한 자연적이고 거시적인 리듬의 교란과 파괴가 그 어느 때보다도 심각한 상황에서, 이러한 리듬의 교란과 파괴가 미시적이고 인위적인 리듬의 반복에 기인한 것일 수 있음을 우리에게 끊임없이 환기시키고 있기 때문이다.

1) 앙리 르페브르, 『현대 세계의 일상성』, 박정자 옮김(기파랑, 2005). 앙리 르페브르가 현대 자본주의 사회의 광고, 소비, 자동차, 여성의 문제 등을 언어학적으로 분석함으로써 현대성을 예리하게 비판한 책이다. '일상성에 대한 비판'이라는 르페브르 철학의 또 다른 축을 확인할 수 있다.

2) 앙리 르페브르, 『공간의 생산』, 양영란 옮김(에코리브르, 2011). 우리가 살고 있는 공간과 그 공간의 특징을 규정하고, 생산된 공간에 의거하여 현재 사회의 발생 기원을 해명하려는 기획을 담고 있는 책이다. 『리듬 분석』이 시간적인 측면에서 사회

의 발생을 해명하고 있다면, 이 책은 공간적 측면에서 사회의 발생을 해명하고 있다는 점에서 『리듬 분석』과 상보적인 관계에 있는 책이라고 할 수 있다.

조현진 / 한국철학사상연구회 회원

자기 계발할 때,
우리는 무엇을 하는 것일까?

『자기의 테크놀로지』 / 미셸 푸코

'자신에 대한 진실' 없는 '자기 계발'

『1960년을 묻다』에서 권보드래와 천정환은 자기 계발서 수요의 구조적인 조성을 다음과 같이 분석한다.

"'근대'는 모든 개인에게 '입신'과 '출세'를 과제로 삼게 했다. 봉건적 신분제가 해체되기 시작하자, 모든 사람이 자본주의 사회의 개별 주체로서의 권리와 기능을 갖게 되었다. 이에 따라 학교와 직장에서 남들과 교통하고, 나아가 그들에게 영향력을 행사하려는 욕망이 새롭게 개발되기 시작했다. 그러나 사회적 인정과 성공이라는 재화는 제한되었으므로 남들보다 나은 개인의 자원(즉 학벌과 교양 같은 상징 자본, 화법과 사교술 같은 테크닉)이 필요해지기 시작한 것이다. 그 같은 필요의 총칭이 '처세'이다. (······) '스펙 쌓기'에 골몰

하는 대학생이나 재테크에 열중하는 주부만이 아니라, 어린이에서 노인에 이르는 모든 '자기'들은 '자기'의 모든 것, 즉 돈과 경력, 라이프스타일과 몸, '마음'과 '관계' 및 '사랑'을 돌아보고(알기, 성찰), 관리하고(관리, 경영), 발전하게 하기 위해(계발, 자조) 노력한다."(377~379쪽)

흔히 말하는 '각자도생'의 일환으로 살아남기 위한 매뉴얼을 읽는 셈이다. 그런데 관리하든 발전하든 간에 매뉴얼을 제대로 실행하려면, 제품 인식이 먼저이다. 무턱대고 엉뚱한 기종에 다른 매뉴얼을 들이댈 수 없는 노릇인데, '자기 계발서'라는 실행 지침서를 적절히 사용하려면 자신의 '기종'부터 살펴봐야 한다. '자기'를 '계발'하려면 자신에 대해 무엇을 알아야 하는가. 또한 자신에 대해 무엇을 알아낸다고 할 때 얼마나 진실하게 수행될 수 있을까.

미셸 푸코는 1982년 버몬트 대학 강의에서, 성의 금기와 제약 등을 다루면서 금기가 작동되려면 자기 인식이 선결되어야 함을 강조했다. 그 강의가 담긴 책 『자기의 테크놀로지』(이희원 옮김, 동문선 펴냄)은 금기를 지키든 위반하든 간에 그것을 결정하기 위해서, 자신에 대한 진실만을 말할 수밖에 없음을 들춰낸다. 그렇지만 자기 계발 앞에서도 그러할까. 우리는 각자도생을 위한 '자기 계발'의 강요 앞에, 자신에 대한 진실만을 말하고 있을까. 먹고 살려고 하는 수 없이 내맡겨 버리는 체념은 아닐까.

근대 개인들이 처한 상황으로부터 요구되는 '자기 계발'은, 푸코의 분석을 이용하자면 '자기 해석'과 관련된다. 자신에 대한 이해 없이 무엇을 어떻게 스스로 계발할 수 있단 말인가. 뭔가가 계발된다고 해도 계발되는 것은 '처세'이지 자신이 아니다. 게다가 자신에 대한 진리만을 말할 수밖에 없는 장치가 강제되지 않는 한 진실만을 말하려 해도 나도 모르게 속아 넘어가지 않기란 도무지 쉽지 않다. 우리는 흔히 자신이 바라는 모습을 자신이라고 여기기도 하고, 내가 무언가를 원하는 줄로 알았는데 막상 성취되니 실은 그걸 원한 게 아닌 경우를 겪곤 하지 않는가.

대번에 연상되는 금언인 '너 자신을 알라'는 말은 흔히 주제 파악을 하라는 즈음으로 들리기도 하는데, "델포이의 이 신탁은 인생에 관한 추상적인 원리가 아니라 기술적인 권고, 즉 신탁을 듣기 위해 인간이 지켜야 하는 규칙이었다. '네 자신을 알라'는 '네 자신이 신이라고 생각지 말라'를 의미하였다. 다른 해설자의 생각에 따르면, 그것은 '신탁소에 조언을 청하러 갈 때 정말 질문해야 할 것이 무엇인지를 알라'는 것을 의미했다."(38~39쪽)

그러나 물론 우리에게 '너 자신을 알라'는 신과의 관련 속에서 이루어지는 게 당연시되지는 않는다. 오히려 『1960년을 묻다』에서 전형화되어 드러나듯 자신을 아는 것은 자신이 가진 것과 자신의 몸과 마음을 아는 것이다. "즉 돈과 경력, 라이프스타일과 몸, '마음'과 '관계' 및 '사랑'"을 돌보는 일이 자신을 돌보는 일이라 믿는다.

인간이 배려해야 하는 자기란 무엇인가?

푸코는 자기를 해석하는 일의 역사를 탐구하면서, 플라톤의 『알키비아데스 I』에 주목한다. 고대에 자기 인식이 자기 배려에 따른 것이며, 이때의 자기 배려란 영혼을 돌보는 행위에 신경 쓰는 일이라고 정리한다. 자신의 몸을 돌보는 일은 엄밀히 말해 자신'의' 몸이지 자신이 아니며, 하물며 몸이 사용하는 옷이나 신발 같은 것들은 더욱이나 거리가 멀다. 그런데 누구나 의문을 갖는, 영혼을 돌본다는 게 대체 무얼 어떻게 하는 것인가에 대해서도 얼마간 다루고 있다.

흥미로운 점은 영혼을 돌보는 일과 정치 활동 사이의 연관관계를 제시한 점이다. 얼핏 자신을 돌보는 건 정치적인 활동에 대한 무관심일 듯싶은데, 오히려 자신에 대한 배려야말로 정치 활동의 출발점이라 본다.

> "영혼은 신성한 요소(영혼의 원리, 혹은 본질)에 대하여 관조해야 한다. 이렇듯 신성한 관조 속에서 영혼은 정당한 행위와 정치 행동의 기반을 설립하는 제 규칙을 발견할 수 있을 것이다. 영혼 그 자체를 인식하려는 노력은 정당한 정치 행동의 기반이 될 수 있는 원리이며, 알키비아데스는 자신의 영혼이라는 신성한 요소를 관조하는 한 양심적인 정치가가 될 것이다. (……) 자기 자신을 인식한다는 것은 자기 배려를 추구하는 행위의 대상이 된다는 의미이다. 인간이 자기 자신에 전념하는 일은 정치 활동과 결합되었다."
> (48~49쪽)

한나 아렌트가 '생각하기의 무능력, 판단하기의 무능력, 말하기의 무능력'이 만연하는 악을 만든다고 통찰했듯, '정당한 행위와 정치 행동의 규칙'을 '스스로' 사고하는 일은 자신을 돌보는 일일 뿐 아니라 공적인 정치 활동에 필요한 일로 보인다.

자신에 대한 관심과 정치 활동에 대한 관심의 양자택일

겉보기에는 자신에 대한 관심과 정치 활동에 대한 관심이 별개의 것으로 보인다. 자신에 대한 관심은 흔히 자신의 이익을 추구하는 것과 동일시되고, 정치 활동에 대한 관심은 자신의 이익 추구와는 구분되어야 할 그 무엇이기 때문이다. 다만 과연 얼마나 현재 정치 활동에 대한 관심이 자신의 이익 추구와는 별개로 이루어지는지에 대해서는 별도로 다뤄볼 문제이다.

푸코에 따르면, 플라톤이 『알키비아데스 I』에서 자신에 대한 인식이 영혼에 대한 인식이고, 이는 정당한 행위 혹은 올바른 행위에 대한 관조와 연관됨을 드러냈음에도 이미 고대에도 플라톤의 해결책과는 달랐다고 한다.

"인간이 자기 자신에 전념하는 일과 정치 활동 사이의 연관관계에 대한 문제가 있다. 말기 헬레니즘과 제정시대에 이 문제는 별도의 대안책으로 제시되었다. 즉 언제 정치 활동에서 손을 떼고 자기에의 관심으로 전환하는 것이 나은 일인가?"(49쪽)

흔히 연상되는 자기에의 전념이 내면으로 침잠하는 일로 받아들여지기도 하면서, "자기 자신에 대한 새로운 배려는 새로운 자기 체험을 포함한다. 자기 체험의 새로운 형식이 출현한 시대는, 내성이 점차 세분화되었던 기원전 1, 2세기이다. 글쓰기 작업과 의미심장한 관찰 사이에 연관관계가 생겨났다. 생활과 기분, 독서에 세부적인 주의가 기울여졌고, 자기 체험은 글쓰기 행위에 의해 강화되고 확대되었다. 이전에는 존재하지 않았던 체험 영역의 문이 열린 것이다. (……) 우리가 발견할 수 있는 것은 예를 들

면 일상생활의 세부 사항, 정신의 움직임, 자기 분석에 대한 (……) 세세한 관심이다."(52쪽)

이제 자신에 대한 인식이나 배려는 일상생활의 "하찮고 세부적인 사항이 아주 중요한 것"이 된다. "왜냐하면 이 세부사항이 바로 우리 자신——자신이 생각하고 자신이 느낀 것——이기 때문이다."(55쪽)

자신에 대한 인식에서 인간의 올바른 행위나 정당한 행위를 사색하며 관조하는 일이 제거된다. 이는 로마 제정이라는 시대적인 배경도 있겠지만, 자신이 어떻게 느끼고 생각하는지를 관찰하는 것이 자신을 배려하는 일이라면, 이제 "자신을 보다 잘 배려하려면 정치와 결별하여야 했다." "정치 생활과 무관계한 자기 자신에의 배려의 보편성"(57쪽)이 등장한다. 이것을 푸코는, 자기에의 배려는 "영구적인 의학적 배려가 되었다. 한순간의 그침도 없는 의학적 배려는 자기에의 배려의 핵심 사항의 하나였다. 인간은 자기 자신을 진찰하는 의사가 되어야 했다."(57~58쪽)라고 진단한다.

이러한 자기 배려 모델이 "언제 정치 활동에서 손을 떼고 자기에의 관심으로 전환하는 것이 나은 일인가?"라는 질문을 가능하게 한다.

자신에 대한 이해와 자기 계발 그리고 그 대가

그렇다면 이제 우리의 자화상을 그려볼 시간이다. 아마도 큰 무리 없이 '자기 계발'에의 몰두는 몰정치적이라는 데 수긍할 수 있을 듯하다. 올바른 행위를 숙고하고 판단하며 고민하는 일은 매우 불편할뿐더러 인간관계의 갈등을 초래하는 일이다. 다른 사람들에게 어필할 수 있는 능력 계발과 원만하고 인상적인 대인 관계를 형성하는 일에 몰두하는 일에서 어떻게 올바름에 대한 고민의 틈이 있겠는가. 당장 능률적인 일처리와 협력 관계를 재고한다면, 올바름을 머릿속에 떠올릴 새도 없다. 만약 누군가가 잘못되거나 그릇된 일이라는 문제제기를 한다는 것 자체가 황당하게 느껴지는 식으로 돌아간다.

그렇다고 자신이 어떻게 생각하고 느끼는지를 돌볼 만큼 한가롭지도 않다. 오히려 자신이 어떻게 생각하고 느끼는지를 삭제할수록 일처리는 능률적이다. 정당한 행위의 관조도 없이, 나 자신의 생각과 느낌에 대한 배려도 없이 '자기 계발'되고 있는 셈이다.

자신에 대한 진실을 인정하고 고백하는 일이 자신의 죄를 사하고 진정한 세계로 진입하는 관문이었던 중세도 아니고, 오히려, 자신에 대한 진실을 이해하는 일에서 양심에 가책을 느낀다거나 잘잘못을 가리는 것과는 이미 결별한 시대에 살고 있는 대가인지도 모르겠다. 이런 식의 도식이 성립한다면, 자기 계발되면 될수록 자기를 돌보는 것과는 멀어진다.

그렇다면 자신을 이해하고 보살피기 위해서 무엇이 필요한지에 대한 대답을 할 차례이지만, 그것은 글쓴이의 능력을 벗어나 있는 일임을 고백하면서 다음의 문제제기를 음미하는 것으로 대신하겠다. 푸코가 자기를 다루는 기술의 역사 혹은 인간이 자신을 이해하는 방식의 역사를 탐구하게 된 것은 베버의 의문에서부터였다고 한다.

"인간이 합리적으로 행동하고 자신의 행동을 진실된 원리에 기초하여 규제하고자 한다면 자기 자신의 어떤 부분을 포기해야 할 것인가? 금욕에 대한 이성의 대가는 무엇인가? 어떤 종류의 금욕에 승복해야 하는가?"

푸코의 의문은 이러했다.

"특정한 종류의 금기가 어떻게 특정한 종류의 자기 인식의 대가를 필요로 하는가? 자진해서 무엇인가를 포기하기 위해 우리는 자기에 관하여 무엇을 인식해야 하는가?"(34쪽)

더불어 읽기

깊이 읽기

1) 권보드래 · 천정환, 『1960년을 묻다──박정희 시대의 문화정치와 지성』(천년의 상상, 2012). 663쪽의 책으로, 목차에서 관심 가는 부분부터 읽어보기를 권한다. 3부 8장에서 "자기계발 혹은 실존을 위한 책읽기"를 다루고 있는데, "근대의 개인에게 필요한 '처세 · 수양'의 담론"으로부터 "2000년대의 자기계발"로까지 이어지는 맥락을 짚고 있다. '자기계발'에 함몰되거나 자칫 추상적인 비난으로 빠져들기 쉬우나, 이 책은 한편으로는 한국의 맥락에서 당시 현실의 동향, 신문 자료나 시대별 독서행태 등을 부지런히 데이터로 삼고, 다른 한편으로는 근대라는 시대적 관점에서 '자기계발'을 '사회적 운명'처럼 다룸으로써 우리의 자화상을 종합적으로 돌아볼 수 있게 돕는다.

2) 플라톤, 『알키비아데스 I · II』, 김주일 · 정준영 옮김(이제이북스, 2007). "자기 자신이 무엇인지" 철학적으로 접근한 책이다. 자신과 관련하여 세 카테고리로 나누는 점이 흥미롭다. 그게 무엇인지는 직접 찾아보길 권한다. 다만, 지금 우리에게는 이 책

에서 다루는 내용의 맥락이 현실적으로 와닿지 않고, 주고 받는 문답 자체가 낯설게, 또 그 내용은 고답적으로 느낄 수도 있겠다. 그럼에도 문제를 풀어갈 적에 핵심을 찔러가는 철학적 접근 방식을 지적으로 경험하는 일은 사유의 힘을 기르는 데, 우리가 다루는 문제 "자신을 잘 돌보는 일" 탐색에 필요하다.

김정신 / 한국철학사상연구회 회원

2장

불확실한 삶:
우리는 무엇으로 아는가

세상에서 가장 긴 이야기,
'저기……'

『앎의 나무』 / 마뚜라나 . 바렐라

말하지 못하는 내 사랑

　말하지 못하는 내 사랑은 어디쯤 있을까 / 소리 없이 내 맘 말해 볼까 / 울어보지 못한 내 사랑은 어디쯤 있을까 / 때론 느껴 서러워지는데 / 비 맞은 채로 서성이는 마음의 날 불러 주오 나즈막이 / 말없이 그대를 보며 소리 없이 걸었던 날처럼…….

　김광석이 부른 노래 '말하지 못하는 내 사랑'이다. 이 노래처럼 말하지 못하는 사랑을 안고 비 맞은 채로 서성이는 한 남자가 있었다. 같은 수업을 듣는 여학생을 사랑했지만 '그저 그렇게 멀리서 바라볼 뿐 다가설 수가' 없었던 남자, 광식이다.

　멀리서 바라보기만 하다가 어느덧 중간 시험 때가 다가왔다. 그때는 민주화 시위 때문에 수업을 빠지는 경우가 많아 시험 때 노트를 빌려 복사하는 경우가 많았다. 그녀에게 노트를 빌리기로 결심을 했다. 드디어 용기를 내어 그녀에게 노트를 빌렸고 돌려주며 데이트를 신청하기로 마음먹었다.

"저기……" 그녀는 말없이 다음 말을 기다렸고 나는 안절부절 못하다 결국 고맙다는 말만 하고 다시 돌아섰다. 또다시 멀리서 바라보는 일이 이어졌고 기말 시험 때가 되었다. 다시 용기를 내서 노트를 빌렸고 고맙다며 초콜릿을 건넸다.

"저기……" 머뭇거리며 다음 말을 차마 못 잇던 나에게 그녀가 말했다. "저, 다음 학기에 고급 과정을 들을 건데, 같이 들을래요?" 나는 뜻밖의 제안에 고마워하며 돌아섰다. 고대하던 다음 학기가 시작되었고 그녀를 다시 만났다. 수업은 고급으로 한 단계 업그레이드되었지만 우리들의 진도는 제자리에 맴돌기만 했다. 멀리서 바라보고 노트를 빌리고 돌려주고, 또 멀리서 바라보고 노트를 빌리고 돌려주고.

"저기……" 나는 끝내 그 다음 말을 잇지 못했다. 그녀와 사랑이 절대로 이루어질 수 없다고 생각했기 때문이다. 이번엔 그녀도 다음 학기에 수업을 같이 듣자는 제안을 할 수가 없었다. 최고급 과정이 없었기 때문이다. 그래서 결국 말하지 못한 내 사랑은 영원히 끝나지 않을 세상에서 가장 긴 이야기로 남았다.

세상을 바꾸는 것은 생각이 아니라 몸이다

현실 속 광식이와 같은 사랑을 하는 남자가 또 있다. 「광식이 동생 광태」(2005년)라는 영화 속 광식이다. 그 또한 7년 동안이나 "저기……"만 되 뇔 뿐 그 다음 말을 잇지 못했다. 현실 속 광식이든 영화 속 광식이든 광식 이가 자신의 삶을, 아니 자신을 둘러싼 세상을 바꾸지 못하는 이유는 무엇 일까? 내 이야기를 들으면서 또는 영화를 보면서 참으로 어리석다는 생각 을 많이 했을 거다. 그녀와의 사랑이 절대 이루어질 수 없다는 그 어리석 은 생각만 딱 한 번 고쳐먹으면 그 사랑이 이루어졌을 텐데 하고 말이다.

하지만 광식이 어느 날 아침 내 연애 사전에 불가능은 없다고, 마음을 고쳐먹는다고, 그날부터 당장 365일 수많은 여자들과 잠자리를 나눌 수 있을까? 아니 적어도 "고맙습니다. 저기 커피 한 잔 어때요?"라고 차마 잇 지 못한 뒷말을 이어 사랑을 이룰 수 있었을까?

어느 날 아침 단 한 번 마음을 고쳐먹는다고 광식이가 카사노바 광태 가 될 수 없다. 삶이나 세상을 바꾸는 것은 단 한 번 고쳐먹는 생각이 아니 기 때문이다. 그렇다면 무엇이 우리의 삶이나 세상을 바꿀 수 있을까? 생 각이 아니라 사는 방식이, 달리 말하면 머리가 아니라 그런 방식으로 사는 것이 몸에 밴 몸의 성향이 우리의 삶이나 세상을 바꿀 수 있다.

우리는 흔히들 머리로 행동을 선택하여 세상을 살아간다고 생각한다. 적어도 사람은 말이다. 하지만 실제로는 그렇지 않다. 사람은 머리가 아니 라 몸이 행동을 선택하여 세상을 살아간다. "커피 한 잔 어때요?"라고 뒷 말을 이어야 한다고 머리로 생각은 하지만 입이 열리지 않는다. 몸이 머리 의 명령을 듣지 않는 거다. 그렇게 행동하며 살아가는 방식이 아직 몸에 배지 않았기 때문이다.

안다고 할 줄 아는 것은 아니다

움베르토 마뚜라나와 프란시스코 바렐라가 쓴 『앎의 나무』(최호영 옮김, 갈무리 펴냄)에서 이런 문제에 대한 설명과 해답을 찾을 수 있다.

앎에는 크게 두 가지가 있다. '~을 안다'고 할 때의 앎과 '~을 할 줄 안다'고 할 때의 앎이 있다. 지구가 태양 둘레를 돈다는 것'을 안다'고 할 때의 앎이 앞의 것이고, 자전거'를 탈 줄 안다'고 할 때의 앎이 뒤의 것이다. 앞의 것이 정보 지식이고 뒤의 것이 행동 지식이다. 하지만 정보 지식은 그것을 찾거나 만들거나 저장하거나 되찾을 줄 아는 행동 지식의 산물이라는 점에서 근본적인 앎은 행동 지식이라고 할 수 있다.

정보 지식에 초점을 맞춘 행동 이론은, 행동이란 머릿속 정보 지식을 실현하거나 표현하는 것이라고 본다. 하지만 행동 지식에 초점을 맞춘 행동 이론은 행동을 몸에 밴 행동 지식이 실현되거나 표현되는 것이라고 본다. 정치 행동을 포함한 문화 행동도 마찬가지다. 정보 지식에 초점을 맞춘 문화 이론은 문화 행동을 머리 밖으로 표현된 정보 지식, 곧 텍스트라고 본다. 하지만 행동 지식에 초점을 맞춘 문화 이론은 문화 행동을 몸에 밴 행동 지식, 곧 행동 방식이 밖으로 드러난 것으로 본다.

마뚜라나와 바렐라는 정보 지식에 초점을 맞추고 있는 지식 이론을 행동 지식으로 방향을 돌리고자 한다. 그들은 행동 지식으로 문자 그대로 지식과 행동의 일치, 즉 '지행합일'을 이루고자 한다. 옛말에, 제대로 알면 그대로 행한다고 했다. '제대로 안다'는 것은 단지 머릿속 정보 지식으로서가 아니라 몸에 밴 행동 지식으로 알고 있다는 걸 뜻한다. 그것은 지혜라고도 하고, 덕이라고도 한다.

맹점 실험

제대로 안다는 것은 할 줄 안다는 것이다

그들은 왜 인간의 문화 행동이 정보 지식의 표현이 아니라 몸에 밴 행동 지식의 표현인지를 그 생물학적 뿌리로부터 설명하고자 한다.

그들은 신기한 두 가지 앎의 현상으로부터 출발한다. 첫 번째 현상을 직접 체험해 보자. "왼쪽 눈을 감은 채 〔위 그림〕의 십자꼴을 똑바로 바라보면서, (⋯⋯) 약 40센티미터 떨어진 거리에서 (얼굴을 앞뒤로) 움직여보라. 그러면 꼭 작다고는 할 수 없는 검은 점이 그림에서 갑자기 사라지는 것을 관찰할 수 있을 것이다."(26쪽)

두 번째 현상도 몇 가지 장치만 준비하면 직접 체험해 볼 수 있다. "붉은색과 흰색의 두 광원을 가지고 〔다음 페이지 그림〕과 같이 꾸며보자. (⋯⋯) 전구에다 지름이 같은 마분지관을 씌우고 (⋯⋯) 얇고 비치는 붉은색 종이를 필터로 쓰면 된다. 그런 다음 손 같은 것을 원뿔꼴의 빛 속에 넣고 바닥에 비친 그림자를 살펴보자. 그림의 세 개 상황 가운데 〔위의 손 그림자와 중간의 오른쪽 손 그림자〕는 청록색으로 나타난다."(28쪽)

외부 세계에는 분명히 '있는' 점을 우리는 어떻게 '없는' 것으로 보며, 외부 세계에는 '없는' 청록색을 우리는 어떻게 '있는' 것으로 보는 걸까? 도대체 외부 세계에 대한 앎이란 무엇일까? 그들은 이 현상들로부터 다음

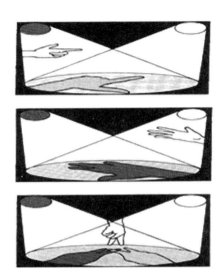

색 그림자 실험

과 같은 결론을 끌어낸다. 외부 세계'에 대한' 우리의 앎은 외부 세계'의' 객관적인 정보가 아니라, 우리의 특수한 인식 '행동'의 구조나 방식에 의해 구성된 것이다.

우리의 앎을 결정하는 것은 외부 세계가 아니라 우리의 인식 행동(방식)이다. '그곳에 아무것도 없다'는 앎은 곧 아무것도 없는 것으로 '볼 줄 아는' 인식 행동 방식(행동 지식)의 산물이며, '그곳에 청록색이 있다'는 앎은 곧 청록색이 있는 것으로 '볼 줄 아는' 인식 행동 방식(행동 지식)의 산물이다. 그런 점에서 우리의 앎이란 우리의 인식 행동 방식, 곧 행동 지식이다. 그래서 그들은 말한다. "무릇 함이 곧 앎이며, 앎이 곧 함이다."(36쪽) 행동 지식이 곧 앎이며, 앎은 곧 행동 지식이란 말이다.

우리의 인식 행동 방식 또는 구조가 우리의 앎을, 또는 우리가 아는 세계를 구성한다고 주장하는 점에서 그들의 앎의 이론을 구성주의라고 부른다. 이런 점에서 그들을 20세기의 칸트라고 할 수 있다.

하지만 그들은 더 나아간다. 우리의 앎뿐만 아니라 모든 생명체의 앎 또한 마찬가지라고 주장한다. 생명체의 앎과 우리의 앎은 근본에서 같다. 생명체든 우리든 어떤 세상(환경) 속에서 자신의 행동 방식으로 효과적으로 행동'할 줄 알면' 그 세상'을 안다'고 말한다. 신경계나 뇌의 발달은 그 행동 방식의 신축성과 다양성을 늘렸을 뿐이다. 그래서 그들은 주장한다. "앎이란 곧 효과 있는 행위다."(39쪽)

머릿속 앎이 아니라 몸에 밴 앎으로 행동을 한다

"생물을 특징짓는 것은 말 그대로 끊임없이 자기 자신을 만들어낸다는데 있다."(52쪽) 생명체의 효과적인 행동은 자신의 세상(환경) 속에서 끊임없이 스스로를 생산하는 일이다.

자신의 환경과 상호 작용하며 스스로를 생산하는 그 일은 몸에 밴 고유한 행동 방식이나 구조(행동 지식)에 따른다. 단세포 생명체조차도 몸에 밴 자신의 행동 구조에 따라 환경으로부터 나트륨이나 칼슘은 받아들이고 세슘이나 리튬은 받아들이지 않을 줄 안다. 아메바와 같은 단세포 생명체도 몸에 밴 자신의 행동 방식에 따라 먹이가 다가오면 가짜 발로 감싸서 잡아먹을 줄 안다.

그들에 따르면 아메바와 같은 단세포 생물뿐만 아니라 사람을 포함한 모든 생명체가 특정한 방식의 행동을 하는 것은 머리로 하는 생각 때문이아니다. 오랜 진화 과정을 거치면서 몸에 배고 태어나서 살아오면서 몸에밴 특정한 행동 방식(행동 지식) 때문이라고 한다.

아메바가 먹이를 감싸자는 생각을 해서 먹이를 잡아먹지 않듯이, 사람도 팔자 모양으로 걷자고 생각을 해서 그렇게 걷는 것은 아니다. 아무리 팔자 모양으로 걷지 말자고 생각을 해도, 그때만은 어찌어찌 되는 듯해도 똑바로 걷는 방식이 몸에 배어 있지 않으면 어느새 팔자 모양으로 돌아와 있다. 자전거 타는 것도 마찬가지다. 자전거를 탈 줄 아는 행동 방식이 몸에 배어 있지 않으면 타는 방법을 머리로 아무리 외운다고 탈 수 있는 게 아니다.

어떻게 아메바와 사람의 행동이 같을 수 있을까? 사람의 행동 가운데 걸음걸이나 자전거 타기와 같이 습관에 의해 형성된 무의식적인 단순한 행동만 그렇고 고도로 발달된 복잡한 문화적인 의식적 행동은 주인인 머리가 내린 명령을, 즉 머리가 복잡한 정보를 의식적으로 처리하여 만든 생각을 하인인 몸이 단순히 수행하는 것이 아닐까?

생각하기 전에 몸이 먼저 움직인다

마뚜라나와 바렐라는 아메바와 같은 단세포 생명체의 단순한 행동으로부터 다세포 생명체를 거쳐 인간의 복잡한 행동에 이르기까지 진화 과정을 따라가면서 그 신축성과 다양성만 늘어났을 뿐, '머릿속 앎이 아니라 몸에 밴 앎에 의해 행동을 한다'는 생명체 행동의 기본 구조가 바뀌지 않았다는 것을 보여준다. 그 과정이 책의 전부다. 여기서는 그들의 생각을 뒷받침할 수 있는 한 가지 과학적 사실을 보여주는 것으로 대신한다.

지금 왼손을 들어보라. 왼손을 들겠다는 의식적인 생각을 몸이 단순히 수행했다고 생각할 것이다. 그러나 놀랍게도 당신이 왼손을 든 것은 머리가 아니라 몸이 스스로 명령을 내린 것이다. 왼손을 들겠다는 의식적인 생각은 몸이 스스로 내린 명령이 의식이라는 스크린에 비쳐진 것에 지나지 않다.

미국의 생리학자 벤저민 리벳과 독일의 생리학자 한스 코른후버는 다음과 같은 실험을 했다. 실험 대상자에게 의식적으로 손가락을 움직이겠다는 생각을 하고 아무 때나 손가락을 움직여보라고 했다. 실험 대상자들이 의식적으로 손가락을 움직이겠다고 생각한 순간과 실제로 손가락을 움직인 순간은 거의 일치했다. 하지만 뇌파 측정기로 측정한 결과, 의식적으로 손가락을 움직이겠다고 생각하고 실제로 손가락을 움직이기 0.8초 전에 이미 특정한 뇌파의 변화가 일어났다는 것을 알아냈다.

의식적인 뇌가 생각하기 전에 이미 무의식적인 뇌가, 즉 몸이 스스로 명령을 내린 것이다. 무의식적인 뇌가, 즉 몸이 스스로 내린 명령을 손가락이, 즉 다른 몸이 수행한 것이다. 의식적인 생각은 더 이상 주인이 아니라 주인인 몸이 스스로 내린 명령을 의식이라는 스크린에 비쳐 알리는 앵무새 대변인의 역할을 할 뿐이다. 고도로 발달한 문화적인 의식적 행동의 시나리오를 쓰는 작가는 무의식적인 몸이고, 그 시나리오를 생각이라는 영화로 만들어 보여주는 영화감독이 바로 의식적인 뇌인 거다.

그러므로 이야기 흐름을 바꾸려면, 스크린에 비쳐진 이미지에 지나지 않는 영화가 아니라 먼저 시나리오를 바꿔야 하는 거다. 아무리 착하게 살자고 의식적으로 생각을 고쳐먹어도 착하게 사는 방식이 몸에 배어, 다시 말해 덕이 쌓여 무의식적인 몸이 스스로 명령을 내리지 않으면 착하게 살 수 없는 이유가 여기에 있다.

연애 근육을 단련시켜라

얼마 전에 투표가 있었다. 착하게 사는 방식이 몸에 배지 않은 사람은 투표를 안 하고 놀러 가면 옳지 않다는 생각을 했어도 투표장에 가지 않았을 가능성이 많다. 투표장에 갔다고 하더라도 사회 전체에 이익이 되는 사람을 찍는 게 옳다는 생각을 하면서도 자기에게만 이익이 되는 다른 사람을 찍었을 가능성이 많다. 생각 따로 행동 따로다.

투표 근육을 단련시키자는 말을 하는 사람들이 있다. 생각을 한 번 고쳐먹는 것만으로는 부족하므로 아예 생각이 몸에 배도록 몸을 만들자는 거다. 동서고금의 철학자들이 그렇게 강조했고, 마뚜라나와 바렐라가 인지 철학으로 정당화했던 '덕의 철학'을 역설하는 거다.

아직도 말하지 못하는 사랑을 안고 비 맞은 채로 서성이고 있는가? 아직도 사랑했지만 그저 그렇게 멀리서 바라볼 뿐 다가설 수가 없는가? 당신의 인생을, 아니 세상을 바꾸고 싶은가? 그렇다면 인생이나 세상을 바꿀 수 있는 행동을 할 수 있도록, 그러한 행동 방식이 몸에 배도록 몸을 만들어야 한다.

이런 저런 생각들만 잔뜩 늘어놓은 연애 지침서만 읽고 있지 말고 "저기, 커피 한 잔 어때요?"라고 당당하게 말할 수 있도록 연애 근육을 단련시켜야 한다. 당신의 연애 근육은 튼튼한가?

더불어 읽기
깊이 읽기

1) 마뚜라나 H. R., 『있음에서 함으로』(갈무리, 2006). 마뚜라나의 인터뷰를 실은 책이다. 자기 생산 체계 이론의 핵심을 알기 쉽게 풀어 설명한다. "무릇 함이 곧 앎이며, 앎이 곧 함이다."와 "말한 것은 모두 어느 누군가가 말한 것이다."라는 『앎의 나무』의 핵심 경구가 뜻하는 바를 '자기 관찰(관찰의 관찰)'과 '자기 생산(생산의 생산)'이란 화두를 가지고 되새겨보면 재미있게 읽을 수 있다.

2) 김광식, 「인지문화철학으로 되짚어 본 언어 폭력(1): 언어 폭력의 생물학적 해부」, 『비폭력 연구』 2권, 2009. 마뚜라나의 자기 생산 체계 이론을 인지문화철학으로 재해석하여 언어 폭력이라는 문화 현상을 연구한 논문이다. 마뚜라나 이론의 핵심인 '자기 생산'의 인지문화철학적 의미를 재구성하고, "무릇 함이 곧 앎이며, 앎이 곧 함이다."라는 경구의 의미를 언어 폭력이란 일상적인 문화 현상을 통해 깊이 있게 이해할 수 있다.

3) 김광식, 「인지문화철학으로 되짚어 본 동성애 혐오: 동성애 혐오의 인지생물학적, 사이버네틱스적 해부」, 『사회와 철학』 26권, 2013. 마뚜라나의 자기 생산 체계 이론과 푀르스터의 2차 등급의 사이버네틱스를 인지문화철학으로 재해석하여 동성애 혐오라는 문화 현상을 연구한 논문이다. 두 인지 이론의 핵심인 '자기 되먹임(recursion)'의 인지문화철학적 의미를 간추려 놓았다. '자기 되먹임'을 통한 몸에 밴 앎/함이란 화두로 동성애 혐오의 인지문화철학적 원인과 해결책을 모색한다.

4) 슈미트 S. J. 엮음, 『구성주의』(까치, 1995). 마뚜라나와 푀르스터의 인지철학은 '급진적 구성주의(radical constructivism)'라는 이름으로 국내에 알려져 있다. 급진적 구성주의에 대한 개설서로 소개하고 있지만 1차 문헌들을 묶은 책으로 쉬운 안내를 위한 개설서와는 거리가 있다. 급진적 구성주의의 바이블이라 할 수 있는 마뚜라나의 「인지생물학」을 직접 읽을 수 있다.

김광식 / 서울대학교 기초교육원 교수

방이 무한한데 꽉 찬 호텔,
투숙객은 묵을 수 있다?

『무한으로 가는 안내서』/ 존 배로

거기에 한 사람이 서 있었다. 그는 바닷가에 서 있지만, 수평선을 볼 수는 없었다. 왜냐하면 칠흑 같은 어둠이 그의 주변을 감싸고 있었기 때문이다. 우주의 무수한(numberless) 별과 끊임없는(ceaseless) 파도소리만이 그가 바닷가에 있음을 증명해 줄 뿐이었다. 그는 아무런 경계가 없는(boundless) 그곳에서 무한(infinity)을 생각하고 있었다. 그는 아무에게도 자신이 무한에 대해 어떤 것을 생각하였는지 말하지 않았다. 그래서 그가 무엇을 생각하였는지는 영원히(eternity) 알 수 없었다.

우리는 때때로 무한에 대해 생각한다. 하지만 아마 대부분은 무한을 좀더 분명하게 이해하려는 시도를 하지 않았을 것이다. 이런 우리를 대신하여 종교, 철학, 수학, 물리학 등이 무한을 어떻게 다루고 이해하고 있는지를 알려주는 책이 있다. 그 책이 바로 『무한으로 가는 안내서』(존 배로 지음, 전대호 옮김, 해나무 펴냄)이다. 이 책에 담긴 몇 가지 에피소드를 통해 유한한 우리가 무한과 친숙해지는 시간을 가져보는 것은 어떨까?

무한호텔의 역설

이 책의 두 번째 장에서는 재미있는 논리 퀴즈를 보여주고 있다. 이른바 '무한호텔의 역설'이다. 위대한 독일 수학자 다비드 힐베르트가 지어냈다고 전해지는 이 이야기는 우리의 직관과 논리가 무한의 문제에 관해 처리할 때 매우 역설적인 상황에 놓이게 됨을 잘 보여주고 있다. 다른 각도에서 보자면, 무한은 그 자체로 역설을 내포하고 있다고도 할 수 있다.

이제 먼 미래에 어느 별에 객실 수가 무한 개인 호텔이 있다고 가정하자. 그런데 그 호텔의 모든 객실에 손님이 투숙하고 있어 빈 방이 없는 상태이다. 즉, 기존의 손님을 쫓아내지 않고서는 새로운 손님을 받을 수 없는 것이다. 그런데 마침 새로운 손님이 한 분 와서 빈 방을 요청하고 있었다. 베테랑 지배인은 빈 방이 없었음에도 불구하고 전혀 당황하지 않고 기존의 손님을 쫓아내지도 않고 새로운 손님에게 빈 방을 내주었다. 그 지배인은 과연 어떻게 이 문제를 해결했을까?

그로부터 며칠 후 여전히 빈 방 없이 성황리에 운영되고 있는 이 무한호텔에 이번에는 무한 명의 손님이 찾아와서 빈 방을 달라고 요구하고 있었다. 물론 한 사람당 방 하나를 배정해 달라는 것이다. 정말로 난감한 상황이 아닐 수 없다. 하지만 이번에도 이 베테랑 지배인은 기존의 손님을 쫓아내지도 않고, 새로운 손님들 모두에게 빈 방을 각각 하나씩을 배정하는 놀라운 솜씨를 발휘하였다. 어떻게? 해답은 아래의 힌트와 책을 통해 확인하도록 하자.

그는 생각이 너무 많아서 철학자가 되고 싶었지만, 머리가 나빴다

우리는 통상 무한을 엄청나게 큰 것과 유사하게 생각한다. 광대무변한 우주 공간을 무한하다고 할 때, 우리는 그런 생각을 하는 것이다. 물론 전혀 이상할 것이 없는 자연스러운 발상이다. 하지만 무한이 꼭 큰 것만을 의미하지는 않는다. 책은 예의 '제논의 역설'에 대해 언급한다. 거북이와 아킬레스가 100미터 달리기 시합을 하되, 거북이가 아킬레스보다 10미터 앞에서 출발한다면, 아킬레스가 아무리 빨라도 거북이를 이길 수 없다는 그 역설 말이다. 이 역설은 여러 가지를 함축하고 있지만, 무한의 문제에 관한 한 무한 분할과 무한 분할을 통해 얻을 수 있는 무한소를 생각하게 만든다.

무한소가 아닌, 일정한 크기를 가졌음에도 불구하고 무한한 것은 불가능할까? 예를 들어 정다각형과 원의 관계를 생각해 보자. 삼각형, 사각형, 오각형, (……) 순차적으로 변의 개수를 늘려 가면, 그 다각형은 원과 매우 유사해진다. 하지만, 무한각형일지라도 그것은 어디까지나 다각형일 뿐 원은 아니다. 그리고 그 무한한 변을 가진 다각형은 아무리 커져도 항상 그 다각형에 외접하는 원보다는 작을 수밖에 없다. 무한이 항상 큰 것은 아니다. 유한한 크기를 가진 무한에는 패턴이라고 부르는 것도 있다. 로저

펜로즈가 발견한 '촉과 연을 이용한 비주기적이고 무한한 타일 붙이기'가 하나의 예이다. 또 하나는 프랙털(fractal)이라고 부르는 패턴이다. 이는 자연계에서 많이 발견되는 패턴이기도 하다. 예를 들어 나무 잎새의 모양은 나무 전체의 모양과 유사하고, 산의 일부의 모양은 전체 산의 모양과 유사하고, 자식은 부모와 유사하다.

이런 프랙털 패턴은 무한한 것이 유한한 것보다 작을 수 있다는 기묘한 역설을 우리에게 보여준다. 즉 무한은 언제나 유한보다 크다는 우리의 상식이 전혀 참이 아니라는 사실을 각인시켜 주고 있다. 철학자가 되고 싶었지만, 그 무수히 많은 생각을 담아내기에는 머리가 나빴다고(유한하다고) 포기한 그 사람은 사실은 포기할 필요가 없었는지도 모르겠다.

만약 우주의 끝에 가서 팔을 바깥으로 내밀면 어떻게 될까?

이 물음은 철학자 아리스토텔레스의 우주관에 대해 비판하고자 하였던 당대의 어떤 한 철학자가 제기한 것이라고 한다. 아리스토텔레스는 우주가 둥글며 유한하다고 생각한 것 같다. 이는 우리가 우주를 천구(天球)라고 부르는 것과 일치한다. 만약 우주가 천구라면, 분명히 끝이 있다는 것을 의미한다. 그래서 위와 같은 매우 난감한 물음이 제기되는 것이다. 아리스토텔레스는 이에 대해 "무한은 잠재적으로 존재한다. (……) 현실적 무한은 존재하지 않을 것이다"고 답했다고 한다. 무슨 뜻일까?

가령 음의 정수와 양의 정수를 나열해 보자. 그렇다면, 음의 정수의 가장 첫 번째 숫자와 양의 정수의 마지막 숫자는 무엇일까? 그 어떤 숫자를 후보로 내세워도 언제나 그것보다 작은 수와 그것보다 큰 수가 존재한다. 그러므로 음수의 첫 번째 수와 양수의 마지막 수는 존재할 수 없다. 이 첫 번째 수와 마지막 수를 생각하는 방식과 동일한 방식으로 우리는 무한을 생각한다고 아리스토텔레스는 주장하는 것이다. 즉, 그 수들은 존재하지 않되, 존재하는 수들은 유한한 수만이 존재한다. 그리고 그 첫 번째 수와 마지막 수는 유한한 수들을 유한한 수로 만들기 위해 잠재적으로 존재하는 수일 뿐이다. 요약하자면, 사람들이 생각하는 무한은 잠재적으로만 존재할 뿐 현실적으로 존재할 수 없다는 것이 아리스토텔레스의 주장이고 따라서 애초의 질문은 사실 질문 자체가 성립하지 않는다는 것이 그의 대답이다.

1+1=1, 이를 증명하다!

어린 시절에 일종의 궤변으로 많이 듣던 말이다. 1+1=2지만, 물방울 하나에 또 한 방울을 더하면, 하나의 물방울이 되지 않느냐? 우리는 이것이 틀렸다는 것을 안다. 왜냐하면 부피 혹은 질량이 2배가 되기 때문이다. 하지만 무한의 영역에서는 이를 궤변이 아니라 수학적으로 증명할 수 있다. 이제 아래의 조화급수를 생각해 보자.

$S = 1-1+1-1+1 \cdots$

이제 이 무한한 급수의 합을 구하면 답은 무엇일까?

$S = (1-1) + (1-1) + \cdots$ 그렇다면 $S = 0+0+0+ \cdots$ 이므로 답은 0이다.

그런데 우리는 이 항을 아래와 같이 다른 방식으로 묶을 수 있다.

$S = 1 + (-1 + 1) + (-1 + 1) + (-1 + 1) + \cdots\cdots$

그러면, $S = 1 + 0 + 0 + 0 + \cdots\cdots$이므로 답은 1이 된다.

따라서 $S = 0$이고 또 $S = 1$이다. 그러므로 $0 = 1$임을 증명되었다.

이제 원래 식으로 돌아와 $1 + 1$은 $1 = 0$이므로 $1 + 0$과 동일하다. $1 + 0 = 1$이므로 $1 + 1 = 1$이다.

도대체 말도 안 되는 이런 결과를 수학은 증명해 냈다. 그래서 고대로부터 많은 수학자들이 무한의 문제를 수학에 들여놓기를 거부하였다. 피타고라스의 정리로 유명한 피타고라스 역시 무한은 악마의 영역으로 간주하여 수학에서 배척하였고, 근대의 많은 수학자들은 무한을 '논리 세계의 흑사병'으로 간주하여 수학에서 추방하고자 하였다.

악마는 무한이 아니라 그들이다

무한의 문제를 수학적으로 단숨에 해결한 자가 있었으니, 그가 바로 게오르크 칸토어(1845~1918)다. 그는 무한을 어떻게 해결하였을까? 일반적으로 무한은 1을 더해도 동일한 무한($\infty + 1 = \infty$)이고, 무한을 더해도 동일한 무한($\infty + \infty = \infty$)이 된다. 또 자연수는 짝수와 홀수로 이루어져 있으니까, 자연수의 집합은 짝수의 집합이나 홀수의 집합보다 커야 한다. 하지만 집합의 크기를 확인하기 위해 각각의 원소를 일대일 대응시켜 보면, 자연수 집합의 모든 원소는 짝수의 집합이나 홀수의 집합 각각의 원소들과 일대일 대응된다. 따라서 자연수의 집합은 짝수의 집합(또는 홀수의 집합)과 그 크기가 동일하다. 정말 기묘하여, 논리를 중시하는 수학자에게 무한은 악마 같은 존재일 것 같다.

칸토어는 무한에도 위계가 있고(자연수의 집합이 짝수 혹은 홀수의 집합보다 크다는 식으로), 셀 수 있음을 증명하였다. 몇 가지 증명이 있으나 여기에서 멱집합을 통한 증명 하나만 확인해 보자. 일반적으로 원소가 3개인 집합 S가 있다면, 그 부분집합의 개수는 2의 3승이다. 예를 들어 집합 {A, B, C}가 있다면, 이 집합은 부분집합은 {φ}, {A}, {B}, {C}, {A, B}, {A, C}, {B, C}, {A, B, C}의 8개가 있게 된다. 이제 이 부분집합들을 원소로 가지는 집합인 멱집합(power set)을 생각해 보자. 그렇다면 이 멱집합은 애초의 집합보다 언제나 클뿐더러 일대일 대응을 시키고도 항상 남는 원소가 존재하게 된다.

이제 만약 무한집합 X1이 있고, 이 무한집합의 멱집합 P[X1]을 만든다면, 이 멱집합은 애초의 무한집합보다 무한히 크면서 일대일 대응을 이루지 않는 집합이 된다. 이 최초의 멱집합을 X2라고 한다면, 다시 X2의 멱집합을 만들 수 있으며, 그것을 X3라고 표시할 수 있을 것이다. 이런 방식으로 무한집합은 X1 < X2 < X3…… 무한히 더 큰 무한집합을 만들 수 있다. 이것이 바로 칸토어의 해결 방식 중 하나였다.

무한의 크기와 위계를 증명함으로써 수학계에 새로운 이정표를 제시한 칸토어였지만, 당대에 그는 같은 수학자들에게 인정받지 못하고 오히려 그들에게 매도당하기 일쑤였다. 특히 당대 수학계의 거장 크로네커는 심지어 비열하기 짝이 없는 방법까지 동원하여 칸토어를 매장시키려고 하였다. 이런 박해 아닌 박해에 시달린 칸토어는 편집증과 우울증에 시달리는 고단한 삶을 살아야만 했다. 안 그래도 무한의 문제에 매달리느라고 미칠 지경이었던 칸토어에게 동료 수학자들의 몰인정한 대접은 견딜 수 없는 고통이었을 것이다. 그리고 그는 이렇게 외치고 싶었을 것이다. '악마는 무한이 아니라 너희들이다!'

만약 우주가 무한하다면, 중심이 있을 수 없다

만약 그를 인정해 준 신학자들이 없었다면, 아마 칸토어는 정신질환으로 인해 좀 더 일찍 사망하였을지도 모른다. 칸토어는 무한을 절대적 무한, 수학적 무한, 물리적 무한으로 구분하였다고 한다. 절대적 무한은 오직 신의 정신 속에서만 생각될 수 있는 무한이며, 수학적 무한은 그가 초한수(transfinite number)라고 부르는 것으로 멱집합 증명에서 보듯이 크기와 증감을 논할 수 있는 무한을 말한다. 물리적 무한이란 말하자면 우주 전체의 크기가 무한한가 유한한가를 따질 때 생각할 수 있는 무한이다.

당대 신학자들은 무한에 대한 이러한 칸토어의 생각이 신적 완전성을 증명하는 데에 도움이 된다고 판단하여 칸토어를 지지하였다. 하지만 이 책에서는 분명하게 다루지는 않지만, 신적 완전성을 무한성에 기초하여 증명하는 것은 오히려 기독교적 세계관과 모순을 일으키는 면이 있음을 당대 신학자들은 발견하지 못하였다. 예를 들어 조르다노 브루노(1548~1600)는 일찍이 '만약 우주가 무한하다면, 우주에는 중심이 있을 수 없다'고 천명하였다. 만약 어떤 것에 중심이 있다면, 그 중심이 수학적 중심이든 역학적 중심이든, 가장자리가 존재해야만 한다. 그런데 무한은 가장자리가 존재할 수 없으므로 중심 또한 있을 수 없다는 것이 브르노의 생각이다.

중세에서 근대까지 기독교는 지구가 우주의 중심이라고 생각하였고 또 동시에 신은 완전하기 때문에 무한함을 의심하지 않았다. 하지만 신이 무한하다면, 지구는 중심이 될 수 없고, 지구가 중심이라면 신은 무한할 수 없다. 비록 후대에 칸토어를 감싸안은 신학자들이었지만, 당대의 교황 클레멘스 8세는 그를 화형에 처했고, 브르노는 "선고를 받는 나보다 선고를 내리는 당신들의 두려움이 더 클 것이오"라는 말을 남기고 재로 화했다. 역시 무한의 문제는 악마를 부르는 문제임에 틀림없는 것 같다.

우주는 경계는 없지만 (boundless) 유한 (finite) 하 다

우리에게 여전히 남는 의문은 이 우주 공간은 무한할까 유한할까 하는 문제이다. 책에는 근대에서 현대 물리학에 이르는 우주 공간의 무한성 여부에 대한 과학자들의 여정을 간결하게 담고 있지만, 여기에서는 다만 아인슈타인의 우주론에 대해서만 언급하도록 하자. 아인슈타인은 저 유명한 상대성 이론을 통해 시간과 공간이 질량에 영향을 받아 휘어질 수 있음을 시사하였다. 실제로 우주 공간에는 수많은 질량체들(별 등등)이 존재하므로 우주는 일정한 곡률을 가진 채 존재하게 된다.

만약 질량체가 없거나 너무 적다면(임계밀도 이하라면) 우주는 곧게 펼쳐져 있을 것인데, 과학자들의 조사에 의하면 적어도 관측 범위 내의 우주에는 임계밀도 이상의 물질이 존재하기 때문에 우주는 일정한 곡률을 가진 유한한 모습을 하고 있다고 한다. 그런데 그 모습은 클라인 씨의 병(Klein's Bottle)과 유사하다고 한다. 2차원으로 비유하자면 안팎이 구분되지 않는 뫼비우스 띠처럼 내부 공간과 외부 공간의 경계가 없는 그렇지만 유한한 3차원이라는 것이 과학자들의 생각이다. 그렇다면 우주에 임계밀도만큼의 물질이 존재하지 않는다면 어떻게 될까? 그렇다면 우주는 무한할까? 이 책은 세 가지 이유에서 '그렇지 않다'고 답하고 있다. 그 이유는 무엇일까? 이 점에 대해서는 책을 통해 직접 확인해 보는 것이 어떨까?

확실히 유한한 우리에게 무한은 너무나 어려운 문제이고, 한 가지 모습만 있는 것이 아니라 다양한 모습을 가지고 있다. 철학, 종교, 수학, 물리학 등 서로 다른 영역에서 서로 다른 방식으로 무한의 비밀을 엿보려고 시도하였지만 아직 그 어느 것도 우리를 속 시원하게 만들지는 않는 것 같다. 바닷가에 서 있던 그 사람은 무한에 대해 어떤 결론에 도달하였을까? 분명히 그는 그가 '무한을 그리고 있었던 것'(반 고흐)도 아니고, 불멸(immortality)을 염원하지도 않았을 것이다. 아마 이렇게 말하고 싶었는지도 모른다. '이 무한한 공간의 영원한 침묵이 나를 두렵게 한다.'(파스칼)

더불어 읽기
깊이 읽기

1) 더글러스 호프스태터, 『괴델, 에셔, 바흐(상/하)』, 박여성 옮김(까치, 1997). 인간은 완전한 것을 추구한다. 하지만 호프스태터는 이 책을 통해 인간의 인식이 모든 영역에서 완전할 수 없음을 증명한다. 괴델의 불완전성의 정리를 비롯하여, 그림

과 음악에서도 인간은 언제나 인식의 한계를 절감하면서도 그것을 뛰어넘으려고 한다.

2) 하이젠베르크, 『부분과 전체』, 김용준 옮김(지식산업사, 2013). 너무나 유명하여 더 이상의 설명할 필요가 없는 책이다. 20세기 최고의 물리학자이자 양자역학을 연구하여 '불확정성의 원리'를 주장한 사람이다. 불확정성의 원리란 양자의 세계에서는 그 어떤 것도 확정할 수 없음을 말한다. 하이젠베르크는 이 책을 통해 젊은 날의 고뇌와 방황을 포함하여, 물리학, 수학, 철학, 정치를 망라한 자신의 성찰을 담담히 적고 있다.

3) 자크 모노, 『우연과 필연』, 조현수 옮김(궁리, 2010). 생명의 탄생은 실로 신비한 일이 아니라 할 수 없다. 흔히 말하듯이 확률로만 따진다면 0에 해당하는 사건이다. 즉, 있을 수 없는 일이 일어난 것이다. 이 생명의 탄생과 진화의 과정을 분자생물학자인 자크 모노는 양자역학을 이용하여 미시적 관점에서 해명을 시도한다. 가시적이고 유한한 우리의 지각 세계는 그 이면에 언제나 무한대와 무한소의 상호 충돌을 통한 신비한 과정이 숨어 있는 것 같다.

김상현 / 성균관대학교 대우전임교수

불확실한 삶!
슬픔의 연대, 고통의 정치로 넘어설 수 있을까?

『불확실한 삶』 / 주디스 버틀러

얄미운 버틀러, 어느 평범한 날의 눈물

그날도 평소와 다를 바 없는, 그저 그런 평범한 날이었다. 별다른 일 없이 하루 일과를 마치고 친구를 만나 함께 저녁을 먹고 차를 마시며 수다를 떨었다. 특별할 것 없는 그런 날이었기에 수다도 금세 시들해졌고, 우리는 각자 책을 읽기 시작했다. 그리고 시간이 얼마나 흘렀을까, 이제 그만 집에 가는 게 좋겠다며 자리에서 일어나는데 그만 난데없이 눈물이 났다. 정말, 아무 이유도 없이.

갑자기 우는 나를 보며 친구는 몹시 당황했고, 당황하기는 나도 마찬가지였다. 이 눈물의 이유를 찾아야 할 텐데, 이유라고 할 만한 게 당최 없는 것이다. 이유를 찾을 수 없었던 나는 애꿎은 책을 탓했다. 책이 너무 어려워서, 이해가 잘 되지 않아서 짜증도 나고 속이 상해서 눈물이 난 거라고,

이유 같지도 않은 이유를 만들어냈다.

그때 읽고 있던 책이 바로 주디스 버틀러의 『불확실한 삶』(양효실 옮김, 경성대학교출판부 펴냄)이다. '최악의 저자 상'을 받을 정도로 문체가 까다롭기로 악명이 자자한 버틀러이니만큼, 책이 어려워서 짜증이 났다는 건 어느 정도 사실이긴 하다. 그렇다고 그렇게 질질 짜면 어떻게 하냐는 둥, 서른 넘어 주책이라는 둥 핀잔을 주고받으며, 나와 친구는 그렇게 그 순간을 넘겼다.

그런 일이 있었던 지도 벌써 며칠이다. 그사이 어찌어찌 마지막 장까지 넘기기는 했지만, 여전히 그 책은 이해 불가인 채로 있다. 그럼에도 감히, 그 책에 대해 이야기를 해보려 한다. 별다른 이유도 없이 울었던 그날, 하필 읽고 있던 책이 그 책이었고, 책을 덮기 전 "삶이 애도할 만한 것이 아니라면 그것은 전혀 삶이 아니기 때문이다. 그것은 삶으로서의 자격을 부여받지 못할 것이고 주목할 가치가 없는 것이다"(65쪽)라는 문장이 마지막으로 눈에 들어왔고, 눈물이 터져 나온 건 아마도 그 순간이었기 때문이라는 게 이유라면 이유다.

평균적이지 않은 삶은 애도받을 자격도 없는가?

그 문장의 무엇이 나를 그토록 울컥하게 만든 것일까? 겨우겨우 책을 읽고 난 뒤 이걸 확 던져버릴까 하다가 마침 그때의 일이 생각나서, 그 문장을 다시 찾아보았다.

삶이 애도할 만한 것이 아니라면 그것은 전혀 삶이 아니기 때문이다. 그것은 삶으로서의 자격을 부여받지 못할 것이고 주목할 가치가 없는 것이다.

그때만큼은 아니지만 여전히 뭔가 울컥하는 기분이다. 왜일까? 그건 아마도 "자격"이라는 단어가 갖는 의미 때문인 것 같다. "그 사람은 대통령이 될 자격을 충분히 갖추고 있는 것 같아"라든가, "내가 과연 이런 사랑을 받을 만한 자격이 있는 걸까?"라고 말할 때처럼, 어떤 자질이나 능력, 조건 등을 평가할 때 "자격"이라는 낱말을 쓰는 게 아니던가? 혹시나 싶어 사전을 찾아보았다.

자격(資格)
【명사】
1. 일정한 신분이나 지위.
2. 일정한 신분이나 지위를 가지거나 일정한 일을 하는 데 필요한 조건이나 능력.

역시, 생각했던 것과 별반 다르지 않은 의미다. "자격"이라는 낱말은 "과연 그럴 만한가?"를 물을 때 쓰는 것이 가장 자연스럽다.

그래서인지 "삶으로서의 자격"이라는 구절이 영 마뜩지 않다. 삶에 대해 자격을 운운하는 게 과연 말이나 되는가? 삶의 자격을 따지는 것은 누군가의 삶은 살 만한 삶이고 누군가의 삶은 살아서는 안 되는 삶이라고 판단하는 것이다. 판단 자체는 가능할 수 있다. 누구나 살면서 한번쯤은 무엇이 가치 있는 삶인가를 생각해 본 적이 있을 것이다. 무엇이 가치 있는 삶인가를 묻는 것, 그것이 삶으로서의 자격을 따지는 거라면, 삶에 대해 자격 운운하는 것도 말은 되는 것 같다.

그래도 뭔가 찜찜하다. 삶에 대해 자격을 논할 수 있다고 치자. 어떤 삶이 자격을 갖춘 삶인지 판단할 수 있다고 해보자. 그렇다면 그 판단의 권위는 과연 어디에서 오는가? "너에게는 삶으로서의 자격이 없다. 너의 삶은 살 만한 삶이 아니다. 너는 살아서는 안 되는 삶을 살고 있는 것이다"라고 말할 수 있는 그러한 "자격"은 누가 갖는 것인가? 그러한 "자격"을 갖춘 이는 도대체 누구란 말인가?

누군가 내 삶에 대해 왈가왈부하는 상황을 그려보았다. 나만의 상상이니 조금은 낯간지러워도 남에게 귀감을 주는 삶으로 평판이 자자한 그런 상황을 떠올릴 수도 있으련만, 한낱 가십거리밖에 안 되고 있는 그런 상황이 먼저 떠오른다. "걔 아직도 여전하다며?" "어머 어머, 그 나이 처먹도록 뭐 하고 살았다니?" 수군수군 수군수군. 사회에 물의를 일으켰다거나, 큰 죄를 지었다거나, 사람들 입에 오르내릴 만한 일은 하지 않았다고 자부하면서도 누군가 내 삶을 비웃지는 않을까, 누군가 나를 비난하고 있지는 않을까, 자꾸 나쁜 쪽으로 생각이 빠진다.

아마도 스스로가 "일반적인 삶의 패턴"과 동떨어져 살고 있다고 생각하고 있기 때문일 것이다. 다양성의 시대에 "일반적인 삶의 패턴"이라고 할 만한 게 과연 있을까 싶기는 하지만, 평범한 삶, 보통의 삶이라고 여겨지는 삶의 모델은 분명 있는 것 같다. 한국의 사회 지표를 나타내는 통계청 자료만 봐도 어떤 삶이 보통의 삶인지가 금방 드러난다. 2012년에 조사한 바에 따르면, "평균 여성"은 29.1세에 결혼을 하고, 30대 초반에 첫 아이를 낳는다. 여성의 경제 활동 참가율은 25세~29세가 71.4퍼센트로 가장 높고, 30세~39세는 "결혼·육아 등으로" 55퍼센트대 수준으로 크게 하락하였다가 40대 초반부터 다시 노동 시장에 진출하는 여성 인구가 증가한다.

"평균 여성"의 삶에 비추어 보자면, 30대 초반인 나는 이미 결혼을 해서 아이를 적어도 한 명은 키우고 있어야 하며, 육아와 직장을 병행하거나 휴직을 한 상태여야 한다. 그러나 현실은 어떤가? 불과 얼마 전까지만 해도 나는 집에서 용돈을 받아 쓰는 처지였다. 지금이야 생활비 정도는 스스로 해결하고 있지만, 매달 40만 원의 월세는 아직도 부모님께 의존하고 있다. 아이는커녕 아직 결혼도 안 했고 향후 몇 년 안에 할 수 있을 것 같지도 않으니, "평균 여성"의 삶에서 동떨어져도 너무 동떨어진 것 같다.

경제적으로 불안정하고 자립하지 못했다는 사실이 자괴감을 키우고 스스로 위축된다. 삶에 떳떳하지 않다는 느낌이 드는 건 아마도 이 이유가 가장 클 것이다. 내가 꿈꾸는 "다른 삶"을 위한 준비 기간이 긴 것뿐이라고 자위해 보지만 그것도 잠시일 뿐, 이내 불안감이 엄습해 온다. 그 "다른 삶"이 어떤 모습일지 알 수 없기 때문이다. 불안함을 들키기 싫어 괜히 센 척을 해본다. 내 삶이 아무리 비루해도, 그건 당신이 판단할 문제가 아니다! 잘 알지도 못하면서 이러쿵저러쿵 하는 건 뭐람! 너나 잘하세요!

내 슬픔이 위로받을 때, 너의 삶이 잊혀진다면!

"자격"이란 말에 너무 발끈한 나머지, 정작 『불확실한 삶』 얘기를 못했다. 이 책은 버틀러가 2001년에 일어났던 전대미문의 사건인 9·11 이후에 쓴 다섯 편의 논문을 묶은 것이다. 9·11은 미국인들뿐만 아니라 매스컴을 통해 사건의 현장을 본 다른 여러 나라 사람들에게도 충격과 공포라고밖에 달리 표현할 길이 없는 그런 사건으로 기억되고 있다. 저 멀리 다른 나라에서 벌어진 일이 여기에 사는 우리에게도 충격과 공포로 다가왔던 건 선정적으로 보도를 한 언론의 탓도 크겠지만 보다 근본적인 이유는 "우리가 상처를 입을 수 있다는 것, 다른 이들이 상처를 입을 수 있다는 것, 우리가 다른 사람의 변덕 때문에 죽을 수도 있다는 것"(12쪽)이 그 사건으로 인해 너무나도 분명해졌기 때문이 아닌가 싶다. 언제든 예기치 못한 폭력과 맞닥뜨릴 가능성이 있다. 내가 원인을 제공하지 않더라도, 누군가는 나에게 상해를 입힐 수 있고, 그로 인해 나는 죽을 수도 있다. 이런 생각이 공포를 불러일으키기도 하지만 동시에 슬픔에 젖게 만들기도 한다.

슬픔에 잠겨 아무것도 할 수 없을 것 같은데, 버틀러는 그렇지 않은가 보다. "슬픔으로부터 정치적으로 만들어낼 수 있는 것이 무엇인가"를 물어야 하며, 물을 수 있어야 한다고 주장하니 말이다. 책에 실린 다섯 편의 논문 중 특히 2장의 논문——폭력, 애도, 정치——에서 그 주장이 강하게 드러난다. 어떤 슬픔은 국가적으로 인정받고 확장되는 반면, 어떤 슬픔은 사유할 수도 애도할 수도 없는 것이 된다. 세계 무역 센터의 희생자들은 말 그대로 "무고한 희생자"로 애도되고 신성하게 된다. 반면 미국의 "공정한 전쟁"에서 살해된 이들은 알려지지 않고, 따라서 애도되지 않는다. 애도될 수도 없다.

어떤 삶은 애도할 만한 것이고, 어떤 삶은 그렇지 않다. 무엇이 애도할 만한 삶인가? 누구의 삶이 삶다운 삶인가? 인간은 하늘로부터 신성불가침한 권리를 부여받았기에 누구나 다 평등하다 했다. 신 앞에 평등하고 법 앞에 평등하다. 그런데 어째서 누군가는 애도되고 누군가는 애도받지 못 하는 걸까?

"세계 무역 센터에서 사라진 사람들이 최후의 순간에 겪었던 일에 대한 복잡다단한 보도는 영혼을 압도하는 매우 중요한 이야기들이다. 그 보도는 사람들을 매혹시키고, 두려움과 슬픔의 감정을 불러일으킴으로써 강렬한 동 일시를 생산한다. 그러나 이 서사들이 어떤 인간화하는 효과를 갖는지는 의 심할 수밖에 없다. 이 점을 통해 내가 의미하려는 것은 단순히 그런 서사가 간신히 죽음을 모면한 사람들과 나란히 사라진 삶 역시 인간화한다는 것이 아니라, 그 보도들이 그 장면을 무대화하고 그러한 애도가능성 안에서 '인간' 을 확립하는 서사적 수단을 제공한다는 점이다. 우리는 인터넷에 올라오고 주로 이메일 접촉을 통해 유포되었던 몇몇 보도를 제외한다면 어딘가에서 잔 인한 방식으로 살해된 아랍인들의 삶을 다룬 서사를 공적 매체에서 발견할 수 없다. 이런 의미에서 우리는 애도할 수 있는 삶이 어떤 조건하에서 확립 되고 유지되는지, 어떤 배제의 논리를 통해서, 그리고 어떤 삭제와 탈명사화 (denominalization)의 실천을 통해서 그렇게 되는지를 물어야 한다.(69~70쪽)"

이런 대답이 가능할 것 같다. 애도가 차별적으로 이루어지는 이유는 "인간"이라는 개념이 모든 사람들을 포함하지 않기 때문이다. 아니, 오히 려 거꾸로 설명하는 게 맞을 것 같다. 애도가 차별적으로 이루어진다는 사 실이 배타적인 "인간" 개념을 생산하고 유지시킨다. 우리나라에서 범죄를 저지른 외국인에 대한 반응과, 우리가 외국인들에게 가하는 차별만 봐도 그렇다. 우리나라에서 외국인이 범죄를 저질렀을 경우, 특히 그 범죄가 살인 등의 강력 범죄였을 경우 그 사람은 인간 이하의 짐승으로 묘사된다. 특정 개인이 저지른 범죄가 아니라, "외국인 범죄"로 기술됨으로써 불특정 외국인에 대한 불안과 분노가 가중된다. 특히 범죄를 저지른 그 사람과 비슷한 사람들, 비슷한 인종의 사람들은 모두 "한층 강화된 감시의 대상이 된다."(71쪽)

그들은 "인간"이 아니다. 그들은 애도될 수 없기에 인간이 아니며, 인간이 아니기에 애도의 대상이 아니다. 그러므로 우리는 우리가 가진 불안과 공포를 쉽게 그들에게 돌릴 수 있다. "그 결과 아무런 형태도 없는 인종차별주의의, '자기-방어'의 요청에 의해 합리화되는 인종차별주의가 만연하게 된다."(71쪽)

슬픔의 공동체? 내 슬픔이 너에게는 없기를

예기치 못한 폭력에 언제든 노출될 수 있다는 가능성은 그 자체로 공포이기도 하지만, 그로 인해 인간 존재의 한 측면이 드러나게 됐다. 그것은 바로 우리가 상처받기 쉽다는 사실이다. 신체적으로든 심리적으로든, 살아가면서 상처를 피해 가는 사람은 없다. 그렇다면 상처받기 쉽다는 취약성, 폭력에 노출되기 쉽다는 이 취약성이 우리를 "우리"로 묶어주는 건 아닐까? 이 취약성으로부터 배타적이지 않은 "인간" 개념을 새롭게 구성할 수 있지 않을까?

앞에서 나는 "평균적인 삶"에서 먼 삶을 산다는 데서 오는 불안감을 고

백했다. "자격"이라는 단어에 너무 꽂힌 나머지 책의 내용과 무관하게 상상의 나래도 펼쳤다. 하지만 그때 그 눈물의 의미를 이제는 설명할 수 있을 것 같다. 미래에 대한 불안, 어쩌면 삶으로서 인정받을 수 없을지도 모른다는 생각, 피할 수도 부인할 수도 없는 취약성, 폭력에 대한 공포. 이런 감정들이 한꺼번에 훅 밀려온 것이다. 언제든 폭력에 노출될 수 있다. 그러나 애도될 수 없는 삶은 삶이 아니기에, 그 삶에 폭력이 가해진다고 한들 그것은 "폭력"으로 간주되지 않는다. "'자기-방어'의 요청에 의해 합리화되는 인종차별주의"가 쉽게 만연하듯이 말이다. 그런 일이 나에게 일어난다고 가정해 보자. 그것이 어떤 종류이든, 폭력을 당했는데 나의 삶이 삶다운 삶이 아니어서 그 폭력이 폭력으로 여겨지지 않는다고 생각해 보자. 나는 분명 폭력을 당했는데, 누구도 내가 당한 폭력에 대해 인정하려 들지도 않고 이해하지도 못한다고 생각해 보라. 끔찍하지 않은가!

이런 공포와 슬픔 앞에서 나는 한없이 작아지고 무기력해지는데, 버틀러는 바로 그 슬픔을 정치를 위한 자원으로 만들자고 말한다.

"슬픔이 전시하는 것은 우리가 항상 열거하거나 설명할 수 없는 방식으로, 우리가 제공하려고 하는 우리 자신에 대한 자의식적인 설명을 종종 방해하는 방식으로, 우리가 자율적이고 강한 자신감에 차 있다는 바로 그 생각에 도전하는 방식으로, 다른 사람들과 맺은 관계의 속박에 묶여 있는 우리의 모습이다."(50쪽)

다른 사람으로 인해 상처를 받을 수 있다는 사실은 역설적으로 나 자신이 결코 다른 사람들로부터 동떨어진 독립적인 존재가 아니라는 점을 보여준다. "나의 운명이 당신의 운명과 근원적으로나 최종적으로나 분리될 수 없는 것이라면 '우리'를 횡단하는 것은 우리가 쉽게 반대 논증을 할 수 없는 관계성이다."(49~50쪽) 이러한 관계성, "우리의 근본적인 의존성과 윤리적 책임감을 이론화하는 데 중요한 관계적 끈"(49쪽)을 다른 말로 표현한 것이 "인간 공통의 취약성"이다. 인간 공통의 취약성은 "나"의 형성에 선행하는 조건, "우리가 붙잡고 논쟁할 수 없는, 처음부터 우리는 벌거벗은 상태였다는 조건이다."(61쪽) 이와 같은 조건으로서의 인간 공통의 취약성에 대한 이해로부터 윤리적인 책임감, 즉 "우리가 직접 겪은 것과 같은 폭력으로부터 다른 이들을 보호하겠다고 맹세하게 만들 원칙"(60쪽)이 나오는 것이다. 슬픔이 정치를 위한 자원이 될 수 있는 까닭은 슬픔을 통해 인간 공통의 취약성에 대한 인식이 가장 잘 드러나기 때문일 것이다.

버틀러는 "폭력에 노출되어 있으면서 폭력과 공모하는 우리, 상실에 대한 우리의 취약성과 그 결과로서의 애도의 과제, 이런 조건에서 공동체의 토대를 찾는 것, 이 모두와 연관이 있는 정치적 삶의 차원을 고려하자"(45쪽)는 것이 바로 자신이 제안하고 싶었던 것이라고 말한다. 과연 그것이 가능할까? 슬픔이 정말 정치를 위한 자원이 될 수 있을까? 어떻게 해야 그렇게 만들 수 있을까?

질문에 대한 답을 찾을 수는 없었다. 속 시원히 대답까지 해주면 좋으련만, 버틀러는 역시나 친절하지 않다! 그렇지만 적어도 한 가지, 다른 사유의 가능성이 열렸다는 것만은 분명해 보인다. 나의 슬픔, 나의 불안, 나의 공포, 이 모두가 떨쳐버릴 수 없는 나의 취약성으로부터 온 것이라면, 그것을 외면하거나 제쳐두는 대신 그것을 가만히 들여다보는 것에서부터 출발해 보자. 그것이 다른 사유를 위한 첫걸음일 테니까.

1) 주디스 버틀러, 『젠더 트러블』, 조현준 옮김(문학동네, 2008). 주디스 버틀러의 대표 저작으로, 이 책은 출간과 동시에 학계에 큰 논란을 불러일으켰다. 버틀러는 이 책에서 어떤 권력 형태가 주체와 대상을 구성하고 특정한 젠더 "정체성"을 형성하게 되는지에 대해 도발적인 질문을 던지면서, 젠더 정체성이라는 것이 얼마나 허구적인 개념인가를 폭로한다. 젠더를 허무는 작업, 안정된 (것처럼 보이는) 정체성에 트러블을 일으키는 작업은 페미니즘 정치학의 해체라는 오해를 불러일으키기도 했지만, 오히려 버틀러는 정체성 없는 정치의 가능성을 열고자 한다. "정체성의 해체는 정치성의 해체가 아니다." 새로운 정치학의 가능성을 모색하는 사람들에게 이 책을 추천한다.

2) 주디스 버틀러, 『윤리적 폭력 비판』, 양효실 옮김(인간사랑, 2013). "버틀러 사상의 윤리적 전회"라는 평가를 받기도 하는 책이다. 확실히 9·11 사건 이후 버틀러의 관심사는 주체의 취약성, 폭력 등 윤리적 문제로 옮겨간 듯하다. 이 책에서는 아도르노, 푸코, 레비나스, 라플랑슈 등을 재독해하면서 윤리적인 것, 도덕적 행동의 가능성을 모색한다.

3) 주디스 버틀러, 가야트리 스피박, 『누가 민족국가를 노래하는가』, 주혜연 옮김(산책자, 2007). 이 책은 주디스 버틀러와 가야트리 스피박의 대담집으로, 2006년 5월 캘리포니아 주립대학 어바인 캠퍼스 비교문학과에서 주최한 '전지구적 국가, 전지구적 상태(Global State)'라는 학회에서 진행된 대담

을 본인들의 수정을 거쳐 출판한 것이다. 버틀러는 전지구화 시대에 민족국가에서 배제된 이들이 처한 현실과 상황을 "수행성" 개념으로 풀어낸다. "불법" 거주자들의 권리 주장은 그 자체로 수행적 모순이다. 그러나 수행적 모순이 정치를 불가능하게 만드는 것은 아니다. 오히려 수행적 모순은 역동적인 창조의 공간을 만들어내고, 이를 통해 버틀러가 "수행성의 정치"라고 부르는 새로운 정치성이 가능해진다. 수행성의 정치는 민족국가의 모순이 점점 더 드러나고 있는 이 시대를 통찰할 수 있는 새로운 정치성이 될 것이다.

조주영 / 한국철학사상연구회 회원

의사소통은 없다!
+와 −만 존재할 뿐!

『구텐베르크-은하계의 끝에서』 / 노르베르트 볼츠

구텐베르크-은하계라는 다소 식상한 제목이 암시하는 바는?

2000년대 이후 우리나라 인문학계에서 매체 이론에 대한 관심이 높아지면서 구텐베르크 은하계 혹은 인쇄 매체, 선형적 문자 매체 등의 용어가 더 이상 생소하지만은 않다. 이미 마셜 맥루언이나 월터 옹의 매체 이론이 널리 알려진 터라 『구텐베르크-은하계의 끝에서』(노르베르트 볼츠 지음, 윤종석 옮김, 문학과지성사 펴냄)라는 책 제목이 심지어 식상하게 느껴지는 사람도 있을 것이다.

이 책에 그러한 면이 전혀 없는 것은 아니다. 저자의 결론만 놓고 보자면 분명 뉴미디어가 과거의 인쇄 매체에 바탕을 둔 구텐베르크-은하계를 벗어나서 새로운 형세를 창출하고 있다는 내용이기 때문이다. 하지만 이 책의 특징은 이러한 새로운 형세의 출현 과정을 철학적인 담론을 통해서

때로는 지나칠 정도로 현란하면서도 현학적으로 사유하고 있다는 점이다. 매체 이론과 관련하여 국내의 많은 학자들이 볼츠를 언급하고는 있지만, 정작 뉴미디어의 일반적 특성과 관련한 피상적인 언급만 발견될 뿐이다. 심지어 매체 철학 혹은 매체 미학에 대해서 글을 쓰는 사람들조차도 볼츠의 책에 전제된 철학적 담론들은 전혀 언급하지 않는 경향이 있다.

저자가 직접 쓴 한국어판 서문만 잘 읽어보더라도 이 책을 관통하는 커다란 사상적 실타래가 단순히 맥루언이나 옹처럼 뉴미디어의 특성을 분석하는 것에 있지 않다는 사실을 발견할 수 있다. 저자는 서문의 첫 부분부터 이 책에 깔린 기본적인 사상적 체계를 위르겐 하버마스의 커뮤니케이션 이론과 니클라스 루만의 체계 이론의 대립으로 설명하고 있기 때문이다. 저자가 일관성 있게 고수하는 입장은 하버마스에 대한 거부감과 루만의 체계 이론에 대한 우호감이다. 따라서 이러한 지적 배경을 이해하지 않는다면 이 책에서 저자가 전달하고자 하는 핵심을 전혀 간파하지 못하게 된다.

이 책이 제목에서 암시하는 바의 다소 진부한 내용으로 채워질 것이라고 예상하여 사람들의 관심을 받지 못한 것은 사실이다. 만약 이것이 사실이라면 『구텐베르크-은하계의 끝에서』의 밑바탕에 깔린 혹은 명시적으로 언급되는 철학적 담론들을 간파하지 못한 채 피상적으로 볼츠만을 언급한 이른바 매체 철학 연구자들의 잘못도 있을 것이다.

하버마스를 등지고 루만을 선택한 이유는?
── 대화란 세상 어느 곳에도 존재하지 않는다

하버마스 사상의 핵심이 커뮤니케이션, 즉 의사소통이라는 점에는 이의의 여지가 없다. 비판 이론의 계승자인 하버마스에 따르면 개선된 사회란 개방적이고도 자유로운 의사소통이 가능한 사회이며, 이는 달리 말해서 열린 대화를 가능하게 하는 이성적인 판단이 가능한 사회를 의미한다. 따라서 하버마스에게 대화란 단순히 사적인 영역이 아닌 공적인 영역이며 이상적인 사회를 이루는 기초이다. 이러한 그의 주장에는 다음과 같은 믿음이 깔려 있다.

현실 사회에서 대화는 얼마든지 왜곡되고 비이성적인 형태로 발생할 수 있지만, 그러한 왜곡과 비이성은 인위적인 산물이다. 비록 현실에서 이러한 왜곡이 완전히 제거될 수는 없지만 적어도 모든 대화는 이러한 왜곡과 비이성이 제거된 이상적인 대화 상태를 준거점으로 전제할 수밖에 없다. 그렇기 때문에 하버마스는 이러한 이상적인 대화의 모델을 바탕으로 보편적인 화용론을 제시하고자 한다.

볼츠가 보기에 하버마스의 이러한 주장은 이상적이라기보다는 그 자체가 이데올로기적인 것이며 비현실적인 것이다. 왜냐하면 하버마스의 이론적 준거점인 이상적인 대화 상태가 애초에 잘못된 것이기 때문이다. 대화에 참여하는 두 사람이 대화를 통해서 일치에 도달한다는 것은 지극히 예외적인 상황을 제외하면 현실적으로 불가능하다. 이러한 사실은 우리의 경험을 잘 숙고하면 충분히 이해할 수 있을 것이다. 서로에 대해서 가장 잘 알고 또 많은 대화를 나누고 있는 가족이나 배우자에게서 대화 자체가 불가능한 벽을 느끼게 되는 것은 당연한 일일지도 모른다. 우리는 언어를 통해서 서로 대화하고 이해하며 자신의 생각을 서로 주고받으며 소통한다고 믿지만 실제로는 자신의 방식대로 이해하고 있을 뿐이다. 또한 상대방도 자기가 이해한 방식대로 이해한다고 믿는다. 그러나 이러한 믿음은 어디까지나 믿음일 뿐이다. 하버마스의 이상적인 대화 상황이란 이러한 믿음을 추상화한 것에 지나지 않는다.

하버마스와 달리 루만에게 대화란 오히려 대화의 불가능성 때문에 만들어진 가교에 불과하다. 원초적으로 사람들 사이에 의사소통이란 불가능하다. 다른 어느 누구도 나의 마음을 알 수 없으며, 내가 아무리 그것을 구체적으로 전달하고자 할지라도 자기 방식대로 해석할 뿐이다. 따라서 루만이 보기에 커뮤니케이션의 과정 자체는 블랙박스와도 같이 알 수가 없는 것이다. 대화란 서로 알 수 없는 참여자들 간에 블랙박스 과정에서 일어나는 행위일 뿐이다.

그럼에도 우리가 소통을 해야 하는 이유는 소통 없이는 살 수 없기 때문이다. 소통은 인간이 살기 위한 하나의 체계에 불과하다. 루만이 보기에 이성적인 주체에 의해서 일어나는 것이 대화이자 소통이라는 하버마스의 생각은 착각에 불과하다. 가령 아버지와 아들의 대화나 선생과 학생의 대화는 대화의 체계에 앞서서 존재하는 두 이성적 주체 사이에서 발생하는 것이 아니다. 오히려 아버지와 아들 혹은 선생과 학생이란 가족이란 소통 체계와 학교 제도라는 소통 체계의 산물이며 그 체계를 형성하는 두 항일 뿐이다. 따라서 루만에 의하면 커뮤니케이션이란 그에 앞서 주어진 주체들에 의해서 발생하는 것이 아니라 단지 커뮤니케이션 그 자체의 산물일 뿐이다. 말하자면 인간이 커뮤니케이션하는 것이 아니라 커뮤니케이션이 커뮤니케이션할 따름이다.

이성 혹은 부정성이란 한갓 디지털의 이진법에 불과

　비판 이론 2세대인 하버마스는 1세대인 호르크하이머나 아도르노와 달리 미디어에 대해서 일방적으로 적대적인 태도를 취하지는 않았다. 호르크하이머나 아도르노는 계몽주의 이후 이성이 오히려 도구화되었으며 20세기 이후 이러한 이성의 도구화는 대중 매체를 통해서 극으로 치닫게 된다고 비판하였다. 이에 반해서 하버마스는 1세대 비판 이론가들이 그렇게 부정적으로 묘사하고 있는 근대 사회에서 오히려 이성의 힘이 공론장을 형성하는 형태로 긍정적인 모습을 취한다고 보았다. 그는 인간의 가장 자연스러운 일상의 세계인 생활세계의 영역에서 정치적인 이데올로기나 체계성이 배제될 경우 공론장을 형성하는 이성의 비판적 기능을 회복할 수 있을 것이라고 믿었다.

　그러나 볼츠에 따르면 1세대로부터 2세대에 이르기까지 비판 이론을 관통하는 이성의 '부정성'이라는 것 자체가 위대한 인간의 능력이라기보다는 참을 수 없이 가벼운 존재에 불과하다. 헤겔의 변증법을 계승한 비판 이론에서 현실을 있는 그대로 수긍하지 않고 부정하는 힘이야말로 이성의 위대함으로 간주된다. 그러나 이러한 부정은 사실상 있음에 대한 없음과 마찬가지로 하나의 표식에 지나지 않으며 어떤 것에 대한 긍정이나 지시를 나타낸다. 가령 정신분석학에서 피분석자가 의사(분석가)의 질문에 '아니오'라고 답하는 경우 그것은 진짜 부정이 아닌 무의식적인 증상을 은폐하고자 하는 행위이며 궁극적으로 의사에게 그것은 무의식의 징후이자 지시이다. 어쩌면 부정은 레비스트로스가 문화를 탄생시킨 기저를 '양항대립'으로 보았던 것처럼 있음에 대한 없음과 같은 이진법의 코드를 만들어내는 가장 단순한 메커니즘에 불과한 것일지도 모른다.

이렇게 보자면 하버마스가 계승하고 있는 그 위대한 전통인 부정이라는 사유의 힘은 궁극적으로 +와 −라는 양항을 만들어내는 소통 체계를 가능하게 하는 가장 단순한 원리일지도 모른다. 선천적으로 이성적 판단 능력이라는 잠재력을 지니고 태어난 인간에 대한 믿음과 부정적 사유의 위대함은 볼츠의 이 책에서 그저 소통의 체계를 만들어내는 가장 단순한 원리로 전락하고 만 것이다. 사실상 −라는 것이 −가 아닌 +에 대한 대립적 기호이며 동일한 것을 지칭한다는 것은 매우 역설적이다. 그러나 이러한 역설적인 체계야말로 커뮤니케이션의 기본적인 특성이라고 할 수 있을 것이다. 커뮤니케이션이란 원래부터 소통 불가능한 것을 소통하게 하는 모순적인 체계이기 때문이다.

나아가 볼츠는 화폐라는 것 자체도 소통을 위한 하나의 중립적인 미디어일 뿐 비판 이론가들의 주장처럼 이성을 왜곡시키고 생활세계를 뒤틀리게 만드는 악의 화신으로 규정하지 않는다. 그에 따르면 화폐 또한 다른 소통 체계와 마찬가지로 그저 모순적인 구조를 지닌 소통 체계에 불과하다. 볼츠는 화폐란 재화를 잉여와 희소성이라는 모순적인 체계, 즉 잉여라는 +와 희소성이라는 − 기호에 의한 소통 체계에 불과하다고 주장한다. 실제로 재화가 잉여 상태에 있지 않다면 화폐란 출현하지 않았을 것이다. 그런데 현실적인 잉여 상태에도 불구하고 동시에 결핍을 느끼지 않는다면 화폐의 필요성은 제기되지 않는다.

바로 이러한 모순적인 소통의 체계를 만드는 것이 화폐이다. 화폐란 미디어로서 하나의 소통 체계를 암시할 뿐이다. 그러한 소통 체계에서 어느 항은 구매자가 되며 다른 항은 판매자가 될 것이며, 어느 항은 자본을 소유한 자본가가 되며 다른 항은 노동자가 될 것이다. 자본가와 노동자가 소통하는 것이 아니라 화폐가 소통할 뿐이다.

디지털의 세계는 말레비치의 캔버스다

러시아의 화가 카시미르 말레비치의 회화는 슈프레마티즘(suprematism)이라고 일컬어진다. 이 말은 흔히 절대주의라고도 번역되는데 이것이 암시하는 의미는 어떤 한정된 대상이 아닌 절대적인 대상을 추구한다는 것이다. 말레비치의 절대주의 회화를 대표하는 것은 '흰 배경 위의 사각형'이다.

이 고도로 추상화된 화면은 매우 역설적인 상황을 묘사하고 있다. 먼저 흰 배경에 사각형을 그린 것은 말레비치가 자신의 그림에서 어떠한 구체적인 대상도 묘사하지 않기 위해서이다. 왜냐하면 어떤 현실적인 대상을 묘사할 경우 그것은 궁극적으로 현실에 대한 왜곡으로 나아갈 수밖에 없기 때문이다. 사각형은 대상의 말소, 즉 부정이다. 그러나 한편으로 대상 자체가 없다면 그것은 절대적인 무일 것이다. 이러한 절대적인 무란 존재하지 않는다. 그렇기에 사각형은 어떠한 대상으로도 치환될 수 있는, 그러나 현실 대상의 단순한 묘사가 아닌 그러한 대상이다. 따라서 이는 현실에 대한 구속으로부터 벗어남을 의미하기도 한다. 이제 사각형이라는 대상은 현실의 재현이 아닌 구성된 대상이며, 말레비치의 캔버스는 구성되고 기획된 세계를 암시한다.

볼츠는 말레비치의 캔버스를 정확하게 디지털의 세계에 대한 은유로 읽는다. 디지털 미디어는 +와 −라는 전기신호를 0과 1이라는 기호로 대체함으로써 수많은 소통의 체계를 만들어낸다. 이를 통해서 이미지를 만들어낼 수도 있으며 음을 만들 수도 있다. 말하자면 이제 기호는 현실의 재현이라는 도상적 제한으로부터 해방된 것이며, 디지털 세계는 말레비치의 캔버스처럼 투사되고 기획된 세계이다. 더군다나 이미지나 문자, 소리와 같은 모든 정보가 궁극적으로는 디지털 단위의 알고리즘으로 창출되기 때문에 이 상이한 기호들 간의 인터페이스조차 가능하다. 말하자면 소리 신호를 형태로 바꾼다든지 워드 작업된 문서 파일을 소리로 재생하는 것은 이론상으로 얼마든지 가능하다. 워드로 시를 쓰면 그것이 동시에 음악으로 연주되는 것이 가능하다. 구체시를 추구했던 아폴리네르의 꿈은 오래지 않아 한갓 놀이에 불과한 것이 될 수도 있다.

뉴미디어의 세계는 이렇게 세계의 재현이라는 인쇄 매체의 패러다임, 즉 구텐베르크의 은하계로부터 벗어나고 있는 것이다. 그러나 이러한 해방이 새로운 세계에 대한 창조인지 혹은 세계의 상실인지에 대해서는 판단할 길이 없다. 볼츠 역시 이 책에서 이에 대한 대답을 회피한다.

1) 노르베르트 볼츠, 『컨트롤된 카오스』, 윤종석 옮김(문학동네, 2000). 『구텐베르크 은하계의 끝에서』와 더불어 볼츠의 대표적인 저작으로 손꼽히는 책이다. 이 책은 '휴머니즘에서 뉴미디어의 세계로'라는 부제가 붙어 있는데, 부제의 뜻만 잘 생각해 봐도 볼츠의 대략적인 사상을 추측할 수 있을 것이다. 뉴미디어의 세계는 이미 인간이 세계의 주인이라는 휴머니즘적 사고와는 양립할 수 없다. 디지털 기술에 바탕을 둔 오늘날의 정보 사회는 그야말로 정보가 홍수를 이루며 무수한 형상들이 표면에 넘쳐나는 카오스의 상태이지만 주지하다시피 정보라는 말 자체가 암시하듯이 모든 정보화되어 있다는 말 자체는 이미 계산된 것이다.

2) 디터 메르쉬, 『매체이론』, 문화학연구회 옮김(연세대학교 출판부, 2007). 독일의 매체이론가 디터 메르쉬의 매체에 대한 개괄적 이론서이다. 저자는 고대 이론가 플라톤으로부터 출발하여 비릴리오에 이르기까지 매체이론적 관점에서 해당 사상가들의 사상을 풀어나간다. 그리하여 우리에게 일반적으로 알려진 매체이론가뿐만 아니라 니체와 니클라스 루만 등의 사상가들을 매체적 관점에서 소개하며, 키틀러나 엔첸스베르거, 귄터 안더스, 프리드리히 키틀러와 같은 기존에 자세히 다루지 못한 매체이론가들도 소개하고 있다.

박영욱 / 숙명여자대학교 교수

악명 높은 프랑스인,
영화는 오락이 아냐

『들뢰즈의 씨네마톨로지』 / 조성훈

영화를 본다는 행위의 의미

영화를 본다는 것. 너무나도 일상적으로 우리가 하고 있는 이 행동은 어떤 의미를 가지는 것일까. 일 때문에 쌓인 스트레스를 풀고, 심심함과 외로움을 달래고, 가까운 이들과 함께 시간을 보내기 위해, 우리는 극장을 찾고 TV를 켠다. 그런데 가끔은 누구에게나, 영화를 본다는 게 그런 일상에 그치는 것만은 아닌 순간이 온다. 다른 이의 삶을 보고, 나의 삶을 돌이켜 보고, 우리가 사는 세상을 돌아보고, 앞으로 다가올 나의 시간과 이 세상의 시간을 생각하게도 한다.

최근 보았던 라스 폰 트리에의 영화 「멜랑콜리아」가 그랬다. 이 영화에선 표면적으로는 두 개의 이야기가 그저 겹쳐져 있는 듯 보일 수도, 혹은 따로 병치되어 있는 듯 보이기도 한다. '멜랑콜리아'라는 행성이 지구를 향해 다가오고, 결국은 지구와 충돌하여 모든 이의 삶이, 미래가, 시간이 한 순간 사라져버리는 이야기가 한 축을 이룬다. 여주인공 저스틴이 우울증(멜랑콜리아)에 빠졌지만 그 원인이 제시되지 않은 채 자신의 결혼식을 망쳐버린 다음, 지구로 다가오는 행성 때문에 불안에 떠는 언니 클레어의 집에서 보내는 시간이 다른 한 축을 이룬다.

영화를 보고 처음에는 멍했다. 영화 처음부터 마지막까지 흐르는 바그너의 「트리스탄과 이졸데」의 몽환적인 절망 혹은 죽음에 대한 매혹이 이 영화의 회화적 이미지들과 어우러지며, 무어라 한마디로 규정하기 힘든 어떤 우울한 매혹을 불러일으켰다. 불에 타들어가는 피터르 브뤼헐의 그림 「눈 속의 사냥꾼」, 여주인공 저스틴이 웨딩드레스를 입은 채 존 에버렛 밀레의 그림 「오필리아」를 연상시키며 호수 위에 떠내려가는 장면 등. 논리적인 몇 마디 언어로 담아낼 수 없는 극단적인 절망과 우울 그리고 그에 대한 매혹이 뒤엉켜 있는 영화를 보면서, 그리고 마지막 장면에서 멜랑콜리아 행성이 지구를 덮치는 순간 팍 하고 모든 빛이 꺼지는 종말의 순간에 매혹되었다.

나는 무엇을 하는 것일까. 영화가 끝나고도 며칠 동안 자꾸만 그 이미지들이 아른거려서, 뭔가에 사로잡힌 건 분명한데 내가 무엇에 사로잡혔는지를 몰라 자꾸만 생각할 수밖에 없었다. 두 번이나 등장한 브뤼헐의 그림은 무슨 의미였을까. 왜 행성의 이름은 멜랑콜리아였을까. 왜 바그너의 「트리스탄과 이졸데」가 그렇게 내 발목을 회색의 덩굴처럼 잡아끌었을까.

아직은 「멜랑콜리아」가 나에게 불러일으키는 무언가에 대해 잘 모르겠다. 그런데 바로 이렇게 어쩔 수 없이 무언가 생각하게 된다는 것, 이것이 영화를 본다는 행위의 의미 중 하나일 것이다. 생각을 제대로 잘하기 위해서는 나름의 사유 도구들이 필요하다. 물론 그 도구들이 만능키처럼 모든

　　　　세상의 붕괴에 대처하는 우리들의 자세: 철학자의 서재 3

대상에 맞아떨어지지는 않지만 말이다.

영화가 말을 건네는 중요한 방식인 이미지는 그저 이야기를 전달하는 방편도, 의미의 층위와 동떨어진 허깨비 비주얼에 불과한 것도 아니다. 의미를 감각적인 방식으로 관객에게 전달하는 이미지를 어떻게 영화가 구현해내고 있는가를 분석하는 것은 영화적 사유가 어떤 방식으로 진행되고 있는지를 우리에게 알려주는 중요한 사유 대상이다. 영화가 전달하는 내러티브에만 초점을 맞추어 이야기를 풀어내는 것이 아니라, 어떤 다양한 이미지들이 영화적인 새로운 사유를 가능하게 하는가에 관심 있는 철학자가 바로 질 들뢰즈인데, 그의 영화 철학이 전개되어 있는 저서 『시네마』(질 들뢰즈 지음, 유진상·이정하 옮김, 시각과언어 펴냄)를 알기 쉽게 풀어쓴 책 『들뢰즈의 씨네마톨로지』(조성훈 지음, 갈무리 펴냄)를 소개하고자 한다. 하지만 이 글은 사실 『들뢰즈의 씨네마톨로지』에 대한 자세한 서평은 아니며, 다만 이 책을 계기로 삼아 영화를 본다는 것의 의미의 한 조각을 들여다보고자 한다.

들뢰즈의 씨네마톨로지

들뢰즈의 『시네마』는 난해하기로 악명이 높은 책 중 하나이다. 베르그송의 철학적 논의들을 기반으로 영화적으로 펼쳐진 다양한 이미지들의 의미들이 쉽지 않기 때문이기도 하지만, 그보다는 논의의 층위가 다층적이기 때문일 것이다. 들뢰즈의 표현을 빌려 다시 표현하자면, 『시네마』는 자유간접주관적인 방식으로 쓰였기 때문에 혼종되어 있는 다양한 목소리들의 층위를 구분해서 이해하기 어렵다는 점에서도 악명이 높다고 할 수 있다. 또한 그렇기 때문에 늘 같은 방식으로 읽히는 책이 아니라는 점에서 흥미롭다고 말할 수도 있다.

먼저 들뢰즈의 논의 중 가장 명시적으로 눈에 띄는 층위는 철학과 영화, 그중에서도 『들뢰즈의 씨네마톨로지』에서 주로 전개되고 있는 것처럼, 베르그송의 철학과 영화라는 이질적인 둘을 마주치게 하여 생산한 논의라고 할 수 있다. 그렇기 때문에 베르그송의 철학이나 영화 둘 중의 하나에 익숙하다고 해서 이 책이 쉽게 읽히진 않는다. 또한 1980년대까지 프랑스에서 형성된 영화 이론들이 녹아들어 있으면서, 동시에 자신의 이전 저작들의 논의가 녹아들어 있다. 녹아들어 있다는 표현은 변형 없이 그대로 주어져 있지 않다는 이야기이다. 물론 베르그송에 대한 들뢰즈의 입장도 이전의 저작들에서의 입장과 동일하지 않다. 이러니 난해함으로 악명 높다는 것을 이해할 만하다.

들뢰즈의 『시네마』가 독자들에게 쉽게 다가가는 책이 아니다 보니, 들뢰즈 사상의 다른 분야들보다도 연구자가 적은 것이 현실일 수밖에 없었다. 이런 상황에서 국내 저자가 저술한 『들뢰즈의 씨네마톨로지』 출간 소식을 들었을 때 반가움과 궁금함에 책을 집어 들게 되었다.

『들뢰즈의 씨네마톨로지』란 제목의 이 책은 'cinema'와 'symptomatology'를 합성하여 만든 새로운 용어를 통해 들뢰즈가 분류한 이미지들을 다루고 있다. 서문과 후기를 제외하고 전체 8장으로 구성되어 있는데, 1장에서 7장까지는 「운동-이미지」의 주요 개념들을 다루고 있으며, 8장만이 「시간-이미지」와 관련된 내용을 다루고 있다.

책을 펼쳐 들고 읽기 시작하니 이 책이 어떤 독자를 염두에 두고 쓰인 책인지 분명해졌다. '악명 높은' 들뢰즈의 『시네마』를 읽어 보고자 하는 입

문자들이다. 이 책은 이들을 위해 가능한 한 친절하게 길잡이 역할을 하고자 한다는 생각이 들었다. 1장부터 등장하는 베르그송의 운동과 이미지에 대한 논의, 감각-운동 도식을 통해 분류되는 다양한 이미지들에 대한 논의를 찬찬히 따라가면서, 들뢰즈가 예시로 드는 영화들의 스틸 장면과 설명을 곁들여 난해한 들뢰즈의 논의를 가능한 쉬운 언어로 풀어 설명하고 있다. 분명 『시네마』에 입문하고자 하는 독자들에게 들뢰즈와 친숙해질 수 있는 기회를 제공하리라 생각한다.

그런데 『시네마』에서 들뢰즈가 가장 전면적으로 그리고 명시적으로 참조하고 있는 베르그송의 논의는 영화를 통해 새로운 방식으로 조명된 세계, 우주에 대한 존재론적 논의이다. 『시네마』에서 펼쳐지는 영화에 대한 논의들은 그저 영화에 대한 이야기가 아니라 심오한 존재론이기도 하다. 이 존재론적 논의는 영화에 대한 들뢰즈 논의의 '출발점'이다. 다시 말해 『시네마』는 존재론만 다루고 있는 것이 아니라 이를 넘어서 실천적인 물음으로 나아가고 있다. 특히 『시네마 2: 시간-이미지』의 중반부 이후부터의 논의는 실천적인 물음들을 가지고 영화를 통해 사유한다는 것이 어떤 의미가 있으며, 영화가 결국 사유하고자 하는 것은 무엇인지, 어떠한 영화가 좋은 영화인지에 대한 사유를 제공한다.

물론 들뢰즈가 말하는 좋은 영화는 고정되어 있는 실체는 아니다. 베르그송의 논의들만을 참조해서 생각했을 때 대답될 수 있는 부분도 아니다. 존재론적 사유? 물론 이는 중요한 것이긴 하지만 어쩌면 별 볼일 없을 수도 있다. 마치 철학적 사유가 중요하지만 한편으로는 이 세상에 대해 무력한 것처럼. 그렇다면 들뢰즈가 혹은 우리가 영화를 가지고 해야 하는 사유는 무엇이고, 어떤 의미를 가지는가.

탈영토화의 운동으로서의 영화 보기

들뢰즈가 영화를 새로운 사유 기계라고 한 것은 어쩌면 세상에 대해 문자와 이성 중심의 사유와는 다른 방식의 사유가 가능함을 말하는 것이기도 하고, (들뢰즈는 명시적으로 관객에 대한 논의를 거의 하지 않지만) 관객의 새로운 사유의 가능성을 말하는 것이기도 하다. 마치 철학자들처럼 새로운 사유를 생산해 내는 영화들을 보는 관객들 역시 새로운 방식으로 세상에 대해 사유해야 한다. 영화를 더 이상 오락물로만 보는 것이 아니라 새로운 사유 대상으로 설정한다는 것 자체가 지배적인 사유 방식에 대한 전복이기도 하다. 들뢰즈의 개념으로 표현하면 지금까지의 보는 방식을 '탈영토화'시키는 것이라 할 수 있다.

그렇다면 당연히 물어야 할 것들이 있다. 탈영토화는 어디로 향하는가. 탈영토화하는 운동의 힘은 그냥 주어지는 것인가. 영화 사유의 탈영토화는 무엇을 의미하는가.

탈영토화할 수 있는 힘은 그저 자연적으로 주어지는 것이 아니다. 끊임없이 자신의 한계를 넘고 그럼으로써 새로운 것을 창조해 내는 것은 결코 쉬운 일은 아니다. 새로운 영화, 새로운 관람, 새로운 사유. 이 모든 것들은 주어져 있는 기존의 틀을 벗어남으로써만, 안락하고 편안한 과거의 틀을 파괴함으로써만 가능한 것이기 때문이다. 그렇다면 묻고 싶은 것이 있다. 새롭기만 하면 다 좋다는 것인가.

들뢰즈 입장을 말하자면, 당연히 새로운 모든 변화가 좋기만 한 건 아니다. 그 변화와 창조가 우리 삶의 창조적 역량을 증가시키는 좋은 에너지 쪽으로 가야만 한다. 바로 이 지점들이 들뢰즈의 실천적 태도를 보여주는 핵심이다. 이 지점이 탈영토화가 향하는 방향이고, 영화적 탈영토화가 의미하는 바이며, 우리의 삶을 억압하고 창조적 역량을 소멸시키지만 동시에 편안하고 안락하게 느껴지는 과거의 것에 죽음을 선고한 뒤 변신을 거듭해야 하는 윤리적 행동에의 요청이 시작되는 지점이다. 삶을 끊임없이 창조적으로 살아내기 위해 우리는 영화가 필요한 것이고, 철학도 필요한 것이다. 우리를 제대로 살게 만드는 힘.

들뢰즈 사유의 힘은 철학적 사변의 구조물을 축조하는 것에 그치는 것이 아니라, 이 세계의 새로운 영역과 대상과의 만남 속에서 끊임없이 이루어지는 실험과 실천에 있다. 결국 어떻게 살 것인가라는 물음에 창조적으로 대답하는 것, 이것이 영화를 통해 그가 말하고 싶었던 실천적 의미일 것이다. 우리의 삶을 지배하고 있는 지배 질서의 공고한 틀을 깨뜨리고 그 경계를 넘어가며 우리의 삶이 가진 역량을 확대시키고자 노력하는 것, 그것이 탈영토화라는 개념으로 그가 하고 싶은 말일 것이다.

그렇다면 지금 이 시대에 우리가 영화를 본다는 것은 어떤 의미를 가질까. 글을 시작하면서 언급했던 「멜랑콜리아」에 대한 생각으로 대답을 대신하고자 한다. 맨 처음 들었던 생각은 반쯤은 농담처럼 '우울증에 대한 우주론적 정당화'인가 싶었다. 우울증에 걸려 헤매고 있던 저스틴의 행동은 종말의 위기가 닥쳐오기 이전에는 그저 이상하게만 보였을 수 있다. 하지만 위기가 닥쳐오면서 저스틴이 우울할 수밖에 없었던 것은 어쩌면 이 우주의 변화를 예민하게 감지하고 무언가의 이치를 깨달았기 때문이었나 하는 생각이 들었다. 우울증은 그저 정신적으로 나쁜 증상이 아니라, 어차피 종말에 처하는 이 지구의 시간을 미리 체험해 낸 자가 겪어야 하는 대가인가 하는 생각이 들었다.

멜랑콜리아 : 메멘토 모리

하지만 그보다는 나를 가장 매혹시켰던 마지막 장면에 대한 이야기로 대답을 대신하고 싶다. 영화는 지구보다 거대한 크기의 멜랑콜리아 행성이 결국 지구와 충돌하면서 마치 '파박' 하고 조명이 터지듯 끝난다. 그 누구도 피해 갈 방법이 없다. 가난했든 부자이든 권력자이든 모두 그렇게 종말을 맞이하는 것이다. 영화가 끝나는 순간, 피할 수도 없고 어떤 식으로든 미화될 수도 없이 모든 것이 소멸되어 버리는 그 종말의 순간을 함께 겪은 것만 같은 그 느낌이 가장 매혹적이었던 것 같다.

왜 가장 매혹적이었을까. 영화의 설정은 지구의 종말이지만, 사실 인간 모두에게 죽음의 시간은 피할 수 없이 닥쳐온다는 것을, 미래에 도래할 죽음이라는 인간의 한계 조건을 목도한 것 같은 기분 때문이었던 것 같다. 이 영화의 불안과 우울은 인간의 무의식의 억압 같은 기제에서 오는 것으로 그려지지 않고, 인간을 넘어서 우리가 사는 이 세상의 마지막 시간과 관련된다. 마지막을 향해 계속해서 흘러가는 멈출 수 없는 시간. 그리고 마지막 순간.

아직 이 영화를 제대로 분석하지는 않았지만 들뢰즈의 '시간-이미지'라는 개념을 통해 「멜랑콜리아」에 접근할 수 있을 것이다. 들뢰즈가 '시간-이미지'라는 어려운 개념을 통해 말하고자 했던 수많은 의미들 중 한 가지는, 초고속 촬영으로 만들어낸 이 영화의 아름답고 몽환적인 극단적인 슬로 모션 이미지들의 형상화에서도 느껴지듯, 시간은 어떻게든 흘러가서 결국은 우리 모두 죽게 된다는 것을 생각하라는 것도 포함되지 않을까. 17세기에 바로크 화가들이 '죽음을 기억하라(Memento Mori)'며 자신들의 그림에 해골과 곧 소멸될 꽃과 빛의 순간을 그려 넣은 것처럼.

하지만 들뢰즈는 바로크 화가들처럼 결국은 죽음일 뿐이라는 삶의 '허무(vanitas)'라는 결론으로 이행하지 않는다. 오히려 지금 주어진 이 삶의 허무를 용감하고 적극적으로 긍정하는 것으로 나아간다. 만일 정말 아무것도 없이 소멸될 자신의 죽음을 마음 깊이 느낀다면, 우리 삶은 어떻게 변할까.

시한부 삶을 사는 환자들이 재산이나 권력을 향해 탐욕적으로 변해 가는 것을 본 적은 없는 것 같다. 아마 죽음을 미리 불러올 수 있다면(하이데거의 표현을 빌리자면 '죽음에로의 선구'를 할 수 있다면), 우리는 우리에게 주어진 삶이 얼마나 빛나는 것이었는지, 어떻게 본래적으로 살아가야 할지 알게 될 것이다. 나에게 떨어질지도 모를 작은 몫의 이득 부스러기나 기득권을 지키는 것보다 소중한 것이 있다는 것을 느끼지 않을까? 그 소중한 삶을 제대로 살아내기 위해서, 우리는 우리의 삶의 창조적 역량을 최대치에 이르게 할 수 있도록, 사유하고 행동하고 실천하며 사는 것을 선택하지 않을까? '나'라는 작은 영토에 꽁꽁 갇혀 '찌질하게' 살지 말고, 조금이나마 이 세상이 좋은 방식으로 변화할 수 있는 행동을 긍정해 내게 되지 않을까.

지금 현재 권력과 부를 가진 이들에게 말하고 싶다. 당신들의 시간도 결국은 유한하니 '찌질한' 짓들 좀 그만하고 가지고 있는 권력으로 멋진 생을 살아보라고. 그리고 나를 포함한 우리 모두에게도 같은 말을 하고 싶다. 부디 우리가 살고 있는 세상이 조금씩이라도 좋게 변할 수 있도록 선택하고 행동하자고. 헛되고 헛된 탐욕의 지질한 덫에 그만 갇혀 살자고. 내 삶의 시간의 찬란함을 잊지 말라고 영화는 그렇게 나에게 말을 걸어왔다.

더불어 읽기
깊이 읽기

1) 클레어 콜브룩, 『이미지와 생명, 들뢰즈의 예술철학』(그린비, 2008). 시간을 중심으로 한 예술론과 존재론이 전개되어 있는 들뢰즈의 예술 철학에 대한 논의에 입문하기에 좋은 책. 들뢰즈의 『시네마』는 들뢰즈의 철학에 대한 사전 지식 없이 접근하기에 쉬운 책이 아니라서 입문서가 필요하다. 들뢰즈의 영화 철학을 비롯한 예술 철학, 혹은 들뢰즈 철학 자체에 입문하고 싶은 분들에게 권하고 싶은 책이다.

2) 진은영, 『니체, 영원회귀와 차이의 철학』(그린비, 2007). 들뢰즈 철학에 접근하기에 니체 철학만 한 입구도 없다. 어렵기로 악명 높은 니체의 사상을 들뢰즈적인 문제 의식으로 쉽게 풀어 접근한 책. 불교 사상과 니체 철학 사이의 관계를 중심으로 풀어갔기에 좀 더 친숙하고 흥미로운 지점에서 니체 철학에 접근할 수 있다.

3) 질 들뢰즈, 『시네마 2: 시간-이미지』(시각과 언어, 2005). 들뢰즈의 영화 철학이 본격적으로 전개되어 있는 책이다. 결코 읽기에 쉽다고 말할 수는 없다. 하지만 오랜 시간을 두고 읽어나간다면 영화뿐만 아니라 우리 삶에 큰 울림을 주는 명저이다. 이 저작보다 더 감동적인 철학책을 찾는 것도 과히 쉬운 일은 아닐 것이다.

이지영 / 서울대학교 철학사상연구소 객원연구원

가장 확실한 것들을
의심하고, 해부하라!

『방법서설·성찰』/ 르네 데카르트

데카르트, 그는 누구인가?

　데카르트는 17세기 초기의 가장 중요한 철학자로서, '근대 철학의 아버지' 혹은 '근대성의 아버지'라 불린다. 데카르트가 산 시대는 결코 평온한 시대가 아니었다. 그 시대는 중세의 세계관이 무너지고, 근대라는 새 시대가 탄생하기 위한 해산의 고통을 겪던 격변기요 과도기였다. 사회적으로는 종교 개혁 때문에 프로테스탄트와 가톨릭의 종교 세력이 복잡한 갈등속에서 30년 전쟁(1618~1648)을 치렀고, 오랜 전쟁 때문에 많은 사람들이 비참한 상태에서 고통받던 시대였다. 사회가 불안했기 때문에 신비주의와 미신이 널리 퍼져 정신적으로도 혼미한 상태였다.

　이런 시대 상황 속에서 데카르트는 젊은 시절 전쟁터에 뛰어들기도 했고 세상을 배우기 위해 오랫동안 이곳저곳을 기웃거리며 방랑 생활도 했다. 그리고 이런 경험 속에서 세상 사람들의 어리석음과 세상 온갖 일의 허무함, 무의미함을 느끼고, 혼자 숨어 살면서 오직 진리 탐구를 위해 일생을 바치려고 노력했다. 그런 진지한 삶의 역정을 겪은 끝에 데카르트는 합리주의 운동의 선구자로 떠올라, 길 잃은 나그네처럼 흔들리고 있는 사람들이 중세의 낡은 사고방식과 세계관에서 벗어나 새로운 세계로 나가는 데 결정적인 역할을 하게 된다. 그리고 '주체의 확립'이라는 말로 요약할 수 있는 근대성의 기초를 닦고 문을 열어젖히는 역할을 하였다.

『방법서설』은 데카르트 사상의 주제들을 아주 간결하면서도 명쾌하게 요약하고 있어서 그의 사상 전체를 아주 잘 엿볼 수 있는 책이다.『방법서설』의 제4부에서만 간략히 다룬 철학의 주제들에 대해 체계적이고 완전한 설명을 제시하는 책은 1640년에 나온『성찰』이다.『성찰』에 대해서는 당시 중세 철학을 고수하던 철학자는 물론이고 중세 철학에 반대하여 새로운 철학을 추구하던 사람들도 가세하여 열띤 찬반 논의를 펼쳤다. 이론적인 반박만이 아니라 무신론과 신성 모독죄로 공공연히 고발당하는 사태까지 겪으면서 데카르트는 곤경에 빠지기도 했다.

근대성의 아버지

이 책들에서 데카르트는 근대성(modernity)의 아버지로서의 면모를 보여준다. 근대의 가장 중요한 특징 중 하나는 각 개인을 주체로 확립했다는 것이다. 흔히 중세의 신(神)중심주의에서 근대의 인간중심주의로 넘어왔다고 말한다. 맞는 말이다. 그러나 중요한 것은 이때 '인간'은 개인을 가리킨다는 점이다. 서양 고대도, 특히 그리스의 사상도 인간중심주의라 할 수 있다. 그러나 이때 인간은 사회에서 독립된, 사회 이전에 더 근원적으로 존재하는 개인이 아니라 사회에 의해서 비로소 자기 정체성을 부여받는 공동체적 인간이다. 폴리스라는 도시국가 안에서 사회적 역할과 지위를 부여받음으로써만 개인은 개인으로서의 의미를 갖고 충족적인 삶을 유지할 수 있었다. 그래서 폴리스에서는 좋은 인간이기 이전에 좋은 시민으로 존재하는 것이 중요했다. 그래서 흔히 '정치적 동물', 혹은 '사회적 동물'로 번역하는 아리스토텔레스의 유명한 명제는 정확한 의미를 따지자면 '인간은 폴리스적 동물이다'라고 번역해야 한다.

그러나 근대의 인간은 이러한 공동체적 인간, 즉 공동체 속에서 의미와 정체성을 부여받는 인간이 아니다. 오히려 개인으로서의 원자적인 인간이 먼저 있고, 사회는 이 인간들의 자유로운 계약에 의해 성립된다. 사회가 개인에 의해 의미 부여되는 것이다. '사회 계약론'이라 부르는 근대의 주류 사회철학 이론은 바로 이런 맥락에서 나오는 것이다.

그렇다면 개인이 주체가 된다는 것은 무슨 의미인가? 근대 계몽주의의 완성자라 평가받는 칸트는 근대 주체의 모습을 '계몽이란 무엇인가'라는 글에서 잘 보여주고 있다.

"계몽이란 우리가 스스로 책임져야 할 미성년의 상태로부터 벗어나는 것을 말한다. 미성년의 상태란 다른 사람의 지도 없이는 자신의 이성을 사용할 수 없는 상태를 일컫는다. 이런 미성년 상태의 원인이 [신체적이거나 환경적인 요인 등으로 인하여] 이성의 결핍 자체에 있을 경우에는 물론 그렇지 않겠지만, 다른 사람의 지도 없이도 스스로 자신의 이성을 사용하고자 하는 결단과 용기의 결핍에 있을 경우에는 그에 대한 책임을 마땅히 스스로 져야 하는 것이다. 그러므로 계몽의 표어로 우리는 이렇게 주장할 수 있다. 즉 '과감하고 지혜롭고자 하라! 너 자신의 이성을 사용할 용기를 가져라!' 라고."(칸트, 「계몽이란 무엇인가」)

이처럼 어떤 다른 권위나 힘의 강제도 받지 않고 스스로 자신의 이성을 사용하는 것이 바로 자율적인 근대 주체의 모습이다. 결국 주체를 주체이게끔 만드는 실질적인 내용은 바로 이성인 셈이다. 자신의 이성을 스스로 사용할 수 있을 때 주체가 될 수 있지만 그렇지 못하다면 주체 역할을 할 수 없기 때문이다. 따라서 각 개인을 주체로 확립했다는 것은 각 개인이 바로 이렇게 자율적으로 이성을 사용할 능력을 가진 존재임을 확립했다는 의미이다. 이렇게 인간이면 누구나 다 이성을 가지고 있고 이를 스스로 사용할 능력이 있다고 보았다는 점에서, 바로 데카르트는 근대성의 아버지로 평가받는다. 데카르트는 『방법서설』을 다음과 같은 구절로 시작한다.

"양식(良識, good sense)은 세상에서 가장 공평하게 분배되어 있는 것이다. 누구나 그것을 충분히 지니고 있다고 생각하므로, 다른 모든 일에 있어서는 만족할 줄 모르는 사람들도 자기가 가지고 있는 이상으로 양식을 가지고 싶어 하지는 않으니 말이다. 이 점에 있어서 모든 사람이 잘못 생각하고 있다고 볼 수는 없다. 오히려 이것은 잘 판단하고, 참된 것을 거짓된 것으로부터 가려내는 능력, 바로 양식 혹은 이성이라 일컬어지는 것이 모든 사람에게 있어서 나면서부터 평등함을 보여 주는 것이다."

이것이 바로 주체의 확립을 선언하는 부분으로 해석될 수 있다. 인간이면 누구나 다 양식을 가지고 이에 기반해서 사고할 수 있다는 것, 이 사실은 오늘날에는 너무도 당연시되고 있다. 우리는 오늘날 '상식(common sense)'이라는 말을 자주 쓴다. 상식이란 개념은 바로 인간이면 누구나 다 가지고 있는 양식을 가리키는 개념이다. 이 개념은 지금이야 너무 일상화되었지만 근대 전체를 떠받드는 중요한 개념 중 하나이다. 사실 중세까지는 인간이면 누구나 다 양식이 있다고 생각하지 않았다. 중세 신분제를 정당화하는 중요한 토대 중에 하나가 인간은 날 때부터 능력을 다르게 타고나기 때문에 다르게 대우받아야 한다는 생각이었다. 그래서 봉건 귀족 계급은 이성을 갖추고 양식을 타고난 계급이기에 지적인 활동을 할 수 있고 올바른 판단력을 갖추고 있다고 생각했다. 그러나 농노 계급은 이성을 갖추지 못한, 따라서 양식을 갖추지 못한 계급이기에 배워도 소용없고, 봉건 귀족의 지도와 지배를 받아야 하는 계급으로 규정되었던 것이다. 이처럼 양식 여부에 따라서 신분을 나누던 시대의 끝자락에서 데카르트는 혁명적 선언을 했다. "인간이면 누구나 다 양식을 갖추고 있다"라고. 이는 중세 신분제에 대한 마지막 진혼곡을 울리는 선언으로 해석될 수 있다.

데카르트의 이러한 선언 이후 근대 사회는 이른바 상식에 근거한 민주주의를 확장시키는 방향으로 발전되어 왔다. 사실 근대 초까지도 많은 정치철학자는 민주주의를 반대하였다. 이른바 '중우(衆愚) 정치'를 초래한다는 이유였다. 민주주의는 다수결로 의사를 결정하는데 그러면 어리석은 대중이 머릿수로 밀어붙일 것이라는 걱정이었다. 그러나 인간이면 누구나 다 이성을 갖추고 이를 스스로 사용하는 자율적인 주체라는 데카르트식 생각이 확보되면서, 그렇다면 다수가 찬성하는 쪽이 올바른 판단에 가까울 것이라는 결론이 성립되는 것이다. 따라서 데카르트의 저 선언은 근대 민주주의의 기초에 해당된다고 할 수 있다.

방법적 회의

이러한 데카르트 사상의 핵심이 잘 응축되어 있는 책이 바로 『방법서설』이다. 『방법서설』은 아주 짧은 책이다. 정식 제목은 "이성을 올바르게 인도하고, 모든 학문에서 진리를 탐구하기 위한 방법의 서설"이다. 6부로 되어 있는 이 책은 언뜻 엉성하고 치밀하지 못한 것처럼 보인다. 그러나 데카르트의 사상 전체를 쉽고 간결하게 압축하고 있는 책이다. 또한 이 책은 데카르트가 과학과 철학의 전문가들보다는 일반 대중을 염두에 두고 일부러 쉽게 쓴 책이다. 당시에 학자들은 책을 쓸 때 어려운 라틴어로 썼는데 그는 이 책을 누구나 읽을 수 있도록 프랑스어로 썼다. 우리나라에 비유하자면 학자들이 한문으로 책을 쓰던 조선 중기쯤에 한글로 쓴 격이라고나 할까. 그리고 데카르트 자신의 말에 따르면 학문을 잘 모르는 부인네들조차 무언가 깨달을 수 있도록 썼다는 것이다. 그렇다면 과연 데카르트가 이 책을 통해서 제시하려던 메시지는 무엇이었을까?

그는 정말 대담하고 야심만만하게 철학의 기초를 새롭게 놓으려 했다. 그는 중세와 근세의 건널목에서 길 잃은 나그네처럼 방황하고 있는 철학에서 새로운 방법을 확립함으로써 새로운 길을 개척하려고 했다. 그래서 그를 "방법의 철학자"라고 자주 부른다. 그는 진리를 탐구하기 위한 규칙을 네 가지로 압축하여 제시한다.

"첫째는 내가 명증적으로 참되다고 한 것 외에는 어떤 것도 참된 것으로 받아들이지 않을 것, 즉 속단과 편견을 조심하여 피할 것, 그리고 의심할 여지가 조금도 없을 정도로 아주 명석하게 또 아주 판명하게 내 정신에 나타나는 것 외에는 아무것도 내 판단 속에 넣지 않을 것.

둘째는 내가 검토할 난제의 하나하나를 될 수 있는 대로 그것들을 가장 잘 해결하기에 필요한 만큼의 소부분으로 나눌 것.

셋째는 내 생각들을 순서에 따라 이끌어 나아가되, 가장 단순하고 가장 알기 쉬운 것에서부터 시작하여 계단을 올라가듯 조금씩 위로 올라가, 가장 복잡한 것들의 인식에까지 이를 것. 그리고 자연대로는 피차 아무런 순서도 없는 것들 간에도 순서가 있는 듯이 단정하고 나아갈 것.

그리고 끝으로, 하나도 빠뜨리지 않았다고 확신할 수 있을 정도로 완전한 매거(枚擧)와 전체에 걸친 통관(通觀)을 어디서나 행할 것."(『방법서설』)

이것이 바로 데카르트가 제시하는 진리 탐구를 위한 방법이다. 다시 한 번 정리하면 다음과 같다.

첫째, 의심할 수 없을 정도로 확실하게 진리인 것 외에는 어떤 것도 진리로 받아들이지 말 것. 속단과 편견을 피할 것.

둘째, 어려운 문제를 해결하기 위해서는 쪼개서 탐구할 것.(분석의 규칙)

셋째, 가장 단순한 것부터 시작하여 점점 복잡한 것에 다가갈 것.(종합의 규칙)

넷째, 문제의 요소들을 다 열거하고 그중 단 하나라도 빠뜨리지 말 것.

그리고 유명한 이 네 가지 규칙 외에 진리를 탐구하는 사람이 가져야 할 도덕으로 신중한 태도와 겸허한 마음을 제시하고 있다.

21세기를 살고 있는 우리는 이 규칙들을 보면서 실망 반, 비웃음 반으로 비아냥거릴 수도 있다. 무슨 엄청나고 대단한 규칙인 줄 알았더니 그게 뭐냐면서 속았다고 분하게 생각할지도 모른다. 이런 규칙들은 오늘날 지극히 상식적인 것이고 초등학생들에게도 시시한 것이기 때문이다. 워낙 상식적인 것이니까 이 규칙들은 어느 시대에서나 당연히 알고 있었고 사용했을 것이라고 생각하기 쉽다.

그러나 데카르트가 활동하던 시대에는 독단적이고 공허한 중세 스콜라 철학이 지배하여 실제로 이 규칙들이 무시되고 있었다. 데카르트는 이런 규칙들을 철학 연구에도 적용하여 철학을 새롭게 세우려 했다. 이때 그가 제시한 규칙 가운데 특히 첫째 규칙이 잘 통용되고 있는 전형이 수학이라고 보았다. 그래서 수학의 정확한 방법을 철학에 도입하여 철학을 중세의 신비적이고 사변적인 암흑에서 끌어내고 철학을 수학, 특히 기하학과 같이 확실하고 명증하고 투명한 학문으로 확립하려 했다.

"나는 수학을 특히 좋아하였는데 이것은 그 추리의 확실함과 명증성(明證性) 때문이었다. 그러나 나는 그 참된 용도는 전혀 깨닫지 못하고 있었다. 그리고 수학이 기계적 기술에만 응용되고 있음을 생각하고서 그 기초가 아주 확고하고 견실한 데도 불구하고 아무도 그 위에다가 더 높은 건물을 세우지 않은 것을 이상하게 여겼다. 이와는 반대로 나는 도덕을 다룬 고대 이교도들의 저술은 화려하고 웅장하나 모래와 진흙탕 위에 세운 궁전과 같다고 본다. 그들은 여러 가지 덕을 대단히 찬양하고, 세상의 어느 무엇보다도 더 존중할 만한 것으로 보이게 한다. 그러나 그들은 이것들을 인식할 수 있도록 충분히 가르쳐 주지는 못하고 있으며, 또 그들이 그토록 훌륭한 이름을 붙이고 있는 것이 가끔 냉혹이나, 교만이나, 절망이나, 친족 살해에 지나지 않는다."(『방법서설』)

그렇다면 수학을 모델로 해서 얻은 새로운 방법으로 철학의 물음들을 다룬다는 것은 구체적으로 무엇을 뜻하는가? 데카르트도 신의 존재라든가 인간 정신의 본질과 같은 중세 철학이 제기한 물음을 반드시 다루어야한다고 주장한다. 그러나 이 문제들을 진정 학문으로 다루려면 신비적이고 추상적으로 다루어서는 안 되고 확실한 토대에 근거해야 한다고 생각한다. 수학이 엄밀한 학문일 수 있는 이유는 누구도 부정할 수 없는 공리에서 출발하기 때문이다. "두 점 사이의 최단 거리는 직선이다" 또는 "평행하는 두 직선은 만날 수 없다"와 같은 명제는 누구도 부정할 수 없는 확실성을 가진 공리들이다. 수학은 이러한 공리들에서 출발하여 구성된 체계이다. 우리는 학교에서 수학 시간에 도형의 어떤 성질을 나타내는 '정리'가 참이라는 것을 밝히기 위해서는 증명을 해야 한다고 배운다. 바로 이 증명에서 근거로 제시되는 것이 '공리'다. 그러나 '공리'에 대해서는 더 이상 증명을 요구하지 않는다. 왜냐하면 공리는 스스로 명백히 참인 것이고 따라서 최초의 출발점, 제1원리가 되기 때문이다.

그러므로 데카르트는 철학도 확실한 학문이 되기 위해서는 수학의 공리와 같이 직접으로 확실하고 명백해서 철학의 전체 구조를 떠받쳐 줄 수있는 토대가 되는 한 점을 발견해야 한다고 보았다. 이런 절대 확실한 시작에 도달하려면 지금까지 의심의 여지없이 진리라고 여겨 온 것들을 일단 의심해 보아야 한다. 그래서 데카르트는 대담하게도 지금까지의 모든 것을 근본적으로 뒤엎어 버리고 첫 번째 기초부터 새롭게 시작하는 것을 과제로 삼고 철저한 의심 속에 자신을 내던진다. 데카르트의 이런 작업을 '방법적 회의'라고 부르는데 이것이 근세 철학의 결정적인 일대 변혁을 이룩한 과정이었다.

제1원리를 찾아서

데카르트가 활동했던 시기는 한 마디로 말하자면 회의주의의 시대였다. 당시는 아직도 과학이 제대로 존재하지 않았던 상황이었고, 이는 다시 말해 제대로 된 지식을 얻을 수 있는 믿을 만한 방법이 없던 시대였으며, 그런 방법이 있을 수 없다고 믿는 사람도 있던 시대였다. 이렇게 회의주의가 팽배하게 된 중요한 원인을 제공한 중요한 사건 중 하나는 바로 종교였다. 단 하나의 종교적 진리만을 인정하던 중세의 권위에 도전하여 다양한 문제제기가 등장함으로써 종교적 진리가 어떻게 획득될 수 있는가에 대해 백가쟁명식 논쟁이 벌어졌다.

데카르트도 바로 이런 회의주의라는 시대의 분위기 중심에 있었음을 우리는 다음과 같은 고백에서 알 수 있다.

"철학에 관하여는 다음과 같은 것만 말하겠다. 즉 철학은 오랜 세월에 걸쳐 가장 우수한 정신을 가진 사람들에 의하여 연구되었으나, 논쟁의 여지가 없는, 따라서 의심의 여지가 없는 것은 아직 하나도 없음을 보고서, 나는 다른 사람들보다 철학을 더 잘 해 나아가리라는 자부심은 조금도 가지지 않았다. 그리고 한 가지 문제에 관하여는 참된 의견이 하나 이상 있을 수 없을 터인데 실제로는 갖가지 많은 의견이 있으며, 또한 그것들이 학식 있는 사람들에 의하여 주장되고 있음을 보고서 나는 참인 듯 보이는 모든 것을 거짓에 가까운 것으로 여겼다."(『방법서설』)

이런 회의주의의 분위기 속에서 무언가를 확고한 기초 위에 놓을 수 없

세상의 붕괴에 대처하는 우리들의 자세: 철학자의 서재 3

는가 하는 것이 시대적 과제로 부각되었으며, 지식을 획득하고 축적할 방법을 확보해야 한다는 의식들이 생겨나게 되었다. 그래서 이러한 방법을 확립하려는 관심이 17, 18세기 철학의 주된 관심으로 부각된 것이다. 데카르트는 바로 수학적 방법에 의해 이 문제를 해결하여 보편학(mathesis universalis)을 확립하겠다는 원대한 포부를 가졌던 인물이다.

방법적 회의는 바로 이런 보편학을 확립할 수 있는 토대를 찾는 작업이다. 어떤 회의주의보다도 저 지독한 회의를 통해 어떤 회의주의도 승복할 수밖에 없는 확실한 토대를 확보하자는 전략인 것이다. 적의 무기로 적을 무찌르는 역설적인 전략이라 할 수 있다.

"각각의 문제마다 의심스럽고 잘못하기 쉬운 점들을 특히 반성하면서, 전부터 내 정신 속에 스며들어 있던 오류를 모두 차츰 뿌리 뽑았다. 그렇다고 내가 의심하기 위해 의심하고 우유부단한 태도를 취하는 회의론자를 흉내 낸 것은 아니었다. 이와 반대로 내 모든 계획은 내 스스로 확신하고, 무른 흙이나 모래를 젖혀 두고 바위나 찰흙을 발견하자는 것이었다."(『방법서설』)

그런 확실한 토대를 철학에서는 전통적으로 '제1원리'라고 부른다. 바로 이 제1원리를 찾기 위한 실험적인 작업이 방법적 회의인 것이다. 보편학의 토대가 될 제1원리는 어떤 회의주의도 무너뜨리기 힘들 정도로 '확실(certain)'한 것이어야 한다. 그런데 데카르트는 돌다리도 두들겨 가는 심정으로 이 확실함을 굉장히 강하게 규정한다. 확실하다는 것은 무엇인가? 데카르트에 따르면 '의심할 수 없는 것'이다.

"나는 이제 오직 진리 탐구에 전념하려고 하므로, 앞에서 했던 것과는 반대로, 조금이라도 의심할 수 있는 것은 모두 전적으로 거짓된 것으로 간주하여 던져 버리고, 이렇게 한 후에도 전혀 의심할 수 없는 것이 내 신념 속에 남아 있는지를 살펴보아야 한다고 생각했다."(『방법서설』)

현재 의심하지 않고 있는 정도가 아니라 의심 불가능한 것을 찾으려는 것이다. 예를 들어 "현재 프랑스의 수도는 파리이다"라는 주장은 확실한 것인가? 아마 여러분은 대체로 이런 주장을 참으로 받아들일 것이다. 그리고 이에 대해 아무런 의심을 하고 있지 않을 것이다. 그러나 이런 믿음도 데카르트에 따르면 확실한 것이 아니다. 왜냐하면 의심이 불가능한 것은 아니기 때문이다. 예를 들어 나한테 정보가 전달되지 않았지만 지금 이 시간에 어떤 이유 때문에 수도를 다른 곳으로 바꾸었을 가능성을 완전히 배제할 수 없기 때문이다.

데카르트의 방법적 회의는 그동안 우리가 참된 지식으로 믿고 있던 것들의 확실성을 하나씩 비판적으로 검토하는 과정으로 진행된다. 이 과정을 데카르트는 다음과 같이 비유했다.

"어떤 사람이 사과를 한 바구니 가지고 있는데 그중에 몇 개가 썩어 버려서 나머지 성한 사과도 썩게 될지 모른다고 하자. 그래서 썩은 사과들을 내버리려면 어떻게 해야겠는가? 우선 모든 사과를 바구니에서 꺼내 놓고 나서 하나씩 자세히 검사하여 썩지 않은 것만 골라 다시 바구니에 담은 다음 나머지는 버리지 않겠는가?"(『성찰』)

데카르트는 지금까지 의심의 여지 없이 확실한 것이라고 여겨온 것의 토대를 의심해 보자마자 모든 것이 흔들거리기 시작함을 느꼈다.

우선 감각적인 지식부터 의심해 보았다. 내가 보고 있는 많은 사물이 정말 내가 보는 대로 내 밖에 존재하는지 의심스러워진다. 우리 눈은 우리를 속일 때가 많기 때문이다. 물속의 막대기가 휘어져 보이는 빛의 굴절 현상이나 똑같은 색이 바탕색에 따라 밝기가 달라 보이는 착시 현상 등에서 종종 경험하듯이 감각은 우리를 자주 속이기 때문에 100퍼센트 믿을 수가 없다. 하지만 이런 의심 속에서도 최소한 내 몸이 지금 여기 있다는 것은 확실하지 않을까? 그러나 조금만 주의해 보면 그 확실함도 무너진다. 왜냐하면 우리는 꿈을 꾸면서 내 몸이 벼랑에 서 있는 것으로 착각하여 땀을 흘리기도 하고 물에 빠진 것으로 착각하여 두려워하기도 한다. 따라서 내 몸이 지금 여기 있다는 것이 절대로 꿈일 리 없다는 보장도 없지 않은가?

그러나 이런 흔들림 속에서도 흔들리지 않는 또 하나의 진리가 있다. 예컨대 "2＋3＝5"라는 수학의 진리나 "물체는 무게를 가진다"는 과학의 진리는 의심할 수 없는 확실한 것이 아닐까? 그러나 모든 인식의 기초가 되는 이런 진리마저도 데카르트가 근원적으로 철저히 회의하자 무너져 버리고 만다. 실제로는 2＋3＝5가 아닌데 만일 신이 인간을 2＋3＝5로 생각하도록 만들었다면, 즉 신이 인간을 근본적인 기만과 본질적인 왜곡과 비진리 속에서 살도록 창조해 놓았다면 어떻게 되는가? 신이 과학과 철학이 끊임없이 주장해 온 '진리의 원천'이 아니라 '기만하는 신' 또는 더 나아가 '악의에 가득 찬 악마'라면 어떻게 되는가?

"우리가 수학의 원리까지도 의심하는 이유 가운데 하나는 사람들이 그런 문제를 추론하면서까지도 오류를 범하였으며, 지금은 오류라고 밝혀진 것을 이전에는 확실하고 자명한 것이라고 주장하였기 때문이다. 이보다 더욱 중요한 이유는, 우리를 창조한 신은 모든 것을 자신이 바라는 대로 할 수 있으며, 우리 자신이 가장 잘 알고 있다고 여기는 사물에 대해서까지도 우리가 항상 속임을 당하도록 신이 우리를 창조하였는지 아닌지를 우리는 여전히 알 수 없다는 것이다."(『철학의 원리』)

이런 얘기는 억지 주장처럼 들릴지도 모른다. 이 대목에서 데카르트도 신성모독의 위험 때문에 주춤거린다. 그러나 중세 전체를 통해 절대시된 신에 대해 감히 가설로라도 대담하게 의심의 대상으로 삼은 것은 근대로 한 발짝 더 내디뎠다는 점에서 의미 있는 일이었다. 최고의 권위인 신조차도 비판적 이성의 회의 대상으로 놓고자 하는 진정한 근대적 자율적 주체의 모습을 몸소 보여준다는 점에서 다음과 같은 언급은 중요한 의미를 갖는다.

"이제 나는 진리의 원천으로서 최고선인 신이 존재하는 것이 아니라 전지전능한 악령이 존재하며, 그 악령이 나를 속이려고 전력을 다하고 있다고 가정해 보겠다. 또한 나는 하늘, 대기, 달, 색채, 외형, 소리 그리고 모든 외계의 대상들이 단지 허황된 꿈에 불과하며 악령이 나의 고지식함을 이용해서 함정에 빠뜨리려 한다고 가정해 보겠다. 또 나 자신은 손도 귀도 살이나 피, 감각기관도 없는데 단지 자기가 이 모든 것을 지니고 있다는 잘못된 신념만을 가지고 있다고 생각해 보겠다. 나는 이런 생각을 굳게 지니면서 다음과 같은 결심에 따를 참이다. 즉 이제껏 내가 생각해 온 것처럼 어떤 진리를 알아낼 힘이 내게 있지 않다 하더라도 나는 잘못된 것에 동의하지는 않을 것이며, 또

나를 속이는 자가 아무리 전지전능하다 할지라도 그가 나에게 어떤 것을 강요하도록 가만히 있지는 않으리라는 것이다."(『성찰』)

주체의 확립: '나는 생각한다 그러므로 존재한다'

데카르트는 방법적 회의를 통해 앎의 모든 확실성이 무너져 버린 바로 그 자리에서 역설적으로 하나의 새로운 확실성이 생겨나고 있음을 깨달을 수 있었다. 내가 생각하는 모든 것, 내가 알고 있다고 믿는 모든 것을 전부 의심할 수 있다. 그럼에도 불구하고 내가 의심하고 있다는 것만은 분명하고, 내가 의심하는 한 의심하고 있는 나는 존재해야 한다. 의심하는 나에 대한 확실성은 신이 사기꾼일 수 있다는 생각으로도 흔들리지 않는다. 신이 나를 속일지라도 속는 나는 존재한다. 이렇게 해서 데카르트는 유명한 명제, "나는 의심한다. 그러므로 나는 존재한다" "나는 사기 당하고 있다. 그러므로 나는 존재한다" "나는 생각한다. 그러므로 나는 존재한다"에 이르게 된다.

"내가 모든 것이 거짓이라고 생각하려고 애쓰는 동안에 이렇게 생각하고 있는 나야말로 반드시 무엇이어야 한다는 것을 깨닫게 되었다. 바로 이 진리, 즉 '나는 생각한다, 그러므로 존재한다'는 것이야말로 견고하고 확실하여 아무리 과장이 심한 회의론자라도 이 진리를 뒤집어엎을 수 없다는 것을 알게 되었고, 그래서 나는 이것을 내가 찾아 헤매던 철학의 제1원리로 받아들이는 데 망설일 필요가 없다고 판단하였다."(『방법서설』)

"나, 바로 내 자신은 어떤 것도 아니란 말인가? 나는 이미 내가 감각과 육체를 지니고 있음을 부정하였다. 이제 나는 이로부터 또 무엇을 생각해낼 수 있는지 주저하고 있다. 나는 육체와 감각들과 너무 밀접하게 연결되어 있어서 그것들 없이는 존재할 수 없는가? 또한 이 세상에는 아무것도, 즉 하늘도 대지도 인간의 정신과 육체도 전혀 존재하지 않는다고 생각해 보았다. 그렇다면 이와 마찬가지로 내 자신도 존재하지 않는다고 생각할 수는 없는가? 거꾸로 만일 내 자신이 무엇이라고 생각한다면 나는 틀림없이 존재한다. 그러나 어떤 전지전능한 기만자가 있어서 항상 의도적으로 나를 속인다고 해보자. 그러면 그가 나를 속인다 할지라도 나는 존재한다. 그에게 할 수 있는 최대한도로 나를 속여보라고 하더라도 내가 내 자신을 무엇이라고 생각하고 있는 그 순간에 나는 아무것도 아니라고 생각하게끔 속일 수는 결코 없을 것이다. 그래서 모든 것을 심사숙고해 본 후에 나는 결국 '나는 존재한다', '나는 현존한다'는 명제는 내가 그것을 말하건 아니면 마음속에 품건 간에 필연적으로 참이라고 결론짓게 된다."(『성찰』)

데카르트가 철학의 기초로 세운 이 명제에 대해 그 무슨 잠꼬대 같은 소리냐고 말할 사람도 있음직하다. 그러나 이 명제는 상당히 깊은 의미를 갖는다. 이 명제는 근원적인 확실성을 신에게서 찾은 중세 철학에서 벗어나 인간의 사유, 인간의 자의식에서 철학의 토대가 되는 확실성을 찾음으로써 서양 사상의 새 장을 열어 놓았기 때문이다. 이제 이 명제가 갖는 사유하는 주체가 갖는 확실성이 모든 진리의 기준이 되고 참된 사고 밑에 놓여야 할 기초가 된다.

"나는 생각한다. 그러므로 존재한다'는 말 안에 사고하기 위해서 나는 존재해야만 한다는 점을 분명하게 보여주는 것 외에는 참이라고 보증된 어떤 사실도 전혀 존재하지 않는다는 것을 알게 된 후로 나는 우리가 매우 명석하고 판명하게 사고할 수 있는 것은 어떤 것이든지 참이라는 점을 일반적 규칙으로 받아들일 수 있다고 판단하였다."(『성찰』)

이처럼 데카르트는 방법적 회의를 통해 신이 아닌 인간이 진정한 주체로서 모든 확실성의 근원임을 보여주려고 하였다. 바로 '내'가 출발점이고 기초임을 보여 주었고, "사고하는 나"를 제1원리로 하여 형이상학을 구성하고, 이 형이상학은 자연학, 기술학, 의학, 도덕학 등 실천학을 근거 짓는 기초가 된다는 것을 보여주려고 하였다. 이로써 인간이 자신의 두 다리로 서서 오직 자신으로부터만 솟아나는 확실성에 따라 진정한 주체가 되는 근대성의 특징을 데카르트는 최초로 정초하게 된다. 모든 것은 바로 또한 자연도 이제 중세 세계관에서처럼 신성한 피조물이 아니라, 세계의 중심이며 토대인 인간이 적극으로 파악하고 이용해야 할 대상으로 설정된다. 결국 데카르트의 이 명제는 신 중심의 중세 세계관에 치명타를 먹이면서 근대의 인간에 대한 '주체성의 철학'이 확립되는 결정적인 계기가 되었던 것이다.

이렇게 데카르트로부터 시작해서 근대 주체는 지금까지 발전의 과정을 밟아왔다. 그 자세한 내막을 여기서 다 추적하기는 힘들겠지만, 중요한 발전 단계들을 확인해 볼 필요는 있겠다. 데카르트가 최초로 개인을 주체로 확립했지만 너무 개인 개개인의 주체성을 강조하다 보니 '나'에서 벗어 나오지 못하고 유아론(唯我論)적 성격에 빠져 버렸음은 잘 알려진 문제이다.

이에 대해 독일의 철학자 칸트는 인간 이성의 활동인 수학과 과학이 가진 보편성을 토대로 하여 인간 이성이 보편적 성격을 가지고 있음을 주장하여 주체가 가지고 있는 보편적 구조를 밝혀내려고 하였다. 그러나 칸트의 주체는 보편성을 강조하다 보니 탈역사적이고 탈시간적인 성격에 머무를 수밖에 없었다. 헤겔은 여기서 한 걸음 나아가 주체에 역사적, 사회적 성격을 부여하여, 주체가 어떻게 형성되고 발전되어 왔는지를 해명하려고 하였다. 마르크스는 또 한 걸음 더 나아가 유물론적 접근을 통해 주체의 사회적 성격을 구체적으로 규정하여, 노동하는 주체, 계급으로서의 주체 개념을 확보하였다. 하버마스는 다시금 한 차원 더 넓혀 주체가 다른 주체와 맺는 관계가 중요한 측면임을 해명하면서 의사소통적 주체를 보여주고 있다.

이러한 근대 주체에 대한 철학적 해명이 발전되어 가는 첫걸음을 데카르트가 내디디고 있고, 그 면모를 볼 수 있는 책이 바로 이 책이라 할 수 있을 것이다.

더 불어 읽 기
깊 이   읽 기

1) 임마누엘 칸트, 『칸트의 역사철학』, 이한구 옮김(서광사, 2009). 칸트의 사회 역사 철학에 대한 단편들을 모아 놓은 책이다. 특히 처음에 실린 「계몽이란 무엇인가」의 일독을 권한다. 데카르트가 계몽주의의 아버지라면 칸트는 계몽주의의 완성자이다. 그는 계몽이 무엇을 말하는지를 쉽고도 명확하게 제시하고 있다. 데카르트의 사유가 계몽주의에서 어떻게 발전되었는지를 볼 수 있는 고전이다.

2) 호르크하이머·아도르노, 『계몽의 변증법』, 김유동 옮김(문학과지성사, 2001). 『계몽의 변증법』은 20세기의 대표적인 고전이다. 2차 대전 중에 출간된 이 책은 기술진보가 절정에 달한 시대에 왜 전쟁과 야만이 존재하는지에 대한 철학적 성찰을 통해 현대의 문제를 근본적으로 파헤쳤다. 데카르트, 칸트를 걸쳐서 완성된 계몽은 인간을 자연에서 해방시키는 역할을 수행하였다. 그러나 이런 역할을 한 계몽적 이성은 20세기에 와서 이제 인간을 대상으로 하여 지배하고 동원하고 억압하는 도구적 이성의 성격을 여실히 보여준다. 바로 이런 계몽이 가진 모순된 두 측면, 즉 해방과 억압이라는 두 측면을 폭로하고, 그 억압적 측면을 문화 산업과 반유대주의라는 구체적 대상을 통해 해명하고 비판하는 책이다. 근대성의 부정적 측면에 대한 묵시록과 같은 책이라 하버마스는 "세계에서 가장 어두운 책 중의 하나"라고 표현한 적이 있다.

3) 하버마스, 『현대성의 철학적 담론』, 이진우 옮김(문예출판사, 2002). 헤겔 이후 니체, 아도르노, 하이데거, 데리다, 바타이유, 푸코 등을 통해 어떻게 현대성이 분화, 발전, 비판되었는지를 해명하면서 합리성에 대한 자신의 관점을 제시하는 책이다. 19세기 이후 현대 철학까지의 방대한 내용을 현대성이라는 맥을 통해 관통하여 접근하기 때문에 쉽지 않은 전문적 책이지만, 각 철학자들이 가진 의미와 그들 사이의 관계에 대해 새로운 깨달음을 갖게 하는 책이다.

박정하 / 성균관대학교 교수

애들에게 들이밀지 말고,
당신부터!

『어린 왕자』/ 생텍쥐페리

숫자를 좋아하는 어른들에게

우리가 고전을 읽는다는 것은 철학적으로 글을 읽고 음미한다는 것이다. 다시 말해 사상을 배우는 것이 아니라 그 사상을 통하여 스스로 생각하는 것을 배우는 것이다. 이른바 활동적이고 주체적인 사유의 비판적 철학함을 지향하는, 그리하여 사고의 열려 있는 철학함을 의미한다. 철학은 고정된 닫힌 체계를 수동적인 주체로서 받아들이는 것을 거부하며 언제나 비판으로부터 열려 있는 살아 움직이는 활동이다. 영원한 이데아를 동경하는 천상의 철학은 땅으로 내려와야만 한다. 왜냐하면 현실이라는 물질적 기반은 끊임없이 운동하고 있기 때문이다. 따라서 이러한 현실을 포착하는 철학이 굳어진 채로 있다면, 그 사유의 힘은 현실의 운동을 파악하는 데 무력할 것이다.

세상의 붕괴에 대처하는 우리들의 자세: 철학자의 서재 3

생텍쥐페리의 『어린 왕자』(김민지 옮김, 인디고 펴냄)는 이러한 의미에서 우리들에게, 특히 어른들에게 자신의 사유와 삶을 다시금 음미할 수 있는 고전으로 남는다. 이 책의 앞부분에서 지은이는 코끼리를 삼킨 보아뱀의 그림을 어른들에게 보여주며 이것이 무엇인지 묻는다. 어른들은 한결같이 모자라고 대답한다. 그러나 "나는 모자를 그린 것이 아니었다. 그 그림은 코끼리를 소화시키고 있는 보아뱀이었다."(16쪽) 이렇듯 어른들은 열려 있는 사유를 하지 않는다. 고정된 세계관으로 세상을 바라보는 것이다. 아래의 글은 이러한 어른들의 모습을 너무나 잘 보여주고 있다.

어른들은 숫자를 좋아한다. 만약 어른들에게 새로 사귄 친구 이야기를 하면 어른들은 중요한 것에 대해 묻지 않는다. "그 친구 목소리는 어떠니? 무슨 놀이를 좋아하니? 그 친구도 나비를 수집하니?" 이렇게 묻는 일은 절대로 없다. "그 애는 몇 살이지? 형제는 몇 명이니? 몸무게는? 아버지의 수입은 얼마지?"라고 묻는다. 그리고는 그걸로 그 친구가 어떤 사람인지 알 수 있다고 생각한다. 만약 어른들에게 "창틀에는 제라늄 화분이 있고 지붕에는 비둘기가 앉아 있는 아주 멋진 장밋빛 벽돌집을 보았어요"라고 말하면, 어른들은 그 집을 떠올리지 못한다. "저는 오늘 10만 프랑짜리 집을 보았어요."라고 말해야 "와! 정말 멋지겠네!"라고 외친다.

이렇듯 어른들은 양화시키는 사유만을 하고 있는 것이다. 이것은 거꾸로 양적인 것으로 설명되지 못하는 것, 즉 질적인 것들을 사유하지 못한다는 의미다. 위 글에 나오듯이 어른들은 중요한 것인 아이의 목소리, 놀이, 취미를 묻지 않으며, 단지 양화시킬 수 있는 것, 즉 '몇 살, 몇 명, 몸무게,

아버지의 수입'만을 묻는다. 그리고 집의 아름다움까지도 '10만 프랑'으로 환원시켜야만 이해하고 있다. 이 책은 질적인 것을 배제시키는 어른들의 사유 형식을 비판한다. 다시 책 속으로 들어가 보자.

어른들이란 다 그렇다. 하지만 어른들을 나쁘게 생각해서는 안 된다. 아이들은 어른들을 너그럽게 대해야 한다. 물론 인생을 이해할 줄 아는 우리들은 숫자 같은 것은 전혀 신경 쓰지 않는다.

어른들은 이 문장이 얼마나 정확히 자신의 모습을 얘기하고 있는 것인지 이해할 수 있을 것이다. 아마도 이 구절을 이해하고자 한다면 적어도 양화시켜서 사유하는 일은 피해야 할 것이다. 그래야만 양화가 배제시킨 질적인 것을 볼 수 있으니 말이다. 그것이 바로 어른들이 보지 못하는 삶의 모습이다.

이러한 모습은 어린 왕자가 만난 사업가의 모습으로 이어진다. 어린 왕자는 별을 보고 있는 사업가를 만난다. 그리고 말한다. "그 별을 가지고 뭘 하는 건데요?" 사업가는 말한다. "뭘 하긴 소유하는 거지" 궁금한 것이 참으로 많은 어린 왕자는 별을 소유한다는 것이 무슨 의미가 있냐고 되묻는다. 그 사업가는 역시나 "부자가 되는 거지"라고 말한다. 그리고 별을 "세어보고 또 계산하고" 하는 것이라고 사업가는 대답한다. 사업가의 말을 들은 어린 왕자는 "그리 중요한 일은 아닌 것 같군"이라고 생각한다. 이 대화에서 드러나듯이 양적인 사유만을 삶의 기준점으로 삼고 있는 어른들은 사물에 대하여 그것을 계산의 대상으로, 소유의 대상으로만 간주하는 것이다. 결국 어른들에게 소유는 계산 가능성으로 환원된다.

나는 내 꽃과 화산들을 소유함으로써 그것들에게 유익함을 주죠

어린 왕자는 사업가가 말하는 소유의 의미에 대해 다른 생각을 가지고 있다. 어린 왕자는 사업가가 별을 대하는 방식과 자신이 다르다는 것을 알고 있다. 어린 왕자는 자신의 별에 꽃이 한 송이 있으며 매일 물을 주고 화산도 청소를 해 준다고 하면서 다음과 같이 말한다.

"나는 내 꽃과 화산들을 소유함으로써 그것들에게 유익함을 주죠. 그런데 아저씨는 별들에게 별로 도움이 되질 않는 것 같네요."

고전을 철학적으로 읽는다는 것은 사유의 의미, 그 원리를 좀 더 꼼꼼히 살펴보는 것이다. 어린 왕자와 사업가의 자연을 바라보는 시각은 그 간극이 매우 크다. 사업가는 대상을 양화시키고 그것을 소유의 의미로 이해하고 있는 반면에 어린 왕자는 자연과 자신의 관계 속에서 자연에 유익함을 주는 것으로 소유의 의미를 찾고 있다. 여기서 어른들의 사고의 핵심은 모든 것을 동일한 하나의 형식으로 포섭하려는 것이다. 그것은 자신과 대상과의 '관계'가 아니라 단지 하나의 계산 가능성으로서의 정신적 형식에 포섭되는 것이다. 이러한 사고의 원리는 사물을 언제나 동일한 것으로 만들며, 계산 가능성과 유용성의 척도에 맞춰 측정할 수 있도록 단순한 지배의 '객체'로 그 지위를 낮춘다.

이러한 사유의 원리는 우리의 삶을 지배하는 사유양식으로 굳어진다. 계산 가능한 것만을 중요한 가치로 간주하는 어른들은 대상을 질(質)을 상실한 자연으로 전락시킨다. 그리고 어른들은 단순히 양(量)에 의해 분할된

'소재'로 자연을 격하시킨다. 그리고는 자연에 대해 전능한 자아로 군림하면서 자연을 단순한 '가짐'으로 간주한다. 나아가 어른들은 있는 것을 있는 그대로 보는 것이 아니라, 모든 것을 그대로 놓아두는 것이 아니라, 대상을 소유 가능성/불가능성으로 바라본다. 그리고 이 소유는 계산 가능성에 그 척도가 있기 때문에, 화폐가 절대적인 매개 역할을 하게 된다.

이는 어린 왕자의 소유 개념과는 전혀 다른 것이다. 어린 왕자는 대상과 자신의 관계, 유익함이라는 '관계'를 통해 이해하고 있기 때문이다. 어린 왕자는 자연을 단순히 인간의 활동을 위한 매개로 전락시키지 않고, 인간이 자연의 일부이기 때문에 자연의 자기 '매개로서' 인간을 바라본다.

인간과 자연 간 관계의 붕괴는 인간의 감각에 소유라는 감각만이 들어 있는 데에 그 핵심이 있다. 즉 인간의 감각은 자신을 대상화하여 풍부해지는 범위만큼 감각의 대상이 풍부한 의미를 갖게 되어 있다. 이러한 맥락에서 자연과 인간의 화해의 실현을 위해서는, 우선 모든 감각을 소유 감각으로 환원시키는 사회에 대한 지양이 선행되어야 한다. 인간과 자연의 화해는 감각과 대상의 상호작용 속에서 실현되는 것이고, 인간과 자연의 존재론적 관계 맺음에서 자연을 인간의 비유기적 몸으로 볼 수 있다. 이 전제에서 인간의 감각은 대상을 통해 풍부해지며, 동시에 인간의 감각이 풍부해지는 만큼 자연 또한 억압에서 풀려나 서로가 통일될 수 있는 것이다. 자연은 단순한 인간의 지배 대상이 아니다. 자연이 인간의 지배에서 부활하면 자연은 인간에게 병을 치유하는 주체로 등장할 수 있다. 미학적 측면에서 인간의 감각이 발전된다는 것은 그만큼 자연이 자신의 모습을 드러낸다는 뜻이다.

'길들인다'는 게 뭐야?

여우가 어린 왕자에게 말한다. "네가 나를 길들인다면 우리는 서로 필요하게 되는 거야. 너는 나에게 이 세상에서 단 하나뿐인 존재가 되는 거고, 나도 너에게 세상에 하나뿐인 존재가 되는 거야." 여우와 어린 왕자의 대화에서 잘 드러나듯이 길들인다는 것은 어떤 '관계'를 만든다는 것이다. 나라는 개념은 너라는 개념을 전제하지 않으면 존재할 수 없는 개념이다.

철학적인 용어로 말하면 길들이는 관계는 변증법적 관계이다. 존재론적으로 인간은 결여된 존재이므로 나르키소스로 살아갈 수 없으며 나는 너를, 너는 나를 필요로 하는 존재다. 이 때문에 인간은 끊임없이 타자와의 대화 속에서 자신을 형성해 가게 된다. 그리고 이 과정은 '인내심'을 필요로 한다. 또한 길들인다는 것은 서로에게 '필요'한 존재가 되는 것이다. 인간은 그러한 과정 속에서만 더 발전되고 풍요로워진다. 이러한 과정 속에서 나는 기존의 나를 부정하고 상대방도 기존의 자신을 부정하면서 자신에게 결여된 것, 즉 필요한 것을 채워간다. 이러한 지난한 과정이 바로 사랑(eros)의 의미이기도 하다.

우리의 삶은 교환가치가 지배적이다. 이러한 사회에서 "사람들은 새로운 것을 배울 시간조차 없어. 그들은 상점에서 이미 만들어져 있는 것을 사거든. 그런데 친구를 파는 상점은 없기 때문에 친구를 사귀지 못하는 거야." 이렇듯 길들인다는 것은 서로의 지난한 인내심을 통하여 서로의 결여된 부분을 채워주면서 서로에게 필요한 소중한 관계를 형성하는 것이다. 그러나 우리의 현실은 여우가 말하듯이 "상점에서 이미 만들어져 있는 것을" 사는 데 익숙해져 버렸다. 이러한 사회에서 우리들은 자신에게 필요한 것만을 편리하게 화폐로 교환하고자 한다. 앞서 언급했듯이 이러한 사고가 어른들의 양화적인 사고이며, 이러한 사고는 결국 인간과 인간의 관계까지도 양화시키려 한다는 것을 의미한다. 그것이 친구이든, 자연이든 말이다.

어린 왕자와 여우의 대화는 모든 것을 사물화시키고 그것을 양적인 가치, 즉 교환가치로 현상되는 화폐로만 매개하려는 사고와 행동 양식에 대해 반성적 사유를 제공하고 있다. 사물화시킨다는 것은 그 대상의 유기체적 관계를 파괴함으로써 가능한 것이다. 따라서 자연과 인간의 사물화는 먼저 그 대상의 존재를 파괴해야만 가능하다. 그러므로 나의 존재가 사물화될 수 있다는 것은 나라는 유기체는 파괴되고 없다는 것을 의미한다. 우리가 타인으로부터 물건 취급을 받는 것이 너무나 화가 나는 것은 그러한 이유 때문이다. 그런데 어린이보다는 어른들이 이러한 사고와 행동을 하고 있다. 때문에 『어린 왕자』는 정작 그들은 보고 있지 않은 어른들을 위한 책이다.

오늘날 인간과 인간, 인간과 자연의 관계를 다시금 반성해야 할 것이다. 어린 왕자가 얘기하듯이 '수량화'가 지배적인 사고의 척도이며, 이러한 사고는 도구적 이성으로 세상을 재단하려 하기 때문이다. 이러한 사고양식 속에서 우리는 타자와의 진정한 관계, 즉 길들이는 관계를 놓치게 된다.

자연과 인간의 수량적이고 추상화된 관계는 환경오염과 생태계 파괴의 문제로 귀결된다. 이 때문에 지배적인 사고의 반성은 더욱 긴급하다. 재미있게도 '책을 탐독하다'라는 독일어 'verschlingen'은 원래 '집어삼키다', '먹어치우다'라는 의미이다. 이렇듯 정신과 육체의 용기에 철학은 정신의 음식으로, 음식은 육체의 음식으로 소화되고 채워진다.

인간은 먹지 않으면 죽는다. 그런데 먹을 수 있는 대상을 먹어야 산다. 입으로 삼킬 수 있고 소화시킬 수 있고 몸에 나쁜 영향을 주지 않고 잘 배설되어야 그것은 음식일 수 있다. 정신의 음식도 마찬가지일 것이다. 따라서 정신의 배고픔은 우리가 소화시킬 수 있는 것을 음미하는 과정을 통해, 즉 비판적 사유 속에서만 가능할 것이다. 어른들은 몸에 소화되지 않는 음식을 강제로 먹으라고 아이들에게 주문하고 있는 것은 아닌가 생각해 봐야 한다. 어른들의 눈으로 본 세상에 대한 해석을 아이들에게 강요하는 것은 정신에 소화되지 않는 것을 먹으라는 것과 다름이 없다.

더 긴급한 것은 어린 왕자가 비판하는 어른들의 사고 유형을 전환하려는 부단한 노력이다. 고전을 읽는 인간들에게 그 대상은 영원한 것이나 고정된 해석으로 머물지 않는다. 고전이 고전일 수 있는 이유는 바로 여기에 있다. 오래되어 고전이 아니라, 오래 두고 생각해 볼 수 있는 것이라는 점. 여전히 고전이라는 대상은 주체와 결합되어 작용한다. 따라서 대상은 언제나 주체와의 '관계' 속에서 파악되어야 한다. 그 관계에 대한 성찰은 어린이보다 어른들에게 먼저 요구된다.

아래의 인용문으로 이 글을 마치고자 한다. 상상하지 않는 어른들, 고정된 사고로 세상의 질적인 것을 상실한 채 살아가는 어른들, 모든 것을 양적인 것으로만 환원시키고, 그리하여 보다 풍요로운 관계를 맺지 못한 채 문득 가슴에 자신의 삶의 공허함을 채우는 어른들에게 말해주고 싶다.

"하늘을 바라보라. 그리고 생각해 보라. 양이 그 꽃을 먹었을까 먹지 않았을까? 그러면 거기에 따라 모든 게 변하는 것을 여러분은 알게 되리라……. 그런데 그것이 그렇게 중요하다는 것을 어른들은 아무도 이해하지 못할 것이다!"

더불어 읽기
깊이 읽기

1) 플라톤, 『향연』, 강철웅 옮김(이제이북스, 2010). 『어린왕자』에서 길들이는 과정을 플라톤의 에로스와 연결하여 그 의미를 다시금 음미하고자 하는 이들에게 플라톤의 『향연』을 추천한다.

2) 테오도르 아도르노, M. 호르크하이머, 『계몽의 변증법』, 김유동 옮김(문학과 지성사, 2001). 어린왕자가 어른들을 보면서 느끼는 가장 핵심적인 문제가 숫자를 좋아하는 것이다. 세계의 계산 가능한 것으로만 파악하고 있는 이러한 비판은 아도르노의 『계몽의 변증법』에서 핵심적인 내용을 이루고 있다. 근대를 규정하는 이러한 문제 의식을 더 심도 있게 보고자 하는 이들에게 아도르노의 『계몽의 변증법』을 추천한다.

박종성 / 호원대학교 외래교수

3장

'돈의 맛'아는 현실 정치에 던지는 철학 쓴 소리

한국 사회에서 살아남는 법,
"알아서 기어!"

『자발적 복종』 / 에티엔드 라 보에티

비자발적 순응에서 자발적 복종으로

오랜 기간, 반민주적이며 반민중적인 독재 권력에 맞서 추진된 각고의 민주화 투쟁을 통해 한국 사회는 적어도 정치적 차원에서 '형식적 민주화'를 이루어내는 주목할 만한 성과를 거두었다. 이어 정치를 넘어 경제와 문화를 비롯하여 일상적 삶의 세계까지 망라된 사회 전 분야에서의 민주화, 곧 '실질적 민주화'를 달성하기 위한 또 다른 역사적 과제를 수행해 나가고 있다.

하지만 이 과정에서 보수 정권의 재등장은, 비록 그것이 한국 사회 구성원들의 민주적인 선거를 통해 결과된 것이기는 하지만, 과거 권위주의 독재 체제에서나 볼 수 있었던 시대착오적인 반민주적 악행이 빈번하게 재현되는 등 총체적인 '민주화의 퇴행'을 야기하고 있다. 최근 불거져 나온 소위 '민간인 불법 사찰'은 그러한 퇴행의 단적인 사례라 할 것이다.

한데 이 지점에서 곤혹스러운 점은, 그 같은 상황이 우리 사회의 발전적 흐름을 '일시적으로' 역사 퇴행적인 방향으로 되돌려 놓고 있다고 해서, 지금의 이명박 정부를 이전의 유신 독재 체제나 군사 독재 정권과 동일 선상에 놓고 '반민주적 독재 정권'이라고 부르기는 대단히 어렵게 되었다는 사실이다. 과거 독재 정권하에서 기득권의 유지와 확대를 위해 자의적으로 통치 권력을 남용한 독재자 및 그 추종 세력 그리고 그러한 강압적 통치를 뒷받침하기 위해 공공연히 동원되었던 폭력적 수단 등은 최소한 '현상적으로는' 자취를 감추어 버렸기 때문이다. 게다가 명색이 민주화된 오늘의 상황에서 물리적 통제 수단이 수반된 강압적 통치 권력은 '표면적으로는' 더 이상 공개적으로 행사되기 어려워졌다.

물론 그렇다고 해서 전임 노무현 정부를 대신한 이명박 정부 하에서, 물리적 제재 수단에 의거한 비민주적인 강압적 통치 방식이 완전히 종식된 것은 아니다. 정부의 정책이나 방침에 대한 일반 시민들의 정당한 비판과 문제 제기, 저항적 실천 운동을 다양한 형태의 법적 규제 장치나 물리적 제재 수단을 동원하여 강제적으로 봉쇄하고 억압하는 등 개인의 기본적 권리와 자유가, 전임 진보 정권 하에서는 상상조차 할 수 없을 만큼, 현저히 훼손되고 유린되는 사태가 빈번하게 발생하고 있기 때문이다. 가령 국민의 생명 및 건강과 직결된 미국산 쇠고기 수입에 반대하는 사회 구성원들의 정당한 거부 투쟁 운동으로서의 '촛불 집회'를 공권력을 동원하여 강제 진압함으로써, 이명박 정부는 민의를 저버린 채 생명권과 집회 결사의 자유와 같은 개인의 기본권을 침해하는 반민주적인 권위주의 통치 행태를 적나라하게 보여주었다.

하지만 그럼에도, 본질상 보수 권위주의 정권인 이명박 정부에서도 전반적으로는 그러한 외적인 강제 수단에 의거하여 국민들의 '비자발적인 복종'을 이끌어내는 통치 방식을 구사하기보다는, 국민들 각자의 '자발적인 동의와 순응'을 이끌어내는 지배 방식이 주된 통치 전략을 이루고 있다는 점에 유념할 필요가 있다. 형식적인 수준에서나마 민주화가 이루어진 한국적 상황에서, 폭력적 수단에 기초한 정치권력의 공개적인 불법적 사용과 자의적인 남용이 더 이상 통용되기 어렵게 된 것이 오늘의 변화된 현실이기 때문이다.

현 보수 집권 세력 역시 이 점을 너무나 잘 알고 있다. 그렇기에 외적 강제 및 강압에 의해 마지못해 이루어지는 순응이 아닌, 교육이나 언론 매체 등을 통해 반민주적이며 권위주의적인 지배가 마치 정당하고 올바른 지배 양태인 양 '오인(誤認)'시키는 은밀한 비가시적 폭력을 구사함으로써 이른바 '알아서 기게 만드는' 통치 방식을 가동시키고 있는 것이다.

왜 많은 사람들은 독재자의 전제 정치를 참고 견디며 살까?

이 지점에서 우리는 '규범적으로 정당한' 분노나 거부, 저항이 사라진 채 개별 구성원들의 자발적 복종을 가능케 하는 비가시적 폭력으로서의 새로운 통치 방식에 관한 '철학적 기원'이 담긴 에티엔느 드 라 보에티(Etienne de la Boétie)의 『자발적 복종』(1548년 집필)을 만나게 된다.

"어째서 그렇게 많은 사람들 (……) 그렇게 많은 국가와 민족들이 독재자의 전제 정치를 참고 견디는 일이 항상 일어나고 있는가"(14쪽)라는 문제의식에서 출발하는 드 라 보에티는, 16세기라는 시대적 한계에도 불구하고 독재 권력과 그에 기초한 폭압적 철권 정치의 본질과 실상에 대한 날카로운 비판적 통찰을 보여준다.

더불어 16세기 당시의 군주제의 기원과 실체를 비판적으로 폭로해 드러내는 과정에서, 오늘날 '민주화된' 사회에서 자행되는 지배 권력의 '비민주적' 남용에 관한 사회 구성원들의 무비판적 순응과 동조, 무저항의 심각성을 간접적으로 일깨우고 있다. 그에 따르면, "인민을 (……) 통치해 온 훌륭하고 비범한 인물을 (……) 따르고 신뢰하며 자신의 높은 지위까지 바쳐가면서 그를 섬기는 데 익숙하게" 될 때, "그 비범한 인물은 인민이 누렸던 지위를 박탈하고 절대적인 권력을 휘두르며, 즉시 죄악을 저지른다." (16쪽) 그럼에도 인민들은 여전히 "강압적으로 통치되는 것이 아니라 자발적으로 억압을 자청하고 있다"(16~17쪽)고 비판적으로 지적한다.

실제로 우리는 이러한 현상이 오늘의 민주주의 사회에서도 빈번하게 일어나고 있음을 목도하고 있다. 마치 '간이라도 빼줄 것처럼' 저자세를 취하면서 유권자들의 속물적·물질적 욕망을 한껏 부풀려 놓기에 충분한 선거 공약을 내세워 환심을 산 후, 자발적 지지와 투표를 통해 최고 통치자에 선출되면, 그때부터는 권력 추종자로서의 야심을 고스란히 드러낸다. 선거 전에는 사회적 약자의 입장을 대변할 것 같은 태도를 보이지만, 일단 권력을 손아귀에 넣은 순간부터는 자신의 정치적 야망과 이해관계, 그리고 자신에 대한 추종 세력의 이익을 우선적으로 관철하고 확대하는 데 정치적 권력을 무제약적으로 남용한다. 그러나 그 같은 반민중적 통치자를 지지하고 선출해 준 대다수 국민들은, 그가 빈곤하고 어려운 처지에 놓인 국민들의 입장을 최대한 반영하는 정치를 해줄 것이라 여전히 믿으며, 그러한 권력자의 통치 행위에 자발적으로 복속하는 성향을 드러내 보인다.

물론 현대의 사회 현실은, 드 라 보에티가 정면으로 맞서 비판하고자 했던 16세기의 군주제 사회와는 많은 차이가 있다. 하지만 그럼에도 그의 비판적 분석은, 현대의 민주주의 사회에서 정치적 권력이 행사되는 방식과 양태 그리고 그에 대한 일반 대중들의 반응과 태도에 관해 적지 않은 교훈과 시사점, 이론적·실천적 지침을 제공해 주고 있다. 이 점은 특히 '인민에 의해 선출된 자'로서의 폭군 유형을 설명하는 대목에서 확인해 볼 수 있다. "인민에 의해 선출된 폭군은 앞의 유형보다는 낫게 행동할지 모른다. 실제로 사람들은 선한 왕을 기대하면서 누군가에게 국가를 위임한다. (……) 그런데 새로운 군주가 인민의 이러한 생각을 알아차리면 그 다음부터는 결코 권좌에서 물러서지 않으리라고 작심한다."(44쪽)

이는 현대 민주주의 사회에서 합법적인 선거 절차를 통해 뽑힌 통치자 역시 16세기의 군주제 사회에서의 폭군 못지않은 독재자 내지 비민주적인 권위주의적 통치자가 될 수 있음을 여실히 말해 주는 대목이다. 한국 사회의 경우도, 이승만 정권을 비롯한 역대 민간 및 군부 독재 정권 하의 통치자들의 면면을 통해 그 실례를 쉽사리 찾아볼 수 있다.

왜 청년 세대는 짱돌 대신 스펙 쌓기에 몰두할까?

드 라 보에티의 주장들 가운데 가장 핵심적인 것은, 통치자의 부당한 권력 행사에도 불구하고 대다수 사회 구성원들은 이에 이의를 제기하거나 반발하기보다는 오히려 자발적으로 순응하고 있다는 사실이다. "인민들은 폭정을 묵묵히 참고 견디는 것을 당연하다고 (……) 여긴다. (……) 이는 어떤 막강한 권력에 의해서 강요당한 게 아니다."(15쪽)

이 점은 현재의 한국 사회에도 고스란히 해당된다. 가령 이명박 정권 하에서 체결된 '한미 자유무역협정(FTA)'은, 적어도 국가 차원에서는 이전과 비교할 수 없을 만큼 상당한 경제적 이득의 증대를 가져올지 모른다. 하지만 그처럼 늘어난 이익의 대부분은 대체로 재벌을 비롯한 대기업과 소수 지배 계층에게 돌아가고, 99%에 해당되는 대다수 국민들의 삶은 한층 더 힘들고 고통스러울 것이 예견된다. 그런 한에서 당연히 한미 FTA를 반대하는 거부 운동이 거국적으로 일어나야만 했다.

그러나 현실은 이와 반대이다. 즉 사회적 약자에 속한 절대 다수의 구성원들은, '국가의 이익 증대는 곧 나 개인의 이익 증대로 이어질 것'이라는 정부의 홍보와 선전을 주저 없이 받아들여 한미 FTA를 지지하면서, 정부의 방침과 정책에 적극적으로 따르고 순응하고 있다. 드 라 보에티에 따르면, 국가의 강압이나 강제 없이도 '자발적 복종'이 아무런 제약 없이 이루어지고 있는 셈이다.

이렇듯 극소수 부유층을 위한 정책으로서 한미 FTA를 추진하는 이른바 '강부자' 정권임에도 불구하고 마치 서민층을 비롯한 사회적 약자들을 배려하고 그네들의 처지를 개선하고자 진력하는 정부인 양, MB 정권을 다수의 국민들이 믿고 지지하는 현 실태는 소수 지배 계급에 대한 대다수 국민들의 자발적인 복종의 전형이라 할 것이다.

또한 젊은 청년층의 경우, 취업하기가 '하늘의 별따기'만큼 어려워진 오늘의 한국적 상황을 자신의 실력 부족 탓으로 돌린 채 도서관에 틀어 박혀 스펙 쌓기에 여념 없는 작금의 사태 역시 드 라 보에티가 말하는 자발적 복종에 해당된다. '청년 실업'의 문제는 근본적으로 사회 구조적 혹은 정책적 차원의 문제이며 정부가 적극적으로 나서 그 돌파구와 해결책을 모색해야 하는 사안이기 때문이다.

하지만 그럼에도 이른바 '88만 원 세대'라 불리는 청년층은 "눈높이를 낮춰 중소기업에 들어가 성공하라"든가 "아직도 도전 정신이 부족하다"는 식의 정부의 일방적 권고에 맞추어, 실업을 '자신의 탓'으로 돌리고 다시금 취업 공부에 열중할 뿐이다. 반면 실제로 청년 실업을 야기하는 왜곡된 사회 구조나 제도, 소수 대기업과 부자만을 위한 잘못된 정부의 경제 정책 등을 비판하고 개혁할 엄두는 전혀 내지 못하고 있다. 이는 청년 실업의 문제를 젊은 세대 개인의 탓인 양 호도시켜 정부의 무능과 실책에 기인한 것임을 알아차리지 못하게 함으로써 통치자와 지배 계급에 대한 분노나 저항 없이 순응토록 이끄는, 그 점에서 자발적 복종의 의식이 내재화된 것이라 할 수 있다.

자발적 복종의 메커니즘은 어떻게 작동·유지되는가?

그렇다면 '자발적 복종' 혹은 '자발적 복종 의식의 내재화'는 어떤 요인과 메커니즘에 따라 지속적으로 작동·유지되는가? 드 라 보에티는 이를 습관과 교육, 유희 그리고 물리적 이익 및 권력에 대한 욕망에 입각하여 해명한다.

먼저, "권력자들은 사람들을 노예로 만들기 위해서 노예 근성이라는 독으로써 유혹"하며 "이러한 유혹은 하나의 습관으로 작용하여 독이 쓰다고 말하지 못하게 한다"(49쪽)는 언급을 통해, 자발적 복종이 가능하게 된 원인의 하나로 권력자에 의해 의도적으로 틀지어진 습관을 들고 있다.

실제로 우리 사회에서도 반민주적 통치 세력에 의해, 충성심과 애국심을 강요하는 '국기에 대한 맹세'나 '국민교육헌장'의 반복적인 암기를 통해 '국가 최고 권력자에 대한 맹목적 복종과 순응이 곧 국가에 대한 충성과 애국'이라는 식의 '의식화' 과정을 통해 통치자에 대한 자발적 복종(의식)이 자동적인 습관으로 형성되게끔 시도한 전례가 적지 않다.

그런데 드 라 보에티에 의하면, 그러한 습관은 무엇보다 교육을 통해 주조되고 구조화된다. "인간은 자연적으로 발전될 수 있지만, 지속적으로 바르게 교육받지 않으면 얼마든지 나쁘게 변형될 수 있다"(50쪽)거나 "인간은 교육에 의해 배워온 관습을 지니고 있다"(56쪽)는 발언을 통해, '자유롭게 살아가려는 습관'이든 혹은 '자발적 복종을 통한 노예적 습관'이든, 습관의 형성은 교육에 의해 절대적으로 영향받는다는 점을 날카롭게 지적하고 있다.

주지하다시피 학교에서의 교육 과정은 기본적으로 지배 계급의 이해관계에 기초하여 구성되는 경우가 적지 않다. 이명박 정부가 집권한 후 가장 먼저 손 댄 것 중의 하나 역시, 한국 근현대사 교과의 교육과정과 교과서 내용의 수정이었다. 소위 '좌 편향적'이라는 이유를 들어 자신들의 보수적 이념과 입장에 부합하는 방향으로 고쳐버린 것이다.

그처럼 교육의 형식과 내용이 지배 계급의 입맛에 맞게끔 재구성될 경우, 개별 구성원들에게는 통치자나 집권 세력에 대한 일방적인 복종적 행동 양식으로 표출되는 무반성적인 자동적 습관이 형성되기 쉽다. 과거 학교 현장에서 이루어진 '국민윤리' 교육은 정당성과 정통성이 결여된 독재 권력에 대한 자발적 복종 의식을 주입하여 습관화하고자 한 대표적인 교과 교육의 하나였다.

결국 반민주적 권위주의 체제 하에서 전 국민을 대상으로 하여 이루어지는 제도권 교육과 그것을 통해 형성된 의식화된 습관으로서의 자발적 복종(의식)은, 정당성이 결여된 독재자의 통치 행위를 접하는 경우에도, 그에 대한 비판과 분노, 거부와 저항보다는 동조와 지지, 순응과 예속으로 발현되기 쉽다. 이렇듯 현대 민주주의 사회에서 민의에 반하는 비민주적인 권위주의 지배 세력은, 교육이나 선전, 언론 매체 등을 활용하여 국민들로 하여금 자발적 복종 의식을 끊임없이 형성·내재화함으로써 '마치 자신의 의지와 선택에 의거해' 자율적으로 통치자를 지지하고 순응하고 있다는 식으로 사유하게 만드는 일종의 '일상적 파시즘'적인 통치 기법을 활용하고 있다.

드 라 보에티에 의하면, 자발적 복종을 가능케 하는 또 다른 요인으로는 유희가 있다. 그것은 국민들 각자를 '유희적 인간'으로 개조함으로써 독재나 권력 남용 등에 대해 무관심하도록 만들거나 제대로 된 가치 판단을 하지 못한 채 순응토록 만드는 전략이다. 이를 드 라 보에티는 "백성을 우둔하게 만드는 전제 군주의 책략"(66쪽)으로서 키로스의 조처를 들어 해명하고 있다. "키로스는 (……) 사창가, 술집 그리고 도박장을 설치하게 했다. 그런 다음 주민들로 하여금 이러한 시설을 이용하도록 온갖 별스러운 착상을 고안해 낸다. 그것은 무장 봉기를 일으킬지 모르는 리디아 사람들로 하여금 다른 곳으로 관심을 돌리게 만드는 계략이었다."(66쪽) 오늘날 흔히 '3S(Sex, Sports, Screen) 정책'으로 불리는 그러한 유희적 계략을 드라 보에티는 수백 년 앞서 이미 지적하고 있는 것이다.

끝으로, 자발적 복종의 메커니즘이 작동·유지되는 요인으로 물질적 이해관계나 권력에 대한 개인적 욕망이 또한 지적된다. "많은 사람들은 독재자의 비호를 받으며 전리품을 챙기기를 원한다. 그리하여 독재를 통해 이윤을 챙기려는 사람들의 수는 마치 자유를 사랑하는 사람들의 수만큼이나 대대적으로 확장된다."(85쪽)

곧 드 라 보에티에 의하면, 권력자는 자신의 비호 아래 경제적 이익을 얻거나 권력을 장악하여 국민들 위에 군림하고자 하는 추종 세력들의 지지를 기반으로 자발적 복종의 메커니즘을 작동시킨다. 그 결과 국민들을 노예 상태에 머물게 함으로써 자신의 지위와 권력을 영속적으로 유지하게 된다는 것이다.

자발적 복종에 의한 반민주적 억압 상태에서 벗어날 길은 없는가?

상황이 이렇다면, 그처럼 대다수 국민들의 자발적 복종을 통해 무소불위의 권력을 휘두르며 국민들 위에 군림하는, 소수의 강자를 위한 비민주적 권위주의 체제에서 벗어날 길은 없는 것인가?

특히 이는, '시대 역행적인' 정치적 성향과 행태를 노골적으로 드러내 보여주고 있지만 그렇다고 독재 정권이라고 칭할 수는 없는, 반민주적 권위주의 체제로의 회귀를 드러내 보이는 현 한국 사회의 '통치 체제적 한계'를 뛰어넘어 보다 진전된 실질적 민주화를 완수해 내야 하는 우리에게는 실천적 극복 방안의 모색과 관련해 대단히 중요한 물음으로 다가온다.

드 라 보에티는 그러한 물음에 답하기 위해 먼저 인간의 본성을 논한다. 그에 따르면, 인간은 "자유를 지닌 채 태어났을 뿐 아니라, 자유를 지키려는 충동을 지닌 채 태어났으며"(36쪽) 그런 한에서 "천부적으로 자유로운 존재"(35~36쪽)이다. 이는 동물이 자유로운 상태에서 "감금당할 경우 완강히 저항"(37쪽)하는 데서 바로 확인된다.

이렇듯 인간은 본래 자유로운 존재임에도 불구하고 "인간의 내면에는 (……) 노예화를 갈구하는 열망이 가득 차 있"(33쪽)는 것처럼 보이는 것은, 드 라 보에티에 따르면, 권력자들이 국민들에게 "불법을 가함으로써 (……) 노예로 붙잡아"(36쪽) 두기 때문이다. 그런 연유에서 그는, 자발적 복종이 이루어지는 '노예 상태'로부터 본래 자유롭고 "평등한"(34쪽) 존재로서의 인간 본성에 부합하는 '민주적인 사회 상태'로의 복원을 주창한다.

물론 그에 대한 보다 구체적인 방법을 친절하게 개진하고 있지는 않다. 단지 집약적으로 자발적 복종에 대한 '반성적 인식과 자각'을 촉구하고 있다. "배우자, 올바르게 행동하는 것을 배우자! (……) 우리의 선을 위하여! 우리의 행동을 깨닫고 우리의 오류를 바른 방향으로 인도하게 하는 신의 사랑과 영광을 위하여!"(102쪽)

그렇지만 이로부터 우리는, 반민주적 통치자와 그의 부당한 권력 남용에 자발적으로 순응하고 복종하는 우리 자신의 노예적 근성을 치열하게 반성적으로 자각하는 경우에라야, 비가시적 폭력을 통해 국민들의 일방적 굴종을 이끌어내고 그 위에 군림하는 반민주적·반인민적 지배자의 실체적 본질을 비로소 꿰뚫어 볼 수 있으며, 그러한 권력자와 비가시적 강압적 폭정에 분노하고 저항하는 길이 열리게 될 것이라는 해석을 도출해 낼 수 있다.

오늘의 한국 사회는, 드 라 보에티의 입장을 빌려 표현하면, 인간의 본성인 '자유와 평등'이 제대로 구현된 실질적인 민주적 사회 체제를 지향하지 못하고 있다. 오히려 한편으로는 '지배자의 편에서' 국민들의 의식을 노예화하여 노예 근성을 습관화해 나감으로써, 다른 한편으로는 '피지배자의 편에서' 적지 않은 국민들이 더 많은 경제적 이익과 작은 권력이라도 얻기 위해 자발적으로 노예 상태에 진입해 들어감으로써, 자발적 복종이 고착화 · 구조화되어 나가는, 그에 따라 일시적으로 민주화의 퇴행과 사회 발전의 역행이 야기되는 비민주적 상황에 처해 있다.

사정이 이와 같다면, 오늘의 한국 사회를 살아가는 우리 사회 구성원들은 어떠한 자세를 취해야만 할 것인가? 그에 대한 '잠정적' 답변은 다음과 같이 주어질 수 있을 것이다: "은밀하게 작동하는 비가시적 폭력에 따라 인간의 본성과 의지에 무관하게 권력자에게 자발적으로 복종하는 노예 상태를 철저히 인식하고 도덕적으로 분노하면서, 규범적으로 정당화된 거부와 저항을 적극적으로 실천해 나가야만 할 것이다."

더불어 읽기

깊이 읽기

1) 임지현 외, 『우리 안의 파시즘』(삼인, 2002). 개인들의 의식과 그들이 영위해 나가는 일상적 삶의 심층에 내면화된 '규율 권력으로서의 일상적 파시즘'의 실체를 폭로하는 글들을 모은 책이다. 규범적 정당성과 정치적 정통성이 결여된 지배 세력을 비판하고 거부하는 대신, 무반성적으로 추종하는 사태를 일상적 파시즘의 관점에서

해명해 내고 있다.

2) 노암 촘스키, 『그들에게 국민은 없다』(모색, 1999). 지배 세력이 국가의 이익을 위해 특정 정책을 수립 추진한다고 선전하는 경우, 실제로는 소수 통치 집단의 사적 이익의 관철과 유지를 위한 경우가 한두 번이 아니라는 사실을 비판적으로 규명하고 있는 책이다. 이러한 시각에서 오늘날 그 위세를 여지없이 떨치고 있는 신자유주의의 본질을 신랄하게 고발 폭로하고 있다.

3) 김상봉, 『도덕교육의 파시즘』(길, 2005). 반민주적 독재 권력이나 부당한 국가폭력에 맞서 저항하고 투쟁하기보다, 그에 굴종하여 예속되는 사태는, 도덕적으로 정당한 분노와 비판, 거부를 불온시하고 순응과 복종을 미덕으로 여기게끔 만드는 '노예양성 교육'으로서의 '도덕교육'에서 비롯된 것임을 밝히고 있다.

선우현 / 청주교육대학교 교수

붓다가 종교 지도자?
아니, 정치철학자!

『불교의 정치철학』 / 피야세나 딧사나야케

고대 인도에도 여러 가지 면에서 독특한 정치철학이 있었음을 모르는 사람이 많다. 대부분의 정치 체계와는 달리 인간생활 전체에 관심을 가짐으로써 독특한 면모를 보인다. 삶의 물질적이고 사회적인 측면만을 다루는 것이 아니라 삶의 정신적이고 윤리적인 측면을 다룬다.

분별력 있는 연구가라면 초기 불교가 엄격한 의미에서 통상적으로 인식되고 있는 종교의 범주 속에 들지 않는다는 점에 전적으로 동의할 것이다. 누군가는 붓다를 예언자와 같은 인간으로 간주할지 모르겠지만, 그의 가르침에는 지식에 대한 이론, 실체에 대한 이론, 국제적 관계와 법의 체계를 포함한 사회, 정치철학과 윤리 체계가 담겨 있다.

피야세나 딧사나야케의 『불교의 정치철학』(대원사 펴냄)은 정치사상이라는 용어의 일반적인 의미 내에서, 그리고 인도 고대 언어 팔리어로 기록된 경전을 통해서 초기 불교의 본래적인 면모를 보존하고 있는 교단 테라 바다에서 강조하는 불교의 정치사상을 검토한 책이다.

인간 사회 분석의 정치적 의의

불교는 우주 전체의 근본적인 진실을 요소들 속에서 발견한다. 무상(無常), 고(苦), 무아(無我)의 세 원리가 그것이다. 무상(無常)의 진실은 비교적 이해하기 쉽다. 명민한 사람이라면 누구나 일상생활에서 무상을 체험할 수 있다. 언어의 일상적이고 피상적인 의미에서 고(苦)의 실재는 경험 세계에서 충분히 목격할 수 있지만, 그것은 좀 더 깊은 진실을 의미하며 무상의 다른 한 면으로 묘사되기도 한다. 고가 있으면 무상이 있고, 반대로 무상이 있으면 고가 있기 때문이다. 고는 단순히 우울이나 염세를 의미하지 않는다. 염세주의도 아니며 낙천주의도 아니다. 그것은 현실이다.

불교의 무아설은 개체의 실존을 명료하게 부정한다. 불교는 인간의 사상사에 있어서 영혼이나 자아의 실존을 받아들이지 않았다. 자아라는 개념은 머릿속에서 지어낸 것이고 인간에게 뿌리 깊이 물든 거짓된 믿음임을 붓다는 명백히 했다. 세상의 모든 잘못은 그로부터 기인한다고 밝혔다. 붓다의 가르침에 있어서 주요한 목표는 '나'라는 관념을 소멸시키는 것이다.

인간이라는 자연현상은 어떻게 실존할 수 있으며, 세계를 어떻게 설명해야 할까? 붓다는 연기론을 설명하면서, 공간과 시간 속에 존재하는 모든 사물은 인과의 뚜렷한 법칙에 의해 지배된다고 보았다. 이 법칙에 종속되지 않은 우주 속에서 결코 어떠한 것도 있을 수 없기 때문이다. 인과의 법칙에 의하면, 온갖 요소들의 발생 기원은 그 전에 이루어졌던 것에 달려 있다. 불교적 개념에서 인간이란 논리적 전후 관계에 따라 쉴 새 없이 흐르는 자연적 힘들이 결합된 것에 지나지 않는다. 이처럼 인간 속에서 영혼이나 자아라고 인식될 수 있을 만큼 변치 않는 것이란 아무것도 없다.

붓다에 의하면, 세상의 모든 불행은 자아라는 거짓에서 생기는 것이다. 이 거짓이 사람으로 하여금 동료를 희생하여 자신의 이익을 취하고자 몸부림치게 한다는 것이다. 그것이 다른 사람도 나와 같은 존재라는 사실을 깨닫지 못하게 만들어 버린다. 무아의 진리를 깨달음으로써만이 이와 같은 상황에서 벗어날 수 있다. 사람들이 특수한 입장에서 본 견해를 유일하게 올바른 견해라고 너무 집착할 때, 결과적으로 그것이 자신들의 견해가 되고 그들은 그 견해를 옹호하기 위하여 모든 가능한 수단을 호소한다. 이 때문에 그들은 사물의 있는 그대로의 참모습을 이해하지 못한다.

자아의 개념이 생겨나는 근본 원인을 갈망이라고 보며 이것에 집착이 생성된다. 존재의 계속성을 유지하는 갈망은 쾌락, 부, 권력에 대한 욕구와 집착뿐만 아니라 관념과 이상, 의견, 이론, 개념, 믿음에 대한 욕구와 집착을 포함한다. 붓다의 분석에 의하면, 개인적 다툼에서부터 국가와 민족들 간의 큰 전쟁에 이르기까지 세상에서의 모든 분쟁과 투쟁은 이기적 갈망에서 발생한다. 경제적, 정치적, 사회적 모든 문제는 그 근원이 이기적 갈망에 있다.

대승은 물론이고 소승의 모든 체계에 있어서 불멸하는 아트만을 부정하는 것이 공통적 입장이다. 현대 심리학은 붓다의 이러한 근본 교설과 일치한다고 하면서, 인간의 구조가 결코 동일하진 않지만 언제나 변화하는 상태에 있다는 주장을 지지한다. 많은 심리학자들은 정신 물리적 유기체라는 외적 현상 뒤에 있다고 가정되는 자아라는 실체를 거부한다. 그렇지만, 평화와 위안을 찾고자 하는 방안으로 아트만의 존재 여부에 대한 문의는 수없이 경전에서 논의된다.

'자아'라는 수렁에 깊이 빠져 있는 인간이 이로부터 벗어나려면, 자신의 사회적 의식과 행동을 아주 근본적으로 바꾸어서 이로 인해 맞는 사회 환경은 자아 관념과 이로부터 갈라져 나온 모든 아류(亞流)들의 영향으로부터 벗어나 있도록 해야만 한다. 이것은 우리를 사회과학의 영역으로 이끈다. 불교의 입장에서 비이기적 사회의 건설을 뒷받침하는 기본적 관념과 이와 관련된 연구는 본래 정치적인 측면과 관련 있다.

상가 (Saṃgha)와 그 정치적 역할

불교 상가가 확립된 후 은둔 생활의 양식은 한 곳에 정착하여 공동 생활을 영위하는 제도적 방식으로 변하였다. 붓다가 할 수 있는 최선은 하나의 잠정적인 수단으로서 자신의 철학을 바탕으로 한 모범적인 사회 조직체를 설립하여, 자신의 철학이 궁극적으로는 사회 전역에 널리 이행되도록 공헌할 사회적, 정치적 분위기를 조성하는 데 도움이 되고자 하는 것이다.

붓다가 일생의 많은 부분을 사회 일반의 복지와 행복을 추구하는 데에 헌신하였음은 너무나 유명하다. 붓다의 삶에는 충분히 발전된 사회의식을 보여주는 주목할 만한 기록들이 있다. 붓다는 권력자들과 어울렸고 비천한 사람들 곁을 떠나지 않았다. 그는 빔비사라와 코살라의 파세나디 같은 국왕들과 함께 활동하였다. 아나타핀디카와 같은 부유한 자본가와도 교제하였다. 그의 문하에는 비사카, 케마, 웁팔라반나와 같은 귀부인들도 있었다.

그렇다고 하여 그에게 있어서 이러한 교제가 앙굴리말라와 같은 강도, 수니타와 같은 청소부, 암바팔리, 파타차라, 순다리와 같은 매춘부 등과 친분을 맺는 데에 방해가 되는 것은 아니었다. 그는 병자를 보살피고 버림

받은 자와 가난한 자를 구제하였으며 약자를 위로하고 불행자에게 행복을 가져다주었다. 붓다는 사회를 회피하지 않고 끊임없이 변화하는 사람들의 모임 속에 늘 살았다.

여러 학자들의 주장에 의하면 불교 상가는 공화 제도나 부족 제도의 사회와 연관 있다. 상가 생활을 평가하는 데 있어서 어느 한쪽으로 치우치지 않으려 한다면 윤리적인 면과 사회적인 면 모두를 보아야 할 것임은 두말할 나위가 없다. 상가 구성원은 물론이고 인류의 선을 위하여 붓다가 설립한 것이 민주주의 제도이다.

현대 민주주의는 다수의 뜻을 따라 결정에 이르지만 상가 조직에서는 합의나 만장일치 쪽을 선호한다. 상가 회의 결과를 위해 규정된 표결 절차에서는 표결에 붙인 거의 모든 문제에 대하여 만장일치를 구하는 방안이 깊이 뿌리내려 있다. 또 현대 민주주의와는 달리 상가는 스스로 법률을 제정할 권력을 갖지 않는다. 붓다는 율(律)에 영향을 미치는 문제에 대해 법률을 제정할 상가의 권리를 신랄하게 부정한다. 특수한 필요에 직면하여 개개의 상가가 율장의 규율을 수정하거나 변경하도록 허락했다면, 상가의 통일성이나 아니면 그의 균등 및 순수를 유지하기가 불가능하였을 것이다.

상좌부(上座部) 전통에서 '보다 중요치 않고 사소한' 계율에 대해서는 폐지하라는 붓다의 유언에 따라, 교단에서는 붓다 사후에 이 문제에 대해 논의하였다. 이 문제에 대해 그 자유를 이용하려는 경향으로 기울었다고 보는 학자들도 있다. 상좌부 전통에서 결론 내린 것은 붓다가 규정한 그대로 모든 율장의 규율들을 보유하는 것이 현명할 것임을 자기들끼리 동의하였다.

붓다는 공동 재산이라는 원리를 상가 조직에 도입하였다. 붓다는 사회를 유지하기 위한 부(富)의 필요성을 인식하고 있었다. 붓다는 부를 비난하지 않았다. 그가 비난하였던 것은 사회적 투쟁을 야기하는 사유 재산이라는 관념이었다. 붓다의 정책은 상가의 구성원 개개인에게 재산을 소유하도록 허락하지 않으며, 한편 사회생활에 있어서 필수적인 재산의 사유를 부정하지는 않았다. 재산은 항상 공유되어야만 한다. 이것이 붓다의 근본 이념이었다.

상가의 법적 체계

살생과 관련된 규율들은 비구들에게 크든 작든 고귀하든 비천하든 모든 형태의 생명을 철저히 탈취하지 말도록 명하는 것임을 보여주는 예는 적지 않게 발견된다. 상가 전체의 체계 뒤에 있는 기본 목적은 비구 개인의 자유를 보장하며, 상가 조직의 안에서든 밖에서든 비구들의 궁극적 목표 달성에 도움이 되는 사회적 분위기를 창조하고 보전하려고 한다.

특별하게 관심을 갖고 주목할 만한 것은 상가 조직에서 범법자에게 처벌이 주어지는 경우이다. 이 처벌 체계의 배후에 깔린 철학은 그 처벌이 공정하며 결코 보복될 수 없다고 믿는 것이다. 율장에 규정된 징계 절차에서는 고발된 자에게 자신의 결백을 증명할 기회를 가능한 한 최대로 준다. 일단 비구가 유죄로 입증되더라도 상습자라고 간주되어 완전히 제명되는 것이 아니라, 그가 자신을 개혁하고 잘못된 방식을 바르게 수정한다면 상가는 기꺼이 그를 원래의 위치로 회복시켜 주려 한다는 점도 중요하다.

상가의 인적 구조와 입문 절차

인간의 삶을 완전하게 할 수 있다는 가능성을 인정한다면, 인류 사상의 역사를 더듬어볼 때 그 완성을 어떻게 실현할 수 있는가에 두 가지의 선택적인 답변을 할 수 있다. 마음과 정신의 전적인 정화(淨化)에 의해서 개인에 있어서의 내적 발전으로 인간의 삶이 완성될 수 있다는 것이고, 다른 하나는 제도적인 변화에 의해서 환경에 있어서의 사회적 변혁으로서만 인간의 삶이 완성될 수 있다는 것이다. 처음 생각은 종교 생활의 주창자들이 폭넓게 채택한 것이고 두 번째 생각은 시대와 국가를 막론하고 국내외의 모든 정치가들이 채택하여 왔다. 붓다의 가르침에서는 불교의 사회철학과 관련되는 한, 이 두 가지 생각이 조화롭게 결합되었다.

개인주의를 배제함은 궁극적 행복으로 이끄는 길에 들어설 준비가 갖추어지게 되는 상태로 도달함이다. 개인주의 배제란 이기심이 없는 상태를 말하며 다른 한편으로 불교 상가 조직에서의 삶을 나타낸다. 우리는 불교의 정치 이론이 견해상 동일한 목적을 지니고 있음을 알 수 있다. 상가의 사회적 기능이 스스로 드러나기 시작함은, 비구들이 스스로 모범적인 삶을 살면서 훈계하고, 그들을 지지하는 속인들을 가르친다는 점에 있다.

불교 정치사상의 기원과 발전

정치사상의 역사는 정치 이론이라는 것이 정치적 공백에서 나오는 것이 아님을 분명히 입증하고 있다. 현재든 과거든 모든 정치사상가들은 그들이 각각 처해 있는 사회적, 정치적 조건에 큰 영향을 받았다.

붓다가 출현했던 기원전 6세기 인도에는 두 종류의 주요한 정치 체제가 있었다. 그것은 공화제와 군주제였다. 공화국들은 개인적이며 독자적인 의견에 대해 군주국들보다 덜 억압적이었으며, 비정통적인 견해를 더 쉽게 묵인하였다. 공화국에서 정치적 권위의 산실인 집회는 상가 또는 가나(gana)로 불렸다. 공화국의 중요한 특징은 그들의 내적 결합과 통일이었으며, 이것은 역시 혈연관계에 기반을 둔 그들의 구조 때문이다.

군주제를 채택하지 않았으므로 브라만들에 의해 제시되고 군주 통치의 왕국에서 실천된 생활 방식에 반대하였음을 분명히 나타낸다. 브라만의 정치 이론을 모두 거부할 수 있었던 것은 아마도 국가의 기원에 대한 불교의 설명이었을 것이다. 불교의 설명은 사회 계약론을 최초로 표현한 것이다. 불교 정치 이론의 궁극적 목표가 비이기적 사회의 창조에 있음을 주시하였다. 그러한 사회의 창조를 착수할 수 있으려면 먼저 우리의 사회의식과 행동이 근본적으로 전환되어야 함을 주목한다.

1) 에띠엔 라모뜨, 『인도불교사』, 호진 옮김(시공사, 2006). 에띠엔 라모뜨의 『인도불교사』는 인도-불교학계에서 한 획을 긋는 기념비적인 저술로 유명하다. 그는 벨기에 출신의 카톨릭 사제로서 말린느 신학교, 루벵 대학, 로마의 사피엔자 대학 등에서 신학, 철학, 고전문헌학을 공부하였다. 불교에서 부족한 역사적인 틀 속에 불교를 재정립해서, 스스로 칩거한 관념의 세계로부터 불교를 현실 세계로 이끌어내었다. 정치적인 역사와 정신적인 역사는 밀접한 관계를 가진다. 역사적인 우연에 의해서 불교도들이 그리스인, 스키타이인, 파르티아인, 꾸샤나인, 세린디아인, 중국인들과 접촉하지 않았다면 불교도들이 과연 여전히 가장 널리 퍼져 있는 보편적인 종교를 만들어낼 수 있

었는가를 제시한다. 이 책에서 다루어진 기간은 사실상 고대 불교, 전통적인 표현에 의하면 상좌 불교의 역사이다. 불교적인 사실들이 포함되어 있는 인도 역사에 대한 서술로 보편적인 불교로서의 위상을 정립한다. 책 전체를 통해 자발적으로 모든 존재들에게 개방한 불교로 정치 및 역사 속에서 어떻게 이용할 것인가를 다양한 시각으로 바라보게 한다.

2) 우마 차크라바르티, 『고대인도 사회와 초기불교』, 박제선 옮김(민족사, 2004). 불교는 사회적 격변 과정 속에서 생겨난 종교이다. 전통적 가치와 새로운 가치가 서로 상충하고, 기득권을 가진 바라문 계급의 전통적 가치와 그들의 특권에 도전하는 새로운 세력이 맞서는 가운데 사회의 유력한 사상적 대안으로 떠오른 것이 불교였다. 우마는 이 책을 통해 교학이 아니라 진보성을 가진 붓다 시대의 정치·경제·사회·종교적 환경을 객관적으로 조망하고 있다. 불교 경전에 입각한 사회의 계급화에 충실하고 붓다의 역사적 현실성과 한계까지 살펴볼 수 있다.

3) Huntington, *The Art of Ancient India*(New York: Weather Hill, 1999). 이 책을 인도미술사로만 평가하고 조사된 문명사를 놓친다면 많은 것들을 잃는 것이다. 불교문화의 전파와 문명의 이동 경로는 불교의 정치적 영향력과 그 논쟁의 역사를 고스란히 재현한다. 이런 미술품들의 해석에서 감동받기보다 그 배경과 위상, 그리고 시대적인 흐름을 읽을 수 있어야 한다. 미술품들에서는 어느 정도 정치적인 고려가 깔린 것들이 대부분이며, 서양 우위의 식민주의적 태도가 전혀 반영되지 않았다고 할 수 없다. 인도인들의 관습과 영향력은 본질적으로 인도 전통에 기인한 것들이고 미술품에 반영되었지만 시대적 교류와 정치적 영향력이 배어 있음을 증명하기에 이 책을 추천한다.

원혜영 / 고려대 민족문화연구원 박사후 연구원

세상의 붕괴에 대처하는 우리들의 자세: 철학자의 서재 3

스물여덟 개
거울에 비친 김대중

『김대중을 생각한다』 / 강원택 외 27인

아버지는 말하셨지, "인물이야, 인물"

"인물이야, 인물" 우리 아버지가 한 말이다. 1980년 서울의 봄 시절에 티비(TV) 뉴스 화면에 나온 김대중을 보고 한 말이다. 나는 아버지 말을 듣고 의아했다. 위인이란 돌아가신 분만 계신 줄 알았는데 살아 있는 사람한테 아버지가 "인물이야, 인물" 하니 궁금했다. 아버지 말을 듣고 티브이 화면을 다시 쳐다봤다.

얼굴이 약간 부은 김대중의 웃는 모습이 서글서글한 표정이었다. 동네 쌀가게 아저씨 인상이었다. 저런 사람이 인물이라니, 위인이라니. 나는 김대중이 어떤 사람인지 궁금했다. 어쨌든 우리 아버지가 김대중을 좋게 평가했기 때문에 아버지한테 영향받은 나는 김대중을 좋게 평가했다.

한복 두루마리를 입고 두 손을 높이 들어 맞잡은 사진 위에 쓰인 '행동하는 양심'이라는 문구도 김대중을 멋있게 보이게 만드는 요소였다. 노태우 정부 때는 김대중이 제안하는 내용을 조순이 진지하게 받아 적는 모습을 티브이에서 보면서 김대중이 실력 있는 사람이구나 생각하게 되었다.

하지만 통합진보당 사람들이나 노동조합 쪽에서 활동하는 사람들 가운데 많은 사람들이 김대중을 그리 달갑게 여기지 않는다. 김대중, 노무현이 함께 나오는 손문상의 그림을 저들은 증오의 눈빛으로 바라보았다. 나는 조금 당혹스러웠다. 하지만 저들이 분노하는 데에는 까닭이 있으리라고 생각했다.

가장 큰 이유는 노동 정책, 더 크게는 '외환 위기 이후' 신자유주의 정책을 김대중이 받아들여서 그럴 것이다. 재벌 개혁할 수 있는데 안 하고 이 땅 노동자들만 힘들게 했기 때문이다. 나는 그 뒤로 김대중을 생각하면 그 당시의 노동 탄압이 그리 심했나에 관심을 갖게 되었다.

외환 위기 처리 과정에서 김대중이 노동계 쪽으로부터 분노에 가까운 욕을 먹을 만했는가에 관심을 갖게 되었다. 『박준성의 노동자 역사 이야기』(이후 펴냄)의 글쓴이 박준성, 『길은 복잡하지 않다』(철수와영희 펴냄)의 글쓴이 이갑용의 생각이 『김대중을 생각한다』(삼인 펴냄)에 들어 있었다면 이 책은 더 균형 잡힌 책이 되었을 것이다. 비정규직이 절반이 넘는 상황이기에 노동계 쪽 사람 글이 없다는 것은 많이 아쉬운 대목이다.

김대중은 압도적인 표 차이로 당선되었어야 했다

"김 대통령은 DJP연합, IMF 외환 위기, 이인제 후보의 독자 출마 등이 모두 겹친 상태에서도 39만 표, 1.5포인트라는 아주 작은 차이로 이회창 후보를 누르고 대통령에 당선되었다."(285쪽)

왜 이런 결과가 나왔을까? 우선 박정희가 1971년 대선에서 부정 투표를 하고서도 김대중 후보가 얻은 표가 너무 많았다는 사실에 겁을 먹고 그에게 꼬리표 붙이기를 했기 때문이다. "김대중은 빨갱이다." "김대중은 똑똑하지만 과격하다." "김대중은 거짓말을 잘한다." 그리고 수구 언론이 지속적으로 집요하게 박정희한테서 바통을 이어받아 꼬리표 붙이기를 했기 때문이다. 2012년 총선에서도《조선일보》는 통합진보당 비례 대표 후보 이석기를 "빨갱이"라고 말했다.

김대중이 잘한 일

2012년 3월 15일 한미매국협정(한미서민패죽이기협정)이 시작되었다. 1997년 말에 터진 외환 위기는 이 땅 사람들을 겁먹게 만들었다. 그로부터 생겨난 결과는 너무도 참담하다. 사회 양극화가 더 심해졌다. 자살률이 더 늘어났다. 비정규직 노동자 수는 50퍼센트를 넘어섰다. 하지만 한미서민패죽이기협정이 불러일으킬 재앙은 외환 위기 때문에 생긴 재앙을 훨씬 넘어선다. 노무현과 이명박이 이 협정에 대하는 태도는 거의 비슷하다. 아홉 가지가 같고 한 가지만 약간 다를 뿐이다. 이 지점에서 김대중 뛰어남이 도드라지게 드러난다.

"그렇다면 김대중 대통령이 가장 잘한 것은 무엇일까? 이건 후임자인 노무현 대통령의 결정적 문제와 연결되는 것인데, 그 시절에도 미국과의 BTI 논의가 있었는데, 한미 FTA 논의 시작하면서 처음부터 풀어주고 시작한 '4대 선결 조건'을 보면서 그는 BTI 논의를 아예 접어버렸다. 실무자로 정부에 참여하면서 본 것 중에서 미국 앞에서 당당한 외교를 했던 그가 놀라웠다."(275쪽)

우석훈은 김대중 대통령이 가장 잘한 일로 'BTI 논의를 아예 접어버린 일'을 꼽는다. 나는 우석훈 생각에 동의한다. 한미서민패죽이기협정이 불러올 끔찍스러운 결과가 예상되기 때문이다. 이에 못지않게 잘한 일을 든다면 남북통일 방안을 만들어낸 것이다. 박세일은 햇볕 정책도 흡수 통일 정책도 틀렸다고 말한다. 그러면서도 박세일은 햇볕 정책을 뛰어넘는 남북 통일 방안을 내놓지 못한다. 그저 햇볕 정책을 비판만 할 뿐이다.

김대중은 1970년대 초부터 3단계 통일 방안을 끊임없이 다듬고 연구하고 또 다듬은 사람이다. 2000년 6·15 선언으로 뜻을 이룬 이상주의자이면서 현실주의자이다. 2004년에 민주노동당이 의무(무상) 교육, 의무(무상) 의료를 열심히 주장하다가 어느 순간 잊은 것을 볼 때, 이는 진보 정당 지도자들이 배워야 할 사실이다.

수구 언론 월급쟁이들은 '햇볕 정책으로 북한에게 돈을 퍼주기만 했다'고 말한다. 그러나 서독이 동독에 퍼준 돈에 비하면 그 돈은 새 발의 피다. 남한은 북한에 진짜 퍼주어야 한다.

"남한 GDP의 0.05퍼센트에 불과한 대북 비상업적 경제 지원으로 미루어

북한에 대한 공공 투자는 지금보다 10배 이상은 늘어야 한다. 통합된 지 20년이 되어가는 독일의 경우 여전히 구동독 지역에 대한 재정 지원이 GDP의 5퍼센트가 넘는다(남한의 100배). 그러나 이러한 대북한 공공 투자는 그것이 현대건 삼성이건 재벌이 주도해서는 곤란하다."(『한미 FTA 하나의 협정 엇갈린 '진실'』, 시대의 창 펴냄, 269쪽)

남북통일 문제에 대해서 오랜 기간 공들인 실력이 있었기 때문에 김대중은 이명박이 남북 긴장을 불러일으킬 때 성치 않은 몸을 이끌고 2006년 서울대학교에 가서 젊은이들에게 강연했다. 그는 이 땅에서 전쟁이 일어나면 안 된다는 사실을 힘주어 말했다. 아주 재미있는 말을 섞어가면서 말이다.

"전쟁이 나면 왜 20대가 전쟁터에 나가야 하나요? 전쟁 결정은 40대 이상이 내려놓고, 막상 전쟁에 나가는 것은 20대 젊은이들이에요. 전쟁을 결정한 40대 이상을 전쟁터에 내보내야 하는 것 아닙니까?"(134~135쪽)

이 지점에서 아쉬운 생각도 든다. '4대 선결 조건'을 보면서 'BTI 논의를 아예 접어버린' 통찰력으로 노무현 대통령을 도왔다면 어땠을까 하는 생각 때문이다. 왜 김대중 대통령은 노무현 대통령이 성급하게 이끌어나가려는 한미서민패죽이기협정을 맺지 말라고 조언하지 못했을까? 남북통일 방안에 대해서는 깊이 연구했지만 한미서민패죽이기협정에 대해서는 김대중 대통령이 잘 몰랐을 것이다. 조금 알더라도 그 피해가 끔찍스러울 것이라는 것을 몰랐을 것이다. 이해영 못지않은 한미서민패죽이기협정 전문가 우석훈이 한 말을 들어보면 이해가 된다.

"한미 FTA라는 사건은 2006년 1월 18일 갑자기 출현했다. 아주 소수의 전문가 혹은 외교관을 제외하면 어떤 일이 진행되는지 모르고 있던 일이다. 경제학자들은 물론이고 정치적 변화를 분석하는 정치학자들이나 사회의 흐름을 지켜보는 사회학자들은 물론 국제 협상 특히 통상 환경을 분석하는 사람들 대부분에게 한미 FTA는 거의 '초자연적'인 현상이었다."(『한미 FTA 폭주를 멈춰라』, 우석훈 지음, 녹색평론사 펴냄, 3쪽)

김대중이 외환 위기를 잘 넘겼다고 볼 수 있나?

대체로 김대중은 대통령 일을 잘해냈지만 외환 위기(IMF 사태) 처리에 관해서는 의견이 엇갈린다. 이 책에서도 여러 사람이 김대중이 외환 위기를 빠르게 잘 처리했다고 말한다. 그렇지만 박노자는 그렇게 생각하지 않는다. 미국은 작정하고 외환 위기를 자신들에게 유리하게 이용하려고 했다.

"외환 위기 당시 박영철 금융연구원장은 "미 재무부는 위기를 아시아로 확대하지 않고 타이에서 문제를 끝낼 수 있었지만 그렇게 하지 않았다"고 지적하면서 이는 미국의 이익을 위한 것이었다고 주장했다. 그것은 미국이 동아시아의 금융 위기를 방조함으로써 이 지역에 구조 개혁과 시장 개방을 관철하고 미국 자본의 투자 기회를 확대할 수 있었기 때문이다. 한국의 경우에도 세계무역기구(WTO)와 경제협력개발기구(OECD)에 가입하면서 약속했던 자본 시장 개방이 더디게 진행되자 미국의 입장에서는 한국에 외환 위기 가능성을 경고하거나 동남아의 위기가 한국에 확산되는 것을 적극적으로 막을 이유가 없었다. 1980년대의 라틴 아메리카에서처럼 위기를 한국의 시장 개방을 가속화하는 데 활용할 수 있었기 때문이다. (……) 일설에 따르면 1997년 7월 CIA는 한국에 50여 명의 요원을 급파해 한국 경제의 구조적 문제점을 샅샅이 조사하고 돌아갔고 같은 시기에 한국에 상주하는 15명의 CIA 요원들도 매우 바쁘게 움직였다고 한다. (……) CIA는 8월에 이미 한국의 외환 위기 가능성을 정확히 인지하고 있었다. 그러나 미국은 한국에 외환 위기와 관련해 어떠한 경고도 하지 않았고 외환 위기의 확산을 적극적으로 막지도 않았다."(『한국 신자유주의의 기원과 형성』, 지주형 지음, 책세상 펴냄, 171~173쪽)

이갑용 생각 30프로는 맞고 70프로는 틀리다

"나는 IMF보다 김대중 정권이 더 미웠다. 민주노총 위원장 때 캉드시 IMF 총재를 만났다. 우리는 IMF에 대해 강력하게 비판했다. "너희가 뭔데 한국의 노동자들에게 '노동시장의 유연화'를 강요하며 구조조정과 정리해고의 고통으로 몰아가느냐"는 항의였다. 캉드시는 민주노총에 "그건 너희 정부에 가서 따지라"고 했다. IMF는 재벌 개혁을 요구했다는 것이다. 실제 IMF가 요구한 구제 방안에는 재벌 개혁이 있었다. 재벌이란 집단은 자본주의의 앞잡이인 IMF가 보기에도 자유주의적 시장 질서에 맞지 않는 문제 집단이었기 때문이다. 물론 노동 시장의 유연화는 IMF의 요구 사항에도 있었다. 그건 가장 강도 높게 주문한 주요 요구 사항이 아니었다.

"김대중 정권이 IMF의 요구를 무조건 수용하는 굴욕적인 태도를 보인 것에 대한 비판이 있었듯, 한국 정부는 위기를 넘기는 것에 급급해 IMF가 어떤 집단인지, 이 국난의 원인이 무엇인지를 헤아리지 않았다. 오히려 기득권층을 건드리지 않고 약자들의 희생을 이용해, 정리해고와 같은 강제 구조조정을 통해서 위기를 돌파하고자 했다."(『길은 복잡하지 않다』, 이갑용 지음, 208쪽)

기득권층을 건드리지 않고 약자들의 희생을 이용해, 정리 해고와 같은 강제 구조 조정을 통해서 위기를 돌파하고자 했다는 이갑용의 이 말에는 동의할 수 있다. 그러나 IMF보다 김대중 정권이 더 미웠다는 말에는 동의할 수 없다. 김대중이 IMF의 요구를 무조건 수용하는 굴욕적인 태도를 보였다는 그의 말에도 동의할 수 없다.

이갑용은 한국 정부가 위기를 넘기는 것에 급급해 아이엠에프가 어떤 집단인지, 이 국난의 원인이 무엇인지를 헤아리지 않았다고 말했는데, 당시에 미국과 캉드시는 국난의 원인이 무엇인지 헤아릴 시간을 주지 않았다. 한미매국협정에 관해서는 이 나라 통치자가 협정이 무엇인지 헤아릴 시간이 있었다. 아이엠에프 사태는 김영삼 정권의 무능으로 인해서 이미 터진 일이었다. 이 나라 곳간에 외국 돈이 바닥난 상태였다. 미국 꼭두각시 캉드시 아이엠에프 총재가 칼 들고 자신들 말 듣지 않으면 우리나라를 가만두지 않겠다고 벼르던 상황이었다.

아쉬운 점은 있다. 아이엠에프 사태가 왜 일어났는지, 김영삼이 잘못한 것은 무엇이었는지, 김대중이 아이엠에프 사태에 어찌 대응했는지 치열한 논쟁이 이 땅에서 이루어지지 않은 것이다. 그런 논쟁이 치열하게 이루어졌다면 민주 시민들이 한미서민패죽이기협정이 그렇게 쉽게 국회에서 날치기 통과되는 것을 가만두지 않았을 것이다. 민주 시민의 눈이 무서웠다면 한나라당 국회의원들이 그 협정을 그렇게 날치기로 통과시키지는 못했을 것이며, 민주당 국회의원 87명 중 47명 역시 날치기 통과를 강 건너 불구경 하듯 하지 않았을 것이다. 소를 잃었더라도 외양간은 고쳐야 한다. 송아지가 또 태어나기 때문이다. 한미서민패죽이기협정 폐기가 정답이다. 다음과 같은 예는 김대중을 변호할 수 있는 자료가 될 것이다. 김대중의 경제 고문이었던 유종근 당시 전북도지사는 한 경제 신문과의 인터뷰에서 정리 해고에 대한 당시 김대중의 견해를 다음과 같이 증언한다.

"DJ는 외국 자본에 (우리 기업이) 먹히면 안 된다고 하더라. 18일 밤 당선이 확정되고 당선자 성명을 봤는데(반시장 논리가 가득해서) 역시나 생각했다. DJ에게 기자 회견을 하면 틀림없이 IMF에 대해 물을 테니 조심하라고 당부했는데 그 양반은 논리적으로 납득이 안 되면 안 받아들이더라. 오히려 내게 노동자들을 길거리 내보내면 어떻게 되느냐. 당신은 대학 강단에서만 서 있지 않았냐며. 결국 (기자 회견에서 DJ가) 마음대로 정리 해고를 할 수 없다고 말하는 바람에 시장에 또 충격을 줬다."(『서울경제』, 2006년 1월 10일자, 『한국 신자유주의 기원과 형성』, 204쪽에서 재인용)

반면에 이갑용은 김대중의 노동 정책, 김대중이 발 딛고 있는 민주당에 대해서도 분노한다.

"김대중 정권은 노동자에게 끝까지 가혹했다. 심지어 8월 15일 특별 사면 복권 대상자 7000명 가운데 노동 운동으로 구속된 노동자는 1명도 포함시키지 않았다. 우리는 더는 물러날 곳이 없었다." "국민회의 또는 민주당은 중산층과 서민의 당임을 자처했지만, 그들의 정책이란 것은 아무리 급진적으로 해석해도 중도 우파, 자본주의 시장 경제를 넘어서지 못한다. 때론 시장 경제조차 억압하는 독재 정권과 만났을 때 이들이 일시적으로 민주의 모습을 띠기도 하지만, 자본주의와 시장 경제를 금과옥조로 여기는 한 이들은 노동자들이 이들과 연대할 수 있는 지점들이 상황에 따라 얼마든지 있을 수 있다. 하지만, 우리는 기억해야 한다. 용산의 재개발이 시작된 건 현 정권 때가 아니었고, 기륭이나 이랜드 투쟁은 지난 10년 동안에 일어난 투쟁이란 것을. 개발 자본, 건설 자본, 재벌 자본들은 자유당, 공화당, 민정당, 민자당, 신한국당, 국민회의, 민주당, 한나라당 역대 어느 정권과도 변함없이 동거를 했다. 다만, 편안한 동거였느냐, 조금 불편한 동거였느냐 하는 작은 차이가 있었을 뿐이다."(『길은 복잡하지 않다』, 209쪽)

김대중에게 과오는 있었지만 대통령 일을 잘한 사람이다. 이 책에 글을 쓴 스물여덟 명 글쓴이 다수가 인정한다. 김대중은 아흔을 바라보는 나이에도 성치 않은 늙은 몸을 이끌고 이 나라 통일 문제, 민주화 문제를 풀기 위하여 온 몸을 바쳤다. 오죽하면 《오마이뉴스》 대표기자 오연호가 부끄럽다고 말했겠는가.

김대중이 한 다음 말은 이 땅이 상식이 통하는 사회가 되는 데 꼭 필요한 말이다. 특히 총선과 대선이 치러지는 2012년 지금 민주 시민들이 꼭 귀담아 들을 말이다.

"이기는 길은 모든 사람이 공개적으로 정부에 옳은 소리로 비판해야 하겠지만,

그렇게 못 하는 사람은 투표를 해서 나쁜 정당에 투표하지 않으면 된다.

또 많은 사람들이 나쁜 신문을 보지 않고,

또 집회에 나가고 하면 힘이 커진다.

작게는 인터넷에 글을 올리면 된다.

하려고 하면 너무 많다.

하다못해 담벼락을 쳐다보고

욕을 할 수도 있다."(『오마이뉴스』, 2012년 1월 31일자)

더불어 읽기
깊이 읽기

1) 백무현 글·그림, 『만화 김대중』(시대의창, 2010). 청소년 자녀에게 권할 만한 책이다. 시간에 쫓기는 일반인들이 읽어도 된다. 이 책을 읽게 되면 영화를 보듯이 김대중 대통령을 이해할 수 있다. 만화는 많은 내용을 최대한 줄인 책이다. 핵심만 다룬 책이다. 지은이 백무현 화백이 핵심을 잘 추려냈다. 김대중 선생 '가치'와 '정신'을 오롯이 담아냈다.

2) 김택근, 『새벽: 김대중 평전』(사계절출판사, 2012). 김택근이 《프레시안》에 연재한 글을 묶어낸 책이다. 『김대중 자서전』보다 읽기 쉽다. 독자들은 수필 읽는 식으로 읽으면 된다. 차례를 보고 마음에 끌리는 부분부터 읽으면 된다. 언론인 김택근

내공을 느낄 수 있는 책이다.

3) 지주형, 『한국신자유주의 기원과 형성』(책세상, 2011). 수구세력(새누리당)은 김대중 대통령을 비난한다. 어처구니없게 비난한다. 우파 쪽(민주당, 정의당)에서는 김대중 대통령을 칭찬한다. 김대중 대통령이 아이엠에프 사태(외환위기)를 잘 처리했다고 칭찬한다. 좌파 쪽에서는 김대중 대통령이 남북통일 정책에서는 뛰어났다고 칭찬한다. 아이엠에프 사태 처리에 대해서는 비판한다. 신자유주의를 심화시켰다고 비판한다. 지주형이 쓴 『한국신자유주의 기원과 형성』은 김대중 대통령이 아이엠에프 사태를 어떻게 처리했는지 냉정하게, 덤덤하게, 객관적으로 평가한다.

나태영 / 한국철학사상연구회 회원

선거 결과에
'멘붕'한 사람에게 고함

『옥중수고』 / 안토니오 그람시

『옥중수고』와 현재

우선 『옥중수고』에 관해 간단히 안내부터 해야 할 것 같다. 약간씩 오해하고 있는 사람들이 있기 때문이다. 먼저, 국내에 나와 있는 『옥중수고 1: 정치편』, 『옥중수고 2: 철학·역사·문화편』은 옥중수고 전부가 아니라 선집(selections from the prison notebook)을 번역한 책이다.

『옥중수고』 전체는 노트 2848쪽에 달하는 방대한 분량이다. 따라서 이 책을 읽을 때에는 글을 고르고 모은 편집자들의 의도도 염두에 둘 필요가 있다. 그리고 '수고'의 영어 표기는 notebook이다. 논문 형태로 쓴 글이 아니라서 완성도가 그리 높지 않다는 뜻도 되는 것이다.

그리고 그람시는 이탈리아 사람이다. 당연히 이탈리아어로 글을 썼다. 그런데 국내 번역본은 영역한 것을 번역한 것이기 때문에 그람시의 생각을 온전하게 드러내는 데에는 일정한 한계가 있을 수 있다. 더욱이 이 선집의 편집자들이 서설을 쓰면서 번역상의 어려움을 말하고 있는 부분을 보면 책을 내려놓고 싶은 마음이 들 정도로 이 책을 제대로 이해하기가 어려울 거라는 생각이 든다. 하지만 편집자들은 지루할 정도로 긴 서설 외에도 많은 권위 있는 각주를 달고 있어 그람시의 생각을 이해하는 데 큰 도움을 주기도 한다.

번역은 창작보다 어려울 수 있다. 어떤 번역어를 선택하는 순간, 나머지 다른 의미들은 제대로 드러나지 않거나 사라지기 때문이다. "원전을 보라"는 말은 본래의 의미를 훼손해서는 안 된다는 학자적 양심이자 학문적 자존심일 것이다. 그렇지만 『그람시의 옥중수고 1: 정치편』의 첫 출간이 1986년이라는 점을 감안하면 당시의 척박한 환경에서 꽃피운 번역자의 혜안을 높이 사지 않을 수 없다.

1990년을 전후로 하여 수많은 사회주의 국가가 몰락의 길에 접어들었을 때, 한국의 좌파들은 적지 않게 당황했다. 도대체 무엇이 문제인가. 자본주의는 왜 이렇게 힘이 센가. 과연 혁명은 가능한가. 가능하다면 어떤 방법이 적절한가. 그때 집어 들었던 책이 『그람시의 옥중수고 1: 정치편』이었다. 마침 1991년은 그람시 탄생 100주년이기도 하여 한국에서는 이른바 '그람시 붐'이 일었다.

그로부터 20년이 지난 지금, 여전히 '좋은 사회로 가는 길'은 불투명해 보인다. 명료하지도 않은, 그래서 곱씹어야 뜻을 알 수 있을 것 같은 이 책을 놓지 못하는 이유다. 에릭 홉스봄은 그람시를 두고 "무솔리니가 감옥에 가두는 바람에 스탈린으로부터 구출된 그람시"라고 표현했다. 무솔리니는 물론이고 스탈린으로부터도 배척당했다는 뜻이다.

그람시의 생애를 이보다 더 적절하게 말할 수 있을까. 한때는 이탈리아 공산당의 실질적인 지도자였던 그람시가 무솔리니에 의해 감옥에 갇힌 것은 충분히 예상할 수 있는 일이다. 그렇지만 스탈린과 뜻을 같이 하지 않은 것은 '목숨을 걸 정도'로 위험한 일이기도 했다. 그람시가 감옥에 갇혀 있던 기간은 스탈린이 본격적으로 자기의 길을 가면서 수많은 정적들을 제거해 나갔던 때이기도 하기 때문이다. 비록 마흔여섯 살의 나이로 짧은 인생을 마쳤지만 그람시의 삶과 사상에는 오늘날에도 여전히 주목할 만한 것이 있다.

잊기 쉬운 정치 요소

그람시는 '정치의 요소'라는 글에서 가장 잊기 쉬운 정치 요소로서 지배자와 피지배자, 지도자와 피지도자가 존재한다는 사실을 강조한다.(『옥중수고 1』, 158쪽) 그람시의 생각을 현대적으로 재해석하면서 오늘날의 정치를 이해하려면 지배/피지배, 지도/피지도 관계가 있다는 사실보다 '이 관계를 가장 잊기 쉽다는 것'에 먼저 주목해야 할 것이다. 그만큼 지배가 세련되었기 때문이다. 다시 말하면 지배가 지도로 가장(假裝)될 뿐만 아니라 피지배자로 하여금 자신이 지배받고 있다는 사실을 느끼지 못하게 하고, 지배하더라도 동의를 얻으면서 지배하기 때문이다.

나라 경제가 어렵다고 아우성일 때면 잘 먹고 잘살게 해주겠다는 자가 지도자로 부상한다. 그리고 그를 선택한 사람은 자신이 그를 선택했다고 생각하지 그를 선택하도록 만들어졌다고 생각하지 않는다. 더욱이 전쟁을 조장하면서 위기를 부추기면 불편함을 감수하고라도 지배자의 정책에 동의한다. 이러한 과정에서 자신은 늘 선택의 주체라고 착각한다. 사실 전쟁이란 인권을 무시하는 가장 악랄한 정책이거나, 내부에 문제가 많을 때 시선을 밖으로 돌려 내부 문제를 무마하려는 미봉책일 뿐이다.

보수란 현재의 질서를 가장 안전하고도 유용한 것으로 보고 변화를 두려워하는 태도다. 그래서 대개는 기득권층이 보수주의자가 되기 쉽다. 그런데 하류층 또는 피지배 계급에 속할 뿐인데도 보수층의 정책에 동의하는 경우가 많다. 자신에게 주어지는 것은 '개뿔'도 없는데도 말이다. 이러한 현상이 나타나는 이유 중 하나는 그렇게 해서라도 '나는 그들과 같다'는 심리적 보상을 얻으려는 것일지도 모른다.

피지배 계급에 속하는 사람인데도 선거와 같은 절차적 민주주의의 시행에서 보수층에게 표를 주는 이유는 그들에게 마음을 빼앗겼기 때문이다. 보수층은 자신들에 관한 긍정적 이미지를 보여주는 매체를 잘 활용할 뿐만 아니라 피지배 계급이 좋아할 만한 무상 급식이니, 복지니 하는 구호를 이용하는 데에도 익숙하다. 그래서 결국은 피지배 계급으로 하여금 지배하고 지배받는 관계, 지도하고 지도받는 관계를 잊게 만드는 것이다.

헤게모니 개념의 다의성

지배자와 피지배자, 지도자와 피지도자가 존재한다는 사실을 잊게 만드는 '세련된' 지배 · 지도 방식은 그람시의 헤게모니 개념을 통해서 어느 정도 이해할 수 있다.

그람시의 헤게모니 개념에 대한 일반적 이해는 '지배(domination)', '강제(force)'와 대비되는 '동의(consent)', '지도(leadership, direction)'의 개념

과 관련이 있다. 일반적으로 말하면 헤게모니는 동의에 의한 지배 또는 지도를 의미한다.

러시아 혁명의 성공에 고무되었지만 러시아와는 다른 서구의 조건도 고려하게 된 그람시로서는 러시아와는 다른 혁명 방법론을 생각할 수 있었다. 다시 말하면 러시아에서는 기동전(war of Maneuver)이 적합한 전술이었지만 서구에서는 장기전이기도 한 진지전(war of position)을 펼쳐야 한다고 생각한 것이다.

러시아는 자본주의의 발전이 더뎠고 전제 군주가 군림하고 있었을 뿐만 아니라 봉건 잔재도 많이 남아 있는 상태였고, 동의보다는 강제를 통해 지배하는 체제였다. 반면에 서구는 강제보다는 동의에 의한 지배 또는 지도가 이루어지는 곳이다. 기동전이냐 진지전이냐의 문제는 그 사회가 처한 조건과 무관하지 않다. 서구 특히, 이탈리아에서의 혁명을 꿈꿨던 그람시로서는 헤게모니를 '지배'보다는 '지도'에 가까운 개념으로 보는 것이 자연스러웠을 것이다.

헤게모니는 (1) '지배'와 대비되며 (2) '조합주의적인' 또는 '경제적-조합주의적인'이라는 말과 대립된다. 즉, 어떤 집단이 조합적 존재로서의 위치와 자신의 경제적 입장의 방어라는 선을 넘어, 정치·사회적 영역에서 지도(leadership)적 위치를 향해 나아가고자 하는 역사적 국면이다. (『옥중수고 1』, 18쪽, '편집자 서설')

피지배 계급은 실질적으로 권력을 장악하기 전이든 후든 계속해서 지도적 기능을 발휘하고 있어야 한다.

한 사회 집단은 통치권을 획득하기 전에 이미 '지도력(leadership)'을 발휘할 수 있으며 또 발휘해야 한다(이것은 그러한 권력을 획득하는 데 필요한 중요한 조건들 중 하나다). 그러다가 그 집단이 권력을 행사하게 될 때, 그 집단은 지배적(dominant)으로 된다. 그러나 그 집단은 권력을 확고하게 장악했다 할지라도 계속해서 '지도'(lead)해야 한다.(『옥중수고 2』, 78쪽)

지도적 기능은 경제적, 조합주의적 측면에서는 희생을 감수할 필요가 있다는 것을 깨닫는 데서 오는 것이기도 하다. 다시 말하면 이것은 헤게모니를 얻을 수 있는 방법론이기도 하다.

헤게모니가, 헤게모니 안에 포섭되어야 할 집단들의 이해관계와 경향을 고려하여 어떤 타협적인 균형을 형성하는 것——다시 말해 지도적인 집단이 경제적 조합주의적 측면에서는 희생을 감수해야 한다는 것——을 전제로 한다는 것은 사실이다.(『옥중수고 1』, 180쪽)

진보를 외치고 좌파를 자임하는 사람들은 많다. 그러나 정규직이 비정규직을, 남성이 여성을, 다수자가 소수자를, 도시가 농촌을 차별하는 것처럼, 경제적·조합주의적 측면에서는 희생을 감수하지 않으려 함으로써 다른 사람들로부터 동의를 얻지 못해 지도적 위치에 서지 못하는 사례도 많다. 나아가 만일 자본주의가 발달한 서구형 사회 구조가 일반화되었고 또 일반화될 것이라면 진보적 좌파에게는 피지배 계급뿐만 아니라 지배 계급으로부터도 자신들의 헤게모니와 관련하여 동의를 얻고 지도적 위치에 서야 하는 과제가 있다. 이런 말은 이해하기에 따라서 그람시에 대한 우파적 또는 우경화된 해석으로 특화될 수도 있는데, 어쨌든 지도하지 못하면 지배자가 되기 어렵다는 것은 부인할 수 없는 현실일 것이다.

지도한다는 것은 마음을 얻는다는 것이다. 강제는 복종을 낳을 수 있지만 동의를 얻지는 못하기 때문에 언제든지 기동전의 상황을 낳을 수 있다. 그렇다면 그람시에게 얻을 수 있는 것은 무엇인가. 우리 시대에 맞는 변혁 전술은 진지전뿐인가. 진지전은 기동전을 배제한 전술인가.

문제는 그람시의 헤게모니 개념이 그리 단순하지가 않다는 것이다. 헤게모니 개념을 동의에 의한 지배 또는 지도로 본다는 것은 '지배'나 '지도' 중 어느 하나로 단정할 수 없다는 것이기도 한데, 그렇게 된 이유는 그람시의 말 자체에 기인한다. 그람시는 헤게모니를 항상 '지도(direzione)'와 상호 교환적으로 쓴 것이 아니며, '지도'와 '지배(dominazione)'를 합한 뜻으로 사용하기도 했다(『옥중수고 2』, 75쪽, 편집자 각주 참고) 그리고 때로는 헤게모니를 강제와 동의를 결합한 의미로 쓰기도 한다.

이제는 고전적인 것이 된 의회 제도라는 지형 위에서 '정상적인' 헤게모니의 행사는 강제와 동의의 결합을 특징으로 한다. 이 양자는 상호간에 균형을 취하여 강제가 동의의 측면을 과도하게 앞지르는 일이 없게 한다. (『옥중수고 2』, 106쪽, 편집자 각주를 통해 재인용)

혁명 방법론: 진지전이냐 기동전이냐

바로 앞에서 소개한 문구는 그람시를 개량주의자나 수정주의자로 보기 어렵게 만드는 측면이 있다. 확실히 그람시는 다른 혁명적 마르크스주의자에 비해 동의가 작동하는 지형인 '시민 사회'를 강조하고, 때로는 시민 사회가 모든 것이라 말하기도 하지만 그렇다고 해서 강제력이 작동하는 좁은 의미의 국가(또는 정치 사회), 강제, 지배의 계기를 무시했다고 볼 수도 없다.

그람시 전기에는 노동자들의 파업에 군대가 동원되는 장면이 나온다. 절차적 민주주의를 거쳐 권력을 잡은 무솔리니는 동의를 얻은 채로 권력자가 되었다고 할 수 있지만 권력이 위기에 몰릴 수 있다고 판단될 때는 폭력을 사용한다. 폭력적 상황에서는 대화, 타협, 민주적 절차 등이 공허할 뿐이다. 그람시가 보기에 서구, 특히 이탈리아에서는 기동전의 가능성을 배제할 수 없는 현실이 있었다. 『옥중수고』의 편집자들이 말하고 있듯이 "역사 발전의 어떤 시점이 오면 진지전이 기동전에 자리를 물려줄 것이고 그렇게 되면 국가에 대해 정면 공격을 하는 것이 다시금 가능하게 될 것이다."(『옥중수고 1』, 240쪽, '개요'에서 인용)

그람시가 기동전을 강하게 강조하지 않는 이유는 검열을 피하면서 피해를 최소화하려는 의도가 작동한 것으로 보인다. 그렇지만 보다 더 중요한 이유는 진지전 없는 기동전은 성공하기 어렵다고 보았기 때문일 것이다. 그런 점에서 보면 'war of position'을 '진지전'이라 번역한 것은 매우 적절해 보인다. 왜냐하면 진지의 뜻이 '언제든지 적과 싸울 수 있도록 설비 또는 장비를 갖추고 부대를 배치하여 둔 곳'이기 때문이다.

그람시의 사상에서 얻어야 하는 교훈은 기동전을 강조한다고 해서 기동전을 펼칠 수 있는 것이 아니라는 점이다. 무솔리니나 히틀러의 폭력 정치는 광범위한 대중적 지지 기반 위에서 성립한 것이다. 수많은 대중들이 그들의 정치에 열광하였다. 그렇기 때문에 '무솔리니나 히틀러는 원래 폭력적인 인간이었다'는 말은 공허하다. 실은 이들조차도 진지전을 펼치면서 대중들의 마음을 사로잡고 있었다. 다시 말하면 지적, 도덕적 지도자로 행세하면서 동의에 의한 지배 및 지도를 행하는 헤게모니를 행사하고 있었던 것이다.

대중들로부터 지지를 얻지 못하면 폭력적 정치도 기동전도 이미 불가능하다. 위기에 몰린 적(敵)은 사력을 다해 저항할 것이고 언제든 폭력을 사용할 준비를 할 것이다. 진지전이 기동전으로 전환된다면 성공 여부 역시 대중들로부터, 나아가서는 지배 계급으로부터도 동의를 얻느냐 얻지 못하느냐에 달려 있다. 그렇기 때문에 혁명을 꿈꾸는 자들은 지배 계급이 되기 전이든 후든 늘 지도할 수 있어야 한다. 지도한다는 것은 마음을 얻는다는 것이다. 그람시는 상부구조를 토대의 부수 현상처럼 보는 경제주의 또는 경제결정론과 늘 대결했다. 세상을 바꿔야겠다는 마음을 먹지 않으면, 그리고 세상을 바꿔야겠다고 마음먹은 자가 다른 인간들로부터 동의를 얻지 못하면 세상은 바뀌지 않는다. 그람시가 생각하는 관념의 힘이란 바로 이런 것이다.

오늘날의 지배 계급은 대중들로 하여금 현실에 안주하게 하고 세상을 바꿔야겠다는 마음까지도 사라지게 하는 데 능하다. 그리고 몇 년에 한 번씩 있는 선거에서는 투표를 독려하면서 대중들을 주체로 호명한다. 그러나 지배 계급이 늘 권력을 안정적으로 유지하는 것은 아니다. 자본주의의 발전은 주기적 공황을 해소하는 것이기도 하고 자기 소멸을 준비하는 과정이기도 하다.

2007년 '서브프라임 모기지 사태'나 2010년부터 시작된 '그리스 국가 파산 사태' 등은 세상을 바꿀 수 있는 전조(前兆)이기도 하다. 혁명은 어느 날 갑자기 도둑처럼 찾아온다. 무심코 있다가 이때부터 마음을 먹는다면 이미 늦다. 그람시가 말하는 진지전이란 기동전을 배제한 진지전이 아니라 준비되어 있지 않으면 헤게모니를 얻을 수 없다고 하는 일종의 경고이기도 하다. 다만,

> 정치 투쟁에서 또 하나 염두에 두어야 할 것이 있다. 곧 지배 계급의 방식은 흉내 내어서는 안 된다는 점이다. 흉내를 내다가는 쉽게 복병을 만나기 때문이다.(『옥중수고 1』, 273쪽)

진보 세력이 선거를 전술로 활용할 수는 있다. 그러나 선거를 넘어선 전술, 전략을 갖고 있지 않으면 '그들만의 리그'에 휩쓸려 곤경에 처할 수도 있다. 근대적 의미의 선거 민주주의는 이미 부르주아들의 것이다. 직접 민주주의가 불가능해지면서 벌어진 현상 중 하나는 자신의 손으로 자신이 복종할 대상을 뽑는다는 것이다. 그러나 진정한 복종 대상은 따로 있다. 부시(공화당)에서 오바마(민주당)로 대통령이 바뀐 미국, 보수 여당에서 보수 야당으로 정권이 넘어갔던 적이 있는 한국, 대내외적으로 미국이나 한국에서는 질적으로 달라진 것이 거의 없다. 세상의 주인은 정치 권력을 쥔 자가 아니라 경제 권력을 쥔 자이기 때문이다.

정치를 넘어서 자본으로 시선을 돌린다면 4 · 11 선거 결과를 두고 패배니, '멘탈 붕괴'니 하는 말까지 할 필요는 없을 것이다. 보수 여당에 반대하는 세력이 표를 더 얻었다면 그것을 '승리'라고 부를 것인가. 진정한 복종 대상을 깨닫지 못한다면 복종하는지도 모른 채 복종하는 것이며 동의하는지도 모른 채 동의하는 것이다. 그리고 이러한 상황이야말로 지배 계급이 진정으로 원하는 것이다.

세상의 붕괴에 대처하는 우리들의 자세: 철학자의 서재 3

더 불어 읽기

깊 이 읽기

1) 주세페 피오리, 『그람시』, 신지평 옮김(두레, 1991). 그람시의 생애와 사상을 다룬 전기(傳記)이다. 그람시에 관해 공부하려는 사람에게 첫 번째로 권하고 싶은 책이다. 그람시가 시대의 문제와 어떻게 대면하고 싸웠는지 여러 가지 고증을 통해 접근하고 있다. 같은 내용의 전기가 주세뻬 피오리, 『안또니오 그람쉬』, 김종법 옮김(이매진, 2004)으로 재출간되기도 했다. 또 다른 전기로는 제임스 졸, 『그람시』, 이종은 옮김(까치, 1984)이 있다. 이들 전기는 모두 절판되었기 때문에 도서관에서나 만날 수 있다.

2) 리처드 벨라미 엮음, 『안토니오 그람시 옥중수고 이전』, 김현우 · 장석준 옮김(갈무리, 2001). 그람시가 무솔리니에 의해 감옥에 갇히기 전에 썼던 여러 정치적 저술 등을 엮은 책이다. 맑스주의를 실천철학이라 불렀던 그람시는 공장평의회 운동에 참여하는 등 그 스스로가 실천철학자였다. 이 책에서 가장 많이 인용되는 글은 러시아 혁명에 고무되어 썼던 『자본』에 반한 혁명'이다. 이 글에는 경제결정론, 경제주의 등에 대한 비판이 잘 나타나 있다.

3) 린 로너 엮음, 『감옥에서 보낸 편지』, 양희정 옮김(민음사, 2002). 감옥에 갇혔을 때 옥바라지를 해주었던 처형 타티아나, 아내 줄리아, 아들 등에게 보낸 편지를 모은 책이다. 당시의 정치적 상황에 대한 그람시의 입장뿐만 아니라 인간적 고뇌와 사랑 등 그람시의 또 다른 면모를 느낄 수 있다.

이순웅 / 숭실대학교 강사

핵전쟁의 위기 시대에
백낙청을 다시 읽는다

『흔들리는 분단 체제』 / 백낙청

다시 한 번 통일 운동으로

남과 북이 긴장된 대치 국면을 이어온 지 벌써 수년이 지났다. 이명박 정부는 집권한 이래로 남북 관계의 긴장을 해소하기 위한 아무런 노력도 기울이지 않았다. 그 전 민주 정부들 아래서 그나마 열어놓았던 몇 가닥 숨통조차 다시 막아버린 이후 이명박 정부는 이로부터 생기는 남북 간의 긴장을 국내 정치를 위해 이용해 왔다.

가장 결정적인 것이 바로 천안함 침몰 사건이었다. 미군과 공동 훈련 중이었던 천안함이 북한의 어뢰 공격에 의해 침몰되었다는 정부의 발표는 도올 김용옥의 말대로 100퍼센트 의문투성이이다. 이명박 정부는 이런 의문스러운 보고서를 좀 더 신뢰할 수 있도록 노력하기는커녕 이 사건을 민주 세력을 탄압하는 데 이용해 왔다.

정부의 발표를 100퍼센트 믿는다고 선언하지 않았다고 야당 추천 대법관 후보를 끝내 승인하지 않았던 것이 단적인 예이다. 최근에 이명박 정부는 이 사건을 예로 들면서 정부의 발표를 믿지 않는 국내 종북파가 있으니 마땅히 척결해야 한다고 주장한다. 그의 발언은 얼마 전 취임하자마자 국내 종북파를 척결하겠다고 하는 검찰총장의 발언과 맥락을 같이 한다.

이런 이명박 정부의 태도는 이승만, 박정희 이래 반공 수구 세력의 한결같은 태도이다. 남북 사이의 긴장을 고조시켜서 이를 내부 민주 세력을 탄압하는 명분으로 이용하는 것은 반공 수구 세력이 이 땅에 그 명맥을 유지하는 최후의 방책이었다. 이명박 정부의 이런 태도를 보다 보면 남북 문제가 남한에서의 민주화의 문제와 밀접하게 연결되어 있다는 테제를 엄연한 사실로 받아들일 수밖에 없다. 지난 민주 정부의 역사를 보더라도 남북 관계를 개선하면 국내의 민주화가 진전되었다. 이런 민주화의 진전은 다시 남북 관계를 한층 더 발전시켜 왔다. 이런 선순환 역시 이 테제를 실증하는 사실이라 하지 않을 수 없다.

백낙청은 이렇게 민주화와 남북 문제가 동전의 앞뒷면처럼, 아니 뫼비우스의 띠처럼 얽혀 있다는 것을 일찍부터 간파했다. 나는 지금 긴장된 남북 관계를 보면서 그리고 이명박 정부의 종북파 청산이라는 푸닥거리를 보면서 백낙청이 지은 『흔들리는 분단 체제』(창비 펴냄)라는 책을 다시 꺼내 본다.

외환 위기와 분단 체제론

그의 책을 서재에서 꺼내 보면서 문득 이 책이 언제 지어졌는가를 살펴보았다. 이 책은 바로 외환 위기 직후인 1998년 6월 20일 발간되었다. 문득 외환 위기라는 전대미문의 경제 위기를 맞이하여 모두들 목전에 닥쳐온 사느냐 죽느냐의 생존 문제 때문에 전전긍긍하고 있을 때, 백낙청이 멀리 내다보면서 남북 문제에 전념했다는 것이 흥미로웠다.

그러나 어떻게 본다면 그런 전망도 백낙청에게는 필연적이었을지 모른다는 생각이 들었다. 왜냐하면 외환 위기라는 것도 한편에서는 분단 체제의 문제와 연관되어 있을 수 있다고 볼 수 있기 때문이다.

짐작했던 대로 백낙청은 이 책의 2장 'IMF 시대 통일 사업'이라는 글에서 분단 체제와 외환 위기의 연관성에 주목하고 있다. 이 연관성을 이해하기 위해서는 우선 이매뉴얼 월러스틴의 세계 체제 개념을 이해할 필요가 있겠다. 왜냐하면 백낙청의 분단 체제라는 개념은 남북 관계를 규정하는 개념이지만 근본적으로는 남북 관계가 월러스틴이 말하는 세계 체제의 하위 체제이기 때문이다.

흔히 제국주의론이 주장하듯이 세계 체제라는 것은 19세기 말에 비로소 이루어진 체제는 아니다. 오히려 세계 체제는 자본주의가 역사에 등장하면서부터 전개되면서 다양한 국면을 거쳐 지나왔다. 20세기 후반의 국면은 동서 간의 진영 즉 사회주의 진영과 자본주의 진영이 서로 대립하면서 동시에 상호 구조적으로 결합하여 제3세계를 지배하는 국면이다.

두 적대적인 진영이 공모한다는 이 독특한 발상을 실증적으로 입증하기는 어렵다. 하지만 제3세계에 살아온 민중들은 이런 공모를 피부로 절절하게 느낄 수 있지 않을까 한다. 동서 양 진영의 대립과 타협의 산물인 분단을 생각해 보면 그보다 확실하게 느껴지는 증거는 없을 것 같다.

백낙청은 남북 사이의 분단 체제가 세계 체제의 하위 체제로부터 출발하였고 이런 분단 체제의 결과 한국 자본주의가 기형적으로 발전했다고 주장한다. 그 결과 한국 자본주의는 극도로 심각한 대외 의존적인 경제 발전 모델을 취하게 되었다는 것이다. 분단 체제 하에서 이 모델은 성공적이었고 한국 자본주의의 고도 발전을 뒷받침해 주었다. 그런데 1990년대 이후 사회주의 진영이 몰락하면서 세계 체제가 흔들리게 되고 이에 따라 분단 체제도 함께 흔들리면서 나타난 위기 증상 중의 하나가 곧 외환 위기라고 한다.

백낙청이 외환 위기를 분단 체제와 연결시키는 것은 물론 앞으로 좀 더 실증적인 연구를 해 보아야 입증될 수 있는 사실이다. 그러나 이런 시도 속에서 분단 체제를 제시하는 백낙청의 근본적인 문제의식이 드러난다. 그 문제의식이라면 곧 남과 북의 통일 운동을 민중의 일상적인 삶과 직결시킬 수는 없을까 하는 것이다.

통일 운동의 일상화

분단 체제가 '흔들린다'는 표현은 한편으로는 세계 체제의 위기로 인해서 드러나는 분단 체제의 위기 증상을 말한다. 그러나 또 다른 한편으로는 이 흔들림은 분단 체제의 한쪽 당사자인 남한 내부에서 통일 운동을 통하여 얼어붙은 분단 체제가 해빙되기 시작했다는 의미를 포함하기도 한다.

1980년대 말부터 청년 운동의 주요 과제로서 통일 운동이 제기되었다. 그와 동시에 민주화 운동의 대부인 김대중이 통일 운동에 적극적으로 매진하는 방향 전환이 일어났다. 이런 두 계기를 통해서 남쪽에서 통일 운동은 과거에 보지 못했던 폭발적인 양상을 보여주었다. 그러나 이런 통일 운동에 대해서 민중의 일상적인 삶과는 너무 동떨어진, 상당히 낭만적인 동포애에 기초하는 운동이 아닌가 하는 비판이 제기되었다. 특히 민중 운동은 당면 과제로서 형식적인 민주주의를 넘어서 민중이 실질적으로 참여하는 민주화를 요구하는 운동을 제기하고 있었다. 이런 마당에 통일 운동은 민중 운동의 당면 과제를 간과하는 잘못을 범하고 운동을 낭만화시킨다는 비난을 받게 되었다.

백낙청의 문제의식도 바로 이런 맥락에서 나온 것으로 보인다. 따라서 백낙청은 민중의 삶과 직결되는 통일 운동은 불가능한가를 모색하기 시작했고 그런 모색의 결과로 분단 체제론이 탄생했다. 백낙청의 이런 문제의식은 이 책의 1장 '분단 체제 극복 운동의 일상화를 위해'라는 글에서 일목요연하게 정리되어 있다. 이 책의 핵심 논지가 이 장에 집중되어 있다고 해도 과언은 아니다.

이 책에 실린 다른 논문들은 백낙청이 분단 체제라는 개념을 제시하기 위해 참조한 다른 통일론에 대한 비판을 담고 있거나(7장 '독일과 한반도 통일에 관한 하버마스의 견해', 11장 '통일 사상으로서의 송정산의 건국론'), 또는 백낙청의 분단 체제론을 비판하는 사람들에 대한 반비판을 담고 있거나('9장 김영호 씨 비판'), 분단체제론의 입장에서 현실의 다양한 부문 운동들을 이해하는 관점을 제시한다(3장에서는 김일성 사후 한반도 정세를 논하며, 4장에서는 문학론과 관련시키며, 5장에서는 생태 운동과 연결시키는 등).

이 1장에서 제시된 논지에 따르자면 세계 체제와 마찬가지로 분단 체제 역시 남과 북의 지배 세력들이 상호 대립과 공모에 의해 한반도의 민중을 지배하는 체제라 규정된다. 백낙청이 이런 분단 체제 개념을 통해 설명하려는 현상은 우리에게 이미 익히 알려져 있다. 대표적인 것이 박정희 시대 7·4 공동 성명이 남과 북이 서로의 체제가 가지고 있는 위기를 극복하기 위해서 맺은 타협책이었다는 사실이다.

물론 남북 지배 세력들의 공모처럼 보이는 현상들을 다른 방식으로 설명하는 것도 가능하다. 최근 이를 냉전 시대의 '거울 효과'라는 개념으로 정치적인 전략의 차원에 한정하여 이런 공모를 설명하려는 시도도 있다. 그런데 백낙청은 이런 현상들을 분단 체제라고 하나의 지속적인 '체제' 개념으로 설명하려는 시도했다. 그 이유는 아마 이런 남북의 공모 관계가 고착되면서 이미 두 사회의 내부 구조를 상당한 정도로 비틀어 왔기 때문이다. 분단 체제가 야기하는 왜곡 현상은 정치적인 차원을 떠나서 경제적이며 사회문화적인 차원에 이르기까지 광범위하게 뿌리내리게 되었다.

예를 들어서 앞에서 말했듯이 한국 자본주의 경제가 과도한 수출 의존적인 경제 모델을 취하게 된 것도 분단 체제의 효과이다. 우리 사회에서 극우 반공 이데올로기가 질식할 듯이 팽배해 있는 것 역시 분단 체제의 효과이다. 외환 위기 이후 세계 체제에 종속하는 현상이 더욱 심화되면서 사회 전반에 만연하게 되는 양극화 현상도 따지고 보면 분단 체제의 결과이다. 그 외에도 우리가 돌아보기만 하면 우리 사회, 문화 곳곳에서 분단 체제가 남긴 깊은 상흔을 찾을 수 있으니, 이런 현상들은 분단 체제라는 괴물이 없다면 도저히 설명될 수 없을 것으로 보인다.

물론 여기서 백낙청의 분단 체제론이 사회 구조에 관해서 과도한 정치

중심주의를 택하고 있는 것이 아닌가 하고 비판될 수도 있겠다. 왜냐하면 백낙청의 분단 체제론은 정치 군사적인 분단의 결과 사회 경제적인 왜곡이 일어난다는 식으로 현상을 설명하는 것처럼 보이기 때문이다. 그러나 사실 백낙청이 피하고자 하는 것이 바로 이런 설명이다. 이런 설명은 기왕의 거울 효과 개념을 이용하여 남북 관계를 설명하려는 정치학자들이 이미 취해 왔던 방식이다.

오히려 백낙청 선생의 입장은 사회 경제적으로 남한과 북한이 세계 자본주의 체제에 편입된 결과 사회 경제적인 왜곡이 일어났으며, 이런 왜곡을 최종적으로 상부 구조의 차원에서 확정하는 것이 정치 군사적인 대립이라는 것이다. 그렇다고 백낙청의 입장이 마르크스주의의 전통인 경제 결정론도 아님에는 틀림없다. 백낙청 선생의 분단 체제론은 경제 결정론이나 정치 결정론과 같이 하나의 차원을 중심으로 보는 것이 아니라, 다양한 차원들이 상호 복합적인 관련을 맺고 있다고 본다.

분단 체제론의 효율성

분단 체제론은 민중의 삶이 분단 체제와 밀접하게 관련되어 있다는 점에서 민중의 삶을 변혁하는 데만 몰두하는 민중 운동에 대해서 비판적인 태도를 취한다. 분단 체제를 허물어뜨리려는 운동이 없이는 민중 운동 자체가 더 이상의 발전을 도모할 수 없다는 것이다.

제국주의 시대에 등장했던 민족해방 이론에 토대를 둔 NL 계열의 통일 운동에도 백낙청은 비판적이다. 지금에 와서 민족이라는 개념은 너무나도 이상화된 허구적인 개념이므로, 그것에 기초하는 운동은 낭만성과 감정적인 차원을 벗어나지 못한다는 것이다. 그러기에 이런 운동은 1990년대 들어 한때 폭발적인 양상을 보였음에도 불구하고 결과적으로는 통일운동을 민중의 일상적인 삶의 차원에서 지속적인 관심의 대상으로 고양시키지 못하였다는 것이다.

백낙청의 분단 체제론이 제시된 이래 많은 비판이 제기되어 왔다. 그런 가운데 백낙청의 문제제기에 호응하는 새로운 통일 운동론들이 다수 출현했다. 그런 지식인들의 관심은 백낙청의 문제의식을 받아들이면서도 분단 체제라는 과도한 개념 장치를 벗어놓고 좀 더 실천적으로 접근하자는 태도이다. 그런 접근으로서 남북의 지배층의 공모를 앞에서 말한 거울 효과라는 개념으로 설명하려는 시도도 있을 뿐만 아니라, 통일 운동의 과정에서 일정한 목표를 미리 세우는 것이 아니고 그 단계마다 그 다음의 과제를 처리하는 과정적인 운동론이 등장하는가 하면 통일의 최종 결과에 관해서도 남북 사이의 통일을 민족 국가 개념이 아니라 복합 국가적인 관점 또는 지역 국가 공동체(예를 들어 유럽연합과 같은)의 관점에서 접근하기도 한다. 이런 시도들은 모두 백낙청의 문제제기가 불러일으킨 공명이라고 하겠으며 그런 점에서 백낙청의 저서 『흔들리는 분단 체제』는 이미 통일 문제를 이해하는 고전으로서 받아들여져야 마땅하다고 생각한다.

나 역시 백낙청의 분단 체제의 개념에 관해서는 아직도 의심스러워하지만 그의 문제의식만은 아주 귀중하다고 생각한다. 남북의 긴장된 대치가 이어져온 지 수년째이고 결과적으로 남북 사이의 적대감은 내부의 긴장으로 전환되고 있다. 이런 내부 긴장은 누구에게 도움이 될 것인가? 그것은 분단 체제에 기대어서 지금껏 권력을 누려왔던 기득권층, 지배층 외에 누구도 아니다.

그러므로 이제 다시 남북 간의 긴장을 해소하려는 민중적인 운동이 활발하게 일어날 필요가 있다. 그럴수록 통일 운동을 민중의 일상적 삶과 직결시키려 했던 백낙청의 글이 더욱 소중하게 느껴진다.

더불어 읽기
깊이 읽기

1) 정창현, 정용일 외 편, 『북한 다름을 만나다』(선인, 2013). 재미동포 아줌마가 전하는 북한 여행기로, 북한에는 전혀 관심이 없었던 저자가 우연히 북한을 여행하면서 마음을 열게 된 이야기를 들려준다. 2011년 10월, 2012년 4월과 5월 모두 세 차례에 걸쳐 북한 전역을 여행한 내용을 정리해 엮어냈다.

『북한 다름을 만나다』는 지난 10년 사이에 쓰인 방북기를 모아 엮은 책이다. 68년을 떨어져 살아온 북녘 사회와 북녘 사람들을 이해하기 위해서는 무엇보다도 그들의 '다름'을 받아들이는 태도와 서로간의 차이와 다름을 인정하고 서로의 만남과 교류, 토론을 통해 접점을 마련해 나가려는 노력이 필요하다고 강조한다.

이병창 / 전 동아대학교 교수

미국은 지는 해, 중국은 뜨는 해! 한반도의 운명은?

『새로운 100년』 / 법륜·오연호

통일을 말하되 통일을 말하지 않는다

누구나 행복해지기를 원한다. 어떤 이는 큰 병을 앓고 나니 입에 도는 물 한 모금이 행복하다고 한다. 자신을 희생하고 주말마다 봉사 나가는 이들도 뭔가 변화된 인생을 주도하며 살아간다. 짧은 거리를 매일 수십 번 도는 마을버스 운전기사도 상냥하되 반복적인 인사는 하지 않는다. 그 역시 행복을 나눌 줄 안다. 우리는 행복의 정체가 확실히 무엇인지 모르지만, 이처럼 찰나의 행복을 두고 '가치'를 생각할 줄 안다. 그래서 행복이 더 어렵고 더욱 귀한 것인지 모르겠다.

읽고 싶은 책을 찾다 우연히 서점 '정치'란에서 만난『새로운 100년』(오마이북 펴냄)은 '행복'을 말하는 책이었다. 그가 찾아낸 행복은 추상적인 행복이 아닌, 역사의 가치를 아는 것에서 시작된 원대한 행복이었다. 현재 같은 시간을 공유하는 대한민국 청소년들과 노인, 40~50대 여성, 정치인, 직장인, 교육인 등 국민 한 사람, 한 사람에게 전하는 '행복의 메시지'. 법륜 스님은 그것이 '통일'이라고 자신 있게 말한다.

너나없이 '무한 경쟁'이라는 말이 요즘 우리 사회를 도배하고 있는 처지에 스님의 '통일 행복론'은 너무 이상적인 것이 아닐까? 그렇다, 이 책의 주제는 그래서 처음부터 막연한 행복을 말하지 않는다. 시종일관 '현실적인' 통일 문제에 초점 맞춰 있다. 행복은 통일의 지향점이자 다가올 미래의 창이다.

얼핏 보기에 법륜 스님은 통일을 말하지 않는 것 같다. 김정은을 두고 사라져야 할 독재자라 비난하지 않는다. 남한의 보수 세력도 역사의 심판을 받아야 한다고 규탄하지 않는다. 심지어 권위주의를 없애고자 노력했던 노무현 전 대통령도 추종하지 않는다. 오히려 보수 세력을 껴안지 못함으로써 북한의 인권 문제 주도권을 넘겨주었다며 그를 신랄하게 비판한다. 게다가 미군이 되돌려주겠다는 전시 작전 통제권도 3년씩이나 연기시킨 보수파일지라도 그들과 화합해야 한다고 촉구한다. 인권을 빼앗고 북한 주민의 삶을 파탄으로 몰고 간 북한 권력 체계의 특수성을 인정해 주고 통일되면 지배층의 신분까지도 보장해 줘야 한다고까지 주장한다.

그가 말하는 것은 통일이 아니다. 어디까지나 '과거' 청산적인 통일이 아니다. 그가 이야기하는 것은 '통일을 위한' 새로운 통합과 포용력이다. 미래적인 통일이 우리가 밥도 먹고 더 좋은 밥도 먹을 수 있는 길이라고 그는 자신한다.

"자신감 속에서 북한을 포용해야 합니다. 여기서 참고할 만한 게 중국 정부의 통일 정책이죠. 중국이 대만이나 홍콩에 대해서 그렇게 포용적일 수 있는 것은 자신감 때문이겠죠. 대만과 홍콩에 대해 통일의 울타리만 크게 쳐놓고 상당한 자율성을 주는 대륙적인 포용력을 우리가 배워야' 합니다.(206쪽)

법륜 스님은 풍전등화 같던 신라가 가야와 합의하여 통합한 것도 거국적인 포용력 때문이었다고 고찰한다.(116쪽) 그때 가야의 왕족과 귀족은 신라의 왕족과 귀족이 되었고 가야왕의 후손이었던 김유신은 삼국 통일의 주역이 되었다. 순교 과정이 있었지만, 신라는 가야의 불교도 받아들이고 부흥시켰다. 신라가 발휘했던 큰 포용력을 우리도 발휘해서 중국을 참고삼아 자주적으로 통일할 수 있다고 법륜 스님은 말한다. 그래서 북한에 이익을 줄 수 있는 다방면의 포용 정책을 펴고, 그들이 "못 뛰쳐나가도록 크게 울타리를 쳐 협력 관계를 강화해 나가야한다"고 그는 강조한다.(105쪽)

역사를 품어야 행복의 길이 열린다

『새로운 100년』, 법륜 스님은 새로운 100년을 향하여 승려의 탈을 과감히 벗어 던졌다. '수행승'이라는 고정관념을 깨부쉈다. 통일 운동을 위한 평화재단을 설립하고 북한의 탈주민들을 찾아가 직접 돕는가 하면, 문경에 정토회라는 수련관을 짓고 국제 구호 활동과 생태 환경 운동 법인을 꾸려나가고 있다. 또한, 여러 지역을 다니면서 300회 강연을 이어가는 등, 중간 중간 요청해 오는 인터뷰와 개인 상담도 꺼리지 않는다. 보이는 곳과 보이지 않는 곳곳에서 이 사회를 위해 실천적으로 노력한다. 『새로운 100년』은 실지로 겪고 부딪혀본 세상에 그가 내놓은 고민과 연구 계획서라고 할 수 있다. '사회적 통합'과 '대북 포용력'을 하나로 아우르는 '하나의 미래'가 이 책에 녹아있다.

그는 "민족 통합을 위한 대 포용력"(205쪽)이 '정치'를 통해서 발현되어야 한다고 주장한다. 그가 생각하는 정치란 시대적 과제가 무엇인지를 분명히 인식하고 미래를 대비하여 국민을 이롭게, 즉 행복하게 하는 일이다. 그러기 위해서 정치를 하는 사람이나 정치인을 뽑는 시민, 모두에게 필요한 것이 하나 있는데, 그것은 다름 아닌 역사적 소명의식이다. 새 시대를 열기 위해서 그는 '한민족의 뿌리 짚기'를 강조한다. 장구한 우리 역사 속에서 민족적 자아와 신념을 회복할 때, 비로소 민족 통합뿐 아니라 국제 정세를 읽고 적절하게 대응할 수 있는 능력이 생긴다고 법륜 스님은 말한다. 역사의식에 바탕을 둔 시대적 포부! 이 책의 매력은 바로 여기에 있다.

벌써 18년째 매년 중국에서 고구려, 발해 역사 유적지를 찾아 답사했다는 그는 우리에게 놀라운 사실을 전한다. 한민족의 뿌리가 4000년, 5000년을 넘어 청동기 문명을 소유했던 '홍산(紅山) 문명'으로 거슬러 올라간다는 것이다. 메소포타미아에 청동기 문명이 출현한 시점이 7000년 전쯤이면, 우리 민족의 기원이 놀라운 일이 아닐 수 없다. 홍산 문명은 아직 대중적으로 알려지지 않았고 현재로선 북한과 중국에 막혀 그 연구도 어렵지만, 인류 역사서에 새로운 등장을 예고하는 문명이다.

"중국 요하강 상류에 있는 홍산 지역에서 발견된 문명인데 (……) 황하 문명보다 1000년이 앞선 문명이 발견됐죠. 지금부터 5000, 6000년 전, 더 거슬러 올라가 7000년 전 것까지 있어요. (……) 중국에서는 이걸 어떻게 처리해야 할지 대혼란에 빠진 거예요. 그러다가 중국학계에서는 황하 문명과 홍산 문명(요하 문명), 이 두 개가 중국 문명의 시원이라고 (뒤늦게) 정리를 하고 있어요. 이 문명의 진짜 정체는 명백하게 환웅의 배달 나라와 단군의 조선 나라 문명입니다. 우선 시기적으로 그 유물의 추정 연대와 두 나라의 형성기가 동일합니다."(106쪽)

법륜 스님은 홍산 문명이 단군 신화의 배경이 되며, 고구려가 그 계승을 잇고 있다고 확신한다. 배달 나라를 건국한 환웅이 환인의 후예로서 한 나라(여기에서의 '한'은 순 우리말로 '크다'의 뜻, 99쪽)에서 3000의 무리와 함께 가져온 세 가지 징표가 "청동거울, 청동검, 청동방울"이라고 한다.(100쪽) 또한 "성곽을 쌓은 양식과 무덤 모양, 벽화 등이 고구려의 것과 거의 유사"하고, 새로운 종교가 들어와도 잘 바뀌지 않는 매장 문화가 아직 유물로 남아 있다고 전한다.(99쪽, 107쪽)

이 책을 통해서 배달민족의 시원을 확인해 보는 작업은 매우 흥미진진하다. 한 장, 한 장 책을 넘길 때마다 민족적 자긍심과 자각을 일깨운다. 그리고 그 마음이 통일로 향하는 '정치다운 정치'를 꿈꾸게 한다. 꼭 통일에 관심이 없더라도 수수께끼 같은 신화 이야기와 고대사에 관심 있다면, 이 책에 수록된 역사 대목(4장과 5장)을 추천한다. 특히 정치가 마냥 골칫거리로 여겨진다면, 『새로운 100년』은 그에 사려 깊고 친절한 안내서가 되어줄 것이다.

이명박 정부의 통일 정책이 왜 북한 정부와 티격태격하는 것인지, 북한 사회주의는 러시아, 중국 사회주의와 어떻게 다른지, 우리나라에서 보수니, 진보니 하고 싸우는 진부한 이야기들마저도 역사적으로 시원스럽게 정리되었다. 해방 전후사에 얽힌 긴 정치사도 독자는 한 번의 호흡으로 아주 쉽게 읽어 내려갈 수 있다. 그러면서도 읽는 동안 정치에 대한 살아 있는 꿈을 꾸게 한다. 희망을 갖게 한다.

남북 통일의 시너지 효과는 '1 + 1 = 2'가 아니다

『새로운 100년』은 다만 하나의 대담집이다.《오마이뉴스》의 오연호 기자가 묻고 법륜 스님이 답하는 형식으로 쓰였다. 그런데도 법륜 스님의 말을 읽다 보면, 한 사람을 알아간다는 것이 넓은 대양을 알아가는 것만큼이나 부족하다는 생각이 든다. 그가 알고 있는 북한의 곤란은 핵 문제, 인권 문제, 식량·배급 문제, 연료·환경 문제 등에 국한되어 따로 떨어진 문제가 아니다. 대수로워 보이지 않는, 하지만 생존 문제의 절실함을 구체적으로 파악하여 그는 우리가 어떤 방식으로 통일에 접근해야 하는지를 설명한다.

"또 하나의 문제는 식수 오염입니다. 전기가 없으니까 상수도가 제대로 가동이 안 되어 깨끗한 물을 못 먹죠. 도시조차도 상·하수도 시설이 제대로 갖춰져 있지 않아 오수와 우수가 구분이 안 됩니다. 그래서 상수도와 하수도 시설 개선이 필요합니다."(204쪽)

법륜 스님은 무작정 평화 통일을 기다리지 않는다. 단계적인 통일 정책을 펴서 북한 주민 스스로가 "'우리끼리 따로 살지 말고 남한과 합하는 게 좋겠다'는 선택을 하도록" 적극 유도하고자 한다. 남한이 판을 키우면 경제적 양극화도 풀어낼 수 있는 여지가 생기고(266쪽) 북한에 굶어 죽어가는 사람도 살리며 전쟁을 방지하고, 나아가 미국과 일본에 대한 열등의식까지도 없앨 수 있다고 그는 역설한다. 그의 시대적 조망은 통일에서 끝나지 않는다. 통일된 한국을 이루고 종국에는 우리가 동북아의 주체가 되는 것으로 방향 지어져 있다.

> "저는 통일이 우리 경제를 한 번 더 성장시켜서 한 단계 더 나아가게 하는 유일한 길이라고 생각합니다. (……) 통일이 된다면 지금의 한계(예컨대 일자리·고령화·저출산·환경·영농·어업·에너지 송달·국력·국방비·창의성·경제 효과 등의 문제)를 극복할 수 있다고 봅니다. (……) 통일은 우리 민족이 동북아 지역공동체를 중심적으로 이끌 수 있는 기회를 만들어줄 겁니다."(243쪽)

그가 말하는 "새로운 시대"의 종착역은 우리 스스로 동북아 지역에 공동체를 만드는 것이다. 이는 두 단계로, 첫째 우리가 통일을 하고 7000만의 인구와 21만 제곱킬로미터의 영토를 확보하는 것 그리고 프랑스, 영국, 이탈리아급 규모의 국가로 도약하는 것이다.(248쪽) 북한 지역의 개발로 한반도 전체에 활기를 불어넣어 국가 위상을 세계 주요 8개국(G8) 정도로 올린 다음, 둘째로 중화 경제권에 흡수되지 않기 위해 통일된 한국과 일본이 경제 공동체를 만드는 것. 중국, 러시아의 연해주를 연결해서 유럽연합에 버금가는 경제 공동체를 이룬다는 것이 그의 주장이다.(249쪽)

고구려 · 발해를 꿈꾸는 자 , 통일을 꿈꾸자

그가 말한 대로 "통일 한국이 만약 일본, 동북 3성, 연해주, 시베리아를 아우르는 동북아 지역의 공동체를 주도한다면, 그것은 곧 고구려의 옛 영광을 되찾는 것이나 다름없다."(114쪽) 그러나 이는 거대한 투자이고 원대한 꿈이라 요원해 보이는 것이 사실이다. 그럼에도 법륜 스님은 우리가 민족적 자긍심을 회복해 이 꿈을 잡아야 한다고 주장한다. 지금의 시대적 흐름이 우리 통일의 염원에 부응하고 있다고 보기 때문이다. 세계 주도권이 현재 중국으로 옮겨가는 과도기에 우리가 서 있다는 것이다.

"미국은 지는 해라 간섭하는 힘이 약해지고 있고, 중국은 뜨는 해지만 아직 간섭할 만한 정도는 아닙니다. 이 세력 변화기에 통일의 기회가 왔다는 것이죠."(87쪽)

통일은 100년을 내다보는 중심축이다. 이것은 "발해가 멸망한 기점으로 거의 1000년 만에" 우리에게 다시 온 기회다.(74쪽) 지금은 "중국이 부상하고 있되 아직 미국이 물러난 것도 아닌, 중국의 패권이 크게 부상하기 전"에 해당한다.(87쪽) 그래서 법륜 스님은 '이번에 누가 국민의 지지를 받아 양극화를 고심하며 통일문제를 추진해 나가겠느냐'가 이번 선거의 관건이라고 한다.(89쪽)

『새로운 100년』은 우리 사회의 시대적 바람을 역사 속에서 읽어내고 있다. 낡은 것을 개선하기에 치중하기보다는 새로운 비전 정립에 승부를 건다. 독자들은 이 책을 통해서 예리한 시대감각과 미래에 대한 민족적 포부 그리고 사회문제를 꿰뚫는 그의 뛰어난 통찰력을 접해 볼 수 있을 것이다. 더욱이 이 책에서 강조하고 있는, 현실 정치로 이어지는 민족의 정체성 회복은 한민족의 자부심과 소망을 되찾아줄 만하다. 가슴 뜨거워지는 꿈 하나, 뭉클한 미래를 향한 통일의 단초가 되어준다. 『새로운 100년』은 개인 한 사람을 위한 꿈이 아닌, 인간적이면서도 원대한 '우리의' 행복을 말한다.

더 불 어 읽 기

깊 이 읽 기

1) 넬슨 만델라.『자유를 향한 머나먼 길, 만델라 자서전』. 김대중 옮김(두레. 2013). 한 인간이 어떻게 사회적, 국가적 제약을 뚫고 인류의 스승이 될 수 있을까? 이 책에는 그가 겪어낸 뼈아픈 정치적 시행착오들과 사람들에게 진심 어린 대통령이 되기까지 삶에 대한 회고가 지혜의 눈으로 그려졌다. 더 멀리, 더 넓게 보는 마음, 만델라는 그것이 바로 고통과 희생을 감내하는 정신력에서 비롯된다고 고백한다.

2) 마이클 샌델.『민주주의의 불만』. 안규남 옮김(동녘. 2012). 무엇보다도 변화무쌍한 사회·정치 현상을 넘어 본질을 꿰뚫는 그의 안목이 놀랍다. 바로 '자유'의 정체를 절대주의와 상대주의로 간파한 점이다. 이 두 주제는 철학적으로 거듭된 오랜 딜레마이다. 그럼에도 그의 구분 방식은 우리에게 흥미로운 숙제가 아닐 수 없다.

김은하 / 건국대학교 외래교수

칼을 갈면
봄은 온다

『명이대방록』/ 황종희

지금은 잠시 몸을 추스르고 기다릴 때

사람은 누구나 추위가 맹위를 떨칠 때에는 움츠리고 다음에 곧 찾아올 따뜻한 봄을 기다리게 된다. 내가 볼 때 대부분 사람들은 이 시간 동안 몸과 정신이 성장한다. 이 말을 규명할 정확한 통계자료는 없지만 나의 경험이 그렇고 내 주변인들과 감각적으로 교유한 결과가 그렇다.

2012년 말 18대 대통령 선거가 끝났다. 대선이 끝나게 되면 유권자의 반은 내가 지지한 후보가 '됐다'는 일종의 안도감에 기뻐하고 나머지 반은 심할 경우 '멘붕' 상태로 스스로를 방치하기도 한다. 그리고 아직 오지 않은 미래를 희망과 절망이라는 안경을 쓰고 보려 한다.

그런데 문제는 어떤 종류의 안경을 쓴 사람이건 곧 이 안경도 다시 벗어던지고 아무 일도 없었다는 듯 돌아서기 일쑤라는 것이다. 이런 모습이 더 자연스럽다고 하는 사람도 있지만 '내가 뽑은 사람이 됐으면 돼서 그만이고, 안 됐으면 안 됐기 때문에 그만'이라는 식의 생각은 일개 정치인에게 나의 삶 전체를 맡기고 나중에 찾아가지 않겠다는 태도이다. 위험한 태도다. 우리는 보통 어떤 정치인을 선출하면 그것과 관련된 모든 사항이 일단 끝났다고 판단한다. 그래서 자신의 행위가 포함된 집단의 결과를 무겁게 받아들인다. 유권자들의 희망과 절망의 태도는 맹목적인 희망이 되고, 더 무거운 절망이 된다.

그동안 역사에서 봐왔듯이 어떤 권력도 국민의 동의를 통해 권력을 획득했다고 판단하면 모든 정책과 행보는 정치권력의 자의적 판단에 두고 민중이라는 정치적 대상은 일상이라는 사회의 영역 안에 철저히 가두어버린다. 둘 사이에 넘을 수 없는 강을 만들어 절연시키는 것이다. 민주주의가 '선거 때만 민주'라는 불편한 진실을 그대로 보여주고 있다.

우리는 아직 달성된 적 없는 민주라는 개념을 그렇게 쉽게 포기할 수 없다. 선거만 끝나면 민주주의를 잠깐 경험했다는 찰나의 환희를 기억하며 축제를 마무리하듯이 해서는 안 된다. 그렇게 하면 스스로 민주주의를 퇴색시키는 결과를 낳는다. 당선자에게 정치적 기반은 주었지만 아직 권력의 전부를 양도하지 않았음을 보여주어야 한다.

지금은 당선자를 지지했던 사람이나 지지하지 않았던 사람 모두 정치권의 행보를 찬찬히 지켜봐야 할 입장에 있다. 비판적 성찰을 통해 그가 민주적 사회를 구현할 수 있을지 간을 봐야 한다. '대통합'이라는 말, 마치 어린 백성이 전제군주의 즉위식을 희망에 들뜬 마음으로 축하하듯 다함께 힘을 모으라는 말은 가당치 않다. 아직도 대한민국이 왕조국가인가? 국민 모두 선거 국면에 휘둘려졌던 몸과 마음을 추스르고 정치권에 대한 비판과 감시의 능력을 내적으로 고양시킬 때이다.

황종희의 역저 『명이대방록』

그런 면에서 17세기 중국의 대학자 황종희(黃宗羲, 1610~1695)가 쓴 『명이대방록(明夷待訪錄)』(황종희 지음, 김덕균 옮김, 한길사 펴냄)은 큰 의미가 있다. 이 책은 명말청초라는 시대적 혼란기를 살다 간 황종희가 존재론적 의미에서 인간이란 어떤 존재인지를 명확히 규정한 후 그것을 기반으로 정치에 대한 원칙론적 견해를 풀어낸 정치사상서이다. 중국의 근현대 사상가들이 극찬한 책이고 이 책을 쓴 황종희를 두고 '중국의 루소'라고 명명하기도 했지만 간혹 비현실적인 책이라는 비판도 들었다. 그만큼 저술 당시와 이후 오랜 시간을 두고 평가될 만큼 파격적인 내용으로 이루어진 책이기도 하다.

물론 『명이대방록』에는 현대의 사회·정치 상황과의 괴리가 존재한다. 하지만 황종희가 가졌던 문제의식과 날카로운 통찰은 지금까지도 유효한 부분이 분명 많이 있다. 특히 이 책 전반에서 발견할 수 있는 저자의 태도는 바로 권력에 대한 칼날 같은 비판의 날을 항상 꼿꼿이 세우고 있다는 점이다.

황종희가 이 책을 썼을 당시 중국의 내부 상황은, 한족이었던 명왕조가 이민족인 청왕조로 교체되던 시기였고 패망으로 치닫던 명왕조의 부조리한 상황과 사회 전반의 모순이 표면으로 드러날 수밖에 없던 시기였다. 그래서 이 책은 사회를 구성하는 여러 요소들에 대해 원칙적인 대안 의미를 제시하고 방책을 주장하는 내용이 많다. 황종희는『명이대방록』에서 새로운 시대를 갈망하는 자신의 염원은 물론, 그 염원을 실현할 수 있는 사회와 정치, 경제 부분의 구체적인 모습들을 담았다.

책 제목에 보이는 '명이(明夷)'라는 말은『주역』 64괘(卦) 중 하나로서 36번째 위치하는 '명이괘(明夷卦)'에서 따온 말이다. 이 괘의 모양새는 땅을 상징하는 '곤(坤)'이 위(☷, 坤上)에, 해와 빛을 상징하는 '이(離)'가 아래(☲, 離下)에 위치한다. '명이'라는 말은 땅 아래에 해가 있는 형상이니 밝은 태양이 땅속에 들어가 있는 상태를 말한다.("明入地中 明夷") 괘의 의미는 "빛이 가려지면 현자의 명철함이 해를 입어 어려움에 처하게 되니 이 상황을 잘 파악하고 정도를 지켜 참고 인내하며 재능을 감추고 자신을 보호해야 한다"는 내용이다. 특히 효사(爻辭)가 상징하는 의미 중에는, 절대 권력에 대항하기 위해 인내하면서 저항 세력끼리 은밀한 규합을 이루고 옳지 못한 권력에서 벗어나야 하며 바르지 못한 정치는 결국 망한다는 뜻으로 풀이되는 부분이 있다.

이러한『명이대방록』의 구성은 정치개혁론이 주를 이룬다. 원군(原君)·원신(原臣)·원법(原法) 등 목차에서 알 수 있듯이 국가의 지배력을 상징하는 군주와 신하의 관계, 법이라는 국가운영 근거에 대한 원칙적인 개혁론을 전개한다. 이런 면에서 황종희는 민중의 혁명성을 지지하는 입장에 있던 맹자(孟子)를 닮았다.

황종희는『명이대방록』서두에서 맹자가 "한 번 다스려지고 한 번 혼란해진다"(一治一亂)고 한 말에 의문을 갖고 있었다고 하며, "왜 삼대(三代) 이후에는 혼란만 있었고 다스려지지 않았는지" 그 이유를 묻고 있다. 황종희는 또 다른 저서『맹자사설(孟子師說)』(이혜경 옮김, 한길사 펴냄)에서 그 원인을 통치자에게 돌리면서 통치자가 '불인(不仁)'하기 때문이라고 했다. 불인은 의서(醫書)에 기(氣)가 관통하지 않아 '손발이 마비된 것'을 말한다고 정자(程子)가 밝힌 바 있다. 다시 말해서 불인한 통치자는 백성, 국민과 소통하지 않고 자기와 자기 가족만의 독락을 획책하다가 결국 나라를 망하게 하는 통치자이다. 기론과 관련하여 황종희는 "기가 운행하는 모든 것은 동체(同體)"라는 우주론적 해석으로 확대한다. 바로 맹자의 '여민동락(與民同樂)'을 근거하는 것이다.

황종희는 인간이 자기의 '개인적인 것(自私)'과 '주관적인 이기심(自利)'으로 나아가는 존재임을 인정하면서, 통치자인 군주가 공리(公利)를 추구하게 되면 오히려 개개인들의 자사와 자리를 만족시키며 승화시키는 결과를 가져올 것이라고 했다. 문제는 최고 권력을 가진 자가 사적 이익을 최우선으로 삼기 때문이다. 그래서 황종희는 "천하에 큰 해가 되는 것은 군주뿐"이라고 했다. 더 적극적으로 표현하면 군주는 백성의 이익을 도모하기 위한 자로서 그 존재 가치가 규정된다고 볼 수 있다.

군주는 객이고, 백성이 주인이다

황종희는 '원군(原君)' 편에서 고대 성왕(聖王)이라고 불리는 통치자들을 거론하면서 "옛날에는 천하의 백성이 주인이고, 군주가 객이 되어 무릇 군주는 일생 동안 천하를 위해 경영했는데, 지금은 군주가 주인이고 천하 백성이 객이 되어서 무릇 천하의 어느 곳도 평안하지 못한 것은 군주만을 위하기 때문"이라고 지적한다.

여기서 우리는 '군객민주(君客民主)'라는 슬로건을 발견할 수 있다. 이것은 기존 동양의 유가 정치철학에서 보이던 전형적인 '군주민본(君主民本)'과는 다른 것이다. 물론 현대의 민주와는 거리가 있지만 기존의 민본과는 차별되는 급진적 민본주의로서 '민주적 민본'이라 부를 만하다. 근본적인 부분에서 기존에 있던 아래의 것과 위의 것을 전도시킨다. 이미 황종희는 이자성의 농민봉기군에 의한 명왕조의 붕괴를 목도하면서 민중의 힘을 무시하고서는 새로운 사회질서를 확립하기는 어렵다고 보았기 때문이다.

이 대목에서 황종희의 급진적 민본주의가 당시로서 파격적인 면을 분명 갖고 있었지만, 결국에는 정치개혁과 사회 재편성의 주인공은 합리적인 엘리트로서 자신과 같은 사족 계층이 담당해야 한다는 의식도 노출한다. 이것은 현대에도 마찬가지다. 민주주의가 지닌 태생적 한계성에 의해 국민의 실질적 주권 행사는 시기적으로 분할되어 한정되어 있고 여전히 정치적 주체는 따로 있다. 『명이대방록』의 관점을 현대에 적용했을 때 드러나는 한계점이고 그 연장선에서 똑같은 고민이 현대에도 있음을 알 수 있는 부분이다.

황종희는 '원신(原臣)' 편에서 잘못된 통치 권력에는 협조할 수 없다는 원칙을 분명히 한다. 사실 청왕조는 중국 전역을 지배하는 과정에서 지식인들을 회유하는 정책을 펴서 그들을 양지로 끌어내려고 하였다. 하지만 황종희는 청왕조의 지속적인 요청에 어떠한 관직도 수행하지 않았다. 과거 명나라에 대한 지조를 지키는 면도 있었지만 『명이대방록』이 명왕조의 회복이 불가능함을 인식하고 쓴 저술임을 생각하면, 그의 이런 생각은 자신이 정치적 노선에 진출하는 것과 그 당위성, 그리고 물러나 처신할 때의 합당함을 증명하는 출처의리(出處義理)와 관계가 있다.

황종희는 명태조가 맹자의 "민이 귀하고 다음이 사직이고 군주는 가볍다(民爲貴, 社稷次之, 君爲輕)"는 말을 폐기하고 재상까지 폐지했던 사실에서 환관이 득세하여 사족 계급은 물론 백성까지 고통스럽게 만든 상황에 대해서도 정확히 인식하고 있었다. 학교, 서리, 환관에 대해 언급한 편에서 그의 이런 생각들이 여실히 드러난다.

바라는 새로운 시대를 기다리며

황종희는 『명이대방록』을 통해 지식인으로서 현실의 모순과 잘못된 점을 정확히 인식하고 정도(正道)를 회복하는 입장에서 '너희들이 알고 있던 그것은 원래는 이런 것이야'라고 외치는 듯하다. 물론 구호로서 끝나는 것이 아니라 정확한 주장과 정밀한 근거를 갖추고 있기에 비중이 더욱 클 수밖에 없다.

황종희는 명왕조의 유산을 지니고 있던 지식인이었지만 청왕조를 거쳐 현대에 이르기까지 대학자로 기억될 수 있던 점은 바로 어떠한 권력에도 협조하지 않고 문제가 있다면 반드시 정치권을 가만두지 않고 간섭해야만 하는 유학자 본연의 자세에 충실했던 점이었을 것이다. 물론 당시 황종희가 사대부로서 가지고 있던 책임감은 그가 말한 '민주'를 놓고 보면 이율배반적인 모순이 분명히 있다. 그렇지만 지금 우리에게, 정치적 개념의 측면에서 '민주'의 주체는 사회구성원 각각 개개인들이 그 적임자이다. 그런면에서 오늘날 정치권에 대한 우리의 태도는 황종희 시대 유자(儒者)들의 것보다 더욱더 당당해져야 할 필요가 있다.

황종희가 당시 정치행위와 사회참여에 있어 실질적으로 제외되어 있었지만 오히려 끊임없이 지배 권력에 대해 견제와 비판의 칼날을 들이대고 있던 점은, 현대 정치에서 소외되어 있지만 또 소외되지 않은 것처럼 보이는 시민사회의 구성원들이 정치권과의 대립이나 상호 관련되는 일들에 대해 구체적으로 어떻게 처신해야 되는지 조언하는 바가 크다.

민주주의라는 정치체제와 민주사회를 살고 있다고 자부하는 현재의 우리는 과연 황종희가 말한 '군객민주'의 그 민주조차 경험하고 있는 것인지도 의문이 든다. 황종희가 경제개혁론에서 주장했던 지방분권적 통치는 민 자체의 의식이 개선되거나 변화되지 않은 상태에서는 불가능했던 주장이기 때문이다. 시민사회의 의식이나 개인의 정치참여에 대한 의식도가 성장했다고는 하지만 여전히 우리 사회는 정치권에 대해 생각하고 발언하며 자기 삶의 자유와 여가를 확장하는 기회를 유실하고 있는지도 모르겠다.

한파가 모든 것을 움츠리게 만드는 이때 황종희의 『명이대방록』은 비록 시기적 간극이 넓은 책이지만 많은 부분에서 우리의 공감을 불러일으키고 오히려 지침으로 삼을 수 있는 책이 될 수 있다. 현 대통령을 지지하지 않았던 사람들에게는 명이의 시기에 새로운 개혁의 시대를 기다리며 인내해야 하기에 절실하게 필요한 책이 될 것이고 지지했던 사람들에게는 새로운 '공(公)'의 시대를 앞당기기 위한 의식의 지침서로 반드시 읽어야 할 필독서가 될 것이다.

지금 혹 봄을 기다리는 동안 정말 봄이 오지 않을 수도 있다는 불안감에 고통스러워하는 사람들도 있지만 '명이괘'의 풀이처럼 그럴 때일수록 '연대'와 '의지'의 힘이 더욱 강해지는 인지상정(人之常情)의 묘(妙)를 느껴야 할 것이다. 여기서 놓치지 말아야 할 가장 중요한 것은 연대하고 의지해야 할 것이 민중과 민중이라는 점이다. 정치권과 권력은 비판의 대상이지 평생 단심(丹心)으로 종사(從事)할 대상이 아니다. 지지하고 응원했지만 권력을 획득한 정치권력에게는 그 순간부터 비판의 칼날을 들이대야한다. 황종희처럼 말이다. 지금은 모두 그 칼날을 갈아야 할 때이다.

더불어 읽기

깊이 읽기

1) 이규성, 『내재의 철학: 황종희』(이화여자대학교출판부, 1994). 황종희의 사상을 철학적으로 깊이 있게 규명했다. 글쓴이 이규성은 생성이라는 관점에서 동아시아의 전통 형이상학이 세계의 본질을 정태적으로 규정한 범주 안에 갇혀 있다고 본다. 세계는 무정형의 활력을 가지고 있고 그 세계는 상호 내재적인 관계 속에서 원융한 통일적 역동 체계로서의 세계이다. 황종희는 왕양명의 철학을 흐름과 주재의 통일로 파악했고, 생성계를 초월한 어떠한 구심적 원리도 구하지 않는다. 이것이 황종희의 내재주의적 형이상학이다. 글쓴이의 관점을 따라가기 조금 어려운 부분도 있지만 동양철학에 관심 있는 독자라면 꼭 한번 읽어볼 만한 책이다.

2) 김덕균, 『명말청초 사회사상』(한국학술정보, 2007). 이 책은 시기상 명말청초를 다루고 있지만 황종희보다 20년 후배인 당견이라는 사상가를 중점으로 소개하고 있다. 당견 또한 황종희처럼 양명학자였고 『잠서』라는 책으로 잘 알려져 있다. 하지만 일반인들에게는 아직 생소한 것이 사실이다. 이 책을 읽어보면 당시 시대적 전환기에

당견이 모색했던 전통에서 근대로 전환의 시도가 지금 우리에게 시사하는 바가 큼을 알 수 있다. 특히 사회문제의 인식과 이론의 제기에만 머무르지 않고 실천적 면에서 소홀하지 않았던 그의 사상적 의의는 지금까지도 크게 의미 있는 점이다. 황종희와 함께 비교해 보면 좋을 듯하다.

3) 대진, 『맹자자의소증·원선』, 임옥균 옮김(홍익출판사, 1998). 고전 『맹자자의소증』과 『원선』을 한데 묶은 역서이다. 대진은 청대 철학자이자 고증학자로서 당시 지배 이념으로 작용하던 '리'의 철학을 철저하게 비판하고, '기'의 철학의 입장에서 새로운 사상 체계를 도모하려 하였다. 특히 『맹자자의소증』에서 대진은 기존의 철학적 개념들을 선택하여 분석하고 있는데 단순히 『맹자』의 주석이 아니라, 송대의 주자학적 해석들에 대한 비판과 함께 자신의 학설을 주장하고 있다. 『맹자』를 읽을 때, '왜 반드시 주희의 『맹자집주』여야만 하나?'라는 불만이 있다면, 이 책을 펴시라.

진보성 / 대진대학교 강사

강태공은 과연
무엇을 낚았는가?

『육도삼략』 / 강태공

세월을 낚던 강태공

현실주의적 정치사상사에 있어서, 서양에는 마키아벨리(1469~1527년)가 있다면 동양에는 바로 강태공이 있다. 그러나 나이로 따지자면 마키아벨리는 르네상스 후기 태생이므로 기껏해야 600살이라고 말할 수 있지만, 강태공은 전설을 그대로 받아들이자면 그리고 『육도삼략(六韜三略)』을 강태공의 사상이라고 믿는다면 대략 중국 주(周)나라의 건국 공신임을 감안하여 나이가 거의 3,000살이 넘는다.

보통 중국의 병법서를 꼽는다면 모두들 『손자병법(孫子兵法)』만을 떠올리고 『육도삼략』도 있다는 사실을 잘 모르기 마련이다. 그런데 이 『육도삼략』은 책의 이름에서도 알 수 있듯이, 군무(軍務)를 전략(前略)과 전술(戰術)로 나눈다면 『손자병법』에 비해서 전략의 성격이 더 강하다. 그런 점에서 『육도삼략』은 『손자병법』보다도 국가대사(國家大事)에 있어서 중요도 면에서 보나 스케일 면에서 보나 한 급 더 우위에 있다고 평가해야 할 것이다. 『손자병법』이 물고기를 낚기 위한 책이라면 『육도삼략』은 그야말로 세월을 낚기 위한 책인 것이다.

첫 사 랑 의 만 남

이 『육도삼략』은 강가에 앉아 세월을 낚고 있던 강태공과 그의 명망(名望)을 듣고 등용을 청하러 찾아간 주나라 문왕(文王) 간의 정치적·군사적 전략에 관한 문답으로 이루어져 있다. 그런데 어쩌면 가장 중요한 장면일지도 모르는 바로 이 만남을 묘사한 한 구절을 살펴보자.

문왕이 사냥을 나가려 하자, 사편(史編)이 점을 쳐보고 나서 말했다. "위양(渭陽)에서 사냥을 하시면 크게 얻는 바가 있을 것입니다. …… 장차 공작과 후작이 될 인재를 얻을 징조입니다. 하늘이 당신에게 스승을 보내 당신을 보좌하여 나라를 빛내게 하고, 이어 3대를 도울 것입니다." 문왕이 말하기를, "조짐이 그와 같은가?" …… 이에 문왕은 3일 동안 재계하고 전거(田車)에 전마(田馬)를 매어 타고 위양으로 사냥을 나갔다. 마침내 그곳에서 태공이 잔디 위에 앉아 낚시질하는 것을 보았다. …… 태공이 대답했다. "군자는 그 뜻을 얻는 것을 즐기고 소인은 그 일을 얻는 것을 즐긴다고 합니다. 이는 지금 제가 낚시질하는 것과 흡사합니다."(제1편, 「문도(文韜)」, 문사(文師)편)

여기서 등장하는 점, 하늘, 스승, 조짐, 3일 동안의 재계, 그리고 즐거움에 주목해 보자. 여기 도입부에는 강태공의 정치·군사 철학의 실질적인 내용에 대한 아무런 설명도 없다. 하지만 주나라 문왕과 강태공의 첫 만남을 서술한 이 대목만큼 동양 고유의 정치철학적 특색을 뚜렷하게 드러낸 곳은 없을 것이다. 마치 그 사람의 모든 것을 말해 주는, 운명적인 첫사랑을 만난 그때 그 순간의 기억처럼 말이다.

문왕은 점(占)이라는 우연 혹은 계시, 운명에 이끌려 강태공을 만나게 된다. 그리고 그것은 하늘의 명령이자 선물이며, 강태공은 비록 신하이지만 왕의 스승이다. 그리고 그 무엇보다도 이러한 큰 스승을 만나기 위하여 주문왕(周文王)은 일국의 왕이라는 신분에도 불구하고 3일 동안 몸을 깨끗하게 하며 온 정성을 다 기울인다.

이것은 마키아벨리의 『군주론』과 매우 뚜렷하게 대조된다. 『군주론』에서는 이러한 만남의 '과정'에는 아무런 의미부여를 하지 않고 단도직입적으로 내용만을 다루며, 다만 도입부의 헌정사에서는 왕의 정성이 아니라 마키아벨리의 신하로서의 정성만이 묘사될 뿐이다.

여기에는 철학적으로 말한다면 가장 중요한 실존과 본질과의 대비가 뚜렷하게 드러난다. 본질로써의 정치·군사적 내용 이전에 이미 만남의 과정으로서, 하나의 운명과 정성으로서, 예식(禮式)으로서, 분위기로서, '실존'이 드러나는 것이다. 그것은 고정된 내용으로 포착할 수 없으며, 일종의 동사형으로서, 가능성으로서, 기대로서 드러나는 것이다.

이 강태공과 주문왕의 첫 만남에는 실존적 결의와 진지함, 정성, 기대와 가능성이 분위기로 자리 잡고 있다. 그것은 또한 왕과 신하라는 개개인 간의 대면이 아니라 하늘의 계시와 감응(感應)이라는 온 우주적 계기가 함께 둘러싸고 있다. 그러므로 이 만남은 하늘(天)과 땅(地)과 사람(人)이 함께 어우러진 만남이다.

여기서 마지막으로 중요한 것 하나 더. 바로 이 만남에는 낚시질로 비유된 즐거움이 있다.

사랑

문왕이 태공에게 물었다. "원컨대 나라를 다스리는 데 가장 중요한 일을 들려 주십시오. 군주를 존엄케 하고, 백성으로 하여금 편안케 하려면 어떻게 해야 합니까?" 태공이 말했다. "오직 백성을 사랑하면 됩니다."(제1편, 「문도(文韜)」, 국무(國務)편)

여기서도, 결코 빠질 수 없는 만고불변(萬古不變)의 진리, 사랑이 등장한다.

"대명(大明)이 발동하면 만물이 모두 비치고, 대의(大義)가 발동하면 만물이 모두 이로우며, 대병(大兵)이 발동하면 만물이 모두 복종합니다. 성인의 덕은 참으로 위대하여 홀로 듣고 홀로 보니, 이 어찌 즐겁지 않습니까."(제2편, 「무도(武韜)」, 계발(啓發)편)

그런데 바로 이 사랑은 만물을 비치고, 만물이 이로우며, 만물이 복종하는 것이기에 너무나도 즐거운 것이다.

3장 돈의 맛 아는 세상에 던지는 철학 쓴 소리

문왕이 말했다. "공의 말은 내 생각과 일치합니다. 아침저녁으로 이를 생각해서 잊지 않고 천하를 다스리는 상도(常道)로 삼겠습니다."(제2편, 「무도(武韜)」, 문계(文啓)편)

사랑은 또한 믿고 따르는 것이다. 서로의 신뢰는 쇠를 자를 만큼 단단하고, 그 가운데 이어지는 이야기에는 난초와 같은 향기가 짙게 풍겨 온다.

태공이 말했다. "무릇 병사를 일으키려면 장수로서 명(命)을 삼습니다. 명은 두루 통해야 하며 하나의 술책만을 지키지는 않습니다."(제3편, 「용도(龍韜)」, 왕익(王翼)편)

'군자불기(君子不器: 군자는 그릇에 국한되지 않는다)'라고 하였다. 백성을 사랑할 수 있는 자가 바로 군자이며 군자는 불기(不器)이다. 장수를 아끼는 군자만이 장수들을 두루 쓸 수 있으며, 그런 군자만이 명령에 있어서 두루 통할 수 있다. 군자불기는 그래서 군자의 덕이자 어짊이며 사랑이다. 이러한 덕에서 의로움과 예의와 지혜가 나오며, 이를 통해 두루 통할 수 있는 것이다. 마치 사랑하는 사람을 위해서는 모든 것을 할 수 있는 것과도 같다.

신비

무왕이 태공에게 물었다. "율음으로써 삼군의 동정과 승부의 결과를 알 수 있습니까?" 태공이 대답했다. "깊도다, 군주의 물음이여, 대저 율관(律管)에는 열둘이 있고, 그것을 요약하면 5음(五音)이 되는데, 궁(宮)·상(商)·각(角)·치(徵)·우(羽) 5음이 진정한 소리입니다. 만대에 걸쳐 변함이 없으며, 5행(行)의 신비로서 불변의 도(道)입니다. 금(金)·목(木)·수(水)·화(火)·토(土)는 각각 그 이기는 것으로써 공격하는 것입니다. 옛날 삼황(三皇)의 시대에는 허무(虛無)의 정(情)이 강강(剛强)을 제어했으며, 문자는 없었으나 모두 5행에 의하여 천하를 다스렸던 것입니다. 5행의 도는 천지자연의 법칙이며, 육갑(六甲)의 나누어짐이며, 미묘한 원리입니다."(제3편,「용도(龍韜)」, 오음(五音)편)

『육도삼략』에는 또한 빠짐없이 음양오행설(陰陽五行說)이 등장한다. 무엇보다도 『손자병법』에서는 찾아볼 수 없는 특별한 신비주의인데, 음향의 다양한 색조로써 군사적 형세를 파악하고, 공격을 할지 말지, 퇴각 여부 등까지도 알 수 있다.

"무릇 성을 치고 읍을 포위함에 있어 성 안의 기색(氣色)이 불 꺼진 재와 같다면 성을 무찌를 수 있습니다. 성의 기(氣)가 나와 북을 향한다면 성을 점령할 수 있습니다. 성의 기가 나와 서쪽을 향한다면 성을 항복시킬 수 있습니다. 성의 기가 나와 남쪽을 향한다면 성을 빼앗을 수 없습니다. 성의 기가 나와 동쪽을 향한다면 성을 칠 수 없습니다. 성의 기가 나왔다가 다시 들어간다면 성주가 도망하는 것입니다. 성의 기가 나와 아군의 위를 덮는다면 아군은 병들게 됩니다. 성의 기가 나와 높이 올라가서 그칠 줄 모른다면 싸움이 오래 계속될 것입니다. 무릇 성을 치고 읍을 포위한 지 열흘이 지나도록 천둥이 울리지 않고 비가 내리지 않는다면 반드시 빨리 떠나야 합니다. 이럴 때는 서에 반드시 큰 도움이 있는 것입니다. 이것이 칠 수 있음을 알고 치며, 칠 수 없음을 알고 그치는 것입니다." 무왕이 말했다. "좋습니다."(제3편, 「용도(龍韜)」, 병징(兵徵)편)

여기서는 형체를 넘어선 기(氣)의 차원까지 등장한다. 기운이 드나드는 방위에 따라 동쪽과 남쪽은 양(陽)에 해당하기 때문에 함락시킬 수 없고, 서쪽과 북쪽은 음(陰)에 해당하기 때문에 함락 가능한 것이다. 그리고 동쪽은 소양(小陽)이기에 칠 수 없는 것이며, 남쪽은 태양(太陽)이기에 빼앗을 수 없는 것이다. 또한 마찬가지로 서쪽은 소음(少陰)이기에 항복시킬 수 있고, 북쪽은 태음(太陰)이기에 점령할 수 있는 것이다. 이러한 기운(氣運)의 형세까지 파악하는 장수가 있다면 과연 얼마나 무시무시할 것인가! 또 이러한 정치가가 있다면 그 얼마나 위대할 것인가! 비록 이러한 신비주의가 허무맹랑해 보일 수 있으나 적어도 고대 사회에서는 지도자에게 상당히 높은 수준의 역량을 기대하였다는 사실을 짐작할 수 있다. 무엇보다도 지도자에게 이러한 신비적 차원의 역량을 요구한다는 점은 정치에 있어서도 당장 눈앞에 보이는 차원(예를 들어 순간의 이해득실)을 넘어서는 지적이고 도덕적인 고양을 요구하고 있음을 암시한다. 이곳이야말로 바로 동양 정치철학에 내재한 신비주의의 의미가 존재하는 자리이다.

아름다움

대저 삼황(三皇)은 아무 말이 없어도 덕화가 사해에 넘쳐흘렀다. 그러므로 천하 사람들은 공을 돌릴 곳을 알 수 없었다. 제(帝)는 하늘의 도(道)를 따르고 땅의 법칙을 따르며, 말이 있고 명령이 있어 천하가 태평했었다. 군신(君臣)이 서로 공을 사양하여 사해에 덕화가 널리 행하여지니, 백성은 천하가 그와 같이 잘 다스려지는 까닭을 알지 못했다. 그러므로 신하로 하여금 예(禮)와 상(賞)을 기다리지 않고 공을 세우게 한다면 아름다우면서도 해로움은 없다.(『삼략(三略)』 중 「중략(中略)」)

억지로 다스리려 하지 않아도 저절로 다스려지는 '무위지치(無爲之治)'는 진정으로 아름다운 것이다. 현대 사회에는 과연 '무위지치(無爲之治)'를 요구하는가? 요임금 시대의 태평성대를 칭송하는 다음의 유명한 시를 하나 감상해 보자. "해가 뜨면 일어나 일터로 나가고, 해가 지면 들어와서 쉬네. 밭을 갈아 먹고, 우물 파서 물 마시니, 임금의 힘이 무엇이 있으랴." 비록 최선이 아니라 차악(次惡)을 지향할 수밖에 없는 현대의 정치 생태에서 바라본다면 너무나 허황된 이상일지도 모른다. 그러나 동시에 우리가 영원히 되찾고도 싶은 상실해 버린 이상이기도 하다.

강태공과 주문왕의 만남은 이렇게 첫사랑처럼 다가왔고, 첫사랑처럼 신비하고 아름답게 그들의 이야기를 만들어 갔다. 21세기 한국 사회에서 우리는 과연 어떤 이야기를 신비하고 아름답게 만들어 갈 것인가? 정치의 내용보다도 정치의 자세를 문왕과 강태공의 대화 가운데 아름답게 그려 내는 『육도삼략』을 통해서 우리는 진정 국민을 사랑하고 국민에게 사랑받을 수 있는 지도자는 고기가 아니라 세월을 낚을 수 있는 지도자임을 깨닫게 된다. 근시안적인 눈앞의 이익이나 표심이 아니라 먼 시야와 넓은 발자국으로 진정성 가운데서 국민과 아름다운 시간과 이야기를 만들어 가는 지도자상을 강태공은 잔잔한 수면 위에 여유 있게 드리운 낚싯대로 그려 내고 있다.

점점 더 복잡해지는 혼돈의 세상에서, 우리는 우리가 무엇을 지향하고 무엇을 생각하느냐보다, 우리는 무엇을 느끼고 무엇을 함께하는가에 더욱 주목해야 하지 않을까 한다. 바로 우리의 실존적 터전을 말이다.

이념보다 현실을, 앎보다 행동을, 본질보다 실존에, 소유보다 존재에 주목해야 한다. 유용한 삶보다 아름다운 삶을 그려야 한다.

기억을 그리워하고, 고향을 그리워하는 것처럼.

마치 사랑처럼 말이다.

더불어 읽기
깊이 읽기

1) 『손자병법』, 노태준 옮김(홍신문화사, 2007). 강태공의 『육도삼략』과 비교하여 읽어 보면 흥미로울 것이다. 홍신문화사에서 출간한 『손자병법』은 정통 한학자의 번역으로, 전통적인 방식의 번역과 해설을 접해 볼 수 있는 좋은 기회가 될 것이다.

2) 마키아벨리, 『군주론』, 강정인/김경희 옮김(까치글방, 2008). 마키아벨리 전

공 학자가 번역에 참여한『군주론』의 이탈리아어 원전 번역판이다. 마키아벨리는『군주론』에서 정치 행위가 종교적 규율이나 전통적인 윤리적 가치로부터 자유로워야 한다고 주장해 근대 현실주의 정치사상을 최초로 주창한 인물로 평가받는다.

3)『신역 논어』, 이기석/한백우 옮김, 이가원 감수(홍신문화사, 2000).『육도삼략』의 정치철학이 담고 있는 정신을 가장 잘 나타내는 책이 바로『논어』가 아닐까 한다. 홍신문화사의『신역 논어』는『논어』원문과 함께 정통 한학자의 번역과 해설을 담고 있다. 이 책을 읽고 나서 시리즈의 다른 도서 가운데 흥미 있는 책으로 동양 고전의 독서 폭을 넓혀 나가면 좋을 것이다.

이찬희 / 한국철학사상연구회 회원

전쟁을 원하는 자들의 반전?
독립 국가와 세계 평화?

『정치를 말하다』 / 가라타니 고진

불안을 야기하는 북한의 속내: 독립 국가 인정?

불안한 사회에 살면서도 별로 불안해하지 않는 사람들이 있다. 불안한 정세 때문에 외국 투자자가 투자를 망설이게 하는 나라가 있다. 걱정스런 눈빛으로 종군 기자를 급파하게 만드는 나라가 있다. 외부에서는 전쟁이 일어난다고 난리법석인데, 정작 내부에서는 조용한 일상만 반복되는 이 나라, 그래서 급파된 종군 기자들이 본국으로 송출할 전쟁 기사를 쓰지 못했던 이 나라에 우리가 살고 있다.

급파된 종군 기자들을 당혹스럽게 하는 것은 '전쟁이 일어나지 않는다는 사실'보다는 '이해당사자인 이 나라 사람들이 불안을 느끼지 않는다는 사실'이다. 도대체 전쟁 불감증에 걸려 있기라도 한 것인가? 북한 도발에 대해 무덤덤해하는 데는 어떤 요인이 있을 것이고, 그 요인은 여러 가지로

세상의 붕괴에 대처하는 우리들의 자세: 철학자의 서재 3

추측해 볼 수 있다.

그런데 무엇보다도 두드러진 인상은, 전쟁 도발 운운하는 북한이 실제로는 전쟁을 원한다기보다는, 전 세계인이 관심을 갖고서 그들에게 신경을 써주기를 원한다는 것이다. 북한은 세계인의 관심과 신경을 이끌어내어 경제적 안정을 구하고 싶어 한다. 사정이 이러하니, 그들에게 궁극적인 것은 전쟁보다는 평화이다. 도발 가능성이 높은 집단도 속내를 들여다보면 자신들의 안정과 행복을 실현하기 위해 움직인다. 이런 갈망을 이상한 형태로 드러내는 그들의 속내 또한 그러하다.

무서운 전쟁 무기나 핵무기는 전쟁을 도발하기 위해──간혹 그런 자들이 있지만──만드는 것은 아니다. 오히려 상대국의 도발을 방지하기 위해 발명이 시작되며, 만약의 사태를 위한 대비용 성격이 강하다. 대비용으로 만든 무기를 소비하기 위해 전쟁 이유를 찾는 자들도 있지만, 생산되는 무기의 양에 비해 그 비율이 높은 것은 아니다. 전쟁 대비는 자국의 안정과 평화를 지켜내는 데 목적이 있다. 두려움을 야기하는 북한의 강한 몸짓도 평화를 실현하고 싶다는 우회적 몸짓이다. 우회적 몸짓이 아니라면? 당연히 벌써 전쟁을 도발했을 것이다. 한반도에 살고 있는 사람은 누구라도 이런 추측을 할 수 있다. 조그만 한반도, 그것도 반절밖에 되지 않는 땅덩어리를 소유한 사람들이 전쟁을 일으킨다면──요즘의 무기 수준을 고려하면──한반도 전체가 손쉽게 초토화되고, 북한은 살아남지 못하리라는 것을!

오늘날 북한이 보여주는 우회적 몸짓은 그들을 한 국가(state)로 인정해 달라는 것, 달리 말하면 침략국 지위를 벗어나서 독립 국가 지위를 획득하자는 것이다. 불량국가나 악의 축이라는 오명을 벗어던지고, 다른 나라와 동등하면서도 독립적인 국가로서 국제 관계를 만들어서 자유롭게 소통하고 싶다는 의지의 표명이다. '한 국가'로 인정받는 것이 중요하기 때문에 오히려 전쟁을 운운하는 일들이 벌어지는 것이다. 벼랑 끝 전술을 끊임없이 구사하면서 도달하게 될 목표는 행복한 삶을 실현하기 위한 정치 형태와 국제 관계이다. 이를 위해 '국가'라는 단위와 국가 수준의 상호 소통이 필히 요구된다.

불안 제거 방법: 고진의 독립 국가에서 세계 평화로

삶의 구조를 전적으로 재편하게 만드는 자본의 영향력과 팽창에도 불구하고, 경제 개념으로 환원되지 않는 독자적 영역이 있으니, 그것이 바로 국가라고 역설하는 사람도 있다. 세계사적 흐름을 쭉 진단하면서 국가의 고유성이 존재한다고 강조하고, 자본 팽창을 극복하는 대안을 마련하고자 하는 사람이 가라타니 고진이다. 고진은 철학 활동에 버금가는 '문학 비평'을 통해 '국가'는 어느 시기를 막론하고 작동했으며, 세계 평화를 위해서도 중요한 준거점이 된다고 하면서 국가 논의를 구체화해 나간다. 특히 후기로 이어지는 『트랜스크리틱』(가라타니 고진 지음, 송태욱 옮김, 한길사 펴냄)이나 『세계 공화국으로』(가라타니 고진 지음, 조영일 옮김, 도서출판b 펴냄)에서 '자본=네이션=국가'라는 도식을 만들고, 국제 관계에서 국가의 역할, 평화로운 국가 관계를 구현하는 방법, 세계 평화에 기여하는 과정을 고민한다. 그러한 고민과 사상 체계가 형성되는 과정을 인터뷰 형식으로 출판된 『정치를 말하다』(가라타니 고진·고아라시 구하치로 지음, 조영일 옮김, 도서출판b 펴냄)에서 보여준다.

한반도와는 상황이 다르지만, 일본도 대미 관계에서 국가의 자존심을 훼손하는 굴욕을 겪었기 때문에, 고진도 우리랑 비슷하게 민족과 국가 간 문제를 성찰하게 된다. 고민의 출발점은 1960년대 '일미 안전 보장 조약 개정 반대' 운동이다. 그는 일본의 60세대를 유럽의 68세대와 같은 세대로 분류한다. 스탈린식 사회주의를 비판하는 신좌익 운동과 같은 맥락에서 일본 학생의 60세대 파워가 발휘되었고, 그는 이를 통해 '국가'와 '네이션' 문제에 천착해야 한다는 깨달음을 얻는다.

한미 관계도——일미 관계와 유사하게——미국과 연루되며, 이 속에서 남북 문제가 계속 양산되면서 우리네 삶에 영향을 미치고 있다. 효순이·미선이 사건을 계기로 한국 국민이 동등한 한미 관계를 요구하면서 상호 인정 국가를 이루어내려고 했지만, 주체적이라고 하기에는 아직도 미진한 면이 있다. 그래서 한반도가 겪고 있는 남북 문제, 뒤따르는 민족 문제를 성찰하기 위해 고진이라는 우회로 또한 필요하다. 전쟁 도발을 꿈꾼다고 하는 북한의 속내가 사실은 독립 국가로 인정받는 것이고, 그럼으로써 세계 평화를 실현하려는 노력에 가까이 갈 수 있으니, 고진의 문제의식이 곧 우리의 문제 의식이라는 태도로 나아가 보자.

고진이 보는 한국과 일본의 차이: 대의제가 살아 있는가?

인터뷰 형식이지만, 『정치를 말하다』는 고진의 사상적 변화와 행보를 압축적으로 보여준다. 그런데 이 책은 그의 사상적 궤적뿐만 아니라, 한국과 일본의 중요한 차이점도——간략하지만, 의미심장하게——보여준다.

일본은 선진국이기 때문에 경제적 영향력을 세계적으로 발휘하지만, "메이지 이래로 봉건 사회에 존재했던 자치적인 개별 사회를 전면적으로 해체하여 전부 전체 사회로 흡수하고 급속한 근대화를 달성"(153쪽)하기에 지금까지 심각한 문제를 안고 있다. 그 과정에서 일본의 중간 계급이 지속적으로 소멸하는 현상이 발생했기 때문이다. 일본의 '대의제는 결과적으로 귀족정'이 되어 버린다. 몽테스키외의 주장에 따르면, 중간 계급의 소멸 여부는 '민주주의의 바로미터'이다. "중간 세력이 일본에서 거의 소멸한"(156쪽) 2000년은 바로미터에 빨간 불이 켜진 셈이다. 달리 말하면 일본은 데모가 없는 나라가 되었고, 민주주의 실현에서 맹점을 지닌 나라가 되었다. 고진은 이것을 지적하면서, 바다 건너 한국에는 데모가 있다는 것에 부러움을 표한다.

고진은 중간 계급이 소멸하면 민주 정치가 점차 전제 정치로 변질될 수 있다는 우려를 내비친다. 이런 우려를 한국 사회에도 적용하거나 예단할 수 있을까? 변질되는 상황을 타개하기 위해, '대의제 이외의 정치 행위'를 찾으려고 노력해야 한다. 그래서 그는 이렇게 말한다. "대의제만으로는 민주주의일 수 없습니다. 실제 아메리카에서는 데모가 많습니다. 선거 운동 그 자체도 데모 같은 것입니다. 데모와 같은 행위가 민주주의를 뒷받침하는 것입니다."(160쪽)

그런데 지금은 전 세계적으로 자본주의 팽창이 극에 달하고 있어서 국가가 자본으로, 정치가 경제로 환원되며, '국가와 정치'가 '자본과 경제'에 휘둘리는 것처럼 보인다. 그런 상황에도 불구하고, 그리고 그런 상황이기에, 고진은 더욱 더 '자본과 구별'되는 '국가 및 네이션(민족)의 독자적 역할'을 찾으려고 노력한다.

국가의 민주주의 실현: 칸트의 통찰력에서 나온 세계 공화국

국가의 존재는 세계 평화를 저해하는 것이 아니라, 오히려 세계 평화를 실현하는 발판이다. 세계 평화를 위해 독립적 국가의 역할이 필요하며, 반대로 자국의 안정과 평화를 실현하기 위해 국가의 이해관계를 넘어서는 국제 관계가 있어야 한다. 그래서 고진은 '국가 대 국가'의 관계이면서 '국가를 넘어서는 대안'을 마련하는 데 통찰력을 주는 '칸트의 영구 평화론'을 끌어온다. 칸트의 세계 시민 사회와 세계 국가에 대한 착상을 '세계 공화국'이라는 용어로 전개하면서 '트랜스크리틱'을 펼쳐 나간다.

그가 특별히 더 국가 문제를 생각하게 된 것은 미국의 9·11 사건 이후이다. 그는 세계사의 흐름을 분석하면서, 공동체 관계에서는 '국가'라는 형태의 무언가가 본질적으로 있고, 국가의 본질과 기원을 추적하면 "국가는 처음부터 다른 국가에 대해 존재"한다. 그러므로 국가 간 경계가 해체되는 오늘날의 상황에서도 "다른 국가와 무관하게 일국만의 국가 지양"(99쪽)은 있을 수 없다. 그는 마르크스의 아나키스트적 공산주의가 국가와 민족 문제에 걸려 자꾸 넘어지는 것도 이것 때문이라고 본다. '국가 대 국가의 관계'를 기반으로 '국가를 넘어서는 대안'을 탐구하지 않으면 문제가 야기된다고 본다. 양자가 모두 요구된다.

그래서 고진은 칸트의 '세계 시민 사회와 세계 국가'로 나아간다. 왜 칸트이어야 하는가? 일단 공산주의라고 해도 '어떤 이념'이 없으면 불가능하다고 보기 때문이다. 마르크스에게도 공산주의 이념은 있었다. 그러나 그것은 결코 칸트가 말하는 '구성적 이념'은 아니었다. 공산주의 이념을 구성적 이념으로 오인하면서——마르크스의 의도를 넘어서서——스탈린식 사회주의 문제가 생겼다. 이를 돌파하려면 구성적 이념이 아닌 규제적 이념으로서 세계 시민 사회 같은 발상이 필요하다.

'구성적 이념과 규제적 이념'을 구별하는 이유는 규제적 이념으로 남아야 하는 것을 구성적 이념으로 간주하면서 실현하려고 할 때 '이성의 폭력'이 생겨나기 때문이다. 소련식 사회주의는 '이성의 구성적 사용이자 이성의 폭력'이다. 고진이 보기에, '마르크스가 부정한 것'은 '공산주의 이념'이 아니라 '공산주의의 구성적 이념'이다. 그럼에도 "구성적 이념을 휘두르다 스스로 좌절한 사람들이 이번에는 이념 일반에 대한 원망"(72쪽)을 터뜨리는데, 그 결과로 포스트모더니즘이 산출된다.

고진이 마르크스 이론이나 포스트모더니즘이 전적으로 문제가 있다고 비판만 하는 것은 아니다. 포스트모더니즘에는 '규제적 이념에 대한 칸트와 마르크스의 비판'과 만나는 지점이 있고, 그래서 칸트와 마르크스를 통한 '트랜스크리틱'을 기획하게 된다. 고진은 자신의 복안을 이렇게 말한다. "포스트모더니즘에 의한 비판을 받아들인 후에 코뮤니즘이라는 형이상학을 재건하려고 했습니다. 그러므로 칸트가 불가결했던 것입니다."(74쪽)

물론 고진이 칸트를 도입한 이유는 정치적 대안 때문만은 아니다. 국가 간 경계를 넘어서는 자본주의 팽창, 신자유주의 효과는 경제 문제와 정치 문제를 동시에 생각하지 않을 수 없게 만들기 때문이다. 그는 "글로벌라이제이션이라고 불리는 사태는 1970년대 선진국에서 발생한 이윤율 저하, 만성 불황이라는 위기에서 시작"(126쪽)되지만, 지금은 선진국의 내구 소비재 보급이 포화 상태에 이르렀기 때문에 새로운 자본주의 활로를 찾는 과정에서 나왔다고 한다. 이런 활로를 개척하는 것은 "아메리카의 군사적 헤게모니에 대한 의존"이 없으면 불가능하다. 그래서 오늘날의 자본주의는 "신자유주의라기보다는 신제국주의"(126쪽)이다.

자본 팽창 속에서 신제국주의를 발견하는 고진이 '국가와 네이션'의 독자성에 초점을 맞추는 것은 당연한 수순이기도 하다. 이런 고민과 맞물려서 고진이 내세우는 증거는 걸프 전쟁(1991년)이다. "소련의 붕괴, 냉전 구조의 붕괴가 무엇을 의미하는가를 뼈저리게 느낀 것이 걸프 전쟁"(76쪽)을 통해서이다. 이것은 '국가 간 대항 세력'이 없으면 '일방적 국제 행위'가 이루어지는 증거이다. 칸트가 영구 평화론을 주장한 것도 혁명을 목도하고 더불어 전쟁 위협을 뼈저리게 느끼면서 국제 관계에 대한 조명이 필요하다는 점을 상기해 보자. 세계 평화는 '국가 관계'를 기반으로 하면서도 '국가를 넘어서는 세계 공화국'이라는 이념이 있을 때 방향을 잃지 않으면서 평화 운동을 지속해 나갈 수 있다.

미래를 위한 대안: 정치와 경제의 상관관계

고진이 칸트를 대안으로 삼은 궁극적 이유를 정치 문제로 국한시킨다면, 칸트를 너무 지엽적으로 평가하는 것이다. 칸트는 윤리를 '주관적 문제'만이 아니라 '경제적 문제'(75쪽)로도 생각한다. 칸트가 도덕성의 근간을 "타인을 수단으로 대우하지 말고 목적으로 대우하라"고 할 때, 이것은 윤리적 문제이고 그래서 자본주의와 관련이 없어 보이지만, 타인을 수단으로 대우하는 사회 모델이 실은 자본주의이다. 칸트는 타인을 목적으로 대우할 수 없는 구조가 '자본주의 구조'임을 일찍이 천명하여 '정치와 경제와 윤리를 통합'하는 혜안을 보여준다.

칸트는 상인 자본이 낳는 부작용을 목도하면서 자본주의의 본질을 꿰뚫어 본다. 그래서 이를 타개하기 위해 "상인 자본을 게재시키지 않는, 생산자들의 어소시에이션(협동조합)을 제창"(76쪽)한다. 그것은 자본주의 밖에서 이루어지는 대안이 아니라, 자본주의 안에서 이루어지는 대안이다. 아무리 정의로운 사회라고 해도, 경제적 궁핍이 심각하면 인간의 목적성과 존엄성을 제대로 실현할 수 없다. 인간 존엄성을 위해 경제적 궁핍을 해소하는 대안이 필요하며, 그래서 '자본주의 안에서' 진행되는 '정치적 대안'을 고민하게 된다.

정치와 경제 모두에서 풍요로움과 평화를 실현하기 위해, 각 공동체를 '한 국가'로 인정하고, '국가들 간의 상호 인정'으로 펼쳐지는 국제 관계, 국제 관계를 끌고 가는 '통일된 이념' ——물론 규제적 이념—— 으로서 세계 공화국, 이것은 칸트가 '국가 공동체의 존립'과 더불어 '경제에 버금가는 정치'가 얼마나 중요한지를 보여준다.

다시 우리의 현실로 돌아와 보자. 전쟁과 분쟁을 원한다는 북한의 속내는 경제적 타개책을 마련하고, 독립 국가로 인정받는 것이다. 독립 국가로 인정받을 때 국제 관계에서 자유롭게 자기 의사를 개진하는 상호 소통 구조가 열리게 된다. 그런데 평화를 갈구하는 북한의 이런 우회적 몸짓을 왜 읽어내지 않는가? 왜 우회적 몸짓을 애써 무시하려 하는가?

더불어 읽기
깊이 읽기

1) 칸트, 『칸트의 역사철학』(서광사, 1992). 일상적 삶을 살아가는 인간들의 관

계를 모든 국가를 총괄하여 체계화하는 것이 세계사이다. 그 구성원으로서 인간은 이성적 존재임에도 불구하고 우연과 변덕에 좌우되어 행동한다. 우연이 난무하는 역사에 필연적인 진행 방향이나 목적을 설정할 수 있을까? 정치 발전과 자유 실현 이외에, 칸트는 도덕의 개선과 연결하여 역사의 전개 방향과 목적을 고찰한다.

2) 칸트, 『영원한 평화를 위하여』(서광사, 1992). 인간이 평화와 행복을 실현하려면, 그를 보호해 주는 공동체 그리고 그것의 합리적 질서와 조직이 필요하다. 그러나 한 공동체가 높은 수준에 도달해도, 다른 국가의 공격을 받는다면 평화와 행복은 순식간에 사라진다. 현실적으로는 국가 간 전쟁이 근절되지 않으므로, 세계 평화를 실현하기 위해 국제 관계는 어떤 원리를 지녀야 하는지, 철학자는 어떤 역할을 해야 하는지를 살펴본다.

3) 마르크스, 「루이 보나빠르트의 브뤼메르 18일」(박종철 출판사, 전집 2권, 2010). 한 개인의 정치 의식이 높아지면 자기를 배반하는 행동을 하지 않게 될까? 프랑스인은 왕정의 부당성과 귀족들의 타락을 비판하면서 프랑스혁명을 일으키고 나폴레옹을 몰아내고 만민평등을 실현하기 위해 공화정을 세운다. 그러나 투표권이 주어지자 모든 계층이 자신과 배치되는 이해관계를 지닌 집단을 대표로 뽑는다. 심지어 왕을 몰아내고 얻은 투표권을 다시 나폴레옹 조카를 왕으로 세우는 데 사용하는 자기 배반을 보여준다.

이정은 / 연세대학교 외래교수

'내란'을 정말로 꿈꿨다면,
국가에는 오히려 '호재'

『국가는 폭력이다』/ 톨스토이

폭력적 국가와 그에 대한 폭력적 상상력

최근 십수 년간 국정원이 이렇게 세간의 관심의 중심이 되었던 적은 없었던 것 같다. '음지에서 일하고 양지를 지향한다'라는 슬로건이 무색할 정도로 요즘 국정원은 불철주야 아니 '불철음양'으로 분주해 보인다. 국가가 지니는 거대한 힘은 시민들에게 대개 추상적으로 다가오지만 유독 정보기관만은 다르다. 지난 권위주의 시대를 지나면서 현실적이고 눈에 보이는 '국가'이다.

홉스와 같은 사회계약론자들은 국가를 거대한 리바이어던으로, 무지막지한 힘을 소유한 괴물로 그린다. 여기서 국가는 모든 강제력을 독점하고, 이를 통해 내부의 다른 모든 강제력을 차단시킴으로서 독보적인 자신의 권위를 성립시킨다. 정보기관은 이러한 국가가 지닌 독점적인 강제력의 상징으로 자리해 왔다.

현대 국가는 '국가가 없는 경우 발생하는 혼란과 폭력'에 대한 상상력을 자신의 기반으로 삼는다. '인간은 인간에 대한 늑대다'라는 전제를 가진 이 상상력은 국가에 대한 무분별한 권한을 준다. 그리고 이런 권한을 받은 국가는 개인 간의 다툼뿐만 아니라 자유, 민주와 같은 시민적 가치에 대해서도 통제를 가하기도 한다. 따라서 독점적인 강제력을 보장받은 국가는 시민사회와 지속적인 긴장관계를 가질 수밖에 없으며 이번 국정원 선거개입 사건도 그 혐의가 사실로 밝혀진다면 시민적 가치에 대한 국가권력의 도발이었다고 볼 수 있다.

거대한 국가의 폭력성은 최근에 나타난 문제가 아니다. 근대국가가 건설되고 시민사회가 형성되면서 국가의 폭력에 대한 문제제기는 끊임없이 나타났고 많은 저항과 혁명의 계기가 되기도 했다. 국가의 폭력에 적극적인 저항 중 가장 눈에 띄는 것은 국가의 폭력을 저지할 만한 강제력을 획득하는 것, 즉 폭력을 수단으로 한 저항이다. 이번 이석기 의원 사건의 진상이 이석기 의원의 머릿속에 있는지 국정원의 머릿속에 있는지 정확히 알 수 없으나, 국가 폭력에 대한 폭력에 의한 저항은 가장 원초적인 저항이어 왔음은 분명하다.

폭력적 국가와 그에 대한 폭력적 상상력은 시대가 가진 폭력성을 잘 보여준다. 시대가 유신으로 또 전근대로 거슬러 올라가는 듯 느껴지다 보니 이에 대한 반감도 자연히 이런 폭력을 반대하던 옛 사람이 떠오른다. 국가의 폭력과 그에 대한 폭력적 저항을 비판하면서 평화로운 삶을 꿈꾼 톨스토이가 바로 그다. 톨스토이는 조금 몽상적으로 무정부 사회를 꿈꾸지만 시대와 국가의 폭력을 버티지 못하고 가슴으로 세상에 내놓은 그의 목소리는 비록 낡은 서재 속의 이야기지만 요즘 같은 시대에는 다시 한 번 꺼내보게 된다.

국가는 집중되고 조직된 폭력을 대변한다 ──간디

『바보 이반』으로 잘 알려진 톨스토이는 이 소설에서처럼 군대와 권력이 아닌 타인과의 나눔 그리고 도덕적 혁명을 통해 평화가 가능하다고 믿었다. 1901년 노벨상을 거부한 톨스토이는 소설 이외에도 국가와 권력의 폭력성을 폭로하는 에세이들을 많이 발표했다. 이 에세이들에서 톨스토이는 조금 낭만적이긴 하지만 진실하게 폭력을 거부하고 평화를 꿈꿨다. 『국가는 폭력이다』(조윤정 옮김, 달팽이 펴냄)는 이러한 에세이를 모아 번역한 책이다.

이 책에서 톨스토이는 국가에 대해 『아라비안나이트』를 인용하면서 국가의 성질에 대해 말한다.

"무인도에 어느 여행자가 던져졌는데 그는 시냇가에서 앙상한 다리로 땅 위에 앉아 있는 한 작은 노인을 발견했다. 노인은 여행자에게 자신을 어깨 위에 걸머메고 시내를 건너달라고 부탁했다. 여행자는 좋다고 했다. 하지만 노인은 어깨에 앉자마자 다리로 여행자의 목을 감고 풀어주려 하지 않았다. 여행자를 꼼짝 못하게 만든 노인은 이리저리 원하는 곳으로 그를 끌고 다녔고, 나무의 과일을 따먹기도 했지만, 그를 짊어지고 있는 여행자에게는 아무것도 주지 않았으며, 온갖 방법으로 그를 혹사시켰다."

톨스토이는 이것이 국가에게 병력과 돈을 제공한 국민들한테 일어난 일이라고 말한다. 그가 보기에 국가 폭력은 한 몸으로 태어났다. 그리고 그 폭력을 비판받을 때에는 외부의 적을 핑계로 애국심을 자극한다고 한다. 국정원이 선거에 개입했다면 그래서 시민들의 민주적 의사결정을 침해했다면 이것은 명백한 국가에 의한 폭력이다. 그러나 그 폭력이 비판받자 톨스토이 사후 100여 년이 지난 동양의 작은 나라는 그의 말 그대로 외부의 적을 핑계로 애국심을 자극하고 있다.

도덕은 애국심 앞에 침묵하고 애국심 밖에서 활발해진다

폭력과 테러로부터 벗어나고 싶어 하는 것은 생명을 보존하고자 하는 인간의 자연스런 행위다. 국가는 위험으로부터 개인을 보호한다는 명목 아래 가장 큰 강제력을 획득하고 시민들은 그것을 용인한다. 그러나 톨스토이가 보기에는 국가권력이 있으면 폭력과 악인은 사라져야 하지만 이들은 오래전부터 국가 내에서도 근절되지 않았다. 국가권력에 복종하면 폭력과 살해의 위험으로부터 보호된다고 하지만 오히려 일상적 폭력과 전쟁과 같은 생명의 위험에 내몰릴 가능성이 더 높아진다. 사실 국가기관의 폭력은 서로에 대한 개인의 폭력보다 다소 분명하지 않은 점이 있다. 그러나 그것은 투쟁이 아니라 복종에 의해 표현되기 때문이다.

그렇기 때문에 국가권력 기관의 폭력은 엄연히 존재하고 거의 언제나 커져가기 마련이다. 과거 '남산의 매질'이나 현재 '오피스텔의 키보드질'은 형식만 다른 국가 폭력의 한 모습이다. 톨스토이는 국가의 심각한 폭력성

중 하나는 국가 폭력을 실행하는 이들로 하여금 비인간화적인 작업을 한다는 것이다. '국정원 사건'이 사실일지라도 그 요원은 도덕적 자책감이나 회의감이 들 가능성은 적다. 왜냐면 이는 애국심의 발로이기 때문이다. 도덕은 애국심 앞에 침묵하고 애국심 밖에서 활발해진다.

그러나 이는 저항에서도 마찬가지다. 톨스토이는 폭력적 국가에 대한 저항은 당연하지만 폭력적 저항은 국가 폭력을 강화시키는 구실을 제공할 뿐이라고 한다. 국정원 사건과 이석기 의원의 사건은 직접적 연관은 없다. 그리고 이석기 의원이 민간인 100여 명을 이끌고 통신, 유류시설을 파괴할 것이라는 주장에 회의가 드는 것도 사실이다. 그러나 그들이 항일유격대 정신에 과한 공감을 가지고 국가 폭력에 대한 적극적 저항 노선을 펼쳐 온 것도 사실이다. 폭력적 국가에 대해 같은 방식으로 대응하는 것은 폭력적 국가가 위기에 놓였을 때 그 위기를 타개할 근거를 마련해 준다. 국정원 사건으로 국가의 부도덕성, 폭력성을 탓하는 사람들에게 국가는 이석기 의원 사건을 말하며 '니들도 똑같아'라고 하며 안정을 취하려 한다. 톨스토이는 당시 사회주의자와 아나키스트에게 행해졌던 테러들이 더욱 악랄해지는 것과 합법화가 동시에 진행되는 것은 이 테러들이 폭력적 저항과 조응하여 일어난 것이기 때문이라고 한다.

톨스토이는 저항적 애국심 역시 상황을 더욱 안 좋게 만들 뿐이며, 고난의 구원은 애국심이라는 낡아빠진 개념과 애국심에 의존하는 국가에 대한 복종에서 당신 스스로를 해방시킬 때 그리고 당신이 보다 높은 개념, 즉 민족 간 또는 민족의 형제애적 결합이라는 개념의 영역으로 대담하게 들어설 때 이루어질 수 있다고 한다. 따라서 새로운 시대를 찾는 방법은 새로운 폭력을 모색하는 것이 아니라 정부의 폭력을 없애는 노력에서 찾아야 할 것이다.

종교적, 사색적 색채가 강한 톨스토이의 이야기는 어느 정도 현실성이 떨어질 수 있다. 그는 농촌을 통해서만 진정한 평화가 온다고도 하고, 의식만 바꾸면 사회적 관계도 개선될 수 있다고도 한다. 전원생활에 대한 낭만을 가진 톨스토이는 자신도 자신의 말이 현실을 못 쫓아갈 수 있다고 인정한다. 그러나 그는 이미 폭력이 우리 일상에 너무 깊이 연루되어 폭력의 고리를 피하기 힘들지라도 폭력에 참여하지 않기 위해 노력해야 한다고 한다. 그는 사람들에게 비록 우리가 폭력의 세기에 살고 있지만 폭력의 공범이 되어서는 안 된다고 말한다. 그의 말대로 국가 폭력을 종결시킬 수 있는 혁명은 영혼의 갱생, 즉 도덕혁명이 아닐까 한다.

더불어 읽기
깊이 읽기

1) 토마스 홉스, 『리바이어던』, 진석용 옮김(나남, 2008). 근대 주권 국가의 탄생을 그린 명저. 이 책은 절대 주권을 가진 주권 국가의 구성과 역할에 대해 설명하고 있다. 혹자들은 『리바이어던』이 근대 민주주의의 단초를 제공하고 있다지만 여기서 눈여겨봐야 하는 것은 국가 권력의 온 생명을 통섭하는 지배의 형성 과정이다.

2) 칼 슈미트, 『정치신학──주권론에 대한 네 개의 장』, 김항 옮김(그린비, 2010). "진리가 아니라 권위가 법을 만든다", "정치는 적과 아를 구분하는 것이다" 등 명언을 남긴 책. 이 책은 주권 권력에서 중요한 것은 정의와 부정의가 아닌 지배가 실

효성을 가지느냐 못 가지느냐라고 주장한다. 칼 슈미트는 주권자를 "예외상태를 결정하는 자"로 규정하는데 이는 후에 아감벤의 "호모 사케르" 등에 많은 영감을 주었다.

이원혁 / 한국철학사상연구회 회원

지피지기 백전백승……
손자병법은 실용서가 아니다!

『전쟁은 속임수다』 『유일한 규칙』 / 리링

시월로

시월의 하늘은 높고 태양은 눈부시다. 선선한 바람을 가르고 달리는 열차는 무척 힘차다. 그리고 차창 밖으로 지나가는 황금 들녘은 보고만 있어도 마음이 풍성해진다. 가을이다.

월요일 늦은 오후. 매주 이맘 때 나는 남행열차를 탄다. 호남의 명문 호원대학교에 출강한 지도 벌써 4년이 되었다. 호원대학교는 행정구역상 전라북도 군산시에 속하지만, 군산 시내와 익산 시내의 중간 위치에 자리 잡고 있다. 나의 남행은 강의도 강의지만, 도심과 일상을 벗어난 내 방식의 일탈이다. 그 자체만으로 자유를 느낀다. 그래서 호원대의 출강 길은 항상 설레고 경쾌하여 기분이 좋다. 2박 3일의 출강 여행에서 늘 빠지지 않는 동반자는 오래된 노트북과 한두 권의 책이다. 내게 독서의 계절은 따로 없지만, 독서의 시간은 따로 있는 셈이다.

최근에 내가 흥미 있게 읽은 책이 두 권 있다. 『전쟁은 속임수다』(리링 지음, 김승호 옮김, 글항아리 펴냄)와 『유일한 규칙』(리링 지음, 임태홍 옮김, 글항아리 펴냄)이 그것이다. 이 두 권 모두 중국 북경대학교의 리링 교수가 쓴 것으로 둘 다 병법서인 『손자』에 대하여 주석을 달고 해설을 붙인 책이다.

"적을 알고 나를 알면 백번 싸워도 백번 이긴다"라든가 "삼십육계" 등 우리가 일상생활에서 흔히 쓰는 말들은 모두 『손자』를 그 뿌리로 한 것들 이다. 『손자』는 전국시대의 손빈(孫臏)이 쓴 책으로 군사와 전쟁에 대한 고전 중의 고전이다. 나는 이 두 권의 고전을 읽으면서 전쟁과 평화, 우리 시대의 고전 읽기 등의 주제를 다시 생각해 보았다.

춘추전국과 손빈

손빈은 전국시대 제나라 인물로 알려져 있지만, 그에 대한 기록은 그다지 많지 않다. 손빈이 살았던 전국 시대는 그 이전의 춘추시대를 포함하여 장장 500여 년 동안 전쟁이 그치지 않았던 전란의 시기였다. 강대국은 천하의 패권을 차지하기 위해서, 약소국은 살아남기 위해서 필사적으로 전쟁에 임하지 않으면 안 되었다.

춘추전국시대는 변법운동과 겸병전쟁, 그리고 제자백가의 출현 등 세가지로 그 특징을 요약할 수 있다. 세 가지는 서로 연관되어 있다. 변법은 주로 법가에 의해 주도되었으며, 전쟁과 관련해서는 병가가 주도적인 역할을 하였다. 이 두 가지는 사회 변동을 견인하였고, 제자백가는 각기 서로 다른 논리에 의해 이러한 사회 변동에 찬성하거나 혹은 반대하였다. 법가와 병가 등과는 달리 유가는 사회 변동에 대해서도 전쟁에 대해서도 반대하였고, 묵가는 주례적 전통 사회를 새로운 사회로 바꾸는 데는 찬성하였지만 전쟁에 대해서는 반대하였다.

그러나 묵가는 모든 전쟁을 무조건 반대한 것이 아니었다. 예를 들어 다른 나라로부터 침략을 받을 경우에도 반전평화를 주장하면서 팔짱끼고 있다면 그것은 평화를 지키기 위한 올바른 태도가 아니라는 것이다. 즉 묵자는 군사를 일으켜 다른 나라를 공격하는 침략전쟁은 반대하였지만, 다른 나라의 침략을 받을 경우에는 목숨을 걸고 방어해야 한다고 주장하였다. 실제로 묵가 집단에서는 방어전에 대한 전문가들이 많았고, 묵자는 방어전에 대한 전략과 무기의 개발의 전문가였다.

송경을 만난 맹자

전국 중기의 어느 날 맹자가 석구(石丘)라는 곳에서 우연히 송경(宋牼)을 만났다. 송경은『장자』'천하' 편의 기록에 따르면 침략 전쟁을 반대하면서 전쟁을 종식시키는 일에 평생을 바친 사람이다. 그는 한 마디로 반전평화주의자이다. 맹자 역시 전쟁을 반대해 오던 터였기 때문에 반가운 마음에 그에게 물었다.

"선생님께서는 어딜 그렇게 급히 가십니까?"

송경은 걱정스러운 눈빛을 감추지 못하고 맹자에게 대답했다.

"진나라와 초나라가 또 전쟁을 벌이고 있다더군요."

중국의 전국 시대에 중기에 해당하는 기원전 280년부터 기원전 238년 사이에 서쪽 최고의 강대국 진나라와 남쪽 최대의 대강국 초나라는 수차례에 걸쳐 충돌하였다. 이 두 강대국의 전투는 대개 진나라의 도발에 의해 촉발되었다. 맹자가 송경을 만났을 때도 역시 진나라와 초나라는 한창 전쟁을 벌이고 있었다. 그래서 송경은 마음이 초조해져서 급히 초나라로 가던 길이었다. 송경은 계속 말했다.

"저는 초나라 왕을 만나 뵙고 전쟁을 그치도록 설득할 생각입니다. 만약 초나라 왕이 제 말을 들어주지 않으면 저는 또 진나라 왕을 만나 뵙고 전쟁을 그치도록 설득할 것입니다. 두 왕 가운데 제 생각에 찬성하는 사람이 분명히 있을 것입니다."

맹자는 그의 열정에 탄복하였지만, 확신에 찬 그의 말에 대해서는 그다지 믿음이 가지 않았다.

"좀 더 자세하게 말씀해 주시죠. 선생님께서는 무슨 생각을 하고 계신지, 어떤 논리로 초나라와 진나라의 왕들을 설득하려고 하시는지요?"
"전쟁을 하면 두 나라 모두 이롭지 못하다는 점을 들어 설득하려고 합니다."

잔뜩 기대했던 맹자는 송경의 대답에 크게 실망했다.

"선생님의 뜻은 훌륭하지만 선생님께서 내세운 명분은 옳지 않습니다."

맹자는 불쑥 이렇게 말하고서는 그 이유를 길게 설명하였다. 즉 맹자의 기본 입장은 자기 생각의 중심인 인의(仁義)라는 도덕과 상반되는 것이 이(利), 즉 이로운 것 혹은 물질적인 이득이었다. 다시 말하면 공자와 마찬가지로 사회 변동을 달갑게 여기지 않던 맹자는 당시 사회 변동의 근저에는 이익을 추구하는 사람들의 욕망에 있다고 보았고, 실리를 추구하는 사람들의 욕망은 인의라는 전통적인 도덕을 말살하는 것으로서 이 두 가지는 결코 양립할 수 없는 것이라고 굳게 믿고 있었다.

그래서 송경이 아무리 반전평화를 주장한다고 해도 그것의 근거가 이롭지 못하기 때문이라고 한다면 결국 송경도 전쟁을 주도하는 자들과 같이 궁극적 목적은 이익의 추구에 있기 때문에 옳은 생각이 아니라고 판단했던 것이다. 그래서 맹자는 한탄하면서 "하필이면 이익을 들먹이십니까?"라고 아쉬워했던 것이다.

"전쟁은 나라의 큰일이다. 백성의 생사와 국가의 존망에 관계되니, 깊이 살피지 않으면 안 된다."

이 말은 『손자』의 첫 구절이다. 전쟁을 부정한 송경이나 맹자와는 전혀 다른 생각을 보여주고 있다. 공자나 맹자는 개인의 도덕적 수양을 강조하면서 이익의 추구를 부정하였다. 그들이 보기에 춘추전국의 사회적 변동의 주범은 개인적 도덕 수양을 가볍게 여기고 전쟁과 사욕의 추구를 최고의 가치로 내세우는 법가와 병가에 속하는 사람들이었다.

법가와 병가는 전쟁을 국가가 치러야 할 중대사로 정의하였고, "전쟁은 속임수로 성립되고 이익으로 움직인다(兵以詐立, 以利動)"고 주장하였다. 그들은 전쟁이라는 엄혹한 현실을 직시하고 거기에 어떤 윤리나 도덕의 개입도 부정하였다. 즉 백성들의 목숨과 국가의 존망이 걸린 문제에 도덕과 원칙은 오히려 거추장스럽거나 혹은 방해가 되는 것이라고 생각했던 것이다. 전쟁에서는 오로지 승리만이 진리이다. 그 승리를 쟁취하는 데 사용된 방법이 도덕적인지 아닌지는 전혀 중요하지 않다. 전쟁에 동원되는 수단과 방법의 도덕성이 기준이 아니라 그 결과의 승패만이 유일한 기준이 될 뿐이다.

병가와 『손자』

리링은 서양에서 가장 많이 번역되고 진열된 책은 중국인들이 경전으로 받드는 『논어』가 아니라 『손자』라고 한다. 그리고 『노자』와 『주역』이 그 뒤를 이어 서양인들에게 인기 있는 중국 고전이라고 한다. 이 세 가지는 중국을 대표하는 가장 중요한 고전이고 또 중국의 문화를 이해하기 위한 중요한 고전이다.

리링의 설명에 따르면 『손자』는 오랜 세월 병법을 이야기한 책들의 시조이며 가장 지혜롭다. 그리고 『노자』는 우리에게 사람이라는 틀을 벗어놓고 남들에게 과시하지 않으며 우주와 인생을 이야기하도록 하는 데에서는 천하제일이다. 『손자』와 『노자』는 각각 6천 자와 5천 자로 이루어진 매우 짧은 책이다. 『주역』 역시 글자 수로 보면 분량이 매우 적은 책이지만 그 해설서라고 할 수 있는 '역전'을 포함해서 읽어야 하며, 이 '역전'은 음양오행가의 사상이 포함되어 있는 책으로서 중국의 자연철학을 연구하는

데 있어 필독서이다(『전쟁은 속임수다』, 14쪽). 리링은 이들 세 가지 고전에 중국인들이 중시하는 『논어』를 합하여 4대 고전이라고 부르고, 이 4대 고전에 대하여 오랜 기간 연구하여 주석을 달고 해설을 붙였다.

펑유란은 초기에 쓴 『중국철학사』(박성규 옮김, 까치글방 펴냄)에서 병가나 손자를 다루지 않았다. 병가는 철학이 아니라고 판단했기 때문이다. 그러나 리링은 『손자』야말로 중국인이 오랜 전쟁이라는 경험을 통해 체득한 깊은 지혜를 잘 반영하고 있는 훌륭한 사상서라고 강조한다. 물론 펑유란은 나중에 방대한 분량의 『신편 중국철학사』를 집필할 때 손자와 병가를 서술했고, 특히 『손자』에 나타나는 변증법적 사유에 대하여 많은 지면을 할애하였다.

병법은 경제학의 경우와 매우 비슷하다. 우리는 경제학의 대가들이 가까운 미래의 경제 상황에 대해 서로 엇갈린 전망을 내놓는 것을 종종 볼 수 있다. 예를 들어 부동산 경기라든가, 환율이라든가 주가 등이 어떻게 변할지에 대하여 종종 서로 다르거나 혹은 완전히 상반된 예측을 하는 경우를 볼 수 있다. 이는 자연과학자들의 그것과는 사뭇 차이가 난다. 자연과학의 경우 가까운 미래나 심지어 먼 미래의 일에 대해 예견할 때 학자들의 견해가 대개 일치하거나 크게 다르지 않고, 적어도 상반되지 않는다.

자연과학이든 경제학이든 미래를 예측하는 데는 대단히 많은 변수가 존재할 것이다. 그러나 그 두 가지가 크게 차이가 나는 이유는 자연과학의 경우는 예측에 쓰이는 근거들이 객관적인 자료에 한정된 반면, 경제 상황의 변동에는 사람들의 주관적 요인도 큰 영향을 끼치기 때문으로 보인다. 즉 사람들의 심리적 요인이 경제적 환경의 변화에 크게 영향을 끼치고 있기 때문일 것이다.

병법도 마찬가지다. 여러 가지 병서에서 다양한 상황에 따른 전략과 작전을 말하고 있지만, 그것을 실제 전투에 그대로 쓸 수는 없다. 전쟁 상황에서는 변수가 많고, 심리적인 것까지 전쟁의 성패에 중요한 원인으로 작용한다. 따라서 병법에는 절대적으로 정해진 원칙이 없다. 병법을 다루고 있는 책은 많고, 또 그들 책에서는 여러 가지 전쟁의 원칙들을 말하고 있다. 그러나 시시각각 변하는 전투 상황에 그대로 적용할 수 있는 원칙은 하나도 없다. 오로지 상황에 따른 대처, 즉 임기응변이 요구될 뿐이다.

그 때문에 병법에서는 형세에 따른 운용의 중요성을 강조한다. 그래서 "유일한 원칙은 원칙이 없다는 것"이라고 말한다. 이는 전쟁이라는 살아 있는 현장에서 상황에 맞게 변용해야 한다는 것을 강조한 말이고, 아울러 속임수를 쓰는 데 주저해서는 안 된다는 것을 뜻하기도 한다. 그래서 리링 교수는 말한다. 병법에서 중요한 것은 무기가 아니라 사람이라고. 무기의 문제가 아니라 사람의 문제이기 때문에 그것은 단순히 실용서에 그치는 것이 아니라 철학서로서의 성격을 가지고 있다고 주장한다.

『손자』와 고전 번역

나는 리링 교수의 모든 주장에 동의하는 것은 아니지만, 고전에 대한 그의 학문적 태도에는 완전히 공감한다. 그는 유가의 책을 포함한 어떤 책이든 경전으로서가 아니라 자학(子學)으로서 읽을 것을 주장한다. 우리식으로 말하면 숭배의 대상이 아니라 객관적 텍스트로 보아야 한다는 것이다. 그는 특히 모든 고전은 고문헌을 연구하는 방식으로 연구해야 한다고 강조한다.(『전쟁은 속임수다』, 94쪽)

서점에는 『손자』 병법과 관련된 책이 매우 많다. 그 종류도 번역서나 해설서 및 응용서 등으로 다양하다. 그렇다고 우리나라에 『손자』나 손빈의

세상의 붕괴에 대처하는 우리들의 자세: 철학자의 서재 3

사상을 연구하는 사람이 많다는 것은 아니다. 우리나라에서 나온 『손자』 관련 책은 크게 세 종류이다. 첫째는 고전으로서의 『손자』를 우리말로 번역한 책이고, 둘째는 『손자』에 대한 연구서 혹은 이해를 돕기 위해 해설한 책이고, 셋째는 『손자』의 특정 구절을 경영이나 인간관계의 측면에서 새롭게 응용한 것이다. 물론 "손자"라는 이름을 내걸고 있기는 하지만 전혀 관계없는 내용을 가진 책도 있지만 그것은 고려할 필요가 없다.

위에서 말한 세 가지 경우는 모두 각각 나름의 가치를 가지고 있다. 그러나 첫 번째 책은 나중에 나오는 두 가지 종류의 연구를 위한 가장 기초적이고 필수적인 것이다. 즉 어떤 고전이든 그것이 가지고 있는 본래의 의미를 파악하는 것이 선행되어야 그에 대한 해설적 연구나 응용 연구가 나올 수 있다. 고전에 속하는 책들은 대개 오래전에 쓰였고, 세월이 지남에 따라 그 뜻이 불분명해지거나 왜곡되는 경우가 대단히 많다. 그러므로 각 고전에 대한 철저한 고증적 연구를 통해 그 고전이 본래 말하고자 한 것이 무엇이었는지를 밝히지 않으면 그것을 바탕으로 하고 있는 후속 연구는 사상누각처럼 위험하다. 그러나 이러한 연구는 그다지 빛이 나지 않고, 또 많은 시간과 노력이 요구되며, 특히 학문적 능력이 뒷받침되어야 한다. 그런 점에서 볼 때 우리의 고전 번역이나 연구 수준은 아직 크게 미흡한 상태라고 할 수 있다.

『손자』는 특히 더하다. 우리나라에서 『손자』에 대해 진득하게 연구한 학자를 찾아보기 어렵고, 또 그 연구 성과로 리링의 이 두 책과 같은 진지함과 깊이를 겸비한 것은 아직 없다. 그럼에도 불구하고 우리나라에는 세 번째 부류에 드는 책들은 넘쳐난다. 리링의 『전쟁은 속임수다』, 『유일한 규칙』은 우리에게 크게 부족한 『손자』 연구의 기초를 제공하고 있다.

1) 리링, 『집 잃은 개1』·『집 잃은 개2』, 김갑수 옮김(글항아리, 2012). 리링 교수의 책 가운데 현재 우리말로 번역된 것은 앞에서 소개한 두 가지 외에 『논어, 세 번 찢다』와 『집 잃은 개』(1,2) 등 두 가지가 더 있다. 『논어, 세 번 찢다』는 『철학자의 서재 2』에서 소개하였다. 여기서는 나머지 한 가지인 『집 잃은 개』(1,2)를 소개한다. 이 책은 공자에게 덧칠해진 색깔과 이념의 포장을 걷어내고 공자의 어록인 『논어』의 원래 모습을 우리에게 보여주고자 한 걸작이다. 즉 『논어』의 기록을 성인의 말씀으로서가 아니라 자신이 처한 현실을 고뇌하고 바꾸어보고자 했던 한 지식인의 언행을 기록한 책으로 볼 수 있게 해준다. 저자 리링은 고고학(考古學), 고문헌학(古文獻學), 고문자학(古文字學) 등의 분야에서 전문가로서 명성을 인정받고 있다. 리링의 『집 잃은 개』(1,2)는 철학자의 시선이 아니라 3고(三古)에 통달한 고증학자의 안목으로 『논어』 전편에 걸쳐 한 글자 한 글자 따져가면서 공자가 원래 말하고자 했던 원래 의미를 복원하였다는 데 가장 큰 특징이 있다. 현재 우리가 읽고 있는 『논어』는 송대의 성리학자 주희의 해석으로부터 가장 많은 영향을 받고 있다. 주희 역시 대단한 고증학적 지식을 가진 대학자였지만, 그가 풀이한 『논어』는 성인 공자의 말씀이 담긴 경전이라는 한계를 벗어나지 않는다. 성인으로서의 공자와 경전으로서의 『논어』는 역사성을 갖는다. 그러나 그러한 역사성을 배제하고 『논어』가 원래 전하고자 했던 뜻을 제대로 알고 싶은 독자는 이 책을 반드시 읽어보기를 추천한다.

김갑수 / 민족의학연구원 상임연구원

4장

사람 냄새가
돈 냄새를 이긴다

김정은 3대 세습보다 더 괴이한
이재용 3대 세습!

『기업은 누구의 것인가』 / 김상봉

세속화된 형이상학

철학은 형이상학을 품기도 하며 논리학으로 드러나기도 하며 윤리학으로 비춰지기도 한다. 그 무엇이건 간에 철학은 세계와 우주를 조우하며 동시에 인간에 대한 질문과 맞닿아 있어야 한다. 인간을 묻는 질문이 없다면, 철학이 만나는 세계란 공허하고 유명무실한 존재일 뿐이다. 인간에 대한 질문은 자아 내부를 깊숙이 비추는 반성력과 자아가 세상을 보는 비판력에서 생긴다.

인간의 토대 위에 구축된 세계 인식을 나는 '세속화된 형이상학'이라고 부른다. 공허하거나 순수 논리적이거나 인간 없는 형이상학, 즉, '신성화된 형이상학'과 대비되는 삶의 철학이라고 보면 된다. 철학은 신성화된 형이상학을 극복해야 하지만, 형이상학 없는 철학은 자칫 유사 과학 수준에 머물 수 있다. 신성화된 형이상학이란 인간이 배제되어서, 색깔이 없으며 차가우며 건조한 형이상학이다. 그럼에도 불구하고 선험적이라는 이유로 이 세상에 눈을 감고 초월적 존재만 바라보고 있다면 그 신성화된 형이상학은 기만적 지식에 해당한다.

반면 세속화된 형이상학이란 인간의 시선 안으로 투영된 형이상학을 뜻한다. 어떤 때는 인간의 역사와 사회의 구조가 묻어난 존재의 서사시처럼 비춰질 수도 있다. 세속화된 형이상학 안에는 인간의 실존과 세계의 실재가 뒤섞여 있다. 세속화된 형이상학은 혼돈과 중첩, 비규정성과 불확실성이 스며들어 있다. 마치 논리학처럼 질서정연한 신성화된 형이상학 공부는 수학자나 신학자에게 맡기고, 나는 혼돈의 세속 형이상학을 공부하고 싶다. 그런 나의 공부 커리큘럼 목록에는 김상봉의 책들이 있다.

김상봉의 책에는 세계 형이상학과 인간 윤리학이 날줄과 씨줄처럼 치밀한 구조로 짜여 있다. 특히 그의 책 『기업은 누구의 것인가』(꾸리에 펴냄) 에서는 거대한 관습과 문명적 오류를 붕괴시킬 만한 세속적 형이상학의 범례를 잘 보여주고 있다. 거대한 자본의 우상을 깨고 삶의 윤리를 재구축하려는 형이상학의 도전이었다. 형이상학과 현실학의 페이지로 구성된 철학적 선언서이기도 하다.

이 책에서 다룬 김상봉의 선언 명제는 한국형 자본주의 사회에서 아무 의심 없이 통용되는 주주 경영 구조의 허구와 모순을 밝히는 철학적 프로토콜이다. 주식회사는 주인이 있을 수 없으며, 있어서도 안 된다는 주장이다. 사회가 진보하기 위하여 재벌 기업의 주식회사는 그것이 크면 클수록 폴리스 민주제 즉 공화제처럼 되어야 한다는 설명을 자세히 해주고 있다.

주식회사에는 주인이 없기 때문에 그 누구든 주식회사의 경영자가 될 수 있다는 그의 주장은 단순한 개인의 의견이 아니라 경제사적이며 철학사적인 근거 위에 배선된 분명한 사실임을 밝히고 있다. 따라서 노동자가 주식회사의 경영자로 되는 것은 당연하다고 했다. 이런 주장이 혹시나 뭇사람들에게 당혹감을 줄 수 있지만, 실은 아무도 말할 용기가 나지 않았던 사실 명제를 언급했을 뿐이다.

김상봉은 그런 사실을 교조적으로 말하지 않는다. 그 대신 철저한 역사적 근거와 철학적 논증을 통하여 주주 자본주의 사회의 허구를 보여주었다. 그래서 이 책은 정말 읽을 만했다. 정말 그런지 하나하나 책 내용을 따져보겠다.

국가 위에 재벌

국가 권력보다 더 커진 한국의 재벌 기업들은 이미 기업 국가의 주인 행세를 하고 있다. 저자는 기업 국가의 무수한 부패들을 분명히 보여주었다. 국가가 기업에 동화되면 일어나는 전형적인 변형은 민주주의가 후퇴하면서 독재적이고 권위적인 문화가 확산되는 데 있다.

여기서 저자는 많은 사람들이 오해하는 부분을 지적했다. 즉, 자본주의 경제 제도와 자유민주주의는 동전의 양면이라는 오판들이다. 오히려 한국의 재벌 기업 문화는 그들의 이익 구조를 위하여 민주주의와 자유주의를 심각하게 훼손시키고 있다. 우리에게 이 점을 인식하는 것이 아주 중요하다고 필자는 말했다.(26쪽) 재벌 기업을 옹호하는 사람들은 자신들의 기업이 있었기 때문에 대한민국이 이렇게 잘살게 되었다고 그럴듯하게 항변한다. 그러나 재벌 기업의 이윤 행위는 공적으로 국민들을 위한 것이 아니라 사적으로 그들만의 개인 이익을 위한 착취 수준이라는 점을 알아둘 필요가 있다. 개인 자영업자는 공익을 위해서가 아니라 개인의 이익을 위해서 장사를 한다. 기업의 이윤 행위는 더 심한 개인 이익을 취한다. 재벌은 더 많은 개인 이윤을 창출하려 한다. 지구상의 이윤 행위는 필연적으로 착취의 형태를 띨 수밖에 없다.

너무나 당연한 논리임에도 불구하고 우리들은 그런 모순을 덮어버리곤 한다. 재벌이 우리를 잘살게 해줄 것이라는 마약 같은 믿음을 조작하고 있다. 과거 이명박이 대통령 되면 우리 모두 재벌처럼 잘살 수 있을 것이라는 믿음이 마약의 환상이었다는 사실이 드러났다. 그런데도 불구하고 여전히 강남 부자들이 대한민국의 부를 상승시킬 것이라는 믿음이 횡행하고 있다. 그 마약의 환각도는 상당히 심각한 수준이어서 4대강 개발 사업이 결국 최악의 수질오염과 난개발로 드러났음에도 불구하고 여전히 과거 환상의 가위에 눌려 있는 사람들이 많다. 빈부격차는 더 많이 벌어지고 있는 당면한 현실에 많은 사람들이 기꺼이 눈감아 버린다. 재벌 기업에게 더 많은 돈을 몰아주면 끝내는 우리들 대중들에게도 혜택이 돌아올 것이라는 막연한 믿음을 갖고 있기 때문이다. 이러한 믿음은 재벌과 그 공조자들이 만들어낸 가짜 유토피아일 뿐이다.

나는 이런 희망을 '의존적 허망'이라고 말한다. 의존적 허망은 '주체적 희망'을 날조하는 허망한 믿음의 결과이다. 앞서 말한 기만의 믿음, 즉 부자들에게 돈을 우선적으로 몰아주면 넘쳐나고 난 이후, 끝내는 대중들에게 떡고물이 똑똑(trickle) 떨어질 것이라는 믿음은 전형적인 트릭클다운(trickle-down) 현상의 귀결이다. 트릭클다운 정책은 미국에서 아버지 부시

대통령이 1990년 전후로 시행했던 부자 혜택 정책이다. 한국은 이런 부자 혜택 경제 정책을 미국 이상으로 노골적으로 시행하고 있다. 떡고물을 바라는 것이 바로 노예적 허망이며 떡고물을 조작하는 것은 공조적 지식인의 날조이며 위조이다. 한국에서는 부자들에게 더 큰 파이의 혜택을 돌리고 난 후 그 파이 아래로 똑똑 떨어지는 떡고물조차 서민들에게 돌아가지 않기 때문이다. 재벌 2세들이 그 남은 떡고물까지 깡그리 흡수해 버리기 때문이다. 재벌 2세, 3세에게 기업을 불법적으로 물려주는 현실을 법관들까지 모른 척하고 있으며 관련 공무원들은 한 발 더 나가 재벌 비위 상하지 않도록 미리 알아서 기고 있다.

자본과 기술면에서 세계 최강을 자랑하는 삼성전자의 대표이사라는 사람이 자본 독재자 이건희에게는 물론이거니와 그 아들에게도 벌벌 기는 장면을 아마 유럽 기업인들이 보았다면 무슨 영화 찍고 있냐는 신기한 생각으로 물어볼 것이다. 가부장적인 권위에 독재자의 폭압성이 더해져서 주주법상으로 아무 직함도 없는 이건희에게 감히 고개조차 들지 못한다. 그 아들에게도 마찬가지다.

김정일에 이어 김정은 3대로 이어지는 북한 권력 세습을 보고 있으면 한숨이 푹푹 나오거늘, 소위 자유민주주의라는 국가에서 재벌 기업의 세습 권력은 북한 정권 이상으로 더더욱 괴이한 모습이다. 전 세계 자본주의 국가 어디에서도 찾아볼 수 없는 한국형 독재 권력이려니 하고 쉽게 생각하려 해도, 여전히 가슴이 더 깊게 패이고 만다. 김상봉은 그의 책에서 이런 괴이함을 재미나게 표현했다.

"북한에서는 국가 위에 당이 있다면 남한에서는 국가 위에 재벌 기업이 있

는 것이 다를 뿐이다."(225쪽)

경영자가 이사회를 주물럭거리는 것이 한국 주식회사의 기현상이다. 이사회 위에 경영진이 있고, 경영진 위에 절대권력 회장님이 있다. 그런 재벌 기업의 규모는 국가 예산을 넘어설 정도로 방대해졌지만 그 지배 방식은 동네 식당을 운영하는 수준이다.

그들의 세습 권력은 두말할 것도 없이 재벌이라는 조직 자체가 독재의 잔존이라는 점을 김상봉은 잘 설명해 주고 있다. 독일 같은 나라에서는 재벌이 없다는 말이 너무나 당연하여 거론조차 하지 않는다고 말한다. 재벌 떨거지들, 맹목적 재벌 자본 추종자들이 우러러 받들어 모시는 미국에도 재벌 개념은 없다. 최근 무섭게 융기하는 친일 세력들이 좋아하는 일본에서조차도 재벌 조직이 없다는 것을 저자는 상세하게 서술하고 있다.

그러나 독재 세습 한국형 재벌은 재벌 기업식 주주 자본이 현대 자본주의의 주류라고 서민을 속이고 있다. 미국 기업 사회 자본가들은 이미 미국 사회에서 발생한 독재적 주식회사의 전횡과 몰락을 많이 보아왔다. 2001년 전 세계 경제를 혼란에 빠뜨린 "엔론 사태가 경영자 지배의 극단이라면 포드의 경우는 소유주 지배의 극단이다. 그리고 주주 자본주의는 이 두 극단 사이에서 언제나 동요할 수밖에 없다."(204쪽)

책에 쓰인 대로 이재용은 1994년 아버지 이건희로부터 61억 원을 물려받았다. 증여세를 납부하고 나니 44억 원이 남았다고 한다. 당시 매스컴은 소박한 상속이라고 칭찬했다. 그러나 이재용의 돈 44억 원이 불과 15년 만에 2조 2000억 원이 되었다. 더군다나 셀 수 없을 정도의 많은 계열사 기업의 실질적인 주인이 되었다. 전 지구적 차원의 불법적 행위가 일어났지만, 대한민국 법원이 내린 그에 대한 법정 판결은 결국 그 부자에게 면죄부를 준 결과에 지나지 않았다. 저자가 쓴 다른 한 구절을 보자.

"예를 들자면, 정몽구 회장은 2006년 1000억 원의 비자금을 조성해 빼돌린 혐의로 구속 기소당해 보석으로 풀려나기까지 두 달가량 감옥 체험을 해야 했다. 미국이라면 정 회장은 어쩌면 아직도 감옥에 있을 수도 있었겠지만, 이 나라에서는 100만 원을 훔쳤다는 죄로 감옥에서 썩는 사람들은 많아도 1000억 원을 훔쳤다고 징역을 살지는 않는다. 그리고 정몽구 회장도 여전히 회장으로 건재하고 있다."(256쪽)

노동자 경영권

김상봉은 재벌 기업의 지배 구조를 민주적으로 바꾸어야 한다고 강조한다. 너무 당연한 말이다. 여기서 민주적이라는 뜻의 실속은 그 구성원들이 공동체 의사 결정에 참여하는 데 있다. 기존 방식대로라면 참여하는 구성원이 주주나 경영자에 제한되었지만 그런 제한이 바로 주식회사법을 어기고 있는 셈이다.

김상봉은 이제라도 노동자 대표가 참여해야 한다는 당위성을 엄밀한 논증을 통해서 증명한다. 노동자가 경영자도 될 수 있고 그런 노동자는 마치 기업이라는 공화국의 시민인 셈이다. 이런 방식이 바로 김상봉이 전개하는 폴리스로서의 기업이다. 이런 주장에 대하여 대부분의 사람들은 난리법석을 떨며 자본의 생리를 조금도 모르고 까부는 말이라고 한다. 어떤 사람들은 지금이 어느 시대인데 원시 공동체 같은 헛소리를 하고 있냐고 핀잔을 하기도 한다. 현대 사회는 국가 간 치열한 경쟁력의 전쟁터와 같은 곳인데 웬 꿈같은 로맨스에 빠져 있냐고 극단적으로 몰아붙이는 사람들도 있다. 재벌 기업을 하는 사람들, 많은 경제학자들, 정부 관료들이 바로 그런 비난과 조롱을 퍼붓는 사람들이라는 것은 쉽게 짐작할 수 있다. 그런데 진보적이라는 지식인조차 기업 공화제 구조를 실현 불가능한 이상주의라고 일축하면서 그런 비난에 적극적으로 가세한다.

저자 김상봉이 그런 비난을 모르는 채 이 책을 쓴 것은 아니다. 노동자 경영권으로 압축된 그의 주장이 낭만적 이상이 아니라 아주 구체적으로 실현 가능하다는 것을 상세히 쓰고 있다. 기업이 이윤을 추구하기 위하여 생겨났다는 기업의 본능적 생리에 대하여 김상봉이 모르는 바도 아니고 무시하지도 않는다. 그런 자본의 생리를 무시했다면 그는 기존의 낡은 유토피아 경제학자와 별 다를 바가 없었을 것이다.

자본주의 사회에서 기업의 탄생은 그들이 투자한 모든 자산보다 훨씬 더 많은 잉여 가치를 얻어내는 데 있다는 점을 저자는 절실하게 알고 있다. 그런 절실한 인식이 있었기에 그는 우리들의 행복한 공동체를 구현하려는 의지와 설계를 분명히 제시할 수 있었다. 철학사의 관점에서, 경제 사상사적 관점에서 그리고 유럽이나 일본의 가까운 실증적 사례들을 통하여 김상봉은 노동자 경영권의 실현이 가능한 이유를 소상하게 보여 준다.

헤겔에서 좀바르트에 이어가면서 철학사와 경제사를 결합하여 소유 개념을 설명하는 그의 분석력이 돋보인다. 소유에 대한 헤겔의 개념이 너무 추상적이라는 오해가 있을 수 있기 때문에 그는 주식회사에 대한 법적인 보기를 구체적으로 제시한다. 소유권이란 쉽게 말해서 (1) 나만 가질 수 있고 (2) 내 마음대로 늘리거나 (3) 처분할 수 있는 권리를 뜻한다. 그런데 주식회사의 주주는 자기가 소유한 주주의 한도 안에서만 주주의 배당과 손실을 받을 뿐, 회사의 경영에 대하여 책임질 필요가 없다. 누구나 다 알고 있듯이 말이다.

김상봉은 다양한 현실 사례를 들어 주식 기업의 소유가 불가능함을 지적하고 있다. 그중의 하나, 2008년《파이낸셜타임스》가 선정한 시가 총액 1위 기업 엑손모빌을 사례로 들어 주식회사가 소유 혹은 지배의 대상이 될 수 없음을 잘 보여주고 있다.(161쪽)

> "주주의 몫은 배당금이며, 노동자의 몫은 임금이고, 채권자의 몫은 원금과 이자이며, 소비자나 계약자의 몫은 계약에 따라 지불한 금액에 상응하는 상품이나 서비스이다. 하지만 경영권은 누구의 몫도 아니다. 그런 까닭에 주식회사에서 누가 경영을 맡느냐 하는 것은 모두에게 열려 있는 문제로서 원칙적으로 주식회사의 본질적 특성으로부터 연역되지 않는 문제이다. 아니 주식회사의 경영권이 누구에게 속하느냐 하는 것이 미리 결정되어 있지 않다는 것이야말로 주식회사의 고유한 특성에 속한다고 할 수 있다."(183쪽)

노동자 경영권이 어떻게 가능한지 그리고 별 문제 없는지를 따져 보아야 한다. 앞서 말했듯이 진보 지식인조차 노동자 경영권의 실현 가능성에 대해서는 침묵한다. 주식회사에 주인이 없다는 것은 알았지만 그렇다고 노동자가 그 경영권을 가져야 한다는 분명한 명분이 있겠느냐는 자조적 의심 때문에 그렇다.

김상봉은 이에 대하여 책의 마지막 장을 할애하고 있다. 기업으로부터

받는 노동자의 임금은 노동자들의 최후 생활 보장에 대한 경제적 권리이다. 그래서 기업에 대하여 진정으로 책임감을 갖는 주체는 바로 노동자이다. 이러한 김상봉의 주장에 대하여 나는 전적으로 동의한다. 주식회사의 주주는 책임을 지지 않으며, 경영자는 원칙적으로 경영을 잘하여 수익을 많이 남기라는 주주들 대표에 의해 임명된 사람이므로 전적인 책임을 질 수도 없다. 주주의 권한을 넘어선 재벌은 공적 책임보다는 그들만의 사적 잉여금을 챙겨가는 데에 여념이 없다. 그래서 노동자의 권리와 책임은 소중하며, 따라서 노동자가 기업 경영에 참여하는 것이 당연하며 자연스럽다.

노동자 경영권에 대한 실질적인 사례도 많다. 독일이나 일본에서 노동자 경영권의 관행과 제도가 있다는 것을 저자는 본보기로 보여주었다. 그리고 경제사적인 측면에서 그 정당성을 증명해 보였다. 그러나 더욱 중요한 것은 우리들의 관습적 사유를 깨는 일이 더 중요하다고 생각했다. (1) 어찌 감히 노동자 경영권을 생각할 수 있단 말인가? (2) 기업의 창업자가 있는데, 어찌 감히 그들의 재산을 간섭할 수 있단 말인가? 이렇게 순응되어진 두려움에 우리는 휩싸여 있다. 그런 두려움의 관습으로부터 벗어나는 일이 지식 학습보다 더 우선하며 더 중요하다.

철학이 필요한 이유

여기서 철학이 요청된다. 이 책은 겉보기에 노동자 경영권이라는 현실 경제 주장을 담은 책 같지만, 실은 자본 권력 즉 돈의 힘에 순치된 우리의 자화상을 내부로부터 깨부수려는 철학적 선언서라고 나는 생각한다. 마치 코페르니쿠스의 혁명처럼 말이다. 코페르니쿠스 혁명이라는 것도 후대로 지나고 보니 혁명이라는 칭송을 받게 된 것일 뿐이다. 남들 다 천체가 돈다고 할 때 지구가 돈다고 했으니 당대에 코페르니쿠스는 정말 비난과 조롱을 받았었겠지.

남들 다 하는 대로 나도 쫓아가는 것이 뭐가 문젤까? 한때 유행했던 할리우드 영화 「매트릭스」에서는 누구에 의해 프로그램되어진 세상 속에서 가짜의 세계, 허구의 세계, 조작된 세계를 살아가는 사람들의 모습을 보여준다. 가짜 세계에서 안주하는 것이 행복하다고 여겨질 수 있을지 의심을 품고 되묻는 것 그것이 바로 철학이다. 박사 학위에 교수라는 최고의 철학 전공 지식인이라도 그 조작된 세계에 안주하거나 조작에 가담했다면 그는 철학과 동떨어진 사람에 지나지 않는다.

노동자 김진숙이 크레인에 올라 자본 권력의 허구에 항거했을 때 김진숙으로부터 우리는 가장 철학적인 모습을 볼 수 있었다. 의심을 하지 않고 주어진 틀에 안주하도록 많은 사람들이 순치되었다. 조금만 참으면 희망찬 미래가 올 것이라는 감언이설에 빠져 가짜의 현실을 그냥 인정하고 마는 허구의 믿음들이 넘쳐난다. 그런 믿음들은 일종의 '의존적 믿음'일 뿐이다. 우리에게는 '의존적 믿음'이 아니라 '주체적 믿음'이 요청된다. 그런 '주체적 믿음'을 실현하려는 의지가 바로 철학이다.

대학 법인은 공적 법인인데도 불구하고 많은 대학 이사장들은 대학의 사적 주인을 당당하게 자처하고 있다. 또 대학 재벌 권력의 비리와 부패에도 불구하고 대한민국 정부는 그들을 주인으로 모시고 있다. 노동자와 국민을 무시한 채 국민의 세금으로 세워진 고속철도나 국제공항도 그들 마음대로 주인을 기업에게 넘긴다고 한다. 4대강을 그네들 개인 소유지처럼 억지 주인 행세하며 자연으로부터 빼앗고 우리 모두의 것으로부터 빼앗아 토건 정부답게 그들 마음대로 파헤치고 말았다. 보수 신문의 비호 아래 제주도 강정 마을을 빼앗아 해군 기지를 세워서 미군에게 안주인을 넘겨주었다. 그네들끼리 마음대로 주인을 만들거나 바꿔치기에 능숙해졌다. 오래전부터 주식회사가 법적으로 주인이 없는 것임에도 불구하고 재벌이 주인을 자처하고 또한 재벌을 주인으로 모셔온 그들의 관행에 우리들이 침묵했기 때문이다.

시각을 조금만 넓혀 유럽이나 일본 아니면 금융 자본주의의 극치를 달리는 미국을 바라본다면 한국의 세습적 주주 자본이 얼마나 변태적인지를 느낄 수 있다. 시선을 조금만 달리하여 자본의 역사 및 한반도 제국주의의 역사를 되새길 수 있다면 현행 기업 권력이 왜 국가를 넘어서게 되었으며 나아가 왜 국가가 나서서 재벌을 옹호해 주는지를 알 수 있다.

불법의 관행에 침묵으로 동참한다면 우리 역시 누구에 의해서 프로그램된 게임 캐릭터에 지나지 않을 것이다. 기업을 그네들 마음대로 하고 싶다면 주식회사 형태 말고 사적 기업으로 운영하라고 해라, 그러면 아무도 간섭하지 않을 것이다. 대학을 세워 명예 권력을 쥐고 돈을 벌고 싶다면 처음부터 노골적으로 개인 기업형 학원을 차리라고 해라, 그러면 어느 누구도 말리지 않을 것이다. 법인의 이름을 도용하여 공중 이익을 침식하고 그네들 이익을 지수 함수적으로 늘려가고 있는 현실을 관행이라고 옹호하는 비호 세력에 무력해져서는 안 된다고 김상봉은 제동을 걸었다.

그런 관습이 가짜라는 것을 그의 책에서 읽을 수 있었다. 김상봉의 책에 나온 대로 그들이 가짜 주인이요 진짜 주인은 우리 모두라는 항변을 강하게 해야 한다. 이러한 항변이 바로 철학함의 출발이다. 여기서 김상봉의 철학이 고귀하고 박제된 신성화된 형이상학이 아니라 현실을 섭동하며 극복하고 세속의 아픔을 공유하는 실천적 형이상학임을 알게 되었다.

실천적 형이상학이란 조작된 의존적 희망으로부터 탈출하여 주체적 희망을 되찾는 삶의 매뉴얼이다. 그런 매뉴얼을 읽을 수 있다면, 김상봉의 노동자 경영권 주장이 낭만이 아니라 한국 사회 전체에 관통하는 실천적 지표임을 쉽게 알 수 있다.

더불어 읽기
깊이 읽기

1) 앤드루 존스, 『세계는 어떻게 움직이는가』, 이가람 옮김(동녘, 2012). 많은 사람들이 삼성의 경영 논리를 세계화 경영으로 착각하고 있다. 거대 기업의 슈퍼브랜드가 어떻게 문화적 바이러스로 작동되는지 잘 설명하고 있다. 이 책은 세계화와 반세계화의 입장을 잘 설명하고 있다. 이 책을 통해서 김상봉의 주장이 어떻게 보편적일 수 있는지를 좀 더 쉽게 이해할 수 있다.

2) 제정임, 단비뉴스취재팀, 『벼랑에 선 사람들』(오월의 봄, 2012). 거대 기업을 비판하는 이유는 그들이 일상의 사람들의 아픔을 낳게 한 장본인이라는 점이다. 우리는 삼성의 모바일폰 광고에 눈길을 빼앗기면서 최저 이하로 살고 있는 벼랑에 선 사람들의 아픔을 놓치고 있다. 서럽고 눈물나는 우리 시대 가장 작은 사람들의 삶의 현장을 마음으로 읽었다. 차가운 이성적 비판에 앞서 뜨거운 감성적 공감을 가질 수 있

게 된 책이었다.

3) 김상봉, 『서로주체성의 개념』(도서출판 길, 2007). 기업의 노예가 되어버린 우리들의 생존권을 어떻게 되찾을 것인가에 대한 철학적 배경을 다룬 책이다. 내 삶에서 노예가 아닌 주인이 되기 위하여 자유에 대한 생각과 그것을 실천하는 용기가 필요하다고 강조한다. 우리는 혼자서 실현하기 어려운 문제를 우리라는 공동체를 통해서 현실화할 수 있다. 개인의 주체적 자유와 우리라는 공동체 속에서의 자유가 어떻게 조화되는지를 보여준 대단한 철학 작품이다.

최종덕 / 상지대학교 교수

쾌적한 삼성 공장!
그런데……

『사람 냄새: 삼성에 없는 단 한 가지』 / 김수박

사람은 없고 제품만 있는 삼성전자

1987년 6월은 거대한 격동기였다. 전두환 정권의 폭압을 끊으려는 민주 세력의 열망이 절정에 달한 가운데, 결정적으로 불을 당긴 것은 시위 도중 경찰이 쏜 직격 최루탄을 맞고 사망한 이한열 열사였다. 그 사건을 계기로 안락한 삶을 누리던 넥타이 부대까지 거리 시위에 동참하면서 마침내 직선제 개헌과 민주화를 받아들인 6·29 선언을 끌어낸 것이다.

그해 여름 나는 일주일 동안 정신문화연구원(현 한국학중앙연구원의 전신)이 주관하는 신임 교수 교육에 '끌려' 들어갔다. 전두환 정권 초기부터 처음 대학 교수로 임용되는 사람들은 의무적으로 정신문화연구원에 들어가 1주일 동안 합숙하면서 안보 교육, 경제 교육 등을 받아야 했다. 군부 독재정권은 치졸하게도 교수들을 세뇌시키면 학생 운동을 잠재울 수 있다고 생각했던 듯하다. 그래서 당시 사람들은 정신문화연구원을 가리켜 정신병원이라고 불렀다.

사실 나는 1985년에 대학 전임이 되었으니 벌써 다녀왔어야 했지만, 졸업 정원제로 학생이 늘어나면서 새로 임용된 교수 숫자도 많았거니와 개인적으로 그런 교육을 받고 싶지 않아 요리조리 빼던 중 이번에야말로 가지 않으면 안 된다고 해서 어쩔 수 없이 끌려갔던 것이다. 하지만 교육 받으러 들어온 50명 가운데 미리 알던 몇 사람이 뜻이 맞아서 이런 교육 없애자는 토론을 공개적으로 벌이기도 했고, 그 때문인지 그해 여름을 마지막으로 교육이 없어졌다.

그 교육 과정 가운데에는 탈북자와의 대화도 있었고, 비무장지대(DMZ) 방문과 산업 시찰도 있었다. 산업 시찰을 위해 우리가 간 곳은 경인에너지, 포항제철, 현대중공업, 대우자동차 그리고 삼성전자였다. 삼성전자의 방문은 내게 작은 충격이었다. 정말 먼지 하나 없을 것 같은 쾌적한 환경 속에서 노동자들이 방진복이라 불리는 눈처럼 흰 모자와 흰 옷에 마스크를 쓰고 있었다. 그 모습은 망치 소리, 기계 소리로 정신이 없었던 다른 기업의 공장들과는 전혀 다른 모습이었다. 그래서 나는 속으로 삼성에 노사분규가 거의 없고 현대, 대우 등의 노사분규가 심한 까닭이 이런 작업 환경의 차이에서 오겠구나 하는 무식한 생각을 했다.

이런 무식한 생각을 깬 책이 바로 보리출판사가 펴낸 만화책 『사람 냄새』(김수박, 김성희 글·그림, 보리출판사 펴냄) 다. 이 책의 제목 앞에는 '삼성에 없는 단 한 가지'라는 설명이 붙어 있다. 내가 그때 본 깨끗한 환경은 사람을 위한 것이 아니라 제품을 위한 것이었다. 그 속에는 고장 나면 언제든 버려지는 부품만 있을 뿐 사람이 없었던 것이다. 이 책은 '무노조 신화', '반도체 신화'로 이름을 올린 삼성, '국민 기업', '글로벌 기업'이라고 불리면서도 사회 지배층 곳곳에 '삼성 장학생'을 심어 놓고 '특검'마저 유명무실하게 만드는 거대한 공룡 같은 삼성, 젊은이들이 가고 싶은 대기업의 표본이면서도 탈세와 비리의 대명사이기도 한 삼성, 바로 그 삼성에서 일하다 꽃다운 나이에 백혈병으로 죽어간 황유미 씨의 이야기이자, 딸의 죽음의 원인을 밝히기 위해 거대한 삼성과 외로운 싸움을 시작했던 아버지 황상기 씨의 이야기이다. 힘없고 가난한 사람들의 억울함을 돈과 권력으로 짓밟는 삼성의 비리에 하수인으로 참여했다가, 더 이상 견딜 수 없어서 양심선언을 했던 김용철 변호사의 『삼성을 생각한다』(사회평론 펴냄)처럼, 우리에게 '국민 기업'이라는 허울 뒤에 숨어 있는 '사람 냄새 없는 기업' 삼성을 생각하게 하는 책이다.

삼성과 싸워서 이길 수 있겠어요?

2003년 10월 당시 속초상업고등학교 3학년이던 황유미 씨는 학교의 추천으로 친구 10명과 함께 설레는 마음을 안고 삼성전자에 입사하였다. 부모는 전문대학이라도 가라고 하였지만 유미 씨는 어려운 집안 형편을 생각해 제가 벌어 동생 대학 보내겠다고 삼성에 지원을 했던 것이다.

한 달 동안의 교육을 마친 뒤 그는 반도체 제조 공정에 정식으로 배치되었고, 잠시 다른 기계를 거쳐 3라인 3베이에서 일하게 되었다.(베이는 기계 한 대를 부르는 호칭인데, 나도 이 책을 통해 반도체 공정에 대한 자세한 지식을 얻었다.) 1라인에는 모두 24대의 기계가 있었는데 23대는 자동이었지만 유미가 배치된 3베이는 수동이었다. 그 자리는 임신을 한 전임자가 유산을 해서 사표를 내고 퇴사한 자리이기도 했다.

유미 씨는 기숙사에서 지내며 한 달에 한 번 속초 집에 왔고, 일이 힘들다고 하면서도 딸의 자리, 회사원의 자리를 꿋꿋이 지켜냈다. 2005년 5월 말 처음으로 몸에 멍이 들고 구토를 하며 어지러움을 느끼는 증세가 시작되었고, 6월 10일 아주대 병원에서 백혈병 판정을 받았다. 그 병원에는 반도체 사업부 1라인에서 일하다 백혈병에 걸린 또 다른 환자 황민웅 씨가 있었고 그는 7월 23일 사망했다. 나중에 밝혀진 사실이지만 삼성 반도체 기흥 공장에서는 노후 라인으로 불리는 곳에서만 백혈병 또는 희귀병 환자가 5명이나 나왔다.

반도체 공정은 며칠에 한 번씩 원판을 화학 약품으로 닦아내야 했는데, 서울대학교 연구진의 발표에 따르면 반도체 공정에 99종의 화학 물질이 쓰인다고 한다. 하지만 정작 그곳에서 일하는 사람들은 자신들이 어떤 화학 물질을 다루는지 알지 못했다. 교육이 있기는 해도 안전 교육이 아니라 일에 대한 교육뿐이었다. 화장을 하면 안 되고, 무스나 스프레이도 안 되고, 뛰면 안 되고, 세 명 이상 모이면 안 되고 하는 교육들은 모두 제품을 위한 교육이었다. 생산량이 많으면 인센티브를 주는 상황에서 불량 없이 많이 생산하는 것이 목적이었기 때문에 안전장치를 해제하는 것은 예사였고, 더구나 외환 위기 이후 인력을 줄여서 4명이 작업하던 것을 2명이 맡음으로써 노동 강도가 세졌다.

유미 씨는 항암 치료와 골수 이식까지 받았고, 식구들 모두가 그의 병 수발에 매달렸다. 개인택시 운전을 하던 황상기 씨는 일도 제쳐놓고 수시로 속초와 수원을 오가기 시작했다. 그 무렵 유미와 한 조가 되어 같이 일

세상의 붕괴에 대처하는 우리들의 자세: 철학자의 서재 3

하던 이숙영 씨가 2006년 7월 백혈병 판정을 받았고 그해 8월 사망했다.

치료 과정에서 황상기 씨는 삼성의 과장을 만나 산업재해 처리를 부탁했다. 하지만 과장은 회사와 상관없는 개인 질병이라고 펄쩍 뛰면서 사표를 쓰도록 요구했고, '삼성과 싸워 이길 수 있겠느냐'고 윽박지르기도 했다. 주눅이 든 황상기 씨가 그때까지 들어간 치료비 8000만 원 가운데 사내 모금과 보험으로 처리한 부분을 뺀 5000만 원의 치료비 부담을 요구하자, 그 과장은 그러마 하면서 사표를 받아갔다. 그리고 얼마 뒤 다시 병이 재발한 상태에서 찾아와 500만 원을 주고 갔다.

딸의 상태는 점점 나빠지고 준다던 돈도 주지 않자 황상기 씨는 산재 처리를 요구하며 속초에 있는 한나라당 사무실을 찾아갔고, 한국방송(KBS)에 전화를 하기도 했다. 하지만 어디 하나 돕겠다고 나서는 곳이 없었다. 그러다 딸에게 배운 서툰 솜씨로 인터넷에서 찾아내 연결된 곳이 《말》지였다. 그리고 유미 씨는 2007년 3월 6일 아주대 병원에서 돌아오는 길에 아버지가 운전하는 택시 뒷자리에서 숨을 거두었다. 영안실로 찾아 온 삼성 직원들은 여전히 보상해 주겠다는 말과 함께 회사와 상관없는 개인 질병이라는 말만 늘어놓았다.

2007년 4월 드디어 《말》지에 황유미 씨 기사와 함께 삼성이 백혈병을 은폐하고 있다는 내용이 보도됐지만 삼성 광고에 목을 매는 중앙지들은 하나같이 침묵했다. 그리고 황 씨는 《말》지 기자의 소개로 만난 '건강한 노동세상' 장안석 씨의 도움을 받아 2007년 6월 평택근로복지공단에 산재 신청을 냈다. 하지만 근로복지공단도 삼성 편이었다. 그 뒤 민주노총 이종란 노무사의 도움을 받기 시작했고, 현장을 다 바꾼 상황에서의 역학조사와 한 10억 원 정도를 주겠다는 삼성의 파렴치한 제안, 그리고 역학

조사를 토대로 산재라 할 수 없다는 'KBS 추적 60분'의 보도가 이어진다.

하지만 마침내 황상기 씨를 중심으로 한 '삼성 반도체 백혈병 진상 규명 대책위'가 발족되어 기흥 공장 앞에서 싸움을 시작했고, 이를 기회로 반도체 노동자의 건강과 안전을 지키는 '반올림'이라는 단체가 만들어지면서 본격적인 조사가 시작되었다. 2012년 3월까지의 제보자만 155명이고 그 가운데 삼성 노동자가 138명이었으며, 그들이 걸린 병의 대부분은 암이었다. 그 뒤로도 삼성은 직원들을 보내 돈으로 회유하고 언론이나 다른 단체와 접촉하지 말 것을 종용했고 이 일은 2010년 7월 문화방송(MBC) 라디오 '손석희의 시선집중'에서 '삼성의 산재 신청 포기 종용과 회유'라는 제목으로 다루어지기도 했다.

사람 냄새가 돈 냄새를 이긴다

초등학교 시절 『정의는 이긴다』라는 책을 읽은 적이 있다. 책 내용은 하나도 기억나지 않지만, 불의와 거짓과 음모를 뚫고 마침내 정의가 이기는 결말의 통쾌함만 아련히 남아 있다. 하지만 어른이 되면서 정의가 불의에 지고, 참이 거짓에 무릎 꿇는 것을 숱하게 봐왔다. 왜 사람들은 가질수록 강해지고 배울수록 강해지는 것이 아니라, 가질수록 더 많은 것을 욕심내면서 조금이라도 빼앗길까 봐 겁을 내고, 배울수록 옳고 그름 앞에서 우유부단해지는 것일까?

2400여 년 전 큰 나라가 작은 나라를, 강한 자가 약한 자를, 다수가 소수를, 귀한 자가 천한 자를, 교활한 자가 어리석은 자를 지배하고 이용하

세상의 붕괴에 대처하는 우리들의 자세: 철학자의 서재 3

는 현실에 대항하여 싸운 묵자라는 철학자가 있었다. 그는 아무런 대가도 받지 않으면서 뜻을 같이 하는 사람들을 모아 약자를 위한 방패가 되었고, 세상을 향해 다 같이 사랑하고 함께 나누자고 외쳤다. 물론 묵자가 꿈꾸던 세상은 아직도 오지 않았다. 하지만 그가 꿈꾸던 이상은 아직도 많은 사람들 마음속에 남아 있다. 왜냐하면 그 안에 사람 냄새가 담겨 있기 때문이다.

이 책은 사람 냄새와 함께 곳곳에서 돈 냄새를 보여준다. 황유미 씨와 황상기 씨의 이야기 사이사이에 거대 기업 삼성의 겉모습에 도취해 삼성이 망하면 나라가 망한다는 우리의 어처구니없는 이데올로기를 배치한 것이다. 삼성에 빌붙은 삼성 장학생들, 세계 기업 반열에 오른 삼성의 위상, 그리고 그 이면에 있는 불법과 탈법과 무법의 비리, 그럼에도 이 모든 것을 덮는 돈의 힘을 보여준다. 경영권 승계 과정의 불법 증여, 결말도 석연치 않은 삼성 특검, 그리고 다시 불거진 형제간의 재산 싸움. 어느 것 하나 돈 냄새 아닌 것이 없다.

심지어 황유미 씨 사건과 관련해 2009년 5월 근로복지공단은 반도체 공장 산재 신청에 대해 불승인 판정을 내렸다. 이에 피해자 가족들은 2010년 1월 근로복지공단을 상대로 행정소송을 제기하였다. 그런데 더 기가 막힌 것은 근로복지공단에 대한 국정감사 결과, 근로복지공단이 삼성전자 측에 행정소송 도움을 요청했다는 사실이다. 하지만 다행스럽게도 2011년 6월 삼성전자 반도체 직업병 행정소송 1심에서 법원은 황유미, 이숙영 씨의 사망을 직업병으로 인정함으로써 황상기 씨의 손을 들어주었다. 물론 근로복지공단은 1심 판결에 불복하여 항소했고, 황상기 씨는 지금도 산업 재해로 인정받지 못한 사람들을 위한 싸움을 멈추지 않고 있다.

이 싸움은 거대한 돈과의 지난한 싸움일지라도, 그리고 그 싸움에서 패한다 할지라도 결코 멈출 수 없는 전쟁이다. 이 싸움을 보면서 조선 말 의병 전쟁이 떠올랐다. 19세기 말과 20세기 초 한반도는 의병 전쟁의 도가니였다. 당시 지식인들은 세계를 셋으로 나누었다. 하나는 사람이 사는 세상이고 다른 하나는 오랑캐가 사는 세상이며 마지막 하나는 짐승이 사는 세상이었다. 오랑캐가 사는 세상은 만주족이 지배하는 청나라였고, 짐승이 사는 세상은 일본과 서양이었으며 오직 조선만이 사람이 사는 세상이라고 생각했다. 그래서 의병장들이 남긴 글 대부분에는 '내가 의병을 일으킬 때 이기느냐 지느냐는 생각하지 않았다'고 적혀 있다. 기껏해야 화승총, 심지어는 칼이나 창 같은 구식 병장기만을 가지고 기관총과 대포로 무장한 왜놈들을 이길 수 있을 것이라고 생각했다면 '돈' 사람들이었을 것이다. 그 싸움은 이기기 위한 싸움이 아니었고 사람답기 위한 싸움이었다. 그래서 이기느냐 지느냐는 문제 밖에 있었던 것이다.

삼성과 싸우는 황상기 씨와 그를 도우러 나선 사람들, 그리고 이런 일을 만화로 그려낸 김수박 화백과 김성희 화백, 이런 책을 펴낸 보리출판사. 우리는 그 사람들 속에서 2400여 년 전의 묵자를 보고, 100여 년 전의 의병을 본다. 왜냐하면 그 속에서 사람 냄새를 맡을 수 있기 때문이다.

더불어 읽기
깊이 읽기

1) 김성희, 『먼지 없는 방: 삼성반도체 공장의 비밀』(보리, 2012). 이 책은 『사람 냄새: 삼성에 없는 단 한 가지』처럼 삼성반도체 공장에서 일하다 백혈병으로 죽은 근로자들의 이야기를 통해 삼성을 사회에 고발한 책이다. 그래서 두 책은 모두 보리출판사의 '평화 발자국' 시리즈 9권과 10권으로 같은 날 나왔다. 다만 『사람 냄새』가 황유미 씨 이야기를 담았다면 『먼지 없는 방』은 또 다른 피해자 황민웅 씨 가족 이야기를 중심으로 황유미, 박지연 씨 등의 이야기를 다루면서 반도체 공정이 얼마나 무서운 것이었는지를 잘 설명하고 있다. 두 책을 함께 보면 많은 것을 알 수 있을 것이다.

2) 김용철, 『삼성을 생각한다』(사회평론, 2010). 이 책의 저자는 삼성의 회장 비서실 법무팀 이사, 구조조정본부 재무팀 전무와 법무팀장 등을 지냈으며 2007년에 '삼성 비리'를 폭로하여 세상을 떠들썩하게 했었다. 저자는 입사 전 글로벌 기업으로 선망의 대상이었던 삼성에 들어가서 7년을 일하면서 그 환상이 어떻게 깨져나갔는지를 말하고 있다. 책의 일부는 저자가 양심선언을 하면서 공개한 내용이지만 자신이 직접 경험한 더 많은 이야기들을 토대로 우리 사회에서 거대 기업이 어떠한 존재이며 어떻게 가야 하는지를 잘 보여주고 있다.

김교빈 / 호서대학교 교수

스타벅스 원두 값 높인 이유……
그러나 한국에서는?

『기업은 왜 사회적 책임에 주목하는가』 / 데이비드 보겔

허울뿐인 가족

"또 하나의 가족" 얼마나 멋진 말인가! 인간은 인정받고 인정하면서 살아가려고 한다. 자신의 존재감은 사랑이라는 이름으로 받아서, 사회적 관계로 실현된다. 그리고 그 최소 단위는 가족이다. 가족이라는 울타리 속에 어머니, 아버지, 배우자, 그리고 아이. 이 모든 사람들이 나를 인정하고, 나 역시도 그들을 인정하면서 살아간다. 이런 의미에서 혈육의 가족 외에 또 하나의 가족은 인간을 밝게 만들어주는 역할을 할 것이다. 그런데 이 문구를 기업이 사용하고 있다면, 그 기업에 대한 이미지는 어떻게 될까?

그런데 그 기업이 자신의 가족인 노동자의 병을 은폐하고 있다면, 심지어 20대 꽃다운 나이에 백혈병을 비롯한 희귀 난치병에 시달리며 죽거나 죽어가고 있는데 모른 척하고 있다면 어떻게 이해해야 할까? 그 기업이 허울뿐인 '가족'을 말할 뿐 실제로는 엄청난 착취를 일삼는다면 도대체 어떻게 해야 하는 것인가? 그 기업에 책임을 물어야 하는가?

그 기업은 이렇게도 말한다. 법적으로는 문제가 없지만 도의적으로 책임을 지겠다고. 산업 재해는 아니라고. 생각해 보면 무서운 얘기다. 그 기업은 검찰들을 비롯한 고위 공직자에게 명절 때마다 떡값을 나눠줬다고 한다. 말이 떡값이지, 그 돈으로 떡을 해먹으면 배 터지도록 먹어도 다 먹을 수 없는 수준의 뇌물이다. 자, 뇌물 받은 사람들이 노동자와 자신에게 뇌물을 준 자 사이에서 심판을 본다면 누구 편을 들어줄까?

그 기업은 언론사도 갖고 있다. 우리나라에서 늘 여론에서 '승리하는 ㅈ.ㅈ.ㄷ일보'(영어 약자로는 vCJD라고도 한다) 중 하나를 갖고 있다. 이들은 서로 힘을 합쳐 자신들에게 유리한 것은 확대하고 불리한 것은 축소할 뿐 아니라 황당무계한 조작까지도 서슴지 않는다. 그러니 자신의 기업에 불리한 내용은 축소하거나 은폐해서 사람들이 모르게 할 수 있는 능력마저도 갖고 있다.

여기에 최근 사건 하나만 더 추가하자. 그 기업을 운영하는 사람은 사회적으로 소외된 사람이라서 그 자식은 국제중학교에 특별전형으로 합격했다. '또 하나의 가족'을 표방하는 기업은 이렇게 사람들의 믿음을 배신하면서 온갖 혜택을 누리고 있다. 이들에게 노블리스 오블리주를 말할 가치조차 느끼지 못하게 만들고 있다. 과연 이런 기업에게 사회적 책임이라는 말이 통용될 수 있을까?

기업에게 사회적 책임을 말하는 것은 세상물정 모르는 소리라는 말을 듣기에 안성맞춤일 수 있다. 돈과 도덕적 가치는 양립하기 어려운 것이고, 사회적 책임 운운하는 것은 기업한테 영리 목적의 기업을 하지 말라는 것처럼 들리기 때문이다. 생각해 보면 순수 인문학, 특히 철학을 하는 사람들이 세상물정 모르는 헛소리를 할 수 있는 특권이 있는지도 모른다. 그렇지만 여기 한 권의 책을 소개하면서 세상물정과 적당히 타협하는 방식으로 기업의 사회적 책임을 말하려고 한다.

『기업은 왜 사회적 책임에 주목하는가』(김민주·김선희 옮김, 거름 펴냄). 이 책은 데이비드 보겔(David Vogel)이라는 캘리포니아 대학의 경영대학원 교수가 썼다. 그의 이력을 보니 경영의 관점에서 문제를 관찰하고 투영한 것으로 보인다. 그는 이 책을 통해서 시장의 힘이 기업의 사회적 책임을 이끌 수 있다는 현실적인 얘기를 제시하려고 한다. 철저하게 자본주의 시장의 논리의 관점에서 이 책을 쓰고 있기 때문에 고리타분한 응용 윤리의 관점으로 이해해서는 안 될 것이다. 마찬가지로 세상물정 모르는 철학자의 관점으로 당위적으로 기업의 사회적 책임을 운운하는 것도 아니라는 것이다.

기업의 사회적 책임이란?

미국의 경우에는 기업 윤리가 무척이나 강조된다. 대기업이라면 상담가와 함께 윤리학자를 고용하고, 주기적으로 기업 윤리에 대해서 인식할 수 있도록 도와주는 역할을 하고 있다. 그렇지만 기업 윤리를 강조한다는 것은 역설적으로 기업 윤리가 부재하다는 것을 방증하는 것이기도 하다. 오랫동안 환경 문제, 노동자의 인권, 제3세계로부터의 착취 등 비윤리적인 일을 통해서 자본을 축적했던 추악한 자화상이 그 이면에 존재한다. 이런 모습에 대한 반성이 이루어지면서 주목할 만한 몇몇 비즈니스 행태가 나타나고 있다.

예를 들어 스타벅스가 공정 무역을 통해서 시장 가격보다 높은 가격으로 커피 원료를 사고 있고, 스포츠 의류 업체인 나이키도 개발도상국가의 공장에서 일어나는 노동 환경을 관찰하고 있다. 또한 맥도날드의 경우에는 미국 내 쇠고기와 닭고기 공급자들 사이에 증가하고 있는 항생제 사용을 막기 위해 EU의 항생제 사용 제한 규정을 채택했다. 이러한 사례들은 모두 기업의 사회적 책임(CSR: Corporate Social Responsibility) 또는 기업 윤리에 해당한다.

그렇지만 CSR의 개념은 모호한 측면이 있다. 원래 윤리 활동이란 것이 집단 속에서 살아가는 태도나 방법을 지칭하는 것이기 때문에 어떻게 하는 것이 윤리적인 것인지는 쉽게 단정할 수 없다. 기업 윤리의 경우도 사정은 비슷하다. 넓게는 기업의 목적인 이익 추구 과정 외에 이루어지는 사회 문제 해결을 위한 활동으로 설명할 수 있고, 좁게는 비즈니스 과정에서 에너지 사용 절감과 같은 일부 사업만을 지칭하기도 한다. 이렇게 모호한 규정이지만 미국을 비롯한 유럽의 나라에서 CSR을 강조하는 이유는 철저하게 자본의 속성을 인정하고 출발하기 때문이다.

경영학의 아버지라고 하는 피터 드러커(P. F. Drucker, 1909~2005)라는 사람이 있다. 우리나라에서도 그의 모든 저작이 번역, 소개되어 있다. 그의 주장에 따르면 동적인 미래 사회로 발전하기 위해서는 기업 사회로의 성장이 필수적이다. 국가는 단지 기업의 역할을 조정하고 협력하게 해서 조화를 이루게 하는 것이 바람직하고, 생활 질서는 시장이 조절할 수 있어야 한다. 그런데 국가의 역할을 이렇게 만들기 위해서는 기본적으로 기업이 자신의 노동자를 기본 자산으로 인식해야 한다. 이를 바깥으로는 시장의 질서에 편입하려는 기업의 혁신이 깔려 있어야 한다. 기업은 단순히 이익집단의 형태로 발전하는 것이 아니라 지역사회에 이바지하고 봉사하는 공생적 집단이 되어야 한다. 따라서 마케팅을 통한 시장에서의 성공은 반드시 기업의 사회적 책임이 뒤따라야 한다. 지역 공동체에서 중요한 연결

고리가 되어야 하는 것이 기업의 역할인 것이다. 그러므로 시장의 관점에서도 비즈니스 윤리, 나아가 기업의 사회적 책임은 핵심 역할을 하게 된다.

이런 관점에서 보자면 기업의 사회적 책임은 철저하게 자본주의적 현실과 연결되며, 시장의 속성에 따라서 판단해야 설득력 있는 논증이 된다. 이 책의 미덕은 바로 여기에 있다. 이미 주어진 선악의 관점에서 사회적 책임을 기업에 전가하는 것이 아니라 시장에서 살아남기 위해서 기업에게 사회적 책임을 강요해 보려는 의도가 숨어 있는 것이다.

소비자, 직원, 투자자의 힘

기업이 사회적 책임을 다하기 위해서 이 책에서는 세 가지 주요 동인을 소개한다. 기본적으로 소비자, 직원(노동자), 투자자가 그것이다. 상식적으로 생각해서 상품을 구매하는 소비자는 시장의 심리를 그대로 반영한다. 그리고 투자자 역시 안정적인 이익을 실현할 수 있는 비즈니스를 원한다. 이런 토대가 기업의 사회적 책임을 위한 조건이 된다.

이 책을 따르면 소비자는 윤리적으로 경영하는 기업의 상품을 그렇지 않은 기업의 상품보다 더 선호한다는 구매 의사가 타당한지 검토한다. 많은 사람들이 기업의 사회적 책임을 고려해서 구매 결정한다는 보고서를 소개하고 있다. 그렇지만 이런 연구 결과는 실제로는 효과적이지 않다고 설명하고 있다. 실제 구매 효과는 3퍼센트 남짓, 심지어 불매 운동의 경우에도 전체 구매의 2퍼센트에 영향을 미칠 뿐이라고 제시하고 있다. 아직까지는 소비자들의 의지와 실행에는 많은 차이가 있다. 예를 들어서 제3세계에서 노동 착취로 이루어지는 휴대폰이 있다. 사람들은 그러한 사실을 알고 있음에도 기술과 디자인 혁신을 이룬 상품을 소비하고 있다.

직원(이 책에서는 직원이라고 말하고 있지만, 엄밀하게 말해서 노동자라고 규정하는 것이 타당하다. 특히 기업의 사회적 책임, 지역 사회에 대한 봉사는 노동조합을 통해서 이루어지는 경우도 많지만, 이 책에서는 이와 관련된 사례가 없다. 경영학의 측면에서 접근하다 보니 employee라는 말을 직원으로 번역한 것으로 보인다.)의 경우도 비슷한 결론을 내리고 있다. 구직을 희망하는 비즈니스 스쿨 출신의 젊은이들에게 설문조사해 보면 기대 수입보다 평균 14퍼센트 낮더라도 사회적 책임과 윤리를 수행하는 기업에서 일하길 희망했다. 그렇지만 이런 결과도 실제 고용 시장에서 그대로 나타났는지는 단정할 수 없다고 설명한다.

마지막으로 투자자들 사이에서 기업의 사회적 책임과 관련된 재무 결과에 관심이 확대되고 있다는 점을 지적한다. 사회, 환경, 윤리적 사안들에 대응하는 데 실패한 기업들이 재무적 안전성에 손상을 입을 수 있다는 점에서 장기적인 안목으로 투자하려는 경향이 나타나고 있다는 것이다. 그렇지만 이런 투자 경향도 실제로 큰 효과를 거두고 있는지는 미지수이다. 왜냐하면 실제 기업의 사례를 살펴보면 사회적 책임을 다한 기업이 반드시 좋은 수익을 내는 것은 아니기 때문이다.

이상의 세 요인 중에서 기업이 사회적 책임을 수행하는 데 결정적인 영향을 행사하는 것은 없다. 그럼에도 기업에 책임을 부과할 수 있도록 시장을 조성할 수 있는 방법이 없는 것인가? 이 책에서는 기업이 사회적 책임을 다하기 위해서 세 요인이 지속적으로 규제하고, 이와 함께 정부 규제를 통해서 공공의 복지를 증진시키는 역할을 수행해야 한다고 강조한다. 시장에서의 환경 자체가 윤리적인 조건이 성립될 수 있도록 만들어야 한다는 것이 그의 주장으로 보인다.

한국 재벌의 사회적 책임

한편으로 이 책은 우리 사회에 그대로 적용될 수 없다는 점에서 좀 더 깊은 사색을 요구한다. 우리 사회도 이미 기업 사회로 들어가고 있다. 기업의 힘이 막강해지고 있고, 일부에서 대한민국을 삼성공화국이라고 말하고 있기 때문이다. 그렇지만 이 기업 사회는 피터 드러커가 말하는 기업 사회가 아니라 말 그대로 '재벌공화국'에 해당한다. 우리 사회는 어느 사회보다 기업의 사회적 책임을 강요해야 한다.

생각해 보자. 현재 우리 재벌 기업 중 적산기업에서 출발하지 않은 기업이 얼마나 되는가? 그리고 독재 정권으로부터 금융 수혜를 누리지 않은 기업이 얼마나 있는가? 그리고 편법으로 기업의 소유와 경영권을 승계하지 않은 재벌이 얼마나 있는가? 내친김에 몇 가지 질문을 더해 보자. 최근 무더위가 계속되면서 에너지 대란을 겪었다. 국민들에게 전기 아껴 쓰라고 정부는 강요했다. 1인당 전기 소비량이 세계 최고 수준이라면서. 그런데 일반 가정에서 사용하는 1인당 전기 사용량은 OECD 평균에도 미치지 못한다. 원가에도 못 미치는 전기료를 현실적으로 올려달라는 재벌이 있는가? 생산 단가를 줄이기 위해 중소기업으로부터 하청단가 후려치지 않는 재벌 기업은 어디인가? 이런 질문들로부터 완전 자유로운 재벌은 하나도 없을 것 같다. 우리가 재벌들에게 사회적 책임을 요구해야 하는 이유는 미국이나 유럽보다 더 극명하다. 시작부터 성장까지, 심지어는 지금도 국민의 고통과 희생의 대가로 유지되고 있기 때문이다.

이렇게 기업의 사회적 책임은 다른 국가보다 더 따르는데 사회적 책임을 우리 기업은 방기하고 있다. 심지어 재벌 총수에 무슨 문제가 있어도 법적 책임은 유예해 주는 경우가 대부분이다. 그렇다면 보겔이 말하는 대로 기업이 사회적 책임을 다하기 위해서 소비자, 직원, 투자자의 힘, 정부의 규제로 충분할까? 한국의 정부는 재벌과 매우 친하다. 그런 정부가 재벌을 위해서 신자유주의적 정책을 강조하지 재벌 규제를 강조하겠는가?

과거 미국산 쇠고기 수입 반대 촛불시위 때 소비자들은 기업의 광고 행위를 압박했다. 아주 똑똑한 소비자들은 CJD 일보에 광고를 게재하는 기업주에게 불매 운동을 하겠다는 경고를 날렸다. 실제로 이런 소비자의 집단적인 운동에 일부 기업은 CJD 광고 게재를 중단하기도 했다. 이에 분개한 CJD는 소비자를 상대로 소송을 제기했고, 소송에서 소비자들은 '영업방해'라는 불법 딱지를 붙이게 되었다. 소비자의 현명한 활동조차 법 앞에 좌절되는 순간이었다. 이런 현실을 감안하면 소비자의 행위만으로 되지 않는다. 직원이나 투자자 역시 사정은 마찬가지이다.

미국을 비롯한 유럽의 경우 몇 해 전부터 월가 점령 시위(Occupy Wall Street)를 위시한 소위 '99퍼센트'의 시위가 발생했다. 이들의 요구 중 당장 실현이 되었던 것은 부자 증세, 혹은 부자 감세 반대였다. 미국의 경우도 이 요구가 오바마 정부에 의해서 실현되었다. NGO 활동이 정부 규제로 발전한 경우이다. 말하자면 정부 규제에서 시민 규제로 발전하고 있는 양상이다. 그런데 우리의 경우는 이를 당장 실현하기가 버겁다. 시민 사회가 아직 성숙하지 못한 부분이 있기 때문이다. 시민들의 힘이 강력해지고 싶어도 언론 환경, 제도권 환경이 뒷받침하지 못하고 있다.

이런 상황에서 한국의 기업 윤리는 시장의 속성으로 내맡길 수 없다. 기업이 사회적 책임을 다하기 위해서는 공정한 시장의 경쟁과 함께 공동체적 의식이 기업 스스로에게도 있어야 한다. 자신의 자산인 노동자들이 죽어가고 있는

데 법적 책임 운운하면서 노동자 스스로에게 산업 재해의 이유를 밝히라는 기업, 물이 새는 자동차를 팔면서 리콜 대신 실리콘으로 응급처치하고 나 몰라라 하는 기업, 고작 3퍼센트도 안 되는 지분을 갖고 있으면서 모든 권리는 소유하고 의무는 방기하는 기업가. 이런 환경이 우리 기업의 현주소이다.

아쉽게도 우리 현실에서는 기업의 사회적 책임도 중요하지만 시장의 불균형을 먼저 해소해야 될 것이다. 이 불균형 안에는 재벌의 해체가 필수적으로 보인다. 이는 시민 활동만으로 될 것 같지는 않다. 시민 활동이 많이 다양화해지고 발전하기는 했지만 아직까지는 충분히 발전하지는 못했다. 그리고 그런 힘도 갖지 않고 있다. 시민의 규제보다는 조직화된 권력이 필요하다. 아직 제도적 힘을 완수하지 못한 현실에서는 정부의 강력한 규제로터 재벌 해체, 사회적 책임을 하나씩 물을 수밖에 없는 것으로 보인다. 그렇기 때문에 경제적 문제는 한국 사회에서 정치적인 것의 복권에서 찾을 수밖에 없는 것 같다.

더불어 읽기

깊이 읽기

1) 로버트 라이시, 『수퍼자본주의』, 형선호 옮김(김영사, 2008). 흔히 민주주의와 자본주의는 서로 밀접한 연관을 맺고 있다고 생각한다. 한국의 특정 집단에서는 자본주의의 기초 이념인 자유를 강조해서 '자유민주주의'라는 말을 사용한다. 민주주의 앞에 반드시 자유를 넣어야 한다는 그들의 강박이 왜곡을 낳고 있는 것이다. 로버트 라이시의 수퍼자본주의는 이에 대한 비판적 관점을 담을 수 있는 책이다. 이제 자

본주의는 너무 커졌다. 그래서 수퍼자본주의라고 해야 한다. 그런데 문제는 자본주의가 민주주의를 위협하는 수준으로 발전했다는 것이다. 예를 들어서 기업을 위해 일하는 로비스트, 변호사, 홍보 전문가들이 모든 정치적 과정을 좌우하고, 기업의 자금이 거의 매일같이 시스템 속으로 들어와 시민의 목소리가 들어갈 자리를 차지해 버리는 것이다.

2) 유병선, 『보노보 혁명』(부키, 2007). 이 책 표지에 원숭이 얼굴이 그려져 있다. 그런데 그 원숭이 모습에서 기업이나 자본주의의 모습을 떠올린다는 것이 왠지 어색하다. 저자는 이 그림을 통해서 사회적 기업에 대해서 설명한다. 원숭이 얼굴은 보노보를 의미한다. 보노보는 원숭이의 한 종으로서 침팬지와 대립적인 관계에 놓여 있다. 침팬지는 지금까지 승자 독식으로 이루어진 기업의 모습처럼 야심만만하고 폭력적이다. 그에 반해 보노보는 평등적이다. 또한 섹스를 즐기고 평화를 추구하는 낙천적인 원숭이다. 우리 인간은 지금까지 침팬지의 본성으로 승자독식의 경제로 치달았지만, 이제 지구촌 곳곳에서 사랑을 나누는 사회적 기업가들인 보노보들의 행진이 시작되었다는 것이다.

3) 김동춘, 『1997년 이후 한국사회의 성찰——기업사회로의 변환과 과제』(길, 2006). 대한민국의 1997년은 금융위기로 엄청난 시련이었다. 이 위기는 한편으로 재벌 중심의 기업 문화를 바꿀 수 있는 절호의 기회이기도 했다. 그렇지만 이 기회를 우리는 놓치고 말았다. 한국식의 기업 사회로 본격적으로 진입하게 되는 방식으로 위기를 대처한 것이다. 저자는 이 시기에 일어난 한국 사회의 문제점을 구체적으로 살피고 있다. 그리고 일상적인 파시즘의 양상까지 문제제기하는 통찰력을 보여주고 있다.

김범수 / 한국철학사상연구회 회원

무능해서 실업자?
넌 유능해서 사장이니?

『노동의 종말에 반하여』 / 도미니크 슈나페르 · 필리프 프티

　사회에 대한 다양한 관심들이 있다. 그리고 그 관심은 자기의 이익과 관계가 깊다. 경제에 대해서는 모든 사람들이 관심을 가질 것이다. 가깝게는 생존의 문제 때문이고 형편이 좋은 사람은 치부에 관심을 가질 것이기 때문이요, 대다수 소상인은 경제 전체가 잘 되어야 자기 수입도 나아질 것이라고 생각하기 때문이다.

　이 지점에서 정치, 경제 엘리트를 제외하고 일반 시민에게 가장 중요한 문제는 직업, 일자리이다. 일자리가 있는 사람만 사람이고, 사람처럼 행세할 수 있다. 그런데 서구 서점가에서 큰 성공을 거둔 일종의 예언서(!), 제러미 리프킨의 『노동의 종말』(이영호 옮김, 민음사 펴냄)은 미래 세계에서는 노동이 없어지고 전자 통신 서비스가 종래의 노동을 담당할 것이니, 그곳에서 일자리를 준비하라고 한다. 여기에서 역설이 존재한다. 인간은 기형

적이다. 즉 만능 노동자일 수 없다. 그렇다면 새로운 노동이 들어선 자리에 종래의 노동자들이 설 자리가 없다면 당연히 그들은 실업자가 될 것이다. 리프킨은 새로운 서비스·봉사노동 등의 일자리를 적시하지만, 임금이 있는 정상 노동을 해야만 인간답게 살 수 있다는 점은 고려하지 않는다. 따라서 리프킨은 노동자의 안정된 생활을 저해하는 해고, 비정규직 문제를 방기하는 경향이 있다.

『노동의 종말에 반하여』(도미니크 슈나페르·필리프 프티 지음, 김교신 옮김, 동문선 펴냄)의 저자들은 노동의 종말이라는 개념에 반대하면서, 공화국(프랑스)의 가치가 노동하는 인간에 의해 그 토대를 놓았으니, 새로운 시대의 구상도 여전히 노동과 노동하는 인간들을 위해 준비하기를 호소하고 있다.

저자들에게 자유주의 국가나 복지 국가 간의 단절이나 불연속성은 존재하지 않는다. 만일 우리가 노동의 사회를 재고하고 시민의 유대를 다시 세워야 한다면 적어도 '노동의 종말'의 형식이 아니다. 죽은 것은 노동이 아니다. 다만 산업이 만들어준 일자리가 기술 혁명을 따라갈 수가 없었던 것뿐이다.

공화국은 지속적인 창조 속에서 노동의 구체적인 형태와 조건들을 갱신해야 한다. 노동을 재조직하고 노동 시간을 줄이고 대인 서비스 분야를 개발함으로써 새로운 일자리를 만들어내야 하는 것과 함께, 노동의 배척에 맞서 생각해야 할 것은 다시 노동이다.

노동 문제 해결이 공화국의 가치에 근거할 때, 저자들의 주장은 우리 사회의 문제들에 대한 해결책과도 연관된다. 그들의 이야기가 현실성이 떨어진다거나 우리의 상황과 다르다고, 또는 저자들이 책을 만들면서 대담 형식을 취함으로써 주제가 집중되지 못했다 해서 관심을 멈추지는 말

자. 더 나은 삶을 바라는 이들이 포기할 수 없는 것이 더 나은 사회를 만드는 것이라면, 더 나은 사회를 계획하는 것은 피할 수 없는 우리의 과제이기 때문이다.

노동할 권리

인간 노동은 자본주의 시민 사회를 열었다는 점에서 오늘의 문제에서 다시 해답의 기초가 된다. 근대적 노동의 탄생과 함께 시민 사회가 탄생하였다. 다른 말로 하면 시민 사회, 자유 부르주아 사회는 노동의 발달과 함께 탄생하였다. 따라서 사회는 노동에 빚지고 있거나 노동의 자식이다. 그렇다면 오늘의 노동 문제 역시 노동의 전사와 시민 사회의 전사를 염두에 두고 해결책을 모색해야 한다. 이때 분배와 복지의 문제의 경우, 성공한 경제 엘리트들의 비뚤어진 주장을 극복해야 한다.

저자들에 의하면 노동의 종말이라는 표현은 터무니없다. 그것이 더 이상 노동하지 않는 의미라거나, 일하기를 원치 않는다거나, 일하지 않는 사회를 향해 나아가고 있다는 의미라면, 현실은 그 반대임을 입증한다. 상징적으로 보면 1776년 애덤 스미스의 『국부론』 출간 그리고 미국의 독립과 더불어 탄생한 근대 사회는 개인으로서의 시민과 생산자라는 이중 가치에 기반을 두고 있다. 노동의 지위를 다시 생각해야 한다면 생산적인 노동과 시민권의 관계를 무시하면 안 된다. 근대 시민은 노동을 함으로써 그 존엄성을 획득하였기 때문이다.

우리는 부와 서비스의 생산을 중심으로 조직된 사회에 속해 있다. 그리고 거기에서 발생하는 모든 결과는 우리의 생활 방식, 사회적 지위와 부분을 구성하는 개인들 또는 부모와 자식 간의 관계 등에도 영향을 끼친다. 그런데 이러한 노동관계를 던져버릴 수 있다는 생각은 현실을 개선하기 위해 이리저리 궁리해 보려는 노력을 기피하게 만든다.

노동의 종말을 기술 혁명의 덕분으로 보면서 노동의 종말을 찬양하는 자들은 확인된 사실과 규범을 혼동한다. 확실히 오늘날에는 전보다 적은 시간을 일한다. 그렇지만 그러한 사실로부터 노동이 더 이상 규범이 아니라거나 가치를 잃었다거나 공동생활을 조직하는 기능을 잃었다는 결론을 끌어낼 수는 없다.

노동은 여전히 노동하는 이들에게나 직장을 잃은 이들에게나 똑같이 중요한 위치를 차지하고 있다. 노동은 물질생활을 보장하고, 우리를 사회라는 시간과 공간에 연결시키면서 조직해 주는 수단이다. 직업과 관계된 노동 시간은 인생의 어떤 순간에도 그 의미를 부여해 준다. 한 세기마다 발생하는 노동 시간의 감소가 규범의 약화를 가져오지 않는다. 일할 준비가 된 젊은이들 또한 일자리, 무엇보다도 (임시직이나 소모품적 노동이 아닌) 진정한 일자리를 원한다.

노동의 종말을 말하는 지금, 다시 기술과 노동의 관계에 대해 생각해 보아야 한다. 오늘날 일자리가 줄어든 것은 기술 발전의 영향이 크다. 그리고 기술의 진정한 의미를 이해하기 위해서는 방법과 목적의 변증법을 다시 생각해야 한다. 기술은 인간을 해방시켰지만, 인간을 소외시키기도 한다. 기술은 수단으로 남아야지 목적이 되어서는 안 된다. 기술은 인간의 능력을 발전시키며 인간은 기술을 다양하게 이용할 수 있다. 그렇지만 기술이 강제 수용소를 만들 수도 있다. 기계 그 자체는 현실에 적용된 지능의 고도의 집약을 의미하므로, 그것을 만들어낸 사람과 그것을 사용하는 사람들에게 항상 목적 그 자체로 여겨질 위험이 있다. 그래서 기계의 상용은 정치와 도덕의 감독 하에 있어야 한다.

저자들은 복지 국가의 역할의 중요성을 강조하면서 자유에 대한 권리와 신뢰에 대한 권리를 보증할 것을 모색한다. 과거에 복지 국가는 경제 발전, 완전 고용 그리고 시민들의 존엄성의 원천을 구성해 온 임금 제도의 확산과 관련이 있었다. 그런데 재정의 위기는 사회적 위기를 초래한다. 적자나 실업으로 인해 분담금을 내는 사람들의 수가 감소하고 경제적으로 보상 재원을 필요로 하는 사람들의 수가 증가하기 때문이다.

많은 사람들이 경제적 울타리 안에 존재하면서 사회적으로 소외될 위기에 처해 있다. 막대한 금액이 들어가는 사회 보장 제도는 모든 구성원에게 이롭도록 구성해야 하고 자금 역시 효과적으로 지출해야 한다. 그러나 하나의 공동 세상에 대한 소속감으로 이해되는 공민 정신의 재건 없이는 연대적이고 구세주적인 정부는 존재할 수 없다. 그렇다면 시민적 차원에 호소할 때, 공통의 가치관에 의거할 때에만 복지 국가의 존재와 그 가치관이 약자들에 대한 권리 양도를 정당화하게 된다.

엘리트와 시민 사이의 대립, 또는 약자에 대한 사회적 배척의 문제는 공화국, 즉 사회의 가치에 근거하여 해결책을 찾아야 한다. 무능력하기 때문에 무직자가 된다고 하면 성공한 엘리트들이 약자들을 이용하는 셈이 된다. 이는 부정적 개인주의 사회를 이미지화한다는 점에서 두렵다.

배척되는 현상의 뿌리들은 기술 변화와 관련이 깊다. 사회는 기술 변화가 직업의 구조를 바꿀 때 재조직된다. 경제적 발전은 일자리에 많은 이들을 끌어들였다. 그리고 산업 사회가 변하고 있다 해도 노동의 직종별 분류로 불평등을 분석하기에 충분하다. 일자리 없는 이들의 지위는 사회적 보호와의 관계에서 다루어져야 한다.

경제적 질서 내에서 볼 때, 한 사람이 가지면 다른 사람은 빼앗기는 셈이 된다. 그러므로 생산하는 사람들이 활동이 없는 사람들에게 양도하는 것이 정당하다고 생각할 수 있는 가치관을 공유해야 한다. 무엇보다도 정치 엘리트와 경제 엘리트들의 특권 문제야말로 나라를 망치는 일이다.

시민들의 사회는 모든 사람들의 지위가 평등하다는 생각에 기반을 두고 있다. 그러므로 불평등은 합법성의 토대, 모든 시민들의 지위의 평등을 재검토하게 만든다. 고용주가 다섯 배, 여섯 배 벌 수도 있다. 그러나 그 이상이라면 문제가 된다. 서로의 월급이나 세금의 양을 보자면 정치 엘리트와 경제 엘리트들은 일종의 카스트(특권)를 형성하고 있다.

카스트 개념은 민주 사회의 기준과 맞지 않는다. 뇌물을 주고받는 사람들은 정직한 사람들에게 피해를 입힌다. '도덕적으로는 책임이 있지만, 죄인이 아닌' 지도층에 속한 구성원들이 다른 사람들과 똑같은 규범하에 있지 않다는 것, 중대한 과실을 저지르고도 죄과를 인정하지 않는 것은 심각한 일이다. 대기업 경영자가 엄청난 소득을 올리면서 소득을 줄여 세금을 낸다면 그는 시민들과는 다른 생활 방식과 금전 평가를 지닌 특권 계급이다. 이는 사회를 약화시키는 일이다.

엘리트와 약자 시민 사이의 대립이 드러났다면, 그 해소책은 강자의 정서 변화와 관련이 깊다. 경제에서 이중의 잣대가 있어야 한다는 것을 인정하자. 시민 사회의 이상은 기회의 균등이지 결과의 균등을 의미하지는 않는다. 기회의 균등이라는 이상은 현실적인 효과를 낳는다. 정치가들에게 방향을 제시한다는 상징적 의미를 지닐 뿐 아니라, 시민들에게 사회의 운명이 미리 정해져 있지 않다는 점을 일깨워줌으로써 더 나은 사회를 만들려는 참여 열정을 높인다. 그리고 이 경우 약자 보호 원칙이 무엇보다도 우선해야 한다는 것을 인정하자.

노동에 부여된 가치, 물건을 만들면서 자연을 통제하고 과학적 지식의 결과들을 거기에 적용하려는 인간의 오랜 계획을 상기하자. 이 계획은 칼 마르크스가 『경제학 철학 수고』(강유원 옮김, 이론과실천 펴냄)에서 말한 바와 같다. 노동에 부여된 가치가 우리의 특징이다.

"인간은 물건을 만들면서 현실적으로 하나의 종(種)으로서의 존재로 드러난다. 생산하는 것, 그것은 창조적인 종으로서 인간의 삶이다."

노동하는 인간의 존엄성

모든 이는 '사회적 지위'를 가져야 한다. 즉 '한 개인은 그 자신의 존엄성'에 대한 자각을 가져야 하며, 다른 이들도 '그 존엄성을 존중'해야 한다. 이를 해치는 것이 특히 실업, 배척과 관련되어 겪은 체험들이다. 물론 가장 높은 지위를 보장해 준 사회에서는 정규직이 다수를 차지했다. 노동으로부터 멀어질수록 사회적 지위는 더 낮다.

퇴직자들은 예외이다. 퇴직자의 존엄성은 실업자의 경우와 다르다. 직장을 가져야만 사회적 규범에서 시민이기 때문이다. 굴욕감을 느끼는 까닭도 여기에 있다. 일자리가 없다는 것은 휴가 중이거나 여가를 갖는 것과 다르다. 일해야만 감각을 조정해 주는 시간까지도 그에게는 파괴적이다.

세상의 붕괴에 대처하는 우리들의 자세: 철학자의 서재 3

퇴직자는 노동했으므로 퇴직을 요구할 권리가 있으나 실업자는 이런 느낌조차 갖고 있지 않다. 모욕을 겪을 뿐이다.

저자들은 노동조합의 역할을 명료히 한다. 노조는 공무원들이나 준 공무원들을 대변하지만 실업자와 젊은이들을 보호하기 위한 역할을 하지 못한다. 그리고 이 방향으로 간다면 노조가 파시스트로 불리게 될 것이다. 실업자의 모욕, 일상의 권태, 절대 고독으로 귀착하는 사회적 교환의 둔화는 안타깝다.

노동하는 인간의 존엄성은 결국 통합이라는 주제로 귀결된다. 노동이 없다면 통합도 없다. 완전 고용을 체험하지 못하는 임금 노동 노동자들이 있다는 것은 그 사회의 허약성을 의미한다. 사회를 (프랑스) 공화국 체제로 회복하는 것, 즉 시민의 유대를 재건하는 취지의 정치적 결정——노동을 위한 결정——이 필요하다. 유급 노동은 개인의 총체적 안정에 필요한 하나의 조건이되 일자리와 연결된 자기주장, 독립, 사회적 교류의 장인 동시에 공동체의 유대 방법이다. 여기에서 기업의 사회적 책임이 드러난다.

기업은 경제학적 기관만이 아니다. 합리적인 경영에 의해 인간과 기계를 모으고 통합하는 장소로서 사회의 중심을 구성한다. 사회화가 이루어지는 장소로서, 학교와 마찬가지로 중요하다. 따라서 기술 덕에 기업이 발전했다면 마땅히 기술 개발에 심혈을 기울여야 한다.

기술은 일정 부분 사람들의 일자리를 사라지게 한다. 그러나 기술 발전으로 인하여 노동 시간을 단축하게 되었다. 그렇다고 해서 사람들을 더 이상 필요로 하지 않는 것은 아니다. 정보 과학의 영향을 받지 않는 공동생활의 분야들이 있기 때문이다.

사람들의 욕구, 진정한 욕구에 주목해 보자. 유아, 청소년이나 노인뿐만 아니라 생산 활동에 참여하는 성인들을 도와주는 일자리의 광맥은 무한하다. 예를 들어 문제아는 과밀 학급에서 나오는 경우가 많다. 한 반에 열 명만 앉혀 놓는다면 이 문제는 사라지는데, 중요한 것은 그렇게 될 수 있는 방법을 찾는 것이다. 다른 나라, 기업과의 생산 경쟁이라는 문제만 해결된다면 교육, 사회 보장, 문화 분야에서 무한정 필요로 하는 그 일자리들을 재정적으로 뒷받침할 수 있다.

저자들의 주장과 이 땅의 후안무치한 교육 정책은 어찌 이토록 대비되는가. 기간제 교사를 삼천 명이나 더 채용하겠다는 교육 관료들의 발상은 이중적이다. 외적으로는 적은 예산으로 과밀 학급을 해소하겠다는 것이지만, 기간제 교사 확충 뒤에는 교사들의 자발성, 연대성을 짓눌러 과거에 그래왔듯이 집권 의도를 교육에 투영하겠다는 의지가 숨어 있다. 실업이 두려워 기간제 교사가 된 이들은 차별을 감수해야 한다. 교육은 어디로 갈 것인가?

공유해야 할 가치들

경쟁(력)이라는 말은 기업은 물론이고 정부 시책에서 경제적 합리성을 강조하는 맨 앞자리에 있다. 이들은 자기들이 특권을 가지고 있다거나 권력과 결탁한 기업이 엄청난 돈을 벌어들인다는 사실을 이야기하지 않는다. 오히려 사회는 희생을 필요로 하는데 이는 기업——외국 기업——간의 경쟁 때문이라고 말한다. 따라서 지금까지 이야기해 온 새로운 사회경제학을 실현하기 위해서는 경쟁이라는 개념을 극복해야 한다. 이를 위해

세상의 붕괴에 대처하는 우리들의 자세: 철학자의 서재 3

저자들은 리프킨의 저서 『노동의 종말』에 대한 요점을 다음과 같이 정리한 후 그들의 논지를 전개한다.

"우리는 산업 사회의 최후를 목도하고 있다. 그리고 이 사회를 넘어선 하나의 사회를 생각하고 3차 산업을 발전시켜야 한다. 그 발전은 사회의 자본에 근거한다."(81~82쪽)

이에 대하여 저자들은 대부분 동의한다. 그러나 저자들은 '산업 사회의 종말'이라고 이야기할 때, 리프킨이 대인 서비스 분야, 즉 사람들을 보살피는 행위를 발전시키려면 물건을 생산해야만 한다는 사실을 잊었다는 사실을 간과하지 않는다. 동시에 만족스러운 임금은 자국 물건이 세계 시장에서 경쟁력이 있을 때 가능하다는 점을 놓치지 않는다. 경쟁력은 어떻게 가능한가? 물론 기술 발전과 노동을 통하여서 가능한 것이지 사람들의 희생을 통해서 가능한 것이 아니다.

부를 창조하는 연금술은 없다. 오늘 우리가 경쟁력이 있다 해서 영원히 그럴 수는 없다. 다른 나라 사람들도 똑똑하다. 따라서 희생양으로만 경쟁력을 확보하겠다는 생각은 어리석을 뿐만 아니라 사람들을 속이는 것이다. 경쟁력은 기술 발전과 노동에서 나온다.

경쟁력에서 뒤떨어지지 않기 위해서는 일해야 하고, 일을 하기 위해 저자들이 제안하는 것이 노동을 위한 기업 연결망, 일종의 사회적 통신망이다. "임금노동자는 주문에 맞춰야 하는 생산이 요구하는 대로 움직일 수있겠지만, 이 망의 기업들……에서 새로운 형태의 고용 사회"가 보장된다. 즉 사회적 통신망이 노동을 필요로 하는 회사와 노동하는 이들을 상호 연결시켜 준다. 그 대신 회사는 노동자에게 일 시킨 만큼의 고용보험 등을 부담한다. 이렇게 해서 임금노동자들의 사회보장과 회사가 요구하는 "생산조직의 유연성"이라는 두 가지 상반되는 요구에 대처할 수 있다. 필자들은 이러한 법적 양식을 생각해 내기를 촉구한다.

그런데 이 같은 역할을 우리 사회에서는 새로 출현한 노동 상인, 일용 용역 회사가 담당하고 있다. 부끄럽고 약한 사회이다. 일용 노동자에게 사회적 보장이 없다. 노동자를 고용하는 것은 회사가 아니라 용역사무실이 노동자를 고용하여 노동 현장에 파견하는 형식이기 때문이다. 이는 고용노동부의 법령이 만들어낸 기현상이다. 그러나 다른 한편, 용역회사의 발전과 약진에는 자본의 이해와 밀접한 관계가 있다. 이는 19세기 노동 귀족에게 권력을 부여하여 노동자들을 통제하던 방식에서 진일보한 것이다. 회사는 임금을 용역회사에 지불한다. 이렇게 하여 온갖 고용비용을 절약하거나 챙길 수 있다. 뿐만 아니라 임금 협상 등 노동자의 단결권을 원천 봉쇄할 수 있다. 그러나 용역노동자는 노동하는 사람이되, 실업자이다. 직업을 가진 사람이 누리게 되는 생활의 안정, 계획을 세울 수 없으며, 사회보장보험도 없기 때문이다. 따라서 노동을 위한 새로운 법적 양식이라는 필자들의 제안이 우리의 현실에서 더욱 중요하게 부각된다.

저자들은 마지막으로 '사회적 경제'라는 개념에 주목한다. 리프킨은 사회 보장 자본의 출자에 대해 질문하자 '기술적 재산에 대한 세금'을 제안했다. 저자들은 이에 동의한다. 보충하여 정리하자면 다음과 같다.

- 자본주의 시민 사회는 노동의 사회와 함께 출발했다.
- 모든 기술은 이전 시대의 노동으로부터 발전해 왔다.

세상의 붕괴에 대처하는 우리들의 자세: 철학자의 서재 3

– 오늘 자본주의 사회의 기술은 노동의 결과이지 그 반대가 아니다. 자본도 마찬가지이다. 이 유산들은 사회를 위해 써야 한다. 보완하자면 신기술은 개인이나 기업의 것이되, 기술자를 교육시켜 키워 준 사회의 것이요, 기업을 키워준 사회의 것이다. 따라서 사회적 합의에 의해 사회적 자본, 즉 기술 발전 세금은 가능하다.

공화국의 기초를 놓은 이들의 사상은 계몽적 이성에 대한 신뢰와 모럴의 힘에 대한 신뢰였다. 역설적이게도 정치, 경제인들의 윤리적 둔감성은 공화국에 대한 합리적 경영을 표방한다. 외적으로는 개발과 경쟁이라는 합리성을 강조하면서 내적으로는 개인의 이익을 위해 권력과 자본을 사용했다.

친구들이여, 딸들과 아들들아, 선거의 승리를 전쟁의 승리나 왕조반정의 성공 정도로 보면서 공화국의 부를 약탈하고 논공행상하듯 국가의 부를 먹어치우는 자들에게 분노하면서 알코올 중독에 빠지지는 말자. 우리 사회의 가장 시급한 과제들을 해결하자. 억울한 가난과 생존에 대한 위협을 제거하자. 무엇보다도 제대로 된 노동을 할 수 있는 사회를 만들자. 한 사회의 체제는 영구불변한 것이 아니다.

더불어 읽기
깊이 읽기

1) 비비안느 포레스테, 『경제적 공포』, 김주경 옮김(동문선, 1997). 경제적 공포

란 실업의 공포와, 이로부터 나타나는 개인 인격의 파괴와 사회 기능 마비를 일컫는다. 실업으로 인하여 궁지에 몰린 사람들은 노예보다 못하다. 노예는 쓸모 있으나 실업자는 부림당하고 이용당할 기회조차도 없다. 완전고용제도가 사라지면서 오늘의 세계는 뭐라 규정할 수 없는 경제 체제로 변모하였다. 개인에게는 공포와 모욕인 실업이 이용되는 기제가 있다. 실업의 불안감이 노동자들에게 영향을 준 덕분에 고용주들은 인건비를 줄일 수 있게 되었으며, 간혹 고용도 창출할 수 있게 되었는데 그 고용이란 것이 임금도 아주 낮을 뿐만 아니라 임시직에 불과한 서비스 부문의 고용이다.

2) 요한 바오로 2세, 『노동하는 인간』, 범선배 옮김(한국 천주교 중앙협의회, 1981). 이 책은 『노동의 종말에 반하여』에서 말하는 기술 세금에 대한 논거를 제공한다. 인간은 두 가지 유산을 가지고 노동한다. 하나는 자연자원, 다른 하나는 선조들이 발전시켜 온 기술이다. 결국 자본이란 자연자원뿐만 아니라 인간 노동이 이룬 역사적 유산, 기술이다. 따라서 생산과정의 문제들은 자본에 대한 노동의 우위 원칙에서 생각해야 한다.

3) 블라디미르 일리치 울리야노프 레닌, 『국가와 혁명』, 문성원, 안규남 옮김(도서출판 아고라, 2013). 노동부가 용역 노동자들을 방치한다면, 이 책에서 말하듯, "고대 국가와 봉건 국가가 농노를 착취하기 위한 기관이었듯이, 근대의 대의제 국가 역시 자본에 의한 임금 착취의 도구"일 것이다. 이 책은 우리가 바라는 사회가 적어도 레닌이 비판하는 혁명 대상으로서의 국가가 아니기를 바라는 반성적 의미로서 사용할 수 있다.

이재원 / 한국철학사상연구회 회원

우리는 '결백한' 사람을
뽑아선 안 된다

『경제의 진실』 / 존 케네스 갤브레이스

『경제의 진실』(이해준 옮김, 지식의날개 펴냄)을 놓고 쓴 이 글은 서평이
아니다. 철학(미학)을 공부하는 자가 경제에 대해 뭘 그리 잘 안다고 떠들
겠는가? 그러니 이 책을 보고 느낀, 좌충우돌하는 생각의 조각들을 늘어
놓으련다.

존 케네스 갤브레이스는 한마디로 출세한 경제학자다. 게다가 백수(白
壽)를 누렸으니 여러 면에서 부러운 삶을 살다 간 사람이다. 버클리, 케임
브리지 대학에서 공부했고 하버드 대학에서 가르쳤다. 미국경제학회장,
경제인연합회장에다가 대통령 클린턴의 경제 선생이었다. 이렇게 강단과
현실 정치의 양 분야에서 공히 성공한 사람은 드물다. 그의 저서 『불확실
성의 시대』는 읽은 사람의 수는 얼마나 되는지 몰라도 출간 당시 모르는
사람이 별로 없었던 책이다. 그의 '쩌는' 스펙 얘기는 이쯤 하자. 아무리

방자한 글쓰기를 획책했더라도 제목으로 내건 책의 내용을 완전히 배제할 수는 없는 노릇. 그 내용을 살펴보자.

내가 잘나가 봐서 아는데, 경제는 사기야

그는 경제가 사기란다. 한두 가지가 아니라 총체적 사기란다.

먼저 '자본주의'를 '시장(체제)'이라는 말로 바꾸어 쓰는 것이 사기다. 이런 말 바꿈에는 두 가지 이유가 있다. 하나는 자본주의가 주는 역사적, 부정적 의미 때문이다. 다른 하나는 현대에는 기업이 권력을 지니는데 기업의 권력은 자본가(혹은 주주)가 아니라 경영자들에게 있기 때문이다. 즉 '자본주의' 하면 경제 권력이 '자본가'라는 게 딱 떠오르는데 '시장'이라고 말하면 권력이 누구에게 있는지를 은폐할 수 있다. 또한 '자본주의'가 '역사적' 개념임에 비해 '시장'은 '초역사적' 개념처럼 보일 수 있다. "자! 쭈욱, 이대로!"

'소비자 주권'도 사기다. 소비자가 조종, 통제되는 것이 실상이기 때문이다. "소비자는 왕이 아니라 봉이란 말씀? 딩동댕."

'노동의 즐거움'도 사기이다. 일은 가난한 이들에게만 필수다. 일에서 해방된 부자는 칭송과 부러움을 받는다. "일해서 돈벌어. 누가 벌지 말래냐? 나처럼 되긴 어렵겠지만 말이야!"

여가는 부자들에게는 용납된다. 가난한 이들이 여가를 즐기려는 것은 도덕적으로 비난받는다. "없는 놈이 여가생활은 무슨…… 하여간 꼴값을 떨어요."

세상의 붕괴에 대처하는 우리들의 자세: 철학자의 서재 3

현대 기업은 고루한 '관료주의'를 비난하지만 이 또한 사기다. '생동감 넘치는 기업 경영'이라는 표현을 쓰지만 대기업화한 오늘날의 기업은 자신이 바로 '관료주의'에 처해 있다. 게다가 소유자나 주주의 권한은 예의 그 '경영'에서 배제된 허울뿐인 이미지만 지닐 뿐이다. "소유와 경영의 분리가 선진 경제 제도라 좋은 거라던 경제학 교과서의 말씀이 뻥이라는."

나아가 기업 권력은 고삐가 풀린 상태다. 기업 권력은 관료화한 경영자의 몫이다. 이러한 관료주의가 기업의 업무와 보수를 통제한다. 자기 업무의 감시자는 사실상 자기이다. 자기에게 보수를 주는 이도 자기이다. 감시는 지나치게 없고, 보수는 지나치게 많다. "생선을 고양이에게! 그것도 셀프에 무한리필로!"

민간 부문과 공공 부문이 나뉘어 있다고 보는 것도 사기다. 공공 부문의 이름 아래 공사 협력 체제라는 형태로 실제로는 민간 부문이 일하고 있다. 심지어 전쟁도 민간 기업이 대행한다. "로보캅이 현실로, SF가 다큐로!"

금융계는 사기가 만연된 세계다. 미래를 정확하게 예측할 수 없는 것이 진실이다. 그런데 미래를 예측하는 직업은 사람들이 좋아할 기대를 이야기해 준다고 해서 두둑한 보상을 받는다. "하나의 예. 보험 많이 드셨어요? 아유 든든하시겠네. 근데 한번 확인해 보세요. 진짜 많이 주는 건지. 아니, 주기는 하는 건지."

연방준비제도이사회의 명성도, 실은 인플레이션을 억제하는 데만 주력했을 뿐 경기 조절에는 아무런 기여도 하지 못한 우아한 현실 도피로서 사기일 뿐이다. "지금 글을 쓰고 있는데 버냉키 사임 예정(2014년) 기사가 올라와 있다. 그나마 그린스펀보다는 백배 나은 사람이라고 생각했는데…… 허긴 뭘 할 수가 있겠는가? 쩝."

기업 권력의 사기 행각을 무죄로 만들어주는, 부패한 회계 보고도 사기다. 현대 사회에서 경영진이 행사하는 기업 권력은 민간 부문을 지배할 뿐만 아니라 공공 부문으로까지 확장된다. 기업 권력은 국방 정책, 환경 정책, 조세 정책도 좌우한다. 객관적인 실증적 연구도 기업 권력의 로비를 당한 군대나 정부에 의해 배척당한다. 군산복합체의 힘이 강력하게 작동하는 것이다. "고만해라. 백날 피켓 들고 떠들어도 나 니들 말 안 듣다. 니들이 나한테 돈을 주니, 나 옷 벗고 난 다음에 갈 자리를 주니? 비켜라. 바쁘다. 업체 분들과 회식 있다."

사기의 끝은 전쟁이며 그것을 피할 길은 없다

갤브레이스에 의하면 현대 사회의 최고 권력은 대기업 권력이다. 그리고 그 대기업은 주주나 자본 소유자가 아니라 경영자의 수중에 있다. "한국의 재벌이 주주 혹은 자본가의 지위에 만족하지 않고 경영권에 집착하는 것은 이런 점에서 본다면 매우 현명한 처신일 것이다."

그는 말한다. 기업의 공헌은 경제적 성공, 심지어는 문명화한 성공의 일반적인 척도가 되었다. 사람들은 사회적 성공이 더 많은 자동차와 더 많은 텔레비전과 더 다양한 옷들과 더 많은 소비재를 소유하는 것이라고 믿게 되었다. 또한 더 치명적인 무기의 소유도 성공의 빼놓을 수 없는 척도가 되었다. 이것이 인간의 업적을 평가하는 척도다. 부정적인 사회적 영향, 즉 환경오염과 자연 파괴, 보호받지 못하는 시민들의 건강, 군사적인 행동과 죽음의 위협은 성공을 평가하는 데 포함되지 않는다. "오래되고 찌그러진 차를 타고 다니니까 나를 무시하냐? 이런 차 탄다고 내가 루저로 보이냐고? 내가 분리 수거나 등산 쓰레기 가져오기, 애완견 배설물 치우기 열심히 하는 건 안 보이냐?" 그랬더니 나더러 이런다. "너 루저 맞거든."

경기 침체기의 경제 정책에 대해서도 일갈한다. 불경기에 저소득층은 교육과 의료, 기본적인 가계 수입 등을 절실히 필요로 한다. 그런데 정부는 사회 지출을 삭감한다. 오히려 소비하지 않는 사람에게는 돈을 주고 소비를 할 사람에게는 이를 박탈하는 정책이 지속된다. 그동안 경기가 호전되어 왔을 때조차도 어떤 분명한 효과적인 조치를 취해서 (경기 호전이) 이루어진 것이 아니다. 불경기에는 소비 활동을 할 빈곤층이 구매력을 가질 수 있도록 해야 한다. 이런 정책은 확실한 효과를 낸다. 그렇지만 이는 쓸모없는 동정에 불과하다는 반론에 부딪히게 된다. 반면 사회적으로 강력한 권력을 누리는 자들에게 종종 세금 감면이라는 보상이 주어진다. 하지만 그들에게는 절박한 필요라는 게 없기 때문에 그들에게 돌아간 보상은 소비되지 않을 가능성이 높다. 이 돈을 확실히 소비할 빈민들은 이런 금전적인 보상을 받지 못한다. 그 돈을 저축할 것이 분명한 사람들에게만 이런 보상이 주어진다. "부자 감세 철회하라. 부유세 거둬라. 공공 복지와 저소득층 지원 정책 확충하라. 그래야 경제가 산다."

미국 얘긴지 한국 얘긴지 모를 이야기가 이어진다. 끝에 이르러 그의 이야기는 현대 문명의 파국을 예언하는 묵시록으로 바뀐다.

소위 문명화된 삶은 인간의 업적을 찬미하는 하얀 거탑이지만 그 정상에는 영원히 감돌고 있는 거대한 먹구름이 있다. 인간의 진보는 상상할 수 없는 잔혹함과 죽음으로 점철되어 왔다. 나(갤브레이스)는 이제 독자들에게 슬프지만 의미심장한 진실을 남기고자 한다. 문명은 과학, 의료, 예술

그리고 경제적 복지에서 수세기 동안 커다란 진보를 이룩했다. 그러나 문명은 또한 무기 개발과 전쟁의 위협에 특권적인 지위를 부여했다. 대량살육은 결국 문명이 가져온 것이다. 전쟁은 피할 수 없는 것으로 보인다. 살인과 폭력, 문명화된 가치의 정지, 전쟁 직후의 무질서와 같은 (오늘의) 현실에서 탈출구는 없다.

사람이 아니무니다, 나와 같은 사람이 아예 아니무니다, 내가 잘못된 건가?

이 책의 원제는 "The Economics of Innocent Fraud(결백한 사기의 경제학)"이다. 갤브레이스는 경제 분야에서 벌어지는 사기 행각을 '결백한 사기(innocent fraud)'라고 부른다. 여기서 '이노센트(innocent)'를, 이 책의 역자처럼 '결백한'이라고 번역하는 것이 좋은지는 잘 모르겠다. 그렇지만 이를 따르기로 한다. 이 말을 갤브레이스는 크게 두 가지 의미로 쓴다. ① '적법한, 즉 법적으로는 문제가 되지 않는다.' ② '의도하지 않은, 즉 사기를 치려고 사기를 친 것이 아니다.' 만약 ①의 뜻만 지녔다면 아마도 대기업 경영자들은 법망은 피했을지언정 도덕적 비난만큼은 면할 길이 없어 보인다. 그런데 ②의 뜻도 지닌다. 사실 이 책에서 내가 가장 주목한 것은 바로 이 부분이다. 그렇다면 ②는 정확히 무슨 뜻일까?

갤브레이스의 말에서 대강을 취하자면 이러하다. 이런 사기에도 불구하고 이들 기업 권력, 기업 경영자들은 법적인 책임은 (법이 이들의 것이니) 차치하고 도덕적 책임도 지지 않는다. 아니 물어봤자 헛수고다. 이들은 자기 신념에 따라 행동한다. 이들은 정치적으로 힘이 있고 부유한 자들의 이익을 명료한 견해(논리)를 바탕으로 지지한다. (흔히 진보 진영의 사람들이 그렇게 믿고 있듯이) 이들의 이런 지지를 경제적 동기나 다른 정치적 동기에 입각한 행동으로만 생각하는 것은 오산이다. 즉 이들은 자신들의 사기가 사기인 줄을 모르는 정도가 아니라 올바른 행동이라고 진정으로 믿고 있는 것이다.

갑자기 '가카'가 '도덕적으로 완벽한 정권'이라고 한 말이 추호의 거짓도 없는 그의 진심임을 깨닫는다. 이쯤 되면 절망이다. 이런 절망에 빠졌던 또 한 사람의 탄식이 떠오른다. '아버지여 저들을 사(赦: 용서)하여 주옵소서. 저들은 자기들이 하는 것을 알지 못하나이다.'(누가복음 23:34) 그가 그를 섬긴다니 그는 그를 사하시길.('가카'는 장로님) 그러나 그가 섬기지 않았던 그들은 그를 사하기 힘들 것이다. 그런데 더 문제는 가카가 물러나도, 심지어는 여야가 뒤바뀌어도 '가카들'은 여전히 권세 있는 세력으로 건재할 것이라는 점이다.

사기에도 세 차원이 있다

이 책을 읽으면서 갤브레이스에게 물었다. "당신(갤브레이스)처럼 힘 있는 위치에 있었던 사람이 못 막는 사기를 나더러, 우리더러 어쩌라고? 진실이니 뭐니 하면서 당신만 양심적인 척하는데 이거야말로 사기 아냐? 대안은 하나도 안 써놓고 말이야."

사기로 점철된 현대 경제가 결국 현대 문명 자체의 멸망을 가져올 것이라더니 책의 마지막에서 불쑥 이런 말을 던진다. "이 글에 기술된 (……) 문제들은 (……) '진지한 고민과 결단력 있는 행동'으로 해결될 수 있다. 이 문제들은 이미 그렇게 해결되어 왔다." 이 문장이 대안이라면 유일한 대안 이다. 근데 이 양반 기억력이 참 까마귀다. 책의 대부분을 비관적 전망('전쟁은 피할 수 없고 현실의 돌파구는 없어 보인다')으로 일관하다가 '진지한 고민과 결단력 있는 행동'으로 해결될 수 있단다. 아니 그렇게 해결되어 왔단다. 이게 다다.

갤브레이스는 이 책을 유언으로 남겼다. 그래서 그의 돌출 발언을 이렇게 받아들이기로 했다. "난 학자니까 진실을 보여주는 거 이상은 못하겠어. 그리고 난 죽으러 가야 하거든. 당신들은 살아야 하니까 내가 가르쳐 준 문제들은 당신들이 해결해 봐. 인류는 난제들을 해결하면서 여기까지 왔거든. 아마 당신들도 해결할 수 있을 거야."

"그래 경제가 사기라는 게 뭐 그리 새로운 말인가? 당신(갤브레이스) 글에서 일부 새롭게 얻은 내용이 없진 않지만 대개 알거나 느끼거나 하고 살아왔거든 나도. 당신이 던진 문제에 답은 나도 못 내겠고 '사기' 얘기나 더 하고 끝내지 뭐."

갤브레이스는 경제가 사기라고 했지만 백남준은 예술이 사기라고 했다. 한술 더 떠 푸시킨은 삶 자체가 사기라고 했다. 요즘은 통 볼 수가 없지만 어린 시절 이발소에 갈 때마다 기도를 하는지 이삭을 줍는지 하는 사람들 그림 옆에는 예의 '삶이 그대를 속일지라도……'가 붙어 있지 않았던가?

사실 세상이 사기라고 본, 보는 사람들은 너무도 많다. 제 뜻대로 세상을 산, 살아가는 사람이 몇이나 되겠는가? 그러니 어쩌면 세상을 산, 살고 있는 모든 이들이 세상을 사기라고 여긴, 여기는 것은 아닐까 한다.

그런데 백남준의 예술＝사기는 이와는 거리가 있다. 흔한 이야기를 예로 들자. 선사(禪師)가 손가락으로 달을 가리켰다. 예술은 선사의 손가락이다. 손가락은 달이 아니다. 그러니 예술은 사기다. 그렇다고 백남준이 예술을 무가치한 것으로 여긴 것은 전혀 아니다. 손가락을 통해 우리는 달을 볼 수 있다. 그러니 손가락이 달이 아니라 하여 손가락을 가짜이며 무가치하다고 할 수는 없는 노릇 아니겠는가? 예술＝사기론은 여기서 끝. 근데 인터넷에 재미있는 글이 올라와 있다. "보라는 달은 안 보고 왜 손가락만 보느냐?" 선사가 일갈한다. 제자가 답한다. "손가락이 너무 예뻐 눈을 뗄 수가 없습니다." 하하. 이 글 올린 사람, 누군지 보고 싶다.

> 삶이 그대를 속일지라도 슬퍼하거나 노여워 말라
> 우울한 날들을 견디면 믿으라, 기쁨의 날이 오리니
>
> 마음은 미래에 사는 것 현재는 슬픈 것
> 모든 것은 순간적인 것, 지나가는 것이니 그리고 지나가는 것은 훗날 소중하게 되리니 (푸시킨, 「삶의 그대를 속일지라도」 중에서)

낭만주의의 영향하에 성장하여 리얼리즘으로 나아간 푸시킨의 문학은 이 둘뿐만 아니라 모든 문학 사조를 껴안은 것으로 유명하다. 그는 사기투성이인 '슬픈 현재'를 '마음이 사는 미래'로 초월한다. 이는 그의 문학 안에서 실현된다. 그러나 추방당하고, 차르(Czar)에 도전한 데카브리스트를 후원하느라 감시를 당하고, 자신의 부인을 차지하려는 자와 결투를 벌이다 사망하기까지 그의 삶은 끊임없이 자신을 속였다. '삶이 그대를 속일지라도'의 말처럼 그는 현실을 견뎠다. 그렇지만 그 견딤은 결코 수동적인 견딤이 아니었다. 오히려 자신을 속이는 '슬픈 현재'에 맞서 자신의 '마음이 사는 미래'로 초월하려는 적극적 견딤이었다. 결국 그에게 '현재는 슬픈 것'이었으나 그의 '마음이 살던 미래'는 그를 러시아 최고의 문인으로 올려놓는다.

백남준의 '사기'는, 예술이라는 가상(손가락)을 통해 본질(달)을, 감각적인 것을 통해 보이지 않는 이념을, 미적인 것을 통해 진리를 드러낸다는 말이다. (이런 나의 해석은 헤겔식이다. 백남준이 헤겔에 동의할 것 같으냐고? 이 경규식으로 답하겠다. "별(들)에게 물어봐", 백남준은 별이 되었으니.)

푸시킨의 '사기'는, 유한한 삶을 살면서도 무한한 자유를 꿈꾸는, 순간을 살면서도 영원을 갈구하는 낭만주의자들이, 아니 어쩌면 이성을 지니게 된 대가로 모든 인간들이 감내해야 하는 숙명이 아닐까?

갤브레이스의 '사기'는 우리가 왜 삶을 사기라고 느끼는가를 경제라는 구체적 현상을 통해 보여준다. 즉 사기는 그저 느낌이 아니라 현실 그 자체에 만연한 것이다.

백남준의 사기가 '긍정적'인 것이라면, 갤브레이스의 사기는 '부정적'이다. 예술의 사기는 추구되어야 한다. 경제의 사기는 부정되어야 한다. 푸시킨의 사기는 '숙명적'이다. 우리는 이를 벗어날 수 없다.

나는 그리고 대부분의 사람들은 백남준의 사기와 푸시킨의 사기에 대해서는 아무것도 할 수 없다. 예술가가 아니니까. 숙명이니까. 경제의 사기는? 이것도 할 수 있는 게 많아 보이지는 않는다. 그래도 할 수 있는 게 있지 않을까?

결백한 사람을 뽑아서는 안 된다

마침 대선이 코앞이다. 복지니 경제 민주화니 하는 여러 말들이 오간 다. 대선의 최대 화두니 어쩌니 하면서 말이다. 노무현 전 대통령은 "이미 권력이 시장에 넘어갔다"고 했다. 아마 여기서 '시장'은 대기업, 재벌을 뜻 하는 것이리라. 노 전 대통령의 말에 분노하거나 절망한 이들이 적지 않았 다. 그런데 왜 분노 혹은 절망했던 것인가? 그의 말이 잘못되었기 때문인 가? 아니다. 오히려 그의 말이 맞기 때문 아니었을까? 그렇지만 옳은 말 이 곧 옳은 행동인 것은 아니다. 나는 물론 오죽했으면 그랬을까 하는 정 도로 그의 말을 받아들인다. 그리고 그가 이런 말을 하게 된 맥락을 거두 절미하고 평가하는 것이야말로 문제라고 본다.

노 전 대통령과 똑같은 말을 갤브레이스도 이 책에서 하고 있다. 이미 권력은 대기업과 대기업 경영자의 손으로 넘어갔다. 그렇다면 갤브레이스 가 말하는 "진지한 고민과 결단력 있는 행동"을 당장 닥친 지금의 대선 국 면에서라면 어떻게 행할 수 있을 것인가?

한 가지는 분명해 보인다. 우리는 '결백한(이노센트 · innocent)' 사람을 뽑아서는 안 된다!

1) 레이먼드 W. 베이커, 『자본주의의 아킬레스건』(지식의 숲, 2007). 저자는 자본주의의 치명적 약점으로 '불법자금, 불평등(빈곤), 비효용(왜곡된 철학)'을 제시하며, 이들이 왜 문제인지, 현재 어떤 상황인지를 명확히 설명한다. 특히 정부·은행·기업에서 이루어지는 불법의 통용을 풍부한 증거 자료를 바탕으로 불법 자금의 실체를 적나라하게 보여주며, 이를 빈부 격차의 원인으로 연관지어 설명하였다.

2) 장하준, 『나쁜 사마리아인들』(부키, 2007). 이 책은 나쁜 사마리아인들이 가난한 나라에 해를 끼치는 일을 그만두게 할 수 있는가에 관해 이야기한 책으로, '세계화'와 '개방'만을 강조하는 신자유주의적 조류에 대한 반박 논리를 제공한다. 이를 통해 과연 나쁜 사마리아인들은 자유 무역과 자유 시장을 설파하는 대신 어떤 일을 해야 하는지를 알 수 있다. 특히 유명한 책과 영화 등을 소재로 유쾌하면서도 신랄한 대답을 안겨준다.

3) EBS 자본주의 제작팀, 『자본주의』(가나출판사, 2013). 『자본주의』는 자본주의를 쉽게 풀어낸 방송, 'EBS 다큐프라임 《자본주의》 5부작'을 책으로 엮은 것이다. 지갑 속 돈과 통장, 매달 갚아야 할 대출금과 이자, 살고 있는 집의 가격 등 이 모든 것이 자본주의 시스템에서 자유롭지 못한 오늘날, 세계 최고의 석학들을 만나 돈에 관한 진실과 자본주의의 비밀을 밝혀낸다. 그리고 무의식중에 우리를 나락으로 빠뜨리는 자본주의의 유혹과 위험 속에서 어떻게 살아남을 것인지도 알려준다. 이 책에서 독자들은 자신이 돈을 알맞게 쓰고 있는지 체크해 볼 수 있고, 자신을 지키며 행복하

게 소비할 수 있는 방법을 찾아볼 수 있을 것이다.

이관형 / 서울과학기술대학교 외래교수

빚 지면 죄인,
그 생각이 노예다!

『부채 인간』 / 마우리치오 라자라토

빚을 진다는 것의 의미는?

K씨의 한탄을 들어보자.

"나는 자수성가한 사람이다. 어려서 가난한 집안의 장남으로 태어나 어렵사리 공부해서 간신히 대기업에 취직했다. 그러나 나는 오십을 채우지 못하고 명예퇴직을 당하고 말았다. 퇴직금이 있었지만 커가는 아이들의 장래와 부부의 노후 대비를 하기에는 턱도 없었다. 그래서 나는 퇴직금의 반은 주식 투자를 하는 데에, 반은 부동산 투자를 하는 데에 사용했다. 그러나 주식은 반 토막이 났고 은행 융자를 끼고 구매했던 부동산은 폭락해서 결국 경매 처분을 할 수밖에 없었다. 그런데도 빚은 남아 결국 신용 불량자로 전락하여 잔혹한 채권추심을 받아야 했다. 그동안 난 정말 한평생을 열심히 살려고 노력했고, 그래서 내 스스로 성실한 자라고 자부해 왔었다. 그러나 지금 와서는 빚도 못 갚는 존재가 되고 말았다. 난 게으름뱅이이고 이 사회의 기생충인 것만 같다. 아, 난 비도덕적인 인간이다. 도대체 내 삶은 뭐란 말인가!"

K씨의 사례는 요즘 들어 주변에서 쉽게 볼 수 있는 경우이다. 누구나 쉽게 짐작할 수 있듯이 K씨가 죽일 놈은 결코 아니다. 그럼에도 그는 자신을 부끄럽게 생각하며 살아온 인생 자체에 대한 혼란을 보이고 있다. 우리는 K씨에게 상황이 어쩌다 그리 된 것인지를 매끄럽게 설명해 줄 수 있을까? 도대체 빚을 진 것과 K씨의 재앙 사이에는 정확히 어떤 관계가 있는 것일까?

주류 경제학이 설명하지 못하는 것은?

주류 경제학에 따르면 K씨는 대표적인 투자 실패의 사례일 뿐이다. 그리고 K씨의 투자는 누가 시켜서 한 것이 아니니까 모든 책임은 K씨가 져야 한다. 그러나 지금 일어나는 이 모든 사태가 모두 개인적 선택으로 환원해서 설명 가능한 것일까? 공공 부채며 국가 부채는 어떻게 볼 것인가? 이를테면 20세기 후반 외환 위기 사태를 맞이하여 혹독한 고통을 당한 것 또한 개개인의 책임으로 환원할 수 있을 것인가?

알다시피 주류 경제학은 경제적 현상을 합리적 선택을 하는 개인들 간의 교환으로 이해하려 한다. 그러나 채권자에게 채권추심을 당할 때 K씨와 채권자 간의 관계는 이미 수평적 관계가 될 수 없다. K씨의 삶 전체가 채권자의 요구에 종속되기 때문이다. 이런 관계를 어찌 합리적인 선택에 따른 교환으로 설명할 수 있단 말인가? 주류 경제학은 부채에 의해 생기는 실존의 고통을 볼 수 없을 뿐만 아니라 은폐시키기까지 한다. 이런 점에서 주류 경제학은 삶의 고통을 외면하게 하는 아주 나쁜 학문이다. 몇가지 수리적 모델이 어떻게 인간의 삶을 설명할 수 있단 말인가!

우리는 빚의 노예다!

마우리치오 라자라토의 『부채 인간』(허경·양진성 옮김, 메디치미디어 펴냄)은 K씨의 경우를 이렇게 해석한다. 그는 빚의 노예가 된 것이라고. 노예란 자유인이 아니라는 말이다. 아니 그렇다면 우리는 자유로운 민주주의 시대에 살고 있는 것이 아니란 말인가? 라자라토는 그렇다고 답변한다.

기본적으로 이 책은 신자유주의를 주도하는 주류 경제학이 이데올로기로 작동하는 것을 보여주려 하며, 이를 통해 주류 경제학이 진정한 사태의 문제를 은폐하고 있다는 것을 밝히려 한다. 또한 이런 비판적 작업을 통해 은폐된 사태를 폭로하려고 한다. 우리가 새로운 노예의 시대에 살고 있다는 것이다.

사실 라자라토의 책은 경제 문제를 다루지만 경제학 서적은 결코 아니다. 그는 경제학, 사회학, 정치학, 그리고 철학의 문제를 가로지르면서 자신의 결론을 도출하기 때문이다. 사상적으로는 니체와 마르크스, 푸코와 들뢰즈 및 가타리를 가로지르면서 현대 경제를 '부채 경제'로 규정한다. K씨의 사례를 이해하고 설명하려면 그 같은 가로지르기를 해야 한다는 것이 이 책의 기본적인 문제의식이다.

세상의 붕괴에 대처하는 우리들의 자세: 철학자의 서재 3

신자유주의란?

라자라토는 이런 사태의 원인을 신자유주의에서 찾는다. 여기서 독자들은 '아, 그 신물 나는 소리를 또 듣는구나' 하고 실망할지도 모르겠다. 그러나 그는 신자유주의를 단순히 시장주의 이데올로기나 금융 자본주의 쯤으로 규정하지 않는다. 그는 현실에서 실제로는 시장주의가 작동하고 있지 않다고 주장하며, '금융 경제'라는 규정조차 현실의 사회적 관계를 온전하게 보여주지는 못한다고 비판한다.

라자라토에 따르면 신자유주의 경제는 기본적으로 '부채 경제'이다. 즉 채권자-채무자 관계를 통해 현대 자본주의가 작동하고 있다는 것이다. 금융 경제라는 표현은 불평등한 채권자-채무자 관계를 은폐하며, 자본이 개개인을 포획하는 양상을 보지 못하게 한다는 것이다. 그런데 '부채'와 관련해서 이같이 급진적인 규정을 하는 것이 정당화될 수 있을까? 라자라토의 대답은, 자본주의가 부채를 상환하지 못할 채무자를 만들어 내기 위해 부채를 무한한 부채가 되도록 전유했기 때문이라는 것이다.

과거 사회의 부채는 유한한 부채였다. 나는 나에게 돈을 빌려준 사람에게만 빚을 진 자이기 때문이다. 그러나 현대 사회에서 나의 부채는 이제 상품으로 둔갑한다. 나의 부채는 금융에 의해 또 다른 상품으로 팔려 나가기 때문이다. 이것이 바로 파생 금융 상품이다. 이런 전유 과정을 통해 채권자-채무자 관계는 단순한 일 대 일 관계가 아니라 금융 시스템과의 관계로 전환된다. 나의 실존을 부채를 통해 통제하는 것은 한 사람으로서의 채권자가 아니라 블록화된 금융 자본이기 때문이다. 그 결과 나의 부채 관계는 금융의 무한한 흐름 속에서 무한한 관계가 되고 만다. 그렇다면 이

같이 부채가 전면적으로 확장된 원인은 어디에 있는가?

라자라토의 분석에 따르면 현대 사회는 복지 시스템을 유지하기 위해 사회적 공공 부채를 질 수밖에 없는 상황이지만, 1970년 이래 중앙은행을 통한 자금 확보가 어려워지자, 금융 시장에 의존하는 방식으로 전개되었다고 한다. 이런 맥락에서 신자유주의의 금융 자본은 국가의 금융 정책 없이 형성될 수 없었다는 것이 라자라토의 분석이다. 즉 은행의 활동을 증대시키고 자본을 집중화한 것은 바로 국가이다.

그런데 여기서 현대 자본주의를 '부채 경제'로 칭하는 건 단순히 금융이 확장되었다는 데 머무는 것이 아니다. 그는 현대 자본주의의 생산조차 금융과 구분하는 것이 불가능해졌기 때문이라고 생각한다. 기업은 주식에 의해 금융 자산으로 간주되고, 기업의 생산조차 금융과 공생 관계에 있다. 예를 들어 자동차 산업의 경우도 리스 등의 신용 대출 메커니즘과 전적으로 함께 기능한다. 자동차를 구매할 때 구매액 전부를 내고 구입하는 사람은 소수가 아니던가.

이런 분석이 함축하는 바는, 현대 자본주의가 부채를 대대적으로 확장시킴으로써 유지되고 있다는 것이다. 그렇다면 K씨와 같은 사람들이 늘어나게 된 건 개인의 책임으로만 환원할 수 없는 일이다. 바로 신자유주의가 채무자를 양산하는 정책을 펼쳤기 때문에 그런 일들이 일어난 셈이기 때문이다.

복지 국가, 여전히 가능한가?

라자라토의 분석은 현재 한국 사회에서 여전히 논란이 되는 '복지 국가'

라는 주제에 대해서도 생각할 거리를 던져준다. 현재 신자유주의 국가들은 늘어난 국가 부채와 공공 부채를 축소하기 위해 복지 서비스의 민영화를 추진하고 있다. 그러나 이런 정책은 실상 민간 기업의 수익성을 축적하는 방향으로 전개되고 있다. 사실 국제통화기금(IMF)이 한국 사회에 강요했던 것이 바로 그런 정책 아니었던가. 그리고 현재 MB 정권이 추구하는 정책도 그런 것이 아닌가. 이 같은 복지 서비스의 민영화는 사회적 존재로서의 시민들이 어떻게 해서 사회로부터 보호받지 못하고 자본의 논리에 고스란히 노출되게 되는가를 알 수 있게 해준다. 신자유주의는 사회의 공공성을 파괴하고 있기 때문이다. 라자라토는 복지 국가의 이념이 부채 경제 속에서 변형되고 말았다고 진단한다.

"자본의 막강한 힘 앞에 자본의 개혁을 위한 도구였던 '복지 국가'는 권위주의 체제의 확립을 위한 수단이 되어버렸다. 이렇게 해서 '복지 국가'의 기능은 완전히 변질되었다. 이런 상황에서 새로운 뉴딜 정책이란 불가능하다. (……) 개혁적 자본주의로의 회귀는 불가능하다."

라자라토는 민영화 정책을 통한 복지 정책이란 사실 자본의 구속을 강화시킬 뿐이라는 것을 알게 해준다. 이를테면 한국의 경우 저소득 계층을 위해 '햇살론'과 같은 신용 대출 상품을 마련하는 정책을 펼친다. 그러나 개개인은 국가에 의해 복지 혜택을 받는 것이 아니라 금융 시스템과 무한한 채무 관계를 맺게 된다. 말로는 복지 혜택이라고 하지만, 실은 부채 인간을 양산하는 것이 현재의 복지 정책이라고 해도 과언은 아니리라.

또 다른 측면에서 보자면 민영화 정책은 공공 정책의 결정권을 소수의 금융 자본 블록에게 양도하는 결과를 가져온다. 그리고 현재의 금융 시스템은 언제나 채무자를 배려하기보다 금융 자본가들의 이익을 대변한다. 이는 의사 결정 과정과 분배 과정에서 현재의 부채 경제가 공공성을 배제한 반민주주의적인 성격이라는 것을 보여준다고 하겠다.

노예가 되었다는 것의 의미는?

라자라토는 이런 분석에서 훨씬 더 나아간다. 그는 니체의 『도덕의 계보학』(홍성광 옮김, 연암서가 펴냄)에 의존해서 빚을 진다는 것의 의미를 심층적으로 해석한다. (사실 다른 사상가의 영향을 받은 것이긴 하지만, 이 대목이 이 책의 압권이다.) 빚을 진다는 것은 이미 갚겠다는 약속을 하는 것이다. 그런데 현대 사회에서 우리는 수많은 행위에서 빚을 지고 있다. 이를테면 "신용 카드의 사용은 영구적 부채를 확립하는 신용 관계의 자동적 개설이다." 그러나 우리는 '신용'이라는 이름으로 의식하지 못하는 사이에 채무자가 되고 만다.

그런데 라자라토가 주목하는 것은 약속을 이행하지 못하는 것이 죄의식을 불러일으킨다는 점이다. 부채 경제 아래서 부채는 채무자에게 내면화된 고통이 되며 부채에 대한 책임감은 죄책감이 되기 때문이다. 그렇다면 부채 경제는 약속의 도덕과 죄의식의 도덕을 기반으로 하고 있는 것이다. 그리고 이런 죄의식의 배면에는 신자유주의가 개개인을 '자기 경영자'가 되도록 요구하고, 이에 따라 스스로 책임질 것을 요구한다는 사실이 놓여 있다. 예를 들어 K씨가 퇴직금을 왜 주식과 부동산에 투자하게 되었을까? 퇴직금만으로 노후를 대비할 수 없었기 때문이다. K씨는 노후를 대비하기 위해 이제 퇴직금을 운용해서 이윤을 추구한다. 일종의 개인 경영자가 된 것이다.

그러니 K씨는 자기 경영자로서 자신의 투자 책임을 고스란히 혼자 져야 한다는 죄의식을 가지게 된다. 그러나 이 같은 부채 의식을 통해 개개인의 주체를 통제하는 것이 바로 신자유주의가 작동하는 방식이다. 여기서 다음의 인용문을 읽어보도록 하자.

"대출은 정치 경제가 한 인간의 도덕성에 간섭하는 판단이다. (……) 대출 시스템에 속하는 인간 안에서 철폐되는 것은 돈이 아니라 인간 자신이다. 인간은 돈으로 변화한다. 즉 다시 말해 돈이 인간으로 육화된다. 인간의 개체성, 인간의 도덕성은 상업적 상품인 동시에 돈의 실존적 재료로 변모한다. 돈의 영혼이 소유하는 육체, 재료는──이제 더 이상 돈과 종이가 아니라──나의 인격적 실존, 나의 살과 나의 피, 나의 사회적 덕성, 나의 사회적 평판이다. 대출은 가치를 돈에서가 아니라 인간의 살, 인간의 마음속에서 만들어 낸다."

이것은 라자라토가 아니라 청년 마르크스의 육성이다. 라자라토는 마르크스를 재해석해서 현대 자본주의가 인간의 영혼을 어떻게 구속하고 있는가를 보여주려 한다. 채권자─채무자 관계는 임금노동·시장·상품은 물론, 공동체 및 인간 마음의 가장 고귀한 감정까지도 경제적 '가치' 생산에 종속시킨다는 것이다. 이런 점에서 부채 경제는, 개개인이 '자신과 공동체를 구성하려는 윤리적 노동 자체'까지 착취하고 있다.

우리에게 미래가 있는가?

K씨의 리스크는 K씨만의 문제가 아니라 우리 모두의 문제이다. 우리는 엄청난 삶의 리스크에 노출되어 있다. 그러나 이때의 리스크는 이제 개인적 차원에서 관리하거나 예상할 수 있는 그런 것이 아니다. 현대 자본주의가 전 지구적 자본주의가 된 지금, 개개인이 한국 경제를 분석하는 것을 넘어 세계 경제까지 분석해서 자기를 경영하도록 요구하는 것이 말이 되는 소리인가. K씨에게 '당신이 실패한 건 세계 경제와 한국 경제 전반을 이해하지 못하기 때문'이라고 비판할 수는 없지 않은가.

그러나 역설적으로 라자라토는 우리 앞에 놓인 이런 문제의 지평을 보아야 채권자-채무자라는 왜곡된 권력 관계를 극복할 수 있다고 주장한다. 하지만 아쉽게도 라자라토에게서 그 밖의 구체적인 대안을 듣기는 힘들다. 오히려 그는 자본주의는 더 이상 어떤 개혁도 불가능한 상태가 되고 말았다고 진단할 뿐이다. 그렇다면 우리에게 미래는 없는가? 빚에 의해 미래를 저당 잡힌 현재의 삶을 벗어날 길은 없는 것인가? 이것이『부채 인간』을 통해 우리에게 던져진 물음이다.

더불어 읽기
깊이 읽기

1) 제윤경 · 이헌욱,『약탈적 금융 사회』(부키, 2012). 대한민국의 가계 부채는 1000조, 하우스 푸어는 150만 가구, 가계의 60퍼센트가 빚을 진 이 시대에, 어떻게 해서 우리가 헤어날 길 없는 빚의 굴레에 빠져들게 되었는가를 해명하는 책이다. 저자들

은 우리 사회 대다수를 빚의 노예로 전락시킨 원흉으로 '약탈적' 금융 시스템을 고발한다. 구체적인 데이터와 함께 누구라도 쉽게 이해할 수 있게 쓰인 설득력 있는 책이다.

2) 데이비드 그레이버, 『부채, 그 첫 5,000년』, 정명진 옮김(부글, 2011). 인류학자 데이비드 그레이버는 물물교환의 대체물로 화폐가 발생되었다는 주류경제학의 가정이 근본적으로 잘못된 것임을 인류의 긴 역사를 통해 논증한다. 그에 따르면 최초의 농업 제국들이 탄생한 이후로 인간들은 물건을 사고파는 데 정교한 신용 시스템을 이용했다. 주화나 현금이 발명되기 오래전에 신용이 인간 사회를 지배했다는 것이다. 이미 그때부터 인간 사회는 채무자와 채권자로 나뉘었다는 것이 그레이버의 관점이다. 『부채인간』의 저자 라자라토가 현대 자본주의를 부채 경제로 해석한다면, 그레이버는 인류의 전 역사를 부채의 역사로 보고 있는 것이 특징적이다. 그는 인류 초기의 부채는 공동체의 유대를 강화하는 힘이었지만, 현대에 와서 인간의 모든 행위들이 일대일 교환으로 여겨지면서 급기야는 부채가 인간 사회를 파괴할 위협이 되어 버렸다고 진단한다. 이 책은 부채의 사회적 기능을 역사적 변화 속에서 구별해 보는 통찰이 있다는 점에서 읽어볼 만한 책이다.

3) 프리드리히 니체, 『도덕의 계보』, 김정현 옮김(책세상, 2002). 니체의 유명한 책이다. 이 책은 도덕에 관한 인류학적이며 정신분석학적인 해석의 원형을 보여준다. 니체는 도덕이 기본적으로 채무 관계에서 발생되었다고 보며, 계보학적인 해석을 통해 도덕이 기독교적인 색채로 변형되어 어떻게 원한의 감정을 숨기게 되는가를 심층적으로 해석한다. 학술적으로는 논증적인 글이 아니지만, 수많은 통찰을 풀어내는 저술이라는 점에서 이 시대에도 다시 음미해 볼 만한 책이다.

정준영 / 정암학당 연구원

'틈'을 벌려
자본주의 만들기를 멈추자

『크랙 캐피털리즘』 / 존 홀러웨이

체제의 균열을 이해하고, 탐구하고, 넓혀 나가기

지난 5년의 삶이 너무나도 신산했기 때문인지 좌절감, 상실감, 분노, 환멸, 체념 같은 감정의 찌꺼기들이 마음속에서 시커먼 우물이 되어 고여 가는 것 같다. 48퍼센트의 국민들이 지지했던 '그'가 대통령이 되었더라도 사실 세계의 지배 권력이 우리들의 삶과 노동과 생각을 움직이는 방식은 달라질 게 없었지만 말이다. 얼마 전 정계에서 은퇴한 유시민의 다시 회자 되는 말처럼 "군부 세력과 피 흘리도록 싸워서 투표권 찾아왔더니 국민들 은 그 투표권으로 노태우를 뽑"았는데, 25년이 지나서도 51퍼센트의 사람 들은 금방 깨어날 환각제 주사를 다시 맞으려고 했다.

시민과 다중이 활동할 정치 영역의 '틈'은 안개 속에 더 가려졌다. 국회 의원이나 대통령에 대한 신뢰는 땅에 떨어졌지만, 여전히 대의 민주제에 대한 의존은 심하고 국민 주권에 대한 믿음은 굳건하다. 그렇다. 이 세계의 '지배 원리'는 절대로 쉽게 안 변하는데, 사람들의 상상력은 침체되고 행동력은 세월에 못 이겨 쇠락해 간다. '멘붕'을 벗어나기 위해 필요한 것은 자기 위안이나 새로운 상품이 된 '힐링'이 아니라 다시 토론하고 행위하고 연대하는 것임을 어찌 모르랴만, 사람 노릇하려고 점점 괴물이 되어 가는지도 모르고 도시에서 발버둥 치다 보면 머리가 아득해진다.

대선 이후 나 자신과 진보 진영의 지리멸렬과 무기력함이 혐오스러워질 때쯤 『권력으로 세상을 바꿀 수 있는가』(조정환 옮김, 갈무리 펴냄)의 저자 존 홀러웨이의 신작, 『크랙 캐피털리즘』(조정환 옮김, 갈무리 펴냄)을 꺼내 들었다.

홀러웨이는 지금과 '다른' 세계를 상상하고 행동하는 것을 두려워하지 말고 포기하지 말자고 설득한다. 세상을 바꾸기 위해 이 견고한 자본주의 체제에 끊임없이 '균열'을 가하자고 말하는 그의 목소리는 신중하면서도 명쾌하며, 토론을 부추기는 그의 이론은 힘차고 논쟁적이다. 이 이야기에서 가장 강력한 논거들은 학자들의 이론이 아니라, 세계 각지에서 실제로 벌어지고 있는 반자본의 실험, 조직, 행동에서 산출된다. 저자가 말하는 '체제의 균열'이다.

홀러웨이가 보는 지금의 세계는 "이 매우 불공정하고 파괴적인 사회 조직의 변화를 상상하는 것보다 인류의 완전한 절멸을 생각하는 것이 더 쉬운 단계에 도달"한 곳이다. 숨 막히는 자본의 세계에서 우리는 무엇을 할 수 있을까. 다른 세계를 창조하기 원한다면 기존의 것을 부수어야 한다. 그 부수는 행위보다 더 평범한 것도, 더 분명한 것도, 더 단순한 것도, 더 어려운 것도 없을 만큼 그것은 당연한 것이며 당장 시작할 수 있는 일이다. 그러기 위해 필요한 것은 자본주의라는 벽을 그 견고함이나 강력함에서가 아니라 그것의 위기, 모순, 취약함, 균열에서 이해해야 한다. 저자는 말한다. 그러다가 결국 우리는 우리 자신이 어떻게 이 시스템을 작동시키는 그 모순들인가를 알게 될 것이라고.

이 여행은 어디로 갈지 잘 알고 있고 손에 지도가 들려 있을 때만 출발할 수 있는 것이 아니다. 그것은 멈춰 서 있지 않고 그릇된 방향이더라도 계속 걸으면서 질문을 발전시키는 것이다. 또한 거의 식별할 수 없을 것 같은 터널 밖의 풍경과 소리를 보다 잘 보고 듣기 위해 우리 안의 공포와 의심을 깨뜨리는 것이다. 매일 떠날 수 있는 이 여행은 "균열들로부터, 갈라진 틈들로부터, 찢어진 곳들로부터, 반란적 부정-과-창조의 공간들로부터, 총체성으로부터가 아니라 특수한 것들"로부터 출발하는 것이다.

거부하고 동시에 창조하는 존엄의 반-정치

그렇다면 그 균열이란 무엇인가. 저자가 말하는 균열은 자본주의 사회가 우리에게 기대하는 행위가 아니라 다른 차원의 "다른 유형의 행위를 천명하는, 어떤 공간 혹은 순간의 아주 일상적인 창출이다." 그리고 그것은 "지금 여기에서의 불복종이지 미래를 위한 기투가 아니"며, 우리의 활동과 삶을 자본의 지배에 종속시키기를 거부하고 스스로 "뭔가 다른 것을 할 수 있고 또 할 것이고 할 수 있다"는 현재적인 기획이다. 그래서 그 균열들은 고정되어 있지 않고 움직이면서 존재하며 마치 '발 빠른 춤'처럼 우리들과 만난다.

그런데 자본에 대항하는 그 기획은 새로운 사회 관계를 창출하고 그 관계망 속에서 변화하는 과정을 포함한다. "동료애, 존엄, 연정, 사랑, 연대, 우애, 우정, 윤리, 이 모든 이름들은 자본주의의 상품화되고 화폐화된 관계들과 대립"하며 자본주의를 넘어서는 사회를 예상하고 창조하는 것에 기여한다. 중요한 것은 이러한 원리들이 어떻게 조직화로 번역되는가인데, 일반적으로 주요한 강조점은 관계의 '수평성'이다. 그것은 자신을 타인의 의사 결정의 대상으로 만드는 수직적 구조와 명령 사슬에 대한 거부이며, 특정한 지도자가 없이 모두가 평등한 기반 위에서 의사 결정 과정에 참여하는 평의회 형식의 조직이다. 그런데 그러한 관계 맺음이 실제로는 절대적으로 관철되기 어려운 것이 사실이다. 그래서 "수평성을 절대적 규칙으로서가 아니라 수직성에 대한 부단한 투쟁으로 생각하는 것이 더 유익할 것이다."

이렇게 자본주의를 강화하는 것을 거부하고 새로운 세계를 창조하는 존엄의 반-정치는 이제 '자본주의의 사회적 종합', 즉 "자본주의 사회의 매우 단단한 사회적 응집의 논리"와 충돌하지 않을 수 없게 된다. 그것은 국가가 행사하는 폭력이나 정의롭지 못한 권위일 뿐만 아니라, 우리 안에서 내면화되어 반자본적 활동들 가운데서도 재생산되려고 하는 자본주의의 모순들이다. 그래서 점차 벌어지는 '균열'은 자본주의가 규정한 우선적인 가치들의 지배와 투쟁하지 않을 수 없다. 시장이라는 권력, 싼 상품의 매력, 화폐의 오만함, 이윤이 남는다면 이 우주의 모든 것을 상품화하려는 욕망, 가난하면 불행할 것이라는 믿음이 그것이다.

그래서 인간의 존엄을 회복하는 대항 정치는 비국가적이고 틈새적인 지평에서 자유롭게 활동성을 가져야 한다. 그러나 그 존엄의 확산은 콘크리트처럼 단단하게 굳은 도시에서 딱딱한 마음으로 더 많은 지지자를 등록시키는 문제나 설교나 연설의 차원이 아니다. 오히려 감화, 모방, 공명 같은 단어들이 주는 느낌을 떠올려 보는 것이 나을 것이다. 우리가 경험했던 지난날의 '투쟁'들이 쇠파이프 대 곤봉, 스크럼 대 방패, 화염병 대 최루탄, 구호 외치기 대 체포의 싸움이었다면, 균열들을 벌려가는 새로운 반란에서는 연극과 시와 춤과 유머 같은 것들이 중요하다. 그런 것들은 과거엔 운동의 도구였지만 이제는 운동 자체의 중심적 요소가 되었다.

"낡은 혁명적 확실성들은 사라졌다. 우리는 더 이상, 우리의 승리가 필연적이라고 확신 있게 말할 수 없다. 우리는, 우리가 불확실성과 혼돈의 세계에 산다는 것을 받아들인다. 하지만 우리가 우리의 불확실성과 혼돈을 이해할 방법을 발견할 수 있을까? 역사에 확실성은 없다. 그러나 우리가 균열들의 증식을 이해할 수 있는 어떤 방법이 있을까?"

노동에 대한 행위의 반란

먹고살기 위해 타율적으로 수행하는 소외된 노동과, 필요하다거나 바람직하다고 생각하는 구체적 행위를 향한 노력——저자가 '의식적인 삶-활동'이라고 말한 것——사이의 대립은 삶의 지형도를 은폐하는 노동의 이중성을 보여준다. 그래서 사용 가치와 유용한 사물들을 생산하는 구체 노동과 구별되는, 우리에게 타율적으로 주어진 추상 노동을 뒤흔드는 구체적 행위가 관건이다. 추상 노동 내부에 존재하면서 그것을 넘어 자본주의적 노동 바깥에 서 보는 것이다.

"나는 교사이고 시장에서 팔 노동력을 생산한다. 그러나 이와 동시에 나는 사회에 대해 비판적으로 생각하도록 나의 학생을 가르친다. 나는 민간 병원의 간호사이며 내 고용주를 위해 이윤을 생산한다. 그러나 이와 동시에 나는 나의 환자들이 그들 삶의 가장 어려운 어떤 순간들을 살아내도록 도우려 한다. 나는 자동차 공장의 조립 라인에서 일한다. 하지만 내 손가락이 자유로울 때에는 언제나 오늘밤 밴드에서 기타로 연주할 코드를 연습하느라 바쁘다. 나는 청바지를 만드는 바느질 기계에서 일한다. 그러나 내 마음은 언제나, 나 자신과 나의 아이들을 위한 새로운 방을 만들면서, 딴 곳에 있다. 나는 시험에서 좋은 성적을 얻으려고 열심히 공부하는 학생이다. 그러나 나는 내 공부를 자본주의에 대항하는 것으로, 그리고 더 나은 세계를 창조하기 위한 것으로 전환시킬 방법을 찾길 원한다."

우리는 추상 노동을 통해 자본주의를 만든다. 저자가 '행위의 노동으로의 추상'이라고 말하는 그 과정들은 우리의 몸과 마음을 울타리 치고, 노동 착취를 낳고 노동 계급을 형성시켰으며, 자연을 객체로서 구성했으며, 우리가 다른 생각과 '딴 짓'을 못하도록 우리의 역량을 외부화해 시민, 정치, 국가라는 총체성의 구조를 창출했다. 또 추상 노동의 지배 과정은 우리의 짧은 인생을 규격화했으며 시간을 동질화시켰으며, 반자본주의 운동의 발목을 끊임없이 물고 늘어졌다. 그래서 오늘날의 노동 운동은 추상 노동의 운동으로 전락했다.

저자는 이제 추상 노동에 대적하고 그것을 넘어 구체적인 행위로 나아가는 과정을 요청한다. 그것은 곧 추상 노동의 위기가 될 것이다. 그런데 그 새로운 적대와 갈등과 모순이 미끄러지며 나는 소리들은 지식인들의 목소리가 아니라, 못나고 약하고 '빽' 없고 힘없는 사람들이 벌여내는 '행위'의 멜로디가 될 것이다. 이제 노동과 자본 사이의 모순이 아니라, 일상 속에서 실존적으로 일어나는 행위와 노동 사이의 더 깊은 갈등이 있다. "이 모순은 살아 있는, 고동치는 사회적 적대이며 삶 그 자체라고 할 수 있는, 항상적이고 필연적인 투쟁이다." 그 모순의 틈을 벌리는 행위의 연대는 총체성, 종합, 가치를 해체하는 숨어 있는 여성의 움직임이며, 근대적인 시간의 동질화를 해체하여 각자가 누릴 수 있는 각각의 순간을 열어젖힐 것이다.

이렇게 자본주의 만들기를 중지하고 지연시키는 우리의 무기이자 행위의 원리가 존엄이라면, 우리들이 스스로 만들어낼 시간, 관계, 가치들은 우리 삶을 풍요롭게 할 것이다. 그래서 "혁명은 자본주의를 파괴하는 것에 관한 것이 아니라 그것을 만들기를 거부하는 것에 관한 것이다." 우리의 힘은 행위의 힘이다. "자본주의를 파괴하는 것에 대해 생각하는 것은 우리 앞에 거대하고 끔찍한 괴물을 세우는 것이다." 거부하고 창조하여 자본주의를 균열시켜라! 이 미쳐 돌아가는 거대한 기계의 작동을 멈추게 만들자!

이 책의 옮긴이인 조정환의 말처럼 국가, 화폐, 자본에 의한 우리 삶의 모든 소외는 삶의 생생한 가치들과 생동력을 추상화시켜서 통제하고 통합시키려는 자본주의적 욕망 체계의 산물이다. 이 시대의 '꼰대'들이여! '멈춰서면 비로소 보이는 것들'이 있다고 속삭이며 역사와 사회에 대한 젊은이의 눈을 가리지 말자. '아파야 청춘'이라고 조금만 더 참으면 좋은 세상 올 거라고 '구라'치지 말자. 젊은이들의 미래에 대해 당신들의 낡은 가치와 경험으로 함부로 추상화시켜 말하지 말자. 그들은 공동체의 정치와 자신들 삶의 구경꾼이 아니라 각각의 주인공이니까. 우리 시대를 바꾸는 것은 대통령이 아니라 바로 우리들 자신의 일상이 아닌가!

더불어 읽기
깊이 읽기

1) 조정환, 『인지자본주의——현대 세계의 거대한 전환과 사회적 삶의 재구성』 (갈무리, 2011). 오늘날의 자본주의를 자본의 시각에서 살펴보는 익숙한 방식이 아니라, 노동의 이름으로 그것을 다시 사유하고 새로운 문제를 설정하려는 시도를 살펴볼 수 있다. '인지자본주의'라는 이 새로운 개념이 낯설기도 하지만, 사실 우리에게 강요된 삶의 방식을 벗어나 사회적 삶의 재구성을 위해 필요한 것은 무엇보다 노동하는 일상이 가진 풍부한 생명적, 생활적, 정치적 의미를 되살리고 나누는 것임을 보여주고 있다. 우리가 먹고 사는 일과 정치적 행위 사이에 장벽을 두르고 전자에만 매몰되어 산다면 결코 이 세상은 바뀌지 않을 것이기 때문이다.

2) C. 더글러스 러미스, 『경제성장이 안 되면 우리는 풍요롭지 못할 것인가』, 최성현/김종철 옮김(녹색평론사, 2011). 지금껏 당연하게 여겨져 왔던 경제 발전 이데올로기에 이의를 제기하고 있는 책이다. 중요한 것은 경제 발전의 거대한 지표나 멈추지 않는 성장 자체가 아니라 그 사회적 생산에 참여한 사람들의 일상과 삶에 그것이 어떤 의미를 갖느냐이다. 착취의 사슬을 통해 '가난함'이나 '부유함'이 정치적인 개념으로 만들어져 온 것이라면, 더 많이 소유한다고 더 행복한 것이 아니라면, 우리의 한 번뿐인 삶과 후대의 지속가능한 삶을 위해 지향해야 될 가치에 대해 다시 숙고해 보자. 생각한 대로 살려고 노력하지 않으면 다른 사람들이 살라고 한 대로만 살게 되지 않을까.

조배준 / 한국철학사상연구회 회원

복지 타령하는 정치인들아,
헌책방을 뒤져라!

『칼 마르크스 전기』 / 페도세예프 외 14인

몇 해 전부터 한국 정치권을 달구고 있는 주제는 복지다. 시작은 초중등학교 급식 문제였다. 진보 교육계가 무상 급식을 주장, 다수 국민의 호응을 얻은 게 발단이었다. 재벌 위주의 성장 정책에만 빠져 있던 당시 한나라당은 소위 선별적 무상 급식을 곧바로 들고 나왔다. 서민 유권자의 표를 의식한 것이다.

우리도 복지를 반대하는 건 아니라며 아이디어를 낸 게 소위 '선별적' 무상 급식, '선별적' 복지다. 그러자 보수 언론, 정부, 제도권 학자 너 나 할 것 없이 한나라당 옹호 논리를 폈다. 야당의 보편적 복지는 무책임한 주장이다, 부자 아이들에게까지 공짜 밥을 주는 건 국고 낭비 아니냐, 서민의 세금 부담이 엄청나게 는다, 무차별적 무상 급식론, 보편적 복지 주장은 포퓰리즘이다, 그리스가 그러다 망하지 않았느냐 등등.

하지만 보궐 선거와 총선 등 연이은 선거 앞에서 새누리당도 슬쩍 슬로 건을 바꾼다. 대선을 눈앞에 둔 지금, 새누리당 후보 박근혜는 한 걸음 더 나아가 경제 민주화와 전 국민 대상 맞춤형 복지를 1순위 공약으로 내걸 기에 이른다. 당의 존재 기반과 맞지 않는 주장이다.

어쨌든 이런 몇 해의 논쟁을 거치면서 이상한 논리가 자리 잡는다. 보편적 복지는 진보, 선별적(맞춤형) 복지는 보수라는 논리가 그것이다. 보다 큰 복지, 보다 일반적인 복지를 주장하면 곧 진보가 되는 것이다. 보수당과 보수 언론은 물론 진보 개혁 정치권도 같은 논법을 사용한다. 과연 그런 건가.

역사의 아이러니가 있다. 사회 복지는 19세기 말 프러시아의 철혈 재상 비스마르크가 도입한 제도다. 강력한 군국주의 독일(독일 제국)을 건설한 그는 토지 귀족인 융커 출신으로 대자본가와 융커의 입장을 대변했다. 별칭이 말해 주듯, 비스마르크는 의회와 부르주아 민주주의를 거부했고 사회주의와 노동 운동에 대해서는 무차별적 탄압으로 일관했다.

그러던 그가 1870년대 말부터 사회주의 운동이 고조되고 노동자 계급의 불만이 폭발 직전에 이르자 급기야 이들을 달래기 위해 1881년 노동자 보험에 관한 법안을 내놓은 것이다. 비스마르크의 사회 복지는 노동자의 질병, 재해, 실업은 물론 노령 및 당시 사회 문제인 폐질까지를 아우르는 정책이었다. 오늘날 일반화된 용어인 '사회 정책'이란 말도 당시 신역사학파라 불리던 관변학자들이 내놓은 노동자 유화책에서 비롯되었다.

비스마르크는 의회 민주주의자들, 특히 신흥 부르주아들에게 적대적이었다. 따라서 이들을 배제한 채 융커와 대자본가의 이해를 유지할 방법으로 노동자 계급에 대한 회유책인 복지 정책을 실시한 것이다. 당시의 많은 사회주의자들도 이에 호응했다. 당시 독일의 마르크스주의 정당인 사회민주당은 라살(Lassalle) 파와 리프크네히트(Liebknecht) 파의 합작이었다.

마르크스의 입장을 이어받은 리프크네히트 파와는 달리 나름대로 큰 세력을 점하고 있던 라살 파가 특히 비스마르크의 사회 정책에 부화뇌동했다. 나중에 드러나지만, 사회주의자요 국가주의자였던 라살은 살아 있을 때 여러 차례 비스마르크와 비밀 회동을 한다.

복지가 잘 된 사회가 좋은 사회인 것은 분명하다. 그래서 복지론자들은 종종 서유럽 복지 국가를 예찬한다. 실제로 1950년대부터 소위 신자유주의가 등장하기 직전인 1970년대 초반까지 유럽은 복지 천국이었다. 대부분 국가가 사회민주당 집권 시기였고, 보수당조차도 복지 자체를 거부하지 않았다. 물론 사회민주당이 마르크스주의를 포기한 것도 이때다.

비스마르크 집권 당시 카를 마르크스(1818~1883년)는 살아 있었다. 마르크스는 라살이나 그 추종자들과 관계를 단절하진 않지만 그들의 태도에 대해 끊임없는 비판을 제기한다. 대표적인 글이 '고타 강령 비판'이다. 착취의 근원인 자본주의 생산양식은 그대로 둔 채 국가에 기대어 재분배만을 꾀하는 이들의 태도는 마르크스가 보기에 사회주의에 대한 배신이요 공산주의 운동의 포기였기 때문이다. 오늘에 비하자면 삼성의 지배, 다국적 금융 자본의 지배는 그대로 둔 채 복지 혜택을 좀 늘려보자는 모순적이고 기이한 논리에 다름 아니다.

비스마르크 시절 독일의 경제 부흥과 사회 복지의 이면에는 독일 제국의 식민지 확대와 침탈이 있었다. 노동자 복지의 또 다른 원조인 영국의 경우는 더 말할 것도 없다. 19세기 영국은 해가 지지 않는 나라였다. 전 세계에 식민지가 있었고 바로 그 식민지로부터의 부의 이전에 힘입어 노동자 복지를 구현할 수 있었던 것이다.

20세기 유럽의 사회 복지도 일정 부분 마찬가지다. 일찍이 마르크스는 이런 모순을 예리하게 지적한다. 그리고 위대한 영국 차티스트 운동의 후예들이 약간의 소득과 복지 향상에 만족하는 모습을 보고 매우 안타까워한다. 착취의 근원인 생산관계의 변혁에 눈을 감고 식민지 착취의 현실을 애써 무시하는 일탈 행동이었기 때문이다.

마르크스는 공산주의의 이론적 창시자이며 동시에 공산주의 운동에 헌신한 운동가다. 무수한 저작을 내놓고 동지들과 거의 매일 서한을 주고받으며 각종 언론 기고를 쉬지 않고 이어나간 이유도 다름 아닌 공산주의 이념의 확산과 당시 싹트던 독·영·프의 노동자 운동의 올바른 방향 설정을 위한 것이었다.

1848년 혁명, 1864년의 제1인터내셔널, 1871년의 파리코뮌에 헌신적으로 관여하였다. 기나긴 반동의 시기에는 경제학 연구에 몰두한다. 그러는 중에도 쉬지 않고 한편으로는 사회주의 운동 내부의 바쿠닌주의(모험주의 내지 공상주의)와 싸우고 다른 한편으로는 라살 파, 프루동 파, 영국의 조합주의 등 수정주의 경향, 개량주의 경향에 맞서 싸운다.

이런 생생한 마르크스의 모습을 제대로 보여주는 책은 없을까. 누구나 조금씩은 알고 또 그 누구도 정확히 모르는 마르크스의 모습을 당시의 역사 맥락 속에서 좀 더 온전한 형태로 알 방법은 없을까. 이런 궁금증에 주저 없이 권하고 싶은 책이 있다. 다름 아닌 『칼 마르크스 전기(*Karl Marx Biographie*)』(1984)다.

이 책은 본래 1968년, 당시 소련 공산당 중앙위원회 마르크스-레닌주의 연구소가 만들어냈다. P. N. 페도세예프를 대표로 14명의 학자가 공동으로 집필하였다. 1973년에 수정판이 나오고 이 책이 독어로 번역되었다. 국내에는 1984년에 나온 독어본 제7판을 김라합이 번역해 소나무출판사에서 내놓았다. 지금은 절판되어 중고 서점을 뒤져야 어렵게 구할 수 있지만, 그 어떤 책보다도 귀중한 책이다.

엥겔스와 레닌은 마르크스 사상을 영국 정치경제학과 프랑스 공산주의 그리고 독일 철학의 통일체로 묘사한다. 그리고 여타의 사회주의, 공산주의와는 달리 역사의 변화 및 자본주의의 전개 과정을 면밀히 분석하여 그때 그때의 발전 단계와 국가적 특수성에 맞는 사회주의 운동 방향을 제시한 점에서 마르크스를 '과학적' 사회주의(공산주의)의 창시자로 규정한다.

이 책을 보면 마르크스가 젊은 시절부터 만년에 이르기까지 당대 유럽의 역사 현실을 얼마나 충실히 추적하였는지 그리고 프랑스, 영국, 독일은 물론이고, 이탈리아, 폴란드, 러시아 및 신대륙, 아시아에 이르기까지 각국의 자본주의 발전 정도와 노동자 농민 계급의 상태, 사상적 문화적 동향 등을 얼마나 치밀하게 연구하였는지 잘 드러난다. '과학적' 공산주의자란 말이 한낱 과장된 치사가 아님을 잘 보여주고 있는 것이다.

많은 마르크스 전기가 있다. 우리말 번역본도 다수다. 하지만 대부분이 제한된 자료에 근거하여 마르크스의 일면만을 부각하거나 희화화하고 있다. 반면 이 책은 당시까지 구할 수 있는 모든 자료(전집, 단행본, 초록, 수고, 서한, 조직의 회의록, 동시대인 진술 등)에 근거하여 마르크스의 삶과 투쟁을 생생하게 그리고 있다.

존 롤스는 『정치철학사 강의』(2007)에서 자신이 마르크스를 비롯한 고전 사상가를 공부할 때 염두에 둔 두 원칙을 이렇게 소개한다.

"나는 언제나 그 사상가의 입장에 서서 그가 보듯 문제를 보려고 노력했다. 그리고 그 사상가의 사상을 가장 훌륭한 모습으로 이해하려고 노력했다."

한 이론에 대해 판단하려면 먼저 그 이론을 최선의 모습으로 이해해야 한다는 가르침이다. 오늘날 마르크스에서 교훈을 얻고자 하는 자, 혹은 마르크스의 한계를 넘어서려 하는 자 모두가 명심해야 할 명언이다. 이 책은 최선의 모습으로 마르크스의 생애와 사상을 그린 책이다.

마르크스는 20대 중반인 1844년 파리 체류기에 이미 공산주의자가 된다. 그런 그가 1846년에 이르기까지 무수한 철학 논쟁서를 저술한다. 대표적 저술이 『헤겔 법철학 비판』, 『경제학-철학 수고』, 『신성가족』, 『독일 이데올로기』, 『철학의 빈곤』 등이다. 『마르크스 전기』의 매력은 사회주의 운동에 그토록 바쁜(?) 마르크스가 시간을 쪼개 이 글들을 써야 했던 절박한 상황을 잘 보여준다. 한 마디로 독일, 프랑스 이론가들(포이어바흐, 바우어, 슈티르너로 대표되는 헤겔 좌파, 칼 그륀 유의 진정 사회주의자, 프루동 등)이 사회주의 운동을 오도하는 현실적 절박함 때문이었던 것이다.

잘 알려진 『공산당 선언』(1848년), 프랑스 혁명 3부작, 『안티 뒤링』, 경제학 제 저작은 물론이고, 그동안 별로 부각되지 못했던 '독일 공산당의 요구'(1848년)를 비롯해 『신라인 신문』을 포함한 수많은 언론 매체 기고문, 노동자동맹과 제1인터내셔널에서의 활동 기록, '고타 강령 비판'을 비롯한 만년의 글 등이 그 핵심 내용은 무엇이며 무엇보다도 어떤 운동의 맥락에서 또 어떤 절박한 이유에서 쓰게 되었는지 이 책은 잘 보여주고 있다. 한 마디로 이 책은 우리가 단편적으로 알고 있던 마르크스 관련 지식들, 개별 저작의 내용을 마르크스의 삶과 사회주의 운동의 실천적 맥락에서 하나로 꿰어준다.

그는 결코 교조주의자가 아니었다. 지극히 현실적인 인물이었고, 유연한 인물이었다. 정치 활동을 원칙적으로 거부하는 바쿠닌주의에 맞서서 사회주의 교두보로서 의회민주주의의 중요성을 역설한다. 이미 개량주의로 기운 영국 노동 운동의 지도자들, 모험주의의 한계를 드러낸 프랑스 블랑키주의자들, 그리고 라살 파의 이론가들과도 마지막까지 혼신의 노력을 쏟아 그들이 올바른 방향 정립을 하도록 비판하며 교류하고 또 지원한다.

마르크스는 각국의 특수성에 맞는 노선상의 유연함을 유지하면서도 한 가지 원칙, 즉 노동자 계급의 단결과 주도권 및 자본제적 생산관계의 극복이라는 원칙만은 마지막까지 고수한다. 반면 의원 선거 참여를 현실 타협이라며 비판하던 바쿠닌주의자, 프루동주의자들은 결국 사적 소유의 폐지, 자본제적 생산양식의 타파라는 사회주의 운동의 기본 원칙에서 후퇴하고 만다.

20세기 초 러시아 혁명가들의 필독서 중에 다니엘 모르네의 『프랑스 혁명의 지적 기원』이란 책이 있다. 이 책은 프랑스 혁명 전야에 얼마나 많은 종류의 삐라, 유인물, 대자보, 신문 등이 있었는지, 그리고 이 인쇄물들이 어떤 폭발적 위력을 발휘했는지 잘 보여준다. 러시아 혁명기 《이스크라》를 비롯한 수많은 지하 신문과 유인물이 혁명의 도화선 역할을 했던 것도 우연이 아니다.

『마르크스 전기』의 또 다른 매력은 같은 맥락에서 언론가로 활동한 마르크스의 모습을 잘 보여준다는 점이다. 마르크스는 어디를 가든, 어떤 일을 시작하든, 신문과 기관지 제작부터 했다. 신문 편집자로서 또 기고가로서 그가 독일, 프랑스, 영국의 언론, 심지어 미국의 《뉴욕 데일리 트리뷴》

에까지 평생 기고한 글이 얼마나 방대하고 그 내용이 무엇인지, 이 전기가 잘 소개하고 있다.

에드워드 핼릿 카의 『바쿠닌 전기』(이태규 옮김, 이매진 펴냄)는 마르크스의 미국 신문 기고를 비꼰다. 단순한 돈벌이 목적이었고 심지어는 많은 글이 엥겔스 대필이라고. 그뿐이 아니다. 카는 바쿠닌과 마르크스의 갈등까지도 개인적 증오의 산물로 그리고 러시아인 바쿠닌과 독일인 마르크스의 민족적 갈등으로 그린다.

읽어볼 만한 책이지만 『바쿠닌 전기』에서의 마르크스 묘사나 트리스트럼 헌트의 『엥겔스 평전』(이광일 옮김, 글항아리 펴냄)에서의 마르크스, 엥겔스에 대한 희극적 묘사는 마르크스에 대한 이해를 위해서나 비판을 위해서도 좋은 접근이 아니다. 나는 롤스의 고전 독법에 동의한다. 누군가를 정말로 사랑해야만 그를 비판할 수 있다. 내가 이 『마르크스 전기』의 일독을 권하는 이유다.

마르크스는 만만한 사람이 아니다. 다산 정약용이 엄청난 공부벌레로 알려져 있다. 하지만 마르크스는 그 이상이었다. 영국과 미국에 관한 기사나 글을 쓸 때면 양국 정부의 문서와 통계를 다 섭렵하곤 했다. 『경제학-철학 수고』를 집필할 당시다. 글을 쓰다가 잡지 《이코노미스트》에 소개된 제임스 머클래튼의 저작 『통화의 역사 개요(A Sketch of the History of the Currency)』 출판 소식을 접한다. 그는 수고 집필을 잠시 멈춘다. "그 책을 읽지 않고 작업을 계속하는 것을 자신의 이론적 양심이 허락하지 않았기 때문이다." 그는 고대 그리스와 라틴의 고전에서부터 당대에 이르는 모든 주요 서적을 독파한다.

영어, 프랑스어를 익혀 그가 읽은 당대 영·프·독의 경제학, 철학, 역사학, 자연과학 서적 목록 양을 보면 놀라울 따름이다. 만년에는 러시아어를 읽혀 체르니셰프스키 전집 3권을 독파한다. 본 책마다 빈칸에 적어놓은 메모와 평의 주요 면면, 1만 6000통에 달하는 마르크스, 엥겔스 착발 서한, 관련 서한의 주요 내용도 『마르크스 전기』는 소개한다. 마르크스(주의) 연구가나 학습가라면 반드시 읽어야 할 전기다. 인터넷 중고 서점을 뒤지면 890쪽에 달하는 독일어 원서도 싼 값에 구할 수 있다. 책에 실린 120여 장의 사진도 눈여겨 볼 만하다.

다시 복지 얘기로 돌아가 보자. 복지는 사회 발전의 중요한 지표다. 분당 이전의 민주노동당이 무상 교육, 무상 의료, 무상 보육을 주장한 것도 그 가치를 인정해야 한다. 철권 독재자 비스마르크가 노동자 회유책으로 복지를 폈다고 해서 복지가 잘못이라는 얘기는 더더욱 아니다.

사실 서구에서 일종의 사회권으로 복지 확대를 이룬 것은 사회민주주의와 노동자 투쟁의 산물이기도 하기 때문이다. 하지만 나는 『마르크스 전기』를 읽으며 중요한 한 가지 교훈을 되새긴다. 경제를 바꾸지 않고 복지만을 주장하는 것은 오류다. 착취의 근원인 자본주의 경제 구조의 변혁에 대한 입장이 없는 복지론은 진보가 아니다.

"이 글은 2012월 8월 10일 《프레시안》에 기고한 글로서, 부분적으로 수정 보완되어 『다시 쓰는 맑스주의 사상사』(오월의봄, 2013), 『철학의 시대』(해냄출판사, 2013)에도 수록되어 있다."

더불어 읽기

깊이 읽기

국내에 번역 소개된 마르크스, 엥겔스 전기/평전은 여러 종이다. 본문에 소개한 『마르크스 전기』를 제외하곤 다음 세 책이 볼 만하다. 무엇보다도 최근에 출간되어 번역된 것들이다. 그리고 기본적으로 두 사람의 사상에 대한 애정을 가지고 쓴 책들이다. 세 권 모두 사상과 실천의 궤적뿐 아니라 사생활과 인간적 고뇌에 대해서도 생생하게 그리고 있다.

1) 자크 아탈리, 『마르크스 평전』, 이효숙 옮김(예담, 2006). 프랑스의 석학 아탈리(1943년생)가 2005년에 쓴 책이다. 원저명은 *Karl Marx ou l'esprit du monde*(칼 마르크스: 세계 정신)이다.

3) 프랜시스 윈, 『마르크스 평전』, 정영목 옮김(푸른숲, 2001). 영국의 언론인 윈(1957년생)이 1999년에 쓴 전기다. 원서명은 *Karl Marx: A Life*.

4) 트리스트럼 헌트, 『엥겔스 평전』, 이광일 옮김(글항아리, 2010). 헌트는 1974년 생으로 영국 노동당원이자 역사가/칼럼니스트다. 흥미는 있지만 지나치게 엥겔스의 사생활에 초점을 두고 그를 희화화한 감이 있다. 2009년에 출간되었고 원저명은 *The Frock-Coated Communist: The Revolutionary Life of Friedrich Engels*(프록 코트를 입은 공산주의자: 프리드리히 엥겔스의 혁명적 삶)이다.

서유석 / 호원대학교 교수

핵발전소 도시 No!
에너지 자립 도시로

『에너지 명령』 / 헤르만 셰어

갈림길에 서다

기본적인 에너지 사용량이 늘고 있다. 지금은 전구 하나를 밝히고 라디오 소리에 귀 기울이며 사는 세상이 아니다.

수많은 가전제품의 소음이 집안을 장악한다. 미세한 냉장고 소리, 컴퓨터 하드디스크 구동음, 메시지가 왔다는 스마트폰의 울림 등이 이미 내가 많은 전기 에너지를 사용하고 있다는 사실을 알려준다. 앞으로 통신망을 기본으로 모든 전자 제품을 제어하는 유비쿼터스 도시에 살게 된다면 기본적인 전기 에너지 사용량은 더 늘어날 것이다.

에너지 효율이 좋은 제품이 쏟아져 에너지 사용량이 줄 수도 있지만 효율 따윈 아랑곳하지 않고 안락함과 편리함을 추구하는 인간의 욕망을 부추기는 제품들도 나올 것이다. 우리는 분명 그런 제품들을 사용할 것이고,

그때마다 일인당 에너지 소비량은 점점 증가할 것이다.

그 많은 에너지는 어디에서 구해야 할까? 우리가 사용하는 핵에너지와 화석 연료만으로 그 에너지를 충당할 수 있을까? 위험성과 환경 파괴라는 부담을 지면서까지 우리는 그 에너지를 계속해서 사용할 수밖에 없는 것일까?

이미 두 에너지의 사용량이 지나치게 높다는 사실을 우리는 알고 있다. '재생 가능 에너지를 찾자!', '대안 에너지가 답이다!' 이런 사실도 누구나 알고 있지만 어떻게 해야 할지, 어디로 가야 할지를 구체적으로 아는 사람은 드물다.

2010년 타계한 헤르만 셰어의 『에너지 명령』(모명숙 옮김, 고즈윈 펴냄)은 그의 마지막 저서이자 우리가 가야 할 에너지 정책의 방향과 행동 강령을 구체적으로 제시해 주는 책이다. 이 책에서 셰어는 에너지 문제가 우리 모두가 고민해야 할 사회 윤리 문제임을 강조하고 있다.

> "순전히 경제학적인 에너지 토론에 관여하는 것은 극히 근시안적이고 미래를 망각하는 시각이다. 이런 에너지 토론은 논쟁을 실제적인 가격 비교의 단순한 형태로 환원한다. 에너지 변화에 결정적인 것은 재생 가능 에너지의 사회적 의미와 시각이다."(329쪽)

그러나 대한민국의 미래를 결정한다는 지난 대선에서 대통령 후보 그 누구도 에너지 문제를 거론하지 않았다. 아니 토론하지 않았다. 단지 이 추운 겨울, 핵발전소를 가동 못해 블랙아웃을 걱정하는 정부가 "전기를 아껴 쓰자"고 외치고만 있을 뿐이다.

미래에 우리는 어떻게 에너지를 사용하고 있을까? 검소함과 절약을 익혀 누구나 에너지를 아끼고 소중히 하며 살고 있을까? 아니면 지금보다 더 많은 에너지를 사용하며 살려고 할까? 불행히도 지금 내 대답은 후자에 더 가깝다.

대선 후보들의 슬픈 에너지 공약

지난 18대 대선의 화두는 단연 '경제 민주화'였다. 그러나 각각의 후보마다 내용이 다른 '경제 민주화'라는 용어 때문에 공약의 차별성이 보이지 않았다. 공약에 투표하라는 말이 무색할 지경이었다. 에너지 공약 또한 차별성이 없기는 마찬가지였다. 물론 핵에너지와 화석 연료 의존도가 각각 31퍼센트, 65퍼센트인 상황에서 단번에 에너지 전환을 이끌어 내는 것이 쉬운 일은 아닐 것이다.

그래서인가 핵 발전에 대해서는 국민의 안전을 고려하는 것을 최우선으로 하고 있다는 사실만이 짧은 에너지 공약을 통해 보였을 뿐이다. 핵발전소의 위험성이야 누구나 아는 일이니 신중할 수밖에 없었을 것이다.

문제는 재생 가능 에너지에 있다. 대선 후보들은 재생 가능 에너지 공약은 자신들의 대통령 임기가 끝나고도 한참 후인 2030년쯤으로 미뤄버렸다. 어떤 재생 가능 에너지가 우리 사회에 필요한지 고민한 흔적도 없었다. 구체성도 결여되어 있었다. 단지 먼 미래에는 재생 가능 에너지가 필요할 것이라는 막연한 생각만을 읽을 수 있을 뿐이었다.

셰어의 말을 빌려 표현하면 지난 대선 주자들의 재생 에너지 공약은 다음과 같은 행동 양식을 보인다.

"어떤 사람들은 재생 가능 에너지로의 전환을 주저하는 이유를 이렇게 설명한다. 재생 가능 에너지로의 전환에는 '많은 시간'이 필요하며, 그 방향으로 성큼성큼 빨리 나아가는 것은 감당하기 어려운 경제적 부담이 될 것이라고 말이다. 또 이런 구실로 시간을 벌어서, 지금까지 해 왔던 것을 가능한 오래 유지하려는 사람들도 있다. 어떤 이들은 종래의 에너지 공급 구조를 깨부술 용기가 부족하다. 또 누군가는 에너지 변화를 어떻게 실제로 구현할 수 있을지 방책도 구상도 없다."(14쪽)

대선 후보들의 에너지 공약이 슬픈 가장 큰 이유는 자신들이 끌어갈 시간 동안 그 누구도 집중적 에너지 공급 정책을 바꿀 의지가 보이지 않았다는 것이다. 에너지는 권력이다. 에너지원이 집중되면 권력도 집중될 수밖에 없다. 핵에너지가 매혹적인 이유는 그 에너지가 권력과 함께 집중되어 있기 때문이다.

지방 자치를 얘기하는 대선 후보들은 지방에 더 많은 권한을 주겠다고 약속하면서도 지방 분권에 필수적인 지방세 재원 마련에 대해서는 소극적인 자세를 취했다. 기존의 정치가 그랬듯 말 잘 듣는 지방 정권을 유지하기 위함일 것이다. 핵에너지에 대한 태도도 마찬가지가 아닐까? 그들도 핵이라는 에너지 권력의 매력에 빠진 게 아닐까?

아직까지는 돈이 곧 권력이다. 돈줄을 움켜쥐고 있는 자의 말을 따를 수밖에 없다. 그러나 에너지 소비가 점점 증가하고, 기존의 전통적 에너지가 점점 부족해지는 미래에는 에너지를 가진 자가 더 강력한 권력을 가질 수밖에 없다. 핵에너지의 속성이 "권력 의지(Wille zur Macht)"를 반영하고 있는 것처럼 보일 뿐이다.

박원순 서울 시장님께

절대 왕정은 아니라고 하더라도 독재가 얼마나 무서운 것인지 우리는 몸소 배워왔다. 지배와 피지배의 사슬을 벗어나는 길은 권력을 분산하는 데 있다. 에너지도 마찬가지다. 누구나 에너지를 생산하고 가질 수 있다면 우리는 에너지 권력으로부터 자유로울 수 있는 기반을 지닐 수 있다.

누구나 에너지를 소유할 수 있는 권한은 자연으로부터 나온다. 우리는 자연이 제공하는 공기와 물에 비용을 지불하지 않는다. 내리쬐는 햇빛과, 귓불을 스치는 바람에도 비용을 지불하지 않는다.

그렇다면 누구나 이용 가능한 자연 에너지에도 비용을 지불해야 할까? 그렇다! 비용을 지불해야 한다. 최소한 자연 에너지를 우리가 사용하는 전기 에너지로 바꾸고 관리해야 하기 때문이다. 그 비용은 누가 감당해야 할까? 바로 그 에너지를 사용할 우리가 감당해야 한다.

아직은 많은 비용을 감당해야 하기에 기존의 에너지와 재생 가능 에너지의 발전 단가를 비교해 가며 핵에너지가 가장 싼 에너지라고 주장하는 사람들도 있다. 아주 많다. 특히 에너지를 소비할 줄만 아는 대도시 시민들은 그렇게 믿고 싶어 한다. 그러나 그 값싸고 좋은 에너지원을 당신들이 사는 도시에 놓겠다고 하면 그때부터 사정이 달라질 것은 불 보듯 뻔한 일이다.

세상의 붕괴에 대처하는 우리들의 자세: 철학자의 서재 3

지금은 서울 시장이 된 박원순의 '원순닷컴'을 보면 "송전탑을 보며 에너지의 분권화를 생각한다"는 짧은 글이 있다.

"제가 언젠가 독일을 여행할 때 독일은 전기의 생산을 지역마다 하고 있음을 알 수 있었습니다. 심지어 마을 단위로 작은 발전소를 가지고 있기도 하였습니다. 그것은 원거리를 송전함으로써 누전도 방지하고 동시에 발전의 집중으로 인한 사고의 위험도 방지할 수 있다고 하였습니다. 에너지 분권, 발전의 분산─저 큰 송전탑을 보면서 해 본 생각입니다."('원순닷컴', 2010년 6월 18일)

서울 시장이 된 지금도 그 생각을 유지하고 있는지 묻고 싶다.

"박원순 시장님, 그 많은 송전탑이 어딜 향해 있는지 알고 계시죠? 바로 특별하고도 특별한 서울특별시입니다. 바쁘시겠지만 혹시 서울특별시가 소유한 가장 많은 재생 가능 에너지가 무엇인지 생각해 보셨나요? 바로 똥과 쓰레기입니다. 1000만 시민이 배출하는 똥과 쓰레기로 재생 가능 에너지에 도전해 볼 생각은 없으신가요? 제 상상이 불쾌하셨다면 사과드립니다. 그러나 제가 에너지 분권을 상상하며 자료를 찾을 때 국내에서는 처음 발견한 글이기에, 시장님의 글이 마음에 남아 있어 이렇게 적어봅니다."

그래도 에너지 분권이 답이다

서울특별시만 놓고 보면 에너지 분권은 쓸모없는 개념일 수도 있다. 그러나 서울과 경기 일부에 집중된 인구를 분산시키고 균형 있는 지역 발전을 꿈꾸기 위해서는, 에너지를 분산하고 재생 가능 에너지 사용을 늘리는 에너지 분권이 반드시 필요하다.

"지방자치단체들이 새로운 에너지 생산을 위한 입지의 인가권을 얻는다면, 이와 함께 사회적 보상을 배려할 가능성도 생긴다."(252쪽)

최소한 신도시를 개발하거나 도시를 재정비할 때 고려해 볼 만한 사항부터 생각해 보자. 새롭게 짓는 아파트 옥상마다 태양광 설비를 놓는 것은 어떨까? 최소한 공용 전기만이라도 자연으로부터 얻고, 관리비 지출을 줄여보는 것도 좋을 것이다. 이미 목포옥암 푸르지오에서 실천하고 있는 일이기도 하다.

좀 더 나아가 에너지 분권이 더해진 지방 분권 도시를 상상해 본다. 만약 우리가 사용하는 전기 에너지 값을 할인해 주는 도시가 있다면 당신은 그 도시로 이주할 생각이 있는가? 전기 에너지 사용량이 많은 사람이라면 한번쯤은 이주를 고민해 볼 만하다. 각각의 도시들이 에너지 자립 기반을 갖는다.

도시의 특성에 맞는 재생 가능 에너지를 생산하고 그 에너지원을 기반으로 지방 자치를 실현해 간다. 지방자치단체가 도시에 맞는 에너지 정책을 수립하고 에너지 가격을 결정할 수 있다면, 든든한 에너지 기반을 갖춘 도시에는 당연히 더 많은 사람들이 몰릴 것이다. 누구도 원하지 않는, 집 앞의 핵에너지와 화석 연료 사용은 지방자치단체 스스로 자제할 것이다.

미래 우리는 이런 도시 광고를 접할 수도 있다.

"우리 ○○시는 시민이 사용하는 에너지 가격을 20퍼센트 인하합니다."

"△△시로 오시면, 다른 지역보다 전기료가 10퍼센트 저렴합니다."

에너지 기반을 갖춘 도시가 사람들에게 손짓한다. 에너지 사용량이 많은 사람들은 당연히 자신에게 유리한 조건의 에너지를 공급하는 도시로 이주해갈 것이다.

이제 18대 대선은 끝났다. 새로운 정부는 에너지 분권이 가능하도록 초석을 마련해야 한다. 핵발전소가 필요하다는 뉴스보다는, 핵발전소가 안전하고 깨끗한 에너지원이라는 광고보다는, 재생 가능 에너지가 필요한 이유와 의지를 보여줄 수 있는 후보가 대통령이 되기를 희망한다.

재생 가능 에너지만으로 우리가 사용하는 모든 에너지를 충당하기에는 아직 많은 준비가 필요하다. 그럼에도 불구하고 재생 가능 에너지 활성화를 꿈꾸는 이유는 지구상 모든 에너지의 근원인 태양이 있기 때문이다. 인류가 사용하는 에너지의 1만 배 정도의 햇빛이 지구를 비추고 있다. 이 정도의 에너지를 효율적으로 관리하고 사용할 수만 있다면 인류는 지속가능한 미래를 보장 받을 수 있다.

정부가 재생 가능 에너지 개발에 대한 지속적인 지원을 약속하고, 과학자에게는 기술 개발을 독려하며, 기업이 재생 가능 에너지의 단가를 낮출 수 있는 길을 찾아 준다면, 대한민국의 재생 가능 에너지 미래도 어둡지만은 않다.

우리가 잊지 말아야 할 점은 재생 가능 에너지는 에너지 특성상 핵에너지와 같은 집중 구조가 불가능하기 때문에 에너지 분권이 필연적이라는 사실이다. 또 지방 정부에게 에너지 권한을 넘겨줄 때 지속 가능한 지방

자치도 유지될 수 있을 것이다.

유치하지만 개인적으로는 이런 상상도 해본다. "저 푸른 초원 위에 효율 좋은 집을 짓고 사랑하는 우리 님과 한백년 살고 싶어~" 언젠가는 내가 사용하는 에너지를 내 손으로 온전히 생산해 내는 그런 집에서 살고 싶다. 그때가 너무 늦지 않게 찾아오기만을 바랄뿐이다.

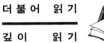

더불어 읽기

깊이 읽기

1) 조셉 젠킨스, 『똥살리기 땅살리기』(녹색평론사, 2004). 도시에 사는 사람들이 꼭 읽어봐 주길 바라는 책이다. 이 책은 인분을 이용하는 생태순환 과학을 유쾌하게 설명하고 있다. 똥은 자원이다. 과거에도 그랬고, 미래에도 그럴 것이다. 문제는 현재 우리가 그것을 어떻게 인식하는가이다. 단, 식사 전에는 읽지 말자! 그래도 밥은 맛있게 먹어야 하니까~.

2) 클로드 알레그르 외, 『원자력 대안은 없다』(흐름출판, 2011). 과학은 위험을 수반한다. 위험은 공포의 대상이다. 그러므로 과학은 공포의 대상이다. 원자력 과학은 이와 같은 3단 논법의 결정체일 수도 있다. 환경론자는 무조건 원자력에 반대해야 한다는 생각도 편견이다. 사실을 객관적으로 보는 태도가 필요하다. 원자력 발전에 반대하지만 객관적인 시각을 유지하고 싶다면 읽어 보기를 권한다.

3) 알렉산더 융 외, 『자원전쟁』(영림카디널, 2008). 현실을 직시하는 것은 중요

하다. 특히 에너지 문제를 논하기 위해서는 현재 자원의 흐름과 에너지의 한계를 제대로 파악해야 한다. 스스로 지구 자원에 대한 한계를 인식한다면 에너지 문제에 대한 새로운 시각을 제시할 수 있지 않을까? "에너지를 아끼자"는 현실적인 대답부터 "우주로부터 자원을 찾아오자"는 다소 불가능한 답까지…… 다시 문제는 현실 인식에 있다. 자원과 에너지에 대한 최근의 정보를 볼 수 있는 책이다.

강경표 / 중앙대학교 강사

평생 '을'인 운명,
우리는 벌레다!

『변신』 / 카프카

갑을관계 속, 을의 퇴행 관찰기

2013년 남양유업 사태를 시발점으로 하여 불평등하고 위압적이던 갑을관계에 대한 폭로와 비판이 대한민국 사회의 뜨거운 논쟁점으로 부각되었다. 약육강식의 논리가 팽배한 갑의 공화국, 대한민국을 비롯한 자본주의 사회는 전근대 불평등한 신분 사회로부터 얼마만큼 나아갔는가? 갑을관계란 본래 계약서에 명시되어 있는 자율적인 두 계약 주체의 관계를 일컫는 말이었는데, 이들 사이를 규정짓는 힘의 관계가 출발선에서부터 절대 강자와 절대 약자의 구도로 불평등하게 설정됨으로써 거기에서 파생되는 일체의 이익과 권리의 배분 또한 불합리한 방식으로 한쪽에만 편중되는 현상을 낳았다. 대한민국의 갑을 관계 논쟁은 우리 사회 전반에 걸쳐 나타난 상하종속의 위압적이고 불공정한 권력 구도 관계에 대한 충격적인 폭로로서, 과연 대한민국은 과거 전근대 신분 사회의 불평등을 갑을 관계란 자본주의적 프레임을 통해 또 다른 방식으로 재생산·재편성하고 있진 않는지 심각히 되물어야 할 것이다.

프란츠 카프카(1883~1924)의 『변신』은 폭력적 갑을관계 속에서 고군분투하던 노동자, 외판원 그레고르 잠자(을)의 퇴행 관찰일지에 해당된다. 프란츠 카프카는 생전에 노동자 상해 보험회사에서 보험담당관으로 일하며 노동자들의 육체적·심적 고통을 생생히 목도해 왔으며 상해를 입은 그들이 망치를 들고 가서 회사에 항의하는 대신 오히려 회사 측에 감사를 표하는 것을 보고 놀라움을 표시했다고 한다. 자본주의라는 약육강식의 세계에서 약자의 존엄성을 지키기 위한 그 어떠한 사회적 안전장치도 보장되지 않을 때 과연 어떤 일이 일어날까? 카프카는 노동 소외와 관료주의의 폐해를 신랄하게 비판하며 자신의 작품들을 통해 사회경제적 약자들의 생지옥을 발현하며 현대 자본주의의 묵시록을 써내려간 예언자이기도 하다.

가진 자와 못 가진 자, 고용주와 노동자, 임대주와 세입자, 남성과 여성, 프랜차이즈 대기업과 대리점주들 간의 비대칭적 권력관계는 탐욕스러운 속도로 강자는 더 강하게 약자는 더 약하게 진화시킨다. 이러한 의미에서 카프카의 『변신』은 약자, 을들의 도태·퇴화 관찰지인 동시에 강자, 갑들의 괴물적인 몸 불리기에 관한 이면의 기록서이기도 하다. 매일 이른 새벽 출장 시간을 맞추기 위해 선잠을 설치며 깨어난 외판원 그레고르 잠자는 벌레로 변신된 자신의 모습을 발견한다. 갑의 갖은 감시와 억압, 부당한 권력 행위로 인해 인간으로서의 존엄성의 무게마저 초경량화되어 취급되는 을의 처지가 점차 퇴화되고 도태되는 벌레로의 퇴행으로 그려지고 있다. 재벌 대기업들의 비대한 문어발식 확장과 가진 자들의 폭식증적 몸 불리기와는 반대로 뼈와 살이 노골노골해질 정도로 착취당하는 약자들에겐 뼈와 살이 한 겹으로 녹아든 것 같은 딱딱한 껍질만으로 이루어진 벌레로의 진화만이 남은 것인가? 일하는 벌레, 돈 버는 벌레, 착취당하는 벌레로의 고단한 삶에 두 눈을 꿈벅이며 곪은 상처를 핥으며 '억울하면 갑이 되어라'라는 문구에 세뇌되어 사회구조적 불평등을 다만 나약한 자기 탓──못 배운 탓, 못 가진 탓, 못난 탓──으로 여기며 자기 분노를 되삼키게 하는, 이 멋진 자본주의 정글에서의 약자 수난기가 우화적으로 펼쳐지고 있는 것이 카프카의 『변신』이다.

사회경제적 생존 게임에서 착취되고 도태된 약자가 유일하게 돌아갈 수밖에 없는 공간은 자신의 방이며 가정이다. 자기 방 안에 유폐되어 일체의 사회적 관계로부터 고립된 히키코모리도 카프카적 의미의 벌레로의 퇴행의 한 형태이다. 벌레로 변한 그레고르 잠자에게 유일하게 허락된 영역인 자신의 방은 취업준비생, 비정규직 아르바이트생, 명예퇴직자, 장애인, 노인들의 쉼터인 동시에 외부 활동 영역이 철저히 제한된 감옥으로서 기능한다. 벌레가 되어 피할 도리 없이 가족 구조 내에 산재한 문제들과 맞닥뜨리게 된 그레고르 잠자의 위기는 곧 현대 사회를 살고 있는 우리 자신의 위기와도 맥을 같이한다.

가계부채의 덫, 가족구성원의 무덤

"부모님이 지고 있는 빚만 갚아드릴 수 있는 돈만 모아진다면, 아마도

5~6년쯤 지나야 될 일이지만, 그렇게만 된다면 나는 반드시 (직장을 그만두는 것을) 결행할 것이다! 그것은 내 인생의 전환점이 되겠지? 그건 그렇다 치고, 지금은 일어나야만 한다. 기차가 5시에 출발하니까"(『변신·심판─세계명작131』(유한준 옮김, 대일출판사 펴냄) 16쪽)

　　벌레로 변하여 거동조차 불편한 그레고르 잠자의 고뇌에 찬 되뇌임을 읽으며 마치 현재 대한민국의 소시민의 걱정거리를 듣고 있는 듯한 착각이 들었다. 국내 가계부채가 1000조 원을 육박하고 있는 대한민국은 그야말로 부채를 권하는 사회, 부채가 필수악이 된 사회이다. 자녀 사교육을 위해, 대학 등록금을 위해, 내 집 마련을 위해, 장가를 가기 위해, 노후 대책을 위한 사업을 하기 위해…… 이른바 대한민국 사회에서 '인간답게 살아남기 위해', 영원한 약자로 도태되지 않기 위해 오늘도 우리는 대출을 감행한다. 그레고르 잠자의 출근을 채근하러 온 지배인의 가정방문에 온 집안 식구들은 잠자의 결근으로 인해 행여 그가 해고를 당하여, 사장에게 진 부채를 갚지 못해 모두가 괴롭힘을 당하지는 않을까 노심초사한다. 부채의 도식은 포식자의 덫의 도식과도 유사하다. 포식자, 가진 자가 던져놓은 미끼인 고리대금을 자신을 위한 달콤한 미래의 양식으로 착각하여 다가오는 피식자, 못 가진 자들의 헛된 희망은 단시간 내 죽음과도 같은 깊은 절망으로 바뀐다.

　　그레고르 잠자는 부채의 덫에서 온 가족을 살려내기 위해 사력을 다하여 앙상한 다리들과 더듬이로 이루어진 낯선 몸뚱이를 이끌며, 가장으로서의 책임감과 직원으로서의 사명감에 대한 자기 변호를 쉴 새 없이 읊조리며 자기 방문을 열고 지배인과 가족들 앞에 출몰한다. 더 이상 쓸모없게 된 앙상한 벌레로 퇴화한 그의 출몰에 지배인은 아연실색하여 도망치고 가족들은 힘겹게 기어 나온 그를 다시 방 안으로 쫓아버린다. 그는 하루아침에 한 집안의 가장에서 일할 수 없는 불구자로 바뀌어 방 안에 감금되어버리고 만다. 벌레로서의 낯선 사지조차 제대로 움직일 수 없는 그레고르에게 과연 어떠한 일이 기다리고 있을까?

우리는 모두 다 퇴화한다. 그러나 복지 사각지대는 오롯이 가족이 책임진다?

'인간은 항상 진화하고 성장하며 소통하는 존재'라는 믿음은 환상에 불과하다. 인간은 25세를 기점으로 노화를 시작하며 시간의 흐름에 따라 신체적 · 정신적으로 퇴화하며 그렇게 서서히 소멸의 시점으로 다가간다. 젊은이로 사는 것보다 노인으로 인생을 사는 시기가 훨씬 길어진 인간에게 육체적 · 지적인 퇴행은 명백한 자연의 이치이다. 소위 '정상인'으로 판명된 자들에게 신체적 운동 능력이 둔화되고 지적인 활성화가 더뎌지는 퇴행의 시기가 도래한다는 사실은 참으로 두려운 일이 아닐 수 없다. 더구나 대한민국은 더디게 진화하는 자들에게 유난히 혹독한 나라이다. 장애인들, 노인들, 무직자들, 알츠하이머 환자들은 우리 사회에서 철저히 비가시화되고 마치 존재하지 않는 것처럼 방 안에만 숨어산다.

타인들과 소통하는 언어를 잃고 소위 '정상인'의 습성들을 망각해 나가는 벌레로 퇴행한 그레고르 잠자는 현대 사회가 소외시키고 있는, 진화의 속도에서 이탈된 사람들의 처지를 빗대고 있다. 그레고르의 누이와 어머니는 벌레로 변한 그레고르가 방의 벽과 천장을 기어 다니는 데 불편함이 없도록 하기 위해 방안의 모든 가구들을 들어내는데, 그레고르는 필사적으로 초상화 액자 하나만은 사수하고자 고군분투한다. 비록 모든 사회적 소통 수단–상호 대화와 자기 실현 가능성을 잃고 직립보행에서 기어 다니는 처지로 바뀐 그이지만, 문화를 향유하고자 하는 욕망은 그가 가진 존엄성의 마지막 보루로서 포기하지 않으려고 애쓰다가 그만 아버지가 던진 사과에 등을 가격당하고 만다. 진화의 속도를 거스르는 이들에게 허락된 것은 오로지 주는 먹이를 먹고 조용히 순응하는 밥벌레로서 충실한 것이다.

절대적 사회적 약자인 그들은 이렇게 일체의 사회적 삶에서 유리된 채 복지 사각지대에 내던져진다. 오로지 가족 구성원의 희생과 조력 없이는 생존마저 위협받는 장애인들과 알츠하이머 환자, 노인들은 가족들과의 소통에서도 철저히 제외된 채 방목과 사육을 당한다. 그레고르의 늙은 아비는 수위로 재취업하고 눈이 어두운 어머니는 바느질삯으로 가정을 돕고 어린 누이는 학업을 이어나가지 않고 가게 점원으로 취직을 해서 빚을 갚고 가정 생계를 꾸려 나가기 위해 사력을 다하는 동시에 벌레가 된 그레고르를 돌보야만 한다. 방 안에 유폐된 그레고르가 누이의 바이올린 연주에 홀린 듯 기어 나와 거실에서 음악을 향유하다가 집 안의 하숙인들에게 발각되었을 때, 벼랑 끝으로 내몰린 가족들은 그레고르의 존재 자체가 가족 공동의 평안과 미래를 좀먹는 위협 요소임을 절실히 깨닫는다. 예전에 아버지가 던진 사과가 그레고르의 등에 박혀 곪고 부패하여 그가 숨을 거두게 되었을 때, 온가족은 오랜만에 나들이를 떠나고 한결 가벼워진 미래를 향해 기지개를 켜는 것으로 이야기는 막을 내린다.

한 사회가 사회 구성원 개개인의 안위와 복지에 무관심하고 방관자적 입장을 취할 때 사회적 약자들의 마지막 보루인 가족은 그들과 함께 몰락하고 만다. 끝내는 가족조차 서로가 서로를 증오하고 몰락하게 만드는 사회를 그린 카프카의 작품은 현대 자본주의 사회의 묵시록과도 같다. 약육강식의 사회, 가계 부채의 덫, 복지 사각지대의 유일한 보루로서의 가족의 희생, 사회적 약자들의 도태 등과 같은 화두는 탐욕스러운 자본주의 사회를 관통하는 문제들이기에, 카프카의 『변신』은 오늘도 여전히 현대적이다.

더불어 읽기
깊이 읽기

1) 조세희, 『난장이가 쏘아 올린 작은 공』(이성의힘, 2000).

2) 김승옥, 『무진기행』(민음사, 2007).

윤지선 / 한국철학사상연구회 회원

5장

소통하기,
낯선 타자와 마주하는 법

애인을 사랑하는가?
yes도 no도 아닌 진동 상태

『이것은 왜 청춘이 아니란 말인가』 / 엄기호

세대론도 멘토링도 힐링도 아닌

'88만원 세대'라는 말이 유행한 이후 21세기의 청춘이 처한 처지에 대한 관심이 높아졌다. 중년층 학자들의 술자리에선 요즘의 20대가 자기들의 청춘 시절보다 힘들게 사는가 아닌가, 희망이 있는가 없는가 등등의 주제로 격론이 벌어지곤 하였다. 그리고 그들의 힘든 처지에 관심을 기울이고 그들에게 희망을 불어 넣어주는 이들이 멘토로서 명성을 날리기 시작했다.

나 역시 그런 술자리 논쟁에서 청춘의 편을 들어주는 편이고 철학이라는 힘든 길을 가려는 학생들에게 세태에 흔들리지 말라는 멘토링을 해주곤 한다. 하지만 그때마다 내게 떠오르는 두 가지 의문은 "내가 가르쳐온 20대를 과연 하나의 세대로 묶을 수 있는가?"와 "내가 저들의 처지와 다른 것은 무엇인가? 나의 조언은 내 자신을 향한 것이 아닌가?"였다.

오늘날의 청춘의 삶에 대해 관심이 많지만 나는 왠지 그 멘토라는 사람들이 쓴 책들을 읽어보기는 싫었다. 그들이 아무리 따뜻한 시선을 가졌고 그들이 아무리 진보적이라 하더라도 이른바 성공한 사람 혹은 성숙한 사람이라는 것 자체가 성공과 성장을 강요받는 청춘에게 의도하지 않은 기죽이기 효과를 갖는 것 같았다.

세대론이나 멘토들이 쓴 책들을 외면해 오다가 뭔가 다른 느낌을 주는 것 같아서 구입한 책이 『이것은 왜 청춘이 아니란 말인가』(엄기호 지음, 푸른숲 펴냄)이다. 일단 저자 엄기호가 요즘 청춘들을 기죽이는 전설의 시대인 80년대 학번이 아니라 '긴 세대'라 불리는 90년대 학번이라는 점, 게다가 의사도 변호사도 교수도 아닌 박사과정 수료의 시간강사라는 점에 끌렸다. 수업 보고서를 통해 이 책을 함께 쓴 덕성여대와 연세대 원주캠퍼스의 학생들이 이 선생에게 기죽거나 혹은 선생을 과도하게 존경하거나 하지는 않았을 것 같은 느낌이 들었기 때문이다.

나의 기대대로 저자는 '들어가는 글'에서부터 이 책이 세대론에 대한 책이 아니며, 20대에 관한(about) 책도, 20대에게(to) 쓰는 책도 아님을 밝힌다. 저자는 이 책이 "지난 2년간 대학에서 학생들이 어떤 언어로 세상을 보고 있는지에 대해서 그들과 함께 나누었던 지적 대화의 기록"이라고, 학생들은 선생과 'with'의 관계에 있는 "시대에 대한 앎의 지적 파트너"라고 말한다(20쪽).

그렇다면 이 책은 혹시 요새 유행하는 대화를 통한 힐링을 목표로 하는 서적은 아닐까? 하지만 학생들의 글과 선생의 분석 혹은 비평이 이어지는 글들을 읽으면서, 나는 이 선생과의 대화를 통해 학생들의 마음이 크게 치유되고 있다는 느낌을 받을 수 없었다. '잉여'라고 '한심하다'고 자조하는 그들의 태도는 별로 바뀌지 않는다. 선생도 이들에게 자기긍정을 요구하거나 잉여의 조건을 변혁하라고 요구하지 않는다.

역설

이 책에서 내가 주목한 것은 이 책을 함께 만든 지적 파트너들 사이의 거리, 불일치 등이 곳곳에서 드러난다는 것이며, 그것은 학생들을 바라보는 선생의 시선을 역설에 이르게 한다. 선생은 중고등학교의 폭력과 억압을 부정적으로 보여준 후 "폭력적이지 않은 교육이 가능한가"라는 도발적인 질문을 던진다. 약력을 보면 그는 대안학교 선생도 했지만 "대안학교의 교육은 사랑이라는 주장에 학생들은 냉소하고 지겨워한다"는 고백도 한다. 그리고 폭력적 교육과 비폭력적 교육의 구별은 불가능하다고 말한다.(116~121쪽)

또한 그는 서사적 사랑을 가장 강렬한 성장의 드라마라고 찬양하면서도 동시에 그런 사랑을 할 수 없는 조건에 처해 있는 청춘을 위해 "이 임시적인 사랑, 그것은 왜 또 사랑이 아니란 말인가"라고 되묻는다.(163쪽) 몸을 최고의 아이템으로 여기고 다이어트에 몰두하는 세태를 비판적인 시각으로 서술하는 동시에 성적 상품화에 대한 인권 관점에서의 비판에 대해 "그들의 귀에는 참기 어려울 정도로 지겹고 고리타분한, 후지고 하나 마나 한 말씀이 된 것뿐"이라고 냉소하기도 한다.(185쪽) 그래서 책 제목인 "이 것은 왜 청춘이 아니란 말인가?"라는 물음에 대한 저자의 답은 '아니오'로도 읽을 수 있고 '예'로도 읽을 수 있다.

역설적 상태란 이것이라고 말하는 것이 이것이 아니라는 것을 뜻하고 이것이 아니라고 말하는 것이 이것을 뜻하는 진동 상태이다. 사랑을 예로 들자면, 모든 파트너는 서로 사랑한다는 규정과 함께 더 이상 서로 사랑하지 않는다는 규정을 동시에 내릴 수 있다. 연애 기간이라 불리는 시간 동안 한시도 의심의 여지 없이 열정을 불태운 커플이 어디 있겠는가? 그럼에도 이 기간 내내 서로를 연인이라 부르는 것은 탈역설화를 위한 노력, 즉 '사랑하지 않는다' 혹은 '헤어지자'라는 말을 되도록 내뱉지 않으려고 애쓰기 때문이다.

니클라스 루만에 따르면, 모든 종류의 커뮤니케이션에서 '아니오'라고 말할 수 있는 자유가 엄청나게 높아진 시대인 '현대(modern)'에는 아무리 권위적인 규범이나 질서라 하더라도 결코 역설적 상태를 피할 수 없다. 그럼에도 현대 사회에서 놀라울 정도로 견고한 질서——화폐 경제, 법의 지배, 대의제 민주주의, 일반 교육 등등——가 유지되어온 이유는 진리, 권력, 화폐, 법, 인권 등의 가치가 탈역설화 메커니즘을 잘 발달시켜 왔고 그것이 학문, 정치, 경제, 법 등 각 고유 영역에 따라 잘 분화되어 있었기 때문이다.

이 책 저자의 의도와 무관하게 나는 선생과 학생들의 글 속에서, 특히 각 장의 마지막에 선생이 던지는 의문을 읽으면서, 더 이상 탈역설화가 쉽지 않은 시대 상황을 읽어내었다. 민주주의의 정당성, 인권의 정당성, 가족의 소중함, 사랑의 숭고함 등이 전면적으로 부정되지는 않지만 의문에 처해지는 것, 돈과 사랑의 경계, 진리와 돈의 경계 등이 희미해져 버리는 것 등이 이 책에서 읽어낼 수 있는 청춘의 변화이다. 아니 세대론을 넘어서서 본다면 우리 시대의 변화이다. 사실 중년층이 청춘에 대해 비난하는 내용의 상당수는 고스란히 더 이상 20대의 자신처럼 살고 있지 않는 자신에게 되돌아오는 것들이다.

저자는 이런 변화를 부정적으로 보는 것 같지만 옛날로 돌아가자고 주장하거나 이것이야말로 대안이라고 큰 소리로 주장하지 않는다. 오히려 이 변화를 어느 정도는 감수하는 태도 혹은 부분적으로 긍정하는 태도를 보여준다. 어쩌면 모호한 듯 보이는 이러한 태도가 우리 시대를 진지하게 고민하는 대부분의 사람들의 솔직한 태도일 것이다. 나 역시 내가 내뱉은 정치적 주장이나 도덕적 판단에 대해 수시로 이차 관찰을 하면서 역설적 상태 속에서 진동하는 경우가 많으니 말이다.

현대성의 위기

현대 사회는 그 이전 시대의 사회들과 비교해 너무나 비개연적인 일들을 달성해 내었다. 한 남자와 한 여자가 평생 서로 사랑하며 살겠다고 맹세하는 일, 전혀 다른 수준의 가정에서 태어난 아이들이 부모로부터 격리되어 같은 종류의 학교에 다니면서 출신 성분을 알 수 없는 선생으로부터 함께 배우는 일, 출신 가문과 무관하게 학교를 통해 쌓은 경력에 기초해 조직에서 역할을 부여받는 일, 권력의 정점에 있는 자라도 진리의 영역이나 예술의 영역에서는 평범한 문외한으로 취급받는 일 등이 그러하다. 그런데 이 모든 일들은 '아니오'라고 말할 수 있는 가능성, 비판의 가능성을 열어놓은 인쇄 매체를 기반으로 달성된 것들이며, 그래서 쉽게 다시 역설에 처할 수 있다. 현대성은 그 현대성 자체를 가능하게 한 논리의 귀결로 위기에 이르게 된다.

사랑을 예로 이 위기를 짚어보자. 루만의 『열정으로서의 사랑』(권기돈 외 옮김, 새물결 퍼냄)을 읽어보면, 사랑의 코드화의 출발점은 18세기 프랑스에서 여성들에게 청혼을 거절할 수 있는 자유가 부여되었을 때이다. 즉 두 파트너 모두 '아니오'라고 말할 수 있게 된 것이다. 더 이상 덕(virtue)이나 아름다움이 사랑을 보장하지 못하게 되었을 때, 오직 사랑만이 사랑을 가능하게 하고 '사랑한다'가 '사랑하지 않는다'라는 부정의 가능성을 열어 놓았을 때, 현대적 연애가 성립한다. 그리고 사랑은 성애와 결혼을 함축하되 그것들과 동일시되지 않는다. 또한 사랑은 돈, 권력, 진리 등과 무관해짐으로써 독자적인 영역으로 자리 잡는다. 이런 부정의 가능성들 덕분에 엄기호가 "가장 강렬한 성장의 드라마"라고 말하는 사랑의 서사가 가능해진다. 고백하고 거절당하고 다시 도전하고 맺어지고 헤어지고 다시 만나고 등등이 이어질 수 있으며, 이 서사에서 사랑 바깥의 요인들은 원인으로 간주되어선 안 된다.

이렇듯 부정의 가능성 위에 성립했던 사랑은 이제 사랑 그 자체를 부정하는 도전에 처하게 된다. 사랑 혹은 친밀성이 어차피 거래라는 분석, 그런 거래를 주선하는 정보업체의 등장, 서사적으로 사랑할 수 없기에(결혼에 이르기 어렵기에) 즉각적 성애를 추구하는 경향, 자기 서사가 불가능한 인격들의 등장 등이 그러하다. 임시적인 사랑은 왜 사랑이 아니란 말인가라는 엄기호의 질문도 그런 도전의 하나이다.

그렇다면 이런 도전에 대응하는 태도에는 정답이 있는가? 이런 도전을 순수한 사랑의 훼손이라고 도덕의 타락이라고 주장하는 자는 고리타분한

자, 낭만적 사랑의 환상에 매달리는 자, 영원한 사랑이라는 사기극으로 여성을 억압하는 자 등이라는 비난을 받을 것이다. 반면에 이런 도전을 그대로 수용하는 자는 속물, 인격성의 포기 등이라는 비난을 받을 것이다. 두 극단 사이에서 뭔가 합리적인 대안을 제시하려는 노력도 할 수 있지만 그런 대안들 중 보편화 가능한 것은 별로 없다. 그래서 사랑이 거래라는 도전 앞에서, 임시적 사랑도 사랑이라는 도전 앞에서, 나는 '예'라고도 '아니오'라고도 답할 수 없는 역설에 처한다.

당신은 왜 청춘이 아니란 말인가

이 책을 현대의 역설 혹은 현대성의 위기의 징후로 읽는다면, 이 책은 요즘의 20대에 한정된 이야기가 아니다. 사랑의 서사를 추억으로 간직한 40대도 지금 사랑의 역설로 괴로워하며 살 수 있으며 임시적 사랑으로 서사적 사랑의 관념에 도전하며 살 수도 있다. 또한 퇴직당한 후 알바를 하며 살아가는 노인들은 이 책에 나오는 대학생들처럼 자신들을 '잉여'라고 부를지 모른다. 지그문트 바우만에 따르면, 견고한 모든 것을 무너뜨리는 "액체 현대"는 이제 우리에게 익숙한 현대, 한국적 맥락에서는 1987년에 성립된 현대를 위협하고 있다. 아주 쉽게 '탈현대'를 말하는 이들도 있지만 나는 그것이 무엇인지 잘 모르겠다. 그래서 나는 "이것은 왜 청춘이 아니란 말인가"라는 물음 앞에서 역설에 처한다. 인권, 민주주의, 사랑, 일반 교육 같은 것들을 나는 고루하게 고수할 수도 없고 부정할 수도 없다. 그리고 요즘의 20대에 대해 이러쿵저러쿵 논평하는 중년층에게 이렇게 묻고 싶다. 당신은 왜 청춘이 아니란 말인가?

더불어 읽기
깊이 읽기

1) 니클라스 루만, 『열정으로서의 사랑』, 정성훈 · 권기돈 · 조형준 옮김(새물결, 2009). 사랑이 "쓰라린 기쁨" 혹은 "아름다운 고통"이라는 역설을 견뎌내면서 근대인의 자아 형성 과정에서 필수적인 친밀관계로 자리 잡게 된 과정을 16세기부터 19세기까지 서양의 인기 대중소설에 대한 분석을 통해 보여주는 책이다. 이 책에서 루만이 제시한 이상적 사랑, 열정적 사랑, 낭만적 사랑, 문제가 된 사랑이라는 의미론적 구별은 이후 기든스, 벡 등의 사회학적 연구는 물론 근대문학 연구에도 폭넓게 수용되었다.

2) 앤서니 기든스, 『현대 사회의 성 · 사랑 · 에로티시즘』, 배은경 · 황정미 옮김(새물결, 2001). 낭만적 사랑 이후의 친밀관계의 대안으로 합류적 사랑을 제안하고 있으며 이를 통해 새로운 근대성에 대해서도 모색하고 있는 책이다.

정성훈 / 서울시립대 도시인문학연구소 HK연구교수

홀딱 벗고 집 나선 소년,
'변태'가 아니에요

『알몸으로 학교 간 날』 / 타이-마르크 르탕

알몸으로 학교가기

『알몸으로 학교 간 날』(타이-마르크 르탕 지음, 벵자맹 쇼 그림, 이주희 옮김, 아름다운사람들 펴냄)이라는 그림책을 소개하려 한다. 주인공인 피에르는 어느 날 알몸으로 학교에 간다. 책가방은 챙겼지만 아이가 알몸인 것은 눈치 채지 못한 아빠 덕분이다. 말이 되지 않는다고 너무 심각하게 따지지는 말자. '아무리 이야기의 배경이 정신없는 아침이더라도 아이가 알몸이라는 사실을 깨닫지 못할 부모가 어디 있을까?'라든지 '도대체 엄마는 어디로 갔기에 아빠가 아이를 챙겨서 저런 어처구니없는 일을 만들었지?'라든가 하는 질문은 잠시 멈추기로 하자. 어쨌든 아이가 알몸으로 학교에 갔다. 아이가 알몸으로 학교에 간 뒤에 어떤 일이 벌어지는가에 대해 이야기하고 싶어 하는 저자의 말을 잠자코 들어보자.

다행인지 불행인지 아빠는 신발을 잊진 않았다. 빨간 장화다. 신발은 신고 있어서 다행이지만, 덕분에 알몸인 것이 더욱 두드러진다.

운동장에 들어서자 친구들이 우르르 몰려와서 인사했어요. "피에르, 안녕" "피에르, 별일 없지?" "피에르, 오늘 좀 달라 보이는데?" "어, 그런데 피에르, 너 장화 예쁘다." "아, 그래, 장화 아주 멋있네!" "예쁜 빨간색이다" 나는 아무 대꾸도 하지 않았어요. 장화 속이 조금 갑갑했어요.(6쪽)

알몸으로 등교한 피에르에 대한 친구들의 반응이다. 어느 누구도 알몸인 피에르에 대해 손가락질하거나 조롱하거나 질책하지 않는다. 다만, 단짝 친구만이 에둘러 배려하지 않고 "안 추워?"라고 질문한다. 그런데도 피에르는 아무 말 없이 갑갑함을 느낀다. 선생님 역시 빙그레 웃으며 맞이해 주셔도 "나무 의자가 너무 딱딱했지만 몸을 비틀지는 않았어요. 눈에 띄고 싶지 않았으니까요"라며 위축된 마음을 드러낸다.

선생님 역시 피에르를 배려한답시고 가리개로 몸을 덮어주거나 없는 듯이 내버려두지 않는다. 알몸 상태 그대로 수업에 참여하도록 피에르에게 발표를 많이 시킨다. 비록, "피에르, 피리새에 대해 아주 잘 설명했다. 꼭 이 교실 안에 피리새가 있는 것 같아" "피에르, 아주 잘 대답했다. 꼭 이 교실 안에 작은 수도꼭지가 있는 것 같구나"라는 칭찬을 덧붙이기는 했지만 말이다.

나는 체육시간에 두발을 모으고 뛸 때가 가장 좋아요. 그렇게 뛰다 보면 걱정을 잊을 수 있거든요. 오늘도 옷차림 때문에 걱정이 있으니까 열심히 뛰기로 했어요. 나는 깡충깡충 뛰었어요. 있는 힘껏 뛰었어요. 그리고 웃었어요. 마음껏 웃었어요. 웃을수록 더 높이 뛰어올랐어요. 바람처럼 자유로운 기분이었어요. 하지만 곧 멈춰 설 수밖에 없었어요. 다른 아이들이 모두 가만히 서서 이상한 표정으로 나를 바라보고 있었거든요. 다행히 종이 울렸어요. 이제 점심시간이에요.(17~18쪽)

사실 피에르가 체육시간에 열심히 뛰어오른 것은 자신이 알몸이라는 사실로 크게 걱정하고 있기 때문이었다. 걱정을 잊을 수 있도록 열심히 뛰면서 웃고, 웃을수록 더 높이 뛰어올라 자유로운 기분을 느낀다. 하지만 다른 아이들이 이상하게 바라보자 곧 멈추고 만다. 결국 이어지는 점심시간에 친구들이 모두 왁자지껄 웃는 상황에서도 조금밖에 웃지 못한다.

더욱이 방학 때 가장 즐거웠던 일을 그리는 미술시간에 아이들은 모두 알몸으로 돌아다니는 특이한 바닷가를 그린 것을 보고 피에르는 더욱 마음 불편해한다. 쉬는 시간이 오자 친구들이 또 빨간 장화이야기를 할까 봐 큰 덤불 뒤에 숨어서 시간이 가기를 기다리던 피에르는 나뭇잎과 줄기로 몸을 가려야겠다고 생각한다. 그런데 그곳에서 알몸인 채로 초록 장화만을 신고 있던 옆 반 여자아이를 만난다.

그 애 이름은 마리였어요. 나는 마리에게 내 나뭇잎을 보여주었어요. 마리도 나에게 제 나뭇잎을 보여주었어요. 우리는 깔깔 웃었어요. 우리는 함께 풀줄기를 찾았어요. 그러고는 각자 나뭇잎을 붙였어요. "고마워" 마리가 나에게 말했어요. "고마워" 나도 마리에게 말했어요. 우리는 또 웃었지만 아까처럼 실컷 웃지는 못했어요. 종이 울렸거든요. 쉬는 시간이 끝났어요.(27쪽)

마리와의 만남으로 이제 피에르는 자신감을 찾는다. 선생님이 천사에 관한 노래를 시키자 자신 있게 손을 들고 교단 위로 올라가 노래를 부른다. 노래가 끝나자 모두들 감탄한 얼굴로 피에르를 보고 있었고, 손뼉 치는 아이들까지 있었다. 피에르는 그 자리에 서서 멋진 빨간 장화를 신고 작은 나뭇잎을 붙이고 아주 자랑스럽게 인사를 한다.

> 학교가 끝나고 집으로 걸어갔어요. 어찌된 일인지 길거리에서 가볍고 홀가분한 기분이 들었어요. 체육시간처럼 말이에요. 나는 날듯이 달려갔어요. 지나치는 사람마다 나를 보고 활짝 웃었어요. 알몸이 되니까 얼마나 좋은지 몰라요.(31쪽)

남과는 다른 피에르가 자유로워지기까지

'알몸'은 이 세상의 수많은 '차이'이다. 그림책의 저자인 타이 마르크 르 탄은 대부분의 사람과 다른 '차이'를 지닌 사람이 자유로워지기까지의 과정을 그리고 있다.

그림책은 피에르의 감정을 덤덤한 듯 세심하게 그려내고 있다. 벵자맹 쇼의 재치 있고 상큼한 그림은 이를 잘 보여준다. 처음 알몸으로 학교에 가게 되었을 때 피에르는 망설이듯 몸을 숨기고 운동장을 들여다본다. 쑥스러웠지만 피에르는 친구들 앞에 선다. 아무렇지도 않게 대해주는 친구들을 만났지만 아무렇지 않을 수는 없다. 갑갑해하면서 아무 말도 하지 못한다. 수업시간에도 눈에 띄지 않기 위해 몸을 비틀지도 못한다.

웃음으로 맞아주신 선생님은 수업시간에 아무렇지도 않게 피에르에게 발표를 시키지만, 피에르와 선생님은 당황함을 주고받는다. 그래도 체육시간에 피에르가 걱정을 잊기 위해 깡충깡충 뛰고 순간이나마 바람처럼 자유로운 기분을 느꼈던 것은 다름 아닌 친구들과 선생님의 이러한 배려 때문일 것이다.

아마도 어떤 사람은 카트린느 선생님이 피에르에게 여벌의 옷을 입혀주거나 다른 아이들처럼 옷을 입혀주었어야 했다고 지적할 수도 있을 것이다. 물론 현실 상황에서 옷을 벗고 있는 아이가 어른들에게 아무런 도움을 받지 못한다면 그것은 아마도 아동학대일 것이다. 하지만, 이것은 이야기다. 상징이고 은유로 받아들이는 것이 더 맞을 것이다.

아이에게 옷을 주는 것은 다른 아이와 억지로 같아지라고 하는 것일 수 있다. 옷을 입지 않은 등교한 것도 선택일 수 있다. 친구들과 선생님은 피에르의 선택을 존중해 준 것이다. 그런 선택을 왜 했느냐며 묻지 않고 있는 그대로의 피에르를 받아들여준 것이다.

하지만, 피에르의 갈등 상황은 선생님과 친구들의 배려만으로 해결되지 않는다. 체육시간에 피에르는 자유로움을 느끼지만, 이를 이상하게 보는 '시선'을 피에르가 의식했기 때문이다. 더욱이 미술시간에 피에르를 제외한 모든 아이들의 그림에 벌거벗고 있는 사람들이 있는 바닷가의 풍경이 있는 것을 보고 피에르는 더욱 불편해진다. 내색은 하지 않지만, 모든 아이들이 자신의 '차이'를 의식하고 있다는 것을 느꼈기 때문이다.

결국 피에르가 진정으로 자유로워지는 것은 자신과 같은 '차이'를 지닌 옆 반 아이를 만나고 나서다. 피에르는 마리와 만나고 나서야 자신이 대부분의 사람과 다르지만, 혼자가 아니라는 생각이 들었을 것이다. 나만 다르다고 생각했을 때 느꼈을 소외감과 불안함이 같은 처지의 마리와 만나고 해소되었을 테니 말이다. 마리를 만난 후 피에르는 친구들의 시선을 의식하지 않고 즐겁게 노래 부르고 그런 자신을 자랑스러워할 수 있게 되었다. 다른 사람과의 '차이'로 인한 다른 사람의 시선을 더 이상 의식하지 않고, 그 '차이'를 내가 지니고 있어서 좋다고 진심으로 여기게 되었다. 피에르는 '차이'로 인한 굴레에서 벗어나 자유로워진 것이다.

피에르가 '차이'를 긍정하고 세상과 화해하여 자유로워지게 된 데에는 친구들과 선생님의 배려와 같은 처지인 마리와의 소통으로 혼자가 아니라는 깨달음이 있었기 때문이다.

차이를 받아들이는 태도

초등학교 1학년 아이들에게 이 책을 읽어주자, 상당수 아이들이 목소리를 높여서 "변태!!!"라고 외쳤다. 재치 있고 아름다운 그림으로 부끄러운 부분을 교묘하게 가린 그림에 순수하게 즐거워하며 이야기를 따라가는 아이들보다는 "말도 안 돼. 선생님한테는 혼나고 아이들한테는 놀림 받을 텐데, 다른 애들은 왜 아무 말도 안하지?"라며 이상하다는 반응을 보이는 어린이들이 더 많았다. 자기라면, 절대로 알몸으로는 학교에 가지 않을 거란다.

우리 사회는 '차이'에 너그럽지 않다. 나와 다른 점은 이상한 것으로 치부된다. 심한 경우에는 적으로 간주된다. 학교에서 벌어지는 왕따는 다른 아이들과는 조금 다른 '차이'를 핑계로 진행된다. 사회에는 치열한 생존경쟁이 벌어지므로 옆의 친구나 동료의 '차이'는 약점이 되고 공격의 대상으로 삼는 것이 당연하다고 생각한다. 그렇기에 우리들에게 피에르의 친구들과 선생님의 배려는 다소 생경한 것이 된다.

'동일성'만을 강조하면서 '차이'를 외면하거나 무시하는 것은 폭력이다. 대체로 '동일성'만을 강조하는 사람들은 사회에서 대다수이고 기득권을 지니고 있을 가능성이 크다. 이런 상황에서 '차이'는 '차별'이 되기 쉽다. 우리 사회는 남성이 아니라 여성이라는 이유로, 나이가 어리거나 많다는 이유로, 키가 작거나 못생겼거나 뚱뚱하다는 이유로, 출신 지역이 다르다는 이유로, 학력이 짧다는 이유로, 결혼을 했거나 하지 않았다는 이유로, 종교가 다르다는 이유로, 정치적 성향이 다르다는 이유로, 가치관이 다르다는 이유로 불합리한 차별을 받는 경우가 많다. 이러한 사회는 정의로운 사회가 아니며 민주주의 사회라 할 수도 없다.

그러므로 '차이'에 대한 인식을 바로 하고 '차이'가 있는 사람들에게 적극적인 배려를 하는 것이 매우 필요하다. 배려는 다른 사람에 대한 공감능력과 상상력, 다른 사람을 시기하고 공격하려는 충동을 절제하려는 이성으로부터 온다. 상상력이 부족하면 다른 사람을 배려하기 힘들다. 여기서의 상상력은 다른 사람의 불편과 고통을 내 것으로 생각해 보는 능력이다. 내가 저런 상황이라면 얼마나 불편하고, 힘들고, 고통스러울지 생각해 볼 수 있는 능력이다. (사실 우리나라의 학부모들은 불편함과 고통을 최소화하는 환경이 아이를 기르는데 최고의 조건이라고 생각한다. 그래서 아이들은 불편한 것은 조금도 참지 못하고, 고통스러움을 경험해보지 않으면서 자란다. 이런 상황에서 아이가 다른 사람의 불편함과 고통에 공감하는 능력이 떨어진다는 것은 어쩌면 당연한 일이다.) 이러한 능력은 어렸을 때부터 계속 훈련될 필요가 있다.

용산 참사의 사건이 일어났을 때 대중은 얼마나 싸늘했는가. 대다수 사람들의 경제적 이익이 예상되는 상황에서 소수의 인권 요구는 냉정하게 묵살되었다. 바로 옆에서 사람이 불에 타 죽어도, 얼어 죽어도 무관심해하는 사람들이 점점 더 늘어날수록 배려는 찾아볼 수 없고, 우리의 삶은 더욱더 어려워질 것이다.

그 사회가 얼마나 정의롭고 민주적인지 알아보려면, 그 사회의 가장 약한 자들이 어떤 보호를 받고 어떻게 살고 있는지를 살펴보는 것으로 알 수 있다. 차이가 차별이 되지 않도록 하는 일은 그저 우아한 지식인이나 교양인의 제스처가 아니다. 우리들 자신이 살아남기 위한 생존의 문제다.

생각하는 게 달라도, 뚱뚱해도, 장애인이어도, 돈이 없어도, 외국인 노동자여도, 여자여도, 가방끈이 짧아도 주변의 배려로 자신이 '차이'가 있다는 것을 아무렇지도 않게 받아들이고 생활하며 결국 나에게 있는 '차이'가 얼마나 좋은지 모른다고 생각할 수 있는 사회가 유토피아다. 피에르처럼 알몸이니까 얼마나 좋은지 모르겠다고 외칠 수 있는 사회가 어서 오기를.

더불어 읽기
깊이 읽기

1) 폴 플라이쉬만 글, 케빈 호크스 그림, 『웨슬리나라』, 백영미 옮김(비룡소, 2003). 주인공인 웨슬리는 다른 사람들이 대체로 좋아하는 것을 싫어하는 취향 때문에 괴짜 취급을 받는 소위 '왕따'이다. 하지만, 웨슬리는 자신만의 문명을 만들어내고

친구들과 부모님까지도 새로운 문화를 누리도록 이끈다. 왕따 취급을 받던 한 아이가 주체적으로 다수와 함께 새로운 문화를 만들어낸다는 기분 좋은 상상력이 돋보이는 그림책이다.

2) 마르얀 사트라피, 『페르세폴리스 I, Ⅱ』, 김대중 옮김(새만화책, 2005). 헌신적인 마르크스주의자이자 이란 왕조의 위대한 후손인임을 자부하는 소녀가 이슬람 혁명기를 보내면서 겪은 이야기를 담고 있는 만화책이다. 차도르를 쓴 펑크족인 소녀, 마약 딜러, 이방인, 이혼녀였던 주인공은 주류와 차이가 있는 자신의 정체성에 혼란을 느끼면서도 꿋꿋하게 삶을 살아낸다. 명작이라고 이름붙일 수 있는 이 만화가 던져주는 물음들은 매우 절실하고도 날카로운 것들이다.

신우현 / 상지대학교 강사

순수한 '창녀' 마리아, 당신을 구원한다!

『11분』/ 파울로 코엘료

파울로 코엘료의 장편 소설 『11분』(이상해 옮김, 문학동네 펴냄)이 내 눈에 들어온 것은 제목과 표지 뒷면에 그려 있는 매혹적인 그림 때문이었다. 남녀가 성교를 나누는 평균 시간을 제목으로 단 것도 도발적이고, 아가씨의 누드도 단순히 에로틱한 것을 넘어 무언가를 암시하는 듯했지만, 나로 하여금 이 책을 읽게 만든 요인은 소설의 시작과 마지막을 장식하는 문장이었다.

"옛날 옛적에 마리아라는 창녀가 있었다."

코엘료는 "옛날 옛적에"와 "창녀"를 대조했는데, "옛날 옛적에"는 아이들에게 옛날이야기를 해줄 때 사용하는 표현인 반면, "창녀"는 나이든 자들의 용어이기 때문이란다. 작가는 이 명백한 모순을 이야기의 첫 문장으로 끌어들이면서, 인간이라는 존재가 한 발은 동화에 한 발은 나락에 살고 있는 현실을 응시하자며 그 첫 문장의 모순을 설명한다. 동화와 나락이라! 첫 페이지의 다른 문장도 범상치 않았다.

"모든 창녀가 그렇듯 마리아도 동정녀로 태어났다"
"옛날 옛적에 마리아라는 창녀가 있었다."

우리는 성은 넘쳐도 사랑이 없는 시대에 산다. 섹스 산업은 밤낮으로 돌아가고 단지 11분의 섹스를 위해 돈을 들여 약까지 먹지만 정작 사랑은 없는 시대다. 거짓과 냉소가 난무하는 관계에 사랑은 없는 법이다. 소설은 브라질 북부의 작은 지방에서 태어난 소녀 마리아의 학창 시절과 짧은 직장 생활, 그리고 스위스 제네바에서의 1년 동안의 창녀 경험을 배경으로 한다. 작가는 이 이야기를 실제 인물의 인터뷰를 기초로 하고 있는데, 소설이 끝나는 마리아의 나이는 23살이다. 겨우 스무두세 살짜리 아가씨에게 어떤 일이 벌어진 것일까?

소설의 구성은 시간의 흐름에 따르는 전지적 작가 시점의 스토리텔링과 중간 중간에 삽입되는 마리아의 일기가 두 축을 이룬다. 마리아의 일기에 따르면 그녀의 성장기는 "예"라고 말하고 싶을 때 "아니요"라고 말했던 것의 연속이었다. 10살 때 같은 동네에 살던 소년이 등굣길에 연필을 달라고 했을 때 망설이다 주지 못했던 것을 시작으로, 하고 싶은 것을 늘 주저했기에 친구들 사이에서도 주목받지 못하고, 남자친구와 키스를 하고 싶었지만 여자가 너무 쉽게 허락하면 안 된다고 생각해 입술을 열지 못했고, 사흘이 지난 후 마리아는 자신의 여자 친구와 손을 잡고 있는 청년을 바라보는, 마리아의 성장기는 늘 이런 식이었다. 타이밍을 놓치고 두고 두고 후회하는.

소녀 마리아

사실 내가 이 소설을 처음 읽을 때는 섹스를 매개로 한 마리아의 성장사를 중심으로 보았다. 소녀 마리아, 여행을 떠나는 마리아, 창녀가 된 마리아, 그리고 그 이후의 변화 과정을 말이다. 하지만 두 번째 보았을 때 한두 가지를 더 발견했다. 그것 역시 그림처럼 본문에 있는 것이 아니라 겉표지와 속표지 다음에 나오는 다음의 기도문이다.

"죄 없이 잉태하신 동정녀 마리아여,

　당신께 도움을 청하는 우리를 위해 기도해 주소서. 아멘."

이 기도문은 가톨릭과 성공회에서 자주 드리는 기도문의 일부인데, 성모 마리아를 통해 기도하면 하느님께서 더 잘 들어주실 것이라는 믿음이 융성하던 시대에 지어진 기도이다. 그래서 '마리아께 도움을 청하오니 들어주소서!'라고 하지 않고, '마리아여, 우리를 위해 하느님께 대신 기도해 주소서'라고 한 것이다. 비틀즈의 유명한 노래 '렛 잇 비'(Let It Be)에 나오는 마리아도 이 모티브가 작용하고 있다.

그런데 그 기도문이 소설 『11분』에, 그것도 창녀 마리아가 주인공으로 등장하는 이 소설의 앞쪽 간지에 들어왔을 때는 의미가 달라진다. 의미란 상황과 맥락에 따라 움직이고, 달리 해석되는 것이 아니던가. "죄 없이 잉태하신 동정녀 마리아"는 예수의 어머니이기도 하지만, 꿈 많고 순수한 브라질 소녀 마리아는 창녀로 둔갑한다.

코엘료는 이런 배치의 효과를 잘 알고 있다. 그는 저 기도문 이외에 소설의 본문이 시작되기 전에 세 가지 글과 하나의 지도를 제공한다. 첫째는 머리말 성격의 글, 둘째는 기원전 3~4세기경 나그함마디에서 출토된 이시스 찬가("나는 최초의 여자이자 마지막 여자이니"로 시작하여 "나는 추문을 일으키는 여자이고 더없이 멋진 여자이니"로 끝나는), 세 번째는 마리아가 나중에 창녀가 되어 지내는 제네바의 지도가 있고, 끝으로 신약성서의 루가복음의 일부도 옮겨놓았다. 이 자료들을 거기 그 자리에 놓았는지 별도의 설명은 없다.

루가복음 7장 37절에서 47절까지는 예수가 바리사이파 사람의 집에서 식사를 하러 갔을 때, '죄지은 여인'이 향유를 담은 옥합을 들고 와서 예수의 발을 닦아주는 이야기이다. 이 성서 속 이야기를 툭 제시해 놓고 이후 어떠한 설명도 하지 않은 채 소설을 풀어 가는데, (성서를 가까이 하며 사는 입장에서) 생각해 보면 이 소설 전체가 성서 본문에 대한 하나의 해석 작업이 아닐까 생각한다. 성서도 이야기이고, 소설도 이야기이다. 이야기는 사실을 추구하는 것이 아니라 그 속에 담긴 의미를 전하고자 한다. 그는 이야기와 이야기의 배치를 통해 빚어지는 새로운 의미를 만들어내고자 하는데, 그 성서의 의미에 대해서는 뒤에서 다시 말하기로 하겠다.

나는 춘천에 산다. 내가 만난 춘천 학생들은 기회만 있으면 서울로 가려 한다. 학생들이 보기에는 춘천이 너무 답답하고 일자리도 없고 너무 익숙하기 때문이다. 그래서일까? 브라질 북부 지방도시에서 태어난 마리아도 먼 곳을 여행하고 싶었다. 또 마리아에게 이제까지의 남자들은 늘 고통스런 기억만 남긴 채 사라졌다. 그녀는 사랑은 항상 고통만 줄 뿐이라 믿었고 바다를 건너 더 넓은 세상에서 성공하고 싶었다. 연예인이 되어 돈을 많이 벌어 가난한 부모님께 집도 사드리고 자신에게 고통을 주었던 남자들에게 보란 듯이 복수를 하고 싶었던 것이다. 그래서 떠난 여행이 브라질의 꿈의 도시, 리우데자네이루였다. 마리아는 여행지에서 스위스인 프로듀서 로제를 만난다. 그가 연예인으로 성공시켜 주겠다는 제안에 마리아는 이제 기다렸다는 듯 '예스'라고 응답한다. 그녀는 1주일 만에 모든 것을 결정한 뒤 그를 따라 제네바로 떠난다.

돈과 모험을 찾아 나선 여행

꿈에 부풀어 도착한 스위스. 하지만 그녀를 기다리고 있는 것은 냉정한 현실이었다. 1주일에 500달러를 준다는 말이 틀린 것은 아니었지만, 비행기 값을 제해야 했고 그녀가 할 일은 삼바댄서였다. 손님과 대화를 하면 안 되고, 사랑에 빠져 일을 그만 두면 해고당한다는 현실이 기다리고 있었던 것이다. 하지만 스스로 그 사랑을 피하는 것은 몰라도, 막상 타의적으로 '사랑 금지'를 당하고 나니 그녀의 몸이 거부하기 시작했다. 결국 3주만에 아랍 남자와 사랑에 빠지고, 보기 좋게 해고당하고, 하루아침에 거리에 나서게 될 뻔하다가 변호사를 통해 손해배상을 받고, 그 남자는 사라지고, 다른 일을 찾게 되고, 그 과정에서 돈 많은 남자를 만나 일생일대 최대의 관문에 서게 된다. 연예인 프로듀서인 줄 알고 만난 아랍인이 호텔로 옮겨 포도주 한잔을 더 하면, 1000프랑을 주겠다는 것이었다. 매춘을 제안 받은 것이다.

1000프랑이면 요즘 우리나라 돈으로 130만 원 정도 되는, 브라질에서 석 달을 일해야 받을 수 있는 돈이었다. 고민 끝에 그녀는 그 호텔에서 그 포도주를 마시기로 한다. 막상 몸을 팔고 보니, 이상한 해방감을 느꼈다. 아름다움은 바람처럼 사라지는 법이 아닌가? 그녀는 본격적으로 창녀가 되기로 작정하고, 제네바의 텍사스촌 베른가를 찾아간다. 그렇게 마리아는 창녀가 되었고, 직업적 창녀가 된 지 일주일이 지난 일기에 이렇게 적고 있다.

나는 영혼을 담고 있는 육체가 아니다. 나는 '육체'라 불리는, 눈에 보이는 부분을 가진 영혼이다. 요 며칠 동안 나는 그 영혼을 아주 뚜렷이 느낄 수 있었다. 그 영혼은 아무 말도 하지 않았다. 날 비판하지도, 불쌍히 여기지도 않았다. 그냥 날 바라보기만 했다. 오늘 그 이유를 깨달았다. 내가 사랑을 생각하지 않은지 아주 오래됐기 때문이다. 하지만 사랑을 생각하지 않는다면 나는 아무것도 아닐 것이다.(103쪽)

그녀에게 창녀란 돈을 받고 일하는 노동자이다. 첫째 밤 혹은 둘째 밤의 고비를 넘기면, 그것 역시 고된 일과 치열한 경쟁 속에서 부대껴야 하는, 다른 것과 똑같은 직업이었다. 창녀들도 직업적인 경쟁력을 갖추려고 노력했고, 시간표를 준수했고, 스트레스를 받았고, 손님이 너무 많으면 짜증을 부렸고, 일요일에는 쉬었다. 또 "창녀들은 대부분 기독교 신자였다."

(110쪽) 나는 작가가 '창녀들도'라고 하지 않고, 그냥 담담하게 '창녀들은' 이라는 주격조사를 사용한 것에 주목했다. 그들을 하나의 동등한 인격체로 보는 것이다. 작가는 또 마리아가 "자신의 영혼을 잃지 않기 위해 일기를 붙들고 씨름했다"(111쪽)고 적었는데, 그럼으로써 몸을 파는 창녀가 잃지 않으려는 영혼이 독자의 그것과 다를 수 있는지 계속해서 묻는다.

11분을 축으로 돌아가는 세상

작가는 머리말에서 "세상엔 우리를 꿈꾸게 하는 책도 있고, 또 우리에게 현실을 일깨워주는 책도 있다"며, 이 책은 두 번째에 해당하는 것임을 암시한 바 있다. 코엘료가 보기에 세상 사람들이 알아야 할 현실 중에 하나는 겨우 11분을 축으로 세상이 돌아가고 있는 것이다.

"하루 24시간 중 그 11분 때문에(말도 안 되는 소리긴 하지만, 모든 사람이 매일 밤 아내와 사랑을 나눈다고 가정할 때) 결혼을 하고, 가족을 부양하고, 아이들의 울음을 참아내고, 늦게 귀가하게 되면 이런저런 핑계를 대고, 함께 제네바 호숫가를 거닐고 싶은 수십 수백 명의 다른 여자들을 훔쳐보고, 자신을 위해 값비싼 옷을, 그 여자들을 위해서는 더 비싼 옷을 사고, 채우지 못한 것을 채우기 위해 창녀를 사고, 피부 관리, 몸매관리, 체조, 포르노 등 거대한 산업을 먹여 살리고 있는 것이다."(117쪽)

마리아가 제네바에서 만난 남자들은 자신이 세상과 자기 삶의 주인인 것처럼 자신만만하게 보이기 위해 무슨 짓이든 했다. 하지만 마리아는 그들의 눈에서 두려움을 읽었고, 남자들의 외로움을 접하면서 자신만이 외로운 것이 아니라는 것을 알게 되었다. 이제 섹스 그 자체는 아무것도 아니었다. 그저 다리를 벌리고, 콘돔을 사용하도록 요구하고, 약간의 신음소리를 내고, 관계 후 즉시 샤워를 하면 그만이었다. 그러던 어느 날이었다.

"잠깐만요"(128쪽)

카페에서 차를 마시고 나가는 마리아를 어떤 화가가 부른 외마디 소리였다. 그 소리는 마리아의 인생을 새롭게 바꾸는 전환점이 되는 소리였다.

"당신에게 빛이 있어요. 스케치라도 하게 해줘요."(129쪽)

이 말은 "가슴이 정말 탱탱하군", "허벅지가 정말 매끈해", "아파트 한 채를 얻어줄게" 하던 지금까지 많이 들어왔던 말과는 완전히 다른 것이었다. 마리아는 어딘가 홀린 듯 모델역을 한다. 하지만 그 화가의 진지한 태도에 오히려 화가 나 묻는다. "나는 창녀이다. 이 사실을 알고도 내게서 계속 빛이 나는가요?"하고 따지듯 묻지만, 화가는 중요한 건 창녀가 아니라 "당신이라는 여자와 상관이 있다"고 말한다. 화가는 그녀를 소유의 대상으로 보지 않고 그저 하나의 존재로 대하고 있는 것이다.

"당신에겐 빛이 있어요. 더 중요하다고 판단되는 다른 것들의 이름으로 소중한 것을 희생할 수 있는 존재가 가진 의지의 빛이 눈, 그 빛은 당신의 눈을

통해 드러나요"(142쪽)

화가는 그녀를 육체적 미의 대상이 아니라, 인격적 대상으로 선한 눈빛을 발견했다고 말하는 것이다. 에로스에서 필리아로의 상승이랄까. 마리아는 전혀 다른 관점으로 자신에게 관심을 보이는 그 남자와 결국 '산티아고의 길'을 따라 호수로 흘러드는 강을 향해 걷기 시작했다. 산티아고는 예수의 열두 제자 중 야고보 성인이 걸었던 길로, 지금도 순례의 길로 유명하다. 나는 그들이 첫 만남에서 "산티아고의 길"을 걷는 것이 일종의 회개로 보인다. 성서에서 '회개' 혹은 '회심'으로 번역되는 희랍어는 '메타노이아(metanoia)'인데, 그 뜻은 '방향을 돌리다'는 뜻이다. 행복을 추구하는 인생길의 방향을 타락과 환락의 '11분'이 지배하는 세상의 베른가로 향하지 않고, 영원한 사랑의 길을 암시하는 성인의 순례길로 그들은 걷기 시작한 것이다. 산티아고의 길을 걷는 동안, 마리아는 행복하다고 느꼈다. 첫날 그들이 나눈 대화를 보면 그 길의 의미가 어떤 것일지 더욱 강렬하게 다가온다.

"당신을 만나러 가겠소."
"그러지 말아요. 난 곧 브라질로 돌아갈 거예요."
"손님으로 당신을 찾아가겠소."
"나에겐 굴욕일 거예요."
"당신에게 구원받기 위해 찾아가겠소."(149쪽)

물론 섹스에 권태를 느낀 화가가 다시 쾌감을 맛보고 싶은 뜻에서 '구원'이라는 말을 했을지도 모른다. 하지만 그렇지만은 않다. 기독교(신 구교)에서는 '구원'을 얻기 위한 조건으로 회개를 제시한다. 회개란 시공간에 묶인 역사적 존재인 인간이 자기 자신의 운명을 스스로 구하겠다는 계획을 포기하고, 시공간을 창조한 절대자에게 위임하는 것으로 사유의 방향을 바꾸는 것이자, 삶의 실천 방식을 자기 중심에서 점점 확대하여 이웃하는 인간과 자연 그리고 신의 생각을 조용히 따르고자 하는 방식으로 바꾸는 것이다. 화가는 마리아에게 간청한 '구원'은 마리아를 직업 여성으로서가 아니라, "자신이 원하는 자신"으로 만나고자 한 것이고, 소유의 대상이 아니라 "한 사람의 인간으로 존재"하는, "어떤 빛을 가진 인격"으로 만나고자 한 것이다. 그날의 마리아의 일기는 자신에게 구원을 간청하는 남자로부터 신의 목소리로 여긴다.

"나는 몇 시간 전, 한 카페에 들어갔고, 한 목소리를 들었다. 그것은 마치 신이 그곳에 던진 것과 같았다. 나는 나에게 다른 종류의 관심을 보여준 첫 번째 사람에게 빠져들고 있는 것이다. 불행의 연속인 이 세상에서 행복한 하루는 거의 기적에 가깝다."(151쪽)

그들은 이제 자기도 모르는 방식으로 서로가 서로를 구원하는 운명적인 만남에 이른다.

구원의 빛과 영원한 사랑

　마리아는 그 화가가 자신이 영영 잃었다고 생각한 자긍심과 '빛'을 찾아주었다고 생각했다. 마리아는 사랑이 체위에 좌우되지는 않는다는 사실을, 그리고 대부분의 경우에 체위의 변화는 춤의 스텝처럼 자발적이고 무의식적으로 이루어진다는 사실을 충분히 경험했다. 그리고 가장 강한 사랑은 자신의 연약함을 내보일 수 있음을, 뿐만 아니라 사랑에 빠진 사람은 성적 행위에 의존하지 않고도 쾌감을 느낄 수 있으며, 서로 사랑하고 함께 있는 두 사람은 놀이와 '연극'을 통해 그들의 시곗바늘을 맞추어야 하고, 사랑을 나누는 것이 단순한 만남 이상이라는 것을, 모든 과거와 현재를 위로하는 생식기의 '포옹'이라는 것을 깊이 이해하고 있었던 것이다.

　마리아는 화가 랄프와의 새로운 만남 와중에도 사디즘에 빠진 영국 신사를 만난다. 가학적인 고통을 주고 받는 그와의 만남도 이 소설에서 차지하는 비중이 적지 않다. 하지만 사디즘이 추구하는 고통과 노예적 굴종을 통한 정화 그리고 거기서 오는 성적 쾌감은 또 다른 중독과 마찬가지로 허무함을 알게 된다.

　화가 랄프와의 만남의 시간은 짧았지만 그녀는 자신을 있는 그대로, 존재 자체로 대해준 유일한 사람과 만났기에, 그 만남의 흔적은 강렬했다. 그들은 서로의 존재를 존재 그 자체로 받아들이는 대화적 섹스를 시도하며 새로운 삶의 활기와 의미를 찾아가는데, 결국 그들은 생식기의 '포옹'을 통해 이제껏 한 번도 느끼지 못한 영원한 오르가슴을 맛보게 된다. 그녀의 뜨거운 고백은 이러하다.

"나는 그와 합류했다. 그것은 11분이 아니라 영원이었다."(337쪽)

용서받은 죄 많은 여자

소설 『11분』에서 본문이 시작하기 전에 옮겨놓은 루가복음의 소제목은 '용서받은 죄 많은 여자'이다. 예수님에 대한 존칭을 생략하고 줄여 옮겨 보면 이런 이야기이다.

예수가 어떤 바리사이파 사람의 초대를 받아 그의 집에 들어가 음식을 먹게 되었다. 마침 그 동네에 살던 행실이 나쁜 여자가 그 소식을 듣고 향유가 든 옥합을 가지고 왔다. 그리고 예수 뒤에 와서 발치에 서서 울며 눈물로 그 발을 적시고 머리카락으로 닦고 나서 발에 입 맞추며 향유를 부었다. 그랬더니 예수를 초대한 바리사이파 사람이 이것을 보고 속으로 "저 사람이 정말 예언자라면 자기 발에 손을 대는 저 여자가 어떤 여자며 얼마나 행실이 나쁜 여자인지 알았을 텐데!" 하고 중얼거렸다. 그때에 예수가 시몬에게 묻기를 "어떤 돈놀이꾼에게 빚을 진 사람 둘이 있었다. 한 사람은 오백 데나리온을 빚졌고 또 한 사람은 오십 데나리온을 빚졌다. 이 두 사람이 다 빚을 갚을 힘이 없었기 때문에 돈놀이꾼은 그들의 빚을 다 탕감해 주었다. 그러면 그 두 사람 중에 누가 더 그를 사랑하겠느냐?" 그러자 시몬은 "더 많은 빚을 탕감 받은 사람이겠지요" 하자, 예수는 옳은 생각이라면서, 계속 말하기를 "이 여자를 보아라. 내가 네 집에 들어왔을 때 너는 나에게 발 씻을 물도 주지 않았지만 이 여자는 눈물로 내 발을 적시고 머리카락으로 내 발을 닦아주었다. 너는 내 얼굴에도 입 맞추지 않았지만 이 여자는 내가 들어왔을 때부터 줄곧 내 발에 입 맞추고 있다. 너는 내 머리에 기름을 발라주지 않았지만 이 여자는 내 발에 향유를 발라주었다. 잘 들어두어라. 이 여자는 이토록 극진한 사랑을 보였으니 그만큼 많은 죄를 용서받았다. 적게 용서받은 사람은 적게 사랑한다."

(루가복음 7장 37절에서 47절 요약, 공동번역 대본)

예수가 역사적으로 생존했던 유대 사회는 먼지가 많은 땅이었다. 그래서 손님이 오면 발을 씻을 물을 대접하거나, 경우에 따라서는 직접 주인이 발을 닦아주는 관습이 있었다. 그런데 그 바리사이인은 물을 내놓지도 않았다. 바리사이인은 스스로 세상사람들과 '구별된 자'라는 의식을 갖고 종교적 율법에 충실한 사람들이다. 요즘으로 치면 주일을 잘 지키고 교회에서 어떤 직분을 갖고 있는 사람들, 열심히 교회 생활은 하지만 그 종교의 본질인 사랑과 완전한 믿음에는 이르지 못해서 남들의 눈을 의식하는 종교인 정도로 이해하면 될 것이다.

그러니 예수는 그런 사람들을 향해 비판의 눈을 감추지 않는다. 이에 비해 행실이 나쁜 처녀(정확한 근거는 없지만 아마 창녀일 것이다)는 향유를 붓고 자기 머리카락으로 발을 씻어주었다. 자신의 모든 것을 바친 셈이다. 보기에 따라 에로틱한 장면으로 해석될 수 있는 장면이다. 하지만 예수를 구원자로 여기며 하느님의 아들로 믿는 전적인 신뢰가 있기 때문에, 다른 사람들의 시선과 평판을 아랑곳하지 않고 두려움 없는 사랑을 표현한 것이다. 예수는 그녀에게 선포한다.

"네 죄는 용서받았고, 네 믿음이 너를 구원하였다. 평안히 가거라."(루가

7장 30절)

용서와 구원의 선포. 화가도, 마리아도, 그녀의 배 위에 올라와 '11분' 남짓 애를 썼던 수많은 남자들 모두에게 필요한 한 마디가 아니겠는가. 이런 의미에서 『11분』은 성교(性交)를 성교(聖教)과 연결되도록 한다. 그러므로 "이 세상의 모든 동정녀와 동정남들아, 그대들 안에 신의 은총이 있으니, 단지 사랑하라. 한없이 겸손하고 경외스러운 눈빛으로 서로 사랑하라." 어쩌면 작가가 정말 하고 싶은 말이 아니었을까 상상해 본다.

더불어 읽기
깊이 읽기

1) 벨 훅스, *All about Love*. 흑인 여성으로서 차별과 실연의 상처로 오랫동안 고통을 받기도 한 그녀는 병마와 싸우면서 진정한 사랑에 대해 연구하게 되었고, 자신의 경험을 녹여내어 이 책을 썼다. 연인 간의 사랑은 물론, 부모 자식 간의 사랑, 우정, 공동체, 영성 등 13개의 프레임으로 오늘날 우리들의 사랑을 조망하며 진정한 사랑의 의미를 알려준다. 제목 그대로 사랑에 관한 거의 모든 것을 재미있고 설득력 있는 필치로 전개했다.

2) 에리히 프롬, 『사랑의 기술』. 프롬은 대중 저자로 알려져 있지만, 맑스주의와 정신분석학을 종합하여 사회적 제도를 통한 평등과 개인의 마음의 평화를 동시에 추구한 진정한 철학자 중에 한 명이다. 이 책 『사랑의 기술』은 사랑도 배워야 할 기술 중

에 하나이며, 연습하고 훈련해야 하는 것이 무엇임을 가르친 20세기 사랑학의 고전.

3) 막스 셸러, 『공감의 본질과 형식』. 독일철학자 셸러의 사랑에 관한 철학적 깊이를 느끼면서 읽을 수 있는 책이다. 셸러는 공감의 윤리학을 거부하고 사람들의 공감 없이도 선 자체가 있다고 주장했는데, 사랑에 대해서도 어떤 감정이 아니라, 사랑을 일종의 정신적 지향 작용으로 보면서 현상학적 태도로 접근했다. 깊은 철학을 하면서 사랑을 나누고 싶은 사람들에게 추천한다.

이한오 / 한국철학사상연구회 회원 · 성공회 신부

10대 소년을 사랑한 작가,
죽음의 '황홀경'으로

『베니스에서의 죽음』 / 토마스 만

아센바하, 이성과 의지의 인간

독일 근대 문학의 거장 토마스 만의 『베니스에서의 죽음』(『토니오 크뢰거.트리스탄.베니스에서의 죽음』(토마스 만 지음, 안삼환 외 옮김, 민음사 펴냄))은 에로스, 즉 섹슈얼한 사랑을 다룬 연애소설로도 읽히고, 예술의 본질에 대해 탐구한 예술가 소설로도 읽힌다. 앞으로 살펴보겠지만 아마 이 두 가지 해석이 모두 맞을 것이라고 생각한다.

예술가, 즉 작가이자 시인 구스타프 폰 아센바하가 바로 이 소설의 주인공이다. 아센바하는 작가로 큰 명성을 얻어 귀족 작위까지 얻은 나이 지긋한 저명인사다. 『베니스에서의 죽음』은 이 아센바하가 어떤 여름 일상을 벗어나 낯선 장소인 베니스로 휴가를 떠나는 것에서 시작하고 그의 죽음으로 끝나는 중편 소설이다. 이 소설은 아센바하의 1인칭 시점으로 진행되는데, 소설의 전반부는 아센바하가 신체의 병약함을 극복하고 자기 스스로와 일상을 엄격하게 잘 통제하며 살아왔다는 것을 강조한다. 그는 항상 긴장한 채, 신체의 타고난 병약함을 정신의 강인함으로 극복하며 뛰어난 예술적 업적을 쌓아왔던 것이다.

그에게 명성을 안겨다준 소설들은 인간의 아름다운 품격이란 바로 절제와 이성에 있음을 주로 역설하며, 거기에는 강인한 절제력과 뛰어난 지성을 가진 주인공들이 등장한다. 우아하고 절제된 생활을 견지해 왔던 아센바하의 이와 같은 삶에 대한 태도는 베니스로 향하는 배에서 만난 한 무절제한 늙은이에 대한 그의 시선에서 보다 분명해진다. 아센바하는 배에서 나이를 망각한 채 요란한 옷을 입고 화장을 하고 품위 없이 젊은이들과 한바탕 어울리는 늙은이를 보며 깊은 혐오감을 느낀다.

늙은이, 소년을 만나다

그런데 이런 아센바하 앞에 한 소년이 나타난다. 아센바하는 유명한 휴양지 베니스에 도착해 한 호텔에 머물게 된다. 그는 이 호텔에서 폴란드 귀족임이 분명해 보이는 한 가족과 마주친다. 이 가족 구성원의 한 명은 열너덧 살 즈음으로 보이는 금발 소년인데, 마치 이 세상 사람이 아닌 것 같은 미모를 가지고 있다. 소년의 그 경이로운 미모는 주변 사람들을 매혹시킨다. 아센바하 역시 예외는 아니었다. 소년의 아름다움에 아센바하의 시선 또한 사로잡힌다.

문제는 아센바하의 소년을 향한 첫 시선의 사로잡힘이 다만 스쳐지나가는 찰나적 사건이 아니라, 진짜 사랑 그것도 에로스적 사랑의 시작이었다는 점에 있었다. 많은 사람들이 한 눈에 알아보는 나이 지긋한 저명인사가 열너덧 살밖에 되지 않는 아이, 그것도 소년을 사랑하게 되다니! 그러나 사랑은 사람의 이성적 판단을 흐리게 만들고, 의지를 무색하게 만드는 것. 아센바하는 자신의 감정을 애써 무시하고, 소년을 피해 베니스를 떠날 결정을 하지만 의도된 우여곡절을 거쳐 베니스에 더 머물게 된다.

아센바하의 시선은 계속해서 소년의 뒤를 좇는다. 그의 하루 일정은 소년의 동선에 맞춰진다. 소년이 호텔 식당에서 아침 식사를 하는 시간에 맞춰 그도 식사를 하고, 소년이 베니스 구경을 나서면 그 뒤를 좇아 베니스의 뒷골목을 헤매기를 주저하지 않는다. 소년이 있는 곳엔 늘 아센바하 또한 있다. 아센바하는 시선 속에 소년을 언제나 담아두고자 몸부림을 친다. 소설은 의지와 지성의 작가 아센바하가 사랑 앞에서 어떻게 무너져 내리는지를 추적해 나간다.

마침 베니스엔 콜레라가 창궐하고 관광객들은 하나둘 베니스를 떠나기 시작한다. 콜레라를 피해 도시를 떠나지 않으면 치명적 병에 걸려 죽을 수도 있다는 사실을 안 후에도 아센바하는 베니스를 떠나지 않는다. 소년이 베니스를 떠나지 않았기 때문이다. 불길한 죽음의 기운이 날로 더해가며 베니스에 짙게 깔리지만 아센바하는 개의치 않는다. 소년을 보지 못하는 것이 죽음보다 더 두렵고 싫은 것이 되어버린 것이다.

그렇게 시간은 흐르고 컨디션이 좋지 않았던 어느 날 아센바하는 자신의 늙은 신체를 두고 한탄하기에 이른다. 단지 소년을 바라보는 것을 넘어, 그 소년을 만지고 싶고 그와 함께 어울리고 싶은 욕망의 고통에 시달리는 까닭이다. 그는 자신이 그토록 혐오했던 베니스 행 배 위의 그 주책

없는 늙은이처럼 나이에 맞지 않는 옷을 입고, 흰 머리를 염색하고 얼굴에는 화장을 한다. 그리고 아름다운 바다를 배경으로 뛰어노는 소년을 바라보며 죽음을 맞는다.

플라톤의 영향

이러한 토마스 만의 소설 『베니스에서의 죽음』의 줄거리는 이 소설을 사랑, 연애 감정을 다룬 소설로 다가오게끔 만든다. 그런데 『베니스에서의 죽음』을 읽다 보면 이 소설이 플라톤의 사랑에 대한 견해를 많이 반영하고 있다는 사실을 쉽게 발견할 수 있다. 그중 『파이드로스』 같은 경우는 여러 번 직접 언급되기까지 한다. 이는 플라톤의 에로스론을 이해할 때 『베니스에서의 죽음』을 보다 잘 이해할 수 있음을 알려준다.

소설에 대한 보다 깊은 이해를 위해 플라톤을 경유해 가보도록 하자. 『베니스에서의 죽음』에서 직접 여러 번 언급되는 플라톤의 『파이드로스』는 연애학의 고전으로 불릴 만한 책이다. 에로스에 대한 체계적인 동시에 매우 오래되었으며, 또 유명한 글이기 때문이다. 그런데 이 책의 반에 가까운 분량이 사랑하는 이의 악덕, 즉 연애의 부작용 분석으로 채워져 있다는 사실은 흥미롭다.

플라톤의 분석은 다음과 같다. 사랑에 빠진 이는 연인의 모든 것을 독점하고자 하며, 자신을 떠나갈 것을 두려워하기 때문에 자신 외의 것에 관심을 두어 그것을 탐구하고 연마하는 것을 싫어하고, 연인이 자신보다 더 뛰어난 이들을 만나는 것도 못마땅해한다. 즉 말하자면 연애는 무엇보다도 상대의 발전과 전인격적 성숙의 가능성을 가로막는다.

실컷 상대의 독립과 발전을 가로막다가 더 이상 연인에게 매력을 못 느끼게 되면 이별을 궁리하며 헤어지고 그때부터 갑자기 태도가 돌변한다. 그동안 자신이 상대에게 준 것들을 아까워하며 후회할뿐더러 사람을 잘못 본 자신의 무지를 탓하고 상대를 비난하기 일쑤이다. 사랑은 이처럼 몰이성과 부덕의 원천이기 쉬운 것이다. 연애를 경험해 본 이들 중 플라톤의 분석이 틀렸다고 부정할 수 있는 이들은 별로 없을 것이다. 플라톤이 비난하는 사랑하는 이의 몰이성 상태와 부덕은 사랑에 빠졌을 때 흔히 드러나는 우리 자신의 모습인 까닭이다.

플라톤은 이런 사랑의 원초적 모습을 뛰어넘어야 한다고 말한다. 플라톤이 정의한 사랑을 시적으로 풀이해 보자면, 에로스로서의 사랑이란 아름다움에 취하는 것이다. 상대에게서 발견한 아름다움에 대한 욕망이 곧 사랑이다. 당신이 사랑에 빠졌다면 그것은 상대에게서 어떤 아름다움을 발견한 것이다. 하지만 그것이 단순히 표면적인 것, 신체적인 것에 머물러 있으면 사랑의 부작용, 몰이성과 부덕함에 빠져 허우적거리게 되고 그러한 사랑은 상대와 자신 모두에게 상처를 입히게 된다. 고전주의자 중의 고전주의자인 플라톤의 해법은 당신이 발견한 아름다움 너머, 눈에 보이고 피부로 느껴지는 그 아름다움을 가능하게 만들어준, 변치 않는 아름다움의 가치를 '이성을 통해' 발견하란 것이다. 그의 육체적 아름다움에 머물러 단지 그 사람의 신체를 구속하고 소유하려고 하지 말고 상대가 가진 비신체적 아름다움을 발견하고, 그러한 비신체적 아름다움을 아끼며 발전할 수 있도록 돕는다. 그럼으로써 영혼과 영혼이 결합하게 되면 설사 둘이 헤어지게 되어서 신체가 멀어지더라도 서로의 영혼은 영원히 결합한 채로 남게 되리라고 플라톤은 말한다.

이처럼 플라톤은 에로스적 사랑이 육체에 대한 사랑에 머무르면 안 된다고 역설한다. 육체를 통해 드러나는 아름다움의 본질을 정신으로 포착해, 두 사람의 결합이 신체의 결합에서 그치지 않고 상대의 성숙을 돕는 정신의 합일, 정신의 승리로 승화되도록 이끌어주어야 한다는 것이다. 플라톤이 에로스를 거론하는 저작은 『파이드로스』 말고도 『향연』이 있다. 『향연』에서 플라톤은 다른 등장인물의 입을 빌려 에로스에 대한 다양한 견해를 보여주지만, 결국 에로스를 생산의 힘, 생산의 원동력으로 표현하고 있다. 남녀의 사랑이 자식 생산으로 귀결되듯, 정신에 대한 사랑은 정신의 자식을 낳는다. 플라톤의 사랑관은 이처럼 플라톤답게 육체적 매력, 육체의 홀림을 뛰어 넘어 정신의 고결함에 이르는 것이 진짜 사랑이라는 결론으로 이어진다.

다시 베니스에서의 "죽음"으로

우리의 주인공, 점잖고 이성적인 노신사 아셴바하 역시 사랑의 몰염치한 힘에서 자유롭지 못했다. 그는 앞서 설명했듯 걸맞지 않게도 한참 나이 어린 소년의 아름다움에 홀렸을뿐더러, 이성을 잃고 부끄러움이나 염치도 없이 소년의 뒤를 스토커처럼 쫓는다. 사랑의 힘에 휘둘리는 아셴바하는 급기야 자신이 경멸해 마지않던 베니스 행 배 위의 주책없는 늙은이처럼 젊어보이게끔 치장을 하고, 외관을 꾸민다. 그를 사로잡은 비이성적 열정은 죽음조차도 두려워하지 않게 만든다. 동시에 이 사랑은 그의 영감을 고조시키고 예술에 대해 다시 성찰하게끔 이끈다. 그는 고양된 감수성과 사랑의 열정 속에서 예술가의 작품 활동이란, 결국 에로스의 신이 함께 하는 것이라는 결론에 도달한다. 신체를 포함하는 아름다운 물리적 세계에 대한 욕망, 즉 사랑을 정제된 언어로 표현하는 것이 바로 예술이라는 것이다. 아름다움에 대한 도취는 예술혼의 핵심이다. 그러나 그것만으로는 부족하다. 도구가 언어든 음표든, 아니면 붓이든 간에 아름다움에 대한 도취를 형상화시키는 것에는 이성, 절제력이 반드시 필요하다.

어떠한가? 독일 근대 문학의 거장, 토마스 만이 아센바하의 입을 통해 말하는 사랑의 도식은 플라톤의 그것과 너무나도 유사하지 않은가? 사랑은 아름다움에 대한 욕망이며, 사람의 이성을 마비시키는 힘을 가졌다. 그 힘에 도취되지 말고, 이성의 힘으로 통제할 때 아름다운 사랑의 진정한 결실을 쟁취할 수 있다는 결론. 이제 우리는 왜 아센바하가 죽음에 이르게 되는가를 알 수 있다. 그는 에로스의 본질이 무엇이며, 그로부터 창조적 생산물을 이끌어내기 위해서는 무엇이 필요한가를 너무나 잘 알고 있었다. 아름다움에의 도취를 이성의 힘으로 절제해 형상화시키는 것이 필요한 것이다. 그런데도 그는 소년의 아름다움에 대한 도취에서 벗어나지 않는다. 그 이유는 아름다움의 힘이 지닌 불가항력적인 면에도 있었겠지만, 무엇보다도 그 도취의 황홀함에서 벗어나고 싶지 않기 때문이다. 그는 사랑의 욕망, 황홀경에 취해 있기를 원했다.

도취의 황홀경에서 벗어나지 못하거나 벗어나지 않거나 결국 그것은 무아의 세계, 자타 구분이 없는 무분별, 영원한 어둠의 세계로 흡수되는 것을 의미한다고 토마스 만은 파악했던 것 같다. 마치 마약에 취하고 또 취해 그 세계의 황홀경에서 벗어나지 못하는 것이 죽음으로 귀결되는 것처럼 말이다.

토마스 만의 『베니스에서의 죽음』은 이처럼 플라톤의 에로스론을 통해 해석할 때 보다 잘 이해할 수 있는 길이 열린다. 이러한 길을 통해 보면 이 소설이 사랑에 대한 소설인 동시에 토마스 만의 예술관을 명확히 보여주고 있다는 사실이 보다 분명해진다. 사랑은 아름다움에 대한 도취이며, 예술은 그러한 사랑의 도취를 이성의 역량으로 형상화 낼 때 비로소 가능해지는 것이다. 재미난 것은 그럼에도 불구하고 토마스 만이 에로스에 도취된 채 맞이한 아셴바하의 죽음을 부정적으로 묘사하지 않는다는 것이다. 어쨌든 아셴바하는 사랑하는 이를 눈에 담은 채, 도취 속에서 죽어갔다. 그것은 탐미적 죽음이며, 부서지지 않은 사랑 안에서의 죽음이다.

이 소설은 다음과 같이 우리에게 묻는 것 같다. 사랑의 힘을 이성으로 통제하여 보다 높은 성취 혹은 보다 완전한 이성적 사랑, 죽음으로 이어지지 않는 사랑을 획득할 것인가. 아니면 사랑의 도취 속에서 사랑에 중독되어 행복하게 죽어갈 것인가?

독자 여러분은 이에 대해 어떻게 생각하시는지, 만일 양자 중 하나를 선택할 수 있다면 어떤 선택을 할지 몹시 궁금하다. 이성으로 통제된 사랑도 좋겠지만, 비록 죽음으로 이어질지라도 그것이 사랑의 황홀경 속에서라면 그런 사랑도 충분히 감수할 만한 것은 혹시 아닐까?

더불어 읽기
깊이 읽기

1) 플라톤, 『파이드로스』(이제이북스, 2012). 소크라테스와 파이드로스가 길에서 우연히 마주쳐 '사랑'을 주제로 이야기를 펼친다. 전반부에서는 '에로스' 즉 사랑을, 후반부에서는 '연설술'을 다룬다. 육체적 사랑으로서의 쾌락과 그 문제점, 동성애 문화 등 고대 그리스의 문화와 생활상을 보여줄뿐더러 플라톤이 생각한 이상적인 에로스관을 통해 플라톤 사상의 백미를 훔쳐볼 수 있게 해주는 훌륭한 대화편이다.

2) 플라톤, 『향연』(이제이북스, 2010). 플라톤 당대 그리스의 저명한 남성들이 한 자리에 모여 주연을 즐기며 각자 자신이 생각하는 에로스에 대해 토론하는 대화편. 에로스의 정의, 기원, 본성, 역할 등에 대해 풍부하고도 다양한 이야기들을 전해준다.

이지영 / 이화여자대학교 강사

진짜 사랑 원한다면,
'하나 되자'고 하지 말자!

『사랑의 길』 / 뤼스 이리가레

사랑, 하나가 된다는 것?

"사랑해요"란 말이 아직도 서툴고 낯설게 느껴진다는 부류의 사람들이 있기는 하지만, 언제인가부터 '사랑'은 우리 일상에서 흔하게 접하는 말이 되었다. "사랑합니다. 고객님"이라는 홈쇼핑 교환인의 멘트에서부터 유치원 아이들의 "엄마 아빠 사랑해요"라는 재잘거림, "사랑은 움직이는 거야"라는 광고 카피 등은 우리 사회에서 사랑이라는 단어가 얼마나 많이 사용되고 있는가를 보여준다. 다양한 사람들이 다양한 층위에서 사랑이라는 말을 사용하고 있고 그 대상과 내용이 조금씩 다르다고 하지만, 사랑한다고 할 때 공통적으로 들어 있는 의미는 가까움, 친밀함의 의미일 것이다.

이 때문에 우리에게 종종 사랑은 '하나가 되는 것'이라 이해된다. 너와 나 사이의 다름을 줄이거나 없애는 것, 그리하여 '한 몸으'로 뭉쳐지고 거

세상의 붕괴에 대처하는 우리들의 자세: 철학자의 서재 3

듭나는 것, 내 것이 네 것 되고 네 것이 내 것 되는 경지, 그것이 진정한 사랑의 유토피아라고 생각한다. 그런데 이렇게 사랑을 이해하는 속에서는 둘 또는 그 이상으로 분리되는 것, 그들 간의 차이가 남아 있는 것은 사랑이 없는 것, 사랑이 아닌 것이 되어 버린다.

우리는 한때 하나였다. 그러나 지금 우리는 서로로부터 분리되어 있고 이러한 상태에서는 불완전하다. 자연히 우리는 완전하였던 상태로의 복원을 소원한다. 사랑이란 바로 이러한 하나됨에 대한 그리움과 그것의 추구이다.

플라톤의 『향연』(천병희 옮김, 도서출판숲 펴냄)에서 아리스토파네스의 사랑에 대한 논리는 하나됨의 사랑을 보여주는 전형일 것이다. 사랑은 둘을 하나로 만드는 힘이며, 사랑에 의해 하나가 된다는 것은 완전하게 되는 것이다. 이러한 것에 힘입어 사랑이 둘 또는 그 이상으로 분리된 사람을 하나로 만드는 강력한 힘이라는 생각은 매우 일반화되어 있다. 그런 만큼 혼자인 사람은 완전하지 않은 사람이라는 이데올로기도 강력하게 작동한다. 민족애, 동포애, 형제애는 각 구성원이 하나임을 과시하는 사랑의 표식이며, 그래서 "우리가 남이가?"라는 말을 큰 거부감 없이 사용할 수 있는 한 몸 이미지를 지닌 상상의 공동체가 된다.

모든 것이 동일하다는 것은 자주 혹은 때때로 가장 최상의 원리처럼 생각되곤 한다. 동일함을 추구하는 것은 그 안에 어떠한 대립도 나타나지 않는 통일적인 힘을 상정하며, 또한 영원히 사라지지 않는 힘을 표상한다는 점에서 그러하다. 이러한 속에서 많은 사람들이 사랑은 한 몸 되기의 힘이고, 사랑은 소통의 힘이며, 한 몸이 되어야 진정한 소통이 이루어지는 것이라고 이해한다.

차이, 사랑

하지만 통일적이고 영원하며 절대적인 '하나'의 원리는 사실은 자신과 다른 것을 받아들이려 하지 않으며, 그래서 '하나'가 되는 방식으로는 진정한 의미의 소통을 이룰 수 없다. '하나'라는 영원하고 통일적인 힘은 유일무이한 진리를 등장시키고, 그것과 다른 종류의 것들은 강제로 흡수해 버리거나 아니면 미리 마련된 기준에 의해 나머지 것들을 지평 밖으로 내쳐 버리는 방법을 동원하기 때문이다. 하나 됨은 가까움의 극단이다. 그런데 이렇게 가까움을 최극단까지 몰고 가면 결국 그 가까움에는 어떤 거리도 남지 않는다. 그렇게 되면 그것은 사실 진정한 가까움이나 다가감이라는 의미를 상실하게 되고, 그런 속에서는 진정한 소통을 이룰 수 없으며, 그러한 것은 진정한 사랑이라고 할 수도 없다. 어떤 사람을 진정으로 사랑한다는 것은 그를 내 방식대로 길들이거나 나에게로 동일화시키는 것이 아니라, 있는 그대로의 그를 인정하는 것이라는 항간의 말은 이 같은 맥락일 것이다.

하나 됨이 폭력으로 작용하는 경우는 일상에서 흔히 만날 수 있다. 부자와 가난한 자, 어린이와 어른, 나이든 사람과 젊은 사람, 기득권자와 소외된 자, 장애인과 비장애인, 여성과 남성, 제1세계 백인 중산층 여성과 유색 무산자 계급의 여성을 동일하게 대우하는 것은 사실은 평등이 아니라 평등을 가장한 차별이며 온전한 소통도 이루어질 수 없게 만든다.

소통을 가장한 하나 됨의 막힘 논리는 도처에서 발견된다. 예컨대 나이든 사람과 젊은 사람을 동일화하는 의식은 종종 노인들이 젊은이들이 가지고 있는 여러 가지 능력이나 잠재력을 얼마나 똑같이 가지고 있는지를 증명하고자 애쓴다. 하지만 이러한 관점은 노인과 젊은이 간의 소통을 이끌어내기보다는 인생의 어느 특수한 단계에서 인간이 지닐 수 있는 여러 가지 특별한 의미를 무시하고 간과하면서 진정한 의미의 소통을 불가능하게 한다. 젊은이와 나이 든 사람을 동일화하려는 사고는 노인들의 특수성이나 능력을 평가절하하게 만든다. 노인들의 가치를 젊은 사람의 기준에서 측정하기 때문에 젊은이에 못 미치는 체력 혹은 능력을 가진 노인은 유용성의 가치가 없는 존재가 되고 마는 것이다. 노인들이 갖는 혜안이나 생의 마지막 단계에서 지니는 감정의 특수한 효과들은 무시되고, 노년은 개인적인 발전이 침체되는 운명으로 낙인찍힌다.

어린이와 어른을 동일화하는 것, 장애인과 비장애인을 동일화하는 것, 예컨대 젠더를 고려하지 않는 것 역시도 이와 비슷한 상황을 빚어낸다. 어린이를 어린이로 대우하지 않는 것은 어린이를 그저 작은 어른으로 취급해 버림으로써 어른의 일에 어린이를 가담시킨다. 또 장애인의 특수한 사정을 고려하지 않고 비장애인과 동일화하는 것은 장애인의 상황을 더 열악한 데로 전락시켜 버린다. 남녀의 같음을 강조하는 것 역시도 동일한 맥락에서 이해될 수 있다. 동일성 혹은 통일이라는 개념에 대한 이론적인 이해는 젠더의 관점에서 가장 비판받을 만한 것이다. 동일성의 원리에 따라 합리적 이성이 전제된 남성의 유형을 남성과 여성 모두에게 요구하면서 여성의 특수한 경험을 무시하게 되고, 그러한 속에서 남녀 간의 진정한 소통은 이루어질 수도 없기 때문이다.

간격, 소통

소통을 이루기 위해서는 타자와 나의 접촉이 핵심일 것이다. 이때 가까움, 친밀성을 뒤섞는다든지 융합으로 환원해 버리는 것이 아니라 차이, 다름을 인정하고, 거리 두기, 간극을 상정하는 방식으로 접촉의 의미를 생산해 내는 것은 매우 중요하다. 타자가 나와 차이난다는 것을 존중하면서 동시에 타자와 닿을 수 있도록 하는 것은 우리 각각을 우리 자신들로부터 멀어지게 하고 우리가 닿아왔던 그 부분을 파괴해 버리는 것이 아니다. 이러한 방식을 이리가레는 감각적인 어루만짐, 가까움을 해체하지 않으면서도 가까움과 연결되어야 하는 것이고 그것에 다다랐다가는 다시 그것을 닫고 물러나야 함에서 찾는다.

그래서 진정한 의미의 소통이 이루어지기를 바란다면, 접촉, 어루만짐, 가까움 이런 단어 옆에 간격, 차이, 다름이라는 단어들을 함께 놓아야 한다고 말한다. 간격이란 이미 드러난 것을 통해 한쪽이 다른 한쪽을 그저 삼켜버리는 일이 아니라 오히려 그것을 피하는 방식이기 때문이다. 그것은 우리 각자가 자신을 재발견하고 타자를 재발견하는, 이쪽도 아니고 저쪽도 아닌 것으로서의 간격, 안-사이, 사이-공간을 발견하는 것이다. 이를 위해서는 서로에게 향하는 방법을 모색하는 것 즉 나에게 익숙한 공간-시간이 아닌 다른 공간-시간들을 만들어야 한다.

소통이라는 말에는 모든 것이 교환되고 모든 것을 말할 수 있다는 것이 어느 정도는 포기되어야 함이 포함되어 있다. 모든 것을 말하고자 하고, 전체를 교환하고자 하는 것은 사실은 소통을 불가능한 상태로 모는 것이다. 한쪽이나 다른 한쪽의 내밀함을 침해하지 않고 자유로운 공간을 지킴으로써 사이의 친밀함이 생겨나도록 하는 것은 소통의 방식을 생각할 때 무엇보다 중요한 것이다. 타자에게 말을 하면서도 어떻게 타자를 놓아둘 것인가의 문제, 더 나아가서는 어떻게 타자가 타자로 존재하고 계속 그렇게 남아 있도록 북돋아 주는 것, 이것이야말로 진정한 의미의 소통이기 때문이다.

관계, 머물기 그리고 사랑의 도(道)

사랑하는 데에도 지혜가 필요하고, 일종의 도를 터득해야 할까? 뤼스 이리가레는 그렇다고 말한다. 그리고 그 방법을 『사랑의 길』(정소영 옮김, 동문선 펴냄)에서 제시한다. 인간이 인간으로 존재하기 위해서는 인간의 두 부분이 갖는 관계의 원래 자리를 일구어야 하며, 그 일이야말로 우리가 앞으로 해나가야 할 일이고, 이 책은 그것을 가능하게 할 배경을 그려 보이는 것이라 말한다.

그런데 이리가레에 의하면 이러한 방법은 우리가 현재 믿고 쓰는 묘사적이고 서술적인 언어를 통해서는 이루어질 수 없는 것이라고 한다. 왜냐하면 그런 언어들로는 이미 존재하는 인물이나 사물, 이미 과거의 사실이거나 말해진 것을 통해 과거로 밀려난 인물이나 사물에 상응하는 것일 뿐이기 때문이다. 미래에 무언가를 존재하도록 만드는 일, 과거의 것과 현재나 미래의 것이 서로 만나는 장을 마련하는 일, 또 그것을 표현할 말이나 몸짓, 맞아들이고 축하하며 지금 현재와 미래에 그것을 일굴 만한 수단을 마련하는 것이 무엇보다 절실하게 필요하다고 말한다.

이리가레에게서 이러한 작업은 인간 되기, 관계 맺기의 능력을 통해서 이루어진다. 인간의 존재를 증언하는 것은 유일하고 동일한 하나의 주체와 함께 전유함으로써 이루어지는 전체와의 연결이 아니다. 인간 되기, 관계 맺기란 맹목적으로 자신을 전체 안에 밀어 넣는 방식으로서가 아니다.

그보다는 역사를 공들여 만들어온 주체가 스스로 그 일을 해온 방식에 대해 질문하고, '어떻게'라는 방식을 모두 소진하지 않는 존재의 방식으로 이해함을 통해서 이루어진다. 서로가 서로를 인정하는 모종의 제스처가 없이 타자와의 관계는 이루어질 수 없기 때문이다. 이리가레는 타자와의 관계를 잘 이루어내는 것은 그저 형식적인 몸짓에 의해서가 아니라 타자의 존재, 나아가 자신의 존재에 상응하는 실제적 내용을 표현할 제스처, 관계에 들어서기 위해 필요한 차별화된 세계를 타자에게 제안하는 것을 통해서 이루어진다고 말한다.

하지만 주체가 타자에의 친근함, 세계에의 친근함을 찾는 것은 거리를 극복함으로써가 아니다. 오히려 자신 안에 머물 수 있는 능력, 자신을 둘러싼 것들과 다르게 자신의 자율성 속에서 존재하는 능력을 통해서이다. 또한 이것이 생겨나는 데 있어서 타자의 역할을 인식하면서 동시에 자신으로부터 일어나 나아갈 수 있는 능력을 통해서임을 밝힌다. 이러한 속에서 주체는 구성되고 타자 역시 구성된다. 주체는 자신을 인간으로 구성하고 인간으로서의 자신의 주관성의 객관성을 구성한다. 타자를 위한 자리만이 아니라 타자와의 관계를 위한 자리를 자신 안에 마련하면서 인간다움을 이루어낸다.

이렇게 보면 사랑이란 인간 되기의 작업이며 이는 상호간의 차이를 존중하는 두 주체에 의해 건설된다. 나와의 관계에서 네가 생겨나려면 나는 타자가 신뢰할 수 있는 그의 존재에 대한 성실함을 확보해야 한다. 그 시간성을 만들어내기 위해 나는 너와 나 자신 모두에게 귀 기울여야 한다. 인간에게 있어 함께 전유하기는 둘 또는 그 이상의 관계에서 이루어지는 대화를 동반한다. 타자에게 다가가는 법, 우리 안의 타자와 우리 사이의 타자와 함께 갈 가까움의 장소를 마련하는 법, 그리고 자신 안에 머물 수 있는 능력을 키우는 것, 그것이 사랑의 도이며, 『사랑의 길』이 보여주는 하나의 방안이다.

더불어 읽기
깊이 읽기

1) 쥴리아 크리스테바, 『사랑의 역사』, 김인환 옮김(민음사, 2008). 서양의 역사에서 사랑에 대한 논의를 기호학과 정신분석학의 관점으로 정리한 책으로, 서양에서의 정신철학의 역사가 어떤 과정을 통해 전개되어 왔는지를 보여준다. 솔로몬의 사랑에서부터 나르시스의 자기애, 중세의 신학적 사랑 논의, 돈 후안의 도덕을 뛰어 넘는 사랑, 로미오와 줄리엣의 사랑과 미움, 마리아 신심과 사랑, 궁정연애의 기사도 사랑, 그 밖에도 보들레르, 스탕달, 바타유 등의 사랑을 통찰력 있게 분석한 책이다.

2) 이정은, 『사랑의 철학』(살림, 2012). 사랑의 원동력에 대한 철학자의 설명, 왜 사랑을 하는가? 누구를 사랑하는가? 등의 문제를 서양 철학자들의 논의를 통해 접근하고 있다. 플라톤, 아리스토텔레스, 칸트, 쇼펜하우어, 헤겔 등에 이르는 서양철학자들의 사랑에 관한 논의를 이해하기 쉽게 서술하였다.

3) *Eva Illouz, Consuming the Romantic Utopia-Love and the Cultural Contradictions of Capitalism* (University of California Press, London, 1997). 사랑을 사회/정치철학적으로 분석하고자 하는 사람들에게 흥미를 줄만한 책이다. 이 책은 어떻게 낭만적 사랑이 후기 자본주의 소비문화(레저, 여행, 데이트와 같은 여가문화)와 관련되어 있는지를 검토한다. 근대에 중산층의 낭만적 사랑관에서 도덕(사랑은 경제적 계산을 뛰어넘어야 한다)과 소비(사랑은 소비를 통해 유지될 수 있다)가 어떤 방식으로 조우하는지를 보여준다. 그밖에도 낭만적 사랑이 포스트모던적 조건과 어떤 점에서 상통하는지를 밝혀주고 있다.

김세서리아 / 이화여자대학교 연구원

친 노무현이면 콩쥐,
친 이명박이면 팥쥐?!

『조선의 힘』 / 오항녕

PC방에서 들킨 대한민국

대선 기간 막바지, PC방에서 있었던 일이다. "문재인은 빨갱이야", "맞아 맞아, 근데 박근혜는 친일파래", "히히, 그럼 누구 찍어?" 희희낙락하며 주고받는 이 대경할 대화에 아연실색하여 돌아보니 허탈하게도 초등학생 몇몇 애들이었다. '누가 나쁜 놈이고, 누가 좋은 놈이야?'

그 아이들은 한 후보를 빨갱이라 하고, 한 후보를 친일파라 말하고 있었다. 주변, 특히 인터넷에서 연일 쏟아지는 책임 불명의 말들이 아이들의 입에서 자연스럽게 발음되고 언어로 기능하고 있었다. 그러나 몇 분 지나지 않아 아이들은 조용히 모니터 화면에 몰두했다. 세상의 좋은 사람, 나쁜 사람을 결정하는 일이 당장의 온라인 게임보다 중요하지 않았기 때문이다.

흐름이다. 무리에서 소외되지 않게, 회자되는 소재에 대해 의견을 피력해야 한다. 아이들은 각자 사유에 의한 판단이 아닌 직관적인 선택을 했고, 그 둘의 차이는 다행히 중요하지 않았다. 왜냐하면, 그들은 단지 어느 무리에 소속되기를 바랐을 뿐이니까. 선택은 나열된 사안 중에 단지 한 가지를 고르는 행위이고, 판단은 특정한 상황에서 사리 분별을 통해 결정하는 행위라고 하자.

PC방 아이들은 손쉽게 '선택'했지만 그것은 '판단'이 아니다. 그리고 선택도 단지 좋은 사람과 나쁜 사람을 구분하는 양자택일 구조의 선택이었다. 한쪽이 좋은 사람이면 한쪽은 나쁜 사람이다. 다른 경우는 없다. 내 편은 좋은 사람이고, 내 편이 아닌 사람은 적이고, 적은 나쁜 사람이다. 비단 아이들만이 가지고 있는 논리 구조의 문제일까? 선택에는 마땅히 그 선택을 이유로 한 목적이 수반된다. 그런데 그 목적이 단지 적군과 아군을 구분하기 위한 수단에 불과하다면?

요즘 한국에선 특정 당의 정책을 비판하면, 당 그 자체를 비판하는 정치 세력으로 치부된다. 만약 정부의 정책을 비판하는 사람이 있다면 그는 곧 반정부주의자로 둔갑한다. 그 반대도 마찬가지다. 정부의 복지 정책에 비판적인 사람과 정부 정책에 긍정적인 사람이 있다. 전자는 기존 정책에 대한 비판으로 새로운 대안을 제시한다. 후자는 기존 정책이 유지되길 바란다. 점진적 보완과 수정으로 정책의 방향을 제시한다.

그런데 어떤 사람은 정부의 정책을 비판하는 사람을 정부를 비판하는 사람으로 여긴다. 정부의 정책은 다양하고, 그 분야에는 가짓수도 대단히 많다. 그런데 정부의 정책 중 일부 정책에 대한 비판으로 말미암아 그를 반정부주의자로 매도하고, 심지어 비난한다. '정책'에 관한 판단을 하지 않은 채, '정책' 선택이 다르다는 이유로 비꼬고 야유한다.

'정책의 다름'이 무엇인지, 왜 그런지는 중요하지 않다. 그는 자신이 신뢰하는 대상의 한 부분이라도 누군가가 문제 삼으면 곧바로 선택에 들어간다. 정부의 정책을 비판하면 반정부주의자고, 나쁜 사람이다. 이런 바탕에선 정책을 논할 수 없다. 이런 판은 광장이라 할 수 없다. 인터넷 공간을 부유하는 한낱 정체불명의 구호들을 입으로 배설하고 있던 PC방 초등학생들의 수준과 무엇이 다른가?

자기 사유화를 거치지 않은 채 '선택'에만 국한한 논의는 소통을 불가능하게 하고, 타당한 정치적 행위 자체를 불신하게 하는 상태까지 이르게 한다. 결국 선택의 목적이 적에 대한 확신이나 자기 방어가 되어, 스스로 만든 틀에서 벗어나지 못하고 대화는 불가능해진다. 우리 사회는 이미 상당부분 이런 이분법적 사고 프레임에 잠식되어 있다.

나는 우선 이런 사태의 원인 중에 하나를 일제 식민사관이 만든 조선역사 왜곡에서 찾아보고자 한다. 오항녕의 『조선의 힘』(역사비평사 펴냄)에선 이 프레임에 대한 한 편의 근거를 제시한다.

콩쥐 / 팥쥐 프레임

오항녕의 『조선의 힘』은 조선이 왕조를 500년간 지속할 수 있었던 저력에 관해 말하고 있다. 최고 권력자인 왕에 대한 교육과 견제 작용의 경연(經筵), 역사의 흔적 실록(實錄), 200년간 진행된 대동법(大同法), 오래된 미래 조선 성리학(性理學) 그리고 조선에 대한 여러 오해들을 풀어가면서 조선 시대의 가치를 조명하고 있다.

> "사람들은 조선이 근대로서 전환 실패에 따른 실패한 체제였다는 생각을 가지고
> 있는 듯하다. 그러나 근대로의 전환은 시험에 합격, 불합격을 따지듯 말할 수 있는 성
> 격의 것이 아니다. 일부만 제외하고는, 지구상에 조선을 비롯해 대부분의 문명들이
> 지금 우리가 알고 있는 근대를 자신들의 미래로 생각하지 않았다."(5쪽)

근대를 척도로 한 역사의식과 서구 역사를 잣대로 한 시대 의식이 조선
을 편견으로 바라보게 하진 않았을까? 그리고 우리의 유전인자에 원래 사
대주의의 피가 흐르고 있다는 식민사관의 세뇌가 우리의 역사적 자부심을
억압하고 있진 않는가?

저자는 우리를 억누르고 있는 폭력적인 프레임을 말한다. 근대를 절대
화하여 '근대=선'/'조선=전통=악'이란 도식이다. 나아가 '사대=나쁜
나라' 대 '주체=좋은 나라'라는 전형적인 '콩쥐/팥쥐' 구도를 형성한다고
한다.

'콩쥐/팥쥐' 구도는 판단이 아닌 선택이고, 선택이 아닌 강요이다. 이미
좋은 편, 나쁜 편이 결정되어, 좋은 편은 무엇을 해도 좋은 일이고, 나쁜
편은 무엇을 해도 나쁜 일이 되는 구조, 그리고 내 편이 아니면 다 나쁜 편
이고 내 편을 싫어하면 다 나쁜 편이 되는 구조에서 우리의 선택은 '과연
선택이라 할 수 있는가?'라는 의문을 돌출시킨다.

조선의 팥쥐 : 대동법, 성리학, 사대

조선에는 어떤 콩쥐와 팥쥐가 있을까? 먼저 대동법 콩쥐/팥쥐를 살펴보자. 대동법은 공납의 폐해를 개선하고자 백성을 위해 펼쳤던 정책이다. 약 200년이 걸린 이 정책은 조선 사회의 획기적인 변화였다. 하지만, 대동법을 정책이 아닌 지주/소작이라는 계급론으로 환원하여, '콩쥐/팥쥐'의 구도로 만들어 버렸다. 양반은 지주이자 팥쥐, 백성은 소작이자 콩쥐로 만들었다. 그리고 양반 세력에 맞서 대동법을 실행하고자 했던 왕도 콩쥐가 되었다.

사람들은 "새누리당이나 민주당이나 똑같은 놈들이지, 그놈이 그놈이야" 하면서 정치인들을 같은 부류라고 생각한다. 정치인들을 자신의 이익만 추구하는 자들로 보면서 서민과는 다른 집단으로 만들어 버린다. 대동법은 누가 추진했을까? 백성을 사랑한 왕이 자신들의 배만 채우는 양반들과 싸워서 이긴 결과일까? 아니다. 대동법의 제안도 실행도 모두 양반들로부터 비롯되었다.

"관료들이 양반이었고, 지주들이 많았다고 하더라도, 정책을 논의하고 실행할 때 어떤 관료는 정통한 지식을 바탕으로 끈질기게 개혁을 추진하고, 어떤 관료는 사안을 잘 이해하지 못하기도 하며, 어떤 관료는 반대하기도 한다. 방향이 같아도 진단이 다를 수 있고, 그에 따라 급선무를 달리 생각하기도 한다. 재정 안정을 고려할 수도 있고, 군비를 고려할 수도 있으며, 민생을 고려할 수도 있다. 이렇게 다기한 요소를 제도화해 현실에서 운영하는 것이 정책이다."(127쪽)

정치인에 대한 불신과 환멸은 그들을 정책을 내는 사람이 아닌 계급을 대변하는 사람으로 보기 때문이다.

또 하나의 팥쥐가 있다. 조선 성리학이다. 사람들은 흔히 조선이 망한 이유를, 현실 감각이 없는 이상주의 성리학자들이 조선을 이끌었기 때문이라고 한다. 나라의 발전과 백성의 안위는 뒤로 한 채, 예송 논쟁과 형이상학 논쟁(주리(主理)-주기(主氣))에 대한 담론만 일삼았기에 나라가 강해지지 않고, 일본에게 강제 합병되어 조선이 망했다고 한다. 500년간 이어진 왕조에 대해서 너무 가혹한 평가가 아닐까? 이런 논리는 성리학에 대한 오해에서 시작된다.

"예를 들어, 주기-주리의 개념을 통해 정치사를 설명하는 과정에서 나타나는 실제적인 사상사와 정치사의 분리 현상이다. 일제 시대의 다카하시 도오루의 주리-주기 논리를 이어받은 이병도가 여러 유보적 언사에도 불구하고 결국 사단칠정 논쟁과 호락 논쟁을 관념적 독단 정도로 이해하고, 나아가 조선 정치사의 흐름을 식민지 시대 일본 학자들의 당쟁론 정도에서 이해하게 되는 근원적 까닭이 바로 여기에 있다."(190쪽)

조직은 어떤 사회를 지향하는가를 제시한다. 그리고 조직은 지향하는 이념의 이론을 체계화하고 공고히 한다. 우리는 이러한 이론의 체계화 과정만 싹둑 잘라 놓은 단편만으로 조선 성리학자들을 판단할 수 있을까? 하지만, 결국 관념 논쟁에만 빠져 있던 성리학자는 팥쥐가 되고, 현실적인 이단자는 콩쥐가 되었다. 그리고 나쁜 성리학자들은 주자학과 다른 경전 해석을 하거나 유학이 아닌 다른 학문을 하는 좋은 이들을 이단이자 사문

난적으로 몰았다. 조선의 지배층은 자아도취에 빠진 히스테리 환자이자, 소인배 집단으로 전락해 버렸다.

과거 청산은 시대를 살아가는 사람에게 자신의 정체성을 확립하게 하기 위한 기본 전제이다. 역사 정립이 제대로 이루어지지 않으면, 현재를 살아가는 우리가 당당하기란 퍽 어려운 일이다. 친일파 청산도 같은 선상에 있다. 하지만, 생각보다 대한민국의 친일파에 대한 처분은 그리 명백하지 못하다. 아니, 아직도 끌려 다니고 있다. 우리가 당당하지 못한 이유는 혹시 팥쥐가 되어버린 조상 때문은 아닐까.

마지막 팥쥐는 '사대(事大)'이다. 사대란 약자가 강자를 섬긴다는 뜻이다. 후금이 만주에서 흥기했을 무렵 조선의 왕은 광해군이었다. 동생들을 죽이고, 어머니를 폐한 패륜아이자, 끝없는 궁궐 공사로 백성들의 고혈을 짜낸 광해군은 후금과 명나라 간에 실리 외교로 재조명받는 왕이 되었다. 실리 외교를 펼친 광해군은 콩쥐가 되고, 사대주의 명분론으로 국익을 망친 반정 세력은 팥쥐가 되었다. 명분은 헛된 것이고, 실리는 바람직한 것이기 때문이다.

"명분과 실리는, 같이 가면 좋은 것이 아니라, 원래 같이 가는 것이다. 명분 없는 실리는 오래 가지 못하고, 실리 없는 명분은 공허한 것이다. 곧 원칙 없는 정책, 비전 없는 정책이 오래 갈 수는 없는 것이다. 그러므로 명분과 실리를 나누어 어떤 역사적 사실을 해석했던 우리의 오염된 관점을 이쯤에서 반성해야 한다."(223쪽)

정책에서 명분만 있는 혹은 실리만 있는 정책은 존재하지 않을 것이다.

하지만, 명분과 실리라는 이분법적 구조에서 명분만 따지는 사대주의자들을 비판할 근거가 생겼다.

"광해군의 실리주의 외교와 반정 세력의 명분론을 대립시키면서, 이 명분론을 명에 대한 사대주의로 규정했다. 식민사관의 사대주의론은 이렇게 광해군이 부활하면서 완성되었다. 타율성론-사대주의론-실리 외교론은 정교한 이데올로기적 장치이다. 사대주의론은 식민지 조선인, 특히 지식인들에게는 치명적인 상처였다. 죽은 자만 말이 없는 것이 아니라, 망한 나라도 할 말이 없는 것이다. 사대주의-명분론 vs 실리론"(235쪽)

오항녕이 말하는 콩쥐/팥쥐 구조는 완성되었다. 이제 현재 대한민국에서 콩쥐/팥쥐 구조를 맛보기로 하자.

콩쥐/팥쥐 맛보기

현재 한국에서 콩쥐/팥쥐 구도를 살짝 대입해 보자. 노무현-친노 세력이라는 팥쥐를 만들었다. 콩쥐는 반노 세력이지만, 그 의미의 폭은 확실하지 않다. 애초에 '친노'라는 개념 자체를 일부 언론에서 폭력적 이분법 논리로, 더군다나 그 스펙트럼조차 모호하게 퍼뜨렸기 때문이다. 일부 언론들은 노무현을 팥쥐로 만들고, 노무현과 관련이 있는 사람들을-정책이나 정치력과는 상관없이 필요성이 있다면 어떤 관계든 끌어와서-팥쥐로 몰고 한 패거리라고 몰아붙인다.

노무현은 나쁜 사람인가? 대통령 시절의 자질 문제인지, 정치적인 이유인지, 자신의 이익과 관련해서인지 알 수는 없지만, 노무현은 실패한 대통령이고, 한국을 망쳤기 때문에 나쁜 놈이라고 한다. 그리고 이명박 정부의 정책과 반대하는 여러 사람들을 노무현과 함께 팥쥐로 만들어버렸다. 노무현과 관련된 사람은 나쁜 사람이고 노무현을 비판하는 사람은 좋은 사람이라는 구도를 만들었다. 비판하는 사람 중 문제가 있는 사람은 그들과 무관하다고 말하거나 꼬리 자르기를 하였다. 이는 프레임을 동등하게 형성하지 않고, 편한 대로 형성했다고밖에 볼 수 없다. 이는 논의의 차원을 벗어난 통일성 없는 잣대이다.

　오항녕은 이러한 프레임에 대해 "『국화와 칼』이란 책이 출간된 뒤, 마치 식민지 조선의 지식인이나 21세기 한국 지식인들이 그러하듯이, 일본의 지식인들도 베네딕트가 강제한 '표상'에 대응했다. 전형적인 것이 1950년에 글을 발표한 와쓰지 데쓰로처럼 '일부 일본인은 그렇다, 그렇지만 대부분은 그렇지 않다'는 식의 대응이었다. 그런데 이 순간 그 프레임에 빠진다. 말하자면 해당 명제에 대항한다고는 했지만 실제로는 내면화해버리는 것이다"(237쪽)고 말한다.

중용의 역설: 진짜 우리의 이름은?

　한쪽 극단에 치우치지 않고 적절한 중도를 선택하는 것. 그것이 다른 이들을 되도록 자극하지 않고 스스로도 자기 시야에 매몰되지 않는, 우리가 전통적으로 장려하는 중용의 미덕이다. 그러나 오히려 그렇기 때문에 인터넷과 사회 연결망 서비스(SNS)가 주류를 이루는 요즘의 여론 환경에서 사람들은 앞 다퉈 극단을 좇는지도 모른다. 이것 아니면 저것이라는 하나의 극단적인 주장이나 입장이 없으면 주목받지 못한다는, 수많은 정보와 말들의 편린 속에서 묻혀버릴지도 모른다는 강박이 시나브로 우리의 의식을 점령해 버린 것은 아닐까.

그러나 예컨대 '비겁'과 '만용' 사이의 가운데쯤에서 '용기'를 택하듯이 극단(side)과 극단(side)을 피해 가운데를 선택하는 서양 철학에서의 중용 개념과, 동양 철학에서 이야기하는 중용 개념은 사뭇 다르다. 왼쪽의 모서리(side)와 오른쪽의 모서리(side) 사이의 가운데 어디쯤을 선택한다 한들 그것 역시 결국은 하나의 모서리(side)가 될 수밖에 없다. 동양 철학에서의 중용이란 단지 입장의 양 극단을 피하라는 구호에서 끝나지 않는다. 기존에 산재한, 그리하여 끊임없이 우리를 괴롭히는 편견과 미혹 없는 마음으로 사물을 평직(平直)하게 바라보는 것. 그런 마음가짐을 가지기 위한 일련의 공부다. 그러니 역설적으로 중용이란 결국 하나의 온당한 모서리(side)를 가지기 위한 치열한 성찰과 연마(硏磨)를 가리키는 것인지도 모르겠다.

우리는 완벽한 역사의 진실을 추구하지만, 어쩌면 그것을 이루는 것은 불가능한지도 모른다. 그러나 좀 더 나은 방법론을 개발하고 관점을 공유하면서 한 걸음, 한 걸음 거기에 다가가려고 노력한다. 그래서 진실은 하늘의 몫이지만, 진실에 다가가려고 노력하는 것은 우리 인간의 몫이라고, 성리학의 발달과 함께 사서의 하나가 된 중용의 저자는 말했다. 세상엔 정말로, 콩쥐도 팥쥐도 필요하다. 그러나 모든 사람의 이름이 콩쥐이고, 팥쥐일 필요는 없다. 콩쥐와 팥쥐 사이, 진짜 이름을 찾은 사람끼리 있는 힘껏 자기 모서리를 부딪치고 또 조율하는 세상을 바란다.

오상철 / 한국철학사상연구회 회원

6장   세상의 붕괴에 대처하는
우리들의 자세

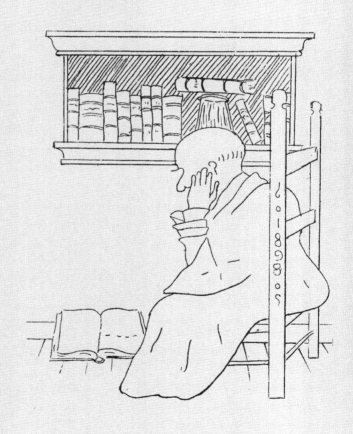

천국의 죄수들이 꿈꾸는
유쾌한 세상

『유쾌한 천국의 죄수들』 / 아르토 파실린나

로빈슨 크루소와 천국의 죄수들

로빈슨 크루소는 난파당해 무인도에 혼자 불시착한다. 그곳에서 그가
할 일은 구조되기까지 무조건 살아남아야 하는 것이다. 그것만이 중요했
다. 훌륭하게 사회화가 된 로빈슨 크루소가 어찌어찌하여 무인도에서 살
아남긴 했는데, 그 다음이 문제였다. '심심하다, 외롭다.' 이야기할 사람이
아무도 없는 무인도의 적막함이 로빈슨 크루소를 괴롭힌 것이다. 새를 벗
삼아 공을 벗 삼아 무인도를 벗어날 때까지 어떻게든 버티었다. 만약 그런
삶에 만족했다면 굳이 복잡한 사회로 다시 나가고 싶지 않았을 것이다. 하
지만 그리웠을 것이다. 자기와 똑같이, 살아 숨 쉬고 생각하고 말하는 사
람들이 그리웠을 것이다.

만약 그가 혼자가 아닌 다른 여러 사람들과 함께 난파되어 무인도에 가

게 된다면, 구조될 때까지 그들과 행복하게 살았을까? 아무리 생각해도 그렇지는 않을 듯싶다. 어려울 때는 콩 한 쪽도 나눠먹어야 한다지만, 배가 고파 당장 죽을 것 같다면 그 콩은 아무도 모르게 숨겨놓고 혼자 먹어야 할 나만의 생명줄일 것이다. 어느 누구와도 함께 나눌 수 없는 귀중한 생명줄 말이다. 이럴 때는 혼자인 것이 더 나을지 모른다. 누군가 내 옆에 있다는 사실 때문에, 그도 배고플 것이라는 것을 생각해야 하니까 말이다. 콩 한 쪽이 이리 아까울 수가 있으랴.

로빈슨 크루소가 혼자가 아닌 다른 많은 사람들과 함께 고립된 섬에서 살아남아야 한다면, 그의 고민은 이제 혼자만의 생존이 아니게 된다. 다른 누군가와 함께 살아남는다. 그렇게 되기 위해서는 어떻게 해야 할 것인가. 아주 심각한 문제와 대면해야 할 것이다. 머리 복잡한 로빈슨 크루소 대신에 이 문제를 고민해 보려는 사람, 그래서 혼자가 아닌 40여 명의 사람들에게 어떻게든 잘 버텨보라고 무인도에 불시착시켰던 이가 있다. 바로 핀란드의 소설가 아르토 파실린나이다. 그는 소설 『유쾌한 천국의 죄수들』(이명 옮김, 노마드북스 펴냄)에서 비행기가 추락하여 무인도에 불시착한 40여 명의 사람들이 구조될 때까지 어떻게 살아남았는지를 보여주고 있다. 그것도 우리가 유토피아로 규정짓고 현실에서는 절대로 실현 불가능하다고 이야기한 원시적 공산주의 사회의 모습으로 말이다.

현대 유럽 자본주의 사회를 제 바닥으로 알고 살던 사람들이 갑자기 아무것도 없는 무인도에 불시착했다. 어서 빨리 내 집으로 돌아가 편안한 소파에 몸을 기대고 싶은데, 무인도에서 빠져 나갈 방법은 보이질 않는다. 더구나 본래 살던 생활 습관이 한순간에 바뀌지는 않을 것이니 이 불편함을 어떻게 해소할 것인가. 정말 막막하기 이를 데 없다.

마르크스주의에 따르면, 역사적 유물론의 전개 과정에서 자본주의의 모순이 극대화되면 자체 모순의 폭발로 인해 자본주의 사회가 멸망하고 공산주의 사회가 도래할 것이라고 했다. 그때가 되면 다들 능력껏 일하고 필요한 만큼 갖다 쓰고, 그렇게 되면 모두가 행복하고 평등하게 살 것이라고 했다. 그런데 그것이 가능한 것인가? 이제껏 모든 것들에 내 것이라 이름표 붙이고 품에 끌어안고 살던 사람들이, 아무리 자연의 순리처럼 자본주의에서 공산주의로 옮겨가게 되었다고 해도, 내 것 네 것 가리지 말고 다 같이 쓰고 살자고 할 수 있겠는가 말이다.

공산주의 사회가 도래하더라도 결국 그 사회를 유지하는, 다시 말해서 정치할 사람들이 생겨나게 되고 그 밑에서 피정치인으로 살아갈 사람들이 생겨나게 될 것이다. 그것은 자본의 그늘에서 벗어나긴 했지만 또 다른 무언가에 의해 지배하고 지배당하는 다른 방식의 관계를 만들어낼 것이다. 여전히 불평등은 남을 것이며, 그로 인해 사람들은 여전히 사람답게 살지 못할 것이다.

이런 악순환으로 공산주의 사회는 결코 현실에서는 실현될 수 없는 저 피안의 세계로 남을 것이다. 소비에트연방공화국을 보라. 그런 세상이 올 거라고 주장했지만 그들의 지금 모습은 어떠한가? 공산주의 사회는 그저 신기루일 뿐이라고, 진짜 세계는 아니라고 사람들은 여길 것이다.

그럼에도 마음 한 조각은 비워두지 않는가, 그런 세상이 왔으면 참 좋겠다고 말이다. 다 같이 잘 살면 참 좋을 텐데. 그렇게 세상을 다스려주는 게 정치라면 정치, 그거 할 만한 것일 텐데. 왜 그게 안 되는 것일까? 그건 아마도 다 같이 살아야 할 세상에서 혼자만 잘 살고 싶은 욕심 때문일 것이다. 남들보다 더 많이 가지고 싶고 더 많이 누리고 싶은 것, 그것을 위해서 누군가의 등을 밟고 올라가는 것이 아무렇지도 않은 것, 그런 게 정치라고 생각하는 것, 그래서 안 되는 것이다.

하지만 정치는 그런 게 아니다. 다 같이 잘 사는 것, 다 같이 누리는 것, 그렇게 하기 위해서 서로 마음을 터놓고 이야기할 수 있게 하는 것, 그것이 정치다. 그런 정치가 가능하려면 모든 것을 다 내려놓아야 하는데, 욕심을 버려야 하는데, 욕심 그게 참 버리기엔 아까운 묘한 놈이다.

함께 이야기하고 함께 소유하기

『유쾌한 천국의 죄수들』. 제목, 참 그럴싸하다. 그 반대가 '불쾌한 지옥의 시민'들이 되나? 그렇다고 한다면 당신은 어느 쪽에 살고 싶은가? 천국 아니면 지옥? 천국이 좋긴 한데 죄수라니 그거 참. 어찌되었거나 40여명의 사람들이 그 무인도에서 그럭저럭 살았다고 하니, 그다지 나쁜 세상은 아니었던 것 같다. 더구나 그곳에 영원히 머물길 원했던 이도 있었다고 하니 뭔가 끌어당기는 그럴싸한 것이 있지 않았나 싶기도 하다.

정치적으로 억압받고 경제적으로 빈곤을 겪는 현실보다 더 나은 무엇이 있기에, 죄수라도 좋으니 유쾌한 천국이 되는 그곳에서 살고 싶다고 한 것은 아닐는지. 그렇다면 파실린나가 꿈꾸는 그 세계, 그의 표현대로라면 토마스 모어의 유토피아이며, 캄파넬라의 태양의 나라인 그곳으로 한번 들어가 보자.

여기 48명의 로빈슨 크루소가 있다. 여성 26명, 남성 22명. 직업군은 의사, 간호사, 산파, 벌목꾼, 삼림 전문 교관 그리고 나름 시선을 제공하는 신문기자. 성비나 직업 면에서 그다지 나쁘지 않게 골고루 모여 있다. 나라도 제각각이다. 스웨덴, 핀란드, 노르웨이, 영국. 이거 말이라도 제대로 통하려나. 하지만 '하필 내가 탄 비행기가 추락할 건 뭐람?'이라 투정부릴 새도 없다. 자본주의 사회의 평범한 시민이었던 사람들이 한순간 로빈슨 크루소가 되어버렸다. 그나마 외로움에 몸부림치며 축구공에 말 걸지 않아도 될 만큼 사람들과 함께 있다는 것이 다행이다. 하지만 그것이 다행일까? 차라리 혼자 무인도에 남아 고생하다가 살아남는 게 마음 편한 것 아니었을까?

인간은 정치적 존재라는 말을 내걸지 않아도, 여럿이 함께 고생하는 것이 혼자 고생하는 것보다 나을 것이다. 왜냐하면 이 무인도에 불시착한 사람들이 제일 먼저 한 일은 어떻게 하면 살아남을 수 있을 것인가를 머리를 맞대고 고민하는 회의였기 때문이다.

처음에는 단지 살아남아야 한다는 이유로 남의 음식을 훔치거나 공동체에 반항하는 사태들이 발생하였다. 이러한 무질서에서 벗어나 모두가 살아남기 위해서는 공동체를 효율적으로 운영하는 것이 필요했고, 이를 위해서는 팀을 구성하는 것이 급선무였다. 생존을 위해 필요한, 예를 들어 먹을 것을 제공할 낚시 팀, 병을 치료해 주거나 예방하는 데 힘을 쓸 위생 팀, 언제라도 불을 사용할 수 있도록 해줄 화력 팀 등, 의식주와 관련된 팀들을 만들고 팀장으로 하여금 질서를 유지하도록 하였다.

우리로 치자면 사회 전반이 잘 돌아가도록 행정부/내각을 구성하는 것과 마찬가지이다. 각자 자기가 소속된 팀에서 맡은 바의 임무를 성실하게 수행함으로써 모두가 함께 사는 방법을 택한 것이다. 그 과정에서 삶에 필요한 것들이 하나둘씩 만들어지고 그로 인해 생활은 조금씩 편리해지기 시작한다. 먹는 것이 해결되었으니 이제 공동체의 질서를 확고히 해둘 필요가 있다. 드디어 이 무인도에도 정치가 시작되는 것이다.

정치의 시작은 약속으로부터 출발한다. 다양한 사람들이 모여 함께 사는 것이니 서로 지켜야 할 최소한의 약속들을 만들어야 한다. 그래야 갈등이나 충돌로부터 서로를 보호할 수 있으며, 공동체를 유지할 수 있기 때문이다. 천국의 죄수들이 맺은 약속을 살펴보자. 우선 캠프 관리를 위해 2주에 1회씩 전체 회의를 하며 안건을 공개 토의한 후 투표를 통해 모든 사안을 결정하기로 하였다. 서로의 욕구를 조절하고 공동체를 유지하는 데 최선의 방법은 함께 이야기하고 논의하여 결정하는 것이다. 이제 이 캠프에는 최고 의사를 결정하는 기구가 탄생한 셈이다.

둘째, 공동 소유이다. 공동체의 삶과 질서를 파괴하는 모든 행위들을 엄단하고 예방하기 위해 재산의 사유화는 최소한에서만 허용하기로 결정한다. 모든 것을 공동 소유로 한다면 남의 것을 훔치거나 피해를 입히면서까지 따로 소유하고 축적할 필요가 없을 것이기 때문이다.

"욕망을 버리고 원래 상태로 돌아가면 돼. 사는 게 뭐야? 빈손으로 와서 헛지랄하다가 다시 빈손으로 가는 거 아냐? 인간은 너무 많은 것들을 손에 들고 있어. 두 손 가득히 불끈 쥔 채 놓질 않아. 한번 움켜쥐면 놓을 줄 모르지. 인간이 잡아먹는 저 짐승들을 봐. 개네들이 지 먹을 거 외에 손에 뭐 들고 다니는 거 봤어? 자기 먹을 거 이상으로 욕심내지 않는 짐승들의 그 무소유 정신을 인간들은 배워야 돼!"

사유 재산의 철폐. 이것은 공산주의 사회가 현실화되기 위한 가장 중요한 기반이자 현실화될 수 없는 높은 장벽이기도 하다. 이 무인도의 삶이 원시 공산주의 사회의 전형을 보여줄 수 있었던 것은 바로 재산을 공유하였기 때문이다.

정치적 행위와 경제적 행위에 대한 가이드라인이 마련되었으니 이제 필요한 것은 교육, 그래서 이들이 선택한 마지막 약속은 의사소통을 위한 언어 교육이었다. 여러 나라의 사람들이 모여 있었던 만큼 의사소통이 제대로 이루어지지 않아 문제가 많았었다. 그래서 그들은 공통의 언어를 선택했다. 그들이 선택한 언어는 강대국의 언어가 아니라 그 안에서 사람들이 가장 많이 사용하는 언어였다.

언론을 막아 정치를 해보려는 현실과는 달리 언론의 육성을 통해 정치를 하고자 하는 것이 이 공동체를 유지시키는 힘이었다. 정치, 경제, 교육, 이 세 영역에서 그들이 맺었던 약속들이 잘 지켜진다면 이곳이야말로 토마스 모어의 유토피아, 캄파넬라의 태양의 나라, 모두가 사람답게 사는 세상, 바로 그곳이 아니겠는가?

바를 정(正), 다스릴 치(治), 그게 정치(政治)

시청률 40퍼센트의 고공 행진을 하며 끝난 어느 드라마에서 임금이 자신의 정치관을 이렇게 말했다.

"정치란 바를 정(正), 둘 치(治), 즉 있는 것을 따르는 것이 아니라 제자리에 두는 것이 정치다. 내가 소중히 여기는 하나를 버리면 천하를 얻을 수 있다 하더라도 그 하나를 얻기 위해 천하를 버릴 수도 있어야 한다."

세상을 바르게 다스리기 위해서는 소중한 것일지라도 과감히 버릴 수 있어야 한다는, 사사로운 욕심이 없는 이상적 정치론이다. 그리고 나라의 기강을 썩게 만드는 뿌리들은 과감히 잘라내고 능력을 갖춘 이를 제자리에 두어 세상을 다스려야 한다, 그것이 바로 정치다. 천국의 죄수들이 공동체를 위해 한 일이 자신의 능력에 맞는 일자리를 찾아 제 능력을 발휘하도록 팀을 구성했던 것을 보면, 아무래도 능력을 갖춘 이들을 그 능력이 잘 발휘될 수 있는 자리에 놓는 것이 바른 정치일 듯싶다. 그렇게 보면 정치란 아주 작게는 제대로 된 정치인을 뽑는 것이 될 것이다.

얼마 전 우리는 제대로 된 정치인을 뽑겠다고 판을 벌였다. 한바탕 난장을 치르고 나니 결과는 예상외였다. 자타가 떠들어대던 정치 전문가이며 대권주자라던 3~4선의 중진 의원들이 대거 낙선하면서 정계 은퇴를 선언했고, 정국의 변화를 몰고 올 것이라며 그들을 대신해 정치 초보자들이 새롭게 등장했다. 누군가는 총선 결과의 무한 책임론을 들어 사퇴를 하고 누군가는 권력의 입지를 공고히 하는 자리가 되었다. 요란하게 한 판 벌린 결과는 이런저런 사람들의 자리 재배치였다.

선거를 치르면서 우리는 자신이 던진 한 표가 어떤 의미를 가지는지, 어떤 미래를 꿈꾸게 할 것인지를 미리 생각해 보았던가? 우리의 바람대로 그들은 이전의 그들과는 다른 새로운 정치의 모습을 보여줄까? 사람이 사람답게 사는 참세상을 우리에게 만들어줄까?

대통령을 뽑든 국회의원을 뽑든, 어찌되었든지 간에 선거는 능력을 갖춘 이를 그에 걸맞은 자리에 두기 위해, 그리고 우리가 원하는 바를 이루기 위해 누군가를 선택하는 하나의 정치적 행위이다. 한 표 한 표가 우리의 미래를 만드는 무한 책임의 한 걸음이지만, 누구처럼 텅 빈 주머니를 불룩하게 만들어 부자를 만들어주겠다는 감언이설에 혹하게 만들어버리는 유혹의 한 걸음이기도 하다. 그 유혹에 흔들리지 않고 바른 한 걸음을 내딛어야 할 텐데, 그러기엔 우리의 욕심은 끝이 없다. 하나를 버리면 다른 하나를 얻을 수 있는데, 꽉 움켜쥐고 그 어느 것도 버리지 않으려는 그 욕심 말이다.

파실린나는 누군가의 입을 통해 죄수들이 살고 있는 천국이 어떤 곳인지 이렇게 말했다.

"우리 공동체가 원시 공산주의 체제와 다를 바 없다는 것을 이해하는 사람들이 우리들 중 몇이나 될까. 우린 기본적으로 서로 분쟁의 소지가 될 만한 게 아무것도 없네. 모든 소유물은 공동 소유이고 기본적인 욕구를 위한 것들도 공산주의의 높은 단계처럼 능력에 따라 노동하고 필요에 따라 분배받지. 노동에 비례해서 분배받거나 무노동 무임금도 아니잖나. 게다가 월세나 보증금도 없는 무료 주택에 살지. 그 비싼 건강 진단과 치료도 무료지. 문턱 높은 은행도 없지. 이 세상에서 가장 더러운 화폐도 없지."

세상이 이 말처럼 되어 있다면, 얼마나 좋을까? 그런 세상을 만드는 것, 그게 정(正)치로서의 정(政)치 아니겠는가.

1) 제프리 골드파브, 『작은 것들의 정치』, 이충훈 옮김(후마니타스, 2011). 정치는 권력자들의 놀음이 아니며 국회라는 거대 담론장에서만 이야기되는 것이 아니다. 정치권력으로부터 배제당한 이들이 식탁 위에 모여 앉아 나누는 이야기 역시 정치적 삶의 한 모습이다. 이 책은 평범한 사람들의 작은 공간들(식탁에서부터 인터넷에 이르기까지)에서 나누는 대화를 통해 정치적 삶의 중요성을 발견하고 그로부터 현대 사회의 정치적 변화를 꿈꾸는 힘없는 사람들의 미래를 이야기하고 있다. 사람들의 작은 힘들이 모여 변화를 이끄는 거대 힘이 될 것임을 믿는 이들에게 굳건한 힘을 줄 수 있는 책이다.

2) 벤자민 R. 파버, 『강한 시민사회 강한 민주주의』, 이선향 옮김(일신사, 2006). 자유로운 사회적 생활이 이루어지는 독립적 영역인 시민사회에서, 강건한 민주주의를 실행하기 위해 다양한 영역에서 다양한 방식으로 사람들의 적극적인 참여가 이루어져야 한다는 것을 보여주는 책이다. 공적이며 시민적인 담론이 가능한 시민적 장의 필요성을 논의하는 이 책은 시민 사회에 대한 광범위한 이론을 습득하고자 하는 이들에게 권하고 싶다.

3) 한나 아렌트, 『정치의 약속』, 제롬 콘 편집, 김선욱 옮김(푸른숲, 2007). 제롬 콘이 한나 아렌트가 남긴 유작들을 편집한 책이다. 소크라테스로부터 마르크스에 이르기까지의 정치철학적 전통에서, 정치에 대한 아렌트의 다양한 사유를 보여주고 있다. 특히 정치적 동물로서의 인간이 자신의 존재를 드러내고, 사람들과의 대화를 통

해 올바른 정치를 수행해 내고자 하는, 정치의 미래를 밝혀주는 책이기도 하다. 권력 놀음이 아닌 인간이라면 누구나 자유롭게 실행할 수 있는 정치의 의미를 찾고자 하는 이들에게 읽기를 권하고 싶다.

윤은주 / 숭실대학교 강사

도덕적으로 완벽한 대통령은
어떻게 탄생하는가?

『정의란 무엇인가』 / 마이클 샌델

정의란 무엇인가

마이클 샌델의 2009년도 저작 『정의란 무엇인가』(이창신 옮김, 김영사 펴냄)가 2010년 한국에 번역되어 인문학 서적으로 베스트셀러 1위를 차지해 화제가 되었고, 2011년 4월에는 마침내 판매량 100만 부를 돌파했다. 교육방송(EBS)에서 하버드 대학의 강의가 방송됐고 이 강의 내용이 따로 『마이클 샌델의 하버드 명강의』(이목 옮김, 김영사 펴냄)로 출간되었다. 2012년 4월에는 『돈으로 살 수 없는 것들』(안기순 옮김, 와이즈베리 펴냄)이 발간됐고 6월 초에 샌델이 방한하여 대중적 인기를 실감하고 돌아갔다.

한국 사회에 나타난 이러한 현상의 배후에는 하버드 대학의 명강의를 앞세운 출판사의 마케팅 전략도 유효했겠지만, 이는 동시에 오늘날 한국 사회의 부정의한 상황을 드러내는 것이며 많은 시민들이 '정의'에 대한 갈망을 갖고 있음을 나타내는 것으로 볼 수 있다. 우리 사회에서 가진 자들의 부패와 부도덕에 대한 분노와 약육강식과 무한경쟁의 신자유주의적 세계관에 지친 시민들은 한국 사회의 존재 방식에 막연한 의문을 갖고 있다가 이 책들의 출간을 통해 자연스럽게 '좋은 삶이란 무엇인가', '정의란 무엇인가'라는 문제를 고민하고 탐색하게 된 것이다.

『정의란 무엇인가』는 "도덕적, 철학적 사고를 여행"하면서 "독자들이 정의에 관한 자신의 견해를 비판적으로 고찰하면서, 자신의 생각을 확인하고, 왜 그렇게 생각하는지 고민하게 하는 것"(47쪽)을 목표로 한다.

그는 도덕적, 철학적 사고가 무엇인가를 제시하기 위해 다음의 예를 든다. 2004년에 미국 플로리다를 휩쓸고 간 허리케인 때문에 22명이 목숨을 잃고 110억 달러에 이르는 손실이 발생했다. 이때 가격 폭리를 통해 이득을 보는 장사꾼들이 있었고 이들에 대해 플로리다 주민들은 분노했다. 이러한 상황에서 주정부는 이미 있는 '가격 폭리 처벌법'을 집행하는 과정에서 이 법의 찬성과 반대에 대한 여론에 부딪혔다. 따라서 법의 정당성에 대한 논쟁, 즉 옳은 법이란 무엇인가? 정의란 무엇인가에 대한 논쟁이 생겨났다.

"가격 폭리 논쟁은 도덕과 법에 관한 어려운 질문을 던진다. 재화와 용역을 판매하는 사람이 자연재해를 이용해, 시장이 견디기만 한다면 어떤 가격을 불러도 상관없는가? 이때 법이 조금이라도 힘을 쓸 수 있다면, 어떤 역할을 해야 하는가? 가격 폭리 금지가 구매자와 판매자의 자유로운 거래를 방해할지라도 주정부는 가격 폭리를 금지해야 하는가?"(16쪽)

그런데 "가격 폭리에 반응하는 우리의 모습은 이중적이다. 다들 자격 없는 사람이 무언가를 얻을 때 분노하며, 인간의 불행을 이용하는 탐욕은 포상이 아닌 벌을 받아 마땅하다고 생각한다. 그러면서도 법을 만들어 미덕(virtue)을 심판하려 할 때는 우려를 표현다"(20쪽) 이러한 딜레마는 "정의로운 사회라면 시민의 미덕을 장려해야 하는가? 아니면 법은 미덕에 관한 서로 다른 개념들 사이에 중립을 지키면서 시민 스스로 최선의 삶을 선택하도록 해야 하는가?"(20쪽)라는 정치철학의 중대한 문제 하나를 드러낸다.

"사회가 정의로운지 묻는 것은, 우리가 소중히 여기는 것들, 이를테면 소득과 부, 의무와 권리, 권력과 기회, 공직과 영광 등을 어떻게 분배하는지 묻는 것이다. 정의로운 사회는 이것들을 올바르게 분배한다. 다시 말해, 각 개인에게 합당한 몫을 나누어 준다. 이때 누가, 왜 받을 자격이 있는가를 묻다 보면 문제가 복잡해진다."(33쪽)

서구에는 가격 폭리 논쟁에서 나타나듯이 사회적 재화 분배를 규정하는 세 가지 기준이 있는데 행복, 자유, 미덕이 그것이다.

첫째, 최대 다수의 최대 행복의 추구, 즉 행복의 극대화를 정의로 보는 18세기의 벤담, 밀의 공리주의가 있다.

둘째, 18세기의 칸트부터 20세기의 롤스까지(자유 지상주의자 포함) 이어지는 정의론으로 우리의 권리를 규정하는 정의의 원칙은 미덕과 최선의 삶에 관한 주관적 견해에 좌우되지 말아야 하며 "정의로운 사회라면 개인의 자유를 존중해, 각자 좋은 삶을 선택할 수 있어야 한다"(21쪽)는 입장이다. 이러한 개인주의는 자율적이면서 평등한 독립적 개인(무연고적 자아)으로 구성된 사회에서, 개인이 집단이나 공동체보다 더욱 중요한 가치를 가진다고 보는 입장이다. 물론 롤스는 자유주의를 우선으로 하되 평등을 최대한 보장해야 한다는 평등주의적 입장을 제시한다.

셋째, 가장 바람직한 삶(좋은 삶, good life)의 방식, 우리 삶의 목적과 가치부터 숙고해야만 무엇이 정의인지 알 수 있다고 주장하는 아리스토텔레스의 정의론이다. 정의는 미덕, 좋은 삶과 밀접히 연관되며 개인은 공동체적 존재(연고적 자아)로서 공동체 내에서 공동선(善)과 미덕(美德)을 추구하는 것이 정의라고 본다.

『정의란 무엇인가』의 전체 줄거리

샌델은 구체적이고 다양한 사례들에 대한 이야기를 통해 정의에 대한 논의를 풀어나간다. 그의 스토리텔링의 기술은 소크라테스적 대화에 버금가는 탁월한 것으로, 정의에 대한 어느 다른 책보다 이 책을 돋보이게 하는 것이며 깊이가 있으면서도 대중적 인기를 끈 비결이기도 하다.

샌델은 1장에서 문제 제기를 한 후 세 가지 입장들을 검토해 나간다. 2장에서는 공리주의적 입장을 다루면서 '효용' 중심의 사고가 갖는 한계인 소수자 인권의 무시와 모든 것을 물질적 효용가치로 환원하는 입장을 비판한다. 3장에서는 공리주의에서 문제된 인권과 자유를 적극적으로 옹호하는 '자유 지상주의'(libertarianism)의 시장 만능주의를 검토한다. 시장 만능주의는 모든 것을 자유로운 합의와 선택에 의한 교환에 맡긴다. 이 입장에서는 자유로운 선택이 모든 가치 중의 최고 가치가 된다. 곧이어 4장에서는 시장과 도덕의 문제를 다루면서 "자유 시장에서 우리의 선택은 얼마나 자유로운가? 세상에는 시장이 존중하지 않는, 그리고 돈으로 살 수 없는 미덕과 고귀한 재화가 과연 존재할까?"(143쪽)라고 묻고 '돈으로 살 수 없는 가치들'을 옹호하면서 칸트로 넘어간다.

5장에서 샌델은 공리주의를 비판하는, 즉 인간은 다른 목적을 위한 수단(물건)이 되어서는 안 되며, 존엄성을 가진 존재로 존중받아야 한다는 칸트의 입장을 다룬다. 칸트에서 인간은 이성적 존재이자 자율적 존재이며 자유롭게 행동하고 선택할 능력이 있다. 그리고 어떤 행동의 도덕적 가치는 결과에 있는 것이 아니라 동기에 있다. 중요한 것은 옳은 일을 하는 것이며 그 이유는 옳기 때문이라야지 다른 이유가 있다면 도덕적 행위가 아니다.

그리고 6장에서는 칸트의 이러한 입장을 토대로, 평등을 중시하는 사회 정의론으로 발전시킨 롤스의 『정의론』(황경식 옮김, 이학사 펴냄)을 소개한다. 롤스는 기본적으로 개인의 자유를 사회가 어떻게 평등하게 보장해줄 것인가라는 문제를 철학의 출발점으로 삼고 있다. 그는 자유와 평등은 마치 수레의 양쪽 바퀴처럼 서로 같은 방향으로 굴러가야 사회적 정의가 실현될 수 있다고 말한다. 그는 일종의 사고 실험을 통하여 자율성을 인정하는 개인들이 서로 간의 합의를 바탕으로 사회 체제의 기본 원리를 구성하게 함으로써 '공정으로서의 정의(Justice as Fairness)'를 실현하려고 한다.

롤스는 미국 사회에 만연한 능력주의를 비판하면서 "우연히 주어진 선천적이거나 사회적인 환경을 자신을 위해 이용하려면 그 행위가 반드시 공동의 이익에 도움이 되어야 한다"고 주장한다. 샌델은 "롤스의 정의론이 궁극적으로 성공하든 실패하든, 그 이론은 미국 정치철학이 아직 내놓지 못한, 좀 더 평등한 사회를 옹호하는 가장 설득력 있는 주장임에 분명하다"(231쪽)고 평가하면서도 롤스 이론이 갖는 문제점을 제시하기 위해 7장에서 소수 집단 우대 정책을 다룬다.

샌델에 의하면 소수자에 대한 대학 입학 특혜는 정당한데 그 이유는 소수자가 입학 자격이 있어서가 아니라 대학이 규정하는 사회적 목적에 적합하기 때문이다. 그러므로 정의를 논의할 때, 칸트나 롤스와 같은 자유주의자처럼 좋음 또는 목적을 완전히 배제할 수 없다. 이와 관련하여 대학의 기여금 입학제에 대해 샌델은 반대한다. 왜냐하면 대학의 목적은 수입을 극대화하는 것이 아니라 교육과 연구로 공동선에 기여하는 것이기 때문이다. 돈벌이가 입학 정책을 좌우한다면 대학은 가장 중요한 이유인 학문 추구와 시민의 기대 부응에서 멀어지고 만다.(255쪽)

샌델은 8장에서 아리스토텔레스의 목적론적 입장을 검토한다. 근대 이후 과학에서 목적론적 사고를 거부하면서 정치와 도덕도 그러한 사고를 거부했는데, 사회 조직과 정치 행위를 생각할 때 목적론적 추론을 버리기는 쉽지 않다.(267쪽)

아리스토텔레스에 있어 정치는 인간으로서 좋은 삶을 사는 데에 필수적이다. 정치의 목적은 사람들이 고유의 능력과 미덕을 개발하게 만드는 것, 즉 공동선을 고민하고, 판단력을 기르며, 시민 자치에 참여하고 공동체 전체의 운명을 걱정하게 하는 것이다. 시민의 자질이 가장 뛰어난 사람, 즉 공동선을 숙고하는데 가장 뛰어난 사람이 정치적으로 인정받고 가장 큰 영향력을 발휘할 가치가 있는 사람이다. 따라서 최고 공직과 영광이 이들에게 돌아가야 한다.(273쪽)

샌델은 9장, 10장에서 자유주의 성과를 중시하되 공동체의 목적도 중시하는 새로운 입장을 토대로 자신의 정의론을 전개한다. "정의로운 사회는 단순히 공리를 극대화하거나 선택의 자유를 확보하는 것만으로는 만들 수 없다. 좋은 삶의 의미를 함께 고민하고, 으레 생기게 마련인 이견을 기꺼이 받아들이는 문화를 가꾸어야 한다"(361쪽)고 주장한다.

그러나 아리스토텔레스를 이어받은 샌델의 이러한 주장은 자유주의, 개인주의에 익숙한 오늘날의 사람들에게는 생소하고 위험하기까지 하다. 자율적이면서 평등한 독립적 개인(무연고적 자아)으로 구성된 자유주의 사회에 개인들은 자유로운 선택권을 지닌 독립적 존재이다. 따라서 우리 권리를 규정하는 정의의 원칙을 설정할 때 특정한 도덕적 · 종교적 사고에 좌우되지 말아야 하며, 좋은 삶을 규정하는 서로 다른 시각들 사이에서 중립을 지켜야 한다. 이러한 자유주의적 중립의 틀이 갖는 매력은 무엇이 좋은 삶인지 단정하지 않으므로 개인의 선택의 자유를 최대한 보장한다는 점이다.

그러나 자유주의적 사고에 기초한 도덕적 개인주의의 입장에는 집단적, 공동체적(연대적) 책임의식이 들어설 여지가 없다. 따라서 현대 일본의 젊은이들은 과거 일본의 행위에 대해 책임질 필요가 없고 현재 미국의 백인이 과거 흑인 노예 소유에 대해 책임질 필요가 없다. 그러나 과연 그런가? 사실은 그렇지 않다.

칸트와 롤스의 자유주의적 독립적 인간관에 동의하지 않는 샌델에 의하면 우리는 공동체적 존재이다. 나는 내 가족, 내 도시, 내 나라의 과거에서 다양한 빚, 유산, 적절한 기대와 의무를 물려받는다. 이는 내게 주어진 기정 사실이자 도덕의 출발점이며 또한 내 삶에 도덕적 특수성을 부여하는 것이기도 하다. 우리 개인들은 모두 가족, 사회, 국가 등의 공동체에 대한 연대 의무와 소속의 의무를 갖는다. 인간은 완전히 독립적, 자율적, 개인적 존재가 아니라 공동체 속에서 태어나 그 관계 속에서 자신의 삶의 이야기와 역사를 갖는 서사적 존재(연고적 자아)이며, 도덕적 분노나 자부심, 수치심 등은 정체성을 공유한다는 전제에서 나오는 도덕 감정이다.

그러나 샌델은 공동체의 가치를 맹목적으로 강조하는 보수적 공동체주의자가 아니라 자유주의적 전통을 존중하고, 롤스의 평등주의적 문제의식을 계승하면서도 자유주의자들과는 다르게 공동체에 대한 시민의 정치 참여를 중시하는 시민적 공화주의적 입장을 견지한다.

의견 불일치와 공공선의 정치

샌델에 의하면 정의에 대한 논의에는 어쩔 수 없이 '좋은 삶이 무엇인가'라는 도덕적(가치론적) 판단이 끼어들며 따라서 정의는 영광과 미덕, 자부심과 사회적 인정에 관한 대립하는 여러 개념과 밀접히 연관된다. 샌델은 정의는 롤스가 주장하는 올바른 분배만의 문제가 아니라 올바른 가치 측정의 문제임을 강조한다. 이러한 강조는 현대 미국 사회의 자유주의, 개인주의가 가져온 개인의 소외, 인간성의 몰락, 물질적 이익 중심의 삶, 공동체의 해체 등이 갖는 한계에서 새롭게 요구되는 삶의 가치와 의미, 목적 등에 대한 요구와 갈망을 나타내는 것이라 할 수 있다. 샌델은 도덕과 종교에 대한 자유주의적 중립이 갖는 한계를 지적하면서 "서로 다른 윤리적, 도덕적 가치가 경쟁할 수 있는 사회, 의견 불일치를 받아들일 수 있는 사회를 만드는 것이 정의로운 사회로 나아가는 첫 번째 단계"(『왜 도덕인가?』(안진환·이수경 옮김, 한국경제신문 펴냄), 43쪽)라고 주장하면서 공동선(공공선)을 추구하는 새로운 정치가 필요하다고 강조한다.

새로운 정치는 첫째, 정의로운 사회가 되기 위해 시민들이 사회 전체를 걱정하고 공동선에 헌신하는 태도를 키울 방법을 찾아야 하며 따라서 시민의식, 희생, 봉사의 정신을 키울 수 있도록 도덕적 논의를 활성화하는 정치이다.

둘째, 사회적 행위를 시장에 맡기면 그 행위를 규정하는 규범이 타락하거나 질이 떨어질 수 있기에 시장이 침입하지 못하도록 보호하고 싶은 비시장 규범이 무엇인지 끊임없이 묻는 정치, 즉 시장의 도덕적 한계를 잘 판단해서 제한하는 정치이다.

셋째, 빈부 격차가 지나치면 민주 시민 사이에 요구되는 연대 의식이 약화되고 시민의 미덕을 좀먹는다. 그러므로 불평등을 완화하는 분배 정의와 공동선의 연관성을 추구해야 한다.

넷째, 도덕에 기초한 정치, 즉 상호 존중을 바탕으로 정부가 시민의 삶에 좀 더 적극적으로 개입하여 상호 존중의 토대를 더 강화시켜야 한다. 도덕에 기초한 정치는 도덕과 가치를 회피하는 정치보다 시민의 사기 진작에 더 도움이 되고 정의로운 사회 건설에 더 희망찬 기반을 제공한다. "윤리적 기반을 잃은 정치야말로 국가와 국민의 공공선에 해악을 끼치는 가장 무서운 적이다. 따라서 공직자와 정치인의 도덕성은 일반인보다 높아야 한다. 미국 정치 역사를 보더라도 대통령 후보의 윤리와 도덕성은 선거에 지대한 영향을 미쳤다."(『왜 도덕인가?』, 121쪽)

얼마 전 우리 사회에서도 차기 대통령의 자질에 대한 여론 조사에서 도덕성을 가장 중요하게 꼽는 결과가 나왔다. 그리고 대통령 후보로 거론되는 안철수는 '복지, 정의, 평화'를 이 시대가 실현해야 할 가장 중요한 가치로 제시했다. 우리 사회가 그동안 잃어버렸던 도덕성과 공정성을 회복하여 '복지'가 실현되고 남북간의 '평화'가 보장되는 '정의로운 사회'를 만들기 위해서는 깨어 있는 시민들의 정치 참여가 필요하다.

김재현 / 경남대학교 교수

소크라테스는
무엇을 위해서 죽었나?

『**소크라테스의 변론**』/ 플라톤

기원전 399년, 30인 과두 정체의 독재로부터 해방된 지 얼마 되지 않았던 그리스 아테네의 법정에 한 남자가 섰다.

그는 아테네의 알로페케 출신이었고, 그의 아버지는 석공으로 알려진 소프로니스코스였다. 그의 이름은 소크라테스. 70의 나이에 그는 아테네의 법정에 섰고, 재판정에서는 플라톤이 스승의 재판을 지켜보고 있었다. 그날의 기억들은 평생 플라톤의 머리를 떠나지 않았고, 그가 글로 옮긴 그 기억들은 『소크라테스의 변론(*Apologia tou Sōkratous*)』(박종현 옮김, 서광사 펴냄)이라는 이름으로 사람들의 기억에 남았다.

그는 무엇을 잘못했기에 아테네의 법정에 서게 되었을까? 또는 사람들은 그가 무슨 잘못을 저질렀다고 생각했기에 그에게 사형을 선고하고, 끝내 죽음에 이르게 한 것일까? 기원후 3세기경에 활동했을 것으로 추정되는 고대의 철학사가 디오게네스 라에르티오스는 기원후 2세기에 활동한 파보리누스의 말을 통해 소크라테스 재판의 선서 진술서 내용을 전한다.

"피토스 구민(區民) 멜레토스의 아들 멜레토스가 알로페케 구민(區民) 소프로니스코스의 아들 소크라테스에 대해서 맹서와 함께 다음과 같은 논고를 내렸다. 소크라테스는 나라가 인정하는 신들을 인정하지 않고, 새로운 다른 신령들을 들여오는 죄를 범했다. 그리고 그는 젊은이들을 타락시키는 죄도 범했다. 형벌은 사형에 해당된다."

뭔가 이상하다. 우리가 아는 상식에 비추어 볼 때, 이게 죄라도 사형에 해당하는 중죄라고는 선뜻 생각되지 않는다. 나라가 인정하는 신들을 인정하지 않는다? 우리가 알기로 그리스의 종교는 다신교로서 다양한 신들을 인정하는 데 상당히 관용적인 것으로 알고 있다. 서양 중세의 마녀 사냥도 아니고, 이건 뭔가? 마찬가지 이유에서 새로운 신령들을 들여오는 게 범죄인가? 신흥 종교를 들여왔다는 소리인가? 젊은이들을 타락시켰다? 타락이라는 말도 애매하지만, 누구를 어떻게 타락시켰는지 분명히 나와 있지 않다. 사람을 어떻게 타락시키면 사형을 받을 수 있는 걸까?

소크라테스 재판의 진실: 진실은 무엇인가?

이에 대한 진실을 알기 위해 우리가 의지할 만한 자료는 많지 않다. 적어도 사실의 측면에서는 그렇다. 소크라테스라는 사람이 있었고, 앞에서 이야기한 죄목으로 재판을 받아 기원전 399년에 사형을 언도받고 얼마 후에 독배를 마시고 죽었다는 것은 역사적으로 인정되는 사실이다.

하지만 그가 정확히 어떤 이유로 사형 선고를 받았고, 또 그가 왜 자신에게 주어진 독배를 마다하지 않고 받았는지에 대해서는 여러 논란이 있다. 소크라테스가 죽은 후 그의 제자를 자처하는 사람들과 그의 친구들이 그의 죽음에 대해서 많은 글을 남겼다. 그중 대부분은 역사 속에서 사라져 갔지만 소크라테스의 제자로서 비슷한 연배의 플라톤과 크세노폰의 글은 남았다.

그들은 비슷한 시기에 소크라테스로부터 가르침을 받았고 『소크라테스의 변론』이라는 같은 제목의 책을 쓰기도 했고, 소크라테스를 대화의 주인공으로 삼은 '소크라테스적 대화편'들을 다수 저술했다. 그러나 그들이 정작 책에서 보여주는 소크라테스는 꽤나 다른 모습을 하고 있다. 역사적 기록의 문제였을 소크라테스의 재판에 대해서도 두 사람은 상당 부분 다른 이야기를 전해 준다.

물론 크세노폰은 재판 당시 아테네에 없었기 때문에 당시 재판을 참관했던 헤르모게네스가 전해 준 말을 토대로 글을 재구성했다고 한다. 하지만 플라톤은 자신이 쓴 『소크라테스의 변론』에서 소크라테스가 자신의 이름을 거명하게 하여 자신이 그 자리에 있었음을 밝히고 있다. 하지만 소크라테스가 재판정에서 했다고 헤르모게네스가 전하는 내용이 플라톤의 글에 없거나 다른 맥락에서 전달되곤 한다. 따라서 완전히 일치하는 증언이 없다는 점에서 볼 때, 사실의 차원에서 소크라테스와 관련된 객관적 진실을 알 길은 원리적으로 차단되어 있다고 할 수 있다.

하지만 우리는 소크라테스의 죽음이라는 사건의 진실을 전혀 다른 차원에서 접근한 사람의 기록을 갖고 있다. 플라톤은 소크라테스가 아테네 법정에서 재판을 받고 죽어가는 과정을 직접 목격하였다. 그리고 자신의 『일곱째 편지』에 썼듯이 소크라테스의 죽음으로 인해 본격적으로 철학자의 길을 가게 된다.

명문가 출신으로서 정치적으로 전도유망했던 젊은 플라톤이 정치의 길을 접고 철학을 통해서만 인류의 구원이 가능하다는 깨달음을 얻는 사건이 바로 소크라테스의 죽음이었던 것이다. 그렇게 그에게 소크라테스는 그저 한 사람이 아니라 문제적 인간이었고, 그의 삶 자체가 플라톤에게는 철학적 해석의 대상이 되는 철학적 인간이었다.

그리고 그렇기 때문에, 평생에 걸친 플라톤의 소크라테스 해석의 출발점에 『소크라테스의 변론』이 놓여 있는 것이다. 플라톤으로서는 소크라테스가 왜 죽었고, 죽을 수밖에 없었는지를 이해해야만 자신이 구하고자 한 그리스와 이 세상의 현실을 이해할 수 있었기 때문이었을 것이다. 그리고 그 이해의 차원은 단지 어떤 말을 실제로 했는지 안 했는지 하는 사실적 기록의 차원이 아니라 사건의 철학적 의미를 드러내는 언어로 구성되어야 했다. 그렇기 때문에 어떤 의미에서 플라톤에게는 소크라테스가 실제로 했던 말이 아니라 했어야 했던, 또는 실제의 말이 실질적으로 의미하고자 했던 말을 그의 글로 옮기려 했을 것이다. 달리 말하면 그가 글로 옮긴 소크라테스의 재판은 해석을 거친 재판이고, 사법적 사건으로서의 재판이 아니라 철학적 사건으로서의 재판이었다는 말이다.

사건의 진실 : 소크라테스의 죄목과 플라톤의 해석

이제는 이미 많이 알려진 일이지만, 우리가 소크라테스의 말로 기억했던 "악법도 법이다"란 말은 플라톤의 책 어디에도 찾아볼 수 없다. 하지만 소크라테스가 그런 취지로 했으리라 오해할 법한 말은 플라톤의 『크리톤』에서 찾아볼 수 있다. 탈옥을 권유하는 자신의 친구 크리톤을 설득하면서 소크라테스가 했던 말을 그렇게 해석해 볼 여지가 있기 때문이다.

특히 국법을 의인화시켜서 말을 하게 하면서 국법의 혜택을 받으며 살아온 자가 이제 와서 국법을 어기고 탈옥을 하는 것이 정의롭지 못하다는 결론에 이르는 대목이 그렇다. 하지만 『소크라테스의 변론』에서는 이와 반대되는 취지의 말을 소크라테스가 하는 것을 들을 수 있다. 만약에 재판관들이 철학을 하지 않는다는 조건에서 자신을 풀어주더라도 자신은 이에 응하지 않겠다는 소크라테스의 말이 그것이다. 『크리톤』에서 한 말과 여기서 한 말이 서로 맞지 않아, 학자들은 일관된 해석을 하기 위해 논란을 벌인다. 하지만 여기서는 그보다 죽음을 무릅쓰고라도 철학을 계속하겠다는 소크라테스의 말을 실마리로 삼아 소크라테스가 죽을 수밖에 없었던 이유를 플라톤이 어떻게 이해했는지를 알아보고자 한다.

소크라테스가 철학을 계속 고집하는 이유는 그것이 신이 자신에게 준 사명 때문이라는 것이었다. 지혜와 덕에 대한 주제를 놓고 서로 대화를 나눠 무지를 일깨우고 자신의 혼을 돌보게 하는 것, 그것이 철학이고 그 철학을 통해 아테네인들을 오만의 미몽으로부터 깨어나게 하라는 것이 신이 자신에게 준 사명이라고 소크라테스는 믿었다.

그리고 그것은 인간들의 법정보다 우선한다. 이런 소크라테스의 신념은 어디서 비롯되었는가? 소크라테스의 신앙심에 대해서는 이런저런 논의들이 가능하지만 적어도 『소크라테스의 변론』에서 그는 두 가지 형태의 종교적 믿음을 갖고 있는 것으로 해석된다. 하나는 자신이 어릴 적부터 들어온 신령스러운 목소리 또는 징후, 또 하나는 델피에 있는 아폴론 신전의 신탁이다.

플라톤이 해석한 신령스러운 목소리는 소크라테스에게 가끔 나타나 그가 막 하려고 하는 어떤 일을 하지 말라고 명령한다. 그는 재판 당일 재판을 받으러 오는 길 내내 그 신령스러운 징후가 나타나지 않아, 그것이 곧 자신이 재판에서 하게 될 말 전부에 대한 신령스러운 존재의 허가라고 이해한다. 다른 하나는 자신의 친구 카이레폰이 아폴론 신전의 무녀에게서 받아온 신탁이다.

"아테네에서 소크라테스보다 지혜로운 사람은 없다."

그는 이 말의 진실 여부를 자타공인 지혜롭다는 사람들을 찾아다니며 확인해 본 결과, 자신은 무지하지만 다른 사람들은 자신들이 무지하다는 사실조차 모른다는 점에서 자신이 지혜로운 것이라는 뜻으로 이 말을 받아들인다. 플라톤이 이런 이야기들을 이 책에서 하는 이유는 우선 소크라테스가 신앙심이 없어 아테네가 인정한 신들을 인정하지 않는다는 죄목에 대해 반대하기 위해서일 것이다.

하지만 그런 반론이 성공적이었다면 소크라테스는 죽지 않았을 수도 있었다. 반론은 성공적이지 못했다. 아니, 플라톤은 소크라테스에게 주어진 죄목에 대해 직접적인 반론을 할 생각이 없었다. 그건 그들이 제시한, 또는 재판정이 인정한 죄목이 진정한 죄목이 될 수 없다고 생각했기 때문이었을 것이다.

크세노폰의 반론은 이와 달랐다. 소크라테스를 다룬 또 다른 크세노폰의 책인 『소크라테스 회상』에서 그는 소크라테스가 전통적인 믿음의 관례들을 고수했으며, 사람들이 잘 아는 그의 신령스러운 존재도 아테네의 다른 신앙과 마찬가지로 길흉화복을 점쳐주었고 소크라테스도 그것을 믿었으므로 그는 무죄라고 말한다.

하지만 플라톤은 그렇게 하지 않았다. 그는 소크라테스의 신령스러운 존재가 아테네인들의 신들과 달리 적극적인 예언을 하지 않았다고 말했고, 아폴론의 신탁은 다른 경우에 주어지는 신탁처럼 전쟁에서 이길지 질지, 언제 큰돈을 벌지를 일러주지 않았다. 소크라테스의 신들은 그에게 옳지 않은 일을 하지 말라고 했고, 옳은 일을 하기 위해서는 자기 자신을 끊임없이 반성하여 옳은 것이 무엇인지를 알라고 명했다. 이 점에서 그는 아테네가 인정한 기복의 종교를 인정하지 않았고, 그래서 그는 유죄판결을 받았다.

젊은이들을 타락시킨다는 것에 대해서도 그렇다. 사실 이 재판이 성립되게 된 배경에는 소크라테스를 따라다니던 인물들 중 일부가 30인 과두정의 폭압 정치에 가담했거나 아테네를 배신했었기 때문일 수 있다. 하지만 30인 과두정을 몰아내고 정권을 잡은 민주파 정권은 시민들이 30인 과두정에 부역했던 과거의 행적을 묻지 않는다는 대사면령을 내렸고, 이에 따라 과두정 관련 혐의는 기소 사항이 될 수 없었다.

그렇지만 크세노폰은 이것을 재판 배후의 중요한 사안이라고 보고 이에 대해서 변론한다. 소크라테스의 제자들은 소크라테스에게 가르침을 받아 아테네를 배신한 것이 아니라 소크라테스의 곁을 떠남으로써 그렇게 된 것이라고. 그러나 플라톤은 그렇게 하지 않는다. 그는 먼저 소크라테스가 누구를 가르친 적이 없고, 따라서 제자들도 없다고 말하게 한다. 무지자를 자처하는 소크라테스가 누군들 가르칠 수 있었겠느냐고 말한다.

다만 소크라테스는 자타공인 지혜로운 자들을 찾아다녔고, 그들의 지혜로움과 자신의 무지를 확인하고자 하는 마음에 그들에게 질문을 한 적은 있다. 하지만 그들은 번번이 제대로 답하지 못했고, 끝내 자신들의 무지를 고백하게 되었다. 그 과정을 지켜보던 젊은이들이 소크라테스의 문답하는 법을 흉내 내 다른 어른들에게 해봄으로써 어른들을 불쾌하게 했으며, 그들은 이것을 곧 소크라테스의 소행이라 여겨 소크라테스를 괘씸하게 생각했다는 것이다.

소크라테스의 무지는 지혜에 대한 무지를 말한다. 무지자를 자처했던 소크라테스가 아테네에서 가장 지혜롭다는 말은 누구도 지혜에 대해서 자신할 수 없고 가르칠 수 없다는 생각으로 받아들여야 할 것이다. 다시 말해 철학은 지식으로서 누구에게 가르치는 것이 아니라 스스로 철학을 함으로써 깨닫는 것이고, 그것은 대화를 통해 자신의 무지를 깨우치는 것을 전제할 것이다. 하지만 버릇없는 젊은이들은 기성세대의 권위에 소크라테스의 무기를 들고 저항했으며, 그 결과는 뭣도 모르고 나대는 젊은 애들을 버릇없게 만든 작자가 소크라테스라는 판단이었다.

개인과 사회의 대립 : 옳고 그름과 다수의 문제

소크라테스는 옳고 그름이 기준이 아니라 얼마나 많은 사람들이 그것을 옳다고 여기는지가 기준이 되는 집단적 민주주의의 시대에서 올바름을 찾는 삶을 산 인물이었다. 그는 자신이 올바름 자체를 안다고 생각하지 않았고, 다만 올바름을 찾아가는 과정에서 자신에게 옳지 않다고 판단되는 것을 하지 않으려고 했고, 옳다고 판단되는 것을 하려고 했다.

그것은 정치적인 행동이 아니라 자신의 개인적인 신념이었다. 하지만 그의 신념은 다른 사람들을 정치적으로 불편하게 했다. 개인이 개인으로서 자신의 행위에 대해 신념과 책임을 갖기는커녕, 패거리 의식에 사로잡혀 개인에 대한 비판을 집단에 대한 비판으로 알아듣고, 집단에 대한 비판을 개인에 대한 모욕으로 받아들이는 전체주의적 사고방식의 시대에서 소크라테스는 개인으로서 사형을 언도받는다.

하지만 그렇다고 소크라테스가 자신을 내세우려는 오만한 개인이었을까? 『소크라테스의 변론』을 읽다 보면 그런 불편한 감정이 감지되는 것도 사실이다. 이 사람은 도대체 뭐가 그렇게 잘나서 재판관들을 무시하고 사람들을 깔보는 걸까? 하지만 책을 다시 읽어가다 보면 나의 불편한 감정의 실체를 이해할 수 있다.

우리는 좋은 게 좋은 거라는 사회적 예의 속에서 살고 있다. 심지어 철학적 논쟁에서도 우리는 너무 모난 말을 하지 않으려고 한다. 그런데 어떤 사람의 도덕적 기준이 탁월하며 명민한 정신을 갖고 있는데, 다만 그는 말을 삼갈 생각이 없고 겸손을 떨 생각도 없으며 자신과 타인의 삶을 따져 묻는 것이 가장 중요한 일이라고 생각한다면 우리의 반응은 어떨까?

세상의 붕괴에 대처하는 우리들의 자세: 철학자의 서재 3

혼자 잘났어. 지는 얼마나 잘났다고. 어디 얼마나 잘났는지 두고 보자. 털어서 먼지 안 나오는 사람이 어디 있어. 아직 세상 무서운 걸 모르는군. 등등…….

집단의 힘은 큰일을 이루어낸다. 소박하게 보면 세상의 혁명들은 이름 모를 사람들이 집단으로 실체를 드러냈을 때 이루어졌을 수도 있다. 하지만 개인적 자각이 전제되지 않는 집단의 힘은 무섭다. 큰일을 이루어내지만 그것이 좋은 일인지는 알 수 없다. 한편에서는 자유를 끊임없이 이야기한다. 하지만 무엇을 위한 자유인가? 자유는 묻지도 따지지도 않고 그 자체로 누려야 할 지상 최대의 가치인가?

집단 지성을 이야기했던 때가 있었다. 이제는 비판할 때가 아니라 뭉칠 때라는 이야기들도 끊임없이 나돈다. 하지만 집단의 똘똘 뭉친 틈서리에 소크라테스와 같은 꼬장꼬장하게 옳고 그름을 따지고, 모르는 걸 모른다고 말하는 인물 한둘을 포용할 수 없다면, 21세기 최첨단 정보와 개성의 시대에도 집단의 광기로부터 우리는 여전히 자유로울 수 없다는 생각이 든다. 큰일을 앞두고 큰일을 낼 것 같은 사람들을 보면서 요즘 드는 생각들이다.

더불어 읽기
깊이 읽기

1) 플라톤, 『크리톤』 이기백 옮김(이제이북스, 2009). 『소크라테스의 변론』과 더불어서 소크라테스의 생각을 이해하기 위해 꼭 읽어두어야 할 플라톤의 대화편이다. '악법도 법이다'라는 말이 여기에 소크라테스의 발언으로 등장할 것 같지만, 정작 그 말은 없다. 다만 소크라테스의 친구 크리톤이 탈옥할 것을 제안하면서 소크라테스에게 사형을 내린 법을 지켜야 할 것인지에 대한 논의가 벌어진다. 물론 이 논의에서 소크라테스가 이기고 소크라테스는 사형 집행을 받아들이기로 한다. 왜 그랬을까?

2) 제임스 콜라이아코, 『소크라테스의 재판』, 김승욱 옮김(작가정신, 2005). 사실 소크라테스의 재판을 둘러싸고 논란은 상당히 복잡하다. 소크라테스의 정신을 어떻게 이해할지에 대해서도 오랫동안 논쟁이 벌어져 왔다. 소크라테스가 대적했던 아테네 민주주의의 성격을 규명하고, 이에 대비한 소크라테스 생각을 추적해 간 이 책은 전문 연구자들의 연구 성과를 자신의 생각을 중심으로 잘 정리해서, 이 주제에 대해 좀 더 깊이 알아보려는 사람들에게 좋은 안내자 역할을 할 것이다.

3) 폴 우드러프, 『최초의 민주주의』, 이윤철 옮김(돌베개, 2012). 소크라테스와 플라톤은 민주주의를 비판한 것으로 잘 알려져 있다. 그래서 우리는 민주주의라는 최고의 가치를 부정한 소크라테스와 플라톤을 어떻게 평가해야 할지 고민한다. 하지만 최초의 민주주의를 고안한 아테네 사람들이 추구했던 것이 우리가 알고 있는 민주주의가 아니라면? 민주주의를 비판한 플라톤을 비판하면서도 동시에 민주주의의 대역

세상의 붕괴에 대처하는 우리들의 자세: 철학자의 서재 3

들(사이비 민주주의)을 비판하는 이 책을 통해서 우리는 민주주의에 대한 균형 잡힌 시각을 갖출 수 있을 것이다.

김주일 / 한국철학사상연구회 회원

인간이 '짐승' 아닌
'사람'이기 위한 조건은?

『칸트 정치철학 강의』 / 한나 아렌트

2012년 12월 19일, 대선이 불과 3개월밖에 남지 않았다.(이 글은 2012년 9월에 쓰였다.──편집자) 대한민국은 5년 만에 치르는 대선에 촉각을 곤두세우고 있다. 누구에게 어떤 희망을 가질 수 있는지 또 누구는 절대 안 되는지 또 어떤 정당은 국민에게 무엇을 줄 수 있는지 또 무엇을 줄 수 없는지 판단하는 것이 쉽지 않은 정국이다.

물론 선거에서 정당이나 정치인이 아무리 좋은 약속을 한다 하더라도 모두 지켜진다는 보장은 절대 없다. 우리도 그것을 안다. 그렇다면 선거란 거짓말쟁이들의 잔치이고 우리는 그것을 외면해야 하며, 그 외면 자체가 정치적 표현이 될 수 있다는 주장도 일리는 있다. 사실 되돌아보면 우리는 별 의미 없이 진행되었던 선거의 역사를 숱하게 많이 경험했다. 언제나 희망을 가지고 투표장에 가서 도장을 찍지만 늘 결과는 경상도와 전라도가 같은 색 정당 깃발로 뒤덮였다.

수십 년을 같은 색깔 표시로 뒤덮인 한반도의 지도는 언제나 절망적이다. 하지만 우리는 노무현 정부의 탄생을 지켜보며 그렇게 단단해 보이던 지형도가 깨질 수도 있음을 이미 확인한 전례가 있다. 지금 우리에게 필요한 것은 절망보다는 희망이다.

공포의 사회, 전체주의 정치

한나 아렌트(1906~1975)는 독일 출신의 정치 이론가이다. 『전체주의의 기원』(1951년), 『인간의 조건』(1958년), 『과거와 미래 사이』(1961년) 등을 통해 격동의 20세기를 날카롭게 비판한 아렌트는 제1, 2차 세계 대전과 한국 전쟁, 베트남 전쟁, 흑인 인권 운동, 1968년 학생 운동 등 세계사적 사건을 두루 겪으며 20세기를 사상적으로 성찰하였다.

전체주의에 대한 아렌트의 분석에서 가장 특징적인 부분 가운데 하나는 전체주의의 필수 요소로 공포(terror)와 이데올로기를 지목한 부분이다.(역자 서문, 8쪽) 전체주의는 개인들로 하여금 자신의 이성과 건전한 상식에 의존하여 판단하지 못하도록 공포를 불러일으키는 죽음의 수용소나 집단 수용소와 같은 시설을 마련한다. 이렇게 대중화된 사람들에게 체계적이고 논리적이지만 현실에 근거하지 않은 이데올로기를 사고와 판단의 기준으로 삼도록 하는 것이 전체주의의 본질이다.

우리가 끊임없이 공포에 시달리며 산다는 것은 지금의 정치가 전체주의를 벗어나지 못하고 있다는 증거이다. 성폭력의 공포가 전국을 뒤덮고 있는 사회에서 여성은 어릴 적부터 움츠리고 조심하며 살 수밖에 없다. 사람들이 없는 한적한 시간엔 같은 아파트에 사는 아저씨와 엘리베이터를 타서도 안 된다. '묻지 마 살인'과 흉악한 범죄들 때문에 거리는 감시 카메라 속에 가두어졌다.

2012년 9월 12일 오후 1시 21분 현재 '네이버'에서 검색되는 '성폭행' 키워드 기사는 8만 1602건에 달한다. 같은 키워드의 기사가 2007년 한 해 동안 5167건, 2008년에는 7627건 검색된 것과 비교한다면 엄청난 보도가 이루어지고 있는 것이다. 참고로 '2011년 범죄 백서에 따르면, 강간 (성폭력범 포함) 범죄 발생 건수는 2007년 1만 3634건, 2008년 1만 5094건, 2010년에는 1만 9939건이었다.

범죄 발생 비율보다 보도가 폭발적으로 증가한 이유가 도대체 뭘까. 《오마이뉴스》 9월 6일자 인터뷰에서 여성학자 권인숙은 "성범죄 보도의 증가가 '공안 통치'를 향한 위정자의 욕망 그리고 언론의 상업주의와 무관하지 않다"고 말한다. 정권은 성폭력 발생을 미연에 방지하겠다는 명분으로 경찰의 불심 검문을 부활시키겠다고까지 하는 실정이다.

이는 이명박 정권의 전체주의적 정치 기조가 드러나는 지점이라고 볼 수 있다. 그 뒤를 잇겠다고 나선 박근혜 후보는 사형제가 필요하다고 하고 있으니 현 정권과 크게 정치색이 달라질 여지는 없어 보인다. 아렌트가 살아 있다면 21세기 한국이 전체주의에서 벗어나지 못하고 있음을 개탄할 것이다.

칸트의 미학은 정치학

아렌트는 『칸트 정치철학 강의』(김선욱 옮김, 푸른숲 펴냄)에서 칸트의 판단을 차용해 자신의 정치철학을 정교화한다. 이 책은 아렌트의 강의를 그의 제자 베이너가 모아 출간한 것이다. 완결된 형태의 정치 이론서가 아닌 까닭에 이 책의 구성은 열세 개의 강의와 이에 대한 각주를 겸하는 베이너의 논문으로 구성되어 있다.

아렌트 강의의 대부분은 칸트의 『판단력 비판』에 대한 재구성과 해설로 이루어져 있지만 칸트의 인간학 역사철학 등에서 보이는 정치사상을 고루 잘 소개하고 있다. 칸트가 미적 판단 대상을 예술작품, 자연과 같은 '사물'들로 한정시키는 것과 다르게 아렌트의 미적 판단 대상은 '정치 행위'이다. 그러나 아렌트는 이미 칸트의 『판단력 비판』에는 사회적인 것과 구별되는 정치적인 것이 내재해 있다고 보았다.(첫 번째 강의)

아렌트는 자신의 관심사는 "복수의 인간(men)이며 진정한 목표는 사교성"(네 번째 강의)이라고 명확히 밝힌다. 이 복수의 인간에 관하여 칸트가 『판단력 비판』에서 다루었다는 것은 칸트의 미학이 단순히 철학의 한 분야로서 미학에서 그치지 않고 정치적 목표를 향해 있음을 증명한다고 볼 수 있다. 그 복수의 인간을 아렌트는 다음처럼 정리한다.

> "지상의 존재, 공동체 안에서 살고 있음, 상식과 공통감(sensus communis)과 공동체 감각을 가지고 있음 ; 자율적이지 않음, 심지어 사유를 위해서도 다른 사람의 동반을 필요로 함 = 『판단력 비판』 제1부의 미적 판단."(67쪽)

칸트는 홉스와 마찬가지로 단수의 인간을 『순수 이성 비판』과 『실천 이성 비판』에서 다룬다. 칸트의 인간은 자신의 이성을 스스로 비판하고 도덕법칙을 가지고 있는 원자적 인간이다. 그러나 아렌트가 보기에 『판단력 비판』의 인간은 이미 앞선 두 비판서의 대상인 원자적 인간이 아닌 복수의 인간이다.

아렌트는 만약 칸트에게 왜 단수의 사람(Man)이 아니라 복수의 사람(men)인가라고 질문한다면 칸트는 그들이 서로 말할 수 있기 위해서라고 대답했을 것(일곱 번째 강의)이라고 한다. 『판단력 비판』에서 미를 향유하는 인간은 결코 자기 금고에 예술 작품을 가둬놓고 혼자서 음미하는 인간이 아니다. 진정한 아름다움 앞에서 사람들은 감탄하며 그 가슴 벅찬 감동을 함께 나누려고 한다. 내가 아름다움을 느낀 대상에서 타인도 아름다움을 느낀다는 사실을 서로 소통하는 순간 예술 작품은 인간과 인간을 이어주는 매개가 되며 인간은 복수의 인간이 된다.

일곱 번째 강의에서 아렌트는 칸트가 이미 정확하게 생각하려면 타인이 필요하다는 사실에 주목했음을 밝히고 있다. 데카르트적인 코기토의 '나'는 불완전한 자아일 뿐이다. 아렌트는 아래와 같은 칸트의 글을 인용하면서 비판적 사고를 위해 공공성이 필수임을 주장한다.

"만일 우리가 다른 사람들과 서로 소통할 수 있는 공동체 안에서 생각하지 않는다면, 우리는 얼마나 많이 그리고 얼마나 정확하게 생각할 수 있을까. 그러므로 우리는 인간에게서 자신의 생각을 공적으로 소통할 자유를 박탈하는 외부 권력에 대해 생각하는 자유 또한 박탈하는 것이라고 주장할 수 있다."
(90쪽)

그렇다면 인간에게 필수적인 공적 소통은 어떻게 가능한가. 아렌트는 칸트 철학을 가져와 인간 정신의 확장을 통해 가능하다고 말한다. 『판단력 비판』에서 정신의 확장은 "우리의 판단을 타인의 실제적 판단이 아닌 가상적 판단과 비교함으로써, 그리고 우리 자신을 타인의 입장에 놓음으로써" 이루어진다.

이러한 것을 가능하게 하는 기능이 상상력이다. 칸트에게 정신의 확장은 미적 공감을 위하여 필요하지만 아렌트에게 정신의 확장은 정치적 사안을 공감하기 위하여 필요하다. 확장된 정신은 편견으로부터 벗어날 수 있는 길이다. 광우병 쇠고기 반대 촛불 집회도 바로 이 확장된 정신을 통한 공적 소통에 의해 가능했던 우리의 정치적 경험이었다.

사적 이해관계를 떠난 관심만이 정치를 살린다

칸트 미학에서 아름다움을 느끼는 데에 핵심 사항 중의 하나는 '무사심적 관심(disinterested concern)'이다. 흔히 '무관심적 관심'으로 번역되는 칸트의 이 용어는 사적 이해관계를 떠난 관심이다. 우리가 어떤 대상에 관심을 가질 때는 나와 이해관계가 얽혀 있을 때이다. 내가 갖고 싶은 신상품에 자꾸 눈길이 가거나 땅장사가 전국의 땅을 찾아 헤매는 경우가 그것이다.

아름다움은 사적 이해관계에 얽혀 있다면 결코 다가올 수 없다. 그래서 칸트는 무사심적 관심을 미적 경험을 하는 인간에게 중요한 요소로 꼽은 것이다. 아무리 대단한 작가의 그림이라 하더라도 내가 재테크의 수단으로 거실에 걸어 놓는다면 나는 거기에서 아름다움을 느낄 수 없다. 내가 그 그림에서 느낄 수 있는 것은 나중에 몇 배의 이익을 남길 수 있다는 기대감에서 오는 즐거움이다. 우리가 「모나리자」에게서 느끼는 아름다움은 모든 사적 이익이 개입되지 않으면서 동시에 다른 사람도 아름다움을 느낄 것이라는 사실 때문이다.

아렌트는 칸트가 사심 없는 마음으로 미적 대상을 바라보면서 아름다움을 느끼고 그것을 타인과 함께 느끼는 일련의 미적 태도를 관찰자적 삶의 방식이라고 설명한다.(112쪽) 관찰자만이 사태를 목격할 수 있고 통찰할 수 있다. 사건의 한가운데에 있는 행위자는 결코 자신의 사적 이익을 떠나서 전체를 통찰할 수 없다. 마치 고대 철학자들이 철학은 노동하지 않는 귀족들만이 할 수 있는 것이라고 했던 것처럼 사유하는 삶, 관찰하는 삶, 관조하는 삶만이 전체를 볼 수 있다. 아렌트는 프랑스 혁명이 세계사적 중요성을 가진 공적 사건으로 만들어진 이유는 갈채를 보내는 관중들 때문이라고 생각했다.(122쪽)

> 관찰자 앞에서 광경은 전체로서의 역사이며, 이 광경의 참된 주체는 어떤 "무한"을 향해 "진행하는 일련의 세대들" 가운데 있는 인류이다. 이 과정은 끝이 없다. "인류의 목적지는 영원한 진보이다."(118쪽)

칸트의 역사철학의 중심에는 인간 종, 즉 인류의 영원한 진보가 그려져 있다. 비록 개별 인간은 후퇴하기도 하고 진보하지 못하는 듯도 보이지만 종으로서 인류는 진보한다는 믿음이 칸트에게 있으며 아렌트가 그것을 보았다. 그 종착지는 '누구도 자신의 동료 인간을 지배할 수 없다는 단순하고도 초보적인 의미에서의 자유와 인류의 통일을 위한 조건으로서의 국가들 간의 평화'이다. 관찰자는 이러한 자유와 평화를 위해 미래를 준비하는 자이다.

어떤 정치가 필요한가

칸트는 사람들이 미적 대상을 함께 소통할 수 있는 이유는 공통감(sensus communis)을 가지고 있기 때문이라고 했다. 아렌트가 보기에 관찰자는 오직 복수로만 존재하며 관찰자는 행위에 참여하지는 않지만 항상 동료 관찰자들과 관계를 맺는다. 이 관계가 가능한 이유는 바로 공통감이 있기 때문이다. 공통감을 잃어버린 인간은 칸트에게는 광기에 사로잡힌 자들이다. 공통감은 공동체의 구성원들이 갖는 것이며 초감각적인 세계의 구성원들이 갖지 않는다. 본래 공통감은 소통을 전제로 한다. 왜냐하면 소통하지 않고서는 공통감은 아무 의미도 없기 때문이다.

우리에게 필요한 정치는 공통감을 소통할 수 있는 정치이다. 나에게 다가 오지 않는 경제 발전을 위해 희생을 강요하는 정치는 버려야 한다. 먹고사는 문제는 경제의 문제이지 정치의 문제가 아니다. 흔히들 먹고사는 것이 해결되어야 만사가 형통한다고 하지만 우리의 역사 어디에서도 경제가 좋아졌다고 해서 민중의 살림이 나아진 적은 없었다.

우리에게 당면한 문제는 정치가 바뀌어야 먹고사는 것도 바뀔 수 있다는 데에 공감하지 못하는 데에 있다. 이명박에게 표를 던진 표심은 경제 문제를 해결할 수 있으리라는 희망을 가지고 있었다. 비단 우리나라뿐만

이 아니다. 신자유주의 국가들은 모두 경제를 정치 문제의 핵심으로 꼽고 있다. 하지만 그들이 살리는 경제란 자본가들의 경제일 뿐이다.

아렌트는 공통감을 공동체 감각이라는 말로 바꿔 부른다. 여기에서의 감각이란 몸으로 부딪히는 행위자가 느끼는 감각이 아니라 우리 삶에 대한 반성에서 나오는 반성의 결과이다. 내가 속한 공동체가 건설하고 싶은 비전 혹은 내가 속한 공동체가 안고 있는 문제점들을 반성하여 함께 소통하는 것이 아렌트가 말하는 공동체 감각이다.

한반도의 평화, 세계의 평화를 위해서 군 감축을 주장하는 것, 해군 기지 건설에 반대하는 것, 교육은 사회의 문제라는 인식을 갖는 것, 그래서 대학 등록금은 반이 되어야 한다는 것, 인간답게 살려면 안정적인 일자리가 필요하기 때문에 비정규직을 대폭 줄여야 한다고 생각하는 것, 아이는 나라의 기둥이기 때문에 나라가 돈을 들여 키워야 한다는 것, 이것이 우리가 소통할 공동체 감각이다. 관찰자로서 반성해서 얻을 수 있는 이러한 감각들을 함께 소통하고 공유하는 것, 이것이 우리에게 필요한 정치이며 아렌트가 칸트에게서 얻은 교훈이다.

더불어 읽기
깊이 읽기

1) 노르베르트 볼츠, 『세계를 만드는 커뮤니케이션』, 윤종석 옮김(한울아카데미, 2009). 키르케고르는 "자유는 여전히 '커뮤니케이션하는 것'이라고 했다. 오늘 우리는 세계와 공통감을 갖는 세계 커뮤니케이션의 시대를 맞이

하였다. 그것의 기반은 인터넷이며 현대인은 접속하는 자와 접속하지 않는 자로 나뉜다. 뉴미디어 시대의 정보, 지식, 기술 등을 분석한 좋은 책이다.

2) 한국칸트학회 편, 『칸트와 정치철학』(철학과 현실사, 2002). 칸트의 정치철학 논문을 모아 놓은 책이다. 서양 근대철학자 중에서 칸트만큼 다양하게 읽히는 철학자도 드물다. 때로는 인식론자로, 때로는 형이상학자로, 때로는 미학자로. 칸트의 계약, 정의, 시민, 전쟁, 평화, 소유, 공동체, 자유주의 등을 체계적으로 접할 수 있다.

3) 임마누엘 칸트, 『칸트의 역사철학』, 이한구 편역(서광사, 2009). "계몽이란 우리가 마땅히 스스로 책임져야 할 미성년 상태로부터 벗어나는 것이다. 미성년 상태란 다른 사람의 지도 없이는 자신의 지성을 사용할 수 없는 상태이다."(「계몽이란 무엇인가에 대한 답변」 첫머리에서) 칸트의 유명한 논문들을 모아 묶은 책이다. 칸트는 전공자에게도 무척 어렵다. 그러나 가벼운 논문부터 한 번 도전해 보자. 직접 부딪혀서 얻는 수확이 내 삶을 위하여 더 값진 역할을 할 것이다.

강지은 / 건국대학교 강사

진정성을 발판으로
연대의 정치로

『불안한 현대 사회』 / 찰스 테일러

휠체어 한 대, 열 변호사 부럽지 않다

빌 클린턴이 "바보야, 문제는 경제야"라는 선거 구호로 대통령이 될 수 있었다는 이야기는 현대 정치의 핵심 문제가 무엇이며, 대중들이 정치에 관심을 두는 이유가 무엇인가를 날카롭게 지적한 사례로 많이 인용되곤 한다. 얼핏 보면 클린턴의 구호는 정치보다 경제가 더 중요함을 웅변적으로 말해 주는 듯하다.

사실 시장은 이미 삶의 모든 영역을 장악하고 있다. 시장의 논리를 바탕으로 서술되는 모든 주장들은 가치 판단의 가장 중요한 기준처럼 통용되고 있다. 그래서 시장은 마치 블랙홀처럼 작용한다. 복지의 기본이라 할 수 있는 보건의료 정책이 시장의 잣대에 의해 고려 대상이 되는가 하면 교육 문제가 시장의 논리에 파묻히고 있다. 이러한 현상의 원인은 물론 의식

세상의 붕괴에 대처하는 우리들의 자세: 철학자의 서재 3

의 물신화 문제와 연관되어 있다고 볼 수도 있지만 그것이 다는 아니며, 의식의 물신화는 오히려 결과에 가깝다. 의식의 물신화는 우리 삶의 문제를 시장의 결정에 맡겨 버리고 사는 것에 다름 아니다.

한국 사회에서는 별로 낯설게 받아들여지지 않는 기현상이 하나 있다. 비중 있는 재계 인사가 범법 행위와 연관된 피의자로 법정에 서게 되면 휠체어에 의존한 모습을 보이거나 입원을 핑계로 사법 처리 일정을 미루는 모습이다. 형사 사건에 연루될 경우 변호사보다 의사를 먼저 찾는 것이 아닌가 하는 생각이 들 정도로 만연해 있는 방법이다. 설명이 전혀 안 되는 것은 아니다. 무서울 것 없던 사람들이 법정에 서게 되었으니 정신적 충격이 엄청났을 것이고, 풀려나게 되면 모든 병이 순식간에 완치되는 기적을 너무 기뻐서라고 할 수 있을 테니 말이다. 최근에는 몇몇 재벌이 재산 헌납이라고 하는 조금 더 자극적인 방법을 사용하기도 한다. 이에 재력가인 대통령 후보까지도 대선 후 재산 헌납을 약속하기도 했다. 재산 헌납 약속 때문은 아니겠지만 어찌되었든 그는 대통령에 당선되었다. 이를 보고 초등학생들에게 회장 선거에 출마하면서 당선되면 자기 용돈을 털어 피자 사주겠다는 공약을 해서는 안 된다는 충고를 해줄 수 있을지는 의문이다.

이러한 문제는 단지 돈이면 다 되는 세상이라고 하는 상투적인 푸념의 대상이 되는 데 그치지 않는다. 다수의 사회적 약자들에게 근본적인 좌절감을 안겨준다는 점에서 그들의 현재의 삶만이 아니라 미래의 삶도 망가뜨리는 원인이 될 수 있다는 점에서 심각하다. 경제적 가치의 독점이 삶의 전 영역에 대한 독점으로 이어지는 것을 막지 않는 한 이러한 비관적인 전망이 현실화되는 것은 어렵지 않은 일이 될 것이다. 돈 잘 버는 사람이 대통령이 되면 국민들 모두 돈 잘 벌게 해주지 않을까 하는 희망은 그래서 오히려 절망스럽다. 우리 사회의 이와 같은 어처구니없는 희망은 삶의 불안에서 비롯되는 측면이 없지 않아 있다.

캐나다의 철학자 찰스 테일러는 자신의 책 『불안한 현대 사회』(송영배 옮김, 이학사 펴냄)에서 현대의 불안 요인을 세 가지로 꼽고 있다. 첫째는 삶의 의미의 상실, 즉 도덕적 지평들의 실종이다. 그는 현대 사회가 탈주술화(탈종교)의 경향과 더불어 도덕적 기반을 상실했다고 보고 있다. 둘째는 만연하는 도구적 이성 앞에서 삶의 목표들이 소멸하는 것이라고 한다. 셋째는 자유·자결권의 상실이다.

이러한 경향들은 오늘날 우리의 삶에 관한 결정이 시장에 의해 이루어지고 있다는 사실과 결코 무관하지 않다. 경제적 가치가 삶의 모든 의미를 대체하고 있으며, 도구적 이성의 만연 역시 시장이라는 공간을 배경으로 하고 있다. 결국 시장에서의 자유라고 하는 것 역시 시장의 구조적인 메커니즘 안에서의 자유일 뿐 시장을 벗어나는 자유를 허용하는 것은 아니다. 바야흐로 시장은 종교를 대체하고 이성의 기준이 되고 정치를 사장시키고 있는 셈이다.

그렇다고 해도 현대 사회가 다시 종교적인 도덕적 지평의 회복을 통해 이러한 경향성에 저항하기를 기대하기란 어려운 일이다. 현대 사회의 다원성 혹은 다양성을 아우른다는 것은 그 자체로 배타적 가치를 고수하는 종교에게는 불가능하기 때문이다. 테일러 역시 종교의 역할에로 논의를 집중하지는 않는다. 테일러는 진정성이 도덕적 이상으로 받아들여져야만 한다고 생각하면서도 현대의 불안을 도덕성의 회복으로 극복할 수 있다는 진부한 도덕 만능주의로 경도되지도 않는다.

따라서 경제 논리의 가치 독점적 전횡과 시장의 신화에 대항하기 위해서는 다른 차원의 접근이 필요하다. 이에 가장 적절한 대안으로 정치의 복원 혹은 복귀를 생각해 볼 수 있다. 왜냐하면 정치는 다양한 가치를 다룰수 있는 영역이며, 다양한 사회 구성원들의 욕망과 요구를 삶에 반영해야 하는 과제를 안고 있기 때문이다.

그러나 우리의 현실에서는 대의제 정치의 논리하에 정부와 의회는 노동자들에게는 선택지를 주지도 않으면서 기업에게만 두 개의 칼자루를 쥐어주곤 한다. 사용자에게는 비정규직 노동자를 사용하면 해고도 자유롭게 하고 비용도 늘어나지 않게 한다. 이렇게 되면 사용자는 일반적으로 해고도 자유로우며 고용을 유지하는 데 드는 비용도 저렴한 비정규직을 선호할 수밖에 없다. 이런 점에서 계약의 두 주체인 사용자와 노동자는 전혀 평등하지 않은 위치에 놓여 있는 것이다.

문제는 부당 노동 행위가 적발되어도 노동자는 기업을 상대로 개인별로 소송을 벌이도록 규정되어 있다는 것이다. 지루한 법적 분쟁이 이루어지는 사이 아내는 돈 벌러 나가고 아이들은 부모님 집에 맡겨진다. 이미 국가의 법이 이런 지경에서 노동자는 누구의 도움도 받을 수 없다. 생존을 위한 연대마저도 보장받지 못하는 것이다.

어떻게 해야 내 삶을 나 스스로 결정할 수 있을까?

노동 쟁의 시 적용되는 '3자 개입 금지 조항'은 연대를 제한하는 대표적인 사례이다. 이러한 제한은 재개발과 관련된 쟁의의 경우에도 적용되고 있다. 정부의 공권력은 항상 인정된 소유권만 보호하는 현실에서 사회적약자는 자신의 처지를 개선할 수 있는 여하의 노력도 인정받을 수 없다고 보아도 과언이 아닌 것이다.

실제로 한국에서의 재개발 과정에서 발생하는 세입자와 지주들 간의 분쟁에서 지주들은 용역을 고용하는 것에 아무런 제약을 받지 않지만 세입자들의 경우 자발적인 연대 세력의 도움도 금지당하고 있는 현실이다. 이러한 일련의 현상들은 당연히 소유적 개인주의에 입각한 자유주의적 정책들과 무관할 수 없다. 토지나 건물이라는 재산을 가지고 있는 지주들은 자신의 재산권을 보호할 수 있는 조치들을 법적으로 보장받고 있지만, 세입자들의 생존권은 무형적인 것이므로 보호받지 못하고 있는 것이다.

이러한 양태는 노사 갈등이 벌어지고 있거나 벌어졌던 사업장에서 더욱 노골적으로 드러난다. 재산권에 대한 보호라는 명분으로 기업이 노조에 대해 파업으로 인한 손해 배상을 청구하는 등의 행위는 정당한 노동 기본권조차도 행사하기 어렵게 만든다. 이러한 경우 정치적 연대조차도 제한을 받는다면 사회적 약자의 생존은 재산권 행사자들의 관대한 처분에 의존할 수밖에 없게 될 것이다.

물론 그동안에 대안이 없었던 것은 아니다. 사회적 약자들이 직면한 문제를 해결하기 위한 가장 현실적이고 유용한 수단으로 제시되는 것으로 흔히 복지를 거론한다. 없는 것보다야 있는 것이 낫다. 하지만 가난한 독거 노인들이 국민건강보험제도를 악용해 싼 값에 파스를 사고 그것을 팔아 돈을 챙겼다는 사실이 국민건강보험의 재정을 근본적으로 흔드는 일인 양 보도되는 현실에서 복지의 수혜자들은 언제나 눈치를 보며 살아야 한다.

급기야는 2008년 2월부터는 파스 유가 국민건강보험에서 비급여 약물 보조제로 지정되었다. 복지 정책이 마치 부유층의 자비를 강제하고 그 덕에 사회적 약자들만 혜택을 누리는 것인 양 호도되고 있는 실정이다. 그렇게 되면 사회적 약자는 당연히 사회적으로 부담스러운 존재의 지위로 전락할 수밖에 없다. 이런 현실에서 복지는 시장주의자들의 도덕적 자부심만 충족시켜 주는 수단에 불과하다.

부자들이 세금을 더 내고 복지 비용을 더 많이 책임진다는 사실은 부정할 수는 없지만 그것이 사회적 약자들의 생존을 비굴하게 만들어야 하는 근거일 수는 없다. 공항이나 고속도로와 항만 등과 같이 공적인 예산이 대규모로 투입되는 사회 간접 자본을 많이 이용하는 것은 당연히 기업과 부유층이다. 복지는 엄연히 그들 자신을 위해서도 존재하는 것이다.

한편, 동점심의 윤리나 이타심과 같은 원리로 설명되는 도덕적인 태도 역시 문제를 해결해 줄 유효한 수단을 마련하는 단서가 되기는 어려울 듯하다. 이러한 도덕적 관점들은 노블레스 오블리주와 같은 상류층의 사회적 책임 의식을 강화하고 부자들의 자선이나 기업 이익의 사회적 환원 등을 촉구하는 긍정적 힘을 가지고 있을 터이다.

하지만 이러한 도덕적 접근은 그것을 실천하는 개인을 칭찬할 만한 근거일 뿐 시장이 지배하는 시민 사회의 문제를 해결할 가능성을 제시해 준다고 볼 수는 없다. 왜냐하면 사회적인 문제에 대한 의사 결정에 가장 영향력을 끼치는 사회 지도층들에 의해서 문제가 발생한 것이기 때문이다. 자선을 통해서 그들의 진정성을 확인하는 것이 오늘 우리에게 적지 않은 위안이 될지는 몰라도, 내일 다시 그들의 자선을 기다려야 하는 사정은 변하지 않게 될 것이다.

테일러는 진정성이 결코 자기 결정의 자유와 끝까지 갈 수 없다고 한다. 그는 진정성에 호소하는 태도가 자칫하면 시민 사회의 요구나 연대 활동의 의무, 자연 환경의 필요성을 거부하는 등의 태도로 나타날 수 있다고 본다. 시민 사회의 요구나 연대 활동의 의무, 자연 환경의 필요성은 모두 정치적 행위의 영역이다. 또한 그것은 직업적 정치인들의 정치가 아닌 자기 결정의 자유에 따른 시민들의 정치를 의미한다.

바보야, 문제는 정치야!

정치보다 경제가 더 중요함을 웅변적으로 말해 주는 듯 보이는 빌 클린턴의 선거 구호는 경제에 대한 정치의 우선성 혹은 시장에 대한 정치의 우선성을 말하는 것으로 바뀌어져야 한다. 시장에서의 삶은 인간의 정치적 삶을 무가치한 것으로 만들어버린다. 각자 자신을 위한 최선의 삶을 선택하도록 기회를 주는 듯하지만 시장 안에는 다양한 가치가 존재하지 않는다. 그런 점에서 자유주의적 시장주의에서 다원주의는 허구다. 시장 안에서는 모든 가치가 가격으로 환산된다는 점에서 다원화된 기준들이 가격 결정에 영향을 미친다는 의미에서만 다원주의일 수 있다.

이에 비해 정치는 경제적 효율성을 높이는 정책을 고려하면서도 다양한 삶의 가치를 고양해야만 하는 역할을 수행해야 한다. 종교적 다양성을 보호하고, 학문의 다양성과 사상의 자유를 보장하고, 사회적 약자들의 참정권을 실질적으로 보장하는 일을 게을리 해서는 안 된다. 그렇지만 이런 역할들은 정부 주도의 계몽이나 정책 결정을 따르도록 하는 홍보 등을 통해서 달성하려고 해서는 안 된다. 사회 구성원들이 자신들의 삶을 실질적으로 조직하고 결정할 수 있는 방법을 지닐 수 있도록 해야 한다. 즉 사회적 약자들이 자신의 자유와 권리를 보장받을 수 있는 좀 더 구체적이고 분명한 기준을 마련할 필요가 있다는 것이다.

그러기 위해서는 자기 결정성의 자유를 보장하는 정치적 해법을 모색할 필요가 있다. 그런데 이러한 목표는 분명 개인들의 자유를 증진시키는 것에 초점을 두는 것이 아니라 공동선의 실현 속에서 당당한 생존권의 향유에 궁극적 관심을 두는 것이다. 그러나 한편 그러한 목표는 결과로서의 목표일 뿐만 아니라 목표를 성취하기 위한 실천 그 자체일 수밖에 없다. 즉 자기 결정의 자유를 실천함으로써만 자기 결정의 자유를 누릴 수 있다는 것이다. 그래서 소유적 권리를 가지지 못하거나 아주 적게밖에는 가지지 못한 사람들도 자신들의 삶과 연관된 결정에 참여할 수 있어야 한다는 것이다.

이는 자유민주주의가 일반적으로 보장하는 정치적 참여의 수준을 넘어서는 것이다. 물론 한국 사회는 저소득층이나 사회적 약자의 투표권조차도 실질적으로는 보호하지 못하고 있다. 일용직 노동자들이 하루 일당을 포기하고 투표를 하기란 쉽지 않은 결정이기 때문이다. 국민의 참정권 확대를 위한 투표 시간 연장 문제도 정치권의 셈법에 의해 뒤로 밀려나는 형국이다.

설령 이 문제가 해결된다고 해도 몇 년에 한번 주어지는 투표권의 행사는 유효한 대안이 될 수는 없다. 삶의 문제가 정치적 일정에 조응하는 것은 아니기 때문이다. 현대 자유민주주의하에서 선거와 선거 기간 사이는 대중들에게 근본적으로 정치적 실천의 휴지기에 불과하다. 정치가 정치 엘리트들의 직업적인 행위를 일컫는 것이라면 이러한 사태는 별 문제가 아니다. 하지만 정치가 구성원 모두의 삶을 결정하고 조직화하는 과정이라면 정치적 실천이나 정치적 행위는 항상 보장되어야 한다. 따라서 대의제 정치의 한계는 테일러가 주장하는 자기 결정의 자유에 기반을 둔 정치로 극복되어야 한다.

손톱만큼의 우월함으로 연대를 비웃지 마라

자기 결정의 자유에 기반을 둔 정치가 자리 잡도록 하기 위해서는 모든 차원에서의 사회적 연대가 보장을 받아야 한다. 정당 간의 정치 공방이 아닌 엘리트 정치에 대한 사회 구성원들의 정치적 공세가 자유롭게 이루어지도록 보장되어야 한다. '정치적 공세'는 비난이나 비판의 대상이 아닌 권리로서 인정을 받아야 한다는 것이다.

이런 점에서 정치적 실천으로서의 연대는 기득권에 대항해서 정치적 공세를 유지할 수 있는 사회적 약자들의 유일한 힘이자 수단이다. 미국의 백인들이 노예제를 200여 년간 유지할 수 있었던 요령 중에 핵심이 되는 것은 바로 노예들 간의 연대를 불가능하게 만드는 것이었다. 모든 면에서 예속적인 노예들이 가질 수 있는 유일한 저항의 가능성은 연대에서만 비롯될 수 있었기 때문이다.

연대를 예방하는 유효한 수단 중 하나는 사회적 약자들의 처지에 차별성을 두는 것이다. 우리나라에서 지주가 소작농을 관리할 때 마름을 두거나 소작농 간에 차별을 두어 연대를 예방했듯 노예주들은 노예들의 처지에 차등을 두어 유대감을 형성하지 못하도록 만들었다. 오늘날 한국 사회에서 대기업 노동자들이 영세 기업 노동자들의 처지를 외면하고, 정규직 노동자들이 비정규직 노동자들을 더 서럽게 만드는 것은 모두 연대를 어렵게 하고 불신을 형성하게 만드는 요인들이다. 이런 것들이 우연적인 것일까? 아니다. 정부는 비정규직 제도의 운영을 도움으로써 결국 사회적 약자들의 연대마저도 어렵게 만들고 있다. 이는 의도적이다. 노동자의 권익이나 사회적 약자의 생존권을 확대함으로써 문제를 해결하는 것이 아니라 문제를 들먹이지 않도록 하는 방식의 선택을 하는 것이다.

이런 점을 고려한다면 사회 전반의 제반 문제는 외면한 채 노동조합이나 노동자들의 이해에만 매몰된 노동 운동은 연대를 위한 모델이 될 수 없으며 연대를 저해하는 역할을 할 뿐이라는 진단을 내릴 수 있다. 노동 운동이 노동 운동 이외의 정치적 행위 결사들로부터 불신받는 것은 어제 오늘의 일만은 아니다. 현재 한국에서의 노동 운동은 정치적 행위로서 인정을 받을 수 없을 뿐만 아니라 시장적 질서에 대한 편승에 불과할 뿐이다. 현대자동차나 현대중공업 등과 같은 대기업 노동조합은 비정규직 문제를 파업의 머리끈 구호로만 사용하고 있다. 그들의 노동조합 활동은 결국 집단 이기주의 이상도 이하도 아닌 것이다. 그러나 이런 문제를 노동조합의 도덕성 문제로 해결할 수는 없다.

연대는 연대 세력들 중 가장 열악한 처지의 세력들에게 가장 중요한 결정권을 부여함으로써 진정성을 보장받아야 한다. 이는 결과물에 대한 분배의 우선성을 말하는 것이 아니라 처음부터 약자의 자기 결정성을 보장해야 한다는 것이다. 이를 위해서는 다수에게 해당되는 문제를 해결하는 것이 우선이 아닌 가장 시급한 사람의 문제를 해결하는 차원에 우선성을 두는 연대의 조건이 확립되어야 하며, 그 시급한 문제를 안고 있는 사람에게 그 문제 해결의 결정권을 부여해야 할 것이다. 이러한 원칙들이 관철될 때 소득 증가보다는 자연 갯벌에서의 삶을 유지하고픈 어민의 삶이 보존될 수 있을 것이며, 자기 집을 갖지 못한 사람들의 거주권이 유지될 것이며, 실직자의 자녀들이 상급 학교 진학을 포기하지 않을 것이다.

1) 찰스 테일러, 『근대의 사회적 상상』, 이상길 옮김(이음, 2010). 테일러는 머리말에서 자신의 목표가 서구 근대성의 출현에 버팀목이 되었던 사회적 상상들의 형식들에 대한 평가를 스케치하려는 것에 있다고 진술한다. 근대 사회를 형성하게 된 여러 관념들과 새로운 사회적 질서에 대한 상상이 어떻게 근대 사회를 가능하게 했으며, 오늘날 우리 시대가 안고 있는 문제점의 근원이 어디로부터 오는지 생각하게 한다.

2) 강수돌, 『경쟁은 어떻게 내면화되는가』(생각의 나무, 2008). 현대의 불안이 아니라 현대인이 느끼는 불안의 구체적인 원인 중 하나는 현대 사회가 경쟁 사회라는 점에서 찾을 수 있다. 내가 아무리 열심히 노력한다 해도 다른 사람의 노력과의 경쟁에서 뒤진다면 그 성과를 인정받을 수도 없고 결실도 향유할 수 없는 시대, 그것이 우리를 불안하게 한다. 우리 사회의 교육 현장은 그러한 일면을 단적으로 보여준다. 자살의 한 원인이 불안이라고 할 수 있다면 우리 사회 청소년들의 자살은 그러한 경쟁 체제가 낳은 불안한 교육적 현실에서 기인하는 것이라고 할 수 있을 것이다. 저자는 이러한 문제를 해결하기 위한 대안으로써 소통과 연대의 필요성을 역설하고 있다.

3) 마이클 왈쩌, 『정의와 다원적 평등』, 정원섭 외 옮김(철학과 현실사, 1999). 찰스 테일러, 마이클 샌델 등과 함께 대표적인 공동체주의자로 일컬어지는 마이클 왈쩌의 이 책은 정치적 평등을 기획하고 있는 책이다. 다원주의 사회라고 일컬어지는 현대 사회에서 단순한 평등은 획일화를 기도하는 것일 뿐이며 사람의 모든 다양성을 사장시키는 것이라는 관점을 취한다. 이러한 위험을 피하기 위해 왈쩌는 이 책에서 다원주의적 평등을 정치적 평등의 모델로 제시한다.

유현상 / 한국철학사상연구회 회원

욱일승천기 & 나치 식 경례,
학생들을 욕하지 마라!

『욕심쟁이 왕도둑』 / 김일옥 · 한상언

반성하다

'철학자의 서재'에 원고를 싣기로 했다. 갚지 못한 원고 빚이 없던 것은 아니지만 '철학 공부'를 업으로 삼겠다고 나섰다면 사회 문제에 대한 목소리를 내는 일을 마다할 이유는 없다. 그것이 '쓴 소리'가 되든지 '단 소리'가 되든지 혹 '잔소리'가 되든지 간에 말이다. 나는 철학함의 진의(眞意)가 적어도 '지금, 여기 그리고 우리'의 영역을 벗어나서는 존재할 수 없다고 믿기 때문이다.

하여튼 천장 끝까지 책이 빽빽하게 쌓여 있어. 뭐, 이깟 책을 도둑놈이 삶아 먹겠어? 아니면 이불처럼 덮고 자겠어? 도둑놈은 '책이란 아무짝에도 쓸모가 없다.'고 생각했지. (13쪽)

먹이를 찾아 산기슭을 어슬렁거리는 하이에나처럼 먼지 쌓인 책장을 꼼꼼하게 뒤진다. 서평에 소개할 책을 고르는 엄중한 시간이기 때문에 조심하고 삼가는 마음으로 마주한 자리다. 먼저 너무 가벼워 보이는 책들은 넘어간다. 어울리는 표현일지는 모르겠지만 지금 나는 '철학자다움(?)'이 살포시 풍기는 그런 책을 찾고 있는 것이다. 무겁지 않은 주제이면서 동시에 가볍지 않은 의미를 담고 있는 책이어야 한다. 학위논문 준비도 탈 없이 진행되고 있다는 티를 좀 내줄 수 있는 주제라면 완벽한 선택일 테지.

물론 '철학자의 서재'에 별도의 투고 규정이 존재하는 것은 아니다. 따라서 이런저런 요구사항은 전혀 없다. 다만 '철학자'라는 주체와 '서재'라는 공간의 만남은 필연적으로 오묘한 시너지를 일으키기 때문에 지레 겁을 먹게 되는 것이다. 요컨대, '나도 철학자인가?'에 대한 성찰(?)을 먼저 해야 하고, '서재'라기엔 너무 초라한 책장 앞에서 아무렇게나 쌓여 있는 책들을 뒤져야 한다. 과하지 않아서 좋은, 묵향(墨香)이 솔솔 나는 그런 책을 찾기 위해서.

글 좀 안다고 거들먹거리는 게 눈꼴이 시었지만 도둑놈은 꾹 참았어.(15쪽)

소름이 돋았다. 문득 학부 시절 후배의 절규가 떠올랐던 것이다. 뭔가 있어 보이고, 좀 멋져 보이면서도 심오한 의미를 지닌 것처럼 포장하면서 가식을 떨려고 분주히 움직이다가 문득 10년도 더 지난 그때, 그의 말이 비수가 되어 내게로 왔다. 예리한 비수는 깊은 생채기를 내고야 만다. "철학자들의 심오한 시부렁거림에 기죽지 말지어다." 반성해야지.

동화를 읽다

초심으로 돌아가기로 했다. 책은 가장 최근에 몰입해서 읽었던 책으로 하자. 이왕이면 중간에 포기한 책 말고 끝까지 정독했던 책으로 하자. 그리고 읽어가면서 느꼈던 단상들을 솔직하고 담백하게 써나가자. 그래서 택한 책이 『욕심쟁이 왕도둑』(김일옥 글, 한상언 그림, 별숲 펴냄)이다. 초등학교 저학년을 겨냥한 것으로 보이는데 흥미진진한 도둑놈 이야기를 재미있게 엮었다.

오랜만에 마주한 동화의 매력이란 생각보다 놀라웠다. 크게 세 가지 정도를 배울 수 있었는데, 먼저 내 어휘 능력의 형편없음을 깨닫게 되는 기회였다는 것. 대학에서 강의깨나 한다고 자부했는데 생소하고 헷갈리는 어휘들을 만난 것이 여러 차례다. 가장 놀랍고 창피했던 때는 '알나리깔나리'가 표준어라는 사실을 난생 처음 알게 된 순간이다.(웃음) 혹시 당신은 아직도 '얼레리꼴레리'가 표준어라고 생각하시는지?

책의 뒤표지에는 요약된 넉 줄의 이야기와 배경 삽화가 있었는데 동화의 내용을 너무나도 잘 압축해서 보여주고 있었다는 것에 놀랐다. 이것은 마치 영화 광고에 '영화훼살꾼(스포일러, spoiler)'이 버젓이 등장해서 줄거리를 줄줄 읊어주는 것에 비유할 수 있겠다. 만약 실제로 그런 광고가 만들어진다면 아마도 많은 어른들은 이미 그 내용을 알고 있다고 생각해서 그 영화는 보지 않을 것이다. 그러나 초등학교에 갓 입학한 아이들에게는 이런 과도한 친절(?)이 책을 읽고 싶도록 만드는 원인이 될 수도 있다고 생각하니 놀라웠다.

마지막으로 동화는 줄거리 자체가 재밌어서 어른들도 충분히 재미를 느낄 수 있다는 것이다. 13년 전, 『전태일 평전』(조영래 지음, 아름다운전태일 펴냄) 이후 아주 오랜만에 단숨에 읽은 책이다. 피가 끓어오르는 '분노'도 아니고, 애달픈 사랑 이야기의 '슬픔'도 아니었다. 순전히 소소한 '재미'만으로도 충분히 즐거울 수 있었기 때문이다. 물론 꼼꼼하게 정독을 해도 30분이면 다 읽는 분량이지만. 집 근처 도서관에서 아이보다 더 동화책에 열중했던 엄마들을 이해하게 되는 순간이다.

문제는 나중에 터졌다. 읽기는 재밌게 읽었는데 막상 서평을 쓰려고 생각하니 진도가 나가질 않았다. 제 버릇 개 못 주는 법이라고 했던가? 서평을 쓰겠다고 컴퓨터를 켜고 맨 처음 했던 짓(?)이 국립국어원에 접속해서 '도둑'의 사전적 의미를 찾는 것이라니. 사람은 쉽게 안 변하나 보다.

'욕심쟁이 왕도둑'이라는 제목도 마음에 걸렸다. 제목만 가지고는 도무지 무슨 뜻인지 정확하게 헤아리기 어려웠다. 혹시나 하는 마음에 주변의 지인들에게 제목을 보여주고 의미를 추측해 보도록 했더니 돌아온 대답이 재미나다. "그러니까 결국 왕이 도둑놈이라는 거 아니야? 때가 때이니만큼 그런 의미로 나온 책 아니겠어?", "도둑놈 성씨가 왕씨(王氏) 아니야?"

도둑맞은 학생들

얼마 전의 일이다. 모 대학 디자인학과 학생들이 만든 합성사진 한 장이 세간의 관심을 모았다. '욱일승천기(旭日昇天旗)'를 배경으로 삼아 나치식의 경례를 하고 있는 학생들의 모습은 보는 어른들을 경악게 했다. 문제의 모 대학이 강원도에 있다는 기사를 보면서 문득 불길한 생각이 들었다.

내가 3년째 출강을 하는 학교일지도 모른다는 불안감이 그것이다. 그러나 언제나 그렇듯 불길한 예감은 이번에도 비껴가지 않았다.

지난 3년간 수업을 통해 만났던 이 학교의 학생들은 대체로 수업에 충실했으며 밝고 명랑했다. 전체적인 학업 분위기도 좋아서 수업 내내 유쾌한 기분이었다. 그래서 이토록 엄청난 사건을 일으킬만한 심각한 철부지 집단은 아니라고 생각했었다. 그런데…… '욱일승천기'가 무엇인가? 제2차 세계대전 당시에 일본군이 사용했던 깃발로 일본의 군국주의의 야욕을 형상화한 깃발이 아니던가? 위안부 문제처럼 일제 강점기에 자행된 수많은 악행들이 아직 해결되지도 않은 지금, 제 정신이 아니고서야 어떻게 전범의 상징을 도용할 수 있는가?

사건이 터진 바로 다음 주, 씩씩거리면서 학교로 향했다. 강사 휴게실에서 앉아서 어떻게 혼내줘야 하는지를 고민하며 대기하고 있었다. 그러다 우연히 다른 강사의 이야기를 엿들었는데, 내용은 이렇다. "내가 너희들 때문에 창피해서 못 살겠다. 아니 어떻게 욱일승천기로 디자인을 할 생각을 할 수 있니?……"라며 들어가는 강의마다 잔소리를 해댄다는 것이다. 분명 좀 전까지만 해도 나 역시 학생들에게 따끔하게 한마디 하려고 벼르고 있었는데 문득 무엇인가 잘못되었다는 생각이 엄습했다.

문제의 사진에서 우리가 주목해야 할 부분은 '나치 식의 경례'와 '욱일승천기'가 공존하고 있다는 점이다. 나치 식의 경례 모습은 실제로 연출한 것이고, 배경은 컴퓨터 작업을 통해 삽입된 것이다. 만약 '욱일승천기'를 배경으로 넣지 않고 단지 나치 식의 경례만을 사진에 담았다면 이렇게까지 큰 문제가 되었을까? 아마도 그렇지 않았을 것이다. 왜? 우리와 나치는 직접적인 연관성이 없기 때문이다. 이와 반대로 프랑스에서라면 어땠을까? 같은 상황에서 사람들의 공격은 '나치 식의 경례'에 초점이 맞춰졌을 것이다.

그렇다면 문제가 되었던 학생들의 잘못이라는 게 결국 '나치 식의 경례'와 '욱일승천기'의 무게감의 차이를 인지하지 못함에 있는 셈이다. 바꿔 말해서 이 둘의 함의가 전혀 다름에도 불구하고 '먼 나라 이야기'라고 치부하고 별다른 의식 없이 혼용했다는 것이다. 그렇다면 문제의 접근은 달라져야 한다.

2005학년도 수학능력시험부터 국사 과목은 선택과목으로 전락했다. 필수 과목이 아닌 이상 학생들이 공부할 이유는 없는 것과 마찬가지다. 선생님이나 부모님도 시험에 나오지 않는 과목을 배우라고 하지 않는 세상이니까. 당시에 이들은 모두 초등학생들이었다. 일제강점기도 모르면서 '뽀로로'만 좋아한다고 역정을 내시는 훌륭한 부모님을 만났다면 달라졌겠지만 대부분의 초등학생 중에 '일제강점기' 따위에 관심을 두는 이가 얼마나 될까? 그들이 중학교, 고등학교를 다니는 동안에도 우리의 역사는 늘 선택과목이었다. 즉, 그들에게 근현대의 슬픈 역사는 머나먼 이야기로 치환된다.

교양으로라도 일제강점기 정도는 알아야 하는 것이 아니냐고 묻는 사람이 있다. 보통 대한제국이 멸망한 1910년부터 해방을 맞이하는 1945년까지를 일제강점기로 보는데, 이 시기를 몸으로 기억하는 사람이라면 적어도 현재 연세가 90이 넘으신 분들이다. 문제의 학생들과는 70년의 간극이 존재하는데 이 둘이 만나서 당시의 아픔을 생생하게 전해 들었을 가능성은 제로에 가깝다. 그럼 텔레비전이나 영화, 책에서 배울 수는 없을까?

일본의 극우 세력이 과거의 만행을 합리화할 때, 우리는 입으로만 '역사 왜곡 하지 마라'고 떠들어댄다. 정작 자기 나라 아이들에게도 필수로 내세우지 못하는 역사 따위를 다른 나라에서 뭐라고 가르치든 무슨 할 말이 있을까? 대한민국의 국민으로 태어났음에도 불구하고 자국의 역사를 배울 기회조차 빼앗긴 아이들과 그것을 빼앗은 도둑놈. 배우지도 않은 내용으로 시험을 치르고도 틀렸다고 호된 비판을 받아야 하는 아이들과 그런 비판을 하고 있는 도둑놈.

공자께서 말씀하셨다. "……천하에 올바른 도가 행해지면 나와 일하고, 도가 행해지지 않으면 숨는다. 나라에 올바른 도가 행해지는데도 가난하고 미천한 것은 치욕이요. 나라에 올바른 도가 행해지지 않는데도 부유하거나 귀한 것도 치욕이다." (『논어』, '태백')

동화책 한 권 읽고 전혀 엉뚱한 이야기를 해대는 것은 아닌지 모르겠다. 『욕심쟁이 왕도둑』도 권선징악(勸善懲惡)이라는 동화의 틀을 벗어나지 않았다. 참 다행이지만 현실과는 너무 다른 결론이라고 생각되는 것은 나뿐일까?

일제의 치하에 있을 때나 해방된 이후에나 잘 먹고 잘 사는 사람들이 있다. 불길하지만 앞으로도 그럴 것 같다.

〔덧붙임〕 이 글을 게재한 것이 2013년 4월이었는데 같은 해 8월에 '한국사'가 수능 필수과목으로 변경되었습니다. 개인적으로 무척 반가운 일입니다. 하지만 또다시 '어떤 내용'을 가르치느냐에 대한 분쟁이 시작되었습니다. 이른바 '교학사 교과서 논쟁'이 그것이지요.

일본의 전현직 고위층들 중에 상당수는 아직도 전범들을 기리는 야스쿠니 신사에 당당한 모습으로 참배를 하고 있습니다. 입으로는 과거의 잘못을 말해놓고 몸으로는 그것을 부정하는 꼴로서 온전한 정신으로 하기에는 좀 어려운 행동이긴 합니다. 참 재미있는 점은 한국인 위안부가 일본군에 '끌려갔는지' 혹은 '따라다녔는지'도 구분 못하는 교과서를 채택하겠다는 사람들의 당당함과 참 닮아 있다는 점입니다.

더불어 읽기
깊이 읽기

1) 배병삼 주석, 『한글세대가 본 논어』(문학동네, 2002). 단언컨대 현존하는 『논어』 주석서 가운데 최고라 할 만하다. '정치학' 전공자의 눈에 비친 공자의 무모하리만큼 따스했던 인간적 면모를 본의에 가깝게 서술했다. 아직도 '공자가 죽어야 나라가 산다'고 믿는 사람들은 꼭 읽어보시길 바란다.

2) 조영래, 『전태일 평전』(아름다운전태일, 2009). 대학 새내기 시절, 선물로 받았다가 단숨에 읽었고 몹시 눈물 나던 책이다. '내 엄마, 내 아빠'가 아니라 '우리 엄마, 우리 아빠'가 자연스러운 '우리'에게 '우리'로 살아가야 하는 이유를 알려주는 책이다.

오상현 / 한국철학사상연구회 회원

이성이 짓밟은 그들의 외침,
"침묵을 지킬 순 없었니?"

『마지막 거인』/ 프랑수아 플라스

두 거인

2004년 8월 말에 어떤 '거인'이 내게 책 한 권을 선물했다. 그때 나는 중국 양쯔강(揚子江)의 중류 지방의 어느 도시에서 몇 년째 졸업 논문을 준비하다가 그곳의 여름을 견디다 못해 잠시 고국으로 피서를 와 있었다. 어스름이 내리는 늦여름 저녁 무렵 서울에서 거인과 마주앉았을 때 그는 땅거미처럼 낮은 목소리로 말을 꺼냈다.

"내가 좋아하는 책이야. 너와 느낌을 나누고 싶다. 그림책이라 금세 읽지만, 조금씩 천천히 읽어도 좋아."

거인과 마주 앉았던 장소나 둘이 나눈 이야기는 이제 기억에서 사라져 버렸지만 그가 건넨 책의 표지를 보면서 느낀 이상야릇한 기분은 아직도 뚜렷하다. 『마지막 거인』(프랑수아 플라스 지음, 윤정임 옮김, 디자인하우스 펴냄)? 묘하다. 거인이 거인에 관한 책을 주다니. 실상 그의 겉모습은 '거인'과 별로 상관이 없다. 오히려 그는 보통 사람들보다도 키도 크지 않고 몸집도 왜소한 편이다.

그러나 체구가 작고 먹는 양이 적은 것을 제외하면 그는 확실히 모든 면에서 거대한 느낌을 준다. 때문에 나는 그를 무의식적으로 거인이라 여겼고, 이 느낌은 나만의 감상은 아닐 것이다. 그를 아는 사람이라면 누구나 비슷한 생각을 가질 것이다. 사람들 누구나 이런 거인을 마음속에 갖고 있다. '거인'이라 부르든 '영웅'이라 부르든 자신이 닮고 싶고 배우고 싶은 사람을 간직하고 산다. 그날 『마지막 거인』이라는 책을 선물해 준 사람이 내게 바로 그런 거인이다. 내 거인이다.

'마지막 거인'이라는 비장한 제목이 지금도 현실의 내 거인과 기묘하게 겹쳐진다. 그날 자신이 건넨 동화책을 애지중지 바라보던 저녁 어스름 속의 거인은 슬프고 가라앉은 얼굴이었지만 눈빛은 아름다움을 담고 있었다. 그는 푸르스름한 황토색 표지 속에서 널따란 등을 드러내고 저 멀리 구름인지 아득한 산악인지를 하염없이 바라보는 거인 안탈라의 뒷모습과 겹쳐졌다. 이제 다시 보면 몸에 걸친 것이라고는 거의 없는 안탈라의 등허리와 팔다리와 뺨은 온통 어지럽고 복잡한 무늬와 그림들로 가득하다. 이 마지막 거인의 문신이 내 거인 속으로 옮겨 와 있었는지도 모르겠다.

"그들의 피부는 대기의 미세한 변화에도 반응하는 것처럼 보였습니다. 살랑거리는 미풍에도 몸을 떨었고, 금갈색 태양 빛에도 이글거렸으며, 호수의 표면처럼 일렁이다가, 폭풍 속 대양처럼 장엄하고 어두운 색조를 띠기도 했습니다."(46쪽)

거인은 지평선만큼이나 평온한 목소리로 이 책에 관한 이야기를 들려주었던 것 같다. 그렇지만 나는 낯선 사물을 마음속에 들이는 데 민첩하지 못한데다, 자꾸 묘한 느낌에 사로잡히게 되어서 얼떨떨한 기분이었고 거인의 이야기가 귀에 잘 들어오지 않았다. 내 거인과 책 속 거인의 유사한 느낌에 자꾸 사로잡혀서일까. 흙의 빛깔을 닮은 그 거뭇하고 거칠한 음성과 동화책 표지를 물들인 황토 빛깔이 한눈에 겹쳐지면서 주변 공기가 뭉쳐진 느낌이랄까, 시간의 흐름이 멈추는 느낌이었다.

거인들이 사는 나라

처음 선물로 받은 날 밤에 멋진 그림들에 빠져 연신 책장을 넘겨보기는 했지만 머릿속을 가득 메운 학술 자료들과 논문 걱정으로 이야기책이 눈에 들어오지 않았다. 겨우 크리스마스가 돼서야 이 동화책을 보았다. 예상과는 다르게 충격적인 이야기였다. 저자가 12~13세 어린이를 생각하고 지은 동화책이라고 하지만 어른들이 읽어야 할 동화라고 느꼈다.

나는 책을 읽는 동안 화자(話者) 아치볼드 레오폴드 루트모어가 되었다. 나는 탐험가이자 지리학자로서 1849년 9월 29일 아침에 동인도 회사의 낡은 무역선을 타고 영국을 떠나 흑해의 원천에 있는 '거인족의 나라'를 찾아 갔다. 나를 거인족의 나라로 이끈 것은 이전에 부둣가에서 우연히 손에 넣은 거인족의 어금니였다. 정확히 말하면 어금니 뿌리 안쪽에 새겨진 미세한 지도였다. 거인족의 나라를 찾아가는 동안 나는 천신만고를 겪었다. 수많은 희생과 죽을 고비를 넘고 겨우 도착한 그 골짜기는 거인들의 묘지였다.

나의 탐험은 순전히 학문적 동기에서 비롯된 것이다. 나는 학자로서 이제껏 누구도 얻지 못한 최고의 성취감과 빛나는 명예를 얻고 싶었다.

"계곡의 지형도를 제작하는 데만 꼬박 한 달이 걸렸습니다. 일일이 세어 본 해골의 수는 백십여 개였지만, 땅 속에 더 많이 묻혀 있으리라는 생각이 들었습니다. 몇몇 두개골에는 기이한 돌덩이가 모자처럼 얹혀 있어 제례 의식의 대상이었음을 암시하고 있었습니다. 전부 다 삼사천 년 전 것이었습니다. 다만 이 종족이 전멸하게 된 이유만이 여전히 풀어야 할 신비로 남아 있었지요."(36쪽)

거인족의 나라에서 가장 인상적이었던 것은 그들의 온몸에 그려진 그림, 바로 문신이었다. 거인족의 몸에는 혀와 이까지 포함해서 머리부터 발끝까지 온통 구불구불한 선, 소용돌이 선, 뒤얽힌 선, 나선, 그리고 극도로 복잡한 점선들로 이루어진 정신없이 혼란한 금박 문신이 새겨져 있었다. 자세히 들여다보면 그 환상적인 미로에서 식별되는 이미지들이 있었다. 나무, 식물, 동물, 꽃, 강, 바다의 모습이 그것이다. 거인 아홉 명의 몸 전체에 그려진 그림들은 도대체 어떻게 생긴 것일까?

문명과 그 적들

나는 가장 키가 큰 안탈라의 등에 그려진 아홉 명의 거인들 틈바구니에서 열 번째 인물을 발견할 수 있었다. 그것은 바로 "실크 해트"를 쓰고 있는 자신이었다. 내 실크 해트는 19세기 서유럽 남자의 상징이다. 우리는 세계 곳곳을 탐험하며 '최초의' 학문적 성과를 적잖이 이룩했다. 그 성과들은 유럽인의 눈으로 본 미지의 세계를 그려내고 쓴 것이다.

아시아, 오세아니아, 아프리카, 아메리카 그 모든 대륙을 우리는 '탐험'을 한다는 구실로 거침없이 넘어 들어갔다. 우리에게 대항하는 원주민들은 공포의 대상이 아니면 살육의 대상일 뿐이다. 하마터면 나도 "사람 머리를 절단 내는 기이한 습성을 가진" 와족에게 붙잡혀 목숨을 잃을 뻔했다.

우리는 세계 대륙의 원주민들에게 죽임을 당하기 전에 그들을 죽여야 했다. 원주민에 대한 대량 학살은 그렇게 벌어졌다. 그리고 우리는 그들의 땅을 식민지로 만들었다. 지구상 모든 대륙의 80퍼센트가 유럽인의 식민지가 되었던 것이다. 우리는 신(神)의 은총을 받지 못한 그들의 '쓸모없는 땅'에 복음을 전파했고, 신에게 제사 의식(cult)을 거행했으며, 그곳을 쓸모 있는 땅으로 경작(cultivate)했다. 이것을 '문화(culture)'라고 부르거나 '문명(civilization)'이라고 한다. 이런 선진적인 유럽인이었기에 내 모습은 항상 '실크 해트'로 상징된다.

그러나 내가 만난 거인족은 유럽인들과 완전히 딴판이었다. 우선, 그들은 미지의 땅을 탐험할 때 내가 가장 중시하는 그림을 그릴 줄 몰랐다. 그러므로 거인들의 온몸에 그려진 그림은 그야말로 신비한 것이 아닐 수 없었다.

그들과 처음 만난 때를 회상해 보면, 나는 거인들의 계곡에 도착하자마자 탈진한 나머지 정신을 잃었다. 그 짧은 순간 내가 환영처럼 본 것은 나를 향하여 기울어지던 거대한 돌기둥의 그림자였고, 환청처럼 들은 것은 그 돌기둥의 믿을 수 없을 만큼 감미로운 노래였다. 거인들은 이방인인 나를 정성껏 돌봐 주었다.

"꽤 오랜 시간이 흐른 뒤 정신을 되찾았을 때는 그 모든 악몽이 무어라 말할 수 없을 정도로 아름다운 꿈으로 변해" 있었고, 더할 나위 없이 쾌적한 기분이 들었다. 처음 만난 날부터 내가 그곳을 떠날 때까지 그들은 나를 어린아이처럼 돌봐 주었다. 또 내게 먹을 수 있는 식물들을 알려주고 그들의 음식을 나누어주기도 했다.

그리는 사람과 그려지는 사람

"거인들은 식물, 흙, 바위를 아주 가끔 먹었습니다. 난 그네들이 운모판 가루를 뿌린 편암으로 맛있는 파이를 만들거나 장밋빛 석회 조각을 앞에 놓고 군침을 흘리는 모습에 웃음을 터뜨렸습니다. (……) 준비 과정을 비밀에 붙여 가며 자기들이 특별히 만들어 낸 국을 맛보여 주기도 했습니다. 그것은 큰 강의 진흙처럼 혀에 엊혀 화산의 용암처럼 불타오르다가 숲의 부식토 같은

뒷맛을 남겼습니다."(48쪽)

거인들의 몸에 그려진 나무, 꽃, 짐승, 강, 바다의 무늬와 형상은 그들이 한밤중에 하늘을 향해 부르던 노래에 대지가 화답해 그려준 "악보"였다. 노래가 우주를 향한 기도였다면 문신은 우주 자연의 응답이었다. 나와 유럽의 탐험가들이 미지의 땅을 정복하면서 그림 그리고 문명을 새기는 존재라면, 거인족은 대자연의 신비를 노래하며 그림 '그려지는' 존재다.

"(……) 밤새도록 별들을 차례대로 불러대는 그들의 목소리는 서로 뒤섞이고는 했습니다. 그것은 유려하면서도 복잡하고 반복적인 멜로디와 가냘픈 변주, 순수한 떨림, 맑고 투명한 비약으로 장식된 낮고 심오한 음조로 짜여 있었지요. 무심한 사람의 귀에나 단조롭게 들릴 그 천상의 음악은 한없이 섬세한 울림으로 내 영혼을 오성의 한계 너머로 데려다 주었습니다. 우연히 나는 오래 전부터 별들의 움직임과 하늘을 세심하게 관찰해 오던 터였지요. 그래서 일종의 이중어 사전을 기획하고는 각각의 별자리에 상응하는 음악의 소절을 붙여 주었습니다."(42쪽)

나, 루트모어 아치볼드 레오폴드는 이 거인들의 문신을 "진정한 노래"라고 말한 적이 있지만, 이는 결코 깊은 깨달음에서 나온 말이 아니었다. 그저 지나가는 말에 불과한 덕담이었는지도 모른다. 나는 거인들과 "스스럼없이 어울리는 내가 자랑스러웠고, 이제 남은 일은 그들을 알아가고 이해하는 일뿐이라고" 생각했다. 내가 가장 잘 해낼 수 있는 일은 학문적인 작업이었으니 말이다. 정말이지 학술은 내가 헌신할 만한 가치가 있는 일이었다.

그러나 그때까지 나는 내 숭고한 학문이 저 고귀하고 아름다운 거인족을 파멸시키리라고는 상상도 하지 못했다. 거인족의 파멸은 내가 "신들의 축복을 받은" 덕분으로 거인의 골짜기를 발견한 뒤 "학문의 숭고한 임무"를 위해 "어떤 대가를 치르더라도 잊어서는 안 될 생생한 인상을 생동감 넘치는 그림으로 그려" 낸 데에서 비롯된 일이었다.

거인의 눈물

"밤새도록 별들을 차례대로 불러대는" 거인족의 노래와 더불어 지낸 지 열 달이 지나면서 나는 런던의 밤하늘이 그리워졌다. 비록 거인족의 삶은 굳건하고 완벽해 보였지만 내가 그곳에서 함께 할 수 있는 일은 아무것도 없었다. 그들의 감미로운 노래와 몇 날이고 계속되는 힘겨루기 퍼레이드에 그만 진력이 났다. "거인 친구"들은 이런 내 심정의 변화를 금세 알아차렸다. 그리고 마침 그들도 사랑을 나누고 깊고 오랜 잠을 자야만 할 때가 다가오고 있었기 때문에 나를 고향으로 무사히 귀환하도록 도와주었다.

"그들은 제각기 작은 호박 조각을 나에게 선물했고 거기에 소중한 마법의 힘을 실어 주는 듯했습니다. 난 점토 찰흙으로 만든 조그만 조각품을 끈에 매달아 일일이 걸어 주었습니다. 거인 친구들이 그토록 자주 웃으며 바라보았던, 우스꽝스런 실크 해트를 쓴 사람의 모습을 조각한 것이었지요. 안탈라와 제울은 갈 수 있는 한 멀리까지 저를 데려다 주는 임무를 맡았습니다. 난 눈물에 젖은 거인 친구들을 마지막으로 돌아보았습니다."(54쪽)

내가 이 책의 화자가 되어서 진술하는 마지막 말은 여기까지다. 그 후 벌어지는 이야기는 암시했듯이 비극적인 결말이다. 그것은 화자에게 너무도 익숙한 거인 안탈라의 목소리를 통해 울려나온다. "침묵을 지킬 수는 없었니?" 그것이다.

만약 저자가, 거인족의 나라를 떠나 고향인 런던으로 돌아가는 화자의 모습으로 이야기를 끝냈다면 이 책이 1990년대 프랑스의 각종 어린이 도서 부문, 문인 협회, 도서관 협회, 나아가 독일, 미국의 여러 문예 잡지와 비평가들로부터 많은 찬사를 받지 못했을 것이다. 이 이야기의 힘은 지금까지 서구인들이 저질러 온 '문명'이라는 이름의 '야만성'을 폭로하고 학문과 이성이 기실 어떻게 세계를 마름질했는가를 성찰하고 비판하는 데에 있다. 그러나 이런 성찰은, 이 책의 화자가 그랬듯이 왜 언제나 돌이킬 수 없는 비극이 생긴 뒤에야 나오는 걸까?

죄 없는 인류를 수없이 살해하고 식민지를 건설했던 제국주의자들이 모두 자신의 과오를 인정하는 것도 아니다. 그러므로 뒤늦은 후회나 반성도 무의미한 일은 아니지만 그것이 현실에서 의미 있는 작용을 일으키려면 지식인의 역할이 아주 중요하다.

지금도 과거 제국주의자들의 만행과 유사한 강대국의 폭력은 계속 벌어지고 있지만 그들은 '세계화'니 '자유 무역'이니 하며 형태를 바꾸어 교묘한 방식으로 약자의 권리를 침해한다. 학문에 종사하고 지식인 행세를 하는 사람들의 책임이 갈수록 커지는 이유다. 폭력의 형태와 얼개는 점점 더 세련되고 복잡해진다. 나의 거인이 내게 이 책을 선물한 이유를 요즘에 야 조금 알 것 같다.

송종서 / 한반도 동북아 연구소 선임연구원

영화 보기 싫은 10대들,
그 이유를 듣고 보니……

『고독을 잃어버린 시간』 / 지그문트 바우만

#사례 1. 추석 연휴 귀성길에 어떤 묘한 가족을 목격했다. 미취학 아동으로 보이는 아이와 부부가 티셔츠까지 맞춰 입고 터미널로 향하는 지하철에 앉아 있었다. 그들은 지하철이 터미널에 도착하는 내내 각자의 핸드폰에만 몰두해 있었다. 아이는 게임을 했고, 엄마는 인터넷을 했고, 아빠는 카카오톡을 했다. 셋은 지하철에서 내릴 때조차도 안내 방송을 듣고 각자 짐을 들고 내릴 뿐, 대화를 나누지 않았다. 나는 그 셋이 왜 티셔츠까지 맞춰 입었는지 궁금했다.

#사례 2. 10대들을 상대로 '당신이 영화를 보지 않는다면, 가장 큰 이유는 무엇인가?'를 물었다. 1위는 '핸드폰을 꺼놓아야 하는 것이 싫어서'였다고 한다.

프라이버시 요새에 자발적으로 갇히다

나는 아직 2G 핸드폰을 사용한다. 군이 스마트폰을 사용할 이유가 없어서 그냥 쓰던 것을 쓸 뿐이다. 그런데 내 핸드폰을 보는 사람들은 모두 나에게 "아직까지 사용하다니, 대단하다"고 말한다. '유행'을 따르지 않는 뚝심이 있다고도 말한다. 실상은 그렇지 않다. 나는 그저 가만히 있었을 뿐이다.

지금 우리는 왜 고장 나지도 않은 기존의 것을 버리면서까지 '신상'을 사는 것일까? 대체 왜 '신상'에 둔감하지 못한 것인가? 왜 소비하지 않고 가만히 있는 것을 못하는가? 바로 그것이 세련되고, 혁신적이고, 시대에 충실한 것이라고 알고 있기 때문이다. 그리고 그 '신상'들이 나를 외롭지도 심심하지도 않게 해줄 것이라 굳게 믿고 있기 때문이다.

#사례 2의 설문 조사에서 영화관에서의 단 두 시간도 핸드폰을 꺼놓기 싫다는 대답이 압도적이었다는 것은, 그들에게 핸드폰이 어떤 의미인지에 대해 생각하게 한다. 그들은 핸드폰을 꺼놓는 것을 세상과의 단절, 고립으로 느끼는 듯하다. 핸드폰이 곧 세계와의 연결 고리인 것이다.

하지만 그들은 정작 바로 옆의, '여기'에 존재하는 사람과의 연결보다는 '저기' 멀리의 어떤 사람과의 연결을 원한다. 자신이 원하는 때에, 자신이 원하는 사람을, 자신이 원하는 방식으로 만나고 싶어 하는 것이다. 인간관계가 인내와 타협과 소통의 산물이 아니라, 그저 '접속'과 '차단'이 번복 가능한 아주 가벼운 선택의 문제가 된 것이다.

요즘 대부분의 사람들이 #사례 1의 가족처럼 자신의 핸드폰을 들여다보며 시간을 보낸다. 그들은 마치 "각자 자신의 보호막 속에 갇혀 있는 사람들"처럼 보인다. #사례 1의 가족은 티셔츠까지 맞춰 입고 가족의 화목

함을 '보여주려고' 한다. 하지만 그들의 유대는 핸드폰이라는 프라이버시 요새 안에서 무전으로만 가능한 것일지도 모른다. 앞서 말했듯, 얼굴을 맞대고 직접 대화를 통해 귀찮고 더디고 힘겨운 인간관계를 맺을 필요 없이 말이다.

물론 그럼으로써 더 이상 인간관계에 영속성은 수반되지 않지만 그것은 중요치 않다. 피상적이라 해도 그들에게는 수많은 친구들이 있다. 인간관계도 이제 질보다 양이 우선시된다. 이렇듯 그들은 협소한 프라이버시 요새에 자발적으로 갇혀버렸고, 또다시 광장으로 나올 수 있는 사람들은 확연히 줄어들었다. 이에 대한 해결책은 무엇일까?

지그문트 바우만은 『고독을 잃어버린 시간』(조은평 · 강지은 옮김, 동녘 펴냄)에서 이렇게 지적한다.

> "현실을 직시하자! 사실상 점차 변화해 온 인간의 의사소통 기술이 가져온 효과는 마치 은행 주도로 이루어지는 업적들과 마찬가지로 그 손실이 전국적으로 확대되는 데 반해서 그 이득은 사유화되는 경향이 있다. 그리고 양쪽 경우 모두에서 발생하는 '이차적인 피해'도 정말 드물게 생기는 이점들에 비해서 오히려 한쪽에만 보다 더 광범위하고 심각하게 발생하기 때문에 잘 모르는 사이에 진행되는 것 같다."(51쪽)

고독의 기회를 잃어버린 사람들

지그문트 바우만은 이 책에서 이토록 편리해진 세계의 불안한 이면을 꼬집는다. 이제 세계는 실체 대 실체가 아닌, 그래서 어떤 위험성도 어떤 고통도 없이 섬세하고 가벼운 클릭 한 번으로 이루어지는 가상의 네트워크가 즐비하다.

'워크맨'의 최초 판매자들은 "당신은 결코 다시는 혼자 있지 않아도 될 것"이라고 약속했다. 그리고 그렇게 되었다. 인터넷의 세계에서도 우리는 고독할 필요가 없다. 수많은 친구들을 만날 수 있고, 그 관계가 불편함과 불쾌함을 유발하게 되면 언제든 '삭제' 버튼 하나로 상황을 해결할 수도 있다. 우리는 현실의 인간관계에서처럼 "이제 혼자라고 해서 두려워할 필요도 없고 다른 사람들의 지나친 요구에 노출되어서 위협당할 필요도 없다. 희생하라거나 타협하라는 요구에 위협당할 필요도 없고, 좋아하지도 않으면서 단지 다른 사람들이 그렇게 행동하기를 바라기 때문에 그것을 해야만 한다는 식의 요구에 응할 필요도 없다."(29쪽)

하지만 바우만은 결국 워크맨에서 흘러나오는 소리에 의존하는 것은 동료들이 사라져버린 자리에 남겨진 공허감을 더욱 깊게 느끼게 할 뿐이었다고 지적한다. 우리는 워크맨이라는 작은 친구는 얻었지만, 정작 동료들의 진짜 목소리를 잃은 것이다. 인터넷은 어떤가? 바우만은 우리가 외로움으로부터 멀리 도망쳐나가는 바로 그 길 위에서 고독을 누릴 기회마저 놓쳐버렸다고 말한다. 이제 우리는 고독할 시간도, 필요도 잃어버린 것이다.

그토록 도망치려고만, 기피하려고만 애쓰던 고독은 "바로 사람들로 하여금 '생각을 집중하게 해서' 신중하게 하고 반성하게 하며 창조할 수 있게 하고 더 나아가 최종적으로는 인간끼리의 의사소통에 의미와 기반을 마련할 수 있는 숭고한 조건이기도 하다." 사랑도 우정도 미움도 분노도 예술도 철학도 모두 고독 안에서 태동한다.

유동하는 세계는 잔인하다

'유동하는 근대 세계(Liquid Modern World)'는 바우만의 개념이다. 그는 인류가 고체처럼 견고한 사회를 지나 액체처럼 유동적인 근대를 지나고 있다고 주장한다. 그래서 이 책의 부제도 '유동하는 근대 세계에 띄우는 편지'이다. 그는 마흔네 편의 편지를 통해 지금은 막스 베버가 말한 "강철 외투"가 아닌 "가벼운 외투"의 시대임을 천명한다. 유동하는 근대에서는 어떤 선택이든 가벼운 외투를 걸치듯 간단하게 이루어지고 또 언제든 벗어버릴 수 있게 된다는 것이다. 앞서 말했듯 인스턴트식 인간관계가 바로 이러한 시대의 면모를 여실히 보여준다. 유동한다는 것, 액체성이라는 것은 일견, 부드럽고 편안한 느낌을 준다. 하지만 이것은 언제 어떻게 나를 집어삼킬지 모르는 잔인함을 뜻한다.

"유동하는 근대의 문화는 '함양해야만 하는 사람들'을 갖고 있지 않다. 그 대신에 유혹해야만 하는 고객들을 갖고 있다."(162쪽)

속눈썹 감모증이라는 이름을 붙여 성형 수술을 판매하고, 그저 약간의 수줍음도 사회 불안 장애라는 이름을 붙여 의료 소비를 권장하는 사회이다. 쇼핑하지 않는, 혹은 소비하지 못하는 자들은 도태된 인간으로 분류해 버린다.

　"철학자 다니 로베르 뒤푸르가 말했던 것처럼, 자본주의는 지구의 한계점까지 자기 영토를 밀고 나가서 지구 표면에 있는 모든 대상들을 모두 상품으로 채우려 할 뿐 아니라, 아래로도 깊이 파고들어가 이전에는 사적인 일들에 불과했던 것을 상업적으로 수익성 있게 활용할 수 있도록 그 영토를 확장하려 한다. 물에 대한 권리나 인간 게놈 유전자에 대한 권리, 살아남은 생물종이나 아기, 인체 조직들에 대한 권리에 이르기까지 지구 표면에 있는 모든 대상들을 다 상품으로 만들려 하고, 예전에는 개인이 책임져야 하는 몫이었던 주체성이나 섹슈얼리티 같은 것들도 상품처럼 판매할 수 있는 대상으로 재활용하려 한다."(206쪽)

하지만 자본주의의 파도가 넘실대는 근대는 이렇듯 집요하고 잔혹한 모습을 은폐하려 애쓴다. 예고 없이 일방적으로 단행되는 해고와 고용이 보장되지 않는 비정규직, 예비 노동자의 어두운 삶 또한 노동의 유동성, 유연성이라는 부드럽고 말랑거리는 이름에 가려져 있지 않은가? 사람들은 이 변덕스럽고 불확실한 바다 위에서 단순한 표류 이상의 삶을 만들어가기 위해 힘겹게 자맥질한다.

시시포스와 프로메테우스의 사이에서

이러한 유동하는 근대에 맞서는 가장 유효한 방법은 무엇일까? 바우만의 제안은 책의 마지막 편지에 자세히 나와 있다. 그는 '편지 44. 나는 반항한다, 고로 우리는 존재한다'에서 카뮈의 유산에 대해 언급한다. 카뮈는 시시포스와 프로메테우스를 통해 인간의 운명과 그 전망에 대해 이야기했다.

프로메테우스는 '부조리한 인간 조건'에 대한 해결책으로 타인들을 위한 삶, 즉 타인들의 비참한 고통에 맞서 반항하는 삶을 택한다. 반면 시시포스는 자기 자신의 그 비참한 고통에 압도당해 그 인간적 곤경으로부터의 유일한 탈출로 자살을 선택하는 것에 끌리게 된다. 카뮈는 이 둘을 병치시키며 "나는 반항한다" 그리고 바로 그렇기 때문에 "나는 존재한다"라고 결론 내렸다.

왜냐하면 시시포스의 곤경에는 프로메테우스가 발을 들여놓아도 될 만큼 충분한 공간이 있기 때문이다. 시시포스의 운명은 오로지 자신의 그 노동들이 무의미했다는 결론을 얻었기 때문에 비극적인 것이다. 그런데 프로메테우스가 그 안에 개입하는 순간, 시시포스는 노예와 같은 상태가 아니라 실천가로 탈바꿈할 수도 있다.

바우만은 카뮈가 "그 어떤 운명도 경멸(상황을 무시하는 태도)을 통해서는 극복될 수 없는 법이다"고 말했다면서, 그는 체념과 싸우며, 무관심을 찌르며, 자기 자신과도 싸워야 하는 방식을 이야기하고 있다고 설명한다. 그리고 카뮈는 우리에게 반란과 혁명, 자유를 향한 노력들이야말로 인간의 실존에 필연적인 측면들이며, 우리가 이러한 존경할 만한 추구들이 폭정으로 끝나버리는 것을 막기 위해서는 그러한 추구들에 한계를 설정하고 항상 주시해야 한다고 말했다는 것이다.

즉, 바우만은 카뮈를 통해 '나'만이 아닌 '우리'가 존재할 수 있는 방법에 대해 말하고 있다. 반항하는 프로메테우스가 시시포스의 형벌과 노역의 세계로 들어가 시시포스를 변화시키듯, 힘을 합쳐 이 자본주의와 유동성의 근대에 반하면 원자화된 개인들의 가짜 보호막을 걷어낼 수 있다는 것이다.

물론 그 이후 우리는 다시 친밀감과 영속적인 관계를 위한 그 지난한 좌절과 상처의 시간을 겪게 될 것이다. 하지만 그 시간은 더 이상 답답하고 지루한 위협의 시간, 믹소포비아(Mixophobia, 이질 공포증)의 시간이 아니라, 즐거운 비참의 시간, 아름다운 상흔의 시간이 될 것이다. 우리가 귀찮고, 두려워했던 그 인간관계의 좌절과 상처가 장애물이 아니라 사실은 견고하고 영속적인 관계를 만들어가는 과정의 하나의 필수요소인 것을 깨닫게 되면 말이다.

우리는 조금의 상처도 주고받지 않는 산뜻한 관계를 꿈꾸지만, 그것은 어쩌면 그만큼 서로에게 무관심한 관계, 언제든 처분되고 또 손쉽게 포기할 수 있는 관계, 즉 아무것도 아닌 관계일 것이다. 우리 인간은 충분히 상처받고, 좌절하며, 번뇌하고, 인내하며, 분노하고, 반항하며 살아갈 가치가 있다. 그 소중한 인생의 기회를 스스로 버리지 말자. 고독할 기회조차 잃은 자는 진정으로 고립된 세계를 살아가는 자일 것이다.

1) 지그문트 바우만, 『모두스 비벤디——유동하는 세계의 지옥과 유토피아』, 한상석 옮김(후마니타스, 2010). 바우만의 '유동하는 근대' 시리즈 최신작으로, 제일 얇고 쉽게 바우만에 대해 알 수 있는 책이다.

2) 지그문트 바우만, 『액체근대』, 이일수 옮김(강, 2009). '유동하는 근대(액체근대)'라는 바우만의 개념과 이론적 입장에 대해 보다 자세히 알고 싶다면, 이 책을 추천한다. 바우만은 개인의 해방과 자아실현, 시공간의 문제, 일과 공동체라는 삶의 거의 모든 영역이 '액체화'되었다고 진단하고 있다.

3) 지그문트 바우만, 『왜 우리는 불평등을 감수하는가——가진 것마저 빼앗기는 나에게 던지는 질문』, 안규남 옮김(동녘, 2013). 1%의 사람들을 위해 불평등을 감수하고 있는 99%의 사람들. 이 책은 불평등에 침묵하고 있는 현상, 낙수효과의 거짓된 측면을 꼬집고 있다.

한유미 / 한국철학사상연구회 회원

그리스, 유로 존 떠나라!
칸트의 대답은……

『영원한 평화를 위하여』 / 임마누엘 칸트

유럽 재정 위기 속 민족과 민중

"그리스는 유로 존을 떠나라!" 유럽 선진국의 상당수 사람들은 아마도 그렇게 외치고 싶겠지만 당당하게 소리 내어 외치지는 않는다. 축적된 세계의 부를 최전선에서 누려오면서, 스스로 계몽된 시민이라 생각하는 자의식과 자존심이 용납하지 않기 때문이다. 그들은 그렇게 내심 그리스가 그냥 알아서 유로 존에서 나가줬으면 할 것이다.

그러나 2012년 9월 독일에서 계속 미루어 왔던 유럽안정화기금(ESM)이 헌법재판소에서 최종적으로 합헌이라는 결정이 나게 되었다. 이 과정에서 재정 지원에 대한 독일 국내 정치의 논의가 얼마나 뜨거운지는 충분히 알려져 있다. 재정 지원을 둘러싸고 진행된 독일의 국내 정치 상황은 아무래도 기독교민주당(CDU)과 자유당(FDP)을 위시한 보수 정당에 더 유리하게 작용하게 될 것이다.

좌파 정당인 사회민주당(SPD)은 슈뢰더 집권 이후 줄곧 진보 세력을 결집시키는 데 실패해 왔다. 그런 와중에 자유당(FDP)은 시장과 정치가 분리되어야 하며, 금융 시장에 대한 정치적인 개입이 재정 문제 해결을 더 어렵게 한다는 자유주의적 원칙을 피력해 왔다. 재정 위기를 둘러싸고 이렇게 정치적인 입장들이 혼재하는 가운데 다시 유로화 통합 이전으로 돌아가자고 하는 복고주의 입장마저 고개를 들고 있다.

물론 독일과 프랑스에서 절대 다수가 그렇게 생각하는 것은 아닐 테지만, 정치적으로는 극우주의가 득세할 수 있는 형세인 것이다. 그리스에서 극우 정당인 황금새벽당이 급성장한 배경에는 작금의 국가 부도 위기의 책임이 선진 유럽 국가들에 있다는 책임 전가 의식이 팽배해 있음을 보여준다. 이렇듯 유럽 재정 위기는 단지 경제 문제를 넘어서 정치의 위기를 낳을 소지가 산재해 있다.

정치와 경제가 물고 물리는 상황에서 독일 수상 앙겔라 메르켈은 "유로화가 망하면 유럽이 망한다"고 밝힘으로써 유로 존을 지켜야 한다는 강한 의지를 드러냈다. 그렇다면 유로화를 살리는 것이 유럽을 살리는 길인가? 유럽이 산다는 것은 어떤 의미인가? 유럽의 미래는 어디로 향해야 하는가?

화폐 통합과 유럽의 공동체

최근 독일 ZDF 대담 프로그램에서 사회민주당(SPD)의 정신적 지주이자 독일의 진정한 정치인이라 추앙받는 헬무트 슈미트는 유럽 위기에 대해 자신의 견해를 간명하게 밝혔다. 방송 내내 그는 그에게만 허용된 담배를 물고 힘주어 말했다. "독일이 유로의 마지막까지 남아야 할 이유는 역사적인 책임에 기인한다."

독일이 홀로코스트의 범죄를 저질렀다는 역사적인 사실, 바로 이 점에서 독일이 떠안아야 할 특별한 역사적 책임과 의무가 있다는 것이다. 슈미트가 언급한 이 대담한 발언은 왜 독일인들이 그에게 큰 존경심을 보이는가를 알게 한다. 게다가 방청객으로 참석한 많은 청년들에게 "너희 할아버지의 일에 너희들도 책임이 있다"는 식의 교훈조로 훈계했고, 청년들도 현자의 지혜를 대하듯 고개를 끄덕였다.

독일인들은 그들의 잘못된 과거를 통해 교훈을 얻어 현명해진 민족이라 할 수 있다. 슈미트는 궁극적으로 "유럽이 지향해야 할 미래의 비전을 구체적인 정치적인 의제로 삼는 것이 보다 높은 유럽의 진보"라 말했지만, 현재의 위기 상황에서는 실질적인 정치적 과제가 되기 어렵다. 지금 상황에서는 눈앞에 닥친 발등의 불을 끌 응급처치를 찾는 것도 버겁기 때문이다.

그렇다면 애초 왜 유럽은 화폐 통합을 시도했는가? 슈미트도 지적하고 있는 바, 유럽의 선택은 규모의 경제학 때문이었다. 전통적인 달러화의 위력과 급성장 일변도의 위안화, 이에 대한 대항마로서 유럽은 뭉쳐서 유로화로 통합함으로써 몸집을 키우려는 결정을 내렸다. 이념적으로 유럽 통합은 과거보다 진일보한 지평의 자유를 선택했지만, 실상은 그저 경제 통합을 통한 몸집 부풀리기가 주된 관심사였던 것이다.

만약 유럽의 통합이 그저 화폐 통합만을 위한 것이고 또 이것이 궁극적인 목표라면, 이 형세는 그야말로 기괴한 모양이 된다. 화폐는 단일한 경제 체제의 몸을 관통하는 혈액과 같은 것인데, 작금의 유럽 통합은 한 몸에 정치체의 머리가 여럿 달린 메두사가 된 것이다. 머리가 여럿이니 몇 개가 잘린다 해도 생물학적인 생명을 유지시키기에는 큰 무리가 없다고 볼 수도 있다.

그러나 잘린 머리는 자신을 자른 머리를 무는 것으로 자신의 존재감을 드러낼 것이다. 이 머리들을 안정시킬 기제가 필요함은 두말할 필요가 없다. 경제의 위기는 곧 정치의 위기인 것이다. 그런데 그 원인은 유럽 스스로의 자율적인 자기 결정, 다시 말해 정치적인 선택이었다는 데 문제의 심각성이 있다.

유럽은 경제 통합만을 주요 의제로 고려한 채 통합을 정치적으로 선택했을 뿐 경제 통합이 파생시킬 정치적인 위험에 대한 안전장치를 충분히 고려하지 못했다. 급한 불이 어떻게 꺼질지는 지켜봐야 할 일이지만 향후 유럽이 나가야 할 미래에 대한 정치적인 고민이 가중될 것이라는 점은 분명하다.

이러한 문제 상황에서 유럽이 앞으로 어떤 정치적 결단을 해야 하는지를 모색할 때, 칸트의 정치사상은 하나의 가능성을 시사하고 있다.

유럽의 미래와 칸트의 『영원한 평화를 위하여』

지구 반대편 변방의 한 철학자가 주제넘게 세계의 중심 유럽에 대해, 그것도 유럽의 미래에 대해 말한다는 것의 의미는 무엇인가? 세계 사건에 대해 견해를 가진 사람은 세계 시민이다. 그 사건이 나와 아무런 이해관계가 없어도 나의 견해를 공개적으로 발언할 수 있는 자유를 칸트는 '이성의 공적인 사용'이라 했다.

칸트는 사람들이 자신의 이성을 공적으로 공표할 수 있기 위해서는 다름 아닌 용기가 필요하다고 말한다. 용기가 발휘되는 데에는 분노의 감정이 결부된다. 나의 일이 아님에도 다른 사람들이 당하는 부당한 사정에 분노하는 것이 바로 학자(배운 사람)로서 간주되는 세계 시민의 용기인 것이다.

칸트는 그 이전에는 아무도 분노하지 않았던 타인의 부당함에 대해 분노했다. 아메리카 대륙과 오스트레일리아의 주인이었던 원주민들이 감내해야 했던 부당함에 대해, 칸트가 보여준 분노는 배운 사람에게 요구된 용기라는 미덕이다. 칸트는 당시 가까운 나라 프랑스에서 일어난 혁명에 대해서나 대서양 건너 미국 독립에 대해 세계 시민적 견지에서 자신의 견해를 피력했던 것이다.

1795년 출간된 칸트의 저작 『영원한 평화를 위하여』(오진석 옮김, 도서출판b 펴냄)는 정치적 주제를 담고 있고 있으며, 평화에 대한 철학자의 관점이 개진되어 있다. 우선, 칸트의 정치철학은 근대 자연법 사상과의 연속선상에서 이해된다. 홉스, 로크, 루소로 이어지는 계약론적인 전통은 칸트 정치철학의 핵심을 이룬다. 이 저작에서 드러나는 칸트만의 차별성은 다음과 같이 요약될 수 있다.

칸트는 홉스가 제안한 '자연 상태로부터 계약을 통한 사회 상태'라는 발상을 수용하지만, 홉스와 달리 평화가 법적으로 강제된 안정을 통해 도달될 수 있다고 생각했다. 따라서 칸트에 있어서 정치란 '실행하는 법학'으로 이해된다. 물론 이러한 칸트의 이해 방식에 많은 비판이 제기될 수도 있다. 가령 시민 사회 혹은 경제적 영역(자본주의와 시장)을 정치적인 고려 대상으로 충분히 파악하지 못했다는 비판이 있는가 하면, 궁극적으로 정치의 의미와 역할을 도덕 철학의 협소한 영역으로 제한했다는 비판을 들 수 있다.

그럼에도 그의 정치철학은 정치의 철학적인 원리를 보편적으로 제안하고 있다는 점에서 이러한 비판에 대한 대응일 수 있다. 홉스가 제안한 평화 상태는 국가 내 내전을 강제하는 모델인 데 반해, 칸트는 궁극적으로 더 넓은 차원에서 다시 말해 전 지구적인 차원에서 국가들 간의 평화 상태 즉 국제법을 핵심적으로 다루고 있다.

이 저작이 나오게 된 배경을 보더라도, 프로이센이 프랑스 혁명 정부를 인정하고 평화 조약을 맺은 바젤 조약이 중요한 역할을 했다. 국가들 간의 전쟁은 전쟁 시기 중에서라도 잠정적으로 전쟁 이후에 체결될 평화를 염두에 두고 필수적으로 지켜야 할 원칙이 있다는 것이다.

그러나 영원한 평화는 실제적인 경험으로부터는 입증할 수 없는 이념적인 것이다. 곧 인류의 역사는 끝없는 흥망성쇠, 전쟁과 평화가 교차된 것이므로 전쟁이 전혀 없는 완전한 평화라는 것은 이념적인 수준에서 요청되는 것이다. 칸트가 그려본 영원한 평화를 위한 최소 조건은 모든 나라들이 공화적인 법적 제도를 갖추어야 한다는 것 외에도, 모든 사람들이 서로에 대해 '환대'의 권리를 가져야 한다는 것이다.

이 점에서 칸트는 세계 시민 사회의 철학자로 격상되고 있다. 국가들 상호 간에 전쟁이 없다는 것 자체만으로도 평화라 할 수 있다. 하지만 세계 시민권은 서로 간에 전쟁이 없다는 소극적인 원칙을 넘어, 적으로 돌변할 수 있는 두렵고 이질적인 이방인을 적으로 간주하지 않아야 한다는 강제를 담는 적극적인 원칙이다.

역으로는 뿌리 깊은 공동체에 접근할 때, 스스로 적으로 간주되지 않을 권리가 있다는 것이다. 그것이 곧 칸트가 말한 세계 시민으로서의 권리인 것이다. 이 권리는 최소한의 인간성을 위해 모두에게 요구할 수 있는 권리이며, 이것 없이는 평화도 달성될 수 없다. 이 권리는 적극적이기는 하지만 손님으로 대우받을 것을 요구할 정도로 적극적이지는 않으며 그저 상호 간의 방문을 허용하는 정도이다.

어떤 사람들은 상업적인 교류를 위해 바다 건너 희소 자원을 교류하려고 방문할 것이고, 또 어떤 사람들은 자신이 속한 공동체에서 이런저런 이유로 더 이상 살 수 없기 때문에 방문하려 할 것이다. 육상 생물인 인간이 지구 위에 발붙일 땅을 가질 때 살 수 있다는 것은 너무나 자명하다.

경제적 기반이 붕괴 직전인 그리스에서 많은 사람들은 삶을 찾아 자신이 발 딛을 땅을 독일, 프랑스를 비롯한 더 안정된 나라에서 찾을 것이다. 그들을 적으로 간주하는 네오 나치는 평화의 적이며, 인류와 인간성의 적이다. 그들을 기꺼이 환영할 마음과 여력이 없다 하더라도 그들을 공동체의 적으로 간주해서는 안 된다.

독일의 지성이자 존경받는 정치인 헬무트는 과거의 독일의 교훈을 통해서 미래의 독일이 저지를 수 있는 범죄에 대한 경고의 메시지를 전하고 있는 것이다. 이는 칸트가 『영원한 평화를 위하여』에서 오늘을 살고 있는 우리 모두에게 말하고 있는 바와 일치한다. 이러한 교훈을 통해서 유럽의 미래, 평화의 미래에 대한 청사진이 그려질 수 있을 것이다.

더불어 읽기

깊이 읽기

1) 한나 아렌트, 『칸트 정치 철학』(푸른숲, 2002). 아렌트는 『영원한 평화를 위하여』에서 제시된 칸트의 정치철학의 지형을 그녀의 독창적인 해석과 더불어 새롭게 제시한다. 대체로 그렇듯 새로운 해석은 전통적 해석과 과감하게 단절하고, 더 낳은 이론적 생산성을 목적으로 한다. 아렌트가 지적하는 칸트의 정치철학적인 논의는 도덕철학적인 실천 이론으로부터 부차적으로 확장된 영역이 아니라, 보다 근본적인 문제의식에서 출발하고 있다는 것이다. '공통감의 정치'로 칸트의 정치철학을 재해석함으로써 그녀는 새로운 논의의 지평을 열어 준다.

2) 폴커 게하르트, 『다시 읽는 칸트의 영구평화론』(백산서당, 2007). 아렌트의 칸트 해석이 독창적이라 할 수 있는 까닭은 이 책에서 분명하게 밝혀진다. 게하르트는 칸트 철학의 전체 구도에서 칸트의 정치철학이 차지하는 위상과 의미를 체계적으로 진단하고, 나아가 현대 사회의 맥락에서 다양한 재해석을 시도한다. 아렌트의 칸트 해석만으로는 칸트의 정치사상이 편향되게 이해될 수 있으므로, 이 책과 함께 비교해 본다면 보다 공정한 관점을 유지할 수 있다.

박지용 / 경희대학교 후마니타스칼리지 객원교수

공감의 정치,
주체는 누구인가?

『맹자』 / 맹자

정치가 있어야 할 자리를 영화가 대신하다

18대 대통령 선거일이 얼마 남지 않았다.(이 글은 2012년 11월에 쓰였다.——편집자) 이때쯤 되면 각 후보자들은 자신들이 주장하는 정책들을 국민들에게 정확하게 설명해야 하고, 그것은 서로 비교되어야 하고 검증받아야 한다. 그 정책들이 적어도 앞으로 5년간의 대한민국을 이끌고 나갈 것이기 때문이다. 그러기 위해서 적어도 지금쯤 우리는 각 후보자들, 아니면 캠프들의 치열한 정책 공방을 보면서 우리의 미래를 진지하게 선택할 수 있어야 한다. 그런데 이런 모습을 지금 대한민국에서 볼 수 없다. 오히려 사람들은 자신들의 둘 곳 없는 정치적 욕망을 한 편의 영화에 투영하고 있는 듯하다.

영화 「광해」가 개봉한다고 할 때도, 관객 수가 500만 1000만을 넘는다

세상의 붕괴에 대처하는 우리들의 자세: 철학자의 서재 3

고 할 때도 나는 이 영화가 썩 내키지 않았다. 영화의 제작사와 배급사가 평소에 마땅치 않았고, 주연 배우도 별로 좋아하지 않기 때문이었다. 무엇보다 스크린을 독점한 대기업이 이때쯤은 이런 것이 잘 먹힐 거야 하고 쳐놓은 그물 같아서 그 속으로 꾸역꾸역 들어가기 싫었다는 것이 가장 컸다. 그런데도 어느 평론가가 「광해」 강제 천만 사태'라고 명명하듯이 이 영화의 무엇이 사람들을 이끄는지가 궁금하기도 했다.

진짜 정치는 공감으로부터 시작된다

진짜 왕은 정적들에 의해 죽임을 당할 것이 두려웠고 그에게 정치는 하나를 내어주고 하나를 얻는 파워 게임이었다. 그러나 광대 출신 가짜 왕은 대역 왕 노릇을 하면서 백성들의 고통을 알아가고 함께 아파한다. 일일 드라마처럼 누가 봐도 빤한 대립 구도이다. 그런데 영화를 보면서 사월이의 아픔을 함께 아파하고, 자신의 먹성 때문에 끼니를 거를지 모를 나인들을 걱정하며, 중전의 웃음기 없는 얼굴을 염려하는 그에게 점점 마음이 끌려간다.

제 선왕이 통일된 천하의 왕이 될 수 있을지를 묻자, 맹자는 백성들을 잘 보호해 주면 가능하며 제 선왕도 그렇게 될 수 있다고 대답한다. 그리고 제사에 끌려가는 소를 차마 볼 수 없다고 하면서 양으로 바꾼 사례를 들면서 "왕의 은혜가 동물에게 미칠 정도로 충분하면서도 그 공적이 백성들에게 미치지 않는 것은 무슨 까닭입니까? …… 백성들이 편안하지 않은 것은 은혜를 베풀지 않기 때문입니다. 그러므로 왕께서 통일된 천하의 왕

이 되지 못하는 것은 실은 하지 않기 때문이지 못해서가 아닙니다."라고 말한다.(44~48쪽)

맹자는 통일된 천하의 왕이 되는 시작이 제사에 끌려가는 소를 불쌍히 여기는 마음으로부터라고 말한다. 소에 대한 연민은 비록 그 대상을 양과 바꾸는 것이라 할지라도 눈앞에 펼쳐진 곤경의 상황을 외면하지 않고 직시하며 느끼게 된 안타까워하는 마음이다. 바로 공감의 마음이다. 그리고 소에게도 미친 왕의 공감의 마음과 그 실천(양으로 대체함)이 백성에게는 미치지 않는 것은 왕이 '못하는 것이 아닌, 하지 않는 것'이라고 말한다. 백성의 곤궁에 공감하고 백성을 편안하게 해주는 정치를 실천하지 않는 것에 대한 질책이지만 그래도 소의 곤경에 공감하는 마음을 가진 당신에게 희망이 있다는 격려이기도 하다.

공감의 마음으로부터 비롯된 정치는 "내 집안의 어른을 공경하는 마음을 미루어서 남의 어른에게까지 이르게 하고, 내 아이를 사랑하는 마음을 미루어 남의 아이에게까지 이르게 한다."(같은 책) 그리고 이렇게 공감의 마음으로부터 비롯된 정치는 백성들과 즐거움을 함께 하는 여민동락(與民同樂)을 목표로 한다. 맹자에게 정치의 시작과 끝은 공감, 즉 고통도 즐거움도 함께 느낌이다. 함께 느낀다는 것은 나의 마음이 너에게로, 너의 마음이 나에게로 경계 없이 다가서는 것이고, 나아가는 것이다. 이런 정치를 맹자는 차마 타인의 고통을 외면하지 못하는 정치(不忍人之政)라고 한다. 바로 측은지심(惻隱之心)에 토대한 정치이며, 인(仁)의 단서인 측은지심이 확충되어 실천된 정치인 인정(仁政)이다. 영화에서 내 마음을 이끈 것은 가짜 왕의 진짜 마음, 측은지심이었다.

선한 마음만으로는 좋은 정치를 할 수 없다

가짜 광해는 진짜 광해가 주저하며 결단을 내리지 못하고 있었던 대동법과 등거리 외교를 실행한다. 공감이 정치의 시작이고 끝이라고 여긴 맹자이지만 그 마음만으로 좋은 정치를 할 수 있다고 생각한 것은 아니었다. "선한 마음만으로 정치를 행하기는 부족하다고, 제도도 스스로 실행될 수는 없다."(187~190쪽) 정치가의 선한 마음은 제도를 통해 드러나야 한다. 그러나 백성을 위한 제도 역시 정치가의 선한 마음이 없이 실행되기 어렵다.

> "인(仁)한 정치는 반드시 토지의 경계를 확정하는 것에서 시작된다. 경계의 확정이 바르지 않으면 정전의 토지가 균등하지 못하고, 토지의 수확에서 얻는 봉록 역시 공평하지 못하게 된다."(144~149쪽)

정전(井田)은 국가에서 백성에게 토지를 나눠줄 때 우물 정(井)으로 구획하는 것으로, 아홉 조각 중 여덟 조각은 사전(私田)으로 1가구당 한 조각씩 분배하고 남은 한 조각은 공전(公田)으로 함께 경작하여 그 소출을 세금으로 낸다. 맹자는 토지 분배방식으로 정전제를 주장하는데, 정전제는 경제생활뿐 아니라 사회생활의 근간이 된다.

조세는 정전제에서 공전을 공동 경작하여 내는 것이다. "농사짓는 사람에게 조법을 적용하고 따로 세금을 거두지 않으면 천하의 농부들이 모두 기뻐하며 그 나라의 땅에서 농사짓기를 원할 것이다."(104~105쪽) 정전제와 9분의 1 조세 제도를 통해 맹자는 "위로는 부모를 섬기기에 충분하게 하고 아래로는 처자를 먹여 살릴 만하게 하여, 풍년에는 언제나 배부르고 흉년에도 죽음을 면하게 해야 한다"고 한다. 조법은 풍년과 흉년에 따라 세액이 달라지므로 국가에게는 재정의 항상성이 문제가 되지만, 국가가 풍년과 흉년에 그 기쁨과 고통을 함께 나눈다는 점이 긍정적이다.

국가는 토지와 세금 제도를 정비하는 것은 물론이고 사회적 약자를 보살펴야 한다. "늙어서 아내가 없는 이를 홀아비라고 하고, 늙어서 남편이 없는 이를 과부라고 하며, 늙고 자식이 없는 이를 독거노인이라 하고, 어린데 부모가 없는 이를 고아라고 한다. 이들은 천하에 곤궁한 백성으로 그 처지를 어디에도 호소할 데가 없는 이들이다. 문왕은 인한 정치를 펼 때 이 네 사람들을 가장 먼저 보살폈다."(67~69쪽) 사회적 약자를 위한 사회 안전망의 확충은 정치가 최우선 고려해야 할 것이다.

이렇게 토지, 세금, 복지 제도를 갖춘 후에 교육이 필요하다. "상(庠)과 서(序)에서의 교육을 엄격하게 시행해 효도와 공경의 의미를 거듭해서 가르치면 머리가 희끗한 사람이 길에서 짐을 지거나 이고 다니지 않게 될 것이다."(51~55쪽) 맹자는 인간다움의 확충이 백성에게는 안정된 생업 이후에야 이루어질 수 있는 또는 요구할 수 있는 것이라고 생각했다. 이는 그의 계급적 인식의 한계가 드러나는 부분이기도 하다. 그러나 좋은 정치는 제도를 통한 안정된 생활이 우선함을 강조하는 것이기도 하다.

누가 공감의 주체인가

가짜 광해는 명에 파병하고 사대의 예를 갖추어야 한다는 신하들에게 "적당히들 하시오. 대체 이 나라가 누구 나라요? 나에겐 사대의 예보다 내 백성들의 목숨이 백 곱절 천 곱절 더 중요하다"고 일갈한다. 이쯤 되면 진짜 왕이 누구인지는 중요하지 않다. 영화를 보는 이들에게 진짜 왕은 이미 세습 권력을 가진 자가 아니라 백성과 공감하고 그들을 위한 정책을 펴는 자이다. 진짜가 사실은 가짜였고 가짜가 진짜인 것이다. 그렇다면 진짜와 가짜를 판단해 정치권력을 맡기는 것은 누구일까? 맹자에게 그것은 백성의 선택이다.

> 양 혜왕이 맹자에게 물었다. "나는 진심으로 백성을 다스립니다. 하내 지방에 흉년이 들면 그곳의 백성들을 하동으로 이주시키고 노약자들에게 식량을 풀어 구제해 줍니다. 하동 지방에 흉년이 든 경우에도 그렇게 합니다. 다른 나라를 보면 저처럼 마음 쓰는 사람이 없습니다. 그런데도 이웃 나라의 백성들이 줄어들거나 내 나라의 백성들이 늘어나지 않는 것은 무엇인가요?"(36~39쪽)

양 혜왕은 흉년에 백성을 구제했던 것을 내세우며 자신이 누구보다 백성을 사랑한다고 자부한다. 그는 자신의 행위가 백성들에게 큰 은혜를 베푼 것임을 믿어 의심치 않았기 때문에 그럼에도 자신보다 잘 통치하는 것 같지 않은 이웃 나라 백성들이 자신의 나라로 옮겨 오지 않는 것을 의아해 한다. 그에게 통치는 백성에 대한 시혜이고, 백성은 자신의 소유물로 더 많은 수가 확보되어야 하는 대상이다. 이런 양 혜왕에게 맹자는 그의 태도가 전쟁에서 "오십 보를 도망간 사람이 백 보를 도망간 사람을 보고서 비겁하다고 비웃는 것"과 같다고 질타한다. 그리고 주목해야 할 것은 시혜를 좋은 통치 행위라고 생각하는 왕이 나쁘지는 않더라도 나라를 옮겨 가면서까지 함께 해야 할 왕은 아니라는 백성들의 정확한 판단과 선택이다.

왕의 진짜/가짜 마음과 행위를 판단할 수 있는 백성은 공감에 반응해야 하는 대상이 아니라 공감을 이끌어내는 주체다. 바로 정치의 주체다. "백성이 귀하고 사직은 그 다음이고 군주는 하찮다. 그러므로 백성의 마음을 얻으면 천자가 된다."(209쪽) 그리고 백성의 마음을 얻지 못하면 그들은 위임한 정치권력의 회수를 선택할 수 있다. "인을 해치는 자는 남을 해치는 사람이라 하고, 의를 해치는 자는 잔인하게 구는 사람이라고 한다. 남을 해치고 잔인하게 구는 사람은 인심을 잃어 고립된 사람일 뿐이다. 인심을 잃어 고립된 사람인 걸과 주를 처형했다는 말은 들었어도 임금을 시해했다는 말은 듣지 못했다."(73~74쪽)

영화 「광해」의 '강제 천만'은 무엇을 말하는가?

일요일 저녁 TV를 틀었다. 시사 프로그램에서 '리더의 조건'을 이야기한다. 역시 대통령 선거가 코앞에 다가왔음을 실감한다. 누군가 이번 정권을 지나면서 대통령에게 '감성적 능력'이 반드시 필요하다는 것을 절감했으며, '감성적 능력'은 아픔을 가진 사람의 그 아픔에 가 닿을 수 있는 능력이라고 말한다. 그의 지적처럼 영화 「광해」의 천만 관객 돌파는 가짜 '광해'의 진짜 마음에 대한 공감과 환호이다. 그리고 그것은 우리의 정치 현실과 정치인들의 모습에 대한 질책을 의미할 것이다.

의도한 것이었는지 프로그램의 시작은 '나는 비정규직이다'였다. 임금 노동자의 50퍼센트가 비정규직인 대한민국, 그들의 아픔은 수많은 또 다른 아픔과 맞닿아 있다. 그래서 우리는 지금 이와 같은 아픔을 함께 나눌 정치와 정치가가 필요하다는 생각을 갖는다. 하지만 다시 생각해 보자. 우리는 과연 그런 정치와 정치인을 요구하고 가질 자격이 있는가? 정작 나는 타인의 아픔을 외면하고 함께 나누지 않으면서 영화처럼 진짜 마음을 가진 왕이 나타나 좋은 정치를 해준다면 그것을 누리고만 싶은 것은 아닌가? 그리고 가장 중요한 것은 우리는 자신이 공감의 대상이 아니라 주체임을, 정치의 대상이 아니라 정치의 주체임을 망각하고 있는 것은 아닌가?

정치가 있어야 할 자리를 대신한 영화 『광해』는 설레고, 슬프고, 아픈 영화였다.

더불어 읽기
깊이 읽기

1) 배병삼, 『유교란 무엇인가——유교 다시읽기』(녹색평론사, 2012). 유교에 대한 오해를 걷어내고, 공자와 맹자를 편견 없이 다시 읽어내는 것을 통해 유교의 가치가 버려야 할 것이 아닌 선택할 수 있는 하나의 길임을 제안한다.

2) 프랑수아 쥴리앙, 『맹자와 계몽철학자의 대화——도덕의 기초를 세우다』, 허경 옮김(한울아카데미, 2004). 맹자, 루소, 칸트와 함께 읽으면서 도덕철학의 근본 문제부터 인성, 자아와 세계, 의지와 자유, 도덕과 행복의 문제를 이야기한다.

3) 김상준, 『맹자의 땀, 성왕의 피——중층근대와 동아시아 유교문명』(아카넷, 2011). 새로 태어날 유교는 밝고 능동적인 시민사상과 시민윤리가 될 것이라는 저자의 제언에 귀기울여보자.

박영미 / 한양대학교 강사

존재하지 않는 장소 (Utopopia)가 아니라
지금/여기의 삶을 위하여

『우린 마을에서 논다』/ 유창복

「춤추는 숲」에서 시도되는 공동의 삶

지난 2월(이 글은 2013년 3월에 쓰였다.——편집자) 마지막 목요일 저녁, 나는 동료들과 공부 모임을 하는 공간이자 매월 마지막 목요일이면 '초록 영화제'가 열리는 '공간 초록'으로 향했습니다. 그동안 개인적으로 여유가 없어 공부 모임은 물론이고 저녁 시간 영화제는 (육아하는 입장에서) 더더욱 언감생심이었죠. 2월 말 영화제를 기점으로 주변 사람들과 함께 하고 싶은 모든 곳에 가능한 한 참여하겠다고 목표로 삼았지만 포부는 절반의 성공에 만족하고 돌아서야 했습니다. 어쩔 수 없이 두 돌 된 아이를 달고 간 길이라 영화가 시작되고는 30분을 넘기기 어려웠거든요.

보고 싶었으나 다 보지 못했던 그 영화는 서울 마포의 성미산 공동체에 대한 다큐멘터리 「춤추는 숲」이었지요. 공동체 문제는 현재 나의 삶이나 우리 사회에 대한 불만으로 가득한 내게 언제부턴가 새롭게 풀어가야 하는 오

세상의 붕괴에 대처하는 우리들의 자세: 철학자의 서재 3

래된 숙제가 되어 있었습니다. 그러나 그것을 어디서부터 어떻게 접근해야 할지는 몰랐습니다. 그렇게 또 덮어 두었던 문제가 성미산 아래 마을의 골목 골목을 여기저기 소개하는 경쾌한 자전거의 속도로 내게 다가왔습니다.

어차피 영화를 다 보지 못했으니 영화에 대해서 계속 이야기하는 것은 무리입니다. 다만 영화는 '새로운 방식'으로 '함께' 사는 삶을 모색하고, 그것을 과감하게 실천해 온 사람들의 모습을 기록하고 있다는 것만 말해 둡시다.

애초에 그들은 공동 육아를 위해 모였고 그것이 마을을 이루어 함께 살아가는 그 복잡하고 지난한 과정의 시발점이었습니다. 요컨대 성미산 공동체 사람들은 육아라는 사적인 문제를 개별적으로 감내하지 않음으로써 우리 사회가 부여한 최소한의 제도 영역 속에서 익명의 개인으로 사라지지 않았습니다. 그들은 어떤 미지의 공동의 삶의 방식을 발굴하려 했고, 도시에서 공동의 삶의 양식을 구성하는 가운데 오래되었으나 또 새로운 마을의 모습을 만들기에 이르렀습니다. 물론 아마도 영화는 17년의 지난한 시간을 매우 함축적으로밖에 보여주지 못했을 겁니다.

같은 것을 소유/소비하는 것과 공유하는 것

물론 성미산 공동체만이 있는 것은 아닙니다. 부산에도 화명동에, 반송에, 물만골에 서로 다른 공동체들이 있습니다. 그런데 함께 살아간다는 것, 그리고 그 삶 가운데 공통적인 것을 갖는다는 것은 어떤 것일까요? 얼핏 생각해도 이 함께 살아가는 존재 조건에서 면제된 이들은 없는 것 같습니다.

현재 우리를 볼까요? 우리들은 동일한 물건들을 소유/소비한다는 점에서 공통성을 갖고 있는 것 같습니다. 요즘 학생들을 보면 스마트폰, 스키

니진, 백팩, 브랜드 러닝화 등의 동일한 물건들로 공통적인 외형을 꾸미고 있습니다. 그러나 당연하게도 이 동일한 종류의 물건을 소유/소비하는 방식은 아주 개별적일 뿐입니다. 이때 개별성이란 서로 소통되지도 않고, 관계 맺지도 않고 이루어진다는 것을 의미합니다. 우리들의 소유/소비 방식은 싸고 질 좋은 물건이거나, 재원만 허락한다면 비싸더라도 브랜드 상품이면 만사 오케이입니다.

이런 상황에서 우리의 공통적인 가치는 삼성이냐 애플이냐, 나이키냐 아니냐의 문제일 뿐입니다. 실제로 그것이 어디서 왔고(대부분 중국에서 만들어진 것도 공통적이긴 하네요) 어떻게 생산되었는지는 모르기도 하지만 관심사 밖이기도 합니다. 이런 단기적 소유와 묻지 마 소비는 나도 너와 다르지 않다는(즉, 나도 동일한 물건을 소유할 수 있고 사용할 수 있는 능력을 갖고 있다는 측면에서 뒤처지지 않는다는) 것을 확인시켜 주기 위해 필요한 행위에 지나지 않는 게 아닐까 싶어요(물론 이런 관점이 스마트폰이 우리 삶의 내용과 형식에 미치는 영향을 무시하지는 않습니다).

그러면 우리를 개별화하는 이 도시에서 공동체를 만드는 사람들이 찾은 공통적인 것은 무엇이며 그것은 우리의 삶 속에서 어떻게 작동하는 것일까요? 나의 관심은 여기에 있었고, 그것을 알아보기 위해 결국 유창복 씨가 쓴『우린 마을에서 논다』(또하나의문화 펴냄)을 들추어보게 되었습니다.

글쓴이 유창복은 사고로 부모 형제를 잃은 처형의 아이 아빠가 되면서 공동 육아의 터전으로 성미산 자락을 찾아든 이들 중 한 사람이지요. 그는 처음부터 마을 일에 참여적이지 않았으나, 그렇게 모인 이들은 아이들 먹을거리와 아이들 교육을 남다르게 고민하면서 마포두레생협, 도토리방과후학교를 만들면서 조금씩 마을의 기본적인 삶이 구성되면서 함께 해나가게 되죠.

세상의 붕괴에 대처하는 우리들의 자세: 철학자의 서재 3

그런데 그 터전이 갑자기 위기 상황을 맞게 됩니다. 명목은 서울시상수도본부에서 성미산에 배수지 건설 사업을 내세웠지만, 실상은 당시 성미산 땅주인이었던 한양대학교재단의 부동산 개발을 위해 성미산이 헐린다는 것이었죠. 그때 글쓴이는 자신은 몇 번 오르지 않던 성미산이 아이의 "꿈과 추억이 고스란히 담긴 동산"이라는 것을, 아이의 고향이라는 것을 깨닫게 됩니다.

결국 성미산 지키기는 주민 서명에 들어간 2001년 8월부터 상수도 사업본부가 서울시 의회에서 공식적으로 사업 철회를 밝히는 2003년 10월에 이르는 지난한 시간을 겪습니다. 그동안 마을에 들어온 이들과 원주민들 사이에 싹트기 시작한 공감과 지지는 120일 동안의 산상 철야 농성 과정에서, 서울시가 주민을 몰아내기 위해 보낸 용역 깡패를 막아내고 끝내 성미산을 지켜내면서 새로운 이웃으로, 다정한 마을 주민으로 다시 만나게 되지요.

물론 해피엔딩은 없습니다. 성미산의 위기가 거기서 끝나지 않거든요. 이후 새로운 땅주인이 된 홍익대학교재단이 주민 반대 끝에 홍익대학교 부속 초·중·고등학교를 짓게 되고 그 갈등과 민원이 해결되지 않은 상태에서 최근 또다시 기숙사를 설립한다고 해 새로운 갈등을 예고하고 있지요.

'성미산 마을 축제', 마을 문화 공간인 '성미산 극장', 12년제 대안학교인 '성미산 학교', 대안 카센타인 '성미산차병원', 동네 유기농 식당 '성미산밥상', '마포FM', 공동주택전문기획사인 마을 기업 '소행주(소통이 있어 행복한 주택)' 등 이 마을에서 만들어진 무수한 새로운 공간과 실험적인 시도들에 대한 찬사나 부러움은 여기서 접어둘게요.

애초에 나의 의문으로 돌아가면 성미산 마을 공동체의 공통적인 것은 무엇보다 '성미산'인 것 같아요. 하지만 그것은 자연재로서의 산인 성미산이 아니죠. 함께 살며 놀며 기억을 만들고 오랜 시간 같이 고민하고 모색하고 투쟁하며 함께 지켜냈던, 시간과 함께 보냈던 공간의 장소로서의 성미산이지요. 그런 것은 손에 잡히는 유형의 것이 아니고 그렇다고 변치 않는 동일한 것으로 유폐되어 있을 수도 없는 것이죠. 같이 기억하고 같이 이야기하면서 매번 달라지고 공유하고 있지만 또 다른 시간과 공존하면서 다른 이야기를 계속해서 덧붙여갈 수 있을 뿐이죠.

뜻은 있으나 목적은 없는

우리는 그동안 숱한 공동체가 만들어지고 실패하는 것을 지켜보았습니다. 지난 시대 가장 대표적인 공동체가 이념적 공동체와 종교적 공동체였다면 전자는 이미 그 생명을 다 한 것으로 보입니다. 지금 귀농을 꿈꾸는 이들은 소비와 쓰레기의 순환에 갇힌 도시를 피해 농촌으로 가지만 그들이 거기서 또 다른 마을 공동체를 꿈꾸는 것 같지는 않습니다.

내가 성미산 공동체에서 주목하는 것은 "성미산 마을은 비전 세우고 쫓아간 게 아니라, 일상의 필요에 따라 마을 일을 하면서 능력들이 성장한 사례"라는 점입니다. 20~30명 규모의 공동 육아 울타리만으로 육아가 끝나는 것이 아니듯이 아이들을 제대로 키우기 위해서 필요한 것은 무수하게 많습니다. 결국 이들은 "아이 하나 키우려면 마을 하나가 필요하다"는 사실을 점점 구체적으로, 온몸으로 깨닫는 과정에서 애초에 생각지 않았던 일들을, 한 번도 해본 적 없는 전인미답의 길을 하나하나 만들면서 숱한 시행착오를 겪으며 가고 있는 것일 뿐인 거죠.

최근 공동체에 대한 관심이 다양한 방식으로 쏟아지고 있는 것 같습니다. 사적인 것과 공적인 것의 이분법을 넘어서는 새로운 '공동'의 내용을 논의하고, '공통적인 것'을 규명하는 데 관심이 많고 저도 그런 이들 중 한 사람입니다. 사실 자본주의적인 삶의 방식은 인간을 개별적인 존재로 개인화하면서 더 효율적으로 돌아가지만 인간이 처음부터 개별적인 존재가 아니라 집단적인 공통성을 토대로 연결되고 구성된 존재라는 것은 너무나 당연한 소리지요.

그러나 우리는 그동안 나의 토대를 이루고 내가 연결되어 있고 나를 구성하고 있는 이 공통적인 것을 이미 주어진 것이며 사적으로 개입하지 못하는 공적인 것으로 여기고 있었던 것은 아닐까요. 저 역시 아이를 낳고 나서야 내 삶의 자리를 만들고 있는 것에 본격적으로 관심을 갖고 보니 어느 하나 그냥 주어지는 것이 없더군요.

그렇지만 "육아 · 교육 · 먹을거리 · 생활필수품 · 놀이 · 소통 등 어느 것 하나 도시의 빠듯한 살림살이에 절실하지 않은 것이 없다. 절실한 생활의 필요를 느껴 시장에 가보니 마땅한 해결책도 없다. 있어도 지나치게 비싸서 엄두가 안 난다. 국가를 쳐다보니 아예 관심이 없거나 준비가 제대로 안 된 채다. 어떻게 하나? '시장과 국가가 해주지 않으면 내가 마을 사람들과 함께 한다'." 이것이 바로 성미산 마을의 역사를 만드는 뜻이었다고 봅니다.

"절실한 필요를 느낀 사람들이 직접 해결하는 거다. 혼자서는 엄두가 나질 않지만 여럿이라면 가능하다. 공동의 필요를 느낀 여럿이 협동하면 뭐든 된다. 한 번의 성공적인 협동은 또 다른 협동으로 이어진다. 그런데 이 협동이 오히려 번거로울 때도 많다. '차라리 혼자 하고 말지' 할 때가 많을 정도로. 원활한 소통 경험은 협동의 성능을 높이고 성공률을 높인다."

그렇습니다. 자신의 삶에 대한 절실한 문제의식, 그리고 소통과 협동으로 이어지는 지난한 연대의 과정. 혼자 살면 굳이 하지 않아도 될 수고를 치르고서야 우리는 다른 삶의 가능성을 엿볼 수 있을 뿐이겠지요. 현재 신자유주의적 삶은 우리를 점점 더 경제적인 궁핍에 처하게 하고, 파편화된 소비자에 머물게 하지만 그러면 그럴수록 세계 곳곳에서는 대안적인 삶을 만들어내기 위한 노력들이 이어지고, 새로운 네트워크들이 만들어지고 있는 것은 사실입니다. 사실 저는 성미산 마을 공동체를 대안 공동체의 이상적인 모델이라고 생각하지는 않습니다. 그것은 그들만의 특수성(학력, 경제력 등)이 공동체의 자산과 지속적인 환경이 되고 있기 때문입니다. 그럼에도 불구하고 성미산 마을은 파편화된 도시민, 수동적인 소비자로 전락시키는 국가 사회적인 소외에 적극적으로 저항하고 뜻을 같이 하는 이들과 연대하여 하나의 새로운 결과물을 만들어냈다는 점에서 대안공동체의 사례가 될 만하다고 생각됩니다. 실제로도 이상적인 유토피아란 없고 지금/여기의 가능성과 실험들만이 우리가 할 수 있는 최대한이겠지요.

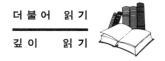

더불어 읽기
깊이 읽기

1) 윤태근, 『성미산 마을 사람들——우리가 꿈꾸는 마을, 내 아이를 키우고 싶은 마을』(북노마드, 2011). 『우린 마을에서 논다』가 마을 1세대의 투쟁을 중심으로 소개되어 있다면 마을을 이루는 공동체들을 소개하고 그들의 이야기를 풀어내는 두 번째 권이다. 이제 성미산 마을은 지도에는 나와 있지 않지만 삶을 함께 나누는 사람들

이 옹기종기 모여 사는 마을로서, 도심에서도 얼마든지 이웃과 진실한 마음으로 오순도순 살아갈 수 있음을 보여주는 곳으로서 자리 잡았음을 보여준다. 성미산 마을 사람들의 진솔한 모습과 대안학교 교육, 그리고 성미산 공동체에 속한 여러 단체들에 대한 이야기를 담아냈다.

2) 이와사부로 코소, 『뉴욕열전(烈傳)』, 김향수 옮김(갈무리, 2010). '뉴욕'이라는 도시 공간을 주인공으로 한 역사 이야기로, 겉으로 보이는 뉴욕의 도시 풍광이 아니라 뉴욕은 '뉴욕을 형성해 온 운동' 혹은 '운동으로서의 뉴욕'과 함께 형성되어 왔다는 관점에 서 있는 책이다. 또한 저자는 '운동으로서의 뉴욕'의 본질을 이동하는 '세계 민중'에 의해 전개되는 삶을 위한 투쟁이라고 본다. 그런 의미에서 이 책은 뉴욕에 국한된 이야기가 아니라 타국에서 노동하고 생활하는 모든 이민자들, 민중들을 위한 책이며 지침서라고 할 수 있다.

3) 존 조던 · 이자벨 프리모, 『나우토피아』, 이민주 옮김(아름다운사람들, 2013). 사회운동가 조던과 프리모가 2007년 금융위기가 시기 유토피아 커뮤니티를 찾아 유럽을 횡단한다. 책은 저자들이 약 1년 동안 11개의 공동체를 통해 사랑하고 먹고 물건을 생산하고 공유하고 저항하고 함께 결정하는 데 있어서 지금의 자본주의와는 다른 방식을 경험한 내용의 가슴 뛰는 기록이다. 그들은 미지의 국가나 완벽한 미래의 보편적인 모델을 찾지 않고 단지 지금의 재앙으로부터 벗어날 수 있는, 또한 지금과는 다르게 살아갈 수 있는 커뮤니티를 보여준다.

김명주 / 부산대학교 비정규교수

천국이라는 이상의 기만과
사랑의 이중성

『당신들의 천국』 / 이청준

『당신들의 천국』에서 생각해 볼 문제

이 소설은 주제가 뚜렷해 비교적 일관되게 전달되는 작가의 메시지를 읽을 수 있는 책이다. 이청준이 '작가노트'에서 밝혔듯 이 책은 사회적 혼란, 빈곤과 고통을 일소하고 모두가 행복해질 수 있는 천국을 건설한다는 명목으로 5·16 군사정변 이후 1970년대까지 이어진 개발독재 하의 경제개발 계획과 새마을 운동에 대한 비판적 알레고리이다. 이 책에서 저자는 공동체의 선을 도모하는 과정에서 발생하는 갈등 해소와 협력에 필요한 진정한 덕목이 무엇인가에 대한 성찰을 다루고 있기 때문이다. 이 책을 읽으며 정치의 본질과 역할, 리더와 구성원의 관계, 이상향 건설의 방안 등을 쉽게 생각할 수 있다. 그러나 제목에서 보듯 아마 작가가 전하고 싶은 가장 큰 메시지는 지도자가 제시하는 이상적 비전이 구성원들의 자유나 행복을 배반할 수 있다는 역설일 것이다. 그렇다면 이 책은 개인의 자유와 공동체의 행복을 어떻게 조화시킬 수 있을 것인가의 문제만 우리에게 묻는가?

　필자는 이 소설에서 두 가지 문제에 집중하면서 진정한 사랑의 본질과 그것이 지니는 힘에 대해 생각해 보고자 한다. 두 가지 문제란 먼저 '당신들'로 상징되는 주체 중심 사랑의 배타성이다. 이것은 즉각 상대주의 관점에서 유가의 인(仁)과 서(恕)를 비판한 『장자』의 문제의식을 떠올리게 한다. 하지만 필자는 차이나 타자에 대한 존중보다는 타자를 품으려 할수록 그를 속박하고 소외시킬 수밖에 없는 나르시시즘의 본질에 더 초점을 맞추려 한다. 다른 하나의 논점은 '천국'으로 대표되는 이상적 가치의 문제이다. 만약 천국이 당신들이 아니라 우리가 주체가 되어 자발적으로 만드는 것이라면 그것은 진정한 낙토가 될 수 있을 것인가가 질문의 초점이다.

　두 문제는 긴밀하게 연결되어 있는데 이를 통해 숭고한 명분을 내건 사랑의 강요가 가져올 폐해에 대해 생각하면서 바람직한 사랑의 내용과 인간관계의 방향을 생각해 보고자 한다. 이 작품의 키워드는 사랑과 자유로 작가가 강조하듯 자유에 스며드는 사랑이 궁극적인 천국의 길처럼 제시되지만 그것이 어떤 사랑이어야 하는지 생각하는 것은 여전히 우리 몫이다.

'당신들'의 사랑: 에로스의 본질

　플라톤은 『향연』에서 '에로스(eros)'에 대해 논하면서 그것은 가장 오래된 생명 탄생의 힘이자 불멸에 대한 사랑이고, 모든 아름답고 훌륭한 것의 원인(플라톤, 『향연』, 강철웅 옮김, 이제이북스, 2011, 66~67쪽. 에로스에 대해 소크라테스에게 가르침을 주는 이는 신령한 여인 디오티마이지만 『향연』 곳곳의 화자를 통해 에로스에 대한 플라톤의 생각을 엿볼 수 있다.)이라고 말한다. 에로스는 신성한 것과 인간의 매개자일 뿐 아니라 완전을 향하는 욕망의 원천이다. 에로스는 인간을 인간으로 만들어 주는 힘이다. 그뿐 아니라 아리스토파네스의 양성인간 신화에서 보듯 하나가 되고자 하는 성애도 에로스에 뿌리를 둔다. 지그문트 프로이트(Sigmund Freud)는 공동체의 기원을 하나가 되려는 응집력인 에로스에서 찾으면서 플라톤의 에로스와 정신분석이 말하는 사랑이 사실상 일치한다고 말한다.(프로이트, 『문명 속의 불만』 99쪽 참조)

에로스야말로 인간을 다른 인간에게 향하게 하고, 결합하게 하며 서로를 욕망하게 만드는 원천이다. 나로부터 발하여 타자로 향하는 에로스의 힘은 얼마나 경이로운가! 하지만 에로스는 나르시시즘의 한계를 지닐 수밖에 없는데 자기애에 뿌리를 두기 때문이다. 칸트가 윤리의 준칙으로 정언적 선의지에 대한 무조건적 복종만을 내세우면서 정념적인 것을 배제한 것도 그 때문이고, 키에르케고어가 에로스를 자기 도취에서 비롯된 아름다운 현기증이라고 비판한 것도 비슷한 맥락이다. 인간에게 사랑은 아주 중요한 화합의 원천임에는 분명하지만 나르시시즘의 한계를 극복하지 못한 사랑은 더 큰 억압이 될 수 있다.

『장자』의 '지락'편에는 노나라 임금과 바닷새의 우화가 나온다. 어느 날 궁궐에 바닷새 한 마리가 날아들자 노나라 임금은 이 새를 새장에 들이고 술과 고기를 주고 음악을 들려주며 극진히 대접하지만 결국 새는 죽고 만다. 장자는 이를 '새를 기르는 방법으로 새를 기르지 않고 사람을 기르는 방법으로 새를 길렀기 때문'이라고 비판한다. 이 우화는 주체가 베푸

세상의 붕괴에 대처하는 우리들의 자세: 철학자의 서재 3

는 선행과 사랑이 타자에게는 치명적이 될 수 있음을 일깨워준다. 자크 라 캉(Jacques Lacan)은 나르시시즘에 기반을 둔 에로스의 한계를 지적하면서 우리가 사랑할 때 사랑하는 것은 결국 상상적 수준에서 대면하는 우리 자 신에 불과하다고 말한다. 에로스는 진정으로 나와 마주한 타자를 드러내 지 못하기 때문에 선과 이상적 가치를 지향하지만 결국 상대를 구속하고 소외시킬 수밖에 없다.

『당신들의 천국』에서 전임 주 원장은 에로스를 대표하는 인물로 문둥 이들의 낙토를 만들려는 거인의 그림자는 그 후의 모든 원장들에게도 짙 게 드리워진다. 버림받고 멸시받는 문둥이들을 위해 완벽한 낙토를 만들 겠다는 이상이 점점 더 소록도 자체를 아름답게 꾸미고 완벽하게 만들겠 다는 아집으로 바뀌면서 시설이 늘어갈 때마다 낙토는 '지옥'으로 변했 기 때문이다. 처음에 원장의 열정과 헌신에 감동하며 그를 칭송하던 나환 자들도 시간이 지날수록 원장에게 등을 돌리고 결국 원장을 살해하는 지 경까지 이르면서 모든 것이 파국으로 치닫는다. 주 원장의 동상이 뜻하는 '당신의 사랑'은 결국 나환자들에게는 자유에 대한 억압의 상징이다.

새로 부임한 조 원장은 절대 동상을 세우지 않으며, 철저하게 나환자들 의 협조와 동의를 얻어 함께 낙토 건설을 하겠다고 권총에 대고 맹세하지 만 원장과 나환자의 반목과 냉소는 운명처럼 되풀이 된다. 이것은 조 원장 의 헌신이나 의지가 부족해서가 아니라 자신을 완전히 부정하지 못하는 에로스의 근원적 한계 때문이다. 조 원장이 낙토에 매진하면 할수록 나환 자들은 그 속에서 조 원장만의 또 다른 동상을 본다. 사랑이 진정으로 타 자와 공존을 가능하게 하고, 더 나아가 상호주체적 관계 속에서 보편성을 실현하기 위해서는 철저한 자기 부정이 선행될 필요가 있다. 하지만 조 원장의 낙토는 여전히 그 자신의 낙토일 뿐이다.

"원장님이 아무리 섬사람들을 생각하고 섬을 위해 노고를 바치고 계셨다 해도 원장님은 결국 그 섬사람들과 같은 운명을 사실 수는 없었기 때문입니다. 그런 까닭에 원장님께서 꾸미고자 하신 섬사람들의 낙토가 원장님과 섬사람들의 공동의 천국은 될 수 없었기 때문입니다."(392쪽)

조 원장에게 보낸 상욱의 편지는 왜 조 원장의 헌신과 열정이 여전히 '당신들의 사랑'일 수밖에 없는지를 잘 설명해 준다. 에로스는 내 욕망을 중심으로 타자의 욕망을 이해하기 때문이다.

'천국'은 가능한가?

그렇다면 좀 더 상상력을 발휘해 질문을 던져 보자. 만약 섬을 낙토로 만드는 작업이 조 원장 같은 외지 출신 지도자가 아니라 나환자들에 의해 자발적으로 진행되었다면 이상향을 건설하고 행복을 실현할 수 있었을까? 예측이 쉽지는 않지만 답을 내리기가 전혀 불가능한 것은 아니다. 상상의 나래를 펴보자. 설사 바다를 메우는 매립공사가 성공적으로 끝나 농지를 얻고 새로 땅을 경작하더라도 아마 시간이 지나면 또 다른 갈등이 생겼을 것이다. 소설에 자주 등장하는 배신이라는 단어는 나환자들이 원장으로 대표되는 타지 출신 지도자를 배신한다는 것뿐 아니라 자신들 스스로를 배신할 수 있다는 암시이기도 하다. 나환자들의 정신적 지주인 황 장로의 말처럼 "사람들은 누구나 자기 맘 깊은 곳에 각자 자기 나름의 동상을 지을 꿈을 지니고 있으며"(343쪽) 이러는 한 각자 자신의 자유를 위해 이기적으로 행동하기 때문이다. 더구나 나환자들은 이미 육지로부터 버림을 받은 몸이라 그들이 아무리 물질적 풍요를 달성하더라도 이들을 낙인찍는 천형적인 저주와 결핍감에서 벗어날 수 없다. 이 결핍은 어떤 물질적 욕구를 통해서는 해소할 수 없는 근본적인 것이기 때문이다.

플라톤의 말처럼 에로스의 본성은 더 완전하고 더 선한 것에 대한 갈망이기도 한데 이것은 무한을 향하는 에로스의 속성으로 이러한 욕망을 완전히 충족시키는 것은 사실상 불가능하다. 더구나 자신이 짊어진 동상이 순수하게 내 존재 실현이 아니라 이상화된 가치에 의해 인도되는 한 그것은 반드시 또 다른 소외된 욕망으로 주체를 인도하는 함정이 된다. 마치 1차 마을 공동체 건설에 성공한 주 원장이 더 나은 낙토를 위해 멈추지 않은 것처럼 말이다. 누구나 자신의 욕망만 추구하다 보면 그것이 새로운 미움과 갈등의 불씨가 되고, 하나의 욕망이 충족되면 또 다른 결핍을 느낀다. 플라톤이 말한 것처럼 에로스는 방책과 풍부함을 대변하는 신 포로스와 궁핍과 가난함을 상징하는 여성 페니아의 자식이기 때문에 늘 아름다운 것을 얻으려고 계책을 꾸미고 결핍과 함께 살기 마련이다.(『향연』, 128쪽 참조)

그렇기 때문에 라캉은 인간의 욕망은 어떤 대상에 대한 욕망이 아니라 늘 '~다른 대상에 대한 욕망'이며, 끝없는 순환 속에서 절대 멈추지 않는 불가능한 정념이라고 말한다. 결국 욕망이 계속되는 것은 결핍이 아니라 결핍을 완전히 채우려는 헛된 환상 때문이다. 이 환상이 나르시시즘을 끝없는 이상향에 대한 열망으로 승화시키는 원인이다. 자아의 나르시시즘이 투영된 천국은 실제 이 세상에는 존재할 수 없으며, 주체의 이기적 자존심과 탐욕을 위한 미끼 역할만 담당한다. 이상적 낙토는 맹목적 나르시시즘이 기대는 신기루에 불과하기 때문이다.

이상화된 가치가 인간의 눈을 멀게 하면서 끝없는 탐욕의 악순환 속에서 결국 파멸로 인도하는 것은 오스카 와일드의 『도리언 그레이의 초상』에서도 볼 수 있다. 영원한 젊음과 아름다움을 유지하고자 악마와 계약을 한 도리언 그레이는 모든 사람의 부러움과 찬사를 받으며 불사의 삶을 누리지만 점점 공허감이 커져 간다. 어느 날 그는 젊고 예쁜 배우 시빌 베인을 보고 한눈에 사랑에 빠진다. 하지만 도리언은 그녀 자체가 아니라 무대에서 열연을 펼치는 여배우 베인의 숭고한 이미지에 반한 것으로 실은 자신의 나르시시즘적 정념에 현혹당하고 있다. 이것은 시빌 베인이 도리언 그레이의 사랑을 받아들이자 오히려 그녀에 대한 사랑이 싸늘하게 식으면서 냉담함과 멸시로 바뀐 데서 알 수 있다. 영원한 불사와 완벽을 꿈꾸는 도리언 그레이는 통제되지 않고 무한을 향해 질주하는 이상적 나르시시즘의 위험성과 공허함을 극적으로 보여준다.

결국 진정한 사랑은 나르시시즘의 맹목성과 상상적 이상의 굴레를 벗어날 때만 가능하다. 이것은 사랑에서 타인을 통해 완전함의 이상을 충족시키려는 자아의 욕심을 제거하고 주체의 본래 자리를 바로 세울 때 가능하다. 사랑은 결국 텅 비어 있는 것에 관한 진리이다. 황 장로가 결국 최종적 대안으로 제시하는 사랑, 즉 "빼앗음이 아니라 베푸는 길이라서 이긴 자와 진 자가 없이 모두 함께 이기는 길"(349쪽)이 바로 그런 사랑이다.

사랑을 통한 존재 회복과 보편성의 실현

라캉은 에로스는 상상적 소외에 불과하며 자아와 존재의 틈을 알지 못하는 착각에 불과하다고 말한다. 에로스는 타자를 통해 자신을 사랑하고 타자에게 자신의 이상을 투영하는 나르시시즘이기 때문에 쉽게 공격성이나 적대감으로 변질될 수 있다. 에로스는 외양상 타인을 향한 무한한 헌신이나 배려처럼 표출되지만 결국은 자신의 결여를 채우고 나르시시즘이 그려내는 이상적 가치를 만족시키기 위해 타인을 이용한다. 에로스와 달리 진정한 사랑은 언어와 이상화된 이미지를 벗어나는 실존 자체를 겨냥한다. 사랑이 생기는 것은 어떤 결여 때문인데 이 결여는 궁극적으로는 '존재 결여'에 다름 아니기 때문이다. 이 존재 결여를 어떤 대상에 대한 결핍이나 타자의 인정 욕망과 혼동하는 것이 에로스다. 맥락은 조금씩 다르지만 많은 철학자들이 분석하고 강조한 것처럼 존재의 본성은 '무'(nothing)에 가깝다. 존재란 규정할 수 없고, 언어나 이미지로 제한할 수 없는데 이것이 무한한 실존적 가능성을 가능하게 하기 때문이다. 슬라보예 지젝(Slavoj zizek)은 이런 존재의 모순을 '불가능성의 가능성'이라고 했다.

그러므로 존재의 결여, 즉 부정성을 적극 긍정할 필요가 있는데 이것이 진정한 사랑의 출발점이다. 『향연』에서 소크라테스는 자신을 향해 열렬한 구애를 하는 알키비아데스의 제안을 거부하면서 자신 속에는 실제로 아무것도 없음을 일깨워주는 데 이것은 바로 존재에 대한 열정으로서 소외되지 않은 사랑의 참모습을 일깨워주기 위해서이다. 사랑의 진정한 본성은 존재를 텅 빈 '무로부터(ex-nihilo)'로 인정하는 것인데 이것은 존재를 철저하게 비워내고 자아의 이기심을 부정할 때만 가능하다. 라캉은 이를 분석의 끝에 도달하는 '주체의 궁핍(destitution subjective)'으로 정의한다. '주체의 궁핍'이란 헛되게 하나가 되려는 상상계의 정념과 상징계가 부여하는 상징적 동일시를 벗어나 존재의 본래 영역을 다시 발견하면서 존재와 새로운 관계를 맺는 작업이다. 주체의 궁핍이란 주체의 소멸이 아니라 존재 회복을 위한 새로운 대안이다. 주체의 궁핍은 내 존재의 회복뿐 아니라 타자를 향한 열린 소통을 가능하게 만든다. 타자를 자아의 나르시시즘을 충족시키는 도구나 대상이 아니라 순수한 타자로 인정하는 것이 '주체 궁핍'의 선행 조건이기 때문이다. 타자의 결여를 인정할 때만 타자에 의존하지 않고 주체의 궁핍을 온전히 실현할 수 있다. 사랑은 타자의 타자성과 욕망을 그 자체로 인정하는 태도로 차이나 관용의 철학보다 타자에 대한 태도에서 더 근본적이다. 주체의 궁핍을 떠안는 사랑은 타자 자체도 빈 존재로서 인정하고 사랑할 것을 요구하기 때문이다. 이것은 나르시시즘에서 출발하는 이타성이나 이상화된 사랑이 아니라 오히려 키에르케고어가 말한 이웃 사랑의 개념과 상당히 통한다. 키에르케고어는 에로스적 사랑과 구별되는 이웃 사랑의 본질을 다음과 같이 얘기한다.

"연애는 대상에 의해 규정되고, 우정 역시 대상에 의하여 규정된다. 다만 이웃에 대한 사랑만이 사랑에 의해 규정된다. 우리의 이웃은 곧 모든 사람이기 때문에 대상에서 모든 차별이 제거된다. 그러므로 진정한 사랑은 그 사랑의 대상에는 어떤 구체적인 특정 차별 규정도 없다는 것으로 인지될 수 있다. 이것은 곧 이웃에 대한 사랑은 사랑에 의해서만 인지될 수 있다는 뜻이기도 하다. 이것은 최고의 완전성이 아닐까."(『사랑의 역사』, 76쪽)

중요한 것은 내 옆에 있는 이웃이 내가 어찌할 수 없는 타자이기에 사랑하는 것이지 나를 사랑해 주고 나에게 어떤 위안을 주기 때문에 사랑하는 대상이 아니라는 것이다. 이러한 이웃 사랑은 오직 주체의 궁핍을 통해서만 가능할 수 있다. 『당신들의 천국』에서 조 원장의 이웃은 나환자이지만 조 원장이 원장으로 남아 있는 한 나환자들은 영원히 그의 힘과 이타심에 좌우되는 그런 도구적 타자로 남을 수밖에 없다. 오히려 진정한 소통이 가능하기 위해서는 그 역시 더 이상 권력이나 지위도 없고 특별한 차이조차 없는 타자의 빈자리를 점할 필요가 있다. 이로부터 진정한 관계가 시작된다. 이런 점에서 민간인 조백헌이 섬의 한 주민으로 돌아와 결혼식 주례사를 연습하는 마지막 장면은 새로운 공동체의 출발에 대한 암시라고 할 수 있을 것이다. 진정한 사랑은 무조건적 사랑이고, 그것을 통해 보편성 실현도 가능해질 것이다.

더불어 읽기
깊이 읽기

1) 이청준, 『당신들의 천국』(열림원, 2006). 소록도에 새 병원장으로 부임한 육군 장교 출신 조백헌이 한센인의 이상적 천국을 건설하기위해 득량만 매립공사를 시작하고 다양한 개혁을 시도하면서 벌어지는 일련의 갈등과 화합을 주제로 삼은 장편이다. 제목이 시사하듯 선한 의지와 목적을 가지고 지상낙토를 만들려고 하는 원대한 이상도 자칫 '당신들의 천국'이라는 또 하나의 억압이 될 수 있음을 잘 묘사하고 있다. 타인과의 소통, 공동체 구성원들이 맺는 관계, 자유와 사랑, 사랑의 양면성, 인간 본

성의 이중성 등을 생각하게 하는 탁월한 소설이다. 특히 지도자가 되려는 사람은 꼭 읽기를 권한다.

2) 플라톤, 『향연』(이제이북스, 2011). 에로스를 주제로 삼은 플라톤 대화록으로 사랑에 대해 소크라테스를 비롯한 여러 사람이 이야기를 하고 함께 토론하는 식으로 서술되어 있다. 에로스는 생명 탄생의 힘이고, 예술의 원천이며, 인간과 신을 매개해 주는 성스러운 중재자이다. 인간이 유한자의 한계를 넘어 초월적인 것과 만날 수 있는 것도 에로스 덕분에 가능하지만 에로스는 동시에 결핍을 채우고 완전해지려는 욕망의 동력이기도 하다. 에로스가 부유의 신 포로스와 빈곤의 신인 페니아의 자식이라는 것은 이런 점에서 시사하는 바 크다. 사랑에 대한 최초의 철학 저서이다.

3) 쇠얀 키에르케고어, 『사랑의 역사』(치우, 2011). 에로스가 하나를 이루려는 남녀의 사랑이라면 키에르케고어는 실존주의 입장에서 '이웃 사랑'이 지니는 적극적 의미를 새롭게 강조한다. 키에르케고어에 따르면 에로스나 우정(필리아)은 여전히 대상에 규정되고 이기적인 불완전한 사랑이지만 모든 사람을 무조건 사랑하는 이웃사랑이야말로 사랑의 본래 힘을 잘 보여준다. 이 책은 헬레니즘과 더불어 서구 문명의 또 다른 뿌리인 유대-기독교의 이웃사랑 계명이 공동체적 존재인 인간 실존의 완성에 기여할 수 있는 철학적 가능성을 제시하면서 사랑이 지닌 존재론적 사명을 부각시킨다. 사랑을 통한 사회적 갈등 해결과 보편성 실현을 고민하기 위해 참조할 만한 책이다.

김석 / 건국대학교 자율전공학부 교수

7장

전복하기,
차별 없는 세상을 꿈꾸다

'하나님 나라' 지상 건설……
기독교 아닌 인류의 꿈

『하나님 나라와 공공성』 / 손규태

　오늘날 한국의 기독교에 대한 평가는 심란하다. 장로 대통령을 배출한 교회의 목회자 폭행 사건, 금권 선거로 타락한 교권 수장 선거, "일본 대지진은 하나님을 멀리한 탓"이라는 발언과 같은 잇따른 '설화' 등으로 교회의 신뢰는 추락을 거듭하고 있다. 예전에는 교회가 세상을 걱정했다면, 요즘은 세상이 교회를 걱정한다는 말이 현실화된 것 같다.

　그 결과 언론에는 거의 매일 기독교에 대한 부정적 기사가 넘치고 있다. 한국교회언론회가 2010년 상반기 중앙 일간지의 종교 관련 보도 내용을 분석한 자료를 보면, 전체 종교에서 기독교는 25퍼센트인데 그 기사중, 긍정 보도는 4.4퍼센트, 사실 보도는 32.7퍼센트인데 비해, 부정적인 보도를 하고 있는 비율은 62.9퍼센트이다. 이러한 분석은 내가 소속된 교단의 워크숍(2011년 9월 19일)에서 들은 강의록의 일부이다.

믿었던 《조선일보》마저 등을 돌린 한국 기독교

발제문을 참고하면, 2011년 전반기 동안 기독교에 대해 부정적인 보도를 한 언론은 《한겨레》(20.41퍼센트)가 가장 높고, 다음으로 《한국일보》(8.63퍼센트), 《경향신문》(7.25퍼센트), 《문화일보》(5.37퍼센트)의 순이고, 《조선일보》와 《한국경제》는 부정적 보도를 자제하고 있었다.

그런데 2011년에 와서 《한겨레》는 기독교 기사의 100퍼센트가 부정적이고, 《한국일보》는 77퍼센트, 《한국경제》가 69.2퍼센트이며 《문화일보》, 《조선일보》, 《매일경제》도 50퍼센트 이상이 부정적인 기사를 내보냈다며 "《조선일보》여 너마저도"라는 소제목을 달아 놓았다. 기독교에 대한 사회적 인식과 언론의 반응이 싸늘하다는 것은 알고 있었지만, 그 정도인지는 몰랐고 뭔가 근본적인 변화가 없으면 안 될 것이라 생각했다.

강사의 발제문은 계속해서 한국 교회를 비판하는 내용이 많았다. '1000만'이라는 숫자를 믿고 기독교 정당을 창당하려는 움직임을 비판했고, 기독교 내 보수와 진보의 이념적 갈등과 정치 세력화를 우려하면서 비판했다. 시청 앞 기도회와 같은 보수 교회의 정치 참여를 "남이 하면 불륜, 내가 로맨스"냐며 비꼬았으며, 종교 개혁 이전보다 더 심한 교회 권력화 현상을 묘사했다.

그 결과가 안티 기독교의 양산으로 나타났고, 교회 내 권력 다툼을 교회법으로 다스리지 못하고 사회법에 의존하는, 자정 능력을 상실한 집단으로 통탄했다. 강의를 계속 듣고 있으면서 나는 슬슬 화가 나기 시작했다. "언제까지 저렇게 비판만 하고 있을 건가?" 통계에 기초한 현실 기독교 비판에 강의의 대부분을 할애하고 있는 강사와 자극적인 내용이 거부감이 들었던 것이다.

비관과 비판을 넘어서는 희망의 출발점을 찾아

나는 비판은 쉽다고 생각한다. 특히 우리나라 기독교의 몇몇 교회와 목회자같이 말도 안 되는 경우를 비판하는 것은 너무나 많이 했고 위험하지도 않기 때문이다. 교회를 비판해도 누구 하나 뭐라고 하지도 않는다. 그런데 이 시점에서 한번 생각해 보라. 무릇 어떤 비판 행위가 외부로부터 아무런 저항과 억압이 없다면, 그 비판의 대상과 방법 그리고 실천의 깊이를 자문해야 한다고 나는 생각한다. 나는 강사의 진정성을 의심하는 것이 아니라, 그 강의에서 희망을 주는 이론적 출발점을 얻지 못했다.

이런 우울한 감정을 갖고 있던 차에 손규태의 『하나님 나라와 공공성』(대한기독교서회 펴냄)을 보게 되었다. 그동안 대학에서 기독교 사회윤리를 주로 강의해 온 저자가 은퇴 이후 쓴 역작이다. 이 책을 읽고 나자 그동안 흩어져 있는 지식들이 모아졌고, 막연했던 것들이 분명해졌다. 나는 비판을 넘어 노력해야 할 돌파구를 스스로 설정할 수 있는 희망을 찾기 시작했다.

성서의 핵심: 하나님 나라

혹자는 신학 책 같은데 정치와 무슨 관련이 있을까, 의문을 던질지도 모르겠다. 그래서 우선 책 제목을 설명해야 하겠다.

'하나님 나라'라 하면 우리나라에서는 내세에 죽어서 가는 천국을 상상한다. 하지만 '하나님 나라'는 하느님의 뜻과 생각이 현실 세계에서 실현되는 나라를 말하지 어떤 공간적 개념이 아니다. 예수가 직접 제자들에게 가르쳐주었다는 '주의 기도'에도 이런 대목이 있다. "하느님의 나라가 하늘에서와 같이 땅에서도 이루어지게 하소서."

이 기도문에 나오는 '하나님 나라'는 하늘과 땅이 (공간적으로) 구분되어 있음을 강조하는 것이 아니고, 하늘과 땅은 (시간적으로) 연결되어 있고, 하느님의 뜻은 천지(天地) 어디서나 이루어야져야 할 유토피아적 미래형이고, 아직 이루어지지 못하고 있는 현실을 부정하고 있음을 강조하는 것이다. 저자 손규태가 『하나님 나라와 공공성』이라 한 것은 성서의 가르침 특히 신약성서에 나타난 예수의 가르침의 핵심 주제가 '하나님 나라'라고 확신하기 때문이다.

> "필자는 예수 그리스도의 선포의 핵심 내용인 하나님 나라를 이 지상에 건설하는 것이 오늘날 그리스도인들의 궁극적 실천 과제라는 것을 전제로 이 책을 쓰고 있다."(157쪽)

그는 하나님 나라를 그리스도인뿐만 아니라 이 세상에서 인간답게 살고자 하는 모든 사람의 꿈이고 희망으로 본다. 그래서 지상에서 이 하나님 나라를 실현하는 것은 특정의 종교적 집단, 즉 그리스도교 교회만이 추구하고 실현해야 할 과제가 아니라, 모든 인류가 공동으로 지향해야 할 목표로 설정한다.

바로 이 대목에서 하느님 나라는 종교인과 비종교인, 그리스도인과 비그리스도인이 함께 살고 있는 공공의 장소, 곧 정치로 구현되는 생활 세계의 공공성 개념과 만난다. "하나님의 나라는 하나님의 보편적 세계 통치의 내용이고 목표이며, 전체 인류들에게는 보편적이고, 공공적 성격을 띠는 개념"(158쪽)이기 때문이다.

세상의 원리: 공공성

공공성이란 개념은 유럽에서는 종교 개혁 이후 계몽주의 시대에 등장한 새로운 정치적 개념이다. 사전적으로는 1) 누구나 듣거나 볼 수 있는 것, 2) 개인이 아니라 많은 사람 혹은 전체 대중을 위해서 존재하는 것, 3) 국가나 공공기관들의 사안들이다.

그런데 공공성이 오늘날 개인주의적인 우리 사회에서는 중요하게 취급되지 않는 개념이다 보니, 저자는 이러한 상황에서 공공성 개념의 원래적 위치를 부여하기 위해, 독일 철학자 칸트와 하버마스의 이론을 빌려온다.

> "다른 사람들의 공적 권리들과 관련된 행위들에서 공공성과 합치되지 않는 것들의 원리는 부당하다."

칸트가 『영구 평화 이론』에서 한 말인데, 이는 개인들이 공적 권리가 있다 해도 공공성에 위배되지 않아야 하며, 진정한 정치 행위란 공적 권리의 이념과 일치해야 한다는 것이다. 만약 법률이나 제도, 정치적 행위들이 공공성의 원리를 따르지 않고, 은밀하게 사적 목적을 추구하면 공동체의 평화는 깨어지고 갈등이 야기될 것이다.

저자는 하나님 나라의 원리가 사람들 사이의 평화인 것처럼 공공성의 원리도 인간들 사이의 평화임을 지적하면서, "그리스도교 사회 윤리의 목표인 평화를 이 하나님 나라와 공공성의 원리를 통해 해명"(12쪽)하려 한다.

종교와 정치는 분리되는가?

이처럼 하나님 나라와 사회적 공공성이 만나게 되면, 필연적으로 종교와 정치의 관계가 문제시된다. 흔히 종교가 가진 정치 참여적인 성격을 거세하고자 할 때, 기득권층이 내세우는 논리가 '정교 분리'이다.

이 문제에 대해서도 저자는 루터의 두 왕국 이론과 칼뱅의 왕권 통치 개념을 통해, 두 위대한 신학자의 원래 의도와 달리 왜곡된 지점을 지적한다. 루터가 하나님 나라와 세상의 나라로 두 왕국을 구분한 것은, 당시 교황이 세상의 나라까지 통치하면서 타락한 시대 현실에 대한 잠정적인 저항 논리였다는 점이다.

루터가 두 왕국을 주장한 것은 중세기 가톨릭교회처럼 세상적 왕국이나 영적 왕국이 종합되거나 혼합되어서는 안 된다고 생각했기 때문에, 성직자와 세상의 통치자는 서로의 직무에 국한하여 서로 침범하지 말 것을 주장했다는 것이다. 저자가 강조하는 것은 루터는 두 왕국들 혹은 두 직무들 사이에 '구별(Distinction)'이 존재해야 한다고 판단했지, 그것들이 서로 '분리(Separation)'된 것은 아니라는 것이다.

그런데 이 루터의 두 왕국 이론에서 '정교 분리'의 근거를 찾는 것은 잘못된 이해라고 본다. 이원론적 '분리'가 아니라 제한적인 '구별'을 통해 서로가 연대할 가능성을 열어두는 것이다. '정교 분리'를 마치 상식처럼 말하고 있는 우리나라 기독교도와 일반인들이 주목할 만한 대목이다.

성서는 세상을 어떻게 보는가?

저자는 공공성을 성서적 관점에서도 분석한다. 그는 구약성서의 하느님을 네 가지, 창조주 하느님, 해방의 하느님, 정의의 하나님, 사랑의 하나님으로 구분하면서, 각각을 창조 세계의 공공성 개념과 연관시킨다. 성서를 아는 독자들이 이 대목을 읽게 되면, 아주 대담하고 명쾌한 단순성에 놀라게 되리라 생각한다.

저자는 하느님이 이 세상을 창조하신 주인이라는 데 주목한다. 그래서 하느님은 피조된 세상 모두(인간, 동물, 식물)를 사랑하고 계시며, 세상은 모든 만물이 살아갈 수 있는 보편적이고 공적인 영역으로 전제된다. 그리고 "땅을 정복하고, 생물들을 다스려라"는 창세기의 말도 데카르트적 인간 중심주의적 방식에서 온 오역으로 생각하고, "땅을 경작하고 생물들을 돌보라"는 식으로 바꿀 것을 제안한다. 나아가 창조된 세상의 주인은 하나님이기 때문에 그의 창조된 공적 영역은 특정 인간들의 사적 영역으로 될 수 없음을 분명히 한다.

혹시 이 대목에서 창조설이냐, 진화설이냐의 해묵은 논쟁을 떠올리는 사람이 있을지 모르겠다. 하지만 이 논쟁은 차이와 분열만 거듭할 뿐, 이 세상의 평화와 같은 공적 문제를 다루는 데 도움이 되지는 못한다. 진화론자와 창조론자가 입장은 달라도 공공성이라는 유토피아적 정치철학적 주제에서는 함께 공유할 수 있는 영역이 있다. 이런 점이 이 책이 주는 장점이라고 나는 생각한다.

손규태는 창조된 세상에서 권력의 남용으로 피해받는 사람을 해방시키는 것을 '하나님 나라의 실현'이자 '구원'으로 본다. 출애굽기를, 이집트에 속박된 이스라엘 민족이 공공성을 훼손당했다는 차원에서 해석하는 것이다. 또 구약성서의 율법에서 공공성 사상이 잘 드러난 사례로 '사회법' 혹은 '약자 보호법'을 든다. 구약의 율법은 예배와 관련된 제사법, 거룩해지기 위한 정결법, 그리고 사회법이 있는데, 그중에서 사회법을 가장 우선시했다고 보는 것은 보수적인 기독교와 매우 거리가 있는 주장이다.

하지만 이는 단순히 저자의 독특한 주장이 아니고, 복잡한 제사법이나 위선적인 정결법보다, 이웃과의 관계를 말하는 사회법을 우선했던 성서의 내용을 정확히 한 것이다. 예수도 성서에서 예배를 드리기 전에 형제와 화해하고 오라고 했는데, 이것이 바로 제사법보다 사회법을 우선한 사례이다.

사회로 나가야 할 사회 윤리학

내가 보기에 저자가 하나님 나라를 공공성이라는 개념과 연관하여 그리스도교 사회 윤리학을 전개하려고 하는 것은, 우리 현실이 하나님 나라와 너무 멀고 또 공공성 또한 너무 희박하다는 문제의식에서 출발한 것 같다.

그런데 희한한 것은 '그리스도교 사회 윤리'라는 학과목이 대학의 울타리를 벗어나지 못하고, 그것도 소수의 학교에서만 가르쳐지고 있는 현실이다. 교회 현실의 문제는 바로 그리스도교의 사회적 윤리와 책임이 부재해서 생긴 것임에도 불구하고, 그것이 제대로 강조되지 못하고 있는 것은 무엇 때문일까?

그것은 이 책에서도 강조되듯 우리나라 교회와 사회가 하나님 나라를 이 세상 문제에서 실현해야 할 과제로 보지 않고, 내세적인 문제로 보기 때문일 것이다. 그러다 보니 죽어 천국에 가는 것을 유일한 희망으로 생각하면서, 이 세상에서의 믿는 신앙 행위는 천국에 가기 위한 보상 심리가 계기가 되는 것이다.

그러한 심리 속에 '하나님 나라와 공공성'과 같은 사회 윤리학적 주제는 들어가기가 어렵고, 있다 해도 신자유주의적 세계 자본주의가 양산한 구조적 문제들을 동정의 차원에서 돕는 것 정도로 생각하게 될지도 모른다.

하나님 나라와 사회적 유토피아

공공성에 위배되는 구조는 해체되어야 마땅하다. 그렇지만 "이론은 좋은데 현실적으로 어렵지 않겠어?"라고 묻는 사람이 있을지 모르겠다. 현실론자들은 늘 타협하고 그때그때의 갈증과 허기를 달래면서 본질적인 문제는 넘어가기 때문이다. 팥죽 한 그릇에 자신의 장자권을 팔아넘긴 에사오처럼, "목구멍이 포도청"이라 생각하는 인간들은 유토피아를 헛된 꿈이라고 생각하고 목표해야 할 꿈으로 꿈꾸지 않는다.

그러나 저자는 이 책의 말미에서, 이 유토피아를 하나님 나라와 유비시킨다. 그래서 하나님 나라를 그리스도교적 윤리의 실천적 목표 개념으로 상정할 때 제기되는 문제에는 그리스도교적 종말론과 인문주의적 유토피아 사이의 관계를 살핀다. 하나님 나라가 하나님에 의해 궁극적으로 이루어질 새로운 나라이고 우리가 함께 실현해야 할 무엇이라면, 유토피아는 인간들이 본성으로 갖고 있는 "미래를 향한 인간들의 꿈"이고 "부정적인 것의 부정"이기 때문에 밀접한 관련이 있다는 것이다.

전통적 신학은 하나님 나라를 오직 하나님의 영역, 초월적이고 초자연적인 사건으로만 이해했다. 하지만 하나님을 창조주로 이해하고 인간을 그의 협력자로 이해하는 신학자들은 인문주의적 유토피아를 갈망하는 노력을 무시하지 않는다. "하나님 나라가 하나님으로부터 오는 것이라면 (Adventus) 유토피아는 인간들이 미래를 향해서 실현하고자 하는 미래의 꿈의 나라(Futrum)라고 할 수 있다"(178쪽)고 말하면서, 그 꿈의 실현 장소가 바로 공공성임을 끝까지 강조하는 것이다. 그리고 하나님 나라가 지향하는 사회적 공공성의 실천을 위해서는 사회적 유토피아를 꿈꾸는 사람들뿐만 아니라, 같은 꿈을 가지고 있는 다른 종교인들과의 협력도 필요함을 역설한다. "교리는 분열시키지만, 봉사는 하나 되게" 하기 때문이다.

나는 손규태가 이 책을 통해 그리스도교의 본질을 말했다고 본다. 이 책은 서구 신학의 영향 아래 쓴 것이지만, 한국 교회에 시사하는 바가 적지 않다. 한국의 교회에는 '사회 윤리적 문제'는 많이 일으키면서도 정작 그 문제를 깊이 반성하거나 고치려는 노력이 부족하기 때문이다. 아이러니한 것은 현실의 교회가 너무 현실화되어 있어서, 그는 여전히 '비현실적 아웃사이더'로 취급되는 것 같다.

나는 그가 아웃사이더로 버려지는 것 같은 이 느낌을 씁쓸해해야 하는가? 아니면 광야에서 외치는 예언자를 발견한 기쁨으로 여겨야 하는가? 독자 여러분과 함께 생각해 보고 싶은 물음이다.

더불어 읽기
깊이 읽기

1) 울리히 두크로, 『성서의 정치경제학』(한울, 1997). 성서에서 나오는 '하느님

나라'는 흔히 오해하듯, 내세의 '하늘나라'를 말하는 것이 아니다. 하느님 나라는 하느님이 통치하는 나라, 하느님의 뜻이 펼쳐지는 역사적 시공간을 의미하는데, 기독교인들은 종말의 때에 그 나라가 이루어질 것이라 믿는다. 이러한 하느님 나라의 내용을 오늘날의 일반적인 사회적 통념과 언어로 번역한다면, 정치적 자유와 경제적 평등의 이념을 실현하는 것이다. 이 책은 자본주의 세계 경제에서 인간의 기본권과 자유를 누릴 수 있는 대한 성서적 대안을 모색하는 것으로, 원제목은 『자본주의 경제의 대안』이다. 성서학과 정치경제학을 기반으로 생명을 위협하는 자본주의 경제 메커니즘을 억제하기 위한 유효한 실천적 대안과 사회생태학적인 경제민주주의의 비전을 제시한다. 인간의 기본 욕구의 충족을 위한 지역적 경제의 강화를 주장하는 이 책은 하느님 나라를 구현하는 정치경제학적 노력의 일환으로 볼 수 있다. 두크로의 친구인 손규태(『하느님 나라와 공공성』의 저자)가 직접 번역했다.

2) 조한상, 『공공성이란 무엇인가?』(책세상, 2009). 신자유주의 시대의 개화 이후 어느 때보다 중요한 개념으로 우리 앞에 있는 공공성에 대해 법학자가 쓴 책이다. 공공성 개념의 역사와 의미를 체계적으로 정리했고, 공공성이 가치를 실현할 때 야기되는 문제를 여러 학문을 매개하는 방법으로 서술했다. 저자는 공공성의 의미 3요소로 언급한 인민, 공공복리, 공개성을 들면서, 각각의 의미 규정을 통해 상호연관성이 있다고 주장한다. "공공성의 의미와 가치는 현실에서, 특히 한국 사회에서 어떻게 실현되고 있는가?" 이 책은 이 질문에 답하기 위해 공공성과 밀접한 관련이 있는 시민사회, 국가, 언론이라는 세 가지 현실 영역에 주목한다. 복잡하게 얽힌 여러 문제를 비교적 짧게 잘 정리했다.

이한오 / 한국철학사상연구회 회원 · 성공회 신부

이석기 · 김재연을 보니
스피노자가 떠오른다!

『전복적 스피노자』 / 네그리

아! 민주주의여!

통합진보당은 2013년 5월 2일 비례대표 진상조사위원회에서 "총체적 부실, 부정 선거였으며, 당의 근본적인 쇄신이 불가피하다"고 발표했다. 비당권파는 당선자 사퇴론과 당권파 책임론을 주장하고 있지만 여전히 당권파는 진상 규명론을 주장하고 있다. 당권파는 진상 규명론을 주장하면서 당선자 사퇴론을 거부하고 있으며 비당권파는 당선자 사퇴를 통해서 당의 쇄신을 실현할 수 있다는 입장을 보이고 있다.

이러한 상황에서 스피노자가 떠오른 이유는 무엇일까? 안토니오 네그리가 『전복적 스피노자』(이기웅 옮김, 그린비 펴냄)에서 해석하는 스피노자의 정치사상, 즉 민주주의는 정부의 형태를 의미하는 것이 아니라 "다중의 표현으로, 자유로운 인간들의 정치적 행위로, 모두에 의한 모두의 통치로 이야기했던 것이다. 이런 민주주의는 절대적이며, 따라서 권능에 대해서 저항적이고, 따라서 힘의 표현이며, 따라서 구성적 행위이고, 따라서 전복적 행동이다."(6쪽)

이러한 맥락에서 볼 때, 이번 비례대표 후보 경선의 부정 선거는 자율적인 주체로서의 정치적 행위라는 민주주의의 핵심적 동력을 상실한 것이다. 민주주의가 자율적 주체의 행위를 통하여 구성될 수 있는 것이다. 부정 선거에 의하여 자율적 주체는 삭제되었다. 그러므로 이번 사태는 민주주의와의 이별을 의미한다. 스피노자는 권능(potestas)과 힘(potentia)을 구분한다. 권능은 사물을 생산할 수 있는 능력이고 힘은 실제 행위로써 사물을 생산하는 힘을 의미한다.

이렇게 본다면, 이번 사태는 민주주의를 구성할 수 있는 권능은 있지만 민주주의를 실제적으로 생산하는 힘은 상실하고 있는 것이다. 즉, 권능은 있지만 힘을 상실한 상태가 통합진보당의 현실이다. 따라서 현실에서 직면하고 있는 우리의 조건(conditio)은 민주주의라는 정치적 구성(constitutio)이 되지 못하고 있다.

결국 자율적 다중의 힘만이 집단적 구성 과정의 산물인 권력을 구축할 수 있는 것이다. 이러한 과정을 통해서 다중의 힘에 의해 민주주의는 열리는 것이다. 그런데 통합진보당의 사태는 열림의 민주주의가 아니라 민주주의를 폐쇄하고 있다. 부정 선거를 통한 당선이라는 결과를 포기하지 못하고 있는 상황은 자율적 다중의 힘을 억압하고 있다. 권능의 양상인 권력, 즉 부정 선거를 통한 당선이라는 권력을 실체로 간주하는 것은 민주주의를 향한 자율적 다중의 집단적 구성 과정 자체를 포기한 것이다.

한숨을 쉬며 불러본다. 아! 민주주의여!

자율적 존재의 자기현시(l'auto-exposition)의 부정

이번 사태는 민주주의를 구성하는 자율적 "존재의 자기현시(l'auto-exposition)"가 부정당한 것이다. 따라서 이번 사태를 해소할 수 있는 것은 절대적 민주주의를 향한 집단의 힘을 통한 구성적 진전을 통해서만 가능하다는 생각을 할 수밖에 없다. 스피노자의 말을 들어보자.

"만일 두 사람이 힘을 모으는 데 뜻을 합친다면 그들 둘은 각자 서로 떨어져 있을 때보다 더 강한 힘을 갖게 되며, 따라서 자연에 대해서 더 많은 권리를 갖게 된다. 서로 합치하는 사람들이 더욱 많아질수록 그들 모두는 함께 더 많은 권리를 갖게 된다."(『정치론』, 2:13)

결국 스피노자에게 자연권(jus naturale)은 힘의 표현인 것이다. 다시 말하면 "존재의 일반적 형상으로서 힘(potentia)은 모든 특이자들의 노력(코나투스, conatus)을 자기 자신과 세계를 생산하려는 충동으로 개념화하는 것을 떠받쳐주면서 욕망(cupiditas)으로 표현된다."(37쪽)

이러한 맥락에서 부정 선거는 존재하는 것들의 힘과 코나투스를 억압하는 것이고 민주주의를 생산하려는 욕망 또한 억압하는 것이다. 존재론 자체를 억압하는 것이 이번 부정 선거이다. 따라서 부정 선거를 통한 권력을 포기하지 못하는 이들은 통치권의 무소불위와 자연권의 초월적 양도라는 부르주아적 환상과 개념에서 해방되지 못한 자들이다. 스피노자 시각에서 보면 통치권과 권력은 다중의 힘 위에서 성립되는 것이다. 진정한 권력의 무소불위가 존재하기 위해서는 언제나 대중의 합치된 힘 위에서만 가능하다.

따라서 관건은 부정 선거라는 것이 민주주의를 갉아먹는 행위라는 것에 의견을 합치하는 이들이 "얼마만큼의 힘이냐에 따라 오직 그만큼의 권리를(Tantum juris quantum potentiae)"(『정치론』, 5장) 확보할 수 있을 때만이 진정한 권력을 실현할 수 있다는 것이다. 즉, 스피노자에게 정치는 다중의 사회적 힘에 종속시키는 과정을 의미한다. 이것이 절대적 민주주의를 의미한다. 스피노자의 관점에서 보면, 이번 부정 선거는 '정치'의 상실, 민주주의의 폐지를 의미한다.

절대적 민주주의를 위하여

정치를 상실한 현실에서 우리들이 복원해야 할 것은 여전히 민주주의이다. 네그리에 따르면 스피노자는 『신학정치론』의 16~20장에서 처음으로 민주주의로서의 '절대 권력'에 관한 이론을 발표하였다. 즉 "민주주의는 온갖 형태의 미신(superstitio)과 모든 실제적인 종교의 신비주의적인 역할에 대한 비판을 전제로 하고 모든 개인이 자신의 힘의 표현으로 갖고 있는, 그리고 결코 양도될 수 없는 자연권의 발전이며, 민주주의는 두려움의 제거뿐만 아니라 더욱 높은 형태의 자유의 구성을 목적으로 하는, 자유로운 인간들의 공동체를 건설하는 것이다."(53쪽) 네그리는 스피노자가 『정치론』에서 완성하지 못한 절대적 민주주의의 개념을 발전시키고자 한다.

그렇다면, 절대적 민주주의란 어떤 의미를 갖는 것인가? 민주주의에 대해 속성(attribute) 역할을 하는 '전적으로 절대적(omnio absolutum)'이란 개념은 힘의 일반적 지평으로서, 그것의 발전 및 현재성이다. 즉, 자신을 구성하는 힘이 증가함에 따라 더욱더 열리는 현실이다. 여기서 "절대'와 '힘'은 서로에게 동어반복적인 술어이다."(72쪽) 힘은 집단적 실존과 그 운동의 토대이다. "따라서 절대는 고유한 본질로서의 힘이며, 힘의 실현 결과로서 실존이 된다."(72쪽) 나아가 절대성의 개념이 힘의 개념에 귀결된다는 것은 "힘이라는 용어와 자유라는 용어는 중첩"된다는 것이다.(73쪽)

결국 힘의 표현만큼 그만큼 자유를 확장할 수 있다. 나아가 힘은 지속적 운동이므로 스스로를 폐쇄하는 것이 아니라 열어놓는다. 스피노자에게 이 과정은 완결되지 않는 것으로 설정되어 있다. 비종결적인 관계로 파악되고 "의지와 현실 사이의 순환은 닫히지 않는다. 이것이 바로 정치인 것이다."(87쪽) 이번 사태를 둘러싸고 나온 여러 제안들, 욕구들의 다수성의 계속적인 충돌이 바로 정치인 것이다.

이러한 관점에서 보면, 이번 통합진보당의 사태를 비관적으로만 볼 이유는 없다. 왜냐하면 정치는 상이한 욕구들의 끊임없는 충돌이기 때문이다. 정치를 열려 있는 운동으로 이해함으로써 비관적 판단에서 벗어날 수 있을 것이다. 그럼에도 불구하고 간과하지 말아야 할 것은, 다양한 욕구들의 충돌이 충돌 자체에 머무는 것이 아니라 궁극적으로 자율적 주체의 힘을 확장함으로써 자유로 귀결되어야 한다는 점이다. 자유를 향한 주체들의 "도의심(pietas)"이 바로 절대적인 민주주의를 구성할 수 있다.

윤리적 주체가 당면한 카이로스(Kairos)적인 시간성

민주주의는 주체들의 구성적 힘이며 구성적 힘은 자유를 향하고 있다. 그런데 "도의심(pietas)"이 바로 절대적인 민주주의라는 것은 주체가 윤리적인 의미를 확보해야만 민주주의가 가능하다는 것을 의미한다. 왜냐하면, 주체는 민주주의를 위해 "도의심(pietas)"을 받아들이기 때문이다.

도의심이란 무엇인가? 그것은 "우리가 이성의 인도 아래 생활하는 것으로부터 발생하는, 선을 행하려는 욕망"이다.(스피노자의 『에티카』 4장, 정리 37 주석 1) 나아가 도의심은 이성에 따라 도덕적인 행동으로 표현되는데, 이것은 "자기 자신뿐만 아니라 다른 사람과 조화를 이루도록 인간적으로 행해지는 관대한 행동", 즉 "존중심(l'honnêteté)"(98쪽) 속에서 이루어지는 것이다.

결국 민주주의는 선을 행하려는 도의심을 기반으로 하는 존중심에서 가능한 것이다. 즉 민주주의라는 보편성을 사랑하는 것이다. 이에 반하여 "개별적인 것을 사랑하면서 오직 이익에 따라 행동한다면, 우리는 힘을 지니지 못하며, 오히려 전적으로 무력해진다."(98쪽) 개별적인 권력의 획득을 사랑하는 이들에게 요구되는 대목이다. 개별적인 것을 사랑하는 이들은 도의심과 존중심 속에서 집단적 힘의 존재론적 기획을 포기하는 것이다. 자신의 보존과 욕망에서 벗어나야만 자유의 확장이 가능한 것이다. 이 또한 이번 사태를 바라보며 간절히 요구되는 내용이다.

스피노자에게 존재는 "고갈되지 않는 잠재성"이다.(175쪽) 바로 주체가 자유를 향해 집단적 힘을 확장하는 잠재성으로서 존재할 때, 민주주의를 위해 열려 있는 존재일 수 있는 것이다. 현재 통합진보당에게 필요한 것은

"혁신의 기쁨, 욕망의 확산, 전복으로서의 삶"일 것이다.(176쪽) 스피노자가 말하는 정치사상은 "모든 형태의 소외에 맞서는 집단적 자유를 위한 주장"이며 "인간에 의한 인간의 착취의 모든 기생적 잔존을 발라내는 날카로운 메스이다."(177쪽) 스피노자의 정치철학이 우리에게 제시하는 것은 민주주의를 후퇴시키는 "반대-권력(le Contre-pouvoir)에 맞서는 힘"일 것이다.(177쪽)

통합진보당에게 현재성은 카이로스(Kairos)적인 시간성이다. 즉, 특이하고 삭제 불가능한 시간적 현재성이라는 의미에서의 시간성이다. 즉 이번 사태를 해소하기 위해서 요구되는 시간성은 개별적 사랑에서 벗어나 민주주의라는 보편성을 사랑하는 윤리적 주체가 직면하고 있는 그러한 시간성을 의미한다. 민주주의를 지향하는 주체는 바로 이 시간성에 있다는 점을 간과하지 말아야 할 것이다. 이 시간은 결코 삭제될 수 없는 시간성이다.

주체들이 갖는 "자유의 억누를 수 없는 욕망을 쇠사슬로 얽어매는 모든 다른 형태의 권력 조직화", 그 위선을 폭로하고 "관료적인 경직성"과 "이데올로기적 감옥"에서 벗어나는 것이 스피노자가 말하는 정치이다.(180쪽) 이러한 정치를 통해서만이 진정한 정치의 길로 전진할 수 있을 것이다. 자신의 실존을 전복할 수 있는 힘의 가능성을 믿고, 현재의 사태가 민주주의의 위기라는 점에 절망하지 않고 위기를 절대적 민주주의를 위한 토대로 받아들 때, 위기는 민주주의를 향한 조건이 될 수 있을 것이다.

더불어 읽기
깊이 읽기

1) 스피노자,『정치론』, 김호경 옮김(갈무리, 2009). 네그리가 스피노자에게 주목하는 이유는 인간의 정치적 능력의 구성적 힘이다. 이 힘은 소극적 정치에서 벗어나 자유로운 개인들의 자발적인 연합을 요청하는 것이다. 네그리는 이러한 점을 스피노자의 정치학을 토대로 이끌어낸다. 따라서 네그리의 저작과 함께 스피노자의『정치론』을 먼저 읽는 것도 순서일 것이다.

2) 스티븐 내들러,『스피노자──철학을 도발한 철학자』, 김호경 옮김(텍스트, 2011). 나아가 스피노자가 어떻게 급진주의적 사상가로 성장할 수 있었는지를 상세하게 다루고 있는 전기로는 스티븐 내들러의『스피노자──철학을 도발한 철학자』가 있다. 이 저작은 스피노자 철학의 사회적이고 정치적인 배경과 함께 그의 지적 발전을 다루는 이 전기로 지금까지 출판된 가장 완전한 전기로 평가되고 있다.

박종성 / 호원대학교 강사

거대 자본,
무엇이 문제인가?

『거대한 전환』 / 칼 폴라니

세계 인민들의 현존의 적, 금융세계화와 자유화

역사를 통한 경제와 정치 및 사회에 관해 철학적인 사유를 제대로 하지 않은 채 철학 공부를 한다는 것은 참으로 맥 빠지는 일이다. 존재론과 인식론의 영역을 더군다나 형이상학까지 들먹이면서 천착하느라 수십 년의 세월을 보내다 보면 어느 순간 구체적인 삶을 저버리고 그야말로 사유의 깊은 놀이 속에 빠져들어 있다는 느낌이 들기 때문이다.

철학을 위한 철학 공부가 아니라, 삶을 위한 철학 공부라면 부득불 사상의 영역으로 잠입해 가지 않을 수 없다. 사상이란 철학과는 달리, 어떤 방식으로건 심하게 고통을 받은 나머지 삶을 부정적으로 바라볼 수밖에 없는 사람들 속으로 들어가는 태세를 취하면서 어떻게 하면 인민 모두가 진정으로 삶을 긍정할 수 있는 길을 제시할 수 있을까를 고민하는 데서 성립하는 것이 아닌가.

이같이 사상을 형성하고자 할 때, 개개인의 특수한 삶의 처지들을 힘껏 파고들어 헤아릴 수 있어야 함과 동시에 현존의 세계사적인 흐름을 전체적으로 그 뼈대에서부터 파악할 수 있어야 할 것이다.

현존의 세계사적인 흐름을 전체적으로 그 뼈대에서부터 파악한다는 것은 우선 현존의 세계에서 지배적인 위력을 발휘함으로써 개개 국가와 그 특정한 국가 속에서 삶을 영위하는 개개 인민들의 삶을 근본적으로 규정하는 요인을 파악하는 것이다.

그렇다면 오늘날의 세계 상황을 여전히 근본적으로 규정하고 있는 세계사적인 위력은 과연 무엇인가? 자유주의 경제 사상에 입각한 가시적 혹은 비가시적인 세계 자본주의의 금융 체제의 지배가 아닌가.

더욱이 세계 금융 자본의 '현금지급기'로 불리면서 이른바 금융파생상품시장에서 미국에 이어 세계 2위를 '자랑하는' 한국이야말로 금융 체제 중심의 세계 자본주의의 첨병이다. 너무나도 강력하게 소용돌이치는 '돈 놓고 돈 먹기'의 거대한 노름판에서 한국 인민의 삶이 과연 정상적일 수 있을까. 무슨 수단을 동원하든 간에 오로지 국가사회적인 부를 형성하기만 하면 만사오케이라는 식으로 모든 정치적인 역량들이 총동원되는 느낌이다.

지난 대선 때에 '경제 살리기'라는 다섯 글자로 대권을 장악한 것이 실제의 인민의 자유롭고 열린 사회정치적인 삶에 어떤 치명적인 부작용들을 가져왔는가를 잘 알 것이다. 하지만 이에 아랑곳하지 않고 이번의 대선 판도 역시 인민공동체적인 삶에 대한 근본적인 반성과 그에 따른 이념과는 아무 상관 없이 경제 중심으로 판가름이 날 판국이다. 차이가 있다면 복지가 이슈로 될 가능성이 높다는 것인데, 복지 문제조차 자칫 서민들의 표를 의식한 사탕발림에 불과할 공산이 크다.

신자유주의의 핵심은 금융 자본의 세계화와 금융 자본의 FTA가 아닌 가. 2008년 미국은 이러한 금융 신자유주의에 입각한 강력한 드라이버의 부작용을 견디다 못해 자그마치 미국 총생산의 2년치에 해당하는 신용 경색을 가져왔다.

그 세계사적인 파급 효과가 현재 유럽을 강타하고 있다. 월가 점령 운동에서 비롯된 99:1이라는 부의 성장에서의 차별을 잊을 여유가 전혀 없다. 결국은 수많은 노동자 계급의 하층 인민들이 엄청난 고통을 받을 수밖에 없다. 세계 경제의 교란에 의한 부작용의 엄청난 하중을 목숨을 내걸고 견뎌야 하는 계급은 바로 늘 생존에 급급한 노동자 하층 인민들이기 때문이다.

정치의 핵심은 절대 다수의 인민들이 누리는 현존의 삶을 가능케 하는 뭇 가치들의 정의로운 분배에 있다. 가장 시급한 정의는 나의 이득 때문에 남이 손해를 보는 일이 없도록 하는 것이다.

그런 방식으로 뭇 가치들이 분배되도록 법과 제도를 꾸리고 시행하는 것이 바로 정치다. 이러한 정의로운 정치를 불가능하게 하는 것이 바로 수단과 방법을 가리지 않고 경쟁을 통해 부를 획득하고자 하는 법과 제도이다. 그 극단적인 형태가 바로 신자유주의에 의거한 금융 세계화의 자유화임은 물론이다.

『거대한 전환』의 의도

그렇다면 이러한 금융 세계화의 자유화는 최근의 일인가? 결코 그렇지 않다. 이를 정확하게 보여주는 책이 바로 칼 폴라니가 1944년에 출간한 『거대한 전환』(홍기빈 옮김, 길 펴냄)이다. 이 책은 다음과 말로 시작된다.

> 19세기 문명은 무너졌다. 이 책은 이 사건의 정치적·경제적 여러 기원들 그리고 그것이 불러들인 거대한 전환을 다룬다. (……) 19세기 문명을 떠받치는 것은 네 개의 제도였다. 첫 번째는 유럽 강대국들 사이에 장기간의 파괴적 전쟁이 벌어지는 것을 한 세기 동안이나 방지한 세력 균형 체계(balance-of-power systems)였다. 두 번째는 세계 경제라는 19세기의 독특한 조직체의 상징이었던 국제 금본위제(international gold standard)였다. 세 번째는 전대미문의 물질적 복지를 낳았던 자기조정 시장(self-regulating market)이었다. 네 번째는 자유주의적 국가(liberal state)였다.
> 이 제도들 중 두 개를 경제 제도, 다른 두 개를 정치 제도라는 식으로 분류할 수 있다. 또 두 개는 국내 제도, 다른 두 개는 국제 제도라는 식으로 분류할 수도 있다. 우리 문명의 역사는 이 네 개의 제도들 사이에서 그 대략적인 특징이 결정되었던 것이다.(93쪽)

이를 바탕으로 해서 볼 때, 폴라니가 이 책을 통해 분석하고 설명하는 주된 내용은 바로 '백년 평화'라는 제1장의 제목에 해당하는 19세기 문명의 정체임을 알 수 있다. 그리고 그가 책 제목으로 선택한 '거대한 전환'은 바로 19세기 문명이 붕괴되고 새로운 20세기 문명이 시작되는 것을 일컫는다는 점을 알 수 있다.

폴라니는 '19세기 문명'을 마지막까지 유지하는 데 결정적인 것은 금본위제이고, 이 제도를 유지하기 위해 다른 모든 관련 제도들을 희생시켰으나 결국 금본위제가 파탄에 이르러 19세기 문명이 몰락하게 되었다고 말한다.(93~94쪽 참조) 이와 관련해서 위 네 개의 제도들 간의 관계에 대해 이렇게 설명한다.

하지만 19세기 체제가 나오게 된 원천이자 모태였던 것은 자기조정 시장이었다. 19세기라는 독특한 문명이 발흥하게 된 것은 바로 이 자기조정 시장의 출현이라는 혁신이 있었기 때문이다. 금본위제란 이 국내의 시장경제 체제를 국제적 영역으로 확장하기 위한 노력에 불과한 것이다. 또 세력 균형 체제란 이 금본위제에 의존하는 것이었다. 게다가 자유주의적 국가라는 것도 그 자체가 자기조정 시장의 피조물이었다. 결국 19세기 문명의 제도 체제를 이해하는 열쇠는 시장경제를 통제하는 여러 법칙에 있었던 셈이다.(94쪽)

'자기조정 시장'의 탄생, 즉 시장이 사회적인 일체의 규제로부터 풀려나 버린 세계사적인 사건이 일어나 팔아서는 안 되는 토지(자연), 노동(인간), 화폐(사회계약)를 상품으로 만들어 이른바 '악마의 맷돌'에 넣어 갈아버리는 역사가 시작되었다는 것이다. 이러한 자신의 주장을 정당화하기 위해 쓴 책이 바로 칼 폴라니의 『거대한 전환』이라고 할 수 있다.

그런데 폴라니에 따르면, 그러한 '자기조정 시장'이 생겨나긴 했지만 폴라니가 살아 있을 동안 실제로 정확하게 가동된 적은 없었다. 오히려 그런 국가와 시장 간의 길항작용을 거치면서도 결국에는 사회 조직을 무너뜨리는 위기가 찾아올 수밖에 없었다는 것이다. 이에 관해 폴라니는 이렇게 말한다.

> 우리가 이 책에서 주장하려는 명제는 다음과 같다. 이 자기조정 시장이라는 아이디어는 한마디로 완전히 유토피아다. 그런 제도는 아주 잠시도 존재할 수가 없으며, 만에 하나 실현될 경우 사회를 이루는 인간과 자연이라는 내용물은 아예 씨를 말려버리게 되어 있다. 인간은 그야말로 신체적으로 파괴당할 것이며 삶의 환경은 황무지가 될 것이다. 따라서 사회는 스스로를 보호하기 위한 조치를 취하지 않을 수가 없었다.
>
> 하지만 어떤 보호 조치이든 취하는 족족 시장의 자기조정 기능을 망가뜨리고 산업의 일상적 작동을 혼란에 빠뜨렸기에 사회는 또 다른 방향에서 위태로운 지경에 처하고 말았다. 바로 이러한 딜레마 때문에 시장 체제의 발전 과정은 미리 정해진 길을 따라가게 되었고, 결국에는 자신을 기초로 삼는 사회 조직마저 무너뜨리지 않을 수 없었던 것이다.(94쪽)

핵심은 자기조정 시장이 결코 실현될 수 없는데도 실현하고자 하면 할수록 파괴를 향한 길을 걸을 수밖에 없도록 되어 있다는 것, 그런데도 19세기 동안 이를 실현하고자 노력함으로써 결국 파괴되고 말았다는 것이다. 자기조정 시장과 (인간과 자연으로 구성된) 사회 간의 대 격돌이 필연적이라는 것, 이 격돌을 통해 사회가 위기에 빠지고, 따라서 자기조정 시장은 자신을 실현하려고 노력하면 할수록 더욱 불가능으로 치닫게 된다는 것이다.

무엇이 문제인가?

최근 영국의 로스차일드 가문과 미국의 록펠러 가문이 결합하여 세계 금융자본을 좌지우지하는 새로운 축을 형성했다는 소식이 발표되었다. 그들의 재산은 아예 상상을 불허할 만큼 엄청난 것으로 알려져 있다.

이와 관련해서 칼 폴라니가 제시하는 개념은 '오트 피낭스(haute finance)'이다. 역자인 홍기빈 선생의 설명에 의하면, 이 오트 피낭스는 "주어진 경제 시스템 내에서 경제활동의 자금을 중개한다는 보통의 금융 업무의 수준을 넘어 그러한 시스템을 아예 창출하거나 변동하는 것에서 큰 수익을 얻는 높은 수준의 대형 금융 자본의 활동을 지칭하는 말"이다.(105쪽 역주)

폴라니는 이러한 오트 피낭스가 특히 로스차일드 가문을 중심으로 위력을 발휘했다고 말한다. 이들은 어느 나라나 정부에도 구속받지 않으면서 오히려 여러 나라와 정부를 규율할 수 있을 정도의 힘을 발휘했던 것이다.

칼 폴라니는 심지어 오늘날 마치 선진 정치 체제의 대명사인 양 금과옥조로 떠받들어지는 의회민주주의라는 것도, 그 혈통을 보자면 거대 금융 자본인 오트 피낭스가 국제적으로 이득을 얻기 위한 중요한 장치였다고 말한다.(112~113쪽 참조)

정부와 의회는 당연히 국제 경제의 현실을 반영해서 특히 국가의 대외 신용도를 고려해서 정책을 수립하지 않으면 안 되는 것이지만, 그 바탕에는 결국 거대 금융 자본이 해당 국가의 대외 신용도를 유지하지 않으면 안 되도록 하는 강압이 작동하고 있는 것이다.

예컨대 한국이 복지 정책을 강화하여 정부의 재정 상태를 불안정한 방향으로 끌고 갈 때, 여러 국제 신용평가기관에서 이를 분석하여 신용도를 하향 조정이라도 하는 날이면 한국 경제 전체에 미치는 악영향은 불을 보듯 뻔하다. 폴라니의 설명에 따르면, 오늘날 국제 신용평가기관이라는 것들은 모두다 오트 피낭스에 그 기원을 두고 있다.(106~107쪽 참조)

문제는 칼 폴라니가 1944년에 분석 진단한 바, 불가능한 유토피아로서의 자기조정 시장이 지난 약 20년을 통해 세계화 및 자유화의 물결을 타고서 실제로 현실화되는 과정을 거치고 있다는 점이다.

물론 최근 들어 중국이 미국에 이어 제2의 국가적인 부를 영위하는 국가로서 크게 부상함으로써 어느 정도의 브레이크 역할을 하고 있긴 하지만, 자본주의 국가인 중국이 그야말로 사회주의적인 방향으로 제도개혁을 대대적으로 하지 않는 한 아직은 역부족이다.

그런데도 중국의 급격한 부상은 미국을 중심으로 한 자기조정 시장의 확대에 불안감을 높이고 있다. 이를 넘어서고자 하는 의도에서 동아시아를 중심으로 한 중미 간의 '태평양의 격돌'이 갈수록 긴장도를 높이고 있는 것이다.

이 와중에 한국도 나름의 위상을 차지하면서 나름의 독자적인 힘을 발휘할 수 있는 기회를 노릴 수 있는 상황이다. 그야말로 천문학적인 금융 자본을 호랑이 발톱처럼 숨기고서 결코 호락호락 물러날 리가 없는, 세계 전체를 좌지우지하는 거대 금융 자본에 의한 자기조정 시장의 '악마의 맷돌'을 한국이 과연 어떻게 극복할 수 있을 것인가?

정치가 요체다. 말하자면 이번 대선에서 한국의 통치권을 누가 어느 세력이 거머쥐는가가 핵심이다. 여전히 거대 자본의 거대한 수레바퀴 아래에서 아부를 일삼는 자를 택할 것인가, 아니면 이 거대한 수레바퀴를 뒤집어엎고서 나름의 독자성과 자주성을 내세워 새로운 해방의 역사를 위해 노력하고자 하는 자를 택할 것인가?

　가장 불행한 것은 겨우 상대적인 차이만 있을 뿐 근본적으로 다른 입장을 취하지 못하는 자들만이 통치자가 되겠다고 하는 것이리라. 칼 폴라니의 『거대한 전환』을 읽고 한국이 과연 어느 길로 나아가야 하는가를 근본적으로 반성하고 실천할 수 있는 통치자를 기대해 본다.

더불어 읽기
깊이 읽기

　1) EBS 〈자본주의〉 제작팀 정지은/고희정 지음, 『자본주의』(가나출판사, 2013). 저자들은 자본주의 체제가 어떻게 은행을 중심으로 금융자본주의로 나아가게 되었는가를 밝히고, 은행 시스템을 바탕으로 한 자본주의 체제가 어떤 내재적인 모순을 안고 있는가, 그 눈에 보이지 않는 말도 안 되는 폭력적인 부작용과 위험성이 어떻게 작동하는가를 알기 쉽게 설명하고 있다. 이를 위해 10년 동안 1000권의 관련 저서들을 탐독했다는 저자들의 노력이 돋보이는 책이다.

　2) 크리스 하먼, 『좀비자본주의』(책갈피, 2012). 2008년 미국 발 금융 위기를 기화로 세계 자본주의의 공황이 공포로 다가왔었다. 이를 계기로 저자는 자본주의 체제가 왜 공황에 빠질 수밖에 없는가에 대해 마르크스의 정치경제학을 바탕으로 설명하고자 한다. 특히 마르크스 『자본』 제3권에 나오는 '자본의 유기적 구성'을 둘러싼 기업들 간의 무한정한 경쟁을 그 핵심 원인으로 꼽는다. 진지하기 이를 데 없는 저자의 학문적인 호소가 돋보이는 책이다.

조광제 / (사)철학아카데미

조선 선비의 맨얼굴,
이기주의 화신들

『선비의 배반』 / 박성순

이상적인 정치 제도와 좋은 지도자

상당히 상식적이라서 누구나 알고 있을 법한 질문과 답변으로부터 이 글을 시작하고자 한다. 상식적이고 원론적인 이야기는 구태의연할 수 있지만, 사실 어떤 문제에 접근하는 데 가장 핵심적인 해결책인 경우가 많기 때문이다.

가장 이상적이고 바람직한 국가의 모습, 바람직한 통치체는 어떤 것일까? 대한민국에서 태어나 자라난 우리들은 망설임 없이, 국민 개개인 모두 예외 없이 광범위한 자유와 권리를 누리고 국가의 주인으로 인정받는 나라라고 이야기할 것이다. 이것은 말할 것도 없이 국민들의 뜻, 민의에 따라 운영되는 자유민주주의야말로 최고의 정치체라고 말하는 것과 다른 말이 아니다. 하지만 이러한 상식적인 답변은 자유민주주의 국가에서 태어나 자라고, 자유민주주의야말로 가장 탁월한 정치 제도라는 교육을 받고 살아온 우리들이기에 가능한 것이지 비판적이고 반성적인 사유를 통해 얻어진 결론은 아닐 것이라고 여겨진다.

비단 인류의 지난 장구한 역사를 살펴보지 않더라도, 자유민주주의만이 인간 세계의 유일한 정치 제도가 아님을 우리는 잘 알고 있다. 현재에도 지구촌 어딘가에 사우디아라비아와 같은 완연한 왕정 국가가 존재할 뿐만 아니라, 현 중국이 그러하듯 공산당 일당 독재라는 변형된 형태의 귀족정 또한 현존하며, 스웨덴과 같은 사회민주주의 체제도 존속하고 있다는 사실을 우리는 알고 있다. 이들 국가들 또한 아마도 자신들의 정치 제도가 매우 이상적이며 바람직한 것이라는 대중적 믿음 아래에서 존속하고 있을 것임에 틀림없다. 만일 그렇지 않다면 해당 국가의 지속적이고 안정된 존속은 불가능할 것이기 때문이다.

이는 자유민주주의 국가가 가장 바람직하고 이상적인 정치체라는 답변이 영원 진리의 정답은 아닐 수도 있다는 것을 알려준다. 그렇다고 할지라도 지구촌 대부분의 국가가 국가 수반을 뽑는 등의 중대사를 국민들의 직접 투표에 맡기고 사유 재산권을 폭넓게 인정하는 자유민주주의 국가 형태로 이행한 것을 보면 원인이 뭐든 자유민주주의가 현 시대의 대세임에는 틀림없어 보인다.

이것은 또 반대로, 현시대에 있어 국가 정책 결정에 민의가 보다 더 많이 반영될수록 좋은 국가라는 사실을 알려주기도 한다. 이러한 국가는 국가 정책을 국민이 직접 선택하도록 만들면 쉽고도 적확하게 이루어질 것이다. 하지만 중 · 고등학교 정치, 사회 과목을 통해 이미 잘 배웠듯이 직접 민주주의는 상세한 조건 나열은 생략하더라도 일단 소규모 그룹이나 단체의 경우에나 가능한 일이다, 일국가의 무수한 정책을 일일이 국민들이 선택하도록 하는 것은 현실적으로 불가능한 일인 것이다. 그래서 현대 민주주의는 대의민주주의다. 우리는 우리의 의사를 제대로 대표해 정책에 반영해 줄 국회의원과 국가 수반을 뽑을 수 있을 뿐이다.

국회의원 및 대통령 선거가 매우 중요하고 많은 국민이 깊은 관심을 보이는 이유는, 선거를 통해 선출된 이들이 자신의 뜻을 잘 전달할 수 있을 것인가, 그들이 결정하는 정책이 민의를 바탕으로 이뤄지는 것인가에 큰 관심이 있기 때문이다. 그런데 우리의 대표자로 선출된 이들이 선출 이후 국민과 밀착해 민심을 그대로 반영한다기보다는, 오히려 국민과 유리된 채 자신의 신념과 가치관, 소속 정당에 따라 정책을 입안하고 결정한다는 것은 4년에서 5년마다 되풀이되는 선거 경험이 충분히 알려주고 있다. 하여, 후보자들 개개인이 어떤 사람이며, 어떤 경험과 결정을 해왔고, 어떤 가치관과 사상을 가지고 있는가를 면밀하게 검증하는 것은 매우 중요한 일이다. 일단 대표로 뽑히고 나면 그들은 마치 왕정의 왕과 귀족 계급처럼 때로는 의기투합하고 때로는 당리당략에 따라 갈등하고 힘겨루기를 하면서 국가 기조와 정책을 마음대로 이끌어가는 것처럼 보이기 때문이다.

선비의 배반?

소장 역사학자 박성순의 『선비의 배반』(고즈윈 펴냄)은 왕권과 신권의 대립 아래에서 조선 시대 지배층이었던 선비들의 모습을 비판적으로 조명하고 있는 책이다. 하지만 이 책은 어떤 지도자들을 우리의 대표로 뽑아야 하는가, 혹은 대표자들 자신은 국민의 대표자로서 어떤 것에 주의해야 하는가를 잘 보여주는 책으로 읽힐 수도 있다. 조선 시대의 왕과 선비는 마치 현재의 대통령과 국회의원처럼 정책을 입안하고 결정하는 역할을 했던 이들이기 때문이다. 역사란 무릇 과거의 사건이 현재 및 미래에 어떤 교훈을 주는가로서의 가치, 과거와 현재의 대화라는 가치를 가지지 않는가.

이 책은 2011년, 조선 개국기에 성리학을 바탕으로 한 사대부 중심의 국가를 꿈꾸었던 유학자 정도전과 이를 제지하고자 했던 태조의 대결이 세종조까지 이어지는 것을 보여주면서 큰 인기를 끌었던 드라마 「뿌리 깊은 나무」의 기본적 구도와 동일한 기반 아래 논지를 펼친다. 조선은 그 존속 기간 내내, 특히 중기 이후에는 명백하게 왕권과 신권의 권력 다툼, 즉 왕과 선비층인 사림 사이의 알력이 중요한 이슈였던 국가였다는 것이다.

한 국가의 몰락은 외부적 요인, 외국과의 전쟁에서 패배함으로써 이루어지기도 하지만 그보다는 내적 원인이 결정적인 것으로 작용하는 경우가 더 많은 법이다. 조선 이전, 한반도를 지배했던 고려의 몰락이 그러했다. 고려 말은 무신 정권기 국가 기강의 문란이 몽고 간섭기의 친원 세력의 등장으로 심화되어 일부 권문세족들이 정치 권력을 휘두르고 온갖 경제적 비리를 저지르며 국가의 부를 사적으로 독점하여 민생이 피폐해질 대로 피폐해졌던 시기였다.

고려 말, 공민왕은 국가의 자주성과 왕권 회복 및 민생을 구제할 목적으로 자신을 도와줄 이들을 양성했는데, 이들이 바로 조선 시대 사대부 양반의 전신이라 할 수 있는 유학자 집단, 신진 사대부였다. 이들 신진 사대부들은 공민왕 사후 지방 토호에서 출발하여 국가적 영웅이 된 무인 이성계와 협력하여 고려를 멸망시키고 조선을 세웠던 것이다. 조선은 고려 말의 사회적 부조리를 극복하려는 신진 사대부들이 주축이 되어 성립했고, 이들은 조선의 국가 이념, 사상적 토대 또한 제공했다.

『선비의 배반』의 저자 박성순은 이들 신진 사대부들이 적어도 조선 초기에는 진보적인 사회 개혁 세력으로서의 역할을 해내었음을 지적한다. 신진 사대부들은 고려 말의 극심한 부패를 일소해야 한다는 생각으로 조선을 개국한 만큼 여민(黎民), 즉 백성을 위하는 길을 유학자들이 걸어야 할 길로 생각했다. 이들은 사전(私田)을 금지하고 토지를 국유화하여 백성들에게 고루 분배하고, 『주례』의 만민평등 사상에 입각하여 천민을 해방시켜 양인의 수를 늘리는 등의 정책을 생각해 내었으며 또한 실행하고자 노력했다. 따라서 조선 초기 유학자 관료 그룹은, 관학파 학자들로서 이들은 부국강병 위주의 공리(功利)를 추구하는 면이 강했으며, 따라서 기술도 조선 중·후기와는 달리 중요한 것으로 여겨지고 다루어졌다는 것이다. 조선이 빠르게 강력한 국가로서 안정적인 궤도에 진입할 수 있었던 것은 무엇보다도 실질적 이로움을 중시하는 관학파 관료들과 왕 사이에 의기투합이 있었기 때문임은 물론이다.

그러나 선비들의 변심과 함께 조선 또한 유약해져 갔으며, 유학은 공리(功利)가 아니라 공리공담(空理空談), 허울 좋은 명분론으로 변질되어 간다. 조선 초 건국 공신들의 개혁에 대한 열망은 이들이 권력을 안정적으로 쥐게 되고 행사하게 되면서 변질된 것이다. 이들이 다시 권문세족화되면서 고려 말에 횡행했던 토지 겸병이 일어났고, 이들은 광대한 농장을 소유하기 시작했다.

이들 훈구파의 전횡에 반기를 들고 등장한 이들이 이후 조선의 주요 지배층이 되는 사림들이다. 중종반정을 통해 크게 입직한 조광조로 대표되는 이들 사림은 『주례』를 중심으로 공리(功利)에 치중했던 관학파와는 달리, 사람의 정신 수양과 도덕을 강조하는 『심경』을 매우 중시했다. 사림은 고려 말, 의리와 충심을 들어 조선 개국에 반대하거나 미온적이었던 정몽주를 상징으로 하는 일단의 유학자 그룹의 대를 잇는 이들이기도 했다.

중종반정을 통해 훈구파를 몰아내고 정권을 잡은 사림은 이때부터 왕에게 『심경』을 경연의 주요 과목으로 삼을 것을 강요하기 시작한다. 『심경』의 강요는 표면적으로는 군주가 도를 닦아 성(誠)을 이루면 하늘의 뜻을 깨우치는 것이며 이로써 그 백성이 교화되어 훌륭한 정치를 할 수 있을 것이라는 주장에 입각한 것이다. 이는 백성의 뜻은 곧 하늘의 뜻이라는 "천인 합일설"에 기반하고 있다. 하지만 그것은 표면적인 명분일 뿐, 『심경』의 강요는 정도전의 총재론(冢宰論)에 입각하여 어리석을 수 있는 왕의 일거수일투족을 재상, 즉 선비들의 지도 아래에 두려고 하는 의도에서 나온 것이었다. 다시 말해 『심경』은 사림들의 왕권 견제의 한 수단으로 등장했던 것이다.

왕의 독재와 어리석은 독주를 관리들이 견제한다는 사고는 사실 매우 훌륭한 것이며, 왕의 잘못된 판단을 막는 효과적인 방법일 수 있다. 그러나 문제는 사림들이 왕권의 견제를 백성을 위한 정치를 하기 위한 방법으로 사용하지 않고, 자신들의 기득권을 강화하고 유지하는 데 썼다는 것에 있다. 이들 사림은 도의적 명분과 허울뿐인 도덕을 최고의 덕목으로 내세우고, 자기들 안에서 끝없이 분열하고 당쟁을 일삼으면서 이후 조선이 약해져 가는 데 결정적인 역할을 하게 된다.

저자 박성순은 '선비'라는 단어가 우리에게 주는 "끊임없이 수행하고 청렴, 청빈, 절제, 검약의 정신으로 삶 자체를 이상화한 이들"이라는 이미지가 허구라고 말한다. 그리고 그들이 성리학적 자기 수행의 강조를 왕권을 억압하고 국정을 농단하여 사대부 독존의 사회 체제를 굳건히 하고자 하는 이기적 욕망에 따라 움직였으며, 따라서 우리가 가지고 있는 선비에 대한 좋은 이미지에 반하는 선비들의 실제 행태가 일종의 '배신'이라고 주장하고 있는 것이다.

속이기와 당하기

박성순의 『선비의 배반』은 좋은 정치 제도와 지도자란 공리(空理)가 아닌 공리(功利)를, 명분이 아닌 실익을, 한 줌의 무리가 아닌 백성 전체의 민생 안정을 좇는 제도와 그것들을 추구하는 지도자라고 말한다. 조선은 왕조 국가였지만 어쨌거나 민심과 여민을 중요하게 생각하는 신 유학에 기반을 두고 성립한 국가였고, 이는 결과적으로 민이 관을 선출하여 민심을 정책화하고자 하는 민주주의 국가의 이상과 다를 바가 없었을 것이다. 이 책은 그렇기 때문에 오늘날에도 여전히 의미가 있다.

기성 정치인들과 현실 정치에 직접적 영향력을 행사하고자 하는 이들은 모두 어떤 이상을 내세운다. 예컨대 누구나 정의, 평화, 복지 같은 것을 내세우는 식이다. 이 같은 단어들은 매우 아름답다. 평화를 외치는 이들의 목소리에 뭉클해져서 눈물을 흘린 적이 있을 정도다. 하지만 이들 단어는 또한 매우 추상적이다. 중요한 것은 도대체 어떤 정의, 어떤 평화, 어떤 복지인가의 문제이다. 또 그렇게 구체화된 정의와 평화와 복지가 과연 이 땅에서 우리가 현실적으로 요구하고 있고 필요로 하는 것인가를 따져보는 일 또한 매우 중요함은 물론이다. 더불어 '어떻게' 그것들을 현실화시킬 수 있는가의 문제 또한 그러하다. 추상적이고 아름다운 단어나 당위적 도덕주의 같은 것은 자위나 기만적 위안은 될지언정 현실 안에서는 매우 무력한 허상일 뿐이기 때문이다.

이 책의 저자 후기의 마지막 단락은 꽤 인상적이었는데, 아마도 이것이 기존 기성 정치인들과 자신들은 다르다고 주장하는 일군이 다양한 정치 세력들과 정치인 후보자들, 그들을 지지하는 이들이 가슴에 새기고 스스로를 한 번 정도는 돌아봐야 할 것이 아닌가 싶었기 때문이다. 하여 다음과 같이 직접 인용으로 소개하고자 한다.

"조광조 일파는 (⋯⋯) 청신성을 장점으로 내세웠지만 실제로는 정치적 미숙함과 이에 못지않은 정치적 야망이 혼합된 순수함과 교활함의 이중적 인격체로 파악되는 것이다."

더불어 읽기
깊이 읽기

1) 이덕일, 『정도전과 그의 시대』(옥당, 2014). 새로운 국가의 이념적, 제도적 틀을 정초하여 태조 이성계와 함께 조선이라는 신생국을 만들었던 혁명적 정치가이자 뛰어난 성리학자였던 정도전에 관한 역사서이다. 이 책을 통해 정도전이 꿈꾸었던 성리학에 기반한 국가, 조선의 이념적 본성뿐 아니라 그것이 이성계의 왕권 강화책과 어떻게 갈등하였는가를 더 자세히 살펴볼 수 있다.

2) 이인화, 『영원한 제국』(세계사, 2006). 소설가의 눈을 통해 본 조선의 당쟁사. 길고 긴 당쟁의 소용돌이 속에서 소모적인 당쟁을 종결시키고 왕권을 강화하여 진정한 위민 정치를 실현하고자 했던 정조의 이야기이다. 허구와 역사적 사실이 절묘하게 섞인 팩션으로 쉽고도 흥미롭게 조선의 왕권과 신권이 다툼에 대해 접해 볼 수 있게 해준다.

이지영 / 이화여자대학교 강사

대의 민주주의의
너머

『머레이 북친의 사회적 생태론과 코뮌주의』/ 머레이 북친

요즘은 실업(失業) 기념 차 케이블 티브이 채널을 일주하는 의식을 거행하고 있다. 대선이 코앞이긴 한가 보다. 앞자리 채널들에서는 연일 정치 관련 프로그램에 열을 올리고 있다. 흥행 열기를 올리려는 그들의 노력과는 달리 국민들(이라기보다는 순전히 나 자신의) 반응은 냉담하다. 오히려 시선은 매년 여름 시작되는 오디션 프로그램으로 돌아간다. 제도권 정치에 대한 국민들(이 아니라 이 글을 쓰고 있는 어느 실업자)의 무관심과 혐오감을 키우기 위한 종합 편성 채널 언론들의 전략이었다면 일단은 성공적이다.

'종편사식 정치 말고 뭐 새로운 정치는 없나' 하는 마음에 이리저리 둘러보던 차에 한 지인께서 『머레이 북친의 사회적 생태론과 코뮌주의』(서유석 옮김, 메이데이 펴냄)라는 책을 보내주셨다. 반가운 마음에 집에서 가장 시원한 자리——그래봐야 땡볕 안 드는 창가 쪽——에 몸을 누이고서는

세상의 붕괴에 대처하는 우리들의 자세: 철학자의 서재 3

책을 펼쳐들었다. 채 200쪽을 넘기지 않는 이 가벼운 책은 새로운 정치에 대한 꽤 무게감 있는 제안을 하고 있다. 그의 제안으로 넘어가기 전에 우선 머레이 북친이 문제 삼고 있는 현대 민주주의 정치 체제에 대해 잠시 살펴보도록 하자.

현대 민주주의 체제의 모습

현대인에게 민주주의는 이미 상식이다. 거의 모든 나라가 민주적 헌법과 정치 체제를 표방하고 있다는 점에서 민주주의는 이제 보편적으로 인정받고 있다. 하지만 민주주의의 이상을 현실에 충실히 옮겨놓은 나라는 거의 없다. 근대 민주주의를 낳은 미국 및 서유럽의 몇몇 나라들에서도 민주주의의 위기를 경고하는 목소리는 여전하다. 민주주의가 형식적 정치 제도로만 작동하고 있기 때문이다.

대부분의 대의제 민주주의 국가에서 주권자로서의 위치는 주기적으로 개최되는 선거 기간에서만 확인될 뿐이다. 선거라는 예외 기간을 벗어나면 정치 공간은 이내 전문 정치인들이 기술을 발휘하는 공간으로 되돌아간다. 이 상황에서는 정치적 실천이 시민의 일상적 삶으로부터 시작되지 않는다. 정치는 오직 "국가 기구의 구성원인 의원, 판사, 관료, 경찰, 군대 등을 중심으로 이루어진다."

그 속에서 시민이 자기 목소리를 낼 자리는 없다. 정치는 시민들의 자발적 의견 및 의지 형성의 공간에서 멀어진 지 오래다. 그것은 이미 행정 체계로 분화되었다. 정치가 체계 조직으로 분화되었다는 말은 현대 정치가 체계 자체의 내적 작동 원리에 의해 자동적으로 운영된다는 의미와 같다.

이익 정치의 역설

현대 정치는 국민 국가라는 조직 체계 안에서 이루어진다. 이 체계는 국민 국가의 목표를 안정적이고도 효율적으로 추구하고자 한다. 19세기 이후 국민 국가의 목표는 구성원들의 이해관계를 조정하고 갈등을 해소하는 것에 맞춰져 왔다. 이럴 경우 국가 체계 내에서 이루어지는 정치 행위는 이해관계를 달리하는 조직 및 사람들 간의 충돌을 억제하고 잠정적 타협을 이룸으로써 국가 전체의 성장을 안정적으로 유지하는 데에 역점을 두게 된다.

이해관계의 타협은 인간들 간의 규범적 상호 이해에 의해서 이루어지는 것이 아니다. 그것은 '주는 만큼 받으려 하는' 타산적 흥정의 과정일 뿐이다. 적게 잃고 많이 얻으려면 세력이 강해야 한다. 세력 강화에는 강한 조직력이, 강한 조직력의 구비에는 조직을 체계적으로 관리하고 운영할 수 있는 기술이 요구된다.

조직 내부의 다양한 요구를 단순화하고 효율적으로 외화하는 기술, 이것이 바로 행정으로서의 정치이다. 행정으로서의 정치는 정당, 노동조합, 기업, 시민단체 등에 가리지 않고 적용되고 있다. 국가 기관도 예외는 아니다. 국가는 이해관계를 달리하는 각 조직의 요구를 물리적 충돌 없이 타협시키고자 고도의 협상 행정 기술과 체계를 마련한다. 의원들이 바로 이러한 기술의 전문가들이며 의회는 타협의 행정이 체계적으로 기능하는 기관일 따름이다.

조직의 대표자들은 조직 행정의 전문가들이 차지하게 된다. 물론 대표자들은 민주적으로 선출된다. 그럼에도 그들은 구성원들마다 상이한 질적 특수성을 쉽게 무시한다. 조직 역량을 극대화하기 위해서 개별적 요구는 '어쩔 수 없이' 배제될 수밖에 없다고 보기 때문이다. 정치가 조직의 이익을 최대화하는 기술로 자리 잡을수록 조직 구성원들 개인의 요구는 오히려 최소화된다. 이익을 대변한다는 조직이 오히려 구성원들의 이익을 간과하는 역설이 벌어지는 것이다. 조직의 대표자들의 민주적 선출이 곧 구성원들의 이익 보장으로 직접 연결되는 것은 아니었다.

야만적 자본주의

사람들이 이렇게 이익 확보에 목숨 걸게 된 이유는 무엇일까? 북친에 의하면 그것은 인간과 인간의 관계를 자유와 해방이 아닌 지배와 억압의 관계로 만든 진화의 역사에서 기인한다. 원래 사회적 관계를 형성하려는 인간의 본성은 생존 본성을 만족시키기 위해 진화한 것이라 한다. 이 과정에서 등장한 사회적 관계는 본래 상보성의 윤리를 중심으로 했다. 각자는 생존을 위해 안정된 전체를 필요로 했고 이를 이루기 위해 상대와의 협력을 요청했다. 남에 대한 지배와 착취의 태도로는 이러한 관계가 성립될 수 없었다. 그러다가 시간이 흐르면서 명령과 복종의 지배 구조가 자리 잡게 된다. 지배의 규범은 시대와 공간에 따라 다양하게 변주되었다. 현대에서는 자본주의적 지배 관계 유형이 정착되었다.

"자본주의 체제의 동력은 지배 경쟁이다." 이 체제에서 생존하려면 상대방을 잡아먹어야 한다. "무자비한 경쟁자본주의의 야만적 원칙에 따르면 (……) 상대를 희생시켜 성장하지 않으면 몰락하게 되어" 있는 것이다. 이 체제에서 살아가는 사람들은 자연스럽게 이 야만의 원칙을 체화한다. 야만적 경쟁의 "가치가 가족 관계, 인간관계, 정신적 관계를 삼켰으며, 상호부조, 도덕적 책임 같은 전(前)자본제적 전통은 사라졌다."

상보성의 윤리는 자본주의 체제의 야만 원칙에 의해 결정적으로 훼손되었다. 사람들은 이익에 목숨 거는 고립된 존재로 파편화되었다. 그리고 정치는 파편화된 개인들의 이익을 안정적으로 보장하기 위한 기술로 요청된 것이다.

기존 체제의 대응

야만의 원칙에도 불구하고 현대 사회가 무너지지 않고 지탱할 수 있었던 까닭은 무엇이었을까? 북친에 의하면 자본주의 및 현대 국민 국가 체제의 뛰어난 자기 조절 능력 때문이다. 자본주의 경제 체제 및 현대 국민 국가 체제는 경제적 · 문화적 · 이념적 반발을 상황에 따라 잘 조절하고 잠재워 왔다.

이미 이익 확보의 욕망에 익숙해진 이들을 길들이기란 쉬운 노릇이다. 약간의 이익분만 확보해 주면 되기 때문이다. 노동자와 자본 사이의 갈등은 성장의 과실을 일부분 나누어줌으로써 상쇄되었다. 사회 복지 프로그램은 이것을 구현해 줬다. 덕분에 노동자 계급의 생활 수준은 크게 향상되었으며 소비 역량도 증가했다.

자본주의 국가 체제의 해체를 주장하던 노동자 계급 및 좌파 정당은 일정한 이익이 제도적으로 확보되자 체제 유지에 타협해줬다. 현 체제가 제안하여 유지하고 있는 복지 제도는 사회 정의의 실현이라는 규범적 차원에서 승인되었다기보다는 이익을 탐하는 이들끼리의 잠정적 타협에 불과한 것이다.

자본주의 체제하에서의 복지 제도는 오직 지속적 성장이 이루어질 수 있을 때에만 분배가 보장될 수 있다. 임금을 착취하면서 가치를 확보하는 자본주의 체제가 성장하려면 잉여 가치를 보장해 주는 요인(실업자, 저임금 노동자, 제3세계 노동자, 이주 노동자 등)이 상존해야 함을 의미한다. 이렇게 볼 때 자본주의 체제하의 사회 복지 제도는 사회적 희생양의 양산을 용인하는 제도가 된다. 우리는 집단적 이익 급부를 가능하게 하는 국가 체제를 민주적 선거를 통해 승인해 주었다. 그리고 이러한 체제의 서비스가 자동적으로 작동할 수 있도록 대표자들을 선출하여 권한을 위임했다.

우리는 민주주의의 정신을 부정하는 삶을 살고 있다. 자유 대신 지배 관계를 승인하는 삶이 그 하나다. 민주주의는 원래 자유롭고 평등한 시민들의 우애 관계 속에서 이루어진다. 그런데 우리는 사회 복지 서비스의 안정적 작동을 위해 지배 관계를 묵인했다. 또한 민주주의는 시민들의 자발적 의견 및 의지 형성에 의해 실천된다. 하지만 우리는 이 과정을 몇몇 대리인들과 행정 체계의 자동적 작동에 맡겨 버렸다.

코뮌주의의 길

이러한 현실을 타개하기 위해서 북친은 사사로운 조직적 이해관계를 보편적 정신으로 넘어서는 새로운 민주 정치를 시작하자고 주장한다. 북친은 그러한 움직임을 코뮌주의라고 했다. 그에 의하면 "코뮌주의(communalism)라는 말은 1871년 파리 코뮌에 기원을 두고 있다. 당시 프랑스의 무장 인민은 공화제적 국민 국가 대신에 전국 차원의 시, 읍 연합을 구성하고자 했다." 코뮌주의는 파리 코뮌에 잠시 이루어진 단기적 실천을 장기적으로 지속하고자 한다.

시민들은 지역 자치체를 건설하면서 자주적인 정치 활동을 일상화한다. 민회에 참석하는 이들은 각자의 사적으로 조직된 이해관계에 거리를 취하면서 사회 전체의 보편적 이해관계를 대변하는 시민으로서 민회에 참여해야 한다. 물론 자기 이익을 우선시하고 타인의 권리를 소홀히 하는 자본주의적 삶의 양식이 쉽게 변화할 수는 없을 것이다. 그러나 사람들은 자치체 활동을 통해 특수 이해관계자로서의 자기 정체성에 대해 차츰 성찰적 자세를 취하는 연습을 지속할 수 있다.

그 과정에서 사람들은 '시민(citoyen)'으로서의 실존을 확인할 기회를 갖게 된다. 이러한 정치적 활동은 윤리적 미덕의 계발로도 이어진다. 그리하여 "자치체는 인간에 대한 사랑(philia)이 자리 잡는 인륜적 공간이 된다." 공동의 이익에 관련되는 거의 모든 사안은 시민들이 민회에서 얼굴을 맞대고 처리한다. 생산과 분배는 자치체가 정한 규범에 따라 이루어진다.

지역 자치체들이 코뮌주의 노선에 맞게 민주화되고 나면 다음 단계는 자치체들의 연합으로 접어든다. 단일 자치체의 한계를 넘어서는 문제를 다루기 위해서는 자치체들의 연방이 필요하기 때문이다. 자치체 연합은 민회와 연방 의회를 통해 나라 전체의 경제와 정치에 대한 통제권을 확보하고자 한다. 그 과정에서 자치체 연합은 국민 국가의 역할에 도전하게 될 것이다. 그러나 이것을 자치체 연합을 통한 국민 국가의 해체로 과장할 필요는 없다. 오히려 선거 제도를 통해 의회로 진출하면서 전국 단위의 행정과 법제도에 자치체들의 요구를 반영시키겠다는 의미로 해석해야 할 것이다.

코뮌주의는 일종의 윤리적 태도 변화 혹은 정치 문화의 일신을 함축한다. 그래서 북친은 자본주의 체제하에서 "축소되거나 변질되고 있는 대중의 공적 행동과 공적 담화의 장을 되살려" 시민적 정치 문화를 발양시켜야 한다고 말한다. 그러나 여기서 멈춰서는 안 된다. 시민적 정치 문화만으로는 실천의 지속을 보장하지 못하므로 항구적 조직과 제도의 건립이 필요하다는 것이다. 그것은 지방 자치 선거 출마와 같은 기존 대의제 정치 제도의 법적 틀을 활용하면서 이루어질 수 있다고 한다.

당선은 마을회의 정부를 합법적으로 만들 수 있게 하며, 이는 곧 코뮌주의를 실천할 수 있는 제도적 근거지 확보를 의미한다. 이 근거지를 통해 지역 자치에 기초한 연방의 건설이 합법적으로 이루어질 수 있다. 이것은 결코 의원이 되어 권력을 독점하고자 하는 기회주의적 시도로 평가되어서는 안 된다. 이는 오히려 실천적이고 신뢰할 만한 인민 권력을 내세우려는 노력으로 여겨져야 한다. 그런 태도로 코뮌주의적 정치 실천이 이루어질 때 그것의 현실적 구현이 이룩될 수 있다.

오래된 미래

누군가는 이를 닳고 닳은 직접 민주주의에 관한 환상이라고 말할지 모른다. 사실 새로운 정치에 대한 그의 제안이 완전히 새로운 것은 아니다.

북친 역시 이 제안이 고대 그리스의 직접 민주주의 전통과 연관되고 있음을 부정하지 않는다. 그럼에도 그의 제안은 새롭다. 그는 제도로서의 직접 민주주의가 아니라 생활 문화로서의 직접 민주주의를 제안하고 있기 때문이다.

정치에 대한 무관심과 연대감의 저하 등과 같은 현대 민주주의의 위기 현상을 타개할 수 있는 원리는 이미 오래전에 발명되었다. 다만 그와 같은 '발명 원리'를 시대의 현실에 맞게 실천하려는 집단적 노력이 오늘날 부족할 뿐이다. 지나온 역사를 살펴보면 시민으로서의 자유로운 삶의 관계를 실현했던 많은 시도들이 있었다. 봉건적 전제권이 팽배하던 시대에도 그러한 노력을 기울인 이들이 있었다.

우리 시대의 조건은 그들보다는 훨씬 낫다. 또한 자본주의적 지배 문화에 대한 성찰이 증가하고 있다는 사실은 새로운 정치에 대한 전망을 더욱 밝게 한다. 물론 코뮌주의를 주장하는 북친의 어투는 지나치게 낙관적이고 낭만적이기까지 하다. 하지만 실천의 제안은 '이론적 신중함'을 갖추기보다는 '의지적 역동'을 북돋는 편이 더 낫다.

우리의 고민거리는 북친의 제안이 이론적으로 적절한가가 아니다. 그의 제안이 한국 사회의 민주적 현실에 적절한가이다. 이것은 오직 실제적 실천 속에서 확인할 수 있을 뿐이다. 아직까지는 실험적 모델로 여겨지지만 분명 소득은 있을 것이다. 자치체 활동을 통해 시민들은 자기 삶과 정치적 실천이 밀접하게 연결되어 있음을 실감할 것이며, 연대적 삶의 기쁨을 경험할 수 있기 때문이다. 그 과정에서 우리는 '오래된 미래'가 들려주는 복음을 듣게 되리라.

더불어 읽기
깊이 읽기

1) 머레이 북친, 『사회생태주의란 무엇인가』. 사회생태주의자로서의 북친의 생각이 잘 드러나 있는 책. 자본주의 체제를 버리지 않고서는 생태주의적 삶이 가능하지 않음을 밝히고 있는 책이다.

2) 한나 아렌트, 『정치의 약속』. 아렌트의 통찰력 있는 현대 서구 민주주의에 대한 비판을 통해 고대 아테네의 직접 민주주의 전통이 현대 사회에 어떤 의미를 가질 수 있는지 알 수 있다.

3) 한나 아렌트, 『혁명론』. 서구 대의제 민주주의를 낳은 두 혁명(미국 혁명과 프랑스 혁명)의 민주적 이상이 어떻게 좌절되었는지 보여주는 책이다. 이 책을 통해 우리는 서구 대의제 민주주의의 한계와 그것을 넘어선 세계에 대한 전망을 얻을 수 있다.

4) 위르겐 하버마스, 『공론장의 구조 변동』. 근대 서구 민주주의의 원천을 문예적 공영역과 정치적 공영역의 연관 속에서 설명하면서 그것의 쇠퇴가 현대 민주주의의 퇴락으로 이어지고 있음을 보여준 선구적 저작이다. 이 책의 후반부는 현대 정치의 행정 조직화 현상에 대한 이해에 도움을 준다. 50여 년 전에 하버마스의 교수자격논문으로 제출된 이 저작은 오늘날 수많은 인문사회과학 분야에 학문적 영감을 제공하면서 새롭게 해석되고 있다.

5) 위르겐 하버마스, 『사실성과 타당성』. 법과 민주주의 정치의 연관 관계를 입증

하면서 현대 민주주의 정치의 규범성을 확보하고자 한 하버마스의 대표 저작이다. 이 책에서 하버마스는 『공론장의 구조 변동』에서 제시했던 현대 민주주의 제도에 대한 비관적 전망을 철회하고 그것의 규범적 실천력을 보여줌으로써 현대 민주주의에 희망을 건다.

6) 위르겐 하버마스, 『이질성의 포용』, 『사실성과 타당성』의 복잡한 이론을 정리하고자 한다면 이 책의 9장과 10장을 참고하면 좋다.

한길석 / 한신대학교 강사

우리는 왜 정치를
조금이라도 알아야 할까?

『쇼에게 세상을 묻다』 / 조지 버나드 쇼

　　이 서평을 쓸 무렵 2012년 대선이 끝났다. 주변의 허탈함과 아쉬움을 뒤로 한 채 새 정부는 무사히 자리를 잡았다. 그때 필자는 "정당한 절차에 따른 결과인 만큼, 일단 결과는 인정하고 볼 일"이라며 다음을 준비하자고 말하곤 했다. 당연히 그래야 한다고 생각했다. '정당한 민주적인 절차'를 따른 결과였다고 믿었으니까. 이 글은 당시 유권자들이 어쩌다가 자신들의 입장과 상관없이, 왜 지역에 따라 선택하는 정당이 이렇게도 달라지는지 의문이 들어서 책을 읽은 뒤 써내려 간 결과이다. 그 후 1년이 지났음에도 국정원의 대선 개입 문제는 아직도 정치계와 여론에 거대한 그림자를 드리우고 있다. '정당한 민주적인 절차'를 제대로 방해한 흔적이 끊임없이 드러나고 있기 때문이다. 이제 우리는 정치적으로 무얼 해야 하는 걸까? 우리가 정치에 대해 제대로 알아야만 하는 이유가 더욱 선명해지는 지점이다.

정치를 왜 알아야 하나?

최근에 나온 책 가운데 버나드 쇼의 만년 저작 『쇼에게 세상을 묻다』(김일기·김지연 옮김, 뗀데데로 펴냄)가 눈에 띄었다. 거의 100년을 살았던 영국의 극작가이자, 언론인이었던 쇼는 풍자와 독설로 유명한 인물이다. 극작가의 정치론답게 책은 첫머리부터 정치와 관련된 이 책이 지루하다면 차라리 추리 소설이나 보라고 으름장을 놓는다.

쇼는 토지와 정당 제도, 민주주의의 기원과 불평등이 나타난 원인을 자세히 설명하기 위해 애쓰고 있다. 그야말로 '정치와 관련된 모든 것'을 말하기 위해 각 분야별로 상당한 견해를 밝히고 있다. 쇼는 본인이 만년에 정치에 관련된 책을 쓰게 된 이유를 다음과 같이 적고 있다.

"나의 정치적 경험으로 미루어보건대, 요즘에는 누구나 정치에 관한 모든 것을 속속들이 알고 있는 것처럼 굴지만 사실 대부분이 아주 기초적인 것조차 알지 못하고 있음이 분명하다. (……) 우리가 '조금밖에 알지 못한다'고 하는 것은 '아무것도 모른다'고 하는 것과 다르다. 그 '조금'의 차이가 평화롭고 합헌적인 변화를 가져오기도 하고 국토의 절반을 폐허로 만드는 내전을 야기하기도 한다."

우리는 쇼가 말하는 '조금'의 의미를 짚어볼 필요가 있다. 선거 때만 다가오면 우리는 저마다 후보들을 평가하고 논쟁한다. 그러나 저마다 평가의 잣대는 일정하지 않다. 대부분 일부만 보고 정치의 모든 부분을 설명하려 든다. 언성을 높이며 말다툼을 벌이지만, 결론은 각자 알아서 해야 할

세상의 붕괴에 대처하는 우리들의 자세: 철학자의 서재 3

몫이 되어버린다. 선택권의 행사는 잘했지만, 끔찍한 결과로 이어지거나 엉뚱한 방향으로 흐르는 장면을 우리는 이미 수도 없이 보았다. 우리가 정치에 대해 '조금'도 몰랐던 탓이 아닐까.

유권자의 선택은 각자의 경험에 따라 달라진다. 문제는 경험에 따른 선택 기준이 개인에 따라 너무나 다르다는 점이다. 대부분의 사람들이 후보들의 정책을 냉정하게 살피고 투표를 했으면 좋겠지만, 현실은 그렇지 않다. 누구는 단순히 고향이 같아서 찍고, 누구는 특정 후보가 싫어서 어쩔 수 없이 다른 후보를 찍는다. 혹은 특정 정당만 보고 찍는 경우도 있다.

물론 경험의 다양성은 어쩔 수 없다. 자라온 환경, 가지고 있는 재산과 규모, 소속된 일터의 성격, 사회적인 명성과 위치 등 수많은 요소들이 정치적 선택에 영향을 미친다. 그렇기에 누군가는 선거의 흐름에 따라 감정적으로 투표를 하는가 하면, 누군가는 정책의 성격과 방향을 보고 선택한다. 이런 경향은 진보와 보수, 지역과 세대를 가리지 않는다. 경험의 다양성에 비해 찍을 수 있는 선택지가 매우 제한적이라는 한계도 있다. 그러나 우리가 던진 한 표 한 표는 모두 동등하며 소중하다. 우리가 '조금'이라도 정치를 알아야 하는 이유다.

갈등의 원인: 소득의 불평등

쇼의 설명에 따르면 민주주의란 결국 평등을 의미한다. 자연이 부여한 각자의 재질과 능력은 다르지만 신체적인 욕구는 모두 같다. 따라서 살아가는 데 필요한 의식주는 골고루 분배되어야 한다. 예를 들자면, 같은 계급의 선원은 같은 돈을 받는다. 여기에 개인의 자질이나 재능의 차이는 고려되지 않는다. 자질이나 재능은 돈으로 평가될 수 없기 때문이다.

이런 이해에 따라 쇼는 소득의 평등화를 주장한다. 소득의 평등화는 (단순히 모두의 소득이 동등해지는) 수학적 평등을 의미하는 것은 아니다. 자본주의 사회에서도 일정 단계에 이르면 수학적 평등이 무의미해진다. 1년에 수백 파운드도 못 버는 계층과 수천 파운드를 버는 계층의 차이는 끔찍하다고 말한다. 갈수록 심화되고 있는 양극화 현상이 자연스럽게 떠오른다. 두 계층 사이에 결혼이 제한된다는 점도 지적하고 있다.

그가 추구하는 사회는 민주적 사회주의이다. 쇼는 이렇게 말한다.

"민주적 사회주의는 모든 국민이 충분한 소득과 평등한 기회를 누리며 누구나 계층에 관계없이 결혼할 수 있는 사회를 지향한다. 필수품과 사치품이 우선순위에 따라 생산되고, 돈에 매수된 변호사들이 사법 정의를 흔들지 못하게 될 때 비로소 그러한 사회가 가능해질 것이다. 소득 평등 같은 추상적인 개념이 아니라 바로 이런 것들이 민주적 사회주의의 진짜 목표다. 현재의 사회 계층이 전체적으로 상향 조정되면, 인간이 타고난 잠재력을 최대한 발휘할 수 있을 것이다."

'충분한 소득과 계층에 관계없이 결혼할 수 있는 사회'라니. 가능하면 좋겠지만 한편으로는 참 꿈같은 얘기처럼 들리기도 한다. 충분한 소득을 보장하는 일은 찾기도 쉽지 않고, 결혼은커녕 연애마저 포기해야 할 지경에 놓인 21세기 초 한국 젊은이들의 상황을 보면 쇼는 뭐라고 할지 궁금하다. 소득의 불평등이 해소되면 다음과 같은 단계로 이어진다.

"1년에 수천 파운드를 버는 A는 1주일에 고작 몇 파운드 버는 B에 대해 거의 전제 군주와 같은 영향력을 행사하겠지만, B도 수천 파운드를 벌게 되고, A는 한 10만 파운드쯤 번다면 B가 A에게 손가락질 할 수 있는 상황이 된다. (……) 누구든 사회 계층에 관계없이 아무하고나 결혼할 수 있는 날이 오면 우리 모두가 정치적으로 평등해질 것이다."

소득 불평등 해소의 기준으로 '결혼의 가능성'을 지적한 점은 지금 봐도 탁월하다. 이 땅의 젊은이들은 '결혼'이라면 경제적인 부분 말고도 따질 부분이 많아 상상만 해도 피곤할 것이다. 생각해 보니, 결혼은 두 사람의 사랑 외에도 경제적인 측면과 계층적인 측면까지 결합되어 있다.

쇼가 말하는 '소득의 평등'은 오늘날 주장되고 있는 '기본 소득' 개념과도 비슷하다. 사람으로서 최소한 누려야 할 수준의 소득을 보장하자는 취지가 포함되어 있기 때문이다. 쇼가 말하고자 하는 핵심은 소득의 평등이 곧 정치적인 평등으로 이어진다는 점이다. 단순히 누구나 한 표를 행사할 수 있는 권리가 있다고 해서 정치적으로 평등한 것은 아니다. 소득의 불평등이 해소되면, 계층과 갈등 자체가 사라지게 될까? 쇼는 그렇지 않다고 답한다.

"사회주의 체제에도 계층이 존재할까? 정당, 종교, 노동조합, 전문가협회, 클럽, 정파, 파벌에 더해서 새로운 전문가 집단까지 존재해야 할까? 물론이다. 아마도 서로 대립하는 관계에 있겠지만 항상 대화하고 서로 혼인할 수 있는 조건, 그러니까 평등한 관계를 맺으며 엄청나게 많은 계층이 존재하게 될 것이다."

계층 간 갈등이 있다고 해도 갑을 관계의 갈등이 아니다. 평등한 관계를 전제한 갈등이다. 누구나 어느 계층에 속해 있고, 외부적인 조건과 상관없이 본인의 정치적 성향을 드러내며 토론할 수 있다. 다만 쇼가 구체적인 방법에 대해서는 논하지 않았다는 점은 아쉽다. 점진적인 단계에 따라 소득의 평등화를 이뤄야 한다는 원론적인 수준에 머무르고 있다. 사실 소득 불균형은 비정규직 문제, 비현실적인 최저 임금 문제만 제대로 해결되어도 지금의 절망적인 상황은 어느 정도 극복될 수 있을 것이다.

여가와 미학적 인간

쇼는 19세기의 사회주의가 가난을 해소하는 데 지나치게 집착한 반면 여가와 문화를 향유하는 데에는 지나치게 소홀했다고 평가한다. 바로 소득의 불평등을 해결한 다음 단계를 제대로 설정하지 못했다는 말이다. 소득의 평등은 곧 여가를 가져온다. 최소한의 시간만 노동에 투자해도 일정 수준 이상의 소득이 보장되기 때문에, 굳이 애써서 돈을 더 벌려고 하지 않아도 되는 상황이다. 문제는 여가의 활용이다.

"인간은 자연에 예속된 존재라는 것은 초당파적인 대전제이다. 따라서 노동이라는 짐을 분담하고 여가라는 이득을 나눠가짐으로써 모든 사람들이 최대한도의 복지를 누리도록 인간사회를 조직하는 것은 근본적인 문제이다. (……) 여가가 없는 시민들에게 자유와 민주주의는 아무런 의미를 가지지 못한다. 90퍼센트의 사람들은 항상 일만 하고 여가를 갖지 못하는 반면 10퍼센트의 사람들은 늘 여가를 즐기고 전혀 또는 거의 일을 하지 않는다면, 자유란 허깨비에 불과하다."

우리는 '자유'와 '민주주의'가 실현된 사회에 살고 있다고 생각하지만, 사실 얼마나 '자유'와 '민주주의'를 누리고 있는지는 체감하기 어렵다. 자유와 민주주의를 제대로 누리려면 여가가 필요하다. 그리고 여가의 활용은 미학적인 욕구를 충족시키는 일로 이루어져야 한다.

미학이라니? 예술을 말하는 건가? 당장 먹고살기도 힘든 판에 저런 배부른 소리를 꺼내는 것 자체가 어이없을지도 모르겠다. 실제로 여가를 제대로 즐기는 사람은 많지 않다. 많은 사람들은 어떻게 하면 일을 더 잘 할 수 있는지, 어떻게 하면 돈을 더 많이 벌 수 있는지에 대해서는 적극적으로 배우려고 한다. 이들에게 미학적인 취미는 사치에 불과하다. 쇼는 이런 생각은 오해에 불과하다고 말한다.

"예술에 대한 그러한 오해가 생긴 이유는 간단하다. 특정 계급이 토지를 전용하면서 임금노동자(프롤레타리아) 계급이 생겨났고, 이 임금 노동자들이 먹고살기 바쁜 나머지 문화와 여가와 용돈은 꿈도 못 꾸는 상황으로 내몰렸기 때문이다."

쇼는 계층과 소득 불평등의 기원을 토지 문제로부터 설명해 나간다. 미학적인 취미를 만족시킬 수 있으려면 돈과 시간이 필요하다. 이미 60년 전에 한 말이지만, 여전히 우리에겐 돈도 시간도 부족하다. 심지어 우리는 여가가 있어도 어떻게 쓸지 제대로 배운 적조차 없다. 우리에게도 미학 교육이 필요한 까닭이다. 단순히 시험을 위한 교육이 아니다. 쇼가 말하는 미학 교육의 목표를 다음과 같다.

> "우리는 취향을 가진 수백만의 관중, 청중, 감식가, 비평가, 애호가를 길러내야 한다. 한마디로 타고난 재능을 가진 한 줌의 프로페셔널을 길러내는 한편 수많은 아마추어들도 양성해야 한다."

사람들을 모든 분야의 천재로 길러내는 교육은 불가능하다. 하지만 미학 교육을 통해 누구나 취향에 맞는 창조적인 능력을 발휘할 기회는 제공할 수 있다. 꼭 전문가가 아니어도 좋다. 쇼가 보기에 가난, 무지, 고된 일, 배고픔은 재능과 천재성을 가로막는 벽이다. 공평한 출발선이 주어지면 천재성은 스스로 드러나고, 발현될 것이다.

우리의 현대사는 격변과 갈등의 연속이었다. 해방과 동시에 이념의 대결과 지역 간 갈등이 이어졌고, 이제는 세대 간 갈등도 무시할 수 없게 되었다. 이에 비해 다양한 정치 경험이 부족하다는 점은 매우 아쉬운 부분이다. 다양한 선택의 기회를 가로막는 제도의 개선과 사회의 여러 불평등한 요소를 제거해야 할 필요가 있다.

20세기 중반 영국과 21세기 초 한국의 상황은 동일하지 않지만, 쇼의 정치 이야기는 여전히 우리에게 많은 시사점을 준다. 특히 겉으로 드러난 세대와 지역의 갈등 이전에 근본적으로 소득 불평등의 측면이 있다는 점을 잊어서는 안 되겠다. 우리가 정치에 대해 '조금'이라도 제대로 알아야 하는 이유이기도 하다.

더불어 읽기
깊이 읽기

　1) 버나드 쇼 외, 『페이비언 사회주의』, 고세훈 옮김(아카넷, 2006). 고전적 마르크스주의와 뚜렷이 구별되는 영국식 사회주의라고 할 수 있는 페이비언주의의 지적, 정치적 교의를 담고 있는 책이다. 버나드 쇼를 비롯하여 페이비언협회 회원인 7명의 저자들이 각 분야에서 페이비언 사회주의의 가능성과 구체적인 실현 방법에 대해 논하고 있다. 영국식 사회주의의 일면을 엿볼 수 있는 책이다.

　2) 최광은, 『모두에게 기본소득을』(박종철 출판사, 2011). 아직 우리에게 낯선 기본소득의 개념과 관련된 논의들의 역사를 소개하고, 한국에서 기본소득 제도의 도입의 필요성과 가능성에 대해 논하고 있는 책이다. 기본소득의 전반에 대해 알고 싶은 분들에게 추천한다.

　3) 에릭 올린 라이트, 『리얼 유토피아』, 권화현 옮김(들녘, 2012). 저자의 십수 년에 걸친 '리얼 유토피아 프로젝트'의 결과물이며, 자본주의의 쓰러짐에 대응할 수 있는 대안과 함께 새로운 사고방식을 제공해 주는 책이다. 자본주의 체제 아래 존재해 온 권력과 불평등 구조가 낳는 문제점을 파헤치고 그 대안을 심도 있게 논의하고 있는 책이다. 방대하지만 자본주의의 대안을 진지하게 고민하는 분들에게 권한다.

김정철 / 한국철학사상연구회 회원

당신은 진짜로
'민주주의' 사회에 살고 있나?

『민주주의의 역설』 / 샹탈 무페

민주화 이후의 민주주의

얼마 전 대선으로 국민의 절반은 무척 기뻐하고 나머지 절반은 무척 낙담했다. 그러나 이러니저러니 해도 어쨌든 사회 복지가 정책의 전면에 등장할 것이며, 비리 척결에도 박차를 가할 것이기에 어느 정도 정치 발전이 이루어질 것이라 평가하는 사람들도 있다.

어찌됐든 이제 선거는 비교적 공정하게 치러지기에 정치 행위는 대다수 선거권자의 의사를 반영하는 것이다. 그러니 이제 정치의 개선은 국민 모두의 사회 문화적 책임이 되어야 한다는 것이다. 학교 주변에 늘 전경들을 볼 수 있었던 대학 시절을 생각하면 꽤나 좋은 사회에 살고 있는 셈이다. 그리고 보란 듯이 정권 말기가 되면 비슷한 문제들이 터지고 고질적인 병폐가 반복된다.

흔히들 지금의 한국 사회를 소위 민주화 이후의 민주주의 시대, 실질적 민주주의 시대라 부르곤 한다. 절차적 민주주의는 이제 정치적으로 안착한 상태이니 무엇보다 시민 삶과 관련된 민주주의의 내실화에 박차를 가해야 한다는 것이다. 이런 점에서 경제 민주화니 교육 민주화니 사회 복지니 반값 등록금이니 하는 말들은 다 비슷한 말들이다. 그러나 내실을 기하는 이 모든 문제의식들은 한 가지 논점을 기정사실로 전제한다. 말하자면 우리 사회는 민주화된 사회이다. 정치, 문화, 경제, 사회, 거의 모든 분야에서 우리는 자유롭게 의사 표현할 수 있고 단체를 결성할 수 있으며 영향력을 행사할 수 있다고. 정말 그런가.

민주주의의 역설

일반적으로 현대 민주주의는 근대 정치의 산물로 여겨진다. 그러나 사실 근대 정치사상가 중 자신의 이론에 민주주의란 이름을 붙여가며 논의한 사람은 그리 많지 않다. 정기적인 인민 집회를 통해 직접 민주주의 요소를 도입하려던 장 자크 루소조차도 민주정은 역사상 결코 실현될 수 없는 제도라 말한다. 오늘날 민주적이라 평가되는 사상들을 피력할 때 그들은 오히려 공화주의나 입헌주의란 표현을 즐겨 사용하곤 했다.

근대인들에게 민주주의란 고대 아테네의 직접 민주주의를 의미했으며, 쉽게 대중 선동에 휘말려 소크라테스를 죽일 수도 있는 정치 제도 정도였다. 그렇다면 현대인이 그렇게 목말라하고 찬양하는 민주주의란 무엇일까. 과연 우리의 민주주의는 아테네 중우 정치의 위험을 극복했는가. 민주적 자유는 정치적 억압에 효과적으로 대응하는가. 민주적 평등은 사회적 차별을 능동적으로 극복하는가. 아니면 오히려 절차적으로 보장된 더 많은 자유와 평등이 더 쉽게 억압과 차별을 조성하지는 않는가.

샹탈 무페는 바로 이 역설의 관점에서 현대 민주주의를 분석하고자 한다. 그가 말하는 민주주의의 역설이란 간단히 말해 민주주의와 자유주의 간의 결코 화해될 수 없는 긴장을 의미한다. 언뜻 보면 이상한 말처럼 들린다. 우린 분명 자유민주주의 국가에서 살고 있기에 말이다.

그러나 그의 말을 이해하기 위해 애써 민주주의의 계보를 좇아가며 힘들게 에둘러 갈 필요는 없다. 우리 삶에 흔히 문제되는 것들은 자유와 평등 간의 충돌로 요약될 수 있기 때문이다. 이를테면 대기업에게 영업의 자유를 먼저 보장해야 하는가, 아니면 골목 상인들의 평등한 상권을 우선적으로 배려해야 하는가. 교육의 평등을 고려해 등록금을 없애야 하는가, 아니면 경제적 능력을 고려해 자유롭게 양질의 교육을 받을 수 있도록 해야 하는가. 왜 내가 자유로운 직업 활동을 통해 벌어들인 돈을 타인의 평등한 복지를 위해 세금으로 내야 하는가. 나는 정치가를 자유롭게 비판한 것뿐인데, 왜 그 정치가는 자신의 평등한 인권이 침해되었다고 고소하는가.

사실 근대의 많은 사상가들이 꺼려했던 민주주의란 표현이 대중적으로 일상화된 것은 자유, 평등, 박애를 이념으로 한 프랑스 혁명 전후 시기였다. 이 혁명 이념들이 민주주의 정치사상에서 본격적으로 논의되기 시작한 것은 1850년대 이후부터라 할 수 있다. 그리고 이때의 논의들은 대부분 자유와 평등을 민주주의의 기본 이념들로 가정한다. 나치에 이론적으로 봉사한 독일의 칼 슈미트가 등장하기 전까지는 말이다. 무페의 역설은 이 슈미트의 민주주의 이론에 의거한다.

슈미트의 경고

독재에 봉사한 사람의 이론은 물론 위험하다. 그러나 위험하다고 해서 전혀 교훈이 없는 것은 아니다. 더구나 슈미트는 나치 당원에 가입하기 이전부터 현대 민주주의의 문제점을 파헤치고 있었다. 그에 따르면 민주주의(democracy)는 원래 인민 즉 데모스(demos)의 지배(kratia)이다. 그렇다면 민주주의가 성립하기 위해서는 먼저 인민이 있어야 하고, 이들의 지배권이 있어야 한다. 인민 주권이란 말이 뜻하는 바가 바로 이것이다.

그러나 한국에 대한 지배권을 지닌 인민은 지구상의 모든 인간일 수 없다. 주권을 지닌 인민이란 엄밀히 말해 민족적·지리적·문화적·역사적으로 어느 정도 동질적인 공동생활을 영위해 온 사람들로 국한될 수밖에 없는 것이다. 그렇다면 주권을 지닌 인민이란 그런 사람들에게만 적용되는 평등 개념이지 지구상의 모든 인간에게 적용되는 무차별적인 개념일 수 없다. 이러한 인민 주권 개념에 기초해서만 민주주의가 가능하다는 것이다.

그런데 자유라는 이름으로 이러한 제한을 철폐하려는 흐름이 있다. 자유(freedom)란 본래 어떤 제한이나 속박으로부터(from) 벗어남(free)이다. 그래서 모든 인간은 자유롭게 거래할 수 있어야 하고 자유롭게 의사를 표현하거나 행동할 수 있어야 한다. 그러나 슈미트는 자유주의가 경제적 개념이지 결코 정치적 개념이 될 수 없다고 역설한다. 자유주의 경제 논리에 의거해 발발한 제1차 세계 대전이 많은 국가의 주권을 침해한 것만 보아도 알 수 있다. 요즈음 글로벌 세계 시장이니 인터넷 국제 소통이니 하는 것들도 슈미트에겐 민주주의 국가의 정체성을 해치는 흐름일 뿐일 것이다. 막대한 피해 보상금을 떠안고 허덕이던 패전국 독일의 인민으로서 슈미트의 고민은 그러했다.

따라서 슈미트의 결론은 이렇다. 정치적 민주주의는 경제적 자유주의에 희생되어서는 안 된다. 제한적 인민의 평등한 주권을 해체하는 모든 요소는 제거되어야 한다. 히틀러의 민족사회주의(Nationalsozialismus)가 인종을 차별하고 자유를 억압하는 것과 잘 맞닿는다. 그렇다고 슈미트의 결론을 무조건 부정할 수만도 없다. 우파든 좌파든 민주주의 정치는 어느 정도 제한된 평등 개념에 기반을 두어야 하기 때문이다.

만약 정치가 자유주의를 무제한 허용하게 되면, 국가적 정체성이 뒤흔들릴 수 있고 시민의 공동체적 삶이 파괴될 수 있다. 과도한 신자유주의의 폐해가 점점 드러나고 있지 않은가. 무페의 출발점은 바로 여기에 있다. 민주주의와 자유주의, 평등과 자유의 결코 화해될 수 없는 긴장을 슈미트처럼 상호 배척적인 권력관계로만 보지 말고 항상적으로 유지되어야 할 경쟁적 대립 관계로 보자는 것이다. 민주주의의 역설은 결코 조화되거나 해소될 수 있는 것이 아니다. 그렇다고 한 편의 승리만 노릴 수도 없다. 차라리 이 역설을 있는 그대로의 사실로 인정하고 상호 다원적 경쟁의 관계로 확립하는 것이 바람직하다.

현실 민주주의 진단

민주주의의 역설을 한 편의 승리를 통해서만 해결하려 할 때 생기는 문제점들은 우리 주변에서 쉽게 찾아볼 수 있다. 제한적 평등이 극단화되면 북한 같은 사회가 될 것이다. 시민의 자유가 억압당하고 다른 민족이나 시민에 대한 차별 의식이 기세를 발휘할 것이다. 민족의 평등한 주권 운운하며 매년 북쪽에 풍선을 날리는 사람들의 극단적 민족주의도 이와 별반 다르지 않다.

자유주의가 무제한적으로 허용되면 양육강식의 사회가 될 것이다. 대기업의 골목 상권 침입도 자유라는 인권에 의거해 정당화되어야 할 것이다. 게다가 우리가 무의식적으로 흔히 받아들이는 위험한 자유주의도 있다. 이른바 재테크라는 말로 통용되는 우리 일상의 돈놀이가 전부 그렇다. 집이 기본적인 거주의 평등한 보장을 넘어서 개인의 자유로운 자본으로 인식된다.

땅도 마찬가지이다. 기업가만 자본가가 아니라 집이나 땅, 어떤 것이든지 팔 수 있는 것을 가진 자는 다 자본가이다. 재산 증식을 위해 대출까지 받아가며 집을 사고 땅을 사고 주식 시장으로 몰려간다. 그 속성으로 볼 때 자본주의가 이들 모두를 만족시킬 수 있을까. 과도한 자유주의는 의회 정치에도 나쁜 영향을 끼친다. 자유로운 의사 진행 발언으로 끊임없이 회의만 하고 국가 중대 사안의 결정은 한없이 지연된다. 그러다 안 되면 날치기를 한다. 모두 자유주의가 민주주의를 침식해 평등을 무제한적으로 허용할 때 발생하는 문제들이다.

무페는 서구 민주주의 국가들이 대부분 자유주의에 침식당한 것으로 진단한다. 특히 시민의 자유라는 수식어로 재산 증식의 기회를 보장하는 정책을 무수히 쏟아내는 인기 영합적 우파 정당이 많은 국가들에서 권력을 잡았다. 전통적으로 복지를 주장하던 좌파 정당들은 이미 신자유주의에 스스로 백기를 들었다. 그래서 복지조차도 승리한 우파의 담론이 되었다.

그러나 본질적으로 자유주의를 지향하는 우파의 복지 정책이란 자유로운 경쟁에서 이긴 자가 자비롭게 나눠주는 혜택 그 이상이기 어렵다. 언제쯤 우리는 가난한 자가 자존심을 구겨가며 혜택받지 않을 수 있을까. 복지는 목마르게 간청하는 혜택이 아니라 평등한 시민의 기본권이어야 한다.

그러나 무페의 경쟁적 다원주의가 가능하기 위해서는 무엇보다도 좌우 경쟁 세력들 간의 상호 인정이 필요하다. 복지가 경제 논리에 의해 희생당하는 것을 막기 위해서는 좌파가 필요하고 자유로운 삶이 인민의 평등 논리에 의해 억압당하는 것을 막기 위해서는 우파가 필요하다. 이렇게 경쟁적 다원주의는 좌우파 정당의 존립을 기본적으로 인정하는 데서 출발한다. 이런 구도하에서 매번 선거를 통해 한 쪽이 권력을 잡을 것이다. 그러나 권력을 잡았다고 해서 다른 한 쪽을 정치적 심의 과정에서 배제해서도 안 된다.

민주적 합의의 조건

그렇다면, 경쟁적 다원주의에서 민주적 합의는 어떻게 도출될 수 있을까. 흥미롭게도 무페는 민주적 합의 모델로서 존 롤스나 위르겐 하버마스가 아니라 분석 철학자 루트비히 비트겐슈타인을 참조한다. 그가 보기에 롤스는 자유주의에, 하버마스는 민주주의에 너무 편향되어 있다. 어느 쪽으로 편향되어 있든 이들은 모두 자유민주주의의 합리성을 추구한다.

그러나 정치의 본질은 권력을 잡는 데에 있지 합리성을 내세우는 데에 있지 않다. 그리고 선거를 통한 권력 획득의 기준은 언제나 시민들의 삶의 형태를 어떻게 구성하는가에 있다. 자유주의가 더 옳은지, 민주주의가 더

세상의 붕괴에 대처하는 우리들의 자세: 철학자의 서재 3

옳은지, 자유민주주의 말고 더 좋은 체제가 있는지, 이런 문제들은 모두 경쟁적 다원주의의 과정을 통해 결정될 열린 문제이지, 정치 행위 이전에 미리 결정되어야 할 닫힌 문제가 아니라는 것이다.

따라서 권력 획득을 본질로 하는 정치 행위는 차라리 비트겐슈타인의 맥락주의에 의거해 이해하는 것이 더 바람직하다. 이에 따르면 경쟁하는 다원적 정치 세력들은 정치 현장에서 시민의 삶을 놓고 언어 게임을 하는 것이다. 이 게임에서 더 나은 시민의 삶의 형식을 제공한 쪽이 권력을 획득한다.

그러나 물론 권력 획득과 행사에는 엄중한 책임이 따르며 경쟁 세력들과의 긴장 관계 속에서 늘 심판받는다. 경쟁적 다원주의에서 집권 세력은 언제나 일시적인 승리자일 뿐이며, 모든 합의는 잠정적 헤게모니의 일시적인 결과일 뿐이다. 무엇보다 중요한 것은 건강한 민주주의라면 언제나 민주적 대립 자체를 생동감 있게 유지해야 한다는 것이다.

어떤 결정이든지 늘 배제되는 세력이 있기 마련이다. 그러나 일시적 결정을 절대화해 반대하는 세력을 제거하려 해서는 안 된다. 경쟁자 없는 정치는 항상 독재로 치달았다. 그때마다의 결정이 중요한 것이 아니라 그 결정에 반대하는 세력을 경쟁자로서 인정하고 표출할 수 있는 여지를 마련하는 것이 더 중요하다.

무페가 제시하는 문제의식과 그 대안은 우리에게 많은 생각거리를 던진다. 자유민주주의는 결코 해결될 수 없는 역설이다. 그렇다고 자신의 정적(政敵)을 제거하는 것은 참된 민주주의가 아니다. 갈등과 대립은 민주주의의 약점이 아니라 오히려 그 건강성의 지표인 것이다.

그러나 단지 이런 이론적인 흥미만 생기지 않는다. 지난 선거철에 모대학 교수는 좌파의 비판을 재비판하는 일방적인 보고서를 학생들에게 과제로 냈다고 한다. 요즈음은 과격한 정치적 의사 표현으로 인터넷을 도배하는 자들도 적지 않다. 그런데 누구는 처벌받고 누구는 점잖게 계도된다. 비리로 투옥된 전직 대통령 가족은 벌써부터 사면한다고 난리다.

우리에게 한번이라도 건강하고 책임 있는 경쟁 관계가 유지된 적이 있는가. 교육도 직업도 재산도 승자독식이 합리화되는 사회에서 정치마저 날치기를 빈번하게 일삼는다. 우리는 진정 민주화된 사회에서 살고 있는 것일까.

더불어 읽기
깊이 읽기

1) 카를 슈미트, 『현대 의회주의의 정신사적 상황』, 나종석 옮김(길, 2012). 샹탈 무페의 글을 이해하기 위해서는 슈미트의 책을 한두 권 읽어보는 것이 좋다. 다행히 국내에 슈미트 저서가 적잖이 번역되어 있다. 특히 최근에 번역된 이 저서는 현대 정치에 견주어 볼 수 있는 의회민주주의의 문제를 다각도로 분석하고 있으며, 옮긴이의 탁월한 해제도 큰 도움을 준다.

2) 칼 폴라니, 『거대한 전환』, 홍기빈 옮김(길, 2009). 경제 교양 도서로 이 책의 중요성을 아무리 강조해도 지나침이 없을 것이다. 18세기 후반부터 20세기 중반까지 자유주의 시장 경제가 어떻게 전개되어 왔는지를 경제사적으로 분석하고 있다. 폴라니의 결론은 경제적 자유주의가 한 번도 자유주의적으로 관철된 적은 없으며, 언제나

세상의 붕괴에 대처하는 우리들의 자세: 철학자의 서재 3

정치 세력의 인위적, 비자유주의적 정책을 통해 이루어져 왔다는 것이다. 경제적 관점에서 나치의 등장을 자유주의의 폐해에 대한 반발로 해석하는 부분도 흥미롭다.

3) 조정환, 『공통 도시』(갈무리, 2010). 저자는 안토니오 네그리의 개념들을 사용해 1980년 광주 항쟁 이후의 한국의 역사를 신자유주의의 정착 과정으로 분석한다. 네그리가 사용한 다중, 삶권력, 제헌권력 등의 용어들을 사용하고 있지만, 최근의 한국사를 정치와 경제의 관계 속에서 분석한다는 측면에서 흥미로운 책이다. 특히 전 지구적 주권자로서의 다중 개념은 슈미트의 제한적 평등 개념과 맞세워 비교해 보면 좋다.

남기호 / 연세대학교 강사

'민주주의'라는
기이한 이데올로기!

『민주주의는 죽었는가』 / 조르주 아감벤 외

민주주의라는 신은 죽었는가?

대학 시절, '신은 죽었다'는 니체의 말을 설명해 보라는 시험문제를 접한 적이 있다. 지금도 여전히 그 의미는 잘 모르겠지만 당시 니체의 그 유명한 선언을 두고 힐난하듯 농담하던 기억은 남아있다. '원래 있지도 않던 신이 어떻게 죽을 수 있단 거지? 혹시 니체는 '우리가 꿈꾸며 기대하던 그런 과거의 신이 죽었다고 말한 게 아닐까? 그래서 이제는 전혀 다른 새로운 신이 필요하다는 요청이었던 건 아닐까?' 뭐 이런 식의 생각들을 술자리에서 주고받던 기억 말이다.

사실 『민주주의는 죽었는가?: 새로운 논쟁을 위하여』(아감벤 외, 난장, 2010)라는 책을 접했을 때, 불현듯 먼저 머릿속에 스치던 생각도 바로 이런 거였다. '민주주의는 죽었는가?'라는 질문에도 역시 두 가지 방식의 답변이 가능하지 않을까? '원래 민주주의는 존재하지도 않았는데 죽긴 뭘 죽냐?', 아니면 '우리가 꿈꾸며 투쟁해 왔던 민주주의는 이제 죽어버렸다. 따라서 새로운 민주주의를 발명해야 한다'는 답변 말이다.

물론 이 책의 원제목은 『민주주의는 어떤 상태에?』이다. 현재 세계 곳곳에서 회자되고 현실화되어 있는 민주주의의 모습을 진단하려는 취지다. 이에 비해 번역서가 새로 설정한 제목은 다소 자극적으로 들릴지도 모르겠다. 그럼에도 내 생각엔 오히려 더 적절해 보인다. 원래의 책 제목에 응답한 여덟 명의 사상가들(아감벤, 바디우, 벤사이드, 브라운, 낭시, 랑시에르, 로스, 지젝)이 제기한 문제의식도 단순히 민주주의의 현 상태를 진단한다기보다는 그 단계를 훨씬 더 뛰어넘어 '민주주의'라는 용어와 '민주주의 사회' 자체에 대해 도발적인 질문들을 던지고 있기 때문이다.

'민주주의'라는 텅 빈 기표

어떤 사상가들은 원래 '민주주의'가 한 번도 제대로 실현된 적이 없거나 단지 사건이나 운동으로서만 의미를 지닐 뿐 구체적인 실체가 없었다고 보기 때문에, '민주주의'는 원래 없었기에 죽었다고 할 수도 없다고 본다. 또 다른 사상가들은 우리가 꿈꾸며 목도하고 있는 현실의 '민주주의'는 그저 텅 빈 기표이거나 완전히 변질돼서 소수가 이끌어가는 과두제에 불과하기 때문에, 새로운 민주주의를 재발명해야 한다고 본다.

그럼에도 어쨌든 오늘날 우리는 누구나 민주주의자를 자처한다. 민주주의는 "누구나 모두가 자신의 꿈과 희망을 싣는 텅 빈 기표"(85쪽)인 셈이다. 더구나 이제는 이념의 갈등과 현실의 냉전으로 대표되던 20세기는 지나갔기에, 더 이상 이데올로기를 이용해 사람들을 동원하지 않는 탈-이데올로기의 시대라고도 자처한다. 하지만 바로 '탈-이데올로기 시대'라고 자처하면서 우리는 모두 민주주의자다'라고 생각하는 것 자체가 이미 또 다른 이데올로기인 것은 아닐까?

대체 '민주주의'란 무엇일까? 또 우리 스스로가 '민주주의자'라고 자처할 때, 대체 '민주주의자'란 뭘 뜻하는 것일까? 자유민주주의, 인민민주주의, 참여민주주의, 공화민주주의, 사회주의적 민주주의라는 식으로 수많은 수식어를 통해 각자 자신들의 민주주의를 구분하려 하지만, 대체 이러한 수많은 '민주주의들'을 민주주의라고 부를 수 있게 해주는 공통분모는 뭘까?

이 책에 등장하는 대부분의 사상가들은 '민주주의'의 본뜻에 주목한다. '인민(demos)의 통치(cratie)'라는 뜻을 지닌 '데모크라시(democracy)'라는 단어에. 하지만 고대 그리스에서 유래한 이 '민주주의'라는 용어는 귀족정, 과두정, 참주정처럼 특정한 정체(통치형태)와 통치원리를 뜻하는 용어들과는 전혀 다르다. 민주주의라는 용어는 "순전히 정치적인 주장, 즉 인민이 자기 자신을 통치하며, 일부나 어떤 대타자가 아니라 전부가 정치적으로 주권자라는 주장만을 담고"(87쪽) 있을 뿐이다. 말하자면 '인민의 자기 통치'를 뜻하는 민주주의라는 용어는 구체적으로 인민이 어떻게 자기 자신을 지배해야 하는지, 또 자신들의 주권을 어떤 방식으로 실현해야 하는지에 대해 전혀 알려주는 바가 없다.

현실에서도 마찬가지다. 모든 나라가 대부분 민주주의라고 자처하지만, 그저 대의 민주주의, 입헌 정치, 정당 정치, 자유와 평등을 보장하는 정치체제, 아울러 자유로운 시장을 기반으로 공정한 경쟁을 보장하는 정치체제야말로 민주주의라고 서로 내세울 뿐이다. 하지만 그러한 구체적인 통치형태가 정말로 '인민의 통치'를 보장해 주는가라고 묻는다면, 대답은 회의적일 수밖에 없다. 한편에서는 전 지구적인 자본이 '신자유주의적 합리성'이라는 이름으로 전 세계의 경제 질서뿐 아니라 한 국가의 경제 정책도 좌우하며, 다른 한편에서는 자본의 힘과 결탁한 전문 정치인들이 국민의 안전과 번영을 위한다는 명분 아래 인민의 통치를 대신해 준다고 떠벌려 댄다.

'인민의 통치'를 봉합해온 민주주의 (?)

단지 우리 시대의 '민주주의'만 이랬던 것은 아니다. 원래부터 근대 민주주의는 자본주의라는 쌍둥이 형제와 결합해 자본주의의 또 하나의 날개로, 여러 가지 배제를 통해 자신을 구성해 왔는지도 모른다. 아니 더 정확히 말하자면, 여러 가지 '인민 통치'의 사건들과 기억들을 억압하고 봉합하면서 대의 민주주의나 공화정이라는 상징으로 정착되어 온 것이 바로 우리들이 생각하는 민주주의인지도 모르겠다.

우선 웬디 브라운의 지적처럼, 자본과 신자유주의적 합리성만이 소위 자유민주주의적 제도의 기반처럼 강조되면서 "국가는 공공연히 인민의 지배가 아니라 경영관리 운용의 구현체로 탈바꿈"(90쪽)해버렸다. 또한 고대 그리스 민주주의가 노예와 여성을 배제했던 것처럼 근대 민주주의도 경쟁에서 도태당한 빈민을 배제하면서 성장해 왔고, 여전히 오늘날에도 서구 민주주의는 불법 거주자나 이주 노동자를, 또는 가장 위험한 적이라고 가정된 '이슬람 근본주의자'들 배제하면서 자신들의 성역을 보호하려 한다.

더구나 역사적으로도 '민주주의'는 정말로 '인민의 통치'를 실현하려던 사건들과 운동들을 억압하고 그 기억들을 봉합하면서 오늘날의 온건한 '대의 민주주의'로, 또는 '공화정'이라는 이름으로 정착되었다. 크리스틴 로스가 「민주주의」라는 랭보의 시를 언급하면서 강조했던 1871년 5월 파리코뮌의 몰락이 대표적인 사례다. 물론 당시 "파리코뮌의 전사들은 스스로를 민주주의자라고 부르지 않았지만 … 이들은 그동안 견고히 존재해온 위계적·관료적 구조 대신에 모든 차원에서 민주주의적인 조직 형태와 절차를 도입했다."(153쪽)

이런 면에서 파리코뮌은 가장 민주주의적인 사건이자 소규모로 코뮌을 실현했던 역사였다. 그럼에도 파리코뮌은 당시 '민주주의'라는 이름을 참칭한 부르주아-공화주의 정부에 의해 무참하게 진압되었다. 게다가 가장 민주주의적인 사건의 패배를 가져온 이 대학살은 역설적이게도 프랑스 제3공화국을 탄생시켰다. 결국 랭보의 「민주주의」라는 시는 당시 파리코뮌이라는 민주주의 실험이 어떻게 봉합되었는지, 또 '민주주의'라는 용어가 어떤 식으로 '문명화된 나라(프랑스)'의 식민지 정책을 정당화하는 데 사용되었는지를 상징적으로 보여주는 셈이다.

크리스틴 로스의 말대로, "실제로 서구의 정부들은 '민주주의'라는 단어 자체를 완전히 통제하게 됐다. 그 단어가 예전에 간직했던 해방의 울림을 완전히 제거한 채 말이다. 사실상 민주주의는 극소수 사람들만의 통치, 그리고 말하자면 인민 없는 통치만을 허용하는 체제를 정당화하는 계급적 이데올로기가 되어버렸다."(161-162쪽) 과연 우리는 이런 비극적인 상황을 어떻게 이해해야 할까? '인민의 통치'를 실현하려던 파리코뮌이라는 민주주의적인 실험이 왜 '민주주의'라는 이름으로 억압되고 봉합된 것일까? 또 인민의 통치를 의미하는 민주주의가 왜 역설적으로 '인민 없는 통치'가 된 것일까?

'인민'은 정말 자기 통치를 원하는가?

물론 지배세력이 '민주주의'라는 이름을 상징적으로 전유해 온 탓이 가장 큰 이유일지도 모른다. 하지만 다른 측면도 있지 않을까? 아마도 이 책에서 제기하는 가장 도발적인 질문은 바로 이 측면과 관련이 있을 것 같다. 곧 '인민은 정말 자기 통치를 원하는 걸까?' 만일 그렇다면, "사회는 무슨 수로 자기-제도화하며, 제도화된 것의 자동보존에서 벗어날 수 있을까?"(66쪽) 다시 말해 '민주주의'라는 이름으로 자기-제도화된 현재의 역설적인 '인민 없는 통치'의 상황에서 사회는 어떻게 벗어날 수 있을까?

결국 첫 번째 질문은 '민주주의'가 주체에 미치는 영향력에 대해 고민하게 한다. 알랭 바디우가 민주정에 대한 플라톤의 비판을 재해석하면서 비판하는 지점 말이다. "민주주의라는 상징이 사람들에게 끼치는 해로운 힘은 그것이 만들어내는 주체의 유형에 집중된다. 그런 유형의 핵심적인 성격은 한마디로 말해 이기주의, 하찮은 향락을 추구하는 욕망이다."(31쪽) 바디우에 따르면, 민주주의적 주체는 젊은 시절에는 '구속받지 말고 즐겨라'는 식으로 "자유로워지기를 상상하는 헤픈 탐욕"을 누리다가 늘어서는 "예산을 따지고 안전을 추구하는 구두쇠"로 변모한다.(34쪽) 따라서 현재의 민주주의가 이처럼 끊임없이 이기적인 욕망만을 추구하고 자본주의 체제 자체의 안전만을 추구하는 주체를 양산한다면, 이런 식의 순환의 질서에서 빠져나오게 하는 것이야말로 제대로 된 정치다. 따라서 지금처럼 상징화된 "'민주주의'라는 단어의 모든 권위를 중지시키면서 플라톤의 비판을 이해할 수 있게 해주는 연습을 하고난 뒤에야 우리는 결국 그 단어를 본래 의미대로 복원할 수 있다. 민주주의란 인민들이 스스로에 대해 권력을 갖는 것으로 간주된 실존이다. 민주주의란 국가를 고사시키는 열린 과정, 인민에 내재적인 정치이다."(41쪽)

또한 두 번째 질문도 마찬가지로 현재의 상황을 극복해 나갈 수 있는 주체나 운동의 가능성에 대해 고민하게 한다. 아마도 이 지점은 '민주주의'라는 단어를 재점유하는 투쟁과도 관련이 있을 것 같다. 랑시에르의 말대로 "정치적 투쟁들은 단어들을 전유하기 위한 투쟁"(131쪽)이기도 하기 때문이다. 내 생각에는 현재의 '민주주의'에서 껍데기들을 걸러내는 체가 필요할 것 같다. 사실 민주주의적인 권력이란 바로 "평범한 사람들이 공통 관심사를 실현할 행동양식을 발견할 수 있는 능력이다."(150쪽) 말하자면 그 누구든 무엇인가를 할 수 있는 능력을 가졌다는 평등의 전제를 놓치지 않는 것! 그렇기에 "집단적인 의사결정에 참여할 능력을 지녔다고 규정된 사람들(전문가, 정치인, 혁신적인 자본가)과 그런 능력이 없다고 말해지는 사람들"(150쪽)로 끊임없이 사회의 위계를 구분하는 삶을 거부하는 것이야말로 '민주주의'의 핵심일 것이다.

바야흐로 대선 정국이다. 민주주의를 후퇴시킨 기존 정권을 교체해야 한다는 명분 속에서 문재인과 안철수의 단일화 목소리가 힘을 얻고 있다. 하지만 우리는 왜 정권 교체를 원하는가? 민주주의 실현을 위해서? 정말? 혹시 우리는 어려운 나의 살림살이가 좀 더 나아지기만을 바라는 이기적인 욕망 때문에 누군가를 욕망하는 것은 아닐까? 사실 우리는 노무현 정권에 대한 분노와 불만 때문에, 새로운 대한민국을 꿈꾸며 이명박 대통령을 욕망하지 않았던가? 더구나 이명박 대통령이 CEO의 마인드로 경쟁력 있고 살기 좋은 민주주의 대한민국을 만들어 주리라 기대하면서 말이다.

하지만 이제 우리는 그런 욕망의 대가가 어떤 것이었는지를 잘 알게 됐고, 그 때문에 절실히 후회하면서 절망에 빠져봤다. 그렇다면 이제 우리는 무엇을 욕망해야 할까? 좀 더 국민을 배려하고 함께 잘사는 사회를 이루어줄 수 있는 또 다른 지도자를? 제발! 이제는 어떤 지도자를 꿈꾸고 욕망하기보다는 시스템과 체제 자체를 바꿀 수 있기를 기대해야 하지 않을까? 좀 더 '인민의 자기 통치'가 현실화될 수 있는 '민주주의'를 말이다.

한편에서는 문재인이든 안철수든, 박정희의 유산을 이어받은 박근혜를 막기 위해서 지지해야 한다고들 말한다. 나도 그럴지 모르겠다. 하지만 딱 그 이유 말고는 아직 다른 이유를 찾지 못하겠다. 그리고 별로 기대하지도 않는다. 박근혜를 막아내고 이명박 정권을 심판한다고 해서, 새로운 대통령이 '민주주의'를 실현해 주리라고는. 왜냐하면 민주주의는 바로 스스로 해방된 자들이 될 수 있는 우리 인민들이 스스로를 통치하는 체제일 뿐이기 때문이다. 그 누구를 대통령으로 뽑든 그 지도자가 민주주의를 실현해 주리라고는 기대하지 말자. 그런 기대는 이미 '민주주의'에 대한 배반일지도 모르니!

1) 가쓰라 아키오, 『파리코뮌』, 정명희 옮김(고려대출판부, 2007). 1871년 파리 코뮌의 성립과 붕괴 과정에 대한 상세한 설명이 담겨 있다. 또한 파리코뮌 당시에 생겨났던 민주주의적인 조직 형태에 대해서도 살펴볼 수 있다. 우리에게 프랑스 혁명은 민주공화정을 수립한 성공한 혁명으로 기억되지만, 사실 보다 급진적인 민주주의의 꿈들이 억압되고 봉합된 역사이기도 하다. 이런 역설적인 진실이 궁금하다면, 한 번쯤 읽어봐야 할 책이다.

2) 자크 랑시에르, 『무지한 스승』, 양창렬 옮김(궁리, 2008). 랑시에르가 자코토라는 실존인물의 행방을 추적하면서 해방에 대한 새로운 시각을 제시하는 책이다. 지적으로 평등하다는 생각을 통해 결국 사람들 모두가 스스로 해방될 수 있다는 입장을 사회 전체로 확대해야 한다고 주장한다. 아울러 이를 통해 유식한 자와 무식한 자, 전문 정치인과 일반 대중을 구별하는 사회적 위계와 서열화를 파괴하는 것이 진정한 해방의 길이라고 말한다.

3) 슬라보예 지젝, 『불가능한 것의 가능성』, 인디고연구소 옮김(궁리, 2012). 지젝이 왜 현재의 '민주주의' 담론에 부정적인 입장을 취하는지, 또 책 제목이 암시하듯 왜 모두가 불가능하다고 생각하는 낡은(?) 공산주의를 끌어들이는지에 대해서도 살펴볼 수 있다. 아마 지젝은 정말 제대로 된 민주주의를 실현하기 위해서는 보다 더 급진적으로 모두가 불가능하다고 생각하는 새로운 형태의 공산주의에 대해 고민해야 한다고 말하는 것 같다. 이와 관련된 여러 고민 지점들을 지젝의 목소리를 통해 듣는 듯이 읽어볼 수 있는 책이다.

조은평 / 건국대학교 강사

찾아보기/필자 및 글 목록(필자, 가나다순. 괄호 안은 본문 페이지임)

김세서리아, 「진짜 사랑 원한다면, '하나 되자'고 하지 말자!──뤼스 이리가레, 『사랑의 길』」 (446~454쪽)

김은하, 「미국은 지는 해, 중국은 뜨는 해! 한반도의 운명은?──법륜·오연호, 『새로운 100년』(241~249쪽)

김의수, 「인간이 뭐 대단한 존재라고! 절망이 오히려 희망이라네!──마크 트웨인, 『정말 인간은 개미보다 못할까』(52~60쪽)

김재현, 「도덕적으로 완벽한 대통령은 어떻게 탄생하는가?──마이클 샌델, 『정의란 무엇인가』(480~489쪽)

김정신, 「자기 계발할 때, 우리는 무엇을 하는 것일까?──미셸 푸코, 『자기의 테크놀로지』」 (92~100쪽)

김정철, 「우리는 왜 정치를 조금이라도 알아야 할까?──조지 버나드 쇼, 『쇼에게 세상을 묻다』(635~643쪽)

김주일, 「소크라테스는 무엇을 위해서 죽었나?──플라톤, 『소크라테스의 변론』(490~501쪽)

나태영, 「스물여덟 개 거울에 비친 김대중──강원택 외 27인, 『김대중을 생각한다』(209~220쪽)

남기호, 「당신은 진짜로 '민주주의' 사회에 살고 있나?──샹탈 무페, 『민주주의의 역설』」 (644~653쪽)

박영미, 「공감의 정치, 주체는 누구인가?──맹자, 『맹자』(558~567쪽)

박영욱, 「의사소통은 없다! +와 -만 존재할 뿐!──노르베르트 볼츠, 『구텐베르크-은하계의 끝에서』(138~146쪽)

박정하, 「가장 확실한 것들을 의심하고, 해부하라!──데카르트, 『방법서설·성찰』(157~175쪽)

박종성, 「애들에게 들이밀지 말고, 당신부터!── 생텍쥐페리, 『어린 왕자』(176~184쪽)

박종성, 「이석기·김재연을 보니 스피노자가 떠오른다!──네그리, 『전복적 스피노자』」 (598~605쪽)

박지용, 「그리스, 유로 존 떠나라! 칸트의 대답은⋯⋯──임마누엘 칸트, 『영원한 평화를 위하여』(550~557쪽)

서유석, 「복지 타령하는 정치인들아, 헌책방을 뒤져라!──페도세예프 외 14인, 『칼 마르크스 전기』(376~385쪽)

선우현, 「한국 사회에서 살아남는 법, "알아서 기어!"──에티엔느 드 라 보에티, 『자발적 복종』(187~199쪽)

송인재, 「수치심 권하는 문화에서 벗어나기──브레네 브라운, 『나는 왜 내 편이 아닌가』」 (42~51쪽)

송종서, 「이성이 짓밟은 그들의 외침, "침묵을 지킬 순 없었니?"──프랑수아 플라스, 『마지막 거인』(531~540쪽)

세상의 붕괴에 대처하는 우리들의 자세: 철학자의 서재 3

세상의 붕괴에 대처하는 우리들의 자세
철학자의 서재 3: 일상에 지친 당신을 위한 책 천국

1판 1쇄 발행 2014년 1월 30일

지은이 · 기획 | 한국철학사상연구회
기획 | (주)프레시안
펴낸이 | 조영남
펴낸곳 | 알렙

출판등록 | 2009년 11월 19일 제313-2010-132호
주소 | 서울시 마포구 합정동 373-4 성지빌딩 615호
전자우편 | alephbook@naver.com
전화 | 02-325-2015
팩스 | 02-325-2016

ISBN 978-89-965171-34-5 03100

이 도서의 국립중앙도서관 출판시도서목록(CIP)은 서지정보유통지원시스템 홈페이지(http://seoji.
nl.go.kr)와 국가자료공동목록시스템(http://www.nl.go.kr/kolisnet)에서 이용하실 수 있습니다.(CIP
제어번호: CIP2014002187)